首都圖書館古籍普查登記目録

（四）

索引

國家圖書館出版社
National Library of China Publishing House

全國古籍普查登記目録

書名筆畫字頭索引

一畫

一…… 31
乙…… 31

二畫

二…… 31
十…… 33
丁…… 35
七…… 35
卜…… 36
八…… 36
人…… 37
入…… 37
九…… 37
力…… 38
又…… 38

三畫

三…… 38
干…… 42
于…… 42
工…… 42
士…… 42
土…… 42
下…… 42
大…… 42
才…… 50
寸…… 50
上…… 50
口…… 50
巾…… 50
山…… 50
千…… 52
乞…… 53
川…… 53
久…… 53
勺…… 53
尸…… 53
己…… 53
巳…… 53
也…… 53
女…… 53
小…… 54
子…… 56
孑…… 57

四畫

王…… 57
井…… 58
夫…… 58
天…… 58
元…… 60
廿…… 61
木…… 62
五…… 62
支…… 64
卅…… 64
不…… 64
太…… 64
尤…… 67
友…… 67
屯…… 67
比…… 67
旡…… 67
切…… 67
牙…… 67
止…… 67
少…… 67
日…… 67

中……69
内……71
牛……71
午……71
毛……71
手……72
壬……72
升……72
仁……72
什……72
片……72
化……72
爪……72
反……72
介……72
父……73
爻……73
今……73
分……73
公……73
月……74
戶……74
氏……74
勿……74
欠……74
丹……74
印……74
勾……74
六……74
文……76
亢……78
方……78
斗……79
心……79
尹……79
尺……79
弔……80
引……80
卍……80
巴……80
孔……80
毋……80
水……80
幻……81

五畫

玉……81
末……83
未……83
邗……84
示……84
巧……84
正……84
邛……84
功……84
去……84
甘……84
世……85
艾……85
古……85
本……89
札……90
可……90
丙……91
左……91
石……91
右……92
布……92
戊……92
平……93
打……93
扒……93
北……93
占……94
目……94
且……95
甲……95
申……95
田……95
由……95
冊……95

史……95
央……96
只……96
另……96
四……96
生……100
矢……100
乍……100
丘……100
仕……100
代……100
仙……100
白……100
瓜……102
印……102
句……102
外……102
冬……103
包……103
主……103
市……103
立……103
玄……103
半……103
汀……103
穴……103
永……103
司……104
尼……104
民……104
弗……104
弘……104
出……104
奴……105
加……105
皮……105
台……105
幼……105

六畫

匡……105
式……105
刑……105
邢……105
戎……105
迂……105
圭……105
吉……105
考……106
老……106
地……106
耳……107
芋……107
共……107
芝……107
芑……107
臣……107
吏……107
再……107
西……107
亙……111
在……111
百……112
有……112
而……113
存……113
匠……113
戌……113
列……113
成……114
扣……114
托……114
夷……114
攷……114
至……114
此……114
光……114
早……115
曲……115
同……115
因……115
回……116

屺 …… 116
肉 …… 116
朱 …… 116
缶 …… 117
先 …… 117
竹 …… 117
休 …… 118
伏 …… 118
伔 …… 118
延 …… 118
仲 …… 118
任 …… 118
仰 …… 118
仿 …… 118
自 …… 118
伊 …… 119
血 …… 119
向 …… 119
似 …… 119
行 …… 119
㐆 …… 119
全 …… 119
合 …… 120
危 …… 120
各 …… 120
名 …… 120
多 …… 121
交 …… 121
衣 …… 121
亦 …… 121
亥 …… 121
充 …… 121
羊 …… 121
米 …… 121
州 …… 121
次 …… 121
汗 …… 121
江 …… 121
汲 …… 123
池 …… 123
守 …… 123
安 …… 124
冰 …… 124
字 …… 124
祁 …… 125
肎 …… 125
聿 …… 125
艮 …… 125
阮 …… 125
收 …… 125
艸 …… 125
防 …… 125
那 …… 125
如 …… 125
好 …… 125
牟 …… 126
巡 …… 126

七畫

弄 …… 126
形 …… 126
戒 …… 126
走 …… 126
攻 …… 126
赤 …… 126
孝 …… 126
志 …… 126
刼 …… 127
劫 …… 127
芙 …… 127
邯 …… 127
芸 …… 127
芷 …… 127
花 …… 127
芹 …… 128
芥 …… 128
芬 …… 128
芳 …… 128
克 …… 128
杜 …… 128
杕 …… 129

杏 …… 129
杉 …… 129
李 …… 129
車 …… 131
甫 …… 131
更 …… 131
束 …… 131
吾 …… 131
豆 …… 131
酉 …… 131
辰 …… 131
邳 …… 131
夾 …… 131
扶 …… 131
拋 …… 131
批 …… 131
抄 …… 132
折 …… 132
抑 …… 132
投 …… 132
抗 …… 132
抒 …… 132
求 …… 132
迓 …… 132
步 …… 132
里 …… 132
呈 …… 133
見 …… 133
助 …… 133
呆 …… 133
足 …… 133
男 …… 133
困 …… 133
串 …… 133
呂 …… 133
吟 …… 133
妝 …… 134
吹 …… 134
吳 …… 134
映 …… 135
别 …… 135
囮 …… 135
刪 …… 135
岑 …… 135
牡 …… 135
告 …… 135
利 …… 135
秀 …… 135
私 …… 135
我 …… 135
兵 …… 136
邱 …… 136
何 …… 136
佐 …… 136
佚 …… 136
作 …… 136
伯 …… 136
身 …… 136
佛 …… 136
近 …… 141
返 …… 142
余 …… 142
希 …… 142
坐 …… 142
谷 …… 142
豸 …… 142
岔 …… 142
邸 …… 142
劬 …… 142
狂 …… 142
角 …… 142
彤 …… 142
迎 …… 142
辛 …… 142
忻 …… 142
快 …… 142
灶 …… 142
弟 …… 142
冷 …… 143
汪 …… 143
沅 …… 143
沔 …… 143

沚 …… 143
沙 …… 143
沖 …… 143
汽 …… 143
沂 …… 143
汾 …… 143
泛 …… 143
汴 …… 143
沉 …… 143
沈 …… 143
沁 …… 144
宋 …… 144
冶 …… 146
初 …… 146
君 …… 146
即 …… 146
壯 …… 146
改 …… 146
阿 …… 147
附 …… 147
妙 …… 147
妒 …… 148
邵 …… 148
忍 …… 148
甬 …… 148

八畫

奉 …… 148
玩 …… 148
武 …… 148
青 …… 149
表 …… 150
盂 …… 150
長 …… 150
邽 …… 151
坦 …… 151
幸 …… 151
坡 …… 151
亞 …… 151
耶 …… 151
取 …… 151
苷 …… 151
苦 …… 151
昔 …… 151
若 …… 151
茂 …… 151
苗 …… 151
英 …… 151
茌 …… 152
苑 …… 152
范 …… 152
苾 …… 152
直 …… 152
茖 …… 153
苔 …… 153
茅 …… 153
林 …… 153
枝 …… 153
板 …… 153
來 …… 153
松 …… 154
杭 …… 154
述 …… 155
東 …… 155
或 …… 158
臥 …… 158
事 …… 158
刺 …… 158
兩 …… 158
雨 …… 159
協 …… 159
郁 …… 159
奈 …… 159
奇 …… 159
妻 …… 159
拔 …… 159
拊 …… 159
拍 …… 159
抱 …… 159
拙 …… 159
招 …… 160

披 …… 160
非 …… 160
叔 …… 160
卓 …… 160
虎 …… 160
尚 …… 160
盱 …… 161
具 …… 161
果 …… 161
味 …… 161
杲 …… 162
昆 …… 162
昌 …… 162
門 …… 163
昇 …… 163
昕 …… 163
明 …… 163
易 …… 165
典 …… 166
固 …… 166
忠 …… 166
咀 …… 167
呻 …… 167
兕 …… 167
邵 …… 167
狀 …… 167
咄 …… 167
岢 …… 167
岩 …… 167
峋 …… 167
廻 …… 167
岷 …… 167
制 …… 167
知 …… 167
牧 …… 168
物 …… 168
乖 …… 168
和 …… 168
季 …… 168
竺 …… 168
侍 …… 168
岳 …… 169
供 …… 169
使 …… 169
例 …… 169
版 …… 169
岱 …… 169
兒 …… 169
佩 …… 169
依 …… 170
郎 …… 170
衃 …… 170
欣 …… 170
征 …… 170
徂 …… 170
徃 …… 170
往 …… 170
所 …… 170
舍 …… 170
金 …… 170
命 …… 174
部 …… 174
采 …… 174
受 …… 174
爭 …… 174
念 …… 174
肺 …… 175
朋 …… 175
股 …… 175
周 …… 175
匋 …… 177
狐 …… 177
𥏻 …… 177
京 …… 178
享 …… 178
夜 …… 178
庚 …… 178
放 …… 179
刻 …… 179
於 …… 179
育 …… 179
性 …… 179

怡 …… 179
券 …… 179
卷 …… 179
法 …… 180
沽 …… 180
河 …… 180
沮 …… 181
況 …… 181
泗 …… 181
泊 …… 181
泝 …… 181
泖 …… 181
注 …… 181
波 …… 181
治 …… 181
宗 …… 181
定 …… 182
宜 …… 182
官 …… 182
空 …… 182
穹 …… 182
宛 …… 182
郎 …… 183
房 …… 183
祈 …… 183
建 …… 183
居 …… 183
屈 …… 183
弧 …… 183
弢 …… 183
陋 …… 183
陌 …… 183
陔 …… 183
姑 …… 183
姓 …… 184
始 …… 184
迦 …… 184
承 …… 184
孟 …… 184
孤 …… 184
函 …… 184

九畫

契 …… 184
奏 …… 185
春 …… 185
珂 …… 188
珍 …… 188
珊 …… 188
封 …… 188
城 …… 188
政 …… 188
赴 …… 188
郝 …… 188
荊 …… 188
茜 …… 189
草 …… 189
茯 …… 189
茶 …… 189
荀 …… 189
茗 …… 189
荒 …… 189
故 …… 190
胡 …… 190
茹 …… 190
荔 …… 190
南 …… 190
枯 …… 193
柯 …… 193
柘 …… 193
查 …… 193
相 …… 193
柞 …… 193
柏 …… 193
柳 …… 194
栁 …… 194
柈 …… 194
軌 …… 194
勑 …… 194
要 …… 194
柬 …… 194

咸 …… 194
研 …… 194
厚 …… 194
面 …… 194
耐 …… 194
郁 …… 194
奎 …… 194
尯 …… 194
持 …… 194
拷 …… 195
括 …… 195
拾 …… 195
挑 …… 195
指 …… 195
按 …… 195
皆 …… 195
毖 …… 195
貞 …… 195
省 …… 195
是 …… 195
郢 …… 196
昐 …… 196
則 …… 196
冒 …… 196
映 …… 196
禺 …… 196
星 …… 196
昨 …… 196
昱 …… 196
昭 …… 196
畏 …… 196
毗 …… 196
昆 …… 196
界 …… 196
虹 …… 196
思 …… 196
韋 …… 197
品 …… 197
哈 …… 197
哪 …… 197
咎 …… 197
迴 …… 197
幽 …… 197
拜 …… 197
看 …… 197
矩 …… 197
香 …… 197
秖 …… 198
秋 …… 198
科 …… 199
重 …… 199
段 …… 202
便 …… 202
俠 …… 202
修 …… 202
保 …… 203
促 …… 203
侶 …… 203
俄 …… 203
俗 …… 203
信 …… 203
俍 …… 203
皇 …… 203
鬼 …… 205
泉 …… 205
禹 …… 206
侯 …… 206
帥 …… 206
追 …… 206
俟 …… 206
盾 …… 206
衎 …… 206
待 …… 206
衍 …… 206
律 …… 206
後 …… 206
俞 …… 207
弇 …… 207
俎 …… 207
食 …… 207
逃 …… 208
朐 …… 208

胎 …… 208
負 …… 208
勉 …… 208
風 …… 208
急 …… 208
計 …… 208
訂 …… 208
哀 …… 208
亭 …… 208
度 …… 208
庭 …… 209
疫 …… 209
施 …… 209
弈 …… 209
奕 …… 209
音 …… 209
帝 …… 209
恆 …… 209
恢 …… 209
恬 …… 209
恪 …… 210
差 …… 210
美 …… 210
姜 …… 210
送 …… 210
前 …… 210
首 …… 210
逆 …… 210
炳 …… 210
炮 …… 210
洪 …… 210
洹 …… 211
洞 …… 211
洄 …… 211
洗 …… 211
活 …… 211
洽 …… 211
洵 …… 211
洛 …… 211
洨 …… 211
洋 …… 211
洴 …… 211
津 …… 211
宣 …… 211
宦 …… 212
突 …… 212
穿 …… 212
客 …… 212
冠 …… 212
軍 …… 212
扁 …… 212
衲 …… 212
祖 …… 212
神 …… 212
祝 …… 212
祕 …… 212
祠 …… 213
郡 …… 213
退 …… 213
咫 …… 213
屏 …… 213
眉 …… 213
胥 …… 213
陜 …… 213
除 …… 213
姚 …… 213
飛 …… 213
盈 …… 214
覌 …… 214
勇 …… 214
癸 …… 214
羿 …… 214
柔 …… 214
孩 …… 214
紅 …… 214
級 …… 215
約 …… 215
紀 …… 215
紉 …… 216

十畫

耕 …… 216

耘 …… 216
耗 …… 216
馬 …… 216
秦 …… 216
泰 …… 217
珠 …… 217
敖 …… 217
班 …… 217
素 …… 217
匪 …… 217
起 …… 217
貢 …… 217
袁 …… 217
都 …… 218
耆 …… 218
埃 …… 218
恥 …… 218
華 …… 218
莆 …… 219
莽 …… 219
恭 …… 219
莫 …… 219
莊 …… 219
荷 …… 219
荻 …… 219
莎 …… 220
真 …… 220
桂 …… 220
栲 …… 220
桐 …… 220
桃 …… 221
格 …… 221
校 …… 221
核 …… 222
梡 …… 222
根 …… 222
連 …… 222
鬲 …… 222
酌 …… 222
夏 …… 222
砥 …… 223
破 …… 223
原 …… 223
烈 …… 223
殊 …… 223
殉 …… 223
盞 …… 223
捕 …… 223
振 …… 223
挹 …… 223
哲 …… 223
致 …… 223
晉 …… 223
鬥 …… 224
虔 …… 224
逍 …… 224
時 …… 224
畢 …… 224
財 …… 224
眠 …… 224
晁 …… 224
剔 …… 224
晏 …… 224
員 …… 224
哭 …… 224
恩 …… 224
豈 …… 225
峽 …… 225
峴 …… 225
峨 …… 225
峰 …… 225
峯 …… 225
郵 …… 225
缺 …… 225
乘 …… 225
秣 …… 225
秫 …… 225
秘 …… 225
透 …… 225
笑 …… 225
笏 …… 225
倖 …… 225

借 …… 225
倚 …… 225
倘 …… 225
候 …… 225
倭 …… 225
倪 …… 226
俾 …… 226
倦 …… 226
健 …… 226
射 …… 226
躬 …… 226
息 …… 226
師 …… 226
徒 …… 226
徑 …… 226
徐 …… 226
殷 …… 227
般 …… 227
航 …… 227
舫 …… 227
拿 …… 227
殺 …… 227
豹 …… 227
奚 …… 227
倉 …… 227
飣 …… 227
翁 …… 227
島 …… 227
脩 …… 227
胭 …… 227
脈 …… 227
烏 …… 227
狷 …… 228
逢 …… 228
留 …… 228
芻 …… 228
託 …… 228
訓 …… 228
記 …… 228
訒 …… 228
衰 …… 228
衷 …… 228
高 …… 228
郭 …… 229
庫 …… 229
症 …… 229
病 …… 229
唐 …… 229
旅 …… 232
畜 …… 232
悟 …… 232
悔 …… 232
悅 …… 232
悦 …… 232
敉 …… 232
羞 …… 233
瓶 …… 233
拳 …… 233
粉 …… 233
益 …… 233
兼 …… 233
朔 …… 233
剡 …… 233
凌 …… 233
准 …… 233
浦 …… 233
涑 …… 233
浯 …… 233
酒 …… 233
浙 …… 234
涇 …… 234
涉 …… 234
消 …… 234
涅 …… 235
浩 …… 235
海 …… 235
浠 …… 236
浴 …… 236
浮 …… 236
流 …… 236
浣 …… 237
浪 …… 237

浚 …… 237
宸 …… 237
家 …… 237
宵 …… 237
宮 …… 237
容 …… 237
宰 …… 238
案 …… 238
朗 …… 238
袖 …… 238
祥 …… 238
冥 …… 238
書 …… 238
帬 …… 239
展 …… 239
屑 …… 239
弱 …… 239
陸 …… 239
陵 …… 239
陳 …… 239
陰 …… 240
陶 …… 241
恕 …… 242
娱 …… 242
通 …… 242
能 …… 243
桑 …… 243
孫 …… 243
純 …… 244
紗 …… 244
納 …… 244
紙 …… 244
紡 …… 244

十一畫

理 …… 244
現 …… 244
琉 …… 244
琅 …… 244
規 …… 245
堵 …… 245
焉 …… 245
埤 …… 245
教 …… 245
碧 …… 245
培 …… 245
聊 …… 245
黄 …… 245
著 …… 247
菴 …… 247
菜 …… 247
菊 …… 247
萃 …… 247
菩 …… 247
萍 …… 247
菀 …… 247
乾 …… 247
菉 …… 247
菰 …… 247
埜 …… 247
梵 …… 247
梧 …… 248
桯 …… 248
梅 …… 248
麥 …… 249
梓 …… 249
梯 …… 249
斬 …… 249
曹 …… 249
敕 …… 249
副 …… 249
區 …… 249
堅 …… 249
票 …… 249
戚 …… 249
帶 …… 249
硃 …… 249
瓠 …… 249
匏 …… 249
奢 …… 249
爽 …… 249

盛 …… 249
雪 …… 250
捧 …… 250
描 …… 250
捷 …… 250
排 …… 250
捫 …… 250
推 …… 250
頂 …… 250
捨 …… 250
掄 …… 250
採 …… 250
授 …… 250
掖 …… 250
接 …… 250
探 …… 250
掃 …… 251
救 …… 251
處 …… 251
雀 …… 251
敝 …… 251
堂 …… 251
常 …… 251
野 …… 251
晨 …… 251
眼 …… 251
閉 …… 252
問 …… 252
曼 …… 252
晦 …… 252
晞 …… 252
晚 …… 252
異 …… 252
鄂 …… 253
唱 …… 253
婁 …… 253
國 …… 253
唯 …… 256
啗 …… 256
啖 …… 256
崧 …… 256
崑 …… 256
崔 …… 256
崢 …… 256
崞 …… 256
崇 …… 256
崆 …… 257
過 …… 257
鉢 …… 257
梨 …… 257
移 …… 257
動 …… 257
笛 …… 257
笙 …… 257
笠 …… 257
笥 …… 258
第 …… 258
笳 …… 258
敏 …… 258
偶 …… 258
偈 …… 258
偉 …… 258
偷 …… 258
進 …… 258
停 …… 258
偽 …… 258
兜 …… 258
貨 …… 258
術 …… 258
得 …… 258
從 …… 258
船 …… 259
釣 …… 259
敘 …… 259
斜 …… 259
悉 …… 259
欲 …… 259
覓 …… 259
貪 …… 259
貧 …… 259
鳥 …… 259
脫 …… 259

魚 …… 259
象 …… 259
逸 …… 259
欿 …… 260
猗 …… 260
凰 …… 260
猘 …… 260
猛 …… 260
祭 …… 260
訥 …… 260
許 …… 260
訟 …… 260
設 …… 260
訪 …… 260
庶 …… 260
麻 …… 260
庵 …… 260
庾 …… 260
產 …… 260
痎 …… 260
庸 …… 260
康 …… 260
鹿 …… 261
旌 …… 261
旋 …… 261
裒 …… 261
章 …… 261
産 …… 262
商 …… 262
望 …… 262
率 …… 262
情 …… 262
惜 …… 262
悼 …… 262
惕 …… 262
惟 …… 262
粗 …… 263
剪 …… 263
清 …… 263
添 …… 265
淩 …… 265
淇 …… 265
淶 …… 265
淞 …… 265
涿 …… 265
渠 …… 265
混 …… 265
淛 …… 265
淮 …… 265
淨 …… 266
淳 …… 266
淡 …… 267
深 …… 267
梁 …… 267
涵 …… 267
寇 …… 267
寅 …… 267
寄 …… 267
寂 …… 268
宿 …… 268
密 …… 268
啟 …… 268
扈 …… 268
啓 …… 268
尉 …… 268
張 …… 268
強 …… 269
隋 …… 269
鄘 …… 269
陽 …… 269
隆 …… 270
娵 …… 270
婼 …… 270
婉 …… 270
婦 …… 270
欽 …… 270
習 …… 270
参 …… 270
貫 …… 270
鄉 …… 270
紺 …… 270
紳 …… 270

終 …… 270
絃 …… 270
紹 …… 270
巢 …… 270

十二畫

貳 …… 271
絜 …… 271
琵 …… 271
琴 …… 271
琳 …… 271
琢 …… 271
琊 …… 271
堯 …… 271
堪 …… 271
項 …… 271
越 …… 271
超 …… 272
博 …… 272
喜 …… 272
彭 …… 272
煮 …… 272
裁 …… 272
報 …… 272
達 …… 272
壹 …… 272
壺 …… 272
惡 …… 272
斯 …… 273
欺 …… 273
葉 …… 273
葫 …… 273
散 …… 273
葬 …… 273
萬 …… 273
葛 …… 274
萼 …… 274
董 …… 274
葆 …… 274
葩 …… 274
葟 …… 274
葡 …… 274
敬 …… 274
落 …… 275
葦 …… 275
菦 …… 275
朝 …… 275
葵 …… 275
楮 …… 275
植 …… 275
森 …… 275
焚 …… 275
椒 …… 275
棲 …… 275
棧 …… 275
棉 …… 275
晳 …… 275
棣 …… 275
極 …… 275
惠 …… 275
逼 …… 275
粟 …… 275
棗 …… 276
棘 …… 276
皕 …… 276
硤 …… 276
硯 …… 276
雁 …… 276
殘 …… 276
雄 …… 276
雲 …… 276
揚 …… 277
提 …… 277
揖 …… 278
揭 …… 278
插 …… 278
搜 …… 278
援 …… 278
換 …… 278
揞 …… 278
揮 …… 278

雅 ······ 278
斐 ······ 278
悲 ······ 278
紫 ······ 278
虛 ······ 278
㱿 ······ 279
棠 ······ 279
掌 ······ 279
睛 ······ 279
暑 ······ 279
最 ······ 279
貽 ······ 279
鼎 ······ 279
閏 ······ 279
開 ······ 279
閑 ······ 280
閒 ······ 280
遇 ······ 280
遏 ······ 280
景 ······ 280
睒 ······ 280
跋 ······ 280
貴 ······ 280
鄖 ······ 280
喁 ······ 280
單 ······ 280
喞 ······ 281
喉 ······ 281
喻 ······ 281
喰 ······ 281
啼 ······ 281
嗟 ······ 281
買 ······ 281
嵐 ······ 281
黑 ······ 281
圍 ······ 281
無 ······ 281
鉼 ······ 282
短 ······ 282
智 ······ 282
犍 ······ 282
剩 ······ 282
嵇 ······ 282
程 ······ 282
棃 ······ 282
喬 ······ 282
等 ······ 282
策 ······ 282
筏 ······ 282
答 ······ 282
筍 ······ 282
筆 ······ 282
備 ······ 282
傅 ······ 282
貸 ······ 283
牌 ······ 283
順 ······ 283
集 ······ 283
焦 ······ 284
傍 ······ 284
臯 ······ 284
皖 ······ 284
衆 ······ 284
遁 ······ 284
御 ······ 284
復 ······ 287
徧 ······ 288
須 ······ 288
舒 ······ 288
鉅 ······ 288
鈍 ······ 288
鈔 ······ 288
鈐 ······ 288
欽 ······ 288
鈞 ······ 293
番 ······ 293
爲 ······ 293
創 ······ 293
飲 ······ 293
勝 ······ 293
猶 ······ 293
觚 ······ 293

鄉 …… 294
詁 …… 294
評 …… 294
訴 …… 294
詅 …… 294
註 …… 294
詠 …… 294
詞 …… 294
詒 …… 295
敦 …… 295
斌 …… 295
痘 …… 295
痢 …… 295
痧 …… 295
遊 …… 295
童 …… 295
瓿 …… 296
棄 …… 296
惺 …… 296
愧 …… 296
惲 …… 296
善 …… 296
普 …… 296
粧 …… 296
尊 …… 296
道 …… 296
遂 …… 297
曾 …… 297
馮 …… 298
敩 …… 299
湛 …… 299
湖 …… 299
湘 …… 300
湯 …… 300
測 …… 301
温 …… 301
湼 …… 301
滑 …… 301
淵 …… 301
盜 …… 301
渡 …… 301
游 …… 301
渼 …… 301
滋 …… 301
溈 …… 301
渾 …… 301
溉 …… 301
湧 …… 302
割 …… 302
寒 …… 302
富 …… 302
寓 …… 302
甯 …… 302
運 …… 302
補 …… 302
祿 …… 303
尋 …… 303
畫 …… 303
犀 …… 303
費 …… 303
粥 …… 303
巽 …… 303
疎 …… 303
疏 …… 303
隔 …… 304
絮 …… 304
媚 …… 304
登 …… 304
發 …… 304
婺 …… 304
絫 …… 304
結 …… 304
絳 …… 304
統 …… 304
絕 …… 304
絔 …… 304
絲 …… 304
幾 …… 304

十三畫

瑞 …… 305

瑜 …………………………………………… 305
魂 …………………………………………… 305
載 …………………………………………… 305
鄢 …………………………………………… 305
塤 …………………………………………… 305
遠 …………………………………………… 305
鼓 …………………………………………… 305
聖 …………………………………………… 305
蒩 …………………………………………… 306
戡 …………………………………………… 306
鄞 …………………………………………… 306
勤 …………………………………………… 306
蓮 …………………………………………… 306
靳 …………………………………………… 306
蒔 …………………………………………… 306
夢 …………………………………………… 306
蒼 …………………………………………… 307
蓬 …………………………………………… 307
蒭 …………………………………………… 307
蒿 …………………………………………… 307
蒲 …………………………………………… 307
蓉 …………………………………………… 307
蒙 …………………………………………… 308
榦 …………………………………………… 308
蔭 …………………………………………… 308
蒓 …………………………………………… 308
蒸 …………………………………………… 308
禁 …………………………………………… 308
楚 …………………………………………… 308
楝 …………………………………………… 309
楊 …………………………………………… 309
想 …………………………………………… 309
楞 …………………………………………… 309
槐 …………………………………………… 310
榆 …………………………………………… 310
嗇 …………………………………………… 310
郟 …………………………………………… 310
楓 …………………………………………… 310
槎 …………………………………………… 310
榏 …………………………………………… 310
椽 …………………………………………… 310
畺 …………………………………………… 310
甄 …………………………………………… 310
賈 …………………………………………… 310
酬 …………………………………………… 310
蜃 …………………………………………… 310
感 …………………………………………… 311
磬 …………………………………………… 311
碑 …………………………………………… 311
碎 …………………………………………… 311
電 …………………………………………… 311
雷 …………………………………………… 311
攝 …………………………………………… 311
搏 …………………………………………… 311
損 …………………………………………… 311
摛 …………………………………………… 311
頓 …………………………………………… 311
裘 …………………………………………… 311
督 …………………………………………… 311
歲 …………………………………………… 311
粲 …………………………………………… 311
虞 …………………………………………… 311
業 …………………………………………… 312
當 …………………………………………… 312
睦 …………………………………………… 312
睫 …………………………………………… 312
睡 …………………………………………… 312
睢 …………………………………………… 312
賊 …………………………………………… 312
嗜 …………………………………………… 312
閨 …………………………………………… 312
黽 …………………………………………… 312
愚 …………………………………………… 312
暖 …………………………………………… 312
歇 …………………………………………… 312
暗 …………………………………………… 312
路 …………………………………………… 312
園 …………………………………………… 312
遣 …………………………………………… 312
蛾 …………………………………………… 312
蜕 …………………………………………… 312
畹 …………………………………………… 312

農 …… 312
嗣 …… 313
署 …… 313
罨 …… 313
蜀 …… 313
嵊 …… 313
嵩 …… 313
圓 …… 313
稗 …… 313
筠 …… 313
筱 …… 314
節 …… 314
與 …… 314
僅 …… 314
傳 …… 314
傷 …… 314
粵 …… 314
奧 …… 315
衙 …… 315
微 …… 315
鉛 …… 315
鈹 …… 315
愈 …… 315
會 …… 315
愛 …… 316
飴 …… 316
腰 …… 316
獅 …… 316
鮮 …… 316
解 …… 316
遙 …… 316
試 …… 316
詩 …… 316
誠 …… 319
話 …… 319
詳 …… 319
稟 …… 319
廉 …… 319
瘏 …… 319
瘍 …… 319
靖 …… 319
新 …… 319
意 …… 325
雍 …… 325
慎 …… 325
義 …… 325
慈 …… 326
煙 …… 326
煉 …… 326
煖 …… 326
資 …… 326
滇 …… 327
溥 …… 327
溧 …… 327
塗 …… 327
溪 …… 328
滄 …… 328
滂 …… 328
溯 …… 328
塞 …… 328
寧 …… 328
褚 …… 328
裨 …… 328
褉 …… 328
福 …… 328
肅 …… 328
群 …… 328
羣 …… 329
彚 …… 329
殿 …… 329
辟 …… 329
隱 …… 329
媿 …… 329
缝 …… 329
遜 …… 329
經 …… 329
綉 …… 331
綏 …… 331
彙 …… 331
剿 …… 331

十四畫

駁 …… 331
碧 …… 331
瑤 …… 331
斠 …… 332
趙 …… 332
嘉 …… 332
臺 …… 332
壽 …… 332
聚 …… 333
蓺 …… 333
慕 …… 333
蔣 …… 333
薖 …… 333
蔡 …… 333
蔗 …… 333
蔴 …… 333
熙 …… 333
蔚 …… 333
蓼 …… 333
薌 …… 333
槈 …… 333
榿 …… 333
槍 …… 333
榴 …… 333
榕 …… 333
輔 …… 333
輓 …… 333
歌 …… 333
監 …… 333
厲 …… 334
歷 …… 334
磁 …… 334
奩 …… 334
爾 …… 334
奪 …… 334
臧 …… 334
霆 …… 334
撾 …… 334
摭 …… 334
摘 …… 334
摺 …… 334
蜚 …… 335
裴 …… 335
雌 …… 335
睿 …… 335
對 …… 335
閨 …… 335
聞 …… 335
閩 …… 335
閣 …… 335
蜨 …… 335
蝸 …… 335
鳴 …… 335
嘯 …… 336
噉 …… 336
圖 …… 336
鄦 …… 336
製 …… 336
種 …… 336
稱 …… 336
箕 …… 336
箋 …… 336
算 …… 336
管 …… 337
毓 …… 337
儆 …… 337
僊 …… 337
僧 …… 337
徵 …… 337
槃 …… 337
銕 …… 337
銅 …… 337
銀 …… 337
遯 …… 337
鳳 …… 337
疑 …… 338
雒 …… 338
鄮 …… 338
誡 …… 338

語 …… 338
誥 …… 338
說 …… 338
認 …… 340
誦 …… 340
塾 …… 340
廣 …… 340
瘍 …… 341
瘟 …… 342
瘦 …… 342
塵 …… 342
旗 …… 342
彰 …… 342
韶 …… 342
端 …… 342
適 …… 342
齊 …… 342
慷 …… 342
慘 …… 342
鄯 …… 342
精 …… 342
鄰 …… 342
鄭 …… 342
歉 …… 343
榮 …… 343
熒 …… 343
滎 …… 343
漢 …… 343
滿 …… 344
漆 …… 344
漸 …… 344
漕 …… 345
漱 …… 345
潄 …… 345
漚 …… 345
漂 …… 345
滹 …… 345
漁 …… 345
漪 …… 345
滾 …… 345
滴 …… 345
演 …… 345
滬 …… 346
寬 …… 346
賓 …… 346
寤 …… 346
察 …… 346
寧 …… 346
蜜 …… 346
寥 …… 346
實 …… 346
肇 …… 346
盡 …… 346
暨 …… 346
墮 …… 346
隨 …… 346
墜 …… 347
熊 …… 347
鄧 …… 347
翠 …… 347
斲 …… 347
緒 …… 347
綺 …… 347
綱 …… 347
網 …… 347
維 …… 347
綿 …… 348
綸 …… 348
綰 …… 348
緑 …… 348
綴 …… 348
綠 …… 348
緇 …… 348

十五畫

慧 …… 348
瑪 …… 349
璇 …… 349
髯 …… 349
駐 …… 349
賣 …… 349

增 …… 349
穀 …… 351
歎 …… 351
蕙 …… 351
蕈 …… 351
蕺 …… 351
邁 …… 351
蕪 …… 351
蕉 …… 351
蕩 …… 351
蕅 …… 351
蕊 …… 351
樞 …… 351
標 …… 351
樗 …… 351
樓 …… 351
樊 …… 351
橄 …… 352
輪 …… 352
輟 …… 352
輜 …… 352
甎 …… 352
甌 …… 352
歐 …… 352
賢 …… 353
遷 …… 353
醉 …… 353
憂 …… 353
遼 …… 353
確 …… 353
豬 …… 353
震 …… 353
撮 …… 353
撫 …… 354
播 …… 354
撰 …… 354
鴉 …… 354
鬧 …… 354
齒 …… 354
劇 …… 354
戲 …… 354
慮 …… 354
鄰 …… 354
賞 …… 354
賦 …… 354
賭 …… 354
賜 …… 354
瞎 …… 354
嘻 …… 354
閱 …… 354
閭 …… 355
影 …… 355
遺 …… 355
蝶 …… 355
蝴 …… 355
蝯 …… 355
數 …… 355
嶢 …… 355
罵 …… 355
罷 …… 355
嶠 …… 355
墨 …… 355
憇 …… 356
稽 …… 356
稻 …… 356
黎 …… 356
稼 …… 356
篋 …… 356
範 …… 356
箴 …… 356
篁 …… 356
篆 …… 356
儉 …… 357
億 …… 357
儀 …… 357
質 …… 357
德 …… 357
衛 …… 358
徵 …… 358
徹 …… 358
磐 …… 358
盤 …… 358

銷 …… 358
鋤 …… 358
鋒 …… 358
鋟 …… 358
劍 …… 359
餘 …… 359
滕 …… 359
膠 …… 359
魯 …… 359
劉 …… 359
請 …… 360
諸 …… 360
諏 …… 361
課 …… 361
誰 …… 361
論 …… 361
調 …… 362
談 …… 362
廟 …… 362
摩 …… 362
瘞 …… 362
瘡 …… 362
慶 …… 362
憫 …… 362
憐 …… 362
羯 …… 362
養 …… 362
遵 …… 363
澆 …… 363
潮 …… 363
潭 …… 363
潛 …… 363
潤 …… 364
澗 …… 364
澂 …… 364
澳 …… 364
潘 …… 364
潼 …… 364
潯 …… 364
澄 …… 364
潑 …… 364
寫 …… 364
窳 …… 365
審 …… 365
憨 …… 365
履 …… 365
遲 …… 365
彈 …… 365
選 …… 365
險 …… 365
嬌 …… 365
豫 …… 365
樂 …… 365
練 …… 366
緬 …… 366
緝 …… 366
緯 …… 366
緱 …… 366
編 …… 366
畿 …… 366

十六畫

璞 …… 367
靜 …… 367
聱 …… 367
隸 …… 367
駱 …… 367
駢 …… 367
撼 …… 367
操 …… 367
擇 …… 367
擔 …… 367
壇 …… 368
擁 …… 368
燕 …… 368
薑 …… 368
薛 …… 368
薇 …… 368
薈 …… 369
薊 …… 369
擎 …… 369

薈 …… 369
薦 …… 369
薄 …… 369
蕭 …… 369
翰 …… 369
頤 …… 369
薩 …… 369
樹 …… 369
横 …… 369
橒 …… 369
樸 …… 369
橋 …… 369
檇 …… 369
樵 …… 369
樽 …… 369
橘 …… 369
輯 …… 369
輶 …… 369
賴 …… 370
融 …… 370
頭 …… 370
醒 …… 370
勵 …… 370
磧 …… 370
歷 …… 370
曆 …… 372
霏 …… 372
霓 …… 372
霍 …… 372
冀 …… 372
頻 …… 372
餐 …… 372
虜 …… 373
盧 …… 373
曉 …… 373
曇 …… 373
螟 …… 373
器 …… 373
戰 …… 373
還 …… 373
嶼 …… 373
螨 …… 373
圜 …… 373
黔 …… 373
憩 …… 373
積 …… 373
穆 …… 374
篤 …… 374
築 …… 374
篔 …… 374
篠 …… 374
篷 …… 374
舉 …… 374
興 …… 374
學 …… 374
盥 …… 375
儒 …… 375
衡 …… 375
錯 …… 375
錢 …… 375
錫 …… 375
錦 …… 376
歙 …… 376
館 …… 376
雕 …… 376
鮑 …… 376
獲 …… 376
獨 …… 376
獪 …… 376
鴛 …… 376
謀 …… 377
諫 …… 377
諧 …… 377
謔 …… 377
諭 …… 377
謎 …… 377
諮 …… 377
憑 …… 377
凝 …… 377
磨 …… 377
麈 …… 377
辨 …… 377

親 …… 377
龍 …… 377
懀 …… 378
憶 …… 378
燒 …… 378
螢 …… 379
營 …… 379
縈 …… 379
燈 …… 379
濿 …… 379
澠 …… 379
澧 …… 379
澤 …… 379
澮 …… 379
濂 …… 379
憲 …… 379
寰 …… 380
窺 …… 380
禪 …… 380
閿 …… 380
閻 …… 380
避 …… 380
彊 …… 380
隰 …… 380
隱 …… 380
彝 …… 380

十七畫

蘢 …… 380
環 …… 380
贅 …… 381
幫 …… 381
趨 …… 381
戴 …… 381
壎 …… 381
聲 …… 381
聰 …… 381
聯 …… 381
鞠 …… 381
藍 …… 381
藏 …… 381
薰 …… 382
舊 …… 382
蕢 …… 382
韓 …… 382
隸 …… 383
檉 …… 383
檢 …… 383
檜 …… 383
檀 …… 383
轅 …… 383
擊 …… 383
臨 …… 383
磵 …… 384
磻 …… 384
霜 …… 384
霞 …… 384
霧 …… 384
擬 …… 384
豳 …… 384
戲 …… 384
嬰 …… 384
闇 …… 384
曙 …… 384
蟋 …… 384
牆 …… 384
嶺 …… 384
嶽 …… 384
點 …… 384
氈 …… 385
魏 …… 385
簏 …… 385
繁 …… 385
輿 …… 385
優 …… 385
黛 …… 385
儲 …… 385
龜 …… 385
徽 …… 385
禦 …… 385
鍊 …… 385

鍼 …… 385
鍾 …… 386
龠 …… 386
斂 …… 386
爵 …… 386
谿 …… 386
膽 …… 386
鮚 …… 386
螽 …… 386
講 …… 386
謝 …… 386
謗 …… 386
謙 …… 386
襄 …… 386
氈 …… 386
膺 …… 386
應 …… 386
癘 …… 386
齋 …… 386
甕 …… 387
懥 …… 387
燭 …… 387
鴻 …… 387
濟 …… 387
濯 …… 387
濰 …… 387
賽 …… 387
蹇 …… 387
邃 …… 387
禮 …… 387
歗 …… 389
檗 …… 389
擘 …… 389
彌 …… 389
翼 …… 389
縹 …… 389
縵 …… 389
總 …… 389
繆 …… 389

十八畫

騎 …… 389
璿 …… 389
韉 …… 389
瓊 …… 389
聶 …… 389
藕 …… 389
職 …… 389
藝 …… 389
鞮 …… 390
藜 …… 390
藤 …… 390
藥 …… 390
檮 …… 390
轉 …… 390
覆 …… 390
醫 …… 390
擷 …… 391
豐 …… 391
叢 …… 392
題 …… 392
瞿 …… 392
瞻 …… 392
闔 …… 392
闕 …… 392
曠 …… 392
蟫 …… 392
蟲 …… 392
鵑 …… 392
韞 …… 392
黟 …… 392
穢 …… 392
簪 …… 392
簡 …… 392
簣 …… 393
鵝 …… 393
雙 …… 393
邊 …… 394
歸 …… 394

鎮 …… 394
鎧 …… 395
翻 …… 395
雞 …… 395
鯉 …… 395
謫 …… 395
顏 …… 395
雜 …… 395
離 …… 395
癖 …… 395
鏖 …… 395
顔 …… 395
懺 …… 395
燼 …… 395
濾 …… 395
瀏 …… 395
瀋 …… 395
濼 …… 395
禱 …… 396
璧 …… 396
隴 …… 396
彝 …… 396
繞 …… 396
繙 …… 396
織 …… 396
斷 …… 396

十九畫

騙 …… 396
騷 …… 396
鵲 …… 396
擇 …… 396
蘋 …… 396
蘧 …… 396
蘆 …… 396
勸 …… 396
蘇 …… 396
警 …… 397
藻 …… 397
蘐 …… 397
蘊 …… 397
麓 …… 397
攀 …… 397
叢 …… 398
麗 …… 398
礦 …… 398
願 …… 398
攘 …… 398
贈 …… 398
曝 …… 398
關 …… 398
疇 …… 398
蹶 …… 398
蟻 …… 398
艷 …… 398
嚴 …… 398
鞾 …… 399
韜 …… 399
羅 …… 399
顗 …… 399
犢 …… 399
籀 …… 399
簷 …… 399
鏡 …… 399
騰 …… 399
鯤 …… 399
鱓 …… 399
蟹 …… 399
譚 …… 399
譜 …… 399
證 …… 399
廬 …… 399
龐 …… 400
癡 …… 400
麒 …… 400
瓣 …… 400
韻 …… 400
懷 …… 400
類 …… 401
爆 …… 401
瀟 …… 401

瀛 …… 401
寶 …… 401
聽 …… 401
疆 …… 401
嬾 …… 401
繩 …… 401
繹 …… 401
繪 …… 402
繡 …… 403

二十畫

蘭 …… 404
櫪 …… 405
轘 …… 405
攖 …… 405
鹺 …… 405
獻 …… 405
闌 …… 405
鶡 …… 405
蠖 …… 405
蠙 …… 405
蠕 …… 405
嚶 …… 405
嚼 …… 405
巍 …… 405
籌 …… 405
籃 …… 405
纂 …… 405
覺 …… 405
斅 …… 405
鐔 …… 405
鐫 …… 405
鐘 …… 406
鐙 …… 406
釋 …… 406
饒 …… 406
臙 …… 406
臚 …… 406
護 …… 406
譯 …… 406
議 …… 406
懺 …… 406
灌 …… 406
寶 …… 406
竇 …… 407
饗 …… 407
響 …… 407
繼 …… 407

二十一畫

驂 …… 407
歡 …… 407
權 …… 407
礮 …… 407
露 …… 407
攝 …… 407
攜 …… 408
躍 …… 408
簒 …… 408
儷 …… 408
儼 …… 408
鐵 …… 408
麝 …… 408
爛 …… 408
鶯 …… 408
灊 …… 408
竈 …… 408
顧 …… 408
鶴 …… 409
蠡 …… 409
續 …… 409

二十二畫

聽 …… 412
蘿 …… 412
驚 …… 412
鷗 …… 412
鑒 …… 412
囊 …… 412

疊 …………………………………………… 412
穰 …………………………………………… 412
籟 …………………………………………… 412
籜 …………………………………………… 412
鑄 …………………………………………… 412
鑑 …………………………………………… 413
鑛 …………………………………………… 413
臞 …………………………………………… 413
讀 …………………………………………… 413
鷓 …………………………………………… 415
龔 …………………………………………… 415
竊 …………………………………………… 415
鬻 …………………………………………… 415
孿 …………………………………………… 415
纑 …………………………………………… 415

二十三畫

驛 …………………………………………… 415
驗 …………………………………………… 415
鼇 …………………………………………… 415
曬 …………………………………………… 415
顯 …………………………………………… 415
鷦 …………………………………………… 415
麟 …………………………………………… 415
欒 …………………………………………… 416
變 …………………………………………… 416

二十四畫

蠶 …………………………………………… 416
觀 …………………………………………… 416
鹽 …………………………………………… 417
釀 …………………………………………… 417
靈 …………………………………………… 417
靄 …………………………………………… 418
攬 …………………………………………… 418
蠶 …………………………………………… 418
鬬 …………………………………………… 418
鷺 …………………………………………… 418
釁 …………………………………………… 418
蠡 …………………………………………… 418
讒 …………………………………………… 418
贛 …………………………………………… 418
讐 …………………………………………… 418

二十五畫

欖 …………………………………………… 418
蠻 …………………………………………… 418

二十六畫

讚 …………………………………………… 418
灤 …………………………………………… 418

二十七畫

鬱 …………………………………………… 418
鸚 …………………………………………… 418

二十八畫

豔 …………………………………………… 418
驪 …………………………………………… 418

二十九畫

鬱 …………………………………………… 418
鸝 …………………………………………… 418
爨 …………………………………………… 418
鸞 …………………………………………… 418

書名筆畫索引

一畫

一入榮府子弟書 ………………………… 3－465
一山文存十二卷 ………………………… 2－352
一夕話六卷 ……………………………… 1－378
一夕話六卷 ……………………………… 2－526
一夕話新集六卷 ………………………… 3－284
一切法高王經一卷 ……………………… 1－171
一切秘密最上名義大教王儀軌二卷 ……………………………………… 2－237
一心三觀一編釋摩訶般若波羅密經覺意三昧 ……………………………… 2－224
一西自記年譜 …………………………… 2－539
一行居集八卷 …………………………… 1－541
一朵山房詩集十八卷 …………………… 3－235
一串珠鼓譜 ……………………………… 3－463
一角山房詩草二卷 ……………………… 2－476
一初元禪師語錄二卷 …………………… 1－155
一枝山房詩集四卷 ……………………… 2－386
一松齋集八卷 …………………………… 3－271
一門五福 ………………………………… 3－455
一品集二卷 ……………………………… 3－290
一乘決疑論 ……………………………… 2－215
一乘決疑論 ……………………………… 2－242
一家詩詞鈔五種 ………………………… 3－87
一規八棱硯齋詩鈔六卷文鈔一卷詞鈔一卷 ………………………………… 3－54
一捧雪 …………………………………… 2－489
一捧雪全傳八卷三十二回 ……………… 1－430
一捧雪傳奇 ……………………………… 3－446
一笠菴北詞廣正譜 ……………………… 3－321
一笠菴北詞廣正譜十八卷附南戲北詞正謬一卷 …………………………… 1－21
一笠菴北詞廣正譜十八卷附南戲北詞正謬一卷 …………………………… 1－95
一飡飯實卷 ……………………………… 3－66
一飡飯實卷 ……………………………… 3－112
一飡飯實卷一卷 ………………………… 3－499
一晝夜齋式 ……………………………… 3－518
一粟盦詞集 ……………………………… 3－244
一統志案說十六卷 ……………………… 1－351
一歲貨聲 ………………………………… 3－511
一經堂詩錄一卷賦錄一卷 ……………… 3－74
一經堂詩錄八卷 ………………………… 3－54
一漚集九卷 ……………………………… 2－485
一學三貫清文鑑四卷十二字頭一卷 ……………………………………… 3－520
一學三貫清文鑑四卷十二字頭一卷 ……………………………………… 3－520
一簾花影樓律詩賦 ……………………… 2－366
一鐙精舍甲部槁五卷 …………………… 2－31
乙巳占十卷 ……………………………… 1－508

二畫

二十一史 ………………………………… 2－84
二十一史精義二十一卷 ………………… 1－124
二十二子全書 …………………………… 2－279
二十二史引八卷 ………………………… 3－295
二十二史感應錄二卷 …………………… 3－317
二十八經一百四十七卷 ………………… 1－196
二十五子彙函 …………………………… 2－267
二十世紀女界文明燈彈詞上卷 ………… 3－491
二十世紀奇書快覩十卷 ………………… 3－179
二十世紀奇書快覩七種十卷 …………… 3－47
二十四史 ………………………………… 2－184
二十四史 ………………………………… 2－186
二十四史 ………………………………… 3－358
二十四史九通政典類要合編三百二十卷 ……………………………………… 3－224
二十四史論贊七十八卷 ………………… 1－490
二十四史論贊七十八卷目錄一卷 ……… 2－164
二十四孝鼓詞 …………………………… 3－491

二十四泉草堂集十二卷 …………………… 1－264
二十四泉草堂集十二卷 …………………… 2－495
二十四家詞選 ………………………… 1－49
二十四家隱語 ………………………… 3－98
二十四番花信風 ……………………… 3－492
二十四福堂詩課一卷續二卷 ………… 3－243
二十家子書二十八卷 ………………… 1－137
二三家宮詞 …………………………… 3－36
二丸居集選九卷 ……………………… 3－166
二太史樂府聯璧四卷 ………………… 1－40
二瓦硯齋詩鈔 ………………………… 3－246
二瓦硯齋詩鈔十卷 …………………… 3－264
二水樓集二十卷首一卷詩集十八卷
…………………………………………… 3－419
二申野錄八卷 ………………………… 1－76
二史會編十六卷 ……………………… 1－7
二曲集二十六卷 ……………………… 1－54
二曲集二十六卷 ……………………… 1－256
二曲集四十六卷 ……………………… 1－536
二竹齋詩 ……………………………… 3－92
二竹齋詩鈔二卷文集二卷 …………… 2－455
二竹齋詩鈔六卷 ……………………… 2－480
二竹齋詩鈔六卷 ……………………… 3－160
二如亭群芳譜二十九卷 ……………… 1－84
二如亭群芳譜二十九卷 ……………… 1－138
二如亭群芳譜二十九卷 ……………… 1－140
二如亭群芳譜二十九卷 ……………… 1－140
二如亭群芳譜不分卷 ………………… 3－341
二如亭群芳譜四部總七十一卷首四
卷 ……………………………………… 1－199
二李唱和集 …………………………… 2－429
二李唱和集 …………………………… 2－430
二酉堂叢書 …………………………… 2－4
二酉堂叢書二十一種 ………………… 1－546
二希堂文集十一卷首一卷 …………… 1－240
二希堂文集十一卷首一卷 …………… 1－244
二希堂文集十一卷首一卷 …………… 1－277
二初齋讀書記十卷首一卷 …………… 1－343
二妙集八卷補一卷 …………………… 1－426
二林居集二十四卷 …………………… 2－327
二林居集二十四卷 …………………… 2－440
二林居集二卷 ………………………… 2－363
二林居集二卷 ………………………… 3－59
二奇合傳十六卷 ……………………… 3－28
二奇合傳十六卷四十回 ……………… 1－374
二虎嶺鼓詞 …………………………… 1－407
二知軒文存 …………………………… 2－486
二知軒詩鈔十四卷續鈔十六卷 ……… 1－432
二知軒詩續鈔八卷 …………………… 3－91
二金蜨堂尺牘 ………………………… 3－205
二刻泉潮荔鏡奇逢二卷 ……………… 3－483
二垞詩稿四卷詞一卷 ………………… 3－138
二南文集二卷 ………………………… 2－324
二南遺音續集四卷 …………………… 3－29
二思堂叢書六種 ……………………… 1－547
二思堂叢書六種 ……………………… 2－465
二俠傳二十卷 ………………………… 1－12
二度梅六卷 …………………………… 3－288
二度梅六卷四十回 …………………… 1－368
二度梅四卷 …………………………… 3－49
二度梅奇說全傳六卷 ………………… 2－392
二馬投唐四卷 ………………………… 3－271
二峩草堂學稿 ………………………… 3－257
二家詞鈔五卷 ………………………… 1－413
二家詞鈔五卷二家試帖一卷二家詠
古詩一卷 ……………………………… 3－398
二家詩鈔 ……………………………… 1－215
二家詩鈔二十卷 ……………………… 1－205
二家詩鈔二十卷 ……………………… 1－238
二教論笑道論合刊 …………………… 2－215
二進士 ………………………………… 3－103
二許先生集 …………………………… 2－458
二許先生集八卷 ……………………… 3－207
二許先生集八集 ……………………… 2－519
二程子年譜十四卷 …………………… 3－205
二程全書 ……………………………… 1－375
二程全書 ……………………………… 2－389
二程全書六十四卷 …………………… 3－427
二經同卷 ……………………………… 1－146
二經同卷 ……………………………… 1－146
二經同卷 ……………………………… 1－152
二銘草堂金石聚 ……………………… 1－497

二銘草堂金石聚十六卷…………………… 1－496
二鄧先生詩合鈔……………………………… 2－521
二餘堂文稿三卷………………………… 2－448
二論典故最豁集四卷…………………… 2－285
二樹詩集……………………………………… 1－291
二學亭文湠四卷 ………………………… 1－36
二藍集二種………………………………… 1－417
二簧月琴隨唱托板……………………… 3－466
二關指迷 ……………………………………… 3－35
十一面神咒心經………………………… 1－174
十一面觀自在菩薩心密言念誦儀軌
經二卷………………………………………… 1－192
十一朝東華錄詳解……………………… 2－138
十一經合刻一百十八卷 ………………… 2－30
十一經音訓 ………………………………… 2－38
十一經音訓二十六卷 …………………… 2－31
十一經音訓十一種……………………… 3－361
十二石齋叢錄七卷詩話四卷………… 2－326
十二佛名神咒校量功德除障滅罪經
一卷…………………………………………… 1－174
十二家唐詩類選十二卷……………… 1－252
十二硯齋隨錄四卷…………………… 1－374
十二圓覺全卷 …………………………… 3－52
十二寡婦征西五至九集三十卷 ……… 3－50
十二樓十二種……………………………… 3－480
十二緣生祥瑞經二卷………………… 1－180
[十七史]六百四十一卷 ……………… 1－121
十七史附宋遼金元弘簡錄 …………… 2－84
十七史商榷一百卷……………………… 1－464
十七史商榷一百卷……………………… 2－161
十七史商榷一百卷……………………… 2－173
十七史蒙求十六卷 ……………………… 2－92
十七史詳節二百七十三卷…………… 1－323
十七史詳節二百七十三卷…………… 1－334
十八空論……………………………………… 2－237
十八省正副榜同年全錄(甲午) ……… 3－10
十八省同年全錄 ………………………… 3－10
十八省鄉試同年全錄(光緒丙子) …… 3－10
十八省鄉試同年全錄(咸豐乙卯) …… 3－10
十八省鄉試同年錄 ……………………… 3－16
十八省鄉試同年錄 ……………………… 3－17
十八省選拔同年全錄(己酉) ………… 3－10
十八科會墨文的………………………… 3－194
十八蕃笛譜一卷………………………… 3－463
十九世紀大勢變遷通論……………… 3－242
十九世紀外交史十七章 ……………… 3－27
十九科同館試帖選……………………… 3－304
十三日備嘗記事略附記……………… 2－397
十三妹………………………………………… 3－163
十三唐人詩選十五卷八劉唐人詩八
卷……………………………………………… 1－256
十三經古注 ………………………………… 2－25
十三經古注二百九十九卷 …………… 2－30
十三經述要六卷 ………………………… 2－11
十三經注疏………………………………… 1－113
十三經注疏 ………………………………… 2－14
十三經注疏………………………………… 3－361
十三經注疏三百四十六卷…………… 1－113
十三經注疏三百四十六卷 …………… 2－15
十三經注疏三百四十六卷 …………… 2－30
十三經注疏校勘記識語四卷 ………… 2－28
十三經注疏校勘記識語四卷 ………… 2－30
十三經客難二十四卷…………………… 3－419
十三經策案二十二卷…………………… 3－224
十三經策案補遺………………………… 1－482
十三經集句類聯二十八卷…………… 1－344
十三經集字………………………………… 1－339
十三經集字………………………………… 3－123
十三經集字………………………………… 3－123
十三經集字摹本………………………… 3－254
十三經集字摹本………………………… 3－299
十三經註疏………………………………… 1－456
十三經註疏校勘記 ……………………… 2－14
十三經註疏校勘記二百四十八卷…… 1－339
十三經註疏校勘記識語四卷 ………… 2－14
十三經註疏校勘記識語四卷………… 3－210
十三經劄記二十二卷…………………… 1－339
十三經劄記二十二卷 …………………… 2－22
十三經劄記二十二卷 …………………… 2－48
十三經選注讀本 ………………………… 2－30
十三經舊學加商二卷 …………………… 2－30
十三經讀本………………………………… 1－460

十大姐…………………………………… 3－493
十子全書一百二十二卷……………… 2－299
十子全書十種一百十八卷…………… 1－381
十王寶卷…………………………………… 3－286
十五弗齋詩存………………………… 2－383
十五家年譜叢書……………………… 2－479
十五家年譜叢書……………………… 2－502
十五家謎稿 ………………………… 3－98
十五貫…………………………………… 2－473
十五貫…………………………………… 2－511
十五貫…………………………………… 2－511
十五貫二十六出……………………… 3－334
十五貫十六卷………………………… 3－284
十五貫寶卷一卷……………………… 3－495
十友草堂詩集二卷 ………………… 3－76
十友草堂詩集四卷跋一卷 ………… 3－80
十六國春秋一百卷…………………… 1－122
十六國春秋一百卷…………………… 1－490
十六國春秋一百卷 ………………… 2－68
十六國春秋十六卷…………………… 2－104
十六國春秋輯補一百卷……………… 2－142
十六國春秋纂錄十卷………………… 2－142
十六國宮詞二卷……………………… 2－322
十六國宮詞二卷……………………… 2－423
十六國宮詞二卷……………………… 2－423
十六國疆域志十六卷………………… 1－476
十六國疆域志十六卷 ……………… 2－68
十六國疆域志十六卷 ……………… 2－84
十六國疆域志十六卷 ……………… 2－88
十六國疆域志十六卷………………… 3－371
十六國疆域志十六卷………………… 3－371
十六國疆域志十六卷附錄三卷 …… 2－96
十六經同卷…………………………… 2－245
十四經同本…………………………… 1－181
十地經論十二卷……………………… 1－152
十竹齋書畫冊不分卷 ……………… 1－90
十竹齋書畫譜………………………… 1－513
十竹齋書畫譜………………………… 2－264
十竹齋書畫譜………………………… 2－298
十竹齋書畫譜………………………… 2－535
十名家詞集十卷 …………………… 1－28
十杉亭帖體詩鈔五卷………………… 1－411
十杉亭帖體詩箋注正續合刻七卷…… 2－427
十住經六卷…………………………… 1－165
十住經六卷…………………………… 2－244
十快園八出…………………………… 1－319
十松詩集一卷十松文集四卷………… 1－290
十朋祭江八卷………………………… 2－523
十宗略說……………………………… 2－315
十面…………………………………… 2－515
十面…………………………………… 3－458
十科策畧箋釋十卷…………………… 1－7
十度林英 …………………………… 3－52
十美圖四卷二十四回 ……………… 1－24
十洲春語三卷 ……………………… 3－29
十洲春語三卷………………………… 3－297
十洲春語三卷首一卷補遺一卷……… 3－505
十華小築詩鈔二卷…………………… 3－278
十華小築詩鈔四卷 ………………… 3－56
十華小築詩鈔四卷…………………… 3－105
十峯集二卷首一卷…………………… 3－103
十笏草堂上浮集乙集二卷廣陵倡和
　詞一卷……………………………… 1－268
十個彌陀經一卷……………………… 3－498
［十家詩話］十種 ………………… 1－264
十國春秋一百十六卷………………… 1－4
十國春秋一百十四卷 ……………… 1－72
十國春秋拾遺一卷備考一卷 ……… 1－72
十國宮詞……………………………… 2－370
十國宮詞一百首……………………… 1－413
十國宮詞一百首……………………… 2－430
十國宮詞五卷首一卷………………… 1－410
十國雜事詩十七卷敘目二卷 ……… 3－79
十粒金丹十七卷……………………… 2－459
十萬卷樓叢書………………………… 2－4
十萬卷樓叢書………………………… 2－462
十萬卷樓叢書三編五十一種………… 3－397
十萬卷樓叢書初集十六種二集二十
　種三集十四種……………………… 1－440
十媚圖全本二十八出………………… 3－446
十經齋文集二卷 …………………… 3－37
十經齋文集二卷……………………… 3－240

十種古逸書……………………………… 2－4
十種唐詩選存………………………… 2－362
十誦律六十一卷……………………… 1－178
十誦律毗尼序三卷…………………… 1－152
十誦律毗尼序三卷…………………… 1－161
十誦齋集詩四卷詞一卷雜文一卷…… 1－244
十髮盦叢書六種……………………… 1－444
十醋記二卷三十六出………………… 3－469
十醋記(滿床笏)二卷 ……………… 1－316
十駕齋養新錄二十卷………………… 1－531
十駕齋養新錄二十卷………………… 1－532
十駕齋養新錄二十卷餘錄三卷……… 2－193
十藥神書……………………………… 1－520
十藥神書……………………………… 2－195
十勸賢良詞寶卷……………………… 3－112
丁文誠公遺稿 ………………………… 3－60
丁文誠公奏稿二十六卷遺集一卷首
一卷……………………………… 1－485
丁文誠公奏稿二十六卷遺集一卷首
一卷……………………………… 1－485
丁文誠公奏稿十六卷首一卷遺稿二
卷 ………………………………… 2－63
丁文誠公遺稿………………………… 2－339
丁未和會類要四卷…………………… 2－109
丁未和會類要四卷…………………… 2－109
丁未和會類要四卷…………………… 2－109
丁未和會類要四卷…………………… 2－109
丁戊之間行卷十卷…………………… 3－169
丁戊之間行卷九卷湘絃詞一卷……… 3－265
丁卯詩集二卷詩續集一卷詩續補一
卷集外遺詩一卷………………… 1－271
丁亥入都紀程二卷 …………………… 2－75
丁酉北闈大獄記略…………………… 2－123
丁頤生時文…………………………… 3－191
七十二峰足徵集八十八卷文集十六
卷…………………………………… 1－9
七十二峰足徵集八十八卷文集十六
卷………………………………… 1－296
七十二峰足徵集……………………… 3－416
七十家賦鈔…………………………… 2－457
七十家賦鈔六卷……………………… 1－411
七十家賦鈔六卷……………………… 2－369
七十家賦鈔六卷……………………… 2－387
七子詩選十四卷……………………… 1－253
七子詩選十四卷……………………… 1－254
七子詩選十四卷……………………… 1－266
七月漫錄二卷左傳臆說十九條 ……… 3－78
七巧書譜二卷………………………… 1－381
七本頭………………………………… 3－530
七佛所說神咒經四卷………………… 1－176
七言詩歌行鈔十五卷………………… 1－293
七言詩歌行鈔十五卷………………… 2－361
七言詩歌行鈔十五卷………………… 3－438
七星山人集…………………………… 2－529
七星山人集…………………………… 2－531
七俠圖四十二集……………………… 1－406
七修類稿五十一卷…………………… 1－376
七修類稿五十一卷…………………… 2－207
七修類稿五十一卷續稿七卷 ………… 1－91
七真天仙寶傳四卷…………………… 2－297
七真天仙寶傳四卷…………………… 2－297
七真天仙寶傳四卷…………………… 3－322
七真因果傳二卷二十九回…………… 3－165
七俱胝佛母所說准提陀羅尼經會釋
三卷……………………………… 2－215
七俱胝佛母所說準提陀羅尼經會釋
三卷附持誦法要………………… 1－156
七訓須讀二卷………………………… 3－531
七家文鈔……………………………… 3－329
七家後漢書…………………………… 2－139
七家後漢書二十一卷 ………………… 2－72
七家試帖輯注彙鈔…………………… 2－354
七家試帖輯註彙鈔…………………… 2－365
七家試帖輯註彙鈔…………………… 2－430
七家詩選……………………………… 2－426
七家詩輯注彙鈔……………………… 3－300
七國象棋局不分卷…………………… 3－350
七國傳三種…………………………… 1－320
七硯齋百物銘………………………… 1－518
七硯齋百物銘………………………… 3－516
七頌堂詩集十卷首一卷……………… 3－130
七頌堂詩集九卷文集四卷…………… 1－234

七經合卷…………………………………… 1－149
七經孟子考文並補遺 ………………… 2－44
七經孟子考文並補遺二百卷………… 1－456
七經孟子考文並補遺二百卷 ………… 2－45
七經精義 ……………………………… 2－41
七經精義 ……………………………… 2－50
七經樓文鈔…………………………… 1－536
七種古文……………………………… 3－137
七嬉二卷……………………………… 1－380
七緯三十八卷 ………………………… 1－64
七録齋詩文合集十六卷 ……………… 1－55
七録齋詩選八卷序及目録一卷……… 3－117
七襄報章一出仕女乞巧一出………… 3－450
七襄報章一出仕女乞巧一出………… 3－450
七襄報章一出仕女乞巧一出………… 3－450
卜子夏小序一卷 ……………………… 1－65
卜芙蓉寶卷 …………………………… 3－72
卜硯集二卷…………………………… 1－518
卜硯齋集 ……………………………… 3－50
卜筮正宗十四卷……………………… 2－312
八十一寒詞…………………………… 2－358
八十八祖傳贊五卷…………………… 3－390
八十八祖傳贊五卷…………………… 3－390
八十八祖傳贊五卷…………………… 3－390
八十八祖傳贊五卷…………………… 3－390
八十八祖傳贊五卷…………………… 3－390
八十八祖傳贊五卷…………………… 3－390
八十八祖傳贊五卷…………………… 3－391
八十八祖傳贊五卷…………………… 3－391
八史經籍志…………………………… 1－467
八史經籍志…………………………… 1－486
八史經籍志三十卷…………………… 1－353
八代文粹四集二十二卷目録十八卷
…………………………………………… 1－401
八代詩揆五卷………………………… 1－423
八代詩選二十卷……………………… 1－423
八代詩選二十卷……………………… 2－365
八仙全圖 ……………………………… 3－51
八仙全圖 ……………………………… 3－51
八仙神歌別妻神歌結義神歌 ………… 3－51
八仙緣………………………………… 3－102
八仙寶卷……………………………… 3－112
八名堂塾鈔五卷……………………… 2－424
八字詳評……………………………… 2－271
八字寶卷 ……………………………… 3－68
八字寶卷 ……………………………… 3－69
八松庵詩集八卷……………………… 3－276
八述奇二十卷………………………… 2－149
八宗綱要二卷………………………… 2－222
八宗綱要二卷………………………… 2－243
八宗綱要二卷………………………… 3－420
八指頭陀詩集………………………… 2－473
八美圖五卷…………………………… 1－428
八烈贈詩七卷………………………… 3－285
八家四六文注八卷…………………… 1－537
八家四六文注八卷首一卷…………… 1－540
八家四六文鈔………………………… 1－405
八家四六文鈔八種…………………… 1－404
八家四六文註八卷…………………… 2－387
八家四六文註八卷首一卷…………… 2－365
八家詞鈔八種………………………… 1－427
八義記二卷四十一出………………… 3－423
八義記二卷四十一出………………… 3－460
八義記二卷四十一出………………… 3－460
八義記傳奇…………………………… 3－446
八銘堂塾鈔二集五卷………………… 2－427
八銘堂塾鈔初集四卷………………… 2－431
八銘堂塾鈔初集四卷………………… 3－295
八旗文經五十六卷…………………… 3－318
八旗文經五十六卷作者考三卷敘録
一卷………………………………… 2－361
八旗文經五十六卷作者考三卷敘録
一卷………………………………… 2－408
八旗文經六十卷……………………… 1－428
八旗奉直同鄉齒録…………………… 3－147
八旗奉直宦豫同鄉録………………… 3－145
八旗通志初集二百五十卷目録二卷
…………………………………………… 1－122
八旗通志初集二百五十卷目録二卷
…………………………………………… 1－132
八旗滿洲氏族通譜八十卷目録二卷
…………………………………………… 1－73

八旗滿洲氏族通譜八十卷目錄二卷
…………………………………… 1－121
八旗滿洲氏族通譜八十卷首一卷…… 3－535
八旗滿洲氏族通譜八十卷首一卷…… 3－535
八旗爵秩俸禄考……………………… 3－512
八甎吟館刻燭集三卷 ……………… 3－10
八賢手劄……………………………… 2－426
八線備旨……………………………… 2－255
八線備旨四卷………………………… 2－288
八線備旨四卷………………………… 2－297
八編類纂二百八十五卷……………… 1－515
八關齋會報德記十二卷……………… 2－260
八關齋經……………………………… 2－239
八識規矩頌…………………………… 2－238
八識規矩隨疏科釋二卷……………… 2－250
人生必讀書…………………………… 2－286
人臣儆心錄一卷……………………… 3－522
人表考九卷…………………………… 3－155
人表考九卷…………………………… 3－393
人物概十五卷………………………… 1－4
人海記………………………………… 2－214
人海記………………………………… 3－533
人海記二卷…………………………… 2－214
人海記二卷…………………………… 2－284
人海記二卷…………………………… 2－284
人境廬詩草十一卷…………………… 2－480
人壽金鑑二十二卷 ………………… 2－62
人壽金鑑二十二卷…………………… 2－168
人壽金鑑二十二卷…………………… 3－318
人範六卷……………………………… 2－190
人範六卷……………………………… 2－233
人範六卷……………………………… 2－290
人範六卷……………………………… 2－300
人範六卷……………………………… 2－300
人鏡結廬詩稿十二卷………………… 2－475
人譜一卷……………………………… 1－392
人譜正篇一卷續篇一卷三篇一卷…… 3－432
人譜正篇一卷續篇二卷人譜類記六
卷……………………………………… 3－128
人譜類記二卷………………………… 2－206
人譜類記二卷………………………… 2－265
人譜類記六卷………………………… 1－381
人譜類記增訂六卷…………………… 3－432
入地眼全書十卷……………………… 1－474
入吳集………………………………… 1－266
入門之光榮…………………………… 2－250
入享來王……………………………… 3－459
入法界體性經………………………… 2－223
入法界體性經一卷…………………… 1－185
入法界體性經一卷…………………… 1－201
入定不定印經………………………… 2－239
入就瑞白禪師語録十八卷…………… 1－175
入楞伽心玄義………………………… 2－226
入楞伽心玄義………………………… 2－249
入楞伽經十卷………………………… 1－183
入蜀集立經堂詩鈔五卷……………… 2－529
九十九峯草堂詩鈔…………………… 2－473
九九數附雜抄………………………… 2－307
九九銷夏錄十四卷…………………… 3－101
九女士詩稿…………………………… 1－291
九天應元雷聲普化天尊說玉樞寶經
…………………………………… 1－189
九水山房文存二卷…………………… 1－413
九史同姓名略七十二卷……………… 2－156
九史同姓名略七十二卷補遺四卷 …… 1－76
九老詩存……………………………… 2－434
［光緒］九江儒林鄉志二十一卷 ……… 2－56
九宋人集 …………………………… 3－38
九金人集八種一百五十五卷………… 1－418
九思堂詩稿四卷……………………… 2－455
九品蓮台記…………………………… 2－501
九美圖十二卷七十五回……………… 3－103
九美圖十二卷七十五回……………… 3－287
九美圖寶卷 ………………………… 3－66
九美圖寶卷…………………………… 3－170
九華山志十卷首一卷 ……………… 2－58
九華山志十卷首一卷末一卷 ……… 2－57
九華品菊　眾美飛霞………………… 3－453
九華紀勝二十三卷…………………… 2－150
九華紀勝二十三卷首一卷 ………… 2－60
九峰文鈔二卷 ……………………… 1－35
九卿議定物料價值四卷……………… 3－534

九家集註杜詩三十六卷 ……………… 3－187
九宮山人詩選二卷 ……………………… 3－60
九宮譜定十二卷首一卷 ……………… 3－335
九通 ………………………………………… 1－346
九通分類總纂二百四十卷 …………… 2－160
九通全書 ………………………………… 1－504
九通序錄四卷 …………………………… 1－361
九通序錄四卷 …………………………… 3－120
九章算術九卷 …………………………… 1－203
九章算術音義一卷 ……………………… 1－203
九章算術細草圖說九卷 ……………… 2－234
九朝野記四卷 …………………………… 2－91
九朝野記四卷 …………………………… 2－188
九朝野記四卷 …………………………… 3－121
九朝野記四卷 …………………………… 3－288
九朝新語十六卷 ………………………… 3－381
九蓮卷一卷 ……………………………… 3－497
九經今義二十八卷 ……………………… 3－357
九經今義二十八卷 ……………………… 3－361
九經今義二十八卷 ……………………… 3－361
九經今義二十八卷 ……………………… 3－442
九經今義二十八卷 ……………………… 3－442
九經今義二十八卷 ……………………… 3－444
九經古義十六卷 ………………………… 2－19
九經集解九卷 …………………………… 1－462
九經補韻 ………………………………… 2－28
九僧詩 …………………………………… 2－344
九僧詩一百三十四卷又續添一首 …… 3－308
九疑山志八卷 …………………………… 1－299
九疑山志四卷 …………………………… 2－63
九旗古義述 ……………………………… 1－496
九旗古義述 ……………………………… 2－195
九數外錄 ………………………………… 2－191
九數存古九卷 …………………………… 2－191
九數存古九卷 …………………………… 2－281
九數通考十一卷首一卷末一卷 ……… 1－93
九數通考十一卷首一卷末一卷 ……… 1－142
九龍陣十六卷 …………………………… 1－428
九龍傳彈詞六集 ………………………… 1－408
九邊圖 …………………………………… 1－323
九邊圖論一卷 …………………………… 1－67
九鐘精舍金石跋尾甲編乙編 ………… 3－379
九靈山房集三十卷補編二卷 ………… 1－29
力學課編 ………………………………… 3－302
力學課編八卷 …………………………… 2－287
又希齋集四卷 …………………………… 3－85
又其次齋詩集七卷 ……………………… 3－153
又其次齋詩集七卷 ……………………… 3－232
又問一卷 ………………………………… 3－381
又問二卷 ………………………………… 3－381

三畫

三二家宮詞 ……………………………… 2－429
三十二蘭亭室詩存八卷 ……………… 3－164
三十二蘭亭室詩存八卷續刻二卷 …… 3－100
三十三種叢書 …………………………… 2－2
三十三種叢書 …………………………… 2－7
三十六春小譜 …………………………… 3－507
三十六灣草廬稿十卷 ………………… 3－56
三十家詩鈔六卷 ………………………… 1－432
三十家詩鈔六卷 ………………………… 3－128
三十家燈迷大成 ………………………… 1－381
三十國春秋 ……………………………… 2－144
三才子雙美奇緣四卷 ………………… 2－492
三才考略十三卷 ………………………… 1－313
三才略 …………………………………… 2－193
三才略 …………………………………… 2－314
三才略三卷 ……………………………… 2－268
三才略三卷 ……………………………… 3－126
三才發秘九卷 …………………………… 1－255
三才彙編六卷 …………………………… 1－83
三才圖會一百〇六卷 ………………… 1－90
三山同聲集四卷續編一卷三編一卷 ……………………………………… 3－81
三山合編 ………………………………… 3－124
三山來禪師語録二十卷附一卷 ……… 1－158
三山詩話三卷 …………………………… 2－380
三山禪師語錄二十八卷 ……………… 1－327
三千有門頌略解 ………………………… 2－252
三千諸佛名經三卷 ……………………… 2－231
三子合刊三種 …………………………… 1－299

三天易髓一卷…………………………3－518
三元甲子萬年書………………………3－128
三元秘授六卷…………………………3－127
三元記二卷……………………………1－232
三元記二卷……………………………3－423
三元記四卷 ……………………………3－52
三元報四出庸中人一出………………3－335
三元寶卷 ………………………………3－67
三不朽圖贊……………………………2－156
三不朽圖贊……………………………3－174
三分夢十六回…………………………1－371
三公奇案二十卷………………………3－115
三水小牘二卷…………………………2－195
三世化生寶卷二卷 ……………………3－63
三世修道黄氏寶卷二集………………3－501
三世姻緣寶卷…………………………2－498
三世報隔簾花影四十八回……………1－400
三史同名錄四十卷……………………2－156
三史拾遺五卷 …………………………2－65
三史拾遺五卷…………………………2－140
三史拾遺五卷…………………………3－305
三史國語解四十六卷…………………2－137
三史國語解四十六卷…………………2－137
三立祠傳二卷附錄一卷………………1－120
三立閣史鈔二卷………………………3－233
三百三十二喜箋序目…………………2－403
三百元福………………………………3－451
三合四書………………………………3－523
三合吏治輯要…………………………3－529
三合名賢集……………………………3－528
三合名賢集……………………………3－529
三合明珠寶劍全傳六卷………………2－396
三合便覽………………………………3－417
三合便覽………………………………3－523
三合便覽………………………………3－528
三合便覽………………………………3－528
三合便覽不分卷………………………3－521
三合便覽不分卷………………………3－521
三合聖諭廣訓…………………………3－529
三合聖諭廣訓…………………………3－529
三合聖諭廣訓不分卷…………………3－522
三合語錄………………………………3－529
三合語錄………………………………3－529
三合語錄………………………………3－529
三合劍六卷……………………………1－368
三江文纈初編…………………………2－425
三江水利紀略四卷……………………1－282
三字經…………………………………3－218
三字經注解備要二卷…………………2－205
三字經訓詁 ……………………………2－35
三字經註解備要 ………………………2－47
三字錦十卷……………………………3－223
三字錦九卷末一卷……………………3－169
三孝記四卷 ……………………………3－53
三孝記鼓詞……………………………2－518
三劫三千佛緣起不分卷………………1－166
三李詩鈔三種十五卷…………………1－419
三邑治略六卷 …………………………3－33
三角須知………………………………2－265
三角數理十二卷………………………1－394
三角數理十二卷………………………2－235
三角數理十二卷………………………2－235
三宋人集………………………………1－536
三妙傳六卷……………………………3－485
三長物齋叢書…………………………2－461
三長物齋叢書二十六種………………1－441
三刧現在未來千佛名經三卷…………2－209
三茅真君宣化度世寶卷………………2－498
三茅真君宣化度世寶卷二卷…………2－411
三茅真君宣化度世寶卷二卷…………3－103
三茅真君宣化度世寶卷二卷…………3－500
三茅真君宣化度世寶卷二卷…………3－500
三茅應化真君寶卷 ……………………3－62
三茅應化真君寶卷 ……………………3－67
三松堂集二十卷………………………2－505
三具足經優波提舍一卷………………1－153
三易探源一卷…………………………3－282
三易備遺十卷 …………………………1－59
三易集二十卷…………………………1－260
三易集二十卷…………………………1－264
三岡識略十卷…………………………1－398
三岡識略十卷 …………………………3－29

三金蜨堂印譜 …………………………… 1－525
三命通會十二卷 ……………………… 2－207
三命通會十二卷 ……………………… 2－283
三河創業記五卷 ……………………… 3－444
［光緒］三河縣誌十六卷首一卷 …… 3－387
三注鈔十六卷 ………………………… 1－73
三官寶卷 ……………………………… 3－67
三官寶卷一卷 ………………………… 3－495
三官寶卷一卷 ………………………… 3－496
三垣筆記二卷 ………………………… 3－44
三指禪三卷 …………………………… 3－193
三省邊防備覽十四卷 ………………… 2－535
三昧弘道廣顯定意經四卷 …………… 1－181
三星圓初集二卷二集二卷三集二卷
四集二卷 …………………………… 1－39
三星賜福 ……………………………… 2－513
三品彙刊三種 ………………………… 3－252
三段無瑕璧串關八出 ………………… 3－458
三俠五義 ……………………………… 1－368
三俠五義二十四卷一百二十回 ……… 1－368
三俠五義［鼓詞］ …………………… 1－51
三俠劍傳奇 …………………………… 3－449
三皇會 ………………………………… 3－465
三洲日記八卷 ………………………… 1－479
三洲日記八卷 ………………………… 2－125
三祖行腳因由寶卷三卷 ……………… 3－499
三神寶卷 ……………………………… 3－67
三恥齋初稿十卷 ……………………… 3－272
三莊精舍詞鈔 ………………………… 2－392
［光緒］三原縣新志八卷 …………… 2－178
三晉見聞錄 …………………………… 2－124
三峰草廬詩二卷 ……………………… 3－78
三峰藏和尚語録十六卷年譜一卷 …… 1－178
三笑姻緣 ……………………………… 3－449
三笑新編 ……………………………… 3－109
三借廬贅譚十二卷 …………………… 3－120
三借廬贅譚十二卷 …………………… 3－319
三借廬贅譚八卷 ……………………… 2－492
三徑草堂詩鈔四卷 …………………… 3－82
三唐人集三十九卷 …………………… 1－433
三唐傳國編年五卷首一卷 …………… 3－77
三流道里表 …………………………… 2－70
三流道里表 …………………………… 2－150
三家曲 ………………………………… 3－79
三家曲三種 …………………………… 3－477
三家宮詞二家宮詞 …………………… 1－415
三家宮詞二家宮詞 …………………… 1－415
三家宮詞三卷 ………………………… 1－254
三家詞合刻 …………………………… 1－423
三家詩拾遺十卷 ……………………… 1－127
三家詩遺說考 ………………………… 3－39
三家醫案合刻 ………………………… 1－519
三家醫案合刻 ………………………… 2－276
三陶先生集三種二十二卷 …………… 1－416
三娘寶卷一卷 ………………………… 3－496
三通 …………………………………… 2－78
三通考輯要七十六卷 ………………… 2－151
三通序 ………………………………… 2－92
三通序 ………………………………… 2－92
三通序三卷 …………………………… 2－310
三教九流寶卷 ………………………… 3－68
三教圓通一卷 ………………………… 2－308
三教源流搜神大全 …………………… 1－370
三教源流搜神大全七卷 ……………… 1－367
三教經書文字根本 …………………… 3－487
三盛詩鈔四卷 ………………………… 3－96
三盛詩鈔四卷 ………………………… 3－125
三曼陀颰陀羅菩薩經 ………………… 1－185
三異筆談一集四卷 …………………… 1－384
三異筆談四卷 ………………………… 2－536
三國文二十卷 ………………………… 1－298
三國志 ………………………………… 2－186
三國志 ………………………………… 3－443
三國志六十五卷 ……………………… 1－126
三國志六十五卷 ……………………… 1－353
三國志六十五卷 ……………………… 1－360
三國志六十五卷 ……………………… 1－488
三國志六十五卷 ……………………… 3－425
三國志六十五卷 ……………………… 3－433
三國志攷證八卷 ……………………… 2－145
三國志注補六十五卷 ………………… 2－142
三國志注證遺四卷 …………………… 2－144

三國志注證遺四卷補四卷 …………… 1－352
三國志旁證三十卷 …………………… 2－142
三國志補注六卷 ……………………… 3－226
三國志補注續 ………………………… 2－144
三國志補義十三卷 …………………… 3－35
三國志[鼓詞] ………………………… 1－50
三國志像一百二十回 ………………… 3－478
三國志演義 …………………………… 1－367
三國志演義一百二十回 ……………… 3－295
三國志演義二十四卷 ………………… 1－11
三國志演義六十卷一百二十回 ……… 1－9
三國志演義六十卷一百二十回 ……… 1－372
三國志辨疑三卷 ……………………… 2－144
三國志辨誤三卷 ……………………… 1－294
三國志證聞二卷 ……………………… 2－89
三國志證聞二卷 ……………………… 2－104
三國志證聞三卷 ……………………… 2－64
三國志證聞三卷 ……………………… 2－144
三國郡縣表補正八卷 ………………… 1－359
三國紀年表 …………………………… 2－144
三國紀年表 …………………………… 3－306
三國會要二十二卷首一卷 …………… 2－155
三國會要二十二卷首一卷 …………… 3－313
三國職官表三卷 ……………………… 1－481
三國職官表三卷 ……………………… 2－142
三魚堂文集十二卷附崇祀錄外集六卷附錄一卷 ……………………… 1－220
三魚堂文集十二卷附崇祀錄外集六卷附錄一卷 ……………………… 1－225
三魚堂外集六卷 ……………………… 1－248
三魚堂全集 …………………………… 2－442
三魚堂全集文集十二卷外集六卷賸言十二卷 ……………………… 2－422
三魚堂賸言十二卷首一卷 …………… 3－125
三魚堂賸言十二卷傳略一卷 ………… 1－273
三博古圖 ……………………………… 1－495
三萬六千頃湖中畫船錄 ……………… 2－201
三朝北盟會編二百五十卷 …………… 1－490
三朝北盟會編二百五十卷 …………… 2－138
三朝北盟會編二百五十卷 …………… 3－320
三朝要典二十四卷 …………………… 1－79
三朝紀事四卷 ………………………… 3－332
三朝墨準新編 ………………………… 2－426
三雁齋詩稿 …………………………… 3－266
三鼎甲寶卷 …………………………… 3－65
三鼎甲寶卷 …………………………… 3－65
三景圖寶卷 …………………………… 3－64
三景圖寶卷 …………………………… 3－171
三無性論二卷 ………………………… 1－168
三無性論二卷 ………………………… 1－168
三番誌略六卷 ………………………… 3－280
三棄梨花四卷 ………………………… 3－51
三湖漢人全集 ………………………… 2－495
三湖漁人全集八卷 …………………… 3－80
三統術詳說 …………………………… 2－201
三農紀十卷 …………………………… 1－507
三節合編三種 ………………………… 3－252
三傳釋文音義 ………………………… 2－24
三經同卷 ……………………………… 1－152
三經同卷 ……………………………… 1－153
三經同卷 ……………………………… 2－220
三輔黄圖六卷 ………………………… 1－68
三賢文集十二卷 ……………………… 1－420
三賢文集十二卷 ……………………… 2－459
三賢政書三種 ………………………… 1－363
三遷志十二卷 ………………………… 1－125
三遷志六卷 …………………………… 1－75
三儂嘯旨六卷 ………………………… 1－47
三儂嘯旨六卷 ………………………… 1－257
三餘閣集不分卷 ……………………… 1－233
三餘雜誌四卷 ………………………… 2－530
三論玄義 ……………………………… 2－225
三錦圖寶卷 …………………………… 3－72
三禮通釋二百八十卷首一卷目錄四卷 ……………………………… 1－344
三禮圖二十卷 ………………………… 1－66
三禮精義 ……………………………… 2－20
三禮論 ………………………………… 1－113
三藩紀事本末二十二卷 ……………… 2－137
三蘇文集 ……………………………… 1－229
三蘇全集 ……………………………… 2－460
三蘇全集四種 ………………………… 2－333

三蘇策論十二卷…………………………… 2－335
三寶太監下西洋通俗演義十六卷…… 3－287
三寶證盟寶卷………………………… 3－268
三寶證盟寶卷一卷…………………… 3－502
三續千字文註………………………… 3－148
三續今古奇觀………………………… 2－524
三續清華實業公司文牘章程不分卷
　……………………………………… 3－413
干支集錦……………………………… 2－472
干支類聯二卷………………………… 3－262
[嘉慶]干巷志六卷 ………………… 3－159
干寶晉紀六卷………………………… 2－144
于少保萃忠全傳十卷四十傳………… 3－479
于公案[鼓詞] ……………………… 1－51
于氏詩鈔四集………………………… 2－369
于京集五卷述祖詩一卷……………… 3－207
于埜左氏錄二卷 …………………… 3－97
于清端公政書八卷首編一卷 ……… 1－78
于清端公政書八卷首編一卷外集一
　卷…………………………………… 1－124
于清端公政書八卷首編一卷外集一
　卷…………………………………… 1－136
于清端公政書八卷首編一卷外集一
　卷續集一卷………………………… 1－503
于清端公政書外集一卷 …………… 1－78
于清端公詩文集不分卷……………… 1－223
于湖小集……………………………… 3－155
于湖小集六卷………………………… 2－417
工兵暫行操法不分卷………………… 3－380
工部詩選不分卷唐詩約補錄不分卷
　……………………………………… 1－308
工業與國政相關論二卷……………… 1－393
士竹尺牘二卷………………………… 3－260
士材三書三種六卷附壽世青編二卷
　……………………………………… 3－134
士商類要四卷………………………… 1－9
士郉補釋……………………………… 3－202
士禮居黄氏叢書二十一種…………… 1－441
士禮居黄氏叢書二十種……………… 2－469
士禮居藏書題跋記六卷……………… 1－467
士禮居藏書題跋記六卷……………… 1－467
士禮居藏書題跋記六卷……………… 1－468
士禮居藏書題跋記六卷 …………… 2－80
土耳基國志一卷附土耳基新志一卷
　……………………………………… 2－85
土耳機史 …………………………… 2－92
土耳機史……………………………… 3－326
土俗章程三卷………………………… 3－463
下酒物二卷…………………………… 1－271
下學梯航……………………………… 2－293
下學蕣勾股六術……………………… 2－194
下濟南府十二部……………………… 1－430
大十番星湯譜………………………… 3－463
大八義續大八義……………………… 3－307
大士顯靈　群仙呈技………………… 3－453
大士顯靈　群仙呈技………………… 3－453
大士顯靈　群仙呈技………………… 3－453
大山詩集五卷………………………… 2－436
大小雅堂詩集………………………… 2－437
大小雅堂詩集………………………… 3－204
大小雅堂詩鈔十卷 ………………… 3－76
大小雅堂詩鈔十卷文鈔二卷………… 2－420
大王觀世音經真本…………………… 2－250
大比丘三千威儀二卷………………… 1－160
大中講義 …………………………… 2－11
大六壬大全十三卷…………………… 2－199
大六壬大全十三卷…………………… 2－295
大方便佛報恩經七卷………………… 1－146
大方便佛報恩經七卷………………… 1－182
大方便佛報恩經七卷………………… 2－241
大方便報恩寶懺三卷………………… 1－335
大方便報恩寶懺三卷………………… 1－335
大方等大集月藏經十卷……………… 1－182
大方等大集賢護經五卷……………… 1－183
大方等如來藏經……………………… 2－226
大方等念佛三昧經十卷……………… 2－243
大方等念佛三昧經十卷……………… 2－243
大方等頂王經一卷…………………… 1－157
大方廣入如來智德不思議經………… 1－165
大方廣三戒經三卷…………………… 1－183
大方廣三戒經三卷…………………… 2－237
大方廣如來不思議境界經…………… 1－165

大方廣如來不思議境界經 …………… 2－220
大方廣如來秘密藏經二卷 …………… 1－181
大方廣如來秘密藏經二卷 …………… 1－182
大方廣佛華嚴經八十一卷 …………… 1－335
大方廣佛華嚴經八十一卷 …………… 1－335
大方廣佛華嚴經八十卷 ……………… 1－149
大方廣佛華嚴經八十卷 ……………… 1－189
大方廣佛華嚴經八十卷 ……………… 1－190
大方廣佛華嚴經八十卷 ……………… 1－201
大方廣佛華嚴經八十卷 ……………… 1－335
大方廣佛華嚴經八十卷 ……………… 1－337
大方廣佛華嚴經八十卷 ……………… 2－244
大方廣佛華嚴經入不思議解脱境界普賢行願品 ……………… 2－232
大方廣佛華嚴經入不思議解脱境界普賢行願品 ……………… 2－250
大方廣佛華嚴經入不思議解脱境界普賢行願品四十卷 …………… 2－242
大方廣佛華嚴經入法界品第三十九之十七善財童子參善知衆藝童子唱經字母 ……………… 1－190
大方廣佛華嚴經不思議佛境界分 …… 1－165
大方廣佛華嚴經不思議佛境界分 …… 2－236
大方廣佛華嚴經六十卷 ……………… 3－442
大方廣佛華嚴經四十卷 ……………… 1－338
大方廣佛華嚴經吞海集三卷 ………… 2－220
大方廣佛華嚴經卷四十 ……………… 1－190
大方廣佛華嚴經要解 ………………… 2－221
大方廣佛華嚴經修慈分 ……………… 1－165
大方廣佛華嚴經修慈分 ……………… 2－236
大方廣佛華嚴經著述集要 …………… 2－206
大方廣佛華嚴經第二十五卷 ………… 1－195
大方廣佛華嚴經普賢行願品 ………… 1－331
大方廣佛華嚴經普賢行願品别行疏鈔六卷 ……………… 1－188
大方廣佛華嚴經普賢菩薩行願品 …… 1－337
大方廣佛華嚴經疏一百二十卷 ……… 1－333
大方廣佛華嚴經疏六十卷 …………… 1－175
大方廣佛華嚴經疏四十卷 …………… 1－151
大方廣佛華嚴經疏鈔二百二十卷 …… 2－240
大方廣佛華嚴經疏鈔會本 …………… 3－391
大方廣佛華嚴經疏鈔懸談二十八卷首一卷 ……………… 2－241
大方廣佛華嚴經懸談二十八卷 ……… 2－240
大方廣佛華嚴經懸談二十八卷首一卷 ……………… 3－391
大方廣佛華嚴經續入法界品 ………… 1－166
大方廣佛華嚴經續入法界品 ………… 2－236
大方廣佛新華嚴經合論一百二十卷 ……………… 1－338
大方廣菩薩十地經 …………………… 1－166
大方廣菩薩十地經 …………………… 2－236
大方廣菩薩藏經中文殊師利根本一字陀羅尼法一卷 ……………… 1－174
大方廣普賢所説經 …………………… 1－165
大方廣普賢所説經大方廣如來不思議境界經大方廣入如來智德不思議經 ……………… 2－236
大方廣圓覺了義經二卷 ……………… 2－242
大方廣圓覺修多羅了義經 …………… 1－195
大方廣圓覺修多羅了義經 …………… 2－268
大方廣圓覺修多羅了義經二卷 ……… 1－193
大方廣圓覺修多羅了義經二卷 ……… 2－248
大方廣圓覺修多羅了義經二卷 ……… 2－249
大方廣圓覺修多羅了義經略疏注二卷圓覺經疏前序科文一卷圓覺經畧疏之鈔五卷 ……………… 1－146
大方廣圓覺修羅了義經二卷 ………… 1－331
大方廣圓覺經二卷 …………………… 2－311
大方廣圓覺經大疏十六卷 …………… 2－241
大方廣圓覺經大疏十六卷首一卷 …… 2－227
大方廣新華嚴經合論一百二十卷首一卷 ……………… 2－240
大方廣圖覺修多羅了義經二卷 ……… 2－225
大方廣總持寶光明經五卷 …………… 1－179
大方廣寶篋經二卷 …………………… 1－148
大方廣寶篋經二卷 …………………… 1－167
大生要旨五卷 ………………………… 2－270
大吉羊室遺稿 ………………………… 2－520
大成通志十八卷首一卷 ……………… 1－136
大同志 ………………………………… 3－309
[乾隆]大同府志三十二卷首一卷 … 1－325

大竹山樵詩草八卷 …………………… 3－26
大如居士全集 ………………………… 1－539
［光緒］大足縣志八卷 ……………… 3－268
大別山志十卷首一卷 ………………… 2－110
大別山志十卷首一卷 ………………… 2－112
大佛頂如來密因修證了義註菩薩萬
　行首楞嚴經十卷 …………………… 1－149
大佛頂如來密因修證了義諸菩薩萬
　行首楞嚴經十卷 …………………… 1－189
大佛頂如來密因修證了義諸菩薩萬
　行首楞嚴經十卷 …………………… 2－224
大佛頂如來密因修證了義諸菩薩萬
　行首楞嚴經十卷 …………………… 3－312
大佛頂如來密因修證了義諸菩薩萬
　行首楞嚴經玄義二卷 ……………… 2－248
大佛頂如來密因修證了義諸菩薩萬
　行首楞嚴經合轍十卷 ……………… 1－140
大佛頂如來密因修證了義諸菩薩萬
　行首楞嚴經如說十卷 ……………… 1－169
大佛頂如來密因修證了義諸菩薩萬
　行首楞嚴經貫珠集十卷 …………… 1－301
大佛頂如來密因修證了義諸菩薩萬
　行首楞嚴經會解二十卷 …………… 1－148
大佛頂如來密因修證了義諸菩薩萬
　行首楞嚴經觀心定解四卷大綱一
　卷科一卷 …………………………… 1－158
大佛頂如來密因修證了義諸菩薩萬
　行首楞嚴經語旨十卷 ……………… 1－138
大佛頂首楞嚴神咒一卷大隨求陀羅
　尼神咒一卷 ………………………… 1－335
大佛頂首楞嚴經十卷 ………………… 2－206
大佛頂首楞嚴經十卷 ………………… 2－245
大佛頂首楞嚴經十卷 ………………… 2－315
大佛頂首楞嚴經正脉修釋畧記十卷
　……………………………………… 1－141
大佛頂首楞嚴經正脉疏四十卷首一
　卷 …………………………………… 2－243
大佛頂首楞嚴經正脉疏四十卷首一
　卷 …………………………………… 2－251
大佛頂首楞嚴經疏解蒙鈔六十卷首
　一卷末一卷 ………………………… 2－242
大佛頂首楞嚴經臆說四卷 …………… 1－156
大佛頂首楞嚴經纂註十卷首一卷末
　一卷 ………………………………… 2－251
大佛頂首楞嚴懺悔行法 ……………… 2－248
大佛頂經文句十卷玄義二卷 ………… 2－307
大佛頂經玄文十二卷 ………………… 2－195
大佛頂經序指味疏 …………………… 2－241
大宋重修廣韻五卷 …………………… 1－289
大英治理印度新政考 ………………… 2－123
大英治理印度新政考六卷 …………… 3－374
大英國志八卷 ………………………… 2－99
大英國志八卷 ………………………… 3－164
大明一統志九十卷 …………………… 1－253
大明一統志九十卷 …………………… 1－260
大明三藏法數五十卷 ………………… 2－246
大明三藏法數五十卷 ………………… 2－252
大明三藏聖教目錄四卷 ……………… 1－121
大明三藏聖教目錄四卷續入藏經目
　錄一卷 ……………………………… 1－152
大明太宗文皇帝御製序讚文十篇 …… 1－169
大明仁孝皇后勸善書二十卷 ………… 1－85
大明仁孝皇后勸善書二十卷 ………… 1－200
大明正德十一年歲次丙子大統曆一
　卷 …………………………………… 1－18
大明弘治元年歲次戊申大統曆一卷
　……………………………………… 1－18
大明成化庚寅重刊改併五音集韻十
　五卷 ………………………………… 1－61
大明成化庚寅重刊改併五音集韻十
　五卷 ………………………………… 1－61
大明成化浙江杭州府三元寶卷二卷
　……………………………………… 3－498
大明英烈傳五卷 ……………………… 2－375
大明奇俠傳十四卷五十四回 ………… 3－284
大明律案解附例三十卷 ……………… 2－105
大明律案解附例三十卷 ……………… 2－105
大明律案解附例三十卷 ……………… 2－105
大明律案解附例三十卷 ……………… 2－105
大明度無極經六卷 …………………… 1－182
大明度無極經六卷 …………………… 2－225
大明高僧傳八卷 ……………………… 1－89

大明清類天文分野之書二十四卷 …… 1－91
大明隆慶二年歲次戊辰大統曆一卷 …… 1－18
大明隆慶六年歲次壬申大統曆一卷 …… 1－18
大明萬曆二十二年歲次甲午大統曆一卷 …… 1－18
大明萬曆四十七年歲次己未大統曆一卷 …… 1－18
大明會典二百二十八卷 …… 1－73
大明會典二百二十八卷目錄一卷 …… 1－73
大易擇言三十六卷 …… 1－60
大忠寶卷 …… 3－67
大金色孔雀王咒經九種同本 …… 2－218
大金國志四十卷 …… 1－481
大金國志四十卷 …… 3－202
大金集禮四十卷 …… 1－78
大金集禮四十卷 …… 2－157
大周刊定衆經目錄十五卷 …… 1－323
大法炬陀羅尼經二十卷 …… 1－163
大法鼓經二卷 …… 1－181
大宗地玄文本論略注 …… 2－241
大宗地玄文本論略注四卷首一卷 …… 2－228
大毗盧遮那成佛神變加持經七卷 …… 1－147
大亭山館叢書 …… 1－547
大美國欽命會議銀價大臣條議中國新圜法覺書 …… 3－145
大美國欽命會議銀價大臣條議中國新圜法覺書 …… 3－191
大洞治瘟寶錄二卷 …… 3－195
大紅袍 …… 2－515
大紅袍全傳六十回 …… 1－367
大華嚴經略策 …… 2－220
大莊嚴法門經二卷 …… 1－170
大破孟州鼓詞八卷 …… 2－517
大乘入楞伽經七卷 …… 1－147
大乘入楞伽經七卷 …… 1－183
大乘入楞伽經七卷 …… 2－248
大乘入楞伽經七卷 …… 3－435
大乘三聚懺悔經 …… 1－186
大乘三聚懺悔經 …… 2－223
大乘大方等日藏經十卷 …… 1－182
大乘大悲分陀利經八卷 …… 1－150
大乘大悲分陀利經八卷 …… 1－183
大乘大悲分陀利經八卷 …… 1－201
大乘大集地藏十輪經十卷 …… 1－161
大乘止觀法門四卷 …… 2－225
大乘止觀法門四卷 …… 2－252
大乘止觀法門釋要六卷 …… 2－213
大乘本生心地觀經八卷 …… 1－331
大乘本生心地觀經八卷 …… 2－213
大乘本生心地觀經淺註八卷懸示一卷科一卷 …… 1－140
大乘百法明門論隨疏畧釋二卷百法附錄一卷 …… 1－299
大乘百法明門論贅言 …… 2－244
大乘妙法蓮華經七卷 …… 1－148
大乘妙法蓮華經七卷 …… 1－149
大乘妙法蓮華經七卷 …… 1－331
大乘妙法蓮華經七卷 …… 1－331
大乘妙法蓮華經七卷 …… 2－252
大乘妙法蓮華經七卷 …… 3－391
大乘苦功悟道寶卷一卷 …… 3－494
大乘金剛論 …… 2－200
大乘金剛髻珠菩薩修行分經 …… 2－230
大乘法界無差別論 …… 1－168
大乘法界無差別論 …… 1－168
大乘法界無差別論疏二卷 …… 2－228
大乘修行菩薩行門諸經要集三卷 …… 2－219
大乘起信論 …… 2－212
大乘起信論 …… 2－216
大乘起信論二卷 …… 1－154
大乘起信論二卷 …… 1－154
大乘起信論直觧二卷 …… 2－218
大乘起信論直觧二卷 …… 2－221
大乘起信論直解二卷 …… 2－249
大乘起信論直解二卷 …… 3－410
大乘起信論科注 …… 2－229
大乘起信論科注一卷 …… 3－410
大乘起信論裂網疏六卷 …… 2－228
大乘起信論裂網疏六卷 …… 2－307
大乘起信論疏 …… 2－286

大乘起信論疏二卷…………………… 2－243
大乘起信論疏四卷科文一卷………… 1－147
大乘起信論疏記會本六卷…………… 2－243
大乘起信論疏筆削記五卷…………… 1－147
大乘起信論疏筆削記會閲十卷……… 2－251
大乘起信論疏筆削記會閲十卷附大
　乘起信論疏科文一卷……………… 3－429
大乘起信論義記七卷別記一卷……… 2－224
大乘起信論義記七卷別記一卷……… 2－310
大乘起信論纂注二卷………………… 2－218
大乘莊嚴經論十三卷………………… 1－152
大乘造像功德經二卷………………… 2－231
大乘般若出三界要集經……………… 2－220
大乘理趣六波羅密多經十卷………… 1－160
大乘理趣六波羅密多經十卷………… 1－382
大乘理趣六波羅密多經十卷………… 3－435
大乘頂王經一卷……………………… 1－157
大乘頂王經九卷……………………… 2－238
大乘密嚴經三卷……………………… 1－181
大乘密嚴經三卷……………………… 1－182
大乘密嚴經三卷……………………… 2－226
大乘徧照光明藏無字法門經一卷…… 1－172
大乘瑜伽金剛性海曼殊室利千臂千
　鉢大教王經十卷…………………… 1－191
大乘離文字普光明藏經一卷………… 1－172
大乘寶月童子問法經………………… 1－180
大乘顯識經二卷……………………… 1－192
大般若波羅密多經六百卷…………… 1－148
大般若波羅密多經卷………………… 2－221
大般若波羅蜜多經六百卷…………… 1－323
大般若波羅蜜多經六百卷…………… 1－331
大般若懺法…………………………… 2－251
大般涅槃經三十六卷後分二卷……… 3－391
大般涅槃經四十卷…………………… 1－149
大般涅槃經四十卷…………………… 1－149
大般涅槃經四十卷…………………… 1－335
大般涅槃經四十卷…………………… 1－338
大般涅槃經四十卷後分二卷………… 2－241
大般涅槃經四十卷後分二卷………… 2－251
大般涅槃經玄義二卷………………… 2－215
大般涅槃經玄義二卷………………… 2－241
大般涅槃經後分二卷………………… 1－149
大般涅槃經後分二卷………………… 1－178
大般涅槃經後分二卷………………… 1－335
大唐三藏大遍覺法師塔銘…………… 1－391
大唐六典三十卷……………………… 3－308
大唐皇帝述三藏聖教記……………… 2－263
大唐開元占經一百二十卷…………… 3－379
大唐開元禮一百五十卷……………… 1－500
大唐創業起居注三卷………………… 1－128
大唐創業起居注三卷 ………………… 2－77
大理院判牘…………………………… 2－127
大理院開辦暫訂章程………………… 2－183
大埠橋新戲十二齣…………………… 3－514
大雪山房文稾初集四卷二集四卷…… 1－404
大清一統史 …………………………… 3－34
大清一統志…………………………… 2－160
大清一統志五百卷…………………… 1－505
大清一統志五百卷…………………… 2－129
大清一統志五百卷…………………… 3－366
大清一統志表………………………… 1－361
大清一統輿地新志五十卷…………… 2－101
大清一統輿地新志五十卷…………… 2－101
大清一統輿圖三十一卷首一卷 ……… 2－68
大清十朝聖訓………………………… 2－130
大清十朝聖訓九百十六卷…………… 3－318
大清中外一統輿圖三十一卷首一卷
　…………………………………… 1－504
大清中外一統輿圖三十卷首一卷 …… 2－93
大清仁宗睿皇帝聖訓………………… 2－181
大清文宗顯皇帝聖訓一百十卷 ……… 2－91
大清文宗顯皇帝聖訓一百十卷……… 2－181
大清世宗憲皇帝聖訓三十六卷 ……… 1－79
大清世宗憲皇帝聖訓三十六卷……… 3－522
大清世祖章皇帝聖訓六卷…………… 2－181
大清民事訴訟草案四編……………… 3－419
大清民事訴訟律草案………………… 2－115
大清民律草案………………………… 2－116
大清民律草案………………………… 2－127
大清刑事訴訟律勘誤表……………… 2－113
大清刑律分則草案…………………… 2－122
大清刑律草案………………………… 2－113

大清刑律草案總則一卷分則一卷…… 2－115
大清光緒二十二年時憲書…………… 3－298
大清光緒十二年時憲書……………… 3－128
大清光緒九年至三十年進士題名錄
…………………………………………… 3－232
大清光緒三十四年時憲書…………… 2－212
大清光緒三十年時憲書 …………… 3－36
大清光緒年間七政經緯躔度時憲書
…………………………………………… 2－136
大清光緒年間時憲書………………… 2－136
大清光緒宣統新法令………………… 2－154
大清光緒新法令……………………… 2－102
大清光緒新法令……………………… 2－154
大清光緒新法令十三類附錄………… 1－478
大清直省同寅錄……………………… 3－535
大清法規大全・教育部大清法規大
全・禮制部九卷首一卷大清法規
大全・憲政部七卷首一卷………… 3－357
大清咸豐元年時憲書………………… 3－298
大清咸豐五年時憲書………………… 3－298
大清律例二卷………………………… 3－312
大清律例三十九卷…………………… 2－124
大清律例三十九卷…………………… 2－124
大清律例刑案彙纂集成四十卷督捕
則例附纂二卷……………………… 2－167
大清律例按語一百〇四卷…………… 1－503
大清律例按語一百〇四卷…………… 3－302
大清律例通攷三十九卷……………… 1－479
大清律例新修統纂集成四十卷……… 2－162
大清律例新修統纂集成四十卷……… 3－301
大清律例彙輯便覽四十卷附錄四種
…………………………………………… 3－416
大清律例彙輯便覽四十二卷………… 1－505
大清律例彙輯便覽四十卷附二卷…… 1－349
大清律例彙輯便覽四十卷附督捕則
例二卷……………………………… 2－125
大清律例彙纂三十三卷……………… 1－330
大清律例歌訣………………………… 2－163
大清律例增修統纂集成……………… 3－320
大清律例增修統纂集成四十卷 ……… 2－82
大清律例增修統纂集成四十卷 ……… 2－91
大清律例增修統纂集成四十卷……… 2－174
大清律例增修統纂集成四十卷……… 3－305
大清律例增修統纂集成四十卷附督
捕則例二卷………………………… 2－125
大清律例增修統纂集成四十卷附督
捕則例二卷………………………… 3－313
大清律例增修統纂集成四十卷附督
捕則例二卷………………………… 3－369
大清律例增修匯纂大成四十卷首一
卷附督捕則例二卷三流道里表一
卷五軍道里表秋審實緩比較一卷
部頒新增一卷……………………… 3－380
大清律例總類 ……………………… 2－71
大清律例總類………………………… 2－158
大清律集解附例三十卷首一卷大清
律總類六卷………………………… 1－126
大清律新續纂修條例………………… 2－125
大清律講義二十卷…………………… 2－121
大清律續纂條例四十六卷…………… 3－309
大清帝國全圖………………………… 1－489
大清宣宗成皇帝聖訓………………… 2－181
大清宣統二年時憲書………………… 2－121
大清宣統三年時憲書 ……………… 2－78
大清宣統三年時憲書 ……………… 3－38
大清宣統新法令……………………… 2－153
大清宣統新法令……………………… 2－153
大清高宗純皇帝聖訓三百卷………… 2－181
大清通禮五十四卷…………………… 1－479
大清通禮五十四卷 ………………… 2－98
大清通禮五十四卷…………………… 2－124
大清通禮五十四卷…………………… 2－156
大清通禮五十卷 …………………… 1－71
大清通禮五十卷 …………………… 2－70
大清通禮五十卷……………………… 3－322
大清現行刑律三十六卷首一卷 ……… 2－97
大清現行刑律三十六卷首一卷 ……… 2－97
大清現行刑律案語…………………… 2－153
大清現行刑律案語…………………… 2－154
大清現行刑律案語…………………… 2－154
大清現行刑律案語…………………… 3－303
大清現行刑律案語不分卷…………… 3－394

大清現行刑律講義八卷 ……………… 3－308
大清現行刑律講義八卷 ……………… 3－381
大清教育新法令 ……………………… 2－154
大清教育新法令十三編 ……………… 3－433
大清國平定伊犁回部戰圖不分卷 …… 1－78
大清國御題平定新疆戰圖 …………… 1－79
大清商律草案九章 …………………… 2－113
大清商律草案第一編 ………………… 2－105
大清最新縉紳錄 ……………………… 3－223
大清道光十八年時憲書大清道光二
十八年時憲書 ……………………… 3－208
大清聖祖仁皇帝聖訓六十卷 ………… 2－181
大清聖祖合天弘運文武睿哲恭儉寬
裕孝敬誠信中和功德大成仁皇帝
聖訓六十卷 ………………………… 1－132
大清搢紳全書 ………………………… 2－103
大清搢紳全書 ………………………… 2－133
大清搢紳全書 ………………………… 2－163
大清搢紳全書 ………………………… 3－4
大清搢紳全書 ………………………… 3－4
大清搢紳全書 ………………………… 3－4
大清搢紳全書 ………………………… 3－4
大清搢紳全書 ………………………… 3－4
大清搢紳全書(乙亥春季) …………… 3－3
大清搢紳全書(乙亥秋季) …………… 3－4
大清搢紳全書(乙酉冬季) …………… 3－5
大清搢紳全書(丁丑秋季) …………… 3－4
大清搢紳全書(丁酉春季) …………… 3－6
大清搢紳全書(己丑冬季) …………… 3－5
大清搢紳全書(己卯冬季) …………… 3－4
大清搢紳全書(己卯夏季) …………… 3－4
大清搢紳全書(己亥冬季) …………… 3－6
大清搢紳全書(己亥夏季) …………… 3－6
大清搢紳全書(壬午冬季) …………… 3－5
大清搢紳全書(壬午春季) …………… 3－4
大清搢紳全書(壬午夏季) …………… 3－5
大清搢紳全書(壬辰夏季) …………… 3－5
大清搢紳全書(丙子春季) …………… 3－4
大清搢紳全書(丙子秋季) …………… 3－4
大清搢紳全書(丙申冬季) …………… 3－6
大清搢紳全書(丙申夏季) …………… 3－5
大清搢紳全書(丙戌冬季) …………… 3－5
大清搢紳全書(丙戌春季) …………… 3－5
大清搢紳全書(丙戌夏季) …………… 3－5
大清搢紳全書(戊子冬季) …………… 3－5
大清搢紳全書(戊子春季) …………… 3－5
大清搢紳全書(戊申冬季) …………… 3－6
大清搢紳全書(戊戌春季) …………… 3－6
大清搢紳全書(戊寅秋季) …………… 3－4
大清搢紳全書(甲午秋季) …………… 3－5
大清搢紳全書(甲申秋季) …………… 3－5
大清搢紳全書(辛巳冬季) …………… 3－4
大清搢紳全書(辛丑夏季) …………… 3－6
大清搢紳全書(辛丑夏季) …………… 3－6
大清搢紳全書(辛未秋季) …………… 3－3
大清搢紳全書(庚子夏季) …………… 3－6
大清搢紳全書(庚辰春季) …………… 3－4
大清搢紳全書(庚辰秋季) …………… 3－4
大清搢紳全書(庚辰夏季) …………… 3－4
大清搢紳全書(庚寅春季) …………… 3－5
大清搢紳全書(癸巳春季) …………… 3－5
大清搢紳全書(癸未春季) …………… 3－5
大清搢紳全書(癸未秋季) …………… 3－5
大清搢紳全書(癸未夏季) …………… 3－5
大清搢紳全書(癸卯春季) …………… 3－6
大清搢紳全錄(己卯秋季) …………… 3－4
大清會典二百五十卷 ………………… 1－127
大清新法令 …………………………… 3－397
大清嘉慶十五年歲次庚午時憲書 …… 3－511
大清礦務章程附章 …………………… 2－119
大清攝政王致大明史閣部書大明史
閣部復大清攝政王書 ……………… 3－264
大清鑛務章程 ………………………… 3－212
大隋志傳四十六回 …………………… 2－401
大婚禮節 ……………………………… 2－156
大雲山房文稿初集四卷二集四卷 …… 1－406
大雲山房文稿初集四卷二集四卷 …… 1－541
大雲山房文稿初集四卷二集四卷言
事二卷 ……………………………… 2－342
大雲山房文稿初集四卷二集四卷言
事二卷 ……………………………… 2－369
大雲山房言事二卷文稿補編一卷 …… 1－541

大雲山房言事二卷文稿補編一卷…… 1－541
大雲山房尚書十二章圖說二卷 ……… 2－32
大雲輪請雨經二卷…………………… 1－170
大雲輪請雨經二卷…………………… 2－219
大雲請雨經………………………… 1－170
大悲心陀羅尼經……………………… 3－165
大悲經五卷………………………… 2－241
大智度論一百卷……………………… 1－338
大智度論一百卷……………………… 2－226
大智度論一百卷……………………… 2－241
大集須彌藏經二卷…………………… 1－153
大集須彌藏經二卷…………………… 1－161
大集須彌藏經二卷…………………… 2－237
大集譬喻王經二卷…………………… 2－229
大意尊聞三卷……………………… 3－418
大義覺迷錄四卷 …………………… 1－58
大義覺迷錄四卷 …………………… 1－58
大義覺迷錄四卷 …………………… 1－71
大滌山房詩錄八卷試帖一卷………… 2－403
大廣益會玉篇三十卷………………… 1－113
大廣益會玉篇三十卷………………… 1－115
大端容禪師語錄二卷………………… 1－281
大隨求陀羅尼神呪經………………… 1－331
大慧普覺禪師宗門武庫……………… 2－228
大慧普覺禪師宗門武庫一卷雪堂行
和尚拾遺錄一卷…………………… 1－144
大潙山古密印寺志八卷……………… 1－283
大樂金剛不空真實三麼耶般若波羅
密多理趣經一卷金剛頂瑜伽念珠
經一卷…………………………… 1－191
大樂金剛薩埵修行成就儀軌二卷…… 2－237
大薩遮尼乾子受記經十卷…………… 1－183
大樹緊那羅王所問經四卷…………… 1－167
大瓢偶筆八卷……………………… 3－263
[康熙]大興縣志六卷 ……………… 1－323
[康熙]大興縣志六卷 ……………… 3－536
大學………………………………… 2－256
大學………………………………… 3－420
大學一卷中庸一卷…………………… 1－326
大學中庸…………………………… 3－317
大學中庸正說三卷…………………… 3－399
大學古本質言 ……………………… 2－279
大學衍義四十三卷…………………… 1－137
大學衍義四十三卷…………………… 1－138
大學衍義四十三卷…………………… 1－141
大學衍義四十三卷…………………… 1－194
大學衍義四十三卷…………………… 2－280
大學衍義四十三卷…………………… 2－297
大學衍義四十三卷…………………… 3－442
大學衍義四十三卷…………………… 3－525
大學衍義補一百六十卷首一卷 ……… 1－88
大學衍義補一百六十卷首一卷 ……… 1－88
大學衍義補一百六十卷首一卷……… 1－143
大學衍義補一百六十卷首一卷……… 1－197
大學衍義補一百六十卷首一卷……… 2－198
大學衍義補輯要十二卷……………… 2－279
大學衍義補輯要十二卷首一卷 ……… 2－13
大學衍義補纂要六卷………………… 1－137
大學衍義補纂要六卷………………… 1－292
大學衍義輯要六卷…………………… 2－279
大學衍義輯要六卷…………………… 2－295
大學衍義續七十卷…………………… 3－153
大學衍義體要十六卷………………… 2－205
大學堂章程………………………… 3－532
大學章句一卷……………………… 2－300
大學章句一卷大學或問一卷中庸章
句一卷中庸或問一卷論語集注十
卷孟子集注七卷…………………… 1－142
大學章句質疑一卷…………………… 3－396
大學章句質疑不分卷………………… 3－409
大學集注中庸集注…………………… 3－372
大學義疏 …………………………… 2－254
大學辨業四卷……………………… 3－416
大學臆說二卷……………………… 3－159
大錢圖錄 …………………………… 2－82
大隱居士集二卷……………………… 3－246
大戴禮記集註十三卷 ……………… 2－40
大戴禮記補注十三卷序錄一卷……… 1－115
大戴禮記補注十三卷序錄一卷 ……… 2－23
大戴禮記解詁十三卷敘錄一卷目錄
一卷 ……………………………… 2－40
大藏一覽十卷……………………… 1－145

大藏一覽集十卷 ………………………… 1－298
大藏古字直音 ………………………… 1－62
大藏總經目錄 ………………………… 3－406
大嶽太和山紀略八卷 ………………… 1－287
大嶽太和武當山志二十卷 …………… 1－128
大題文府 ……………………………… 3－35
大題文府二集不分卷 ………………… 3－343
大寶積經 ……………………………… 3－391
大覺普濟玉林禪師語錄十二卷年譜
二卷 ………………………………… 2－203
大寶廣博樓閣善住秘密陀羅尼經 …… 2－228
大寶積經一百二十卷 ………………… 1－150
大寶積經一百二十卷 ………………… 1－335
大寶積經一百二十卷 ………………… 1－338
大寶積經一百二十卷 ………………… 2－240
大鶴山人宮詞紀事 …………………… 2－498
大觀本草劄記二卷 …………………… 1－521
大觀園圖說一卷 ……………………… 1－10
大觀樓北曲六種 ……………………… 1－401
大觀録二十卷 ………………………… 1－321
才子古文十五卷末一卷 ……………… 1－405
才子牡丹亭三十四出 ………………… 3－447
才兹文 ………………………………… 3－108
才鬼史 ………………………………… 2－427
才鬼史 ………………………………… 2－427
才調集十卷 …………………………… 1－29
才調集十卷 …………………………… 1－216
才調集十卷 …………………………… 1－227
才調集十卷 …………………………… 1－229
才調集補注 …………………………… 2－355
才調集補注十卷 ……………………… 2－333
寸心知室詩文集六卷 ………………… 3－135
寸灰詞三十八首 ……………………… 2－521
寸陰叢錄四卷 ………………………… 2－289
寸補四種 ……………………………… 1－58
寸碧堂詩集二卷外集一卷 …………… 1－52
上元朱氏忠貞錄 ……………………… 3－227
[同治]上元江寧兩縣志二十九卷首
一卷 ………………………………… 3－140
[同治]上元江寧兩縣志二十九卷首
一卷 ………………………………… 3－215
上今皇帝書 …………………………… 3－294
[乾隆]上方山志五卷 ………………… 3－535
上品資糧 ……………………………… 2－226
上度支部改革幣制書 ………………… 3－265
上海交涉事件彙抄 …………………… 3－313
上海求志書院春季課藝 ……………… 3－241
[同治]上海縣志三十二卷 …………… 2－533
上清太上開天龍蹻經五卷 …………… 3－37
[光緒]上猶縣誌十八卷 ……………… 3－281
[光緒]上虞縣志校續五十卷首一卷
末一卷 ……………………………… 3－140
[光緒]上虞縣志校續五十卷首一卷
末一卷 ……………………………… 3－360
上壽 …………………………………… 2－512
上蔡張氏四種 ………………………… 1－245
上蔡謝先生語錄三卷 ………………… 2－290
上諭八旗十三卷上諭旗務議覆十三
卷諭行旗務奏議十三卷 …………… 3－521
上諭八旗十三卷上諭旗務議覆十三
卷諭行旗務奏議十三卷 …………… 3－521
上諭八旗不分卷 ……………………… 1－127
上諭成語不分卷 ……………………… 3－527
上諭軍令條約滿漢合璧 ……………… 3－520
上諭（乾隆五十五年四月份） ……… 2－99
上諭旗務議覆十二卷 ………………… 1－127
上醫本草四卷 ………………………… 2－199
[同治]上饒縣志二十六卷 …………… 3－269
[乾隆]口北三廳志十六卷首一卷 …… 1－68
口頭草 ………………………………… 2－436
巾經纂二十卷首一卷 ………………… 3－81
巾箱小品十三種 ……………………… 1－443
巾箱小品三種 ………………………… 1－405
山川鍾秀　福壽呈祥 ………………… 3－451
山川鍾秀　福壽呈祥 ………………… 3－454
山川鍾秀　福壽呈祥 ………………… 3－454
山木居士外集四卷 …………………… 1－32
山中一夕話十二卷 …………………… 1－379
山中白雲詞八卷 ……………………… 1－29
山中白雲詞八卷 ……………………… 2－348
山中白雲詞八卷 ……………………… 2－354
山中白雲詞八卷 ……………………… 2－449

山中學詩記五卷 …………………… 3－89
山水清音二卷 …………………… 2－471
山水畫冊 …………………… 2－260
山左古文鈔八卷 …………………… 1－404
山左明詩鈔三十五卷 …………………… 1－207
山左會館設祭儀節 …………………… 3－18
山右石刻叢編 …………………… 1－441
山右石刻叢編四十卷 …………………… 1－496
山右金石録 …………………… 1－498
山西平陽府平陽郡秀女寶卷 …………………… 2－488
山西平陽府平陽郡秀女寶卷 …………………… 3－63
山西平陽府平陽郡秀女寶卷全集一卷 …………………… 3－500
山西全省財政沿革利弊説明書四章附山西各廳州縣差徭情形一覽表 …………………… 3－383
山西陸軍學兵團斌業學校概覽不分卷 …………………… 3－378
山西陸軍學兵團斌業學校概覽不分卷 …………………… 3－378
[光緒]山西通志 …………………… 2－472
[雍正]山西通志二百三十卷 …………………… 2－175
[光緒]山西通志五卷山西疆域沿革圖譜 …………………… 3－142
山谷内集詩注二十卷 …………………… 1－243
山谷内集詩注二十卷 …………………… 1－310
山谷外集詩注十七卷 …………………… 1－243
山谷外集詩注十七卷 …………………… 1－310
山谷外集詩注十七卷 …………………… 3－365
山谷外集詩注十七卷别集詩注二卷 …………………… 1－310
山谷外集詩注十四卷 …………………… 3－342
山谷老人刀筆二十卷 …………………… 1－306
山谷老人刀筆二十卷題跋四卷 …………………… 1－425
山谷别集詩注二卷 …………………… 1－243
山谷别集詩注二卷 …………………… 1－310
山谷别集詩注二卷 …………………… 3－365
山谷集内集二十卷外集十七卷别集二卷 …………………… 1－540
山谷詩内集注二十卷 …………………… 3－365
山谷詩外集注十七卷集補四卷别集注二卷 …………………… 2－323
山谷詩集内集二十卷外集十七卷别集二卷 …………………… 2－325
山谷詩集注 …………………… 2－426
山谷詩集注二十卷外集詩注十七卷别集詩注二卷 …………………… 2－420
山谷詩集註内集二十卷外集十七卷别集二卷 …………………… 2－360
山谷題跋三卷 …………………… 3－354
山谷題跋四卷 …………………… 1－117
山東考古録 …………………… 2－69
山東考古録 …………………… 2－155
山東同官録 …………………… 3－12
山東武鄉試同年齒録 …………………… 3－10
山東軍興紀略 …………………… 3－318
山東軍興紀略二十二卷 …………………… 1－352
山東軍興紀略二十二卷 …………………… 2－138
山東通省州縣經征錢糧數目簡明表冊 …………………… 1－129
山東現任候補同官表二卷 …………………… 3－24
山東清理財政局編訂全省財政説明書 …………………… 3－393
山東鄉試第拾房同門姓氏鄉試硃卷 …………………… 2－184
山東鄉試録不分卷 …………………… 1－9
山東運河備覽十二卷 …………………… 3－20
山東試辦大學堂暫行章程稿本 …………………… 2－116
山東闈墨光緒壬午科 …………………… 3－123
山東鹽法志二十二卷首一卷附編援證十卷 …………………… 3－401
山東鹽法續增備考六卷 …………………… 3－401
山門新語二卷 …………………… 2－197
山門新語二卷 …………………… 2－289
山法全書 …………………… 1－476
山房隨筆 …………………… 3－122
山居詩書圖詩我我周旋圖詩 …………………… 3－516
山居瑣言 …………………… 2－256
山居瑣言 …………………… 3－3
山南詩選四卷 …………………… 3－270
山亭 …………………… 2－512

山海志奇圖第七集…………………… 2－301
山海經十八卷 ………………………… 1－67
山海經十八卷 ………………………… 1－68
山海經十八卷………………………… 1－117
山海經十八卷………………………… 1－123
山海經十八卷………………………… 1－288
山海經十八卷………………………… 2－294
山海經十八卷………………………… 3－289
山海經十八卷圖五卷………………… 3－411
山海經十六卷圖贊一卷訂譌一卷…… 1－350
山海經十八卷圖贊補注一卷………… 2－318
山海經存九卷………………………… 3－212
山海經箋疏十七卷 ………………… 2－82
山海經箋疏十八卷圖贊一卷訂譌一
卷敘錄一卷………………………… 2－110
山海經廣注十八卷圖五卷雜述一卷
…………………………………………… 1－284
山海經釋義十八卷…………………… 1－294
山海經釋義十八卷…………………… 3－511
山海關西曆壹千玖百玖年第一結造
報華洋貿易冊簿自光緒三十四年
十二月初十日起至宣統元年閏二
月初十日止………………………… 3－440
山家清供山家清事…………………… 3－414
山家清供山家清事…………………… 3－509
山帶閣注楚辭六卷首一卷楚辭餘論
二卷楚辭說韻一卷 ……………… 1－45
山帶閣集三十三卷附錄一卷………… 1－412
山堂肆考二百二十八卷補遺十二卷
…………………………………………… 1－187
山堂肆考二百二十八卷補遺十二卷
…………………………………………… 1－322
山堂肆考五集二百二十八卷 ………… 1－18
山陽志遺四卷………………………… 3－294
山陽河下園亭記 …………………… 3－96
山陽河下園亭記……………………… 3－207
[同治]山陽縣志二十一卷 ………… 2－530
[同治]山陽縣志二十一卷 ………… 3－174
山陽縣寶卷 ………………………… 3－63
山陽縣寶卷 ………………………… 3－69
山陽縣寶卷一卷……………………… 3－495
山陽縣寶卷二卷……………………… 3－497
山陽藝文志八卷首一卷……………… 3－3
山窗餘稿……………………………… 1－280
山歌 ………………………………… 3－91
山歌…………………………………… 3－492
山歌…………………………………… 3－492
山歌菜桑……………………………… 3－492
山歌幾十支…………………………… 3－491
山薑詩選十八卷 …………………… 3－233
山曉閣史記選八卷 ………………… 1－312
千山詩集二十卷首一卷補遺一卷…… 1－264
千手千眼大悲懺法 ………………… 2－247
千手千眼觀世音菩薩大圓滿無礙大
悲心陀羅尼經 …………………… 2－237
千手千眼觀世音菩薩姥陀羅尼身經
…………………………………………… 2－237
千手千眼觀世音菩薩姥陀羅尼身經
一卷………………………………… 1－152
千手千眼觀世音菩薩姥陀羅尼身經
一卷………………………………… 1－173
千手千眼觀世音菩薩姥陀羅尼身經
一卷………………………………… 1－173
千手千眼觀世音菩薩廣大圓滿無礙
大悲心陀羅尼經 ………………… 2－228
千手千眼觀世音菩薩廣大圓滿無礙
大悲心陀羅尼經一卷……………… 1－173
千手千眼觀世音菩薩廣大圓滿無礙
大悲心陀羅尼經一卷……………… 1－173
千手千眼觀世音菩薩廣大圓滿無礙
大悲心陀羅尼經一卷……………… 1－331
千手千眼觀世音菩薩廣大圓滿無礙
大悲心陀羅經一卷………………… 1－152
千手眼大悲心咒行法………………… 2－209
千文六書統要二卷 ………………… 1－62
千文六書統要二卷附篆法偏旁正訛
歌一卷……………………………… 1－110
千文六書統要二卷附篆法偏旁正訛
歌一卷……………………………… 1－280
千古功名鏡十三卷…………………… 1－313
千古奇聞八卷………………………… 1－6
千字文釋義…………………………… 2－233

千字文釋義百家姓釋義 ……………… 2－21
千里駒二十三卷 ……………………… 3－94
千里樓詩草……………………………… 2－338
千忠戮…………………………………… 2－511
千金方衍義三十卷……………………… 1－519
千金記二卷……………………………… 3－286
千金記二卷五十出……………………… 3－424
千金裘二十七卷………………………… 2－207
千金裘二十七卷………………………… 2－214
千金裘二十七卷二集二十六卷……… 3－138
千金翼方三十卷………………………… 1－509
千金翼方三十卷………………………… 1－534
千金翼方三十卷………………………… 2－211
千金翼方三十卷………………………… 2－278
千春燕喜八出…………………………… 3－450
千春燕喜　百花獻壽…………………… 3－456
千叟宴詩四卷…………………………… 1－266
千家詩箋注二卷………………………… 3－296
千眼千臂觀世音菩薩陀羅尼神咒經
　二卷…………………………………… 1－151
千眼千臂觀世音菩薩陀羅尼神咒經
　二卷…………………………………… 1－173
千眼千臂觀世音菩薩陀羅尼神咒經
　二卷…………………………………… 2－237
千鍾祿…………………………………… 2－514
千鍾祿…………………………………… 2－514
千鍾祿…………………………………… 2－514
千鍾祿…………………………………… 2－519
千甓亭磚錄……………………………… 1－357
千甓亭磚錄六卷………………………… 2－252
千轉陀羅尼觀世音菩薩咒經一卷…… 1－174
千疊波餘續編一卷補遺一卷………… 1－308
千巖和尚語錄…………………………… 1－159
乞食圖二卷三十二出…………………… 3－468
乞食圖(後崔張)二卷 ………………… 1－320
[道光]川沙撫民廳志十二卷首一卷
　……………………………………… 3－185
[光緒]川沙廳志十四卷首一卷 …… 3－183
[光緒]川沙廳志十四卷首一卷末一
　卷 …………………………………… 2－56
川劇三擊掌……………………………… 2－518
川劇本乙輯……………………………… 3－229
川劇本甲輯……………………………… 3－228
川劇馬房放奎…………………………… 2－518
川劇探友起解投宿打店計奪快活林
　……………………………………… 2－518
久荼室詩集六卷 ……………………… 3－34
勺湖蓮隱圖詠…………………………… 3－516
勺源集二卷……………………………… 2－505
尸子……………………………………… 3－227
尸子二卷………………………………… 2－294
尸子二卷………………………………… 2－313
尸子二卷………………………………… 3－349
尸子二卷………………………………… 3－440
己丑恩科鄉試十八省同年全錄……… 1－482
己未詞科錄十二卷……………………… 3－114
己任編八卷……………………………… 2－499
己任編八卷……………………………… 3－207
已山先生文集十卷已山先生別集四
　卷……………………………………… 1－285
已山先生文集十卷別集四卷………… 1－270
也吟集…………………………………… 2－527
也居山房集八卷………………………… 2－481
也是集…………………………………… 2－420
也是集不分卷…………………………… 3－379
也是集不分卷…………………………… 3－379
也是集續編……………………………… 3－431
也是錄一卷……………………………… 2－173
也儂遺稿四卷…………………………… 3－114
女才子十二卷…………………………… 2－518
女才子十二卷首一卷…………………… 1－9
女才子傳………………………………… 3－278
女子四書讀本二卷……………………… 2－306
女丹合編………………………………… 1－400
女仙外史一百回………………………… 1－371
女仙外史一百回………………………… 1－372
女仙外史一百回………………………… 3－284
女延壽寶卷 …………………………… 3－68
女科二卷………………………………… 1－523
女科二卷產後編二卷…………………… 2－199
女科仙方四卷…………………………… 2－215
女科要旨四卷…………………………… 2－517

女科經綸八卷……………………… 1－195
女科輯要……………………………… 2－206
女科輯要二卷………………………… 2－197
女獄花十二回………………………… 3－473
女學六卷……………………………… 1－188
女學六卷……………………………… 2－253
小三吾亭集文一卷詞二卷詩四卷…… 3－184
小三吾亭詩詞文稿文一卷詩四卷詞
三卷……………………………… 2－420
小山山房詩存二卷…………………… 3－164
小山東草堂文集十卷………………… 2－480
小山泉閣詩存八卷 ………………… 3－91
小山詞一卷…………………………… 2－471
小山詞鈔一卷補鈔一卷……………… 3－1
小山類稿選二十卷附張襄惠公輯略
一卷……………………………… 1－434
小山類稿選二十卷附張襄惠公輯略
一卷……………………………… 2－488
小山類稿選二十卷附張襄惠公輯略
一卷 ……………………………… 3－36
小山類藁選二十卷張襄惠公行略一
卷 ………………………………… 1－52
小元池仙館詩一卷…………………… 3－115
小五義一百二十四回………………… 3－479
小五義傳二十五卷一百二十四回…… 3－129
小五義頭二三本……………………… 2－489
小不其山房集………………………… 3－193
小不其山房集六卷…………………… 3－105
小方壺齋輿地叢鈔…………………… 3－395
小方壺齋輿地叢鈔十二帙…………… 1－547
小方壺齋輿地叢鈔六十五卷………… 2－172
小方壺齋輿地叢鈔再補編十二帙…… 3－385
小方壺齋輿地叢鈔補編十二帙再補
編十二帙 ………………………… 3－23
小方壺齋輿地叢鈔補編五十八種…… 3－385
小方壺齋輿地叢鈔續編十二帙小方
壺齋輿地叢鈔再補編十二帙………… 2－1
小石山房印譜………………………… 2－186
小石山房印譜………………………… 2－283
小石山房印譜四卷歸去來辭集名刻
…………………………………… 3－210
小石山房叢書………………………… 2－2
小石山房叢書………………………… 2－3
小石山房叢書四十一種五十八卷…… 2－466
小石帆亭五言詩續鈔八卷…………… 3－225
小石帆亭五言詩續鈔八卷…………… 3－225
小石渠閣文集六卷…………………… 3－166
小石詩鈔六卷鹹鸝山館詩草一卷…… 3－194
小白華山人文鈔四卷………………… 3－156
小令…………………………………… 3－477
小芋香館遺集十二卷 ……………… 3－44
小百尺樓叢書四種…………………… 1－445
小有齋自娱集………………………… 3－258
小曲摘抄……………………………… 3－491
小曲雜抄……………………………… 3－492
小先知書日課………………………… 3－435
小安樂窩文集四卷…………………… 3－274
小豆棚十六卷………………………… 1－385
小豆棚十六卷………………………… 2－515
小西山房外集………………………… 3－255
小西腴山館詩集八卷………………… 2－481
小西腴山館詩集八卷文集十二卷年
譜二卷…………………………… 2－413
小住爲佳軒遺稿……………………… 3－245
小言集………………………………… 2－491
小言集………………………………… 3－200
小言集十卷 ………………………… 3－27
小亞細亞志附新志 ………………… 2－57
小英傑影戲…………………………… 3－490
小松石齋詩集五卷 ………………… 3－85
小東山草堂駢體文鈔十卷…………… 3－171
小知錄十二卷………………………… 1－376
小知錄十二卷………………………… 1－527
小知錄十二卷………………………… 3－323
小兒推拿廣義二卷…………………… 3－205
小兒語歌……………………………… 3－491
小兒藥證真訣三卷…………………… 2－188
小忽雷二卷…………………………… 1－402
小忽雷不分卷………………………… 1－320
小庚詞存一卷………………………… 3－147
小庚詞存三卷………………………… 3－163
小迦陵館文集………………………… 2－417

小南海集詩鈔二卷…………………… 3－137
小重山房詩續鈔 ……………………… 3－55
小亭初集六卷………………………… 2－491
小亭初集六卷………………………… 2－493
小倉山房文集三十五卷外集八卷…… 2－389
小倉山房尺牘八卷…………………… 1－436
小倉山房尺牘輯註十卷……………… 2－359
小倉山房全集詩集三十一卷補遺二
卷文集不分卷……………………… 2－380
小海山房詩集 ……………………… 3－86
小家語四卷…………………………… 1－380
小琅環園詩錄七卷詞一卷…………… 2－484
小菉打仗鼓詞………………………… 2－518
小匏庵詩存六卷……………………… 2－476
小眷西堂詩鈔不分卷………………… 3－376
小鄉嬛山館彙刊類書十二種………… 1－378
小鄉嬛山館彙刊類書十二種………… 2－268
小巢壺詩二卷………………………… 2－355
小壺天集九卷………………………… 3－189
小萬花樓叢書………………………… 2－307
小萬卷樓叢書………………………… 2－4
小萬卷齋詩稿三十二卷續十二卷遺
稿一卷……………………………… 1－416
小逼…………………………………… 1－319
小硯山人詩集二十六卷文集六卷文
續集二卷…………………………… 2－405
小硯山人詩集二十八卷文集六卷文
續集二卷…………………………… 2－417
小雲廬吟稿六卷……………………… 2－419
小搭文林……………………………… 3－411
小雅樓詩文集八卷首一卷遺文二卷
…………………………………… 2－332
小雅樓詩文集詩八卷文二卷首一卷
…………………………………… 3－103
小腆紀年附攷二十卷………………… 1－479
小腆紀年附攷二十卷………………… 1－480
小腆紀年附攷二十卷 ……………… 2－89
小腆紀傳六十五卷…………………… 1－479
小腆紀傳六十五卷…………………… 1－504
小窗四紀……………………………… 1－315
小窗自紀四卷………………………… 1－292
小窗自紀四卷………………………… 1－292
小窗清紀……………………………… 3－110
小窗清紀四卷………………………… 1－271
小蓬亭詩草六卷首一卷……………… 3－106
小蓬萊仙館傳奇十種………………… 2－395
小蓬萊傳奇十種……………………… 1－403
小蓬萊傳奇十種……………………… 2－373
小蓬萊傳奇十種……………………… 3－119
小蓬萊閣金石文字…………………… 1－495
小蓬萊閣金石文字…………………… 2－159
小蓬萊閣傳奇十種…………………… 3－488
小睡足寮詩錄四卷…………………… 2－476
小路頭寶卷 ………………………… 3－70
小試穿楊……………………………… 3－303
小試新學準繩初編四卷……………… 2－425
小試新學準繩初編四卷二編四卷…… 2－379
小詩航詩鈔三卷……………………… 3－250
小話借靴……………………………… 3－421
小滄浪筆談四卷……………………… 1－374
小滄浪筆談四卷……………………… 1－503
小滄浪筆談四卷……………………… 2－288
小滄溟館詩集初集六卷二集九卷…… 1－437
小爾雅訓纂六卷 …………………… 2－36
小說六則……………………………… 2－375
小說林光緒三十三年第一至六期…… 3－473
小說林第七至十二期………………… 3－473
小說叢刊第一集……………………… 2－396
小慧集十二卷………………………… 1－392
小慧集十二卷………………………… 2－492
小樓詩稿八卷………………………… 2－409
小歐波館畫識三卷畫寄一卷………… 2－253
小潛樓詩集四卷文集四卷…………… 2－404
小學十二卷…………………………… 3－529
小學十二卷…………………………… 3－530
小學千家詩二卷……………………… 3－146
小學正文六卷………………………… 2－189
小學考五十卷………………………… 1－340
小學考五十卷………………………… 1－340
小學考五十卷………………………… 1－448
小學考五十卷………………………… 1－449
小學考五十卷 ……………………… 2－25

小學考五十卷…………………………3－318
小學百家詩…………………………3－239
小學合解六卷………………………3－521
小學合解六卷………………………3－521
小學合解六卷………………………3－521
小學弦歌八卷………………………2－324
小學教育富國學問答………………3－367
小學教育富國學問答………………3－367
小學教授法要義……………………3－325
小學紺珠十卷…………………………1－1
小學紺珠十卷………………………2－304
小學答問 ……………………………2－36
小學集注……………………………2－264
小學集注……………………………2－296
小學集注六卷………………………1－110
小學集注六卷 ………………………2－29
小學集注六卷 ………………………2－44
小學集注六卷………………………2－268
小學集解……………………………2－189
小學集解六卷………………………2－189
小學集解六卷………………………2－287
小學集解六卷………………………2－296
小學集解六卷………………………2－296
小學集解六卷………………………2－300
小學鈎沈十九卷……………………1－339
小學鈎沈十九卷……………………1－451
小學鈎沈十九卷 ……………………2－15
小學鈎沈十九卷 ……………………2－23
小學鈎沈續編八卷…………………1－448
小學義疏六卷………………………2－304
小學彙函 ……………………………2－14
小學彙函 ……………………………2－14
小學韻語……………………………2－190
小學韻語……………………………2－283
小學韻語……………………………2－290
小學韻語……………………………3－204
小學類編七種………………………1－451
小學纂注六卷………………………2－189
小學纂注六卷………………………2－296
小學纂注六卷………………………2－298
小隱詩鈔……………………………3－255
小隱齋制藝…………………………2－354
小隱齋課蒙草四卷…………………2－214
小檀欒室彙刻閨秀詞………………1－541
小檀欒室彙刻閨秀詞十集…………2－347
小檀欒室彙刻閨秀詞八集八十二種
　……………………………………1－413
小檀欒室彙刻閨秀詞六種…………3－247
小檀欒室彙刻閨秀詞四種…………3－266
小謨觴館全集二十一卷附錄四卷……2－458
小謨觴館詩文全集詩八卷續詩二卷
　附詞一卷文四卷文續二卷…………2－370
小謨觴館詩文集十三卷續四卷………2－336
小謨觴館詩文集注…………………1－427
小謨觴館詩文集注…………………2－364
小謨觴館詩集注八卷………………2－440
小題大觀……………………………2－234
小題正鵠……………………………2－424
小題正鵠三集………………………3－211
小題正鵠三集附訓蒙草一卷養正草
　一卷………………………………3－211
小蘇潭詞三卷………………………1－423
小蘇潭詞六卷………………………2－531
小羅浮館集…………………………3－503
小鷗波館詩鈔十卷…………………3－178
子不語………………………………1－379
子史鈎沈……………………………3－214
子史精華一百六十卷 ………………1－93
子史精華一百六十卷………………1－533
子史精華一百六十卷………………2－259
子史精華一百六十卷………………2－265
子史精華一百六十卷………………2－265
子史精華一百六十卷………………2－265
子史精華一百六十卷………………2－265
子史精華一百六十卷………………2－282
子史精華一百六十卷………………2－282
子史精華一百六十卷………………3－358
子弟書目錄…………………………3－465
子弟書目錄…………………………3－465
子良詩存十二卷……………………1－421
子良詩錄四卷………………………2－520
子思子七卷…………………………1－515

子書二十二種…………………………… 3－358
子書百家……………………………… 1－397
子書百家……………………………… 1－531
子書百家……………………………… 2－193
子書百家……………………………… 2－268
子書百家……………………………… 3－366
子虛記五十二卷 ……………………… 3－39
子藥準則一卷………………………… 1－390
孑遺錄一卷…………………………… 1－312

四畫

王小姐烏金記四卷 …………………… 3－99
王子安集十六卷……………………… 1－229
王子安集十六卷……………………… 2－445
王子安集十六卷附錄一卷…………… 3－348
王子安集註二十卷首一卷末一卷…… 2－345
王子安集註二十卷首一卷末一卷…… 2－353
王子安集註二十卷首一卷末一首…… 2－483
王尤合刻注釋………………………… 3－212
王氏五種……………………………… 2－463
王氏四種……………………………… 1－545
王氏存笥稿二十卷 …………………… 1－34
王氏家集……………………………… 1－409
王氏家集 ……………………………… 3－21
王氏說文四種………………………… 1－339
王氏說文四種………………………… 1－454
王氏漁洋詩鈔十二卷………………… 1－328
王氏餘慶集十一卷首一卷 …………… 3－98
王氏醫案二卷續編八卷霍亂論二卷
　……………………………………… 1－520
王氏醫案八卷………………………… 1－517
王氏寶卷……………………………… 3－257
王氏續古文辭類纂三十四卷………… 2－450
王文成公三立編十二卷……………… 3－276
王文成公全書三十八卷……………… 1－541
王文成公全書三十八卷……………… 2－446
王文成公集要七卷…………………… 2－292
王文直公遺集六卷…………………… 2－496
王文直公遺集六卷首一卷…………… 1－418
王文貞公全集五卷…………………… 1－417
王文恪公集三十六卷 ………………… 1－99
王文恪公集三十六卷………………… 1－101
王文恪公集三十六卷首一卷 ………… 1－39
王文敏公奏疏 ………………………… 2－84
王文敏公奏疏………………………… 2－147
王文敏公奏疏………………………… 3－395
王文敏公經進稿……………………… 2－434
王文敏公經進稿二卷………………… 3－431
王文開齋傳一卷……………………… 3－496
王文肅公文草十四卷奏草二十三卷
　牘草十八卷………………………… 1－316
王文肅公年譜………………………… 3－216
王文肅公遺文………………………… 3－193
王文端公詩集二卷王文端公奏疏四
　卷 …………………………………… 1－33
王文簡公五言詩鈔十七卷…………… 2－531
王文簡公論七言古體平仄…………… 3－436
王石和文九卷………………………… 1－267
王右丞集二十八卷首一卷末一卷…… 1－101
王右丞集二十八卷首一卷末一卷…… 1－227
王右丞集二十八卷首一卷末一卷…… 1－229
王右丞集四卷………………………… 3－350
王右丞集箋注二十八卷首末二卷…… 3－322
王右丞集箋註二十八卷首一卷末一
　卷 …………………………………… 1－36
王先生十七史蒙求十六卷…………… 2－259
王先生十七史蒙求十六卷…………… 3－517
王竹軒稿……………………………… 2－457
王仲宣集一卷………………………… 2－428
王志二卷……………………………… 3－369
王花寶卷 ……………………………… 3－67
王君榮寶卷 …………………………… 3－67
王壯武公年譜二卷…………………… 3－426
王壯武公遺集二十四卷……………… 2－135
王壯武公遺集二十四卷……………… 3－426
王奉常書畫題跋二卷………………… 1－508
王奉常書畫題跋二卷………………… 1－513
王奉常集詩十五卷目錄三卷文五十
　四卷目錄二卷……………………… 1－101
王叔師集一卷………………………… 2－428
王忠文公文集二十五卷……………… 2－338

王忠文公集二十五卷 ………………… 1－30
王狀元集百家注編年杜陵詩史三十
二卷 ……………………………… 2－318
王季重先生增補十三種全集十三卷
……………………………………… 1－58
王侍郎奏議十卷 ………………… 3－15
王岳望先生墨蹟 ………………… 1－194
王孟詩集 ………………………… 2－404
王孟調明經西凫草一卷 ………… 3－89
王荆公唐百家詩選二十卷 ……… 1－28
王荆公唐百家詩選二十卷 ……… 1－245
王荆公唐百家詩選二十卷 ……… 1－292
王荆公唐百家詩選二十卷 ……… 3－517
王荆公集箋注 …………………… 1－420
王荆公詩五十卷 ………………… 1－36
王荆文公詩五十卷附補遺 ……… 1－255
王洪緒先生外科證治全生 ……… 2－274
王洪緒先生外科證治全生 ……… 3－128
王益吾所刻七種 ………………… 1－442
王船山公年譜 …………………… 2－539
王船山讀通鑑論十六卷 ………… 2－158
王船山讀通鑑論十六卷 ………… 2－158
王陽明先生文鈔二十卷 ………… 2－450
王陽明先生全集二十二卷首一卷 …… 1－30
王無功集三卷補遺二卷校勘記一卷
……………………………………… 3－116
王註正譌 ………………………… 1－229
王註正譌 ………………………… 1－327
王惺所先生文集十卷 …………… 1－270
王會篇箋釋三卷 ………………… 2－48
王會篇箋釋三卷 ………………… 2－72
王靖毅公年譜二卷 ……………… 2－164
王靖毅公年譜二卷 ……………… 3－221
王壽同行狀 ……………………… 2－539
[王漁洋先生集]十三種 ………… 1－58
王德飄洋寶卷 …………………… 3－72
王龍溪先生全集二十卷 ………… 3－159
王檢討已山先生傳一卷 ………… 1－270
王檢討已山先生傳一卷 ………… 1－285
王臨川文集四卷 ………………… 2－373
王臨川文集四卷 ………………… 2－375
王臨川文集四卷 ………………… 2－423
王臨川全集 ……………………… 2－460
王臨川全集一百卷 ……………… 1－542
王臨川全集一百卷 ……………… 2－340
王臨川全集一百卷目錄二卷 …… 2－325
王臨川全集一百卷首二卷 ……… 2－446
王臨川全集二十四卷 …………… 2－359
井田圖考二卷 …………………… 2－45
[光緒]井研志四十二卷 ………… 3－289
[光緒]井研志四十二卷首一卷 …… 3－167
井華詞二卷 ……………………… 2－484
井蛙錄四卷 ……………………… 1－392
井蛙雜記十卷 …………………… 2－522
井礦工程三卷 …………………… 1－390
井礦工程三卷 …………………… 2－299
井礦工程三卷 …………………… 3－364
夫山和尚住台州靈鷲興化禪寺語録
一卷 ……………………………… 1－144
夫山和尚住眘州祥符寺語錄一卷夫
山和尚住台州能仁寺語錄一卷夫
山和尚住天台景德國清禪寺語錄
一卷 ……………………………… 1－144
天一笑廬詩鈔二卷 ……………… 1－256
天一閣見存書目六卷首一卷 …… 2－158
天一閣見存書目四卷首一卷 …… 1－354
天一閣書目一卷碑目一卷 ……… 1－5
天工開物三卷 …………………… 1－13
天下山河兩戒考十四卷圖一卷 … 3－368
天下有山堂畫藝二卷 …………… 1－275
天下同文前甲集五十卷 ………… 3－144
天下同文集四十四卷 …………… 2－363
天下名山記 ……………………… 2－132
天下名山勝景圖詠四卷 ………… 2－282
天下郡國利病書一百二十卷 …… 1－363
天下郡國利病書一百二十卷 …… 1－471
天下郡國利病書一百二十卷 …… 1－471
天下郡國利病書一百二十卷 …… 2－68
天下郡國利病書一百二十卷 …… 2－94
天下郡國利病書一百二十卷 …… 2－100
天下郡國利病書一百二十卷 …… 2－100
天下郡國利病書一百二十卷 …… 3－339

天下郡國利病書一百二十卷………… 3－368
天下郡國利病書一百二十卷………… 3－368
天下郡國利病書一百二十卷………… 3－368
天子肆裸獻饋食禮 …………………… 2－45
天子肆獻裸饋食禮纂四卷 …………… 2－45
天王太子辟雍羅經…………………… 1－149
天元五歌闡義五卷…………………… 1－473
天元玉曆祥異紀六卷………………… 1－530
天中記六十卷 ……………………… 1－17
天中記六十卷………………………… 1－526
天中記六十卷………………………… 1－527
天文大象賦…………………………… 2－309
天文玉曆祥異賦六卷 ……………… 1－89
天文示斯十四卷……………………… 1－529
天文初階……………………………… 2－289
天文星象攷…………………………… 1－310
天文星象形圖 ……………………… 1－90
天文略解二卷………………………… 1－530
天文啓蒙七卷首一卷………………… 1－530
天文圖說不分卷 …………………… 1－89
天文圖說四卷………………………… 3－209
天文算學纂要二十卷首一卷………… 1－512
天文算學纂要二十卷首一卷………… 1－515
天文算學纂要二十卷首一卷………… 1－517
天文算學纂要八卷首一卷…………… 2－300
天文曆理全書十二卷首一卷 ……… 1－93
天方至聖實錄年譜二十卷…………… 2－254
天方性理五卷首一卷………………… 1－515
天目中峰和尚信心銘闢義解三卷…… 2－225
天目先生集二十一卷 ……………… 1－31
天仙運………………………………… 3－113
天仙寶卷……………………………… 3－170
天仙寶卷……………………………… 3－170
天仙寶卷……………………………… 3－237
天仙寶卷……………………………… 3－302
天仙寶卷……………………………… 3－302
天主降生言行紀略八卷……………… 1－382
天主實義二卷………………………… 3－392
天台三高士遺集五種………………… 3－253
天台山方外志三十卷………………… 1－119
天台山方外志要十卷………………… 1－127
天台山全志十八卷…………………… 1－128
天台四教儀正文……………………… 2－225
天台四教儀集註十卷科文一卷……… 1－146
天台智者大師禪門口訣……………… 1－153
天台傳佛心印記……………………… 2－224
天地奇異志…………………………… 3－325
天地陰陽交歡大樂賦………………… 3－216
天后聖母聖蹟圖志全集二卷………… 3－215
天后聖蹟全集二卷…………………… 2－186
天合良緣一卷………………………… 3－485
天花亂墜……………………………… 2－412
天花亂墜八卷………………………… 1－430
天花精言五卷………………………… 2－276
天花精言六卷………………………… 1－506
天花藏合刻七才子書五卷…………… 3－485
天雨花三十回………………………… 1－428
天雨花三十回………………………… 2－394
天門陣演義傳四卷十九回…………… 3－118
天岸昇禪師語録二十卷……………… 1－160
天岳山館文鈔四十卷………………… 2－410
天官賜福……………………………… 3－454
天官賜福……………………………… 3－455
天降度劫經…………………………… 2－308
天則百話 …………………………… 3－49
天香節慶十五出……………………… 3－453
天香樓外史誌異八卷………………… 3－287
天香慶節二出………………………… 3－453
天香慶節二卷………………………… 1－317
天香慶節四卷………………………… 3－457
天香慶節總本………………………… 1－319
[光緒]天津府志五十四卷 ………… 2－175
[光緒]天津府志五十四卷首一卷 … 2－146
[光緒]天津府志五十四卷首末二卷
………………………………………… 2－179
[乾隆]天津縣志二十四卷 ………… 1－283
[乾隆]天津縣志二十四卷 ………… 2－185
[乾隆]天津縣志二十四卷續志二十
卷首一卷…………………………… 2－178
天咫偶聞十卷………………………… 3－538
天真閣集二十卷……………………… 2－348
天真閣集五十四卷外集六卷………… 1－405

天根文鈔正集四卷 …… 3 – 148
天根文鈔正集四卷續集一卷詩集二卷 …… 2 – 320
天倪閣印譜 …… 3 – 162
天豹圖全傳三十五卷 …… 2 – 412
天瓶齋書畫題跋二卷 …… 1 – 508
天海樓古文鈔四卷 …… 3 – 170
天家通譜 …… 3 – 318
天曹寶卷 …… 3 – 64
天曹寶卷 …… 3 – 68
天祟合鈔 …… 2 – 418
天開圖畫樓集六種 …… 3 – 158
天然昰禪師語録十二卷 …… 1 – 168
天遊閣集五卷 …… 2 – 322
天遊閣集詩五卷附錄一卷 …… 3 – 404
天童寺志十卷 …… 2 – 120
天童寺志十卷首一卷 …… 2 – 58
天道傳十六回 …… 2 – 379
天道覈較問答 …… 2 – 249
天游閣詩集二卷 …… 3 – 409
天禄閣外史八卷 …… 1 – 145
天禄閣外史八卷 …… 1 – 308
天禄閣外史八卷 …… 1 – 325
天禄識餘十卷 …… 1 – 82
天聖明道本國語二十一卷 …… 2 – 140
天聖明道本國語二十一卷劄記一卷 …… 3 – 380
天傭子集二卷 …… 1 – 227
天經奧理 …… 2 – 300
天瘦閣詩半六卷 …… 3 – 193
天瘦閣詩半六卷 …… 3 – 246
天演論二卷 …… 3 – 384
天影盦全集 …… 2 – 457
天樂鳴空集三卷 …… 3 – 242
天緣債二卷英雄報一卷 …… 3 – 334
天學輯要 …… 1 – 530
天醫祝由科秘訣真傳 …… 2 – 275
天鏡約旨二卷 …… 1 – 139
天韻堂詩存八卷 …… 2 – 502
天韻堂賦鈔 …… 3 – 86
天韻閣詩存 …… 2 – 348
天壤閣叢書十九種 …… 1 – 547
天壤閣叢書四種 …… 2 – 462
天寶圖十卷 …… 2 – 400
天寶圖十卷五十七回 …… 1 – 429
天籟軒詞選六卷 …… 1 – 437
天籟軒詞譜 …… 2 – 472
天籟軒詞譜六卷 …… 1 – 437
元人集十種 …… 1 – 94
元人詞鈔 …… 2 – 525
元人選元詩五種 …… 1 – 417
[元女遣仙]十出 …… 1 – 320
[光緒]元氏縣志十四卷首一卷末一卷 …… 2 – 176
[光緒]元氏縣志十四卷首一卷末一卷 …… 3 – 139
[光緒]元氏縣志十四卷首一卷末一卷 …… 3 – 393
元文類七十卷 …… 2 – 460
元文類七十卷 …… 3 – 293
元文類七十卷目錄三卷 …… 1 – 424
元文類七十卷目錄三卷 …… 2 – 321
元文類七十卷目錄三卷 …… 2 – 333
元文類刪四卷 …… 1 – 279
元史二百十卷 …… 1 – 132
元史二百十卷 …… 1 – 361
元史二百十卷 …… 1 – 485
元史二百十卷 …… 1 – 489
元史二百十卷 …… 3 – 425
元史氏族表三卷 …… 2 – 65
元史氏族表三卷 …… 2 – 65
元史氏族表三卷 …… 2 – 87
元史氏族表三卷 …… 2 – 144
元史紀事本末二十七卷 …… 2 – 53
元史紀事本末二十七卷 …… 2 – 66
元史紀事本末二十七卷 …… 2 – 87
元史紀事本末二十七卷 …… 2 – 88
元史紀事本末二十七卷 …… 2 – 130
元史紀事本末二十七卷 …… 2 – 152
元史紀事本末二十七卷 …… 3 – 376
元史紀事本末二十七卷 …… 3 – 403
元史新編九十五卷 …… 1 – 465

元史藝文志四卷 …………………………… 2－65
元史藝文志四卷元史氏族表三卷…… 1－465
元史類編十二卷………………………… 2－181
元史類編四十二卷 …………………… 1－72
元史譯文證補三十卷………………… 1－487
元史譯文證補三十卷………………… 1－490
元史譯文證補三十卷………………… 3－315
元史譯文證補三十卷………………… 3－316
元白長慶集一百四十一卷…………… 1－241
元刑法志……………………………… 2－105
元刑法志……………………………… 2－111
元刑法志……………………………… 2－111
元刑法志……………………………… 2－111
元曲選一百種一百卷 ……………… 1－35
元名臣事略十五卷…………………… 3－426
元亨療牛集二卷 …………………… 3－55
元亨療馬集六卷牛經大全二卷……… 3－180
元英先生詩集十卷 ………………… 3－46
元明小令抄不分卷 ………………… 1－29
元典章六十卷………………………… 1－350
元典章六十卷新集一卷……………… 1－479
元典章六十卷新集一卷……………… 1－479
元和江氏靈鶼閣叢書………………… 2－463
元和姓纂十卷………………………… 1－488
元和姓纂十卷 ……………………… 2－96
元和郡縣志四十卷 ………………… 2－93
元和郡縣志四十卷…………………… 2－147
元和郡縣圖志四十卷………………… 1－469
元和郡縣圖志四十卷………………… 1－470
元和郡縣圖志四十卷………………… 1－476
元河南志四卷 ……………………… 2－55
元始天尊新演還鄉寶卷一卷………… 3－496
元城語錄解三卷……………………… 3－303
元秘史李注補正十五卷……………… 1－486
元書一百〇二卷首一卷……………… 1－476
元書一百〇二卷首一卷……………… 1－480
元朝名臣事略十五卷………………… 2－107
元朝秘史十五卷……………………… 1－499
元朝秘史十五卷……………………… 3－315
元朝秘史十五卷……………………… 3－315
元豊題跋一卷 ……………………… 1－88
元詩紀事二十四卷…………………… 1－424
元詩選二集八卷 …………………… 1－41
元詩選八集卷首一卷 ……………… 1－41
元詩選三集八卷 …………………… 1－41
元詩選六卷附錄一卷金詩選四卷附
　錄一卷 …………………………… 1－41
元詩選六卷補遺一卷………………… 1－205
元詩選六卷補遺一卷………………… 1－207
元詩選初集十集二集十集三集八集
　癸集八集補遺九集首一卷 ……… 1－37
元詩選初集十集首一卷……………… 1－103
元詩選癸集…………………………… 2－381
元經薛氏傳十卷……………………… 1－125
元廣東遺民錄二卷補遺一卷………… 3－300
元遺山年譜三卷附錄一卷…………… 3－225
元遺山先生文集四十卷……………… 1－539
元遺山先生全集……………………… 1－539
元遺山先生全集四十卷……………… 2－345
元遺山先生集四十卷………………… 1－417
元遺山先生集四十卷附錄一卷……… 1－540
元遺山詩集十卷……………………… 1－205
元遺山詩集八卷……………………… 1－242
元遺山詩集箋注十四卷首一卷末一
　卷…………………………………… 2－344
元遺山詩集箋注十四卷首一卷末一
　卷…………………………………… 2－442
元遺山詩集箋注元集十四卷附錄一
　卷補載一卷………………………… 2－343
元憲集三十六卷……………………… 2－390
元憲集三十六卷……………………… 2－459
元豐九域志十卷 …………………… 2－68
元豐九域志十卷……………………… 2－104
元豐九域志十卷……………………… 2－147
元豐類稿五十卷……………………… 1－211
元豐類稿五十卷……………………… 1－239
元豐類稿五十卷……………………… 1－535
元豐類稿五十卷……………………… 2－450
元寶媒傳奇二卷二十八出…………… 3－472
廿一史四譜五十四卷………………… 1－485
廿一史約編 ………………………… 2－94
廿一史約編八卷首一卷後編一卷…… 3－314

廿一史約編八卷首一卷後編一卷…… 3－317
廿一史彈詞注十一卷 …………………… 1－43
廿一史彈詞注十一卷…………………… 1－213
廿一史彈詞注十一卷…………………… 1－228
廿二子………………………………… 2－317
廿二史考異…………………………… 1－477
廿二史考異一百卷 …………………… 2－80
廿二史考異一百卷…………………… 2－165
廿二史言行略四十二卷 ……………… 2－74
廿二史策案補遺……………………… 1－481
廿二史劄記三十七卷………………… 2－137
廿二史劄記三十七卷………………… 2－138
廿二史劄記三十六卷………………… 1－465
廿二史劄記三十六卷首一卷………… 1－504
廿四史通俗衍義二十六卷…………… 1－510
廿四史論精萃十八卷………………… 2－120
廿四家隱語二卷……………………… 3－299
木本花鳥譜…………………………… 3－231
木皮子詞……………………………… 2－400
木皮散人鼓詞不分卷………………… 3－379
木皮詞 ………………………………… 3－95
木庵居士詩四卷 ……………………… 3－59
木庵居士詩四卷附補遺……………… 2－377
木庵居士詩四卷附補遺一卷………… 2－339
木犀軒叢書…………………………… 2－3
木犀軒叢書二十五種………………… 1－440
木樨香十出…………………………… 3－279
木鍾集十一卷………………………… 1－412
木鍾集十一卷 ………………………… 3－16
木齋詩說存稿六卷…………………… 2－523
木雞書屋文全集三十卷……………… 2－538
木蘭陂集節要十卷…………………… 3－164
木蘭書齋詩鈔………………………… 2－535
木蘭書齋詩鈔 ………………………… 3－79
木蘭書齋詩鈔………………………… 3－241
木蘭書齋詩鈔………………………… 3－257
木蘭寶傳二卷………………………… 3－307
五七言今體詩鈔十八卷……………… 2－386
五七言今體詩鈔十八卷……………… 3－363
五人詞合刻 …………………………… 3－39
五大洲女俗通考十集二十二卷首一
卷……………………………………… 2－157
五大洲女俗通攷二十一卷首一卷…… 1－352
五大洲政治通考四十八卷…………… 2－102
五山志林八卷………………………… 2－187
五千五百佛名神咒除障滅罪經八卷
……………………………………… 1－166
五千年中外交涉史九十七卷………… 3－387
五女興唐全傳十二卷………………… 1－429
五子近思錄十四卷…………………… 2－315
五子近思錄發明十四卷……………… 2－199
五子近思錄輯要十四卷……………… 1－198
五公山人集十六卷…………………… 1－219
五公山人集十六卷…………………… 1－249
五方元音二卷 ………………………… 2－28
五方元音四卷 ………………………… 2－36
五石瓠齋遺稿二卷…………………… 3－246
五代史七十四卷……………………… 1－126
五代史七十四卷……………………… 1－126
五代史七十四卷……………………… 1－304
五代史七十四卷……………………… 1－360
五代史七十四卷 ……………………… 2－88
五代史七十四卷……………………… 2－166
五代史七十四卷……………………… 3－319
五代史七十四卷……………………… 3－426
五代史注七十四卷…………………… 2－137
五代史記七十四卷…………………… 1－135
五代史記注七十四卷………………… 1－349
五代史記注七十四卷 ………………… 2－88
五代史闕文一卷……………………… 1－303
五代史纂誤三卷……………………… 2－164
五代春秋二卷………………………… 3－213
五代紀年表…………………………… 2－144
五代宮詞一百首……………………… 1－438
五代會要三十卷……………………… 1－305
五代會要三十卷……………………… 1－469
五代會要三十卷 ……………………… 2－69
五代會要三十卷 ……………………… 2－89
五代會要三十卷……………………… 2－152
五代會要三十卷……………………… 3－313
五代會要三十卷附校勘記…………… 3－320

五母子經一卷 …………………………… 2－223
五百石洞天揮麈十二卷 ………………… 3－47
五百四峯堂詩鈔二十五卷 …………… 1－535
五百四峯堂詩鈔二十五卷 …………… 2－320
五百四峯堂詩鈔二十五卷 …………… 2－446
五百弟子自說本起經 ………………… 2－245
五百家注韓昌黎文集四十卷 ………… 2－446
五色瓜廬尺牘四卷 …………………… 1－436
五色神旗十六卷 ……………………… 2－523
五色線二卷 ………………………… 1－14
五色線二卷 ………………………… 1－222
五色線二卷 ………………………… 1－329
五車韻府 ……………………………… 1－463
五車韻瑞一百六十卷 ………………… 1－193
五車韻瑞一百六十卷 ………………… 1－321
五言今體詩鈔九卷七言今體詩鈔九
　卷 …………………………………… 2－372
五言今體詩鈔九卷七言今體詩鈔九
　卷 …………………………………… 2－441
五言排律依永集八卷 ………………… 1－285
五言排律依永集八卷 ………………… 3－134
五言詩十七卷 ………………………… 2－360
五言詩十三卷 ………………………… 3－124
五虎平西五集二十卷 ………………… 3－50
五虎平西全傳十四卷一百十二回 …… 1－373
五虎平西前傳一百十二回 …………… 2－394
五虎平西［鼓詞］ …………………… 1－51
五虎平南二、三集八卷 ……………… 3－49
五虎平南四集十六卷 ………………… 3－51
五虎平南狄青演傳四卷四十二回 …… 3－118
五虎傳灤州影戲總講 ………………… 3－490
五知齋琴譜八卷 ……………………… 1－285
五知齋琴譜八卷 ……………………… 1－288
五知齋琴譜六卷 ……………………… 3－330
五金魚傳 ……………………………… 3－480
五周先生集 …………………………… 2－434
五周先生集 …………………………… 2－434
五周先生集 …………………………… 2－488
五周先生集 …………………………… 3－226
五河卡收支各款海分司收支各款 …… 3－440
五毒傳十二卷 ………………………… 3－42
五毒傳十二卷 ………………………… 3－42
五毒傳鼓詞 …………………………… 1－408
五研齋詩鈔十二卷 …………………… 3－154
五省溝洫圖說 ………………………… 2－69
五省溝洫圖說 ………………………… 2－150
五段無瑕璧題綱 ……………………… 3－458
五音類聚四聲篇十二卷 ……………… 2－13
五美圖寶卷 …………………………… 3－66
五美緣八十回 ………………………… 1－368
五美緣八十回 ………………………… 2－395
五洲地理志略三十六卷首一卷 ……… 1－365
五洲地理志略三十六卷首一卷 ……… 2－94
五洲事類滙表五十卷 ………………… 1－377
五洲圖考 ……………………………… 2－75
五洲圖考 ……………………………… 2－87
五軍道里表 …………………………… 2－71
五軍道里表 …………………………… 2－154
五祖黄梅寶卷二卷 …………………… 3－113
五祖黄梅寶卷二卷 …………………… 3－501
五桂樓書目四卷 ……………………… 2－185
五倫書六十二卷 ……………………… 1－89
五畝園小志 …………………………… 3－107
五家宮詞 ……………………………… 2－477
五家宮詞 ……………………………… 3－128
五曹算經五卷夏侯陽算經三卷 ……… 2－312
五國故事一冊 ………………………… 3－234
五國故事二卷 ………………………… 3－213
五朝文鐸二十卷 ……………………… 2－445
五朝紀事本末五種 …………………… 1－487
五朝詩名家七律英華 ………………… 1－257
五朝詩善鳴集唐四卷五代一卷宋二
　卷金元二卷明二卷 ………………… 1－432
五雅全書五種 ………………………… 2－462
五湖遊稿一卷 ………………………… 3－231
五湖漁莊圖題詞四卷太湖竹枝詞二
　卷 …………………………………… 3－98
五湖漁莊錄四卷 ……………………… 3－184
五聖寶卷 ……………………………… 3－68
五蓮山志五卷 ………………………… 1－119
五蓮山志五卷 ………………………… 2－61
五路天神寶卷 ………………………… 3－111

五福五代…………………………………… 3－454
五福五代慶雲仍………………………… 3－451
五福五代慶雲仍………………………… 3－452
五福財神寶卷 ………………………… 3－69
五經小學述二卷………………………… 3－413
五經五種五十八卷 …………………… 1－63
五經文字二卷…………………………… 1－1
五經文字序例…………………………… 2－262
五經正本………………………………… 1－463
五經同卷………………………………… 1－151
五經同卷………………………………… 1－152
五經同卷………………………………… 1－152
五經同卷………………………………… 1－153
五經同卷五種…………………………… 1－151
五經合刊 ……………………………… 2－14
五經合纂大成 ………………………… 2－50
五經合纂大成 ………………………… 2－50
五經衷要七十二卷 …………………… 2－31
五經旁訓辨體二十一卷 ……………… 2－31
五經旁訓辨體五種二十一卷………… 1－114
五經堂草草草一卷 …………………… 1－26
五經揭要 ……………………………… 2－50
五經備旨 ……………………………… 2－50
五經歲徧齋校書三種………………… 2－464
五經擬題類典三十八卷……………… 3－221
五經類編二十八卷 …………………… 2－22
五經體註大全 ………………………… 2－50
[光緒]五臺新志四卷首一卷雜錄一
卷 ………………………………………… 2－83
[乾隆]五臺縣志八卷 ………………… 2－177
五種遺規………………………………… 1－523
五種遺規………………………………… 2－260
五種遺規………………………………… 3－381
五種遺規十二卷………………………… 2－279
五種遺規摘鈔…………………………… 1－533
五種遺規摘鈔五種……………………… 3－422
五劍十八義後傳四卷三十二回……… 3－119
五劍十八義前傳四卷四十回………… 3－119
五樂齋司馬頌言………………………… 1－194
五燈會元二十卷………………………… 2－193
五禮通考二百六十二卷……………… 1－456
五禮通考二百六十二卷首四卷………… 1－2
五禮通考二百六十二卷首四卷總目
二卷……………………………………… 1－113
五禮通考二百六十二卷首四卷總目
二卷……………………………………… 1－332
五禮通考二百六十二卷首四卷總目
二卷……………………………………… 3－422
五雜組十六卷 ………………………… 1－19
五雜組十六卷…………………………… 2－187
支那文明史論…………………………… 1－366
支那通史 ……………………………… 3－306
支那通史三卷…………………………… 2－102
支那教案論不分卷……………………… 3－374
支那教案論四篇 ……………………… 2－246
支那疆域沿革略說……………………… 3－308
支隊戰術不分卷………………………… 3－368
支提寺志六卷…………………………… 1－120
支遁集二卷……………………………… 3－107
支遁集二卷……………………………… 3－247
支遁集二卷首一卷補遺一卷 ………… 3－86
支溪詩錄………………………………… 3－107
支機石傳奇十回………………………… 3－471
卅三劍客圖……………………………… 3－145
不可無竹居詩草四卷續草四卷……… 2－522
不用刑審判書六卷……………………… 2－266
不自慊齋漫存十二卷………………… 3－138
不自慊齋漫存九卷……………………… 2－184
不知醫必要四卷………………………… 3－155
不空圓禪師語錄………………………… 2－252
不空羂索心呪王經三卷……………… 1－146
不空羂索陀羅尼經二卷……………… 1－146
不空羂索呪心經………………………… 1－146
不空羂索神呪心經……………………… 1－146
不空羂索神變真言經三十卷………… 1－175
不空羂索神變真言經三十卷………… 1－200
不會禪師語録十卷……………………… 1－156
不慊齋漫存九卷 ……………………… 3－31
不櫛吟詩稿三卷………………………… 3－269
不櫛吟續刻三卷………………………… 3－276
不礙軒讀律六種附一種……………… 3－146
太乙山房文集十五卷 ………………… 1－94

太乙舟文集八卷 …………………………… 1－438
太乙舟文集八卷 …………………………… 2－351
太乙舟詩集十三卷 ………………………… 2－353
太乙神篆不分卷 …………………………… 3－351
太乙統宗二十卷 …………………………… 2－206
太上十三經道德經注釋四卷 ……………… 2－537
太上十三經道德經注釋四卷附黄庭
　內外景經注釋二卷 ……………………… 3－341
太上三元賜福赦罪解厄消災延生保
　命妙經 …………………………………… 2－209
太上三元賜福寶懺朝暮課全 ……………… 2－308
太上五斗金章受生真經北方真武妙
　經 ………………………………………… 2－209
太上玄元道德經 …………………………… 2－268
太上玄靈斗姥大聖元君本命延生心
　經一卷 …………………………………… 1－336
太上玄靈北斗本命延生真經 ……………… 2－209
太上玄靈北斗本命延生真經 ……………… 3－518
太上玄靈北斗本命延生真經一卷太
　上說平安竈經一卷元始天尊說北
　方真武妙經一卷太上靈寶天尊說
　禳災度厄真經一卷太上正一天尊
　說鎮宅消災龍虎妙經一卷 ……………… 1－189
太上老君清靜經 …………………………… 2－284
太上老君說常清静經一卷 ………………… 1－190
太上全真功課經 …………………………… 2－209
太上全真功課經二卷 ……………………… 3－518
太上全真功課經二卷 ……………………… 3－518
太上訂正東嶽經 …………………………… 2－315
太上洞玄靈寶無量度人上品妙經一
　卷元始天尊說北方真武妙經一卷
　元始天尊說十一曜大消災神咒經
　一卷太上泰清天童護命妙經一卷
　…………………………………………… 1－189
太上洞玄靈寶高上玉皇本行集經三
　卷 ………………………………………… 1－331
太上洞玄靈寶高上玉皇本行集經三
　卷 ………………………………………… 1－332
太上洞玄靈寶高上玉皇本行集經三
　卷 ………………………………………… 1－332
太上洞玄靈寶高上玉皇本行集經三
　卷無上玉皇心印妙經一卷 ……………… 1－190
太上洞玄靈寶高上玉皇本行集經三
　卷無上玉皇心印妙經一卷 ……………… 1－190
太上祖師三世因由總錄寶卷 ……………… 3－113
太上混元道德真經 ………………………… 2－196
太上感應篇經史集證卷四 ………………… 3－309
太上感應篇圖說 …………………………… 1－531
太上感應篇圖說 …………………………… 2－197
太上感應篇圖說 …………………………… 2－249
太上感應篇圖說 …………………………… 2－312
太上感應篇纘義二卷 ……………………… 3－307
太上說三官經序一卷太上元始天尊
　說三官寶號一卷太上三元賜福赦
　罪解厄消災延生保命妙經一卷 ………… 1－189
太上寶筏圖說 ……………………………… 1－530
太上寶筏圖說 ……………………………… 2－283
太上寶筏圖說 ……………………………… 2－285
太上靈寶朝天謝罪懺十卷 ………………… 1－331
太子和休經一卷 …………………………… 1－185
太子刷護經一卷 …………………………… 1－185
太子慕魄經一卷 …………………………… 1－172
太古堂雜著 ………………………………… 3－59
太古傳宗琵琶調西廂記曲譜二卷太
　古傳宗琵琶調宮詞曲譜二卷太古
　傳宗琵琶調闋文一卷絃索調時劇
　新譜二卷 ………………………………… 1－316
太古傳宗琵琶調西廂記曲譜二卷太
　古傳宗琵琶調宮詞曲譜二卷絃索
　調時劇新譜二卷 ………………………… 1－20
太平元夜鑼鼓 ……………………………… 3－463
太平御覽一千卷 …………………………… 1－388
太平御覽一千卷 …………………………… 1－528
太平御覽一千卷 …………………………… 1－528
太平經國之書十一卷首一卷 ……………… 1－282
太平經國之書十一卷首一卷 ……………… 3－197
太平經國之書十一卷首一卷 ……………… 3－231
太平廣記五百卷 …………………………… 1－534
太平廣記五百卷 …………………………… 2－391
太平廣記五百卷 …………………………… 3－478
太平廣記五百卷目錄十卷 ………………… 1－377

太平廣記五百卷目錄十卷 …………… 1－384
太平廣記五百卷目錄十卷 …………… 3－354
太平廣記五百卷目錄十卷 …………… 3－412
［嘉慶］太平縣志十八卷 ……………… 2－55
［道光］太平縣志十六卷 ……………… 3－329
［康熙］太平縣志八卷 ………………… 1－118
太平寰宇記二百卷 …………………… 2－62
太平寰宇記二百卷 …………………… 2－171
太平寰宇記二百卷目錄二卷 ………… 1－473
太平寰宇記六卷 ……………………… 3－132
太平歡樂圖 …………………………… 1－474
太史升菴全集八十一卷目錄二卷 …… 1－239
太史升菴全集八十一卷目錄二卷升
　菴先生年譜一卷 …………………… 1－35
太史華句八卷 ………………………… 1－125
太史華句八卷 ………………………… 1－206
太史華句八卷 ………………………… 1－249
太白山人漫稿八卷 …………………… 3－181
太白山人漫稿八卷 …………………… 3－257
太白山人槲葉集五卷 ………………… 1－207
太玄十卷 ……………………………… 3－348
太玄十卷 ……………………………… 3－348
太玄十卷 ……………………………… 3－348
太玄十卷 ……………………………… 3－348
太玄十卷 ……………………………… 3－348
太玄十卷 ……………………………… 3－348
太玄十卷 ……………………………… 3－348
太玄十卷 ……………………………… 3－348
太玄十卷 ……………………………… 3－354
太玄經 ………………………………… 2－201
太守桑傳奇 …………………………… 3－471
太和報最 ……………………………… 3－450
太和報最 ……………………………… 3－456
太和報最　司命錫禧 ………………… 3－456
太和報最　司命錫禧 ………………… 3－456
太和縣禦寇始末二卷 ………………… 3－11
太函集一百二十卷目錄六卷 ………… 1－55
太姥寶卷 ……………………………… 3－68
太素齋詞鈔二卷 ……………………… 2－528
太華山人詩剩稿八卷 ………………… 3－171
太華山紫金頂兩世修行劉香寶卷全
　集二卷 ……………………………… 3－63
太華山紫金嶺兩世修行劉香寶卷二
　卷 …………………………………… 2－408
太華山紫金嶺兩世修行劉香寶卷二
　卷 …………………………………… 2－409
太華山紫金嶺兩世修行劉香寶卷二
　卷 …………………………………… 3－501
太華山紫金鎮兩世修行劉香寶卷上
　卷 …………………………………… 3－103
太華山紫金鎮兩世修行劉香寶卷全
　集二卷 ……………………………… 3－500
太華太白紀遊略 ……………………… 2－61
太原傳科 ……………………………… 1－525
［道光］太原縣志十八卷續二卷 ……… 3－27
太師誠意伯劉文成公集二十卷 ……… 1－30
太師誠意伯劉文成公集二十卷 ……… 1－214
太師誠意伯劉文成公集二十卷首一
　卷 …………………………………… 1－227
太師誠意伯劉文成公集二十卷首一
　卷 …………………………………… 2－445
太倉孫子福先生遺草二卷 …………… 3－159
太常公奏略二卷 ……………………… 1－358
太常寺則例一百二十九卷另輯六卷
　……………………………………… 1－311
太常因革禮一百卷校識一卷 ………… 1－482
太常因革禮一百卷校識一卷 ………… 2－157
太常紀要十五卷 ……………………… 1－78
［道光］太康縣誌八卷 ………………… 3－281
太極祥開 ……………………………… 3－451
太極圖 ………………………………… 2－515
太極靈寶祭煉科儀二卷 ……………… 3－464
太湖備考十六卷首一卷 ……………… 1－68
太湖備考十六卷首一卷 ……………… 2－86
太湖備考十六卷首一卷續編四卷 …… 1－278
太湖備考十六卷首一卷續編四卷 …… 3－394
太湖備考續編四卷 …………………… 2－86
太僕陳儀　金吾勘箭 ………………… 3－452
太醫局諸科程文九卷 ………………… 1－522
太醫院醫方捷徑真本增補珍囊藥性
　全書 ………………………………… 3－259

太鶴山人集十三卷 …………………… 2-532
尤西堂全集 ………………………… 2-359
尤著九種 …………………………… 3-128
友石齋詩集八卷 …………………… 3-48
友竹草堂文集五卷 ………………… 2-328
友松吟館詩鈔十五卷 ……………… 2-365
[光緒]屯留縣志八卷首一卷 ……… 2-176
[光緒]屯留縣志八卷首一卷 ……… 2-177
比目魚七回 ………………………… 3-484
比目魚傳奇 ………………………… 1-403
比目魚傳奇二卷 …………………… 1-214
比目魚傳奇二卷三十二出 ………… 3-446
比丘尼傳四卷 ……………………… 2-247
比丘尼傳四卷 ……………………… 3-390
比丘尼傳四卷 ……………………… 3-428
比丘戒犯緣略釋十卷 ……………… 1-139
比丘避女惡名欲自殺經 …………… 2-237
比竹餘音四卷 ……………………… 2-433
比竹餘音四卷 ……………………… 2-487
比竹餘音四卷 ……………………… 3-266
比利時政治要覽 …………………… 2-120
比例彙通四卷 ……………………… 1-526
比雅十九卷孟子音義二卷 ………… 3-217
比雅十卷 …………………………… 2-255
比較國法學 ………………………… 2-97
比較國法學 ………………………… 2-258
比較國法學不分卷 ………………… 3-372
比較歲出論 ………………………… 2-120
旡敧詞剩 …………………………… 3-164
切問齋文鈔三十卷 ………………… 1-136
切問齋文鈔三十卷 ………………… 1-237
切問齋文鈔三十卷 ………………… 2-371
切問齋文鈔三十卷 ………………… 2-448
切問齋集十二卷 …………………… 2-362
切問齋集十二卷首一卷 …………… 2-331
切韻攷外編 ………………………… 2-37
牙牌神數 …………………………… 2-249
牙牌神數 …………………………… 3-119
止止堂集 …………………………… 2-442
止足齋詩存四卷 …………………… 2-332
止足齋詩存四卷 …………………… 3-92
止所齋古文偶鈔八卷 ……………… 3-100
止堂集十八卷 ……………………… 1-243
止巢詩詞 …………………………… 2-484
止園筆談八卷 ……………………… 2-502
止園筆談八卷 ……………………… 3-20
止齋先生文集五十二卷 …………… 2-326
止齋先生春秋後傳十二卷 ………… 3-308
止齋先生奧論八卷 ………………… 1-294
止齋遺書十六卷 …………………… 2-377
少谷詩集八卷 ……………………… 3-181
少林棍法 …………………………… 1-516
少室山房筆叢十二種 ……………… 1-444
少室山房筆叢四十八卷 …………… 1-546
少室山房筆叢四十八卷 …………… 1-546
少室山房集四十八卷 ……………… 2-442
少悟齋詩集二卷 …………………… 3-117
少陽集十卷 ………………………… 3-159
少嵒賦草四卷 ……………………… 3-120
少鶴内集十卷 ……………………… 3-102
日下看花記二卷 …………………… 3-331
日下看花記四卷首一卷 …………… 3-505
日下梨園百詠 ……………………… 3-537
日下梨園詠 ………………………… 3-505
日下尊聞錄五卷 …………………… 1-498
日下尊聞錄五卷 …………………… 3-305
日下尊聞錄五卷 …………………… 3-533
日下尊聞錄五卷 …………………… 3-537
日下舊聞四十二卷 ………………… 1-132
日下舊聞四十二卷 ………………… 1-132
日下舊聞四十二卷 ………………… 3-371
日下舊聞四十二卷 ………………… 3-536
日下舊聞四十二卷 ………………… 3-536
日山文集四卷 ……………………… 3-275
日月合璧 …………………………… 3-455
日月合璧 …………………………… 3-455
日月迎祥　人天普慶 ……………… 3-452
日月圖 ……………………………… 1-318
(日本)教育法令 …………………… 2-172
日本丙午議會四卷 ………………… 2-120
日本司法綱要六卷 ………………… 2-119
日本司法竄要 ……………………… 2-120

日本刑法 …… 2－117
日本刑法 …… 2－257
日本刑法四編 …… 3－421
日本考略一卷 …… 1－67
日本地理志 …… 2－98
日本改正刑法二編 …… 3－421
日本改正刑法草案 …… 2－112
日本明治維新小史雜事詩一卷 …… 3－441
日本金庫出納制度 …… 2－120
日本法規解字 …… 3－356
日本政治要覽 …… 2－111
日本政治要覽 …… 2－169
日本帝國憲法義解 …… 2－98
日本紀遊詩 …… 3－228
日本陸軍刑法及海軍刑法 …… 2－118
日本陸軍行政要覽 …… 2－119
日本教育法規二十七編 …… 2－130
日本教育法規二十七編 …… 2－131
日本國志四十卷 …… 2－98
日本國志四十卷首一卷 …… 1－366
日本國志四十卷首一卷 …… 2－121
日本國志四十卷首一卷 …… 3－431
日本訪書志十七卷 …… 1－465
日本統計釋例六卷 …… 2－115
日本源流攷二十二卷 …… 1－346
日本圖經三十卷 …… 2－94
日本維新三十年史 …… 2－89
日本維新三十年史 …… 2－101
日本維新三十年史十二編附表 …… 1－349
日本維新三傑傳三卷 …… 3－397
日本維新慷慨史二卷 …… 3－424
日本歷史 …… 2－174
日本學校章程三種 …… 2－121
日本學校源流 …… 1－394
日本學校源流 …… 2－95
日本憲法疏證 …… 2－119
日本憲法疏證二卷 …… 2－258
日本憲法疏證四卷附皇室典範一卷 …… 3－328
日本雜事詩 …… 2－449
日本雜事詩 …… 3－268
日本雜事詩二卷 …… 2－428
日本雜事詩二卷 …… 3－60
日本議院法 …… 2－118
日本議會史 …… 2－161
日本議會史 …… 2－169
日本議會史第五期 …… 2－132
日本議會詁法六卷 …… 2－111
日本議會詁法六卷 …… 3－273
日本變法次第類考三集 …… 3－384
日本鹽專賣法規 …… 3－427
日本鹽專賣法規 …… 3－427
日本鹽專賣法規 …… 3－427
日本鹽專賣法規 …… 3－427
日本鹽專賣法規 …… 3－427
日本鹽專賣法規 …… 3－427
日本鹽專賣法規 …… 3－427
日本鹽專賣法規 …… 3－427
日本鹽專賣法規 …… 3－427
日知堂筆記三卷 …… 2－162
日知薈說四卷 …… 1－81
日知薈說四卷 …… 1－92
日知薈說四卷 …… 1－143
日知薈說四卷 …… 1－272
日知錄三十二卷 …… 1－92
日知錄三十二卷 …… 1－145
日知錄三十二卷 …… 2－192
日知錄三十二卷 …… 3－359
日知錄之餘四卷 …… 1－534
日知錄集釋三十二卷 …… 1－392
日知錄集釋三十二卷 …… 2－296
日知錄集釋三十二卷刊誤二卷 …… 2－305
日知錄集釋三十二卷刊誤二卷續刊誤二卷 …… 3－309
日知錄集釋三十二卷刊誤二卷續刊誤二卷 …… 3－341
日俄戰爭始末譯略不分卷 …… 3－397
日俄戰務 …… 1－492
日記故事 …… 3－56
日涉編十二卷 …… 1－78
日涉編十二卷 …… 1－78
日損齋文稿一卷詩稿一卷 …… 3－247

日損齋文稿一卷詩稿一卷…………… 3－306
[光緒]日照縣志十二卷首一卷 ……… 2－54
日慎齋詩草六卷………………………… 3－100
日爾曼史 ……………………………… 2－98
日講四書………………………………… 3－522
日講四書解義…………………………… 2－318
日講四書解義二十六卷 ……………… 1－66
日講四書解義二十六卷………………… 1－144
日講易經解義十八卷卦圖一卷筮儀
一卷 …………………………………… 1－62
日講春秋解義六十四卷………………… 1－107
日講春秋解義六十四卷………………… 1－113
日講春秋解義六十四卷總說一卷 …… 2－33
日講春秋解義六十四卷總說一卷 …… 2－34
日講書經解義十三卷…………………… 1－106
日講書經解義十三卷…………………… 1－342
日講書經解義十三卷 ………………… 2－32
中山文鈔四卷首一卷詩鈔四卷史論
二卷奏議四卷南征百律一卷……… 1－214
中山傳信錄六卷………………………… 1－7
中川遺藁三十三卷 …………………… 1－28
中日會議錄(光緒三十一年) ………… 3－8
中外地輿圖說集成一百三十卷……… 3－321
中外百鳥圖第五集……………………… 2－301
中外百獸圖第四集……………………… 2－301
中外交涉類要一卷光緒通商綜覈表
一卷…………………………………… 2－479
中外交涉類要表………………………… 3－148
中外奏稿………………………………… 2－129
中外奏稿………………………………… 2－129
中外約章纂新…………………………… 2－503
中外約章纂新十卷……………………… 2－123
中外紀年通表…………………………… 2－308
中外紀年通表 ………………………… 3－12
中外戲法圖說十二卷…………………… 2－492
中外輿地全圖…………………………… 1－489
中外輿地彙鈔十四卷…………………… 1－349
中外輿地圖說集成一百三十卷首三
卷……………………………………… 2－128
中西互論不分卷………………………… 3－386
中西合曆………………………………… 2－494
中西骨骼辯正七卷……………………… 3－435
中西度量權衡表………………………… 2－160
中西紀事二十四卷……………………… 2－145
中西紀事二十四卷 …………………… 3－24
中西紀事二十四卷……………………… 3－198
中西滙通醫經精義二卷………………… 2－533
中西彙通醫書五種……………………… 2－305
中西醫學入門二卷……………………… 2－207
中西臟腑圖像合纂三卷首一卷……… 2－212
中西關係略論四卷續編一卷………… 3－269
中州人物考八卷………………………… 1－484
中州人物考八卷 ……………………… 2－86
中州同官錄(乙巳秋季)四卷 ………… 3－6
中州同官錄(乙未)四卷 ……………… 3－7
中州同官錄(丙午冬季)四卷 ………… 3－6
中州同官錄(甲辰秋季)三卷 ………… 3－6
中州同官錄四卷 ……………………… 3－12
中州同官錄四卷 ……………………… 3－35
中州同官錄(辛丑) …………………… 3－6
中州同官錄(庚辰)六卷 ……………… 3－6
中州全韻二十二卷首一卷……………… 3－486
中州全韻十九卷………………………… 1－2
中州全韻十九卷………………………… 3－487
中州名賢文表三十卷…………………… 1－211
中州名賢文表三十卷…………………… 1－345
中州金石目四卷 ……………………… 2－88
中州金石目四卷………………………… 2－106
中州金石記五卷………………………… 1－491
中州金石記五卷………………………… 2－107
中州金石記第四卷……………………… 3－132
中州草堂遺集…………………………… 3－477
中州音韻………………………………… 3－487
中州集十卷首一卷……………………… 1－415
中州集十卷首一卷中州樂府集一卷
………………………………………… 1－94
中州集十卷首一卷中州樂府集一卷
………………………………………… 1－95
中州集十卷首一卷中州樂府集一卷
………………………………………… 1－214
中吳紀聞六卷…………………………… 1－196
中吳紀聞六卷…………………………… 3－225

中阿含經六十卷 ………………………… 1－163
中英續訂藏印條約及修訂藏印通商
　章程 ……………………………………… 2－126
中東戰紀本末八卷續編三卷………… 2－121
中東戰紀本末八卷續編五卷………… 3－206
中俄界約斠注七卷首一卷 …………… 2－97
中俄界約斠注七卷首一卷 …………… 3－36
中俄界約斠注六卷 …………………… 1－71
中俄界紀 ……………………………… 2－95
中俄界務歷次會勘案 ………………… 3－15
中俄約章匯要 ………………………… 3－17
中俄約章會要三卷續編一卷………… 1－366
中俄約章會要三卷續編一卷 ………… 2－63
中俄約章會要三卷續編一卷………… 2－110
中俄約章會要三卷續編一卷………… 2－110
中俄約章會要三卷續編一卷………… 2－110
中俄約章會要三卷續編一卷………… 2－111
中俄約章會要三卷續編一卷………… 2－111
中俄陸路自塔爾巴幹達呼至阿巴該
　圖邊界及額爾古納河邊界圖說 …… 3－15
中俄國際約注五卷 …………………… 2－95
中俄國際約注四卷 …………………… 3－15
中風論 …………………………………… 2－276
中美中日新訂商約全文……………… 2－535
中華古今注三卷……………………… 3－414
中唐十二家詩十一卷 ……………… 1－46
[嘉慶]中部縣志四卷首一卷 ……… 3－133
中陰經二卷…………………………… 1－149
中陰經二卷…………………………… 1－176
中晚唐詩叩彈集十二卷續集三卷…… 1－223
中晚唐詩叩彈集十二卷續集三卷…… 1－227
中晚唐詩叩彈集十二卷續集三卷…… 1－278
中晚唐詩叩彈集十二卷續集三卷…… 1－281
中晚唐詩紀 …………………………… 1－34
中國之金融…………………………… 2－265
中國之金融…………………………… 3－426
中國文明小史十五章………………… 3－257
中國文明小史十五章………………… 3－393
中國文學史…………………………… 3－116
中國文學指南………………………… 2－422
中國文學指南………………………… 2－422
中國文學指南二卷…………………… 2－455
中國文學指南二卷…………………… 3－119
中國文學教科書第一冊……………… 3－360
中國古今法制表十六卷……………… 1－479
中國古瓷賽珍會章程………………… 3－328
中國江海險要圖志二十二卷首一卷
　…………………………………………… 2－151
中國度支考不分卷…………………… 3－363
中國度支攷 …………………………… 3－26
中國財政紀略不分卷………………… 3－363
中國魂二卷…………………………… 2－401
中國魂二卷…………………………… 2－401
中國腦………………………………… 2－482
中國預算要略………………………… 3－441
中國歷史問答不分卷………………… 3－412
中庸本解二卷………………………… 3－345
中庸直指……………………………… 2－217
中庸注………………………………… 2－279
中庸衍義十七卷……………………… 2－189
中庸衍義十七卷……………………… 2－280
中庸恆解二卷………………………… 3－350
中庸脈絡二卷………………………… 3－409
中庸章句質疑二卷…………………… 3－377
中庸章句質疑二卷…………………… 3－413
中博聞錄四卷附錄一卷……………… 1－117
中朝故事……………………………… 3－308
中復堂五種三十七卷………………… 2－466
中復堂全書九十八卷 ……………… 3－12
中復堂全集九十八卷………………… 1－546
中說十卷 ……………………………… 1－83
中說十卷 ……………………………… 1－84
中論六卷……………………………… 1－168
中論六卷……………………………… 3－408
中興小記四十卷……………………… 2－138
中興寺嗣燈胤禪師語録一卷………… 1－178
中興名臣事略八卷 ………………… 2－91
中興名臣事略八卷…………………… 2－141
中興名將傳略………………………… 3－229
中興將帥別傳三十卷………………… 1－480
中興將帥別傳三十卷………………… 2－167
中興間氣集二卷……………………… 1－229

中興閒氣集二卷…………………………… 3－191
中興蘇浙表忠錄四十四卷……………… 3－7
中學正宗四種…………………………… 3－432
中寰集十一卷…………………………… 1－310
中邊分別論二卷………………………… 1－154
中議公自乂瑣言二卷…………………… 2－256
内外教育小史二卷……………………… 1－399
内地雜居續論不分卷…………………… 3－386
内自訟齋文集十卷……………………… 2－501
内自訟齋詩鈔(襄陽集)八卷 ……… 3－149
内則衍義十六卷………………………… 2－190
内則衍義十六卷………………………… 2－280
内則衍義十六卷………………………… 2－280
内科理法後編十卷附錄一卷………… 2－274
内科理法前後編十六卷附一卷……… 2－278
内科理法前編六卷後編十六卷附卷
一卷……………………………… 1－395
内經知要二卷…………………………… 2－493
内經評文靈樞十二卷素問二十四卷
………………………………………… 1－520
内臺集七卷 …………………………… 1－98
内摺簿第三本…………………………… 2－100
内閣書目二卷…………………………… 1－5
内閣會奏核訂民事訴訟律告竣繕單
呈覽摺…………………………… 2－112
内閣會奏核訂民事訴訟律告竣繕單
呈覽摺…………………………… 2－116
内閣會奏請裁各省府治首縣並歸該
府直轄提取款項設立審判廳摺…… 2－114
内閣會奏請裁各省府治首縣並歸該
府直轄提取款項設立審判廳摺…… 2－114
内閣會奏請裁各省府治首縣並歸該
府直轄提取款項設立審判廳摺…… 2－114
内閣會奏請裁各省府治首縣並歸該
府直轄提取款項設立審判廳摺…… 2－114
内閣會奏請裁各省府治首縣並歸該
府直轄提取款項設立審判廳摺…… 2－114
内閣漢票簽中書舍人題名續編一卷
………………………………………… 2－76
内簷裝修做法…………………………… 3－317
牛經大全………………………………… 3－209
午風堂詩集六卷………………………… 3－130
午亭文編五十卷 ……………………… 1－53
午亭文編五十卷………………………… 1－221
午亭文編五十卷………………………… 1－311
毛西河先生全集經集四十九種文集
六十九種………………………… 1－546
毛尚書奏稿十六卷首一卷總目一卷
………………………………………… 3－18
毛會侯先生四書燈謎詩……………… 1－298
毛詩二十卷 …………………………… 1－65
毛詩二十卷 …………………………… 2－17
毛詩二十卷 …………………………… 2－26
毛詩天文攷 …………………………… 2－33
毛詩古音攷五卷 ……………………… 2－33
毛詩古音攷四卷 ……………………… 2－13
毛詩本義不分卷………………………… 3－408
毛詩吟訂………………………………… 3－218
毛詩序說三十二卷……………………… 1－457
毛詩注二十卷 ………………………… 2－19
毛詩注疏二十卷 ……………………… 2－39
毛詩注疏二十卷………………………… 3－362
毛詩注疏三十卷 ……………………… 2－33
毛詩注疏三十卷 ……………………… 2－39
毛詩注疏校勘記七卷 ………………… 2－46
毛詩草木鳥獸蟲魚疏二卷…………… 3－207
毛詩故訓傳三十卷 …………………… 2－48
毛詩故訓傳箋三十卷 ………………… 2－26
毛詩故訓傳鄭箋三十卷 ……………… 2－33
毛詩要義二十卷 ……………………… 2－33
毛詩品物圖攷七卷……………………… 1－463
毛詩品物圖攷七卷……………………… 2－9
毛詩品物圖攷七卷……………………… 3－324
毛詩後箋三十卷………………………… 1－459
毛詩後箋三十卷 ……………………… 2－33
毛詩訂詁八卷附錄二卷 ……………… 2－33
毛詩音四卷 …………………………… 2－47
毛詩復古錄十二卷首一卷…………… 1－462
毛詩詁訓傳三十卷 …………………… 2－17
毛詩註疏二十卷………………………… 1－106
毛詩註疏二十卷………………………… 1－111
毛詩補箋二十卷 ……………………… 2－33

毛詩傳疏 …………………………………… 3－30
毛詩傳義類一卷………………………… 1－344
毛詩傳箋………………………………… 3－292
毛詩傳箋通釋三十二卷………………… 2－9
毛詩新詁八卷…………………………… 1－460
毛詩經筵講義四卷……………………… 3－404
毛詩稽古編三十卷……………………… 1－457
毛詩稽古編三十卷 …………………… 2－19
毛詩稽古編三十卷附考一卷………… 3－410
毛詩稽古編三十卷附錄一卷………… 1－458
毛詩讀三十卷尚書後案駁正二卷…… 1－461
毛翰林集六卷…………………………… 1－410
手巾寶卷一卷…………………………… 3－498
壬申消夏詩一卷 ……………………… 3－89
壬癸志稿二十八卷……………………… 1－355
壬癸志稿二十八卷……………………… 1－355
壬癸金石跋……………………………… 2－104
壬癸編二卷甲乙編一卷………………… 3－246
壬寅新民叢報全編 …………………… 3－41
升菴外集一百卷 ……………………… 1－35
升菴外集一百卷 ……………………… 1－96
仁山和尚寶華語錄……………………… 2－225
仁山金先生文集四卷首一卷附錄一
卷……………………………………… 1－275
仁王護國般若波羅密多經道場念誦
儀軌…………………………………… 2－216
仁王護國般若波羅蜜經二卷………… 1－164
仁在堂時藝窾十七卷…………………… 2－260
仁在堂詩賦合刻………………………… 3－301
仁和吳氏雙照樓景刊宋元本詞……… 3－405
仁書……………………………………… 2－308
仁恕堂筆記 …………………………… 3－75
仁貴征東紅衣記四卷 ………………… 3－53
[道光]仁壽縣新志八卷 …………… 3－272
仁端錄痘疹玄珠五卷…………………… 1－281
[嘉慶]什邡縣志五十四卷 ………… 3－270
片玉痘疹十三卷………………………… 3－192
片石詩鈔六卷詩餘一卷………………… 3－150
化愚俗歌………………………………… 2－192
化愚俗歌………………………………… 2－288
化學工藝………………………………… 1－388
化學分原八卷…………………………… 1－388
化學考質八卷…………………………… 2－300
化學考質八卷附表……………………… 2－234
化學考質八卷附卷一卷………………… 1－389
化學材料中西名目表…………………… 2－236
化學求數………………………………… 1－388
化學求數十五卷………………………… 2－292
化學初階四卷…………………………… 2－205
化學新編二卷…………………………… 2－258
化學源流論四卷………………………… 1－390
化學衛生論四卷………………………… 2－278
化學闡原十五卷首一卷………………… 1－398
化學闡原十六卷………………………… 2－281
化學鑑原八卷…………………………… 1－378
化學鑑原六卷…………………………… 1－389
化學鑑原補編…………………………… 1－389
化學鑑原補編八卷……………………… 2－299
化學鑑原補編六卷附一卷……………… 2－236
化學鑑原續編二十四卷………………… 2－300
化學鑑原續編十四卷…………………… 2－234
爪哇志一卷附新志一卷蘇門答拉志
一卷附新志一卷 …………………… 2－60
爪哇志一卷附新志一卷蘇門答拉志
一卷附新志一卷 …………………… 2－85
爪哇志蘇門答拉志……………………… 2－150
爪哇志蘇門答拉志……………………… 2－151
反唐演義一百回………………………… 2－392
介山記二卷二十四折 ………………… 1－24
介山記二卷二十四折…………………… 1－250
介石山房遺文二卷首一卷 …………… 3－96
介白堂詩集……………………………… 3－256
[嘉慶]介休縣志十四卷 …………… 2－54
介亭全集………………………………… 1－431
介軒文集二十卷………………………… 3－2
介翁詩集八卷…………………………… 3－153
介菴進禪師語録十卷介菴和尚源流
頌一卷………………………………… 1－155
介菴詞一卷……………………………… 1－337
介爲舟禪師語録十卷…………………… 1－169
介園遺集四卷…………………………… 1－409
介園遺集四卷…………………………… 1－438

介園遺集四卷…………………………… 2－499
父師善誘法二卷讀書作文譜十二卷
…………………………………………… 3－126
爻山筆話十四卷……………………… 1－422
今文尚書攷證三十卷………………… 1－457
今文尚書攷證三十卷………………… 1－460
今文粹編八卷………………………… 1－419
今水經一卷表一卷…………………… 3－434
今世說八卷…………………………… 1－377
今世說八卷 ………………………… 3－53
今古地理述十八卷首一卷末一卷 …… 3－32
今古奇觀四十回……………………… 3－131
今古奇觀四十卷……………………… 1－367
今古奇觀四十卷……………………… 1－367
今古奇觀四十卷……………………… 1－371
今古奇觀四十卷……………………… 2－393
今古奇觀四十卷……………………… 3－288
今古奇觀四十卷……………………… 3－480
今白華堂詩錄八卷…………………… 1－270
今言四卷……………………………… 1－117
今雨堂詩墨二卷……………………… 1－228
今雨堂詩墨續編四卷………………… 1－277
今悔庵詞一卷………………………… 2－470
今獻備遺四十二卷…………………… 1－3
今體詩鈔注畧三卷首一卷…………… 3－243
［光緒］分水縣志十卷首一卷末一卷
…………………………………………… 3－140
分甘餘話四卷………………………… 1－262
分別善惡報應經二卷………………… 1－179
分別經一卷…………………………… 2－223
分別經佛說所欲致患經……………… 2－239
分別緣起初勝法門經二卷…………… 1－157
分別緣起初勝法門經二卷…………… 2－230
分國左傳十八卷……………………… 1－110
分湖小識六卷………………………… 3－206
分韻試帖青雲集合註四卷…………… 2－424
分韻試帖青雲集合註四卷…………… 2－424
分類文腋八卷………………………… 2－427
分類尺牘備覽十卷…………………… 2－391
分類尺牘備覽三十卷………………… 1－436
分類尺牘備覽三十卷………………… 2－424
分類尺牘備覽三十卷首一卷………… 3－205
分類史事政治論海…………………… 2－127
分類字錦六十四卷 ………………… 1－91
分類字錦六十四卷…………………… 1－194
分類字錦六十四卷…………………… 1－198
分類字錦六十四卷…………………… 2－264
分類補註李太白詩二十五卷………… 1－101
分類補註李太白詩二十五卷年譜一
卷……………………………………… 1－102
分類詩話六卷………………………… 3－275
分類詳注百子金丹十卷……………… 2－284
分類詳注飲香尺牘四卷首一卷……… 2－341
分類編次李太白文五卷……………… 1－101
公文成語……………………………… 3－531
公民必讀二編………………………… 3－325
公式演算五卷………………………… 2－208
公羊逸禮考征不分卷………………… 3－343
公羊穀梁傳 ………………………… 2－52
公言集三卷…………………………… 2－507
公言集三卷…………………………… 3－396
公門果報錄…………………………… 2－289
公門果報錄…………………………… 2－289
公忠堂文集六卷附刻二卷…………… 1－216
公法便覽……………………………… 2－160
公法便覽……………………………… 2－160
公法便覽四卷附續卷………………… 3－376
公法會通……………………………… 2－159
公法會通……………………………… 2－159
公法會通十卷………………………… 3－371
公法會通十卷………………………… 3－373
公法新編四卷 ……………………… 2－98
公是弟子記四卷……………………… 1－202
公案寶卷 …………………………… 3－64
公案寶卷 …………………………… 3－68
公孫龍子一卷………………………… 3－430
公孫龍子注一卷……………………… 2－535
公餘集十卷述職吟二卷竹軒詩稿四
卷 …………………………………… 1－37
公餘集公餘集續編…………………… 3－206
公餘集公餘集續編…………………… 3－206
公餘集公餘集續編…………………… 3－304

公餘鈔八卷…………………………… 3－109
公餘摘錄四卷………………………… 2－478
公餘醫錄六卷………………………… 2－210
月上女經二卷………………………… 1－182
月山詩集四卷首一卷末一卷………… 1－265
月山詩集四卷首一卷末一卷………… 1－288
月中人拈花記二卷三十六折首一卷
……………………………………… 3－469
月心和尚笑巖集南集二卷北集二卷
……………………………………… 2－201
月令七十二候詩四卷………………… 3－273
月令廣義二十四卷首一卷統紀一卷
……………………………………… 1－135
月令廣義二十四卷首一卷統紀一卷
附錄一卷 ………………………… 1－78
月令廣義二十四卷首一卷統記一卷
附錄一卷 ………………………… 1－62
月令粹編二十四卷…………………… 1－499
月令粹編二十四卷…………………… 2－184
月令輯要二十四卷首一卷…………… 1－3
月令輯要二十四卷首一卷…………… 1－132
月明樓十五部………………………… 1－430
月屋漫稿一卷………………………… 1－235
月鹿堂文集八卷……………………… 2－404
月湖詩集……………………………… 3－273
月塘書屋詩存十二卷………………… 3－161
月滄文集八卷………………………… 3－264
月隱先生遺集正集四卷外編二卷附
錄一卷…………………………… 1－302
月幢了禪師語録四卷………………… 1－155
月燈三昧經一卷……………………… 1－150
月燈三昧經一卷……………………… 1－171
月燈三昧經十一卷…………………… 1－170
戶部陝西司會議奏稿十二卷 ……… 3－19
戶部彙奏光緒二十九年各直省耗羨
冊 ………………………………… 3－24
戶部銀庫奏案輯要…………………… 2－112
氏族大全綱目二十八卷……………… 1－361
勿待軒文集存稿十卷………………… 2－477
欠泉菴文集…………………………… 2－419
欠泉菴文集二卷 …………………… 3－74
欠愁集 ……………………………… 3－95
欠愁集一卷…………………………… 2－479
丹邱生集五卷附錄一卷……………… 2－337
丹桂飄香　霓裳獻舞………………… 3－453
丹徒周石君詞四卷…………………… 2－379
[光緒]丹徒縣志六十卷 …………… 2－484
[光緒]丹徒縣志六十卷首四卷 …… 3－178
[光緒]丹陽縣志三十六卷首一卷 … 3－178
丹棘園詩一卷………………………… 1－232
丹魁堂詩集七卷外集四卷 ………… 3－27
丹魁堂詩集五卷……………………… 2－500
丹鉛總錄二十七卷 ………………… 1－14
丹鉛總錄二十七卷 ………………… 1－91
丹鉛總錄二十七卷…………………… 1－276
丹溪心法附餘二十四卷首一卷……… 1－203
丹溪朱氏脈因証治二卷……………… 1－248
丹溪先生心法五卷附錄一卷………… 2－210
丹臺玉案六卷 ……………………… 1－86
丹臺玉案六卷………………………… 1－521
印須集………………………………… 1－431
勾江詩緒五種………………………… 1－281
勾吳華氏本書五十四卷前卷一卷後
卷一卷首一卷補編二十一卷 ……… 3－89
勾股割圜記三卷……………………… 1－288
六一山房詩集十卷…………………… 3－132
六一居士外集錄二卷………………… 3－193
六一題跋十一卷……………………… 1－326
六十種曲……………………………… 1－424
六十種曲一百二十卷………………… 1－419
六十種曲六十種……………………… 3－473
六九軒算書五種……………………… 2－200
六九齋饌述稿三卷…………………… 3－205
六也曲譜初集………………………… 2－334
六子書六十卷 ……………………… 1－83
六子書六十卷 ……………………… 1－84
六子書六十卷………………………… 1－137
六壬眎斯……………………………… 3－214
六壬類聚四卷………………………… 2－272
六半樓詩鈔四卷……………………… 3－181
六半樓詩鈔四卷……………………… 3－264
六半樓詩鈔四卷……………………… 3－276

六臣註文選六十卷 …………………… 1－94
六臣註文選六十卷 …………………… 1－98
六合内外瑣言二十卷………………… 1－398
六合内外瑣言二十卷………………… 2－389
六合内外瓅言二十卷圖二卷………… 1－374
六合紀事四卷………………………… 3－109
六合紀事四卷附記一卷 …………… 3－23
[光緒]六合縣志八卷 ……………… 3－180
[光緒]六合縣志八卷 ……………… 3－271
[同治]六安州志六十卷首一卷 …… 3－142
六字咒王經一卷……………………… 1－175
六字神咒經一卷……………………… 1－174
六字神咒經一卷……………………… 1－175
六如居士全集 ……………………… 1－49
六如居士全集六種…………………… 1－411
六如亭二卷…………………………… 2－494
六如亭二卷三十六出………………… 3－471
六如亭傳奇二卷……………………… 3－289
六事箴言……………………………… 3－529
六事箴言四卷………………………… 3－529
六度集經八卷………………………… 1－157
六美圖三十卷………………………… 1－429
六美圖四集 ………………………… 3－42
六美圖第四集六卷 ………………… 3－50
六美圖彈詞三十卷…………………… 2－518
六祖大師法寶壇經…………………… 2－220
六祖大師法寶壇經…………………… 2－228
六祖大師法寶壇經一卷首一卷附錄
　一卷………………………………… 1－177
六神寶卷 …………………………… 3－65
六神寶卷 …………………………… 3－70
六神寶卷……………………………… 3－112
六神寶卷一卷………………………… 3－496
六逝集存……………………………… 3－199
六圃沈新周地學二卷………………… 1－474
六峴草堂詩集………………………… 3－203
六部成語六卷………………………… 3－527
六家文選六十卷……………………… 1－321
六書分類十二卷首一卷 …………… 1－58
六書分類十二卷首一卷 …………… 1－60
六書分類十二卷首一卷 …………… 1－61
六書分類十二卷首一卷……………… 3－387
六書正譌……………………………… 1－454
六書正譌五卷………………………… 1－460
六書例解……………………………… 1－312
六書故三十三卷六書通釋一卷……… 1－1
六書故三十三卷六書通釋一卷……… 1－113
六書音均表五卷 …………………… 2－13
六書音均表五卷 …………………… 2－45
六書通………………………………… 1－455
六書通十卷…………………………… 1－114
六書通不分卷………………………… 1－106
六書通摭遺十卷……………………… 3－152
六書賦不分卷………………………… 1－299
六書辨………………………………… 1－349
六書轉注錄十卷……………………… 2－255
六書繫韻……………………………… 1－455
六書繫韻二十四卷檢字二卷 ……… 2－41
六書類纂……………………………… 1－457
六逸詩話一卷………………………… 1－316
六朝文絜四卷………………………… 1－415
六朝文絜四卷………………………… 2－319
六朝文絜箋註十二卷………………… 2－389
六朝四家集…………………………… 2－353
六朝事迹編類十四卷 ……………… 2－76
六朝事迹類編十四卷………………… 2－469
六朝唐賦讀本………………………… 2－341
六朝唐賦讀本………………………… 2－449
六朝詩賦……………………………… 1－407
六硯草堂詩集四卷…………………… 2－343
六喻箴傳奇二卷十五出……………… 3－334
六喻箴傳奇二卷十五出……………… 3－449
六道伽陀經…………………………… 1－180
六道集五卷…………………………… 1－155
六經天文編二卷 …………………… 2－47
六經同卷……………………………… 1－151
六經合卷……………………………… 1－149
六經圖六卷 ………………………… 1－63
六經圖考六卷 ……………………… 2－38
六經圖考六種………………………… 1－108
六經圖定本不分卷 ………………… 1－65
六儀齋詩集四卷 …………………… 3－93

六瑩堂集九卷二集八卷……………… 2－327
六藝通考一百卷……………………… 1－516
六藝堂詩禮七編……………………… 1－457
六藝綱目二卷………………………… 3－126
六藝綱目二卷附錄一卷……………… 3－418
六藝綱目二卷附錄二卷 ……………… 2－15
六櫃運道冊 …………………………… 3－19
六醴齋醫書十種……………………… 2－277
六觀樓文集拾遺……………………… 2－322
六觀樓北曲六種六卷………………… 3－474
文人五戒不分卷……………………… 3－421
文子三卷……………………………… 2－289
文子纘義十二卷……………………… 2－204
文子纘義十二卷……………………… 2－293
文子纘義十二卷……………………… 2－313
文中子中說一卷……………………… 2－206
文中子中說十卷……………………… 2－187
文中子中說十卷……………………… 2－299
文中子中說十卷……………………… 2－313
文文忠公事略四卷…………………… 2－534
文心雕龍十卷………………………… 1－208
文心雕龍十卷………………………… 1－414
文心雕龍十卷………………………… 1－535
文心雕龍十卷………………………… 1－541
文心雕龍十卷………………………… 1－544
文心雕龍十卷………………………… 2－320
文心雕龍十卷………………………… 2－322
文心雕龍十卷………………………… 2－323
文心雕龍十卷………………………… 2－350
文心雕龍十卷………………………… 2－364
文心雕龍十卷………………………… 2－426
文心雕龍十卷………………………… 2－441
文心雕龍十卷………………………… 2－445
文心雕龍十卷………………………… 2－448
文心雕龍十卷 ………………………… 3－34
文心雕龍十卷………………………… 3－417
文心雕龍十卷………………………… 3－431
文心雕龍輯注十卷…………………… 1－238
文史通義八卷………………………… 1－361
文史通義八卷 ………………………… 2－97
文史通義五卷 ………………………… 2－95
文史通義內外篇八卷校讐通義三卷
…………………………………………… 2－169
文字正求十四卷……………………… 1－116
文字存真四卷………………………… 1－454
文字發凡四卷 ………………………… 2－23
文字發凡四卷 ………………………… 2－28
文字蒙求四卷………………………… 1－342
文字蒙求四卷………………………… 1－451
文字蒙求四卷 ………………………… 2－19
文字蒙求廣義四卷…………………… 1－450
文字蒙求廣義四卷 …………………… 2－48
文秀寶卷 ……………………………… 3－64
文武香球十二卷……………………… 1－429
文武香球四卷七十二回……………… 3－119
文武兼資五卷首一卷 ………………… 2－81
文苑英華一千卷 ……………………… 1－56
文苑英華一千卷……………………… 1－242
文苑英華目錄不分卷………………… 3－167
文苑英華選六十卷…………………… 1－224
文苑英華選六十卷…………………… 1－237
文苑英華辨證十卷…………………… 3－329
文苑彙雋二十四卷 …………………… 1－89
文林綺繡五種五十九卷……………… 1－295
文奇豹斑十二卷目錄一卷 …………… 1－89
文昌孝經注…………………………… 2－316
文昌帝君大洞仙經…………………… 2－233
文昌帝君陰陽文詩箋 ………………… 3－74
文昌帝君陰騭文廣義節錄三卷……… 2－213
文昌帝君陰騭文廣義節錄三卷……… 2－221
文昌帝君陰騭文廣義節錄三卷……… 2－221
文昌雜錄六卷………………………… 3－517
文昌雜錄六卷補遺一卷 ……………… 1－16
文昌雜錄六卷補遺一卷……………… 1－117
文明秋鳳合集一百〇八卷…………… 1－430
文典璆琳……………………………… 1－210
文忠集十六卷………………………… 1－236
文忠集十六卷………………………… 2－450
文府滑稽十二卷 ……………………… 1－20
文定集二十四卷……………………… 1－225
文定集二十四卷……………………… 1－232
文房四譜五卷………………………… 1－514

文房肆攷圖說八卷……………………… 1-196
文貞公年譜二卷……………………… 2-539
文貞公集十二卷……………………… 1-215
文貞公集十二卷首一卷……………… 2-372
文品芾函三卷………………………… 1-265
文科大詞典十二集…………………… 2-360
文信國公集二十卷…………………… 2-438
文信國公集二十卷首一卷…………… 3-431
文待詔行書…………………………… 2-262
文津二卷 …………………………… 1-39
文恭集四十卷………………………… 1-218
文恭集四十卷………………………… 1-243
文恭集四十卷………………………… 1-307
文恭集四十卷………………………… 2-383
文莫室詩六卷………………………… 3-248
文殊師利佛土嚴淨經二卷…………… 1-147
文殊師利佛土嚴淨經二卷…………… 1-184
文殊師利所說不思議佛境界經二卷
……………………………………… 1-185
文殊師利所說般若波羅蜜經………… 1-164
文殊師利所說摩訶般若波羅密經…… 2-220
文殊師利所說摩訶般若波羅蜜經…… 1-164
文殊師利菩薩及諸仙所說吉凶時日
善惡宿曜經二卷……………………… 2-219
文殊師利菩薩根本大教王金翅鳥王
品……………………………………… 1-192
文殊師利菩薩問菩提經論二卷……… 2-232
文殊師利問菩薩署經………………… 1-166
文殊師利問菩薩署經………………… 2-237
文殊師利問經二卷…………………… 1-182
文殊師利寶藏陀羅尼經一卷………… 1-176
文致不分卷 ………………………… 1-99
文致不分卷…………………………… 1-333
文海披沙八卷………………………… 1-381
文海披沙八卷………………………… 3-215
文堂集驗方四卷 …………………… 3-24
文敏馮先生詩集六卷 ……………… 1-31
文章正宗復刻三十卷續文章正宗復
刻十二卷……………………………… 1-327
文章正論十五卷緒論五卷…………… 1-247
文章軌範……………………………… 2-325
文章軌範七卷………………………… 2-325
文章軌範七卷………………………… 2-383
文章指南……………………………… 3-128
文章遊戲三十二卷…………………… 1-401
文章遊戲三十二卷…………………… 2-492
文章遊戲初編八卷…………………… 2-396
文章遊戲初編八卷二編八卷三編八
卷四編八卷…………………………… 3-509
文章練要十卷………………………… 1-243
文章緣起一卷 ……………………… 1-56
文清公薛先生文集二十四卷 ……… 1-34
文清公薛先生文集二十四卷………… 1-100
文清公薛先生文集二十四卷………… 1-212
文清公薛先生文集二十四卷………… 1-219
文喜堂詩集十六卷…………………… 1-431
文筆考一卷…………………………… 3-130
文淵閣書目二十卷…………………… 3-535
文誠公集六卷 ……………………… 3-41
文誠公詩稿拾遺一卷………………… 3-427
文靖公遺集十二卷補遺一卷詩鈔十
二卷…………………………………… 2-351
文靖公遺集文集十二卷補遺一卷詩
集六卷………………………………… 2-411
文溪頌言十一卷文溪廣頌二卷……… 3-278
文溪頌言十一卷首一卷……………… 3-105
文粹一百卷…………………………… 1-542
文粹一百卷…………………………… 2-327
文粹一百卷…………………………… 2-353
文粹一百卷…………………………… 2-448
文翠軒筆記四卷……………………… 1-276
文徵明甫田集三十六卷……………… 3-182
文廟丁祭譜…………………………… 2-155
文廟祀位一卷………………………… 3-147
文廟祀位考…………………………… 2-155
文廟祀典考五十卷首一卷…………… 3-537
文廟通考七卷首一卷………………… 2-155
文廟通考六卷………………………… 2-106
文廟通考六卷………………………… 3-311
文廟賢儒功德録……………………… 1-295
文廟禮器樂舞圖譜不分卷…………… 1-499
文選十二卷 ………………………… 1-98

文選十二卷……………………………… 1－204
文選十二卷……………………………… 1－240
文選六十卷……………………………… 1－206
文選六十卷……………………………… 1－211
文選六十卷……………………………… 1－219
文選六十卷……………………………… 1－240
文選六十卷……………………………… 1－242
文選六十卷……………………………… 1－285
文選六十卷……………………………… 1－541
文選六十卷……………………………… 2－318
文選六十卷……………………………… 2－327
文選六十卷……………………………… 2－350
文選六十卷……………………………… 2－376
文選六十卷……………………………… 3－196
文選六十卷……………………………… 3－356
文選六十卷……………………………… 3－420
文選六十卷……………………………… 3－425
文選六十卷……………………………… 3－431
文選六十卷考異十卷…………………… 2－323
文選六十卷考異十卷…………………… 2－376
文選古字通補訓四卷拾遺一卷……… 1－541
文選考異十卷…………………………… 2－333
文選李善注四十卷……………………… 2－357
文選刪註十二卷………………………… 1－217
文選刪註旁訓十二卷…………………… 1－203
文選音義八卷…………………………… 3－214
文選旁證四十六卷……………………… 1－537
文選旁證四十六卷……………………… 2－325
文選通叚字會四卷……………………… 1－540
文選逸集七種 ………………………… 1－32
文選章句二十八卷……………………… 1－100
文選集腋六卷…………………………… 1－425
文選集評十五卷………………………… 1－412
文選集評十五卷首一卷末一卷……… 2－332
文選集評十五卷首一卷末一卷……… 2－427
文選集釋二十四卷……………………… 1－412
文選補遺四十卷 ……………………… 1－26
文選補遺四十卷………………………… 1－211
文選補遺四十卷………………………… 2－326
文選補遺四十卷………………………… 2－369
文選樓叢書……………………………… 3－361
文選樓叢書經解三種………………… 1－462
文選瀹注三十卷……………………… 1－311
文翰類選大成一百六十三卷………… 1－295
文學興國策二卷……………………… 3－240
文藪十卷……………………………… 1－540
文獻公全集十一卷…………………… 3－157
文獻公全集十一卷首一卷…………… 2－355
文獻通考二十四卷…………………… 2－164
文獻通考二十四卷…………………… 2－174
文獻通考二百四十八卷考證三卷 …… 2－74
文獻通考三百四十八卷……………… 1－128
文獻通考三百四十八卷……………… 1－305
文獻通考三百四十八卷……………… 1－329
文獻通考三百四十八卷……………… 1－330
文獻通考三百四十八卷……………… 1－464
文獻通考三百四十八卷 ……………… 2－72
文獻通考三百四十八卷……………… 3－401
文獻通考三百四十八卷……………… 3－401
文獻通考三百四十八卷……………… 3－402
文獻通考三百四十八卷首一卷 ……… 1－66
文獻通考序…………………………… 3－207
文獻通考詳節二十四卷……………… 3－402
文獻通考詳節二十四卷續二十六卷
……………………………………… 2－164
文獻通考輯要二十四卷續二十六卷
……………………………………… 2－102
文獻通考輯要二十四卷續二十六卷
……………………………………… 2－102
文獻徵存錄十卷……………………… 1－350
文獻徵存錄十卷……………………… 1－489
文獻徵存錄十卷……………………… 2－141
文瀾閣志二卷附錄一卷……………… 2－110
文瀾閣志二卷附錄一卷……………… 2－110
文瀾閣志二卷首一卷………………… 2－110
文體明辯四十八卷首一卷…………… 1－257
亢藝堂集三卷………………………… 3－250
亢藝堂集三卷………………………… 3－259
方又通先生年譜略…………………… 2－530
方氏易學五書………………………… 1－449
方氏墨譜六卷 ………………………… 1－89
方正學先生遜志齋集二十四卷……… 2－445

方正學先生遜志齋集二十四卷拾遺一卷外紀一卷年譜一卷 …………… 1－49
方正學先生遜志齋集七卷首一卷…… 2－441
方外別傳……………………………… 3－261
方外詩選八卷………………………… 2－321
方外詩選八卷 ……………………… 3－62
方百川稿……………………………… 3－213
方言注十三卷 ……………………… 2－51
方言箋疏十三卷……………………… 1－451
方言箋疏十三卷 …………………… 2－36
方柏堂先生事實考略 ……………… 3－13
方秋崖先生小藁不分卷……………… 1－206
方泉先生詩集三卷…………………… 2－378
方泉先生詩集三卷…………………… 3－246
方孩未先生集十六卷………………… 2－451
方孩未先生集十六卷 ……………… 3－59
方脈指迷四卷………………………… 1－519
方雪齋詩集十二卷…………………… 2－343
方雪齋詩集十二卷…………………… 3－266
方望溪文鈔六卷……………………… 2－327
方望溪先生文集十八卷……………… 2－448
方等三昧行法………………………… 1－153
方融璽禪師語録三卷………………… 1－158
方學博全集…………………………… 2－417
方輿紀要簡覽三十四卷……………… 1－469
方輿輯要簡覽三十四卷 …………… 2－68
方輿類聚十六卷……………………… 3－145
方輿類纂二十八卷首一卷…………… 1－366
方靈皐全稿…………………………… 3－157
斗牛宮………………………………… 1－319
斗齋詩選二卷 ……………………… 1－56
心日齋詞三種………………………… 1－409
心日齋詞集…………………………… 3－292
心日齋詞集四種十六家詩録二卷…… 1－410
心白日齋集四卷……………………… 3－219
心安隱室詞集四卷 ………………… 3－77
心安隱室詩集九卷…………………… 2－502
心知堂詩稿十八卷…………………… 2－500
心知堂詩稿十八卷…………………… 3－186
心法源流内篇二卷外篇四卷附録一卷……………………………… 2－260
心政經合編二卷……………………… 2－453
心矩齋叢書…………………………… 2－1
心矩齋叢書七種……………………… 1－442
心香室詩鈔五卷 …………………… 3－54
心香籍四卷…………………………… 3－207
心理摘要……………………………… 2－453
心理摘要……………………………… 2－453
心理摘要不分卷……………………… 3－400
心聖圖說要言不分卷附卻病心法…… 1－303
心經別………………………………… 2－220
心經楞嚴咒大悲十咒經……………… 2－209
心盦詞存四卷………………………… 2－475
心盦詩外……………………………… 3－125
心齋十種 …………………………… 1－58
心齋十種……………………………… 1－106
心齋疏食譜一卷……………………… 1－281
心齋雜俎二卷………………………… 1－405
心嚮往齋用陶韻詩二卷……………… 3－182
心嚮往齋用陶韻詩二卷……………… 3－242
心嚮往齋用陶韻詩集二卷…………… 3－516
心嚮往齋詩集五卷…………………… 3－276
心簡齋集録六卷 …………………… 1－96
心鐵石齋存稿四十卷………………… 2－418
心靈學………………………………… 2－233
心靈學………………………………… 3－432
心靈學不分卷………………………… 3－396
尹氏修墓紀事續編四卷……………… 3－237
尹文子一卷…………………………… 3－430
尹文子慎子公孫龍子鬼谷子………… 1－515
尹文端公詩集十卷…………………… 1－213
尺木堂綱鑑易知録一百〇七卷……… 2－124
尺木堂綱鑑易知録九十二卷 ……… 2－76
尺木堂綱鑑易知録九十二卷明紀十五卷………………………………… 2－174
尺五堂詩刪近刻四卷………………… 3－134
尺五堂詩刪初刻六卷………………… 1－276
尺五堂詩刪初刻六卷近刻四卷……… 1－275
尺岡草堂遺集詩八卷文四卷………… 3－188
尺雲軒文集二卷詩集四卷…………… 2－476
尺雲軒詩集四卷文集一卷外集一卷……………………………………… 3－31

尺牘青蓮鉢十二卷…………………… 1－307
尺牘清裁六十卷……………………… 1－104
尺牘雋言二十卷 …………………… 1－27
尺牘新鈔六卷………………………… 3－214
尺牘類便四卷………………………… 1－305
弔腳痧方論…………………………… 2－195
弔譜集成六卷附一卷 ……………… 3－95
引流小榭吟草二卷附補遺一卷 ……… 3－48
引痘略………………………………… 2－273
引經証醫四卷………………………… 2－525
引種牛痘方書………………………… 1－525
引種牛痘方書………………………… 3－195
卍齋璅錄十卷………………………… 3－238
巴西集二卷…………………………… 3－169
[道光]巴州志十卷 ………………… 3－277
巴陵人物志十五卷…………………… 3－363
巴黎茶花女遺事……………………… 2－316
巴黎茶花女遺事……………………… 2－385
巴黎茶花女遺事……………………… 2－389
巴黎茶花女遺事……………………… 3－115
巴黎茶花女遺事……………………… 3－482
[乾隆]巴縣志十七卷首一卷 ……… 3－167
孔子世家譜二十四卷首一卷………… 1－3
孔子印集……………………………… 3－149
孔子家語……………………………… 3－310
孔子家語十卷………………………… 1－333
孔子家語十卷………………………… 1－517
孔子家語十卷………………………… 2－189
孔子家語十卷………………………… 2－264
孔子家語十卷………………………… 2－317
孔子家語十卷………………………… 3－410
孔子集語二卷………………………… 2－189
孔子集語十七卷……………………… 2－300
孔子集語十七卷……………………… 2－313
孔子集語十七卷……………………… 3－316
孔子編年四卷 ……………………… 2－67
孔子編年四卷………………………… 2－136
孔子編年四卷………………………… 3－311
孔氏大宗譜 ………………………… 2－94
孔氏叢書六十卷……………………… 2－461
孔文舉集一卷………………………… 2－428
孔孟子編年八卷……………………… 1－477
孔荃溪二種曲………………………… 3－474
孔庭學裔五卷………………………… 3－198
孔雀屏十二場………………………… 3－182
孔雀集………………………………… 1－300
孔聖枕中記 ………………………… 3－52
[孔牖民所著三種]四卷 …………… 1－48
孔叢子二卷…………………………… 2－186
孔叢子二卷附詰墨一卷……………… 3－433
孔叢四卷……………………………… 1－142
孔叢伯說經五稿三十七卷 ………… 2－31
毋自欺室文集十卷…………………… 2－480
毋欺錄一卷補一卷…………………… 3－275
水月齋指月錄三十二卷……………… 2－251
水心文集二十九卷…………………… 1－101
水心文集二十九卷…………………… 1－216
水心先生文集二十九卷……………… 2－417
水心先生別集十六卷………………… 2－346
水心先生別集十六卷………………… 2－417
水心題跋一卷 ……………………… 1－88
水石緣六卷三十段…………………… 2－486
水石緣六卷三十段…………………… 2－540
水田居文集…………………………… 2－491
水田居存詩三卷……………………… 3－273
水西閒館詩二十卷…………………… 2－337
水西閒館詩二十卷…………………… 3－131
水西詠雪齋詩稿六卷 ……………… 3－42
水利營田冊說………………………… 1－250
水東日記四十卷 …………………… 1－75
水明樓集一卷………………………… 2－378
水明樓集十四卷……………………… 1－294
水屋賸稿二卷………………………… 2－354
水鬥(白衣仙、青衣仙角詞) ………… 2－490
水鬥鑼鼓譜…………………………… 3－514
水師保身法…………………………… 1－390
水師章程十四卷……………………… 1－395
水師章程十四卷……………………… 2－253
水師章程十四卷……………………… 2－253
水師章程十四卷續編六卷…………… 2－168
水師章程續編六卷 ………………… 2－95
水師章程續編六卷…………………… 2－253

水師操練十八卷首一卷附卷一卷…… 1－389
水師操練十八卷首一卷附卷一卷…… 1－391
水流雲在圖記 ……………………… 3－12
水流雲在館集杜詩存集蘇詩存……… 3－191
水流雲在館詩鈔六卷………………… 2－476
水雲郇吟稿…………………………… 1－418
水雲郇吟稿十二卷…………………… 3－158
水雲郇吟稿十二卷首末二卷………… 1－545
水雲樓詞二卷續一卷………………… 2－534
水雲樓詞二卷續一卷………………… 2－536
水雲樓詞續…………………………… 3－251
水道提要二十八卷…………………… 1－346
水道提綱二十八卷…………………… 1－498
水運 ………………………………… 2－86
水運…………………………………… 2－495
水跡紅袍寶卷 ……………………… 3－70
水經四十卷 ………………………… 1－69
水經四十卷 ………………………… 1－69
水經四十卷…………………………… 1－117
水經四十卷…………………………… 1－123
水經四十卷…………………………… 1－124
水經四十卷…………………………… 1－288
水經四十卷…………………………… 3－340
水經注………………………………… 3－281
水經注………………………………… 3－365
水經注不分卷附禹貢山水澤地……… 3－340
水經注四十卷 ……………………… 1－68
水經注四十卷………………………… 2－147
水經注四十卷………………………… 3－423
水經注四十卷首一卷 ……………… 1－68
水經注四十卷首一卷 ……………… 2－93
水經注四十卷首一卷………………… 3－365
水經注四十卷首末二卷……………… 1－471
水經注四十卷首末二卷……………… 1－471
水經注四十卷首末二卷……………… 1－472
水經注西南諸水考…………………… 3－227
水經注彙校四十卷首一卷 ………… 2－80
水經注圖及附錄二卷………………… 2－147
水經注箋刊誤十二卷………………… 1－122
水經注箋四十卷 …………………… 1－69
水經注釋四十卷首一卷附錄二卷…… 1－122
水經注釋四十卷首一卷附錄二卷…… 3－339
水經注釋四十卷首一卷附錄二卷水
經注箋刊誤十二卷 ………………… 1－77
水經註疏要刪四十卷補遺一卷……… 1－471
水滸全傳七十回……………………… 2－373
水滸全圖 …………………………… 1－10
水滸後傳……………………………… 2－393
水滸後傳十卷四十回………………… 1－367
水滸後傳四十回……………………… 1－367
水滸後傳四十回……………………… 1－372
水滸記二卷三十二出………………… 3－333
水滸記二卷三十二出………………… 3－462
水滸畫傳二卷………………………… 2－263
水滸傳一百二十四回………………… 1－370
水滸傳一百二十回…………………… 3－284
水滸傳七十回………………………… 3－288
水滸傳七十卷………………………… 3－307
水蜜桃譜……………………………… 3－231
水鏡集不分卷………………………… 3－425
水懺略疏三卷………………………… 2－248
水鑑海和尚六會録十卷……………… 1－159
水灑紅袍寶卷 ……………………… 3－68
幻士仁賢經…………………………… 1－184
幻化…………………………………… 3－486
幻住十記……………………………… 1－435
幻住明禪師語録二卷………………… 1－177

五畫

玉山朱氏遺書二種…………………… 2－367
玉山朱氏遺書二種附錄一卷………… 3－100
玉山草堂集二卷集外詩一卷………… 1－258
玉山草堂續集六卷…………………… 3－121
玉山草堂續集六卷…………………… 3－225
玉山草堂續集六卷…………………… 3－225
玉山連珠集…………………………… 3－184
玉山閣古文選四卷…………………… 3－159
玉山閣集 …………………………… 3－87
［道光］玉山縣志十卷首一卷 ……… 3－140
玉井山館十五卷詩餘一卷…………… 2－475
玉井山館文略五卷…………………… 2－475

玉井山館文略五卷文續二卷詩十五
卷詩餘一卷筆記一卷 ……………… 3－184
玉井山館文續一卷 …………………… 2－338
玉井山館文續二卷 …………………… 2－475
玉井山館筆記 ………………………… 3－260
玉井山館筆記一卷 …………………… 3－294
玉井搴蓮集 …………………………… 2－371
玉尺樓傳奇二卷四十出 ……………… 3－468
玉芝堂集文集六卷詩集三卷昭文邵
氏聯珠集一卷 ……………………… 2－343
玉芝堂談薈三十六卷 ………………… 2－209
玉合記二卷四十出 …………………… 3－424
玉合記二卷四十出 …………………… 3－460
玉合記二卷四十出 …………………… 3－461
玉池老人自敍 ………………………… 2－539
玉如意全傳十六卷 …………………… 1－429
玉芙蓉寶卷 …………………………… 3－67
玉匣記 ………………………………… 2－301
玉匣記六卷 …………………………… 1－531
玉佛緣八回 …………………………… 3－473
玉玦記二卷 …………………………… 3－285
玉玦寶卷 ……………………………… 3－286
玉英寶卷 ……………………………… 3－113
玉英寶卷 ……………………………… 3－219
玉英寶卷二卷 ………………………… 3－287
玉府鈎玄六卷 ………………………… 1－16
玉函山房目耕帖三十一卷 …………… 2－468
玉函山房輯佚書 ……………………… 2－4
玉函山房輯佚書 ……………………… 2－462
玉函山房輯佚書七百〇八卷 ………… 2－468
玉函山房輯佚書五百九十四種 ……… 1－439
玉函山房輯佚書目耕帖續補十六卷
……………………………………… 2－468
玉玲瓏四卷 …………………………… 2－323
玉茗堂四種 …………………………… 3－487
玉茗堂全集文集十六卷尺牘六卷賦
六卷詩十八卷 ……………………… 1－313
玉茗堂全集四十六卷 ………………… 1－21
玉茗堂全集四十六卷 ………………… 1－23
玉茗堂全集四十六卷 ………………… 1－96
玉茗堂批評紅梅記二卷三十四出 …… 3－469
玉茗堂批評紅梅記二卷三十四齣 …… 1－318
玉茗堂批點南北宋演義全傳 ………… 3－478
玉茗堂還魂記二卷 …………………… 1－94
玉茗堂還魂記二卷五十五出 ………… 1－249
玉茗堂還魂記二卷五十五出 ………… 3－513
玉茗堂繡像昭君和番雙鳳奇緣八十
回 …………………………………… 2－400
玉泉子一卷 …………………………… 2－366
玉泉子不分卷 ………………………… 1－193
玉泉其白富禪師語錄三卷 …………… 1－169
玉泉詞 ………………………………… 3－37
玉泉蓮月正禪師語錄二卷 …………… 1－155
玉泉融徹頂禪師語錄 ………………… 1－169
玉亭集十六卷 ………………………… 1－276
玉音法事 ……………………………… 3－464
玉屏山莊詩鈔初集二卷 ……………… 2－319
玉華洞志五卷 ………………………… 1－304
玉荷隱語 ……………………………… 1－400
玉荷隱語二卷 ………………………… 3－14
玉連環八卷 …………………………… 3－15
玉連環寶卷 …………………………… 3－70
玉峰雍里顧氏六世詩文集四種 ……… 1－52
玉海 …………………………………… 2－193
玉海 …………………………………… 3－320
玉海二百〇四卷 ……………………… 3－358
玉海二百卷 …………………………… 1－526
玉海二百卷 …………………………… 2－314
玉海二百卷詞學指南四卷 …………… 1－439
玉海二百卷詞學指南四卷 …………… 1－528
玉海附刻 ……………………………… 2－193
玉屑詞三卷 …………………………… 1－420
玉笙樓集古詩鈔 ……………………… 3－258
玉笙樓詩錄 …………………………… 3－268
玉笙樓詩錄十二卷 …………………… 2－475
玉笙樓詩錄十二卷 …………………… 3－73
玉笥山房要集四卷 …………………… 2－434
玉釧緣全傳三十二卷 ………………… 1－428
玉釵寶卷一卷 ………………………… 3－498
玉淦詞 ………………………………… 1－412
玉壺野史十卷 ………………………… 3－148
玉搔頭傳奇二卷 ……………………… 1－214

玉搔頭傳奇二卷三十出 ………………… 3－446
玉湖樓第三種傳奇明翠湖亭四種…… 3－475
玉暉堂詩集五卷 ………………………… 3－258
玉節記傳奇二卷五十二出 …………… 3－470
玉牒譜 …………………………………… 3－312
玉獅記八出 ……………………………… 3－458
玉獅堂十種曲附悲鳳曲 ……………… 3－471
玉獅堂十種曲附悲鳳曲一卷 ………… 1－402
玉獅堂傳奇十種 ……………………… 2－391
玉獅堂傳奇十種 ……………………… 2－435
玉獅堂傳奇五種 ……………………… 1－402
玉溪生詩意八卷 ……………………… 3－197
玉溪生詩意八卷附錄一卷 …………… 1－259
玉臺秋二卷十六出 …………………… 3－470
玉臺畫史五卷 ………………………… 1－359
玉臺畫史五卷別錄一卷 ……………… 3－181
玉臺新詠十卷 ………………………… 1－102
玉臺新詠十卷 ………………………… 1－225
玉臺新詠十卷 ………………………… 1－540
玉臺新詠箋註十卷 …………………… 2－356
玉蜻蜓三集 …………………………… 3－52
玉蜻蜓全本 …………………………… 2－518
玉蜻蜓傳奇二卷三十四折 …………… 3－449
玉樓春四卷二十四回 ………………… 1－369
玉磑集四卷 …………………………… 2－535
玉篇校刊劄記 ………………………… 3－217
玉劍尊聞十卷 ………………………… 1－15
玉嬌梨 ………………………………… 2－540
玉嬌梨五卷二十回 …………………… 3－485
玉嬌梨四卷二十回 …………………… 1－371
玉磬山房文集二卷 …………………… 3－114
玉磬山房詩十卷 ……………………… 2－418
玉燕堂四種曲八卷 …………………… 1－24
玉燕堂四種曲八卷 …………………… 1－316
玉燕堂四種曲八卷 …………………… 3－469
玉機微義 ……………………………… 2－317
玉曆至寶鈔 …………………………… 2－289
玉曆至寶鈔 …………………………… 3－294
玉曆至寶鈔不分卷附經驗百方一卷
………………………………………… 3－445
玉曆鈔傳 ……………………………… 2－270
玉鴛鴦八出末段八出 ………………… 3－458
玉鴛鴦五集 …………………………… 2－397
玉鴛鴦六卷 …………………………… 3－102
玉龍太子走國八集八十卷 …………… 3－51
玉龍詞一卷 …………………………… 2－482
玉環記二卷三十二出 ………………… 3－460
玉環記二卷三十四出 ………………… 3－460
玉環記二卷三十四出 ………………… 3－461
[光緒]玉環廳志十六卷 ……………… 3－280
玉谿生詩詳註三卷首一卷 …………… 1－240
玉谿生詩詳註三卷首一卷樊南文集
詳註八卷首一卷 ……………………… 1－213
玉谿生詩箋註三卷首一卷 …………… 1－230
玉谿生詩箋註三卷首一卷樊南文集
詳註八卷 ……………………………… 1－325
玉谿生詩箋註三卷首一卷樊南文集
詳註八卷首一卷 ……………………… 1－240
玉谿生詩箋註三卷樊南文集箋註八
卷 ……………………………………… 1－27
玉簪記 ………………………………… 2－513
玉簪記二卷三十一出 ………………… 3－460
玉簪記二卷三十一齣 ………………… 3－460
玉簪記子弟書 ………………………… 3－467
玉簡齋叢書一集十四種二集八種…… 1－441
玉簡齋叢書二集 ……………………… 3－28
玉簡齋叢書十種 ……………………… 1－442
玉鏡新譚八卷 ………………………… 1－4
玉鏡臺記二卷四十出 ………………… 3－459
玉鏡臺記二卷四十出 ………………… 3－459
玉夔龍八集 …………………………… 1－406
玉瀾集一卷 …………………………… 1－57
玉瀾集一卷 …………………………… 1－223
玉瀾集一卷 …………………………… 1－265
末七日聖蹟 …………………………… 2－250
末利軒詩草 …………………………… 3－172
末段香蓮帕十出 ……………………… 1－320
末段犀鏡圓八出 ……………………… 3－457
未灰齋文集八卷 ……………………… 3－148
未灰齋文集八卷外集一卷 …………… 1－408
未灰齋文集八卷外集一卷 …………… 1－416
未來星宿劫千佛名經一卷 …………… 1－336

未來星宿劫千佛名經不分卷………… 1－166
未來戰國志十九回……………………… 3－271
未信編三集六卷………………………… 1－247
未軒公文集十二卷……………………… 3－160
未虛室印賞……………………………… 1－525
未曾有因緣經二卷……………………… 1－167
未篩集 ……………………………………… 3－87
邗上題襟集選二卷 …………………… 3－98
邗江三百吟十卷………………………… 3－176
示我周行十卷…………………………… 3－179
示我周行三卷…………………………… 3－186
示我周行三卷…………………………… 3－236
示樸齋駢體文六卷……………………… 3－202
示樸齋駢體文六卷……………………… 3－256
示樸齋駢體文六卷……………………… 3－289
巧奇冤一卷……………………………… 2－474
巧奇冤二十四部九十六回 …………… 1－43
巧奇冤全傳十卷………………………… 3－304
巧姻緣子弟書二回……………………… 3－465
巧姻緣鼓詞四十卷……………………… 2－519
巧姻緣寶卷 ……………………………… 3－65
巧姻緣寶卷 ……………………………… 3－69
巧換緣一卷長生殿補闕一卷………… 3－334
巧團圓傳奇二卷三十二出…………… 1－227
巧團圓傳奇二卷三十三出…………… 3－446
巧團圓傳奇(夢中樓)二卷 ………… 1－214
正三通目錄十二卷續三通目錄十四
卷皇朝三通目錄十四卷……………… 2－103
正心會後漢書抄………………………… 3－373
正心會前漢書抄二卷…………………… 3－373
正字通十二卷首一卷附十二字頭…… 1－107
正字略……………………………………… 3－273
正法華經十卷…………………………… 1－335
[乾隆]正定府志五十卷首一卷 …… 1－325
[光緒]正定縣誌四十六卷末一卷 … 3－272
正俗備用字解四卷附一卷補遺一卷
…………………………………………… 3－213
正信除疑無修證自在經二十四品…… 3－493
正信除疑無修證自在寶卷一卷……… 3－494
正信除疑無修證自在寶卷句解二卷
…………………………………………… 3－494
正音再華 紅樓夢摘華……………… 3－492
正音咀華二卷…………………………… 2－520
正音咀華三卷續編一卷附儀略一卷
…………………………………………… 3－492
正音擴言四卷…………………………… 3－509
正教真詮二卷…………………………… 2－245
正陽門樓工程奏稿……………………… 3－539
正德遊江南七卷四十五回…………… 3－115
正德遊龍寶卷…………………………… 3－171
正德遊龍寶卷…………………………… 3－171
正德寶卷一卷…………………………… 3－497
正誼堂文集不分卷……………………… 1－252
正誼堂全書………………………………… 2－5
正誼堂全書……………………………… 2－460
正誼堂全書……………………………… 2－462
正誼堂全書七十七種…………………… 2－462
正誼堂遺集文二十二卷詩十卷……… 2－372
正聲集四卷……………………………… 2－349
正韻十六卷 ……………………………… 1－60
正韻篆二卷……………………………… 1－112
正覺樓叢刻………………………………… 2－1
正覺樓叢刻二十九種…………………… 1－445
正覺樓叢書………………………………… 2－4
正覺樓叢書二十九種…………………… 1－442
正續古文辭類纂七十四卷續三十四
卷…………………………………………… 3－439
正續古文辭類纂三十四卷…………… 2－444
正續廣治平畧四十六卷……………… 3－137
正續劍俠傳 ……………………………… 3－39
正體類要二卷 …………………………… 1－85
邛竹杖七卷 ……………………………… 1－13
功甫小集八卷…………………………… 2－376
功順堂叢書十一種三十七卷………… 2－467
功順堂叢書十八種……………………… 1－441
功順堂叢書十八種……………………… 1－547
去來吟一卷詩餘一卷………………… 1－297
去思草二卷……………………………… 3－254
去僞齋集十卷…………………………… 2－448
去僞齋集十卷首一卷…………………… 2－380
甘白齋詩三卷 …………………………… 3－75

[乾隆]甘州府志十六卷首圖一卷 …… 1－324
甘泉全集 …… 1－424
甘泉全集三種 …… 2－7
甘泉鄉人稿二十四卷 …… 1－539
甘泉鄉人稿二十四卷 …… 1－543
甘泉鄉人稿二十四卷餘稿二卷年譜一卷 …… 1－425
甘泉鄉人稿二十四卷餘稿二卷年譜一卷 …… 2－382
[乾隆]甘泉縣志二十卷 …… 1－283
甘莊恪公全集十六卷傳一卷神道碑一卷墓誌銘一卷 …… 1－271
[咸豐]甘棠小志四卷首一卷 …… 2－56
[咸豐]甘棠小志四卷首一卷 …… 2－88
[咸豐]甘棠小志四卷首一卷末一卷 …… 1－365
甘肅平涼府輿圖 …… 2－79
[雍正]甘肅通志五十卷首一卷 …… 1－69
甘肅新疆文武各官及兵勇書役等支款章程 …… 2－495
甘澤謠一卷附錄一卷 …… 1－298
世守拙齋詩存 …… 2－527
世忠堂文集六卷 …… 2－502
世宗上諭八旗十三卷上諭旗務議覆十二卷諭行旗務奏議十三卷 …… 1－127
世宗上諭内閣一百五十九卷 …… 1－330
世宗憲皇帝御製文集三十卷目録四卷 …… 1－210
世界上傾國的尤物西施 …… 3－505
世界之交通 …… 2－99
世界地理志 …… 1－357
世界海軍現狀 …… 2－95
世界海軍現狀 …… 2－105
世界教育統計年鑒不分卷 …… 3－385
世界統計年監 …… 2－93
世界統計年鑑 …… 2－145
世界歷史問答 …… 2－102
世補齋醫書 …… 1－511
世補齋醫書六種 …… 1－520
世補齋醫書六種後集四種 …… 3－222
世經堂初集三十卷 …… 1－31
世說新語八卷 …… 1－137
世說新語八卷 …… 1－327
世說新語三卷 …… 1－13
世說新語三卷 …… 1－247
世說新語三卷 …… 1－525
世說新語六卷 …… 1－91
世說新語六卷 …… 2－288
世說新語補二十卷 …… 1－145
世說新語補二十卷 …… 1－231
世說新語補二十卷 …… 1－257
世說新語補四卷 …… 1－247
世廟識餘録二十六卷 …… 1－6
世曆四卷 …… 1－3
世篤忠貞錄 …… 2－96
世澤堂古近詩文遺稿 …… 2－454
世澤堂試帖遺稿 …… 2－454
世澤堂遺稿 …… 2－455
艾軒先生文集十卷 …… 1－301
艾學閑譚二十卷 …… 3－210
艾廬遺稿 …… 3－34
艾廬遺稿四卷 …… 3－61
古夫于亭雜錄六卷 …… 1－17
古夫于亭雜錄五卷 …… 1－265
古今人物圖第一集 …… 2－302
古今刀劍譜一卷 …… 1－281
古今之稿 …… 3－304
古今女史詩集八卷精刻古今女史十二卷新刻古今女史姓氏字里詳節一卷 …… 1－16
古今小品八卷 …… 1－423
古今小品八卷 …… 1－423
古今中外音韻通例四卷 …… 1－455
古今中外雜鈔 …… 3－229
古今史論觀海甲編二十二卷乙編二十卷丙編二十六卷丁編二十二卷 …… 3－435
古今四大家策論十卷 …… 3－340
古今地名考 …… 3－196
古今百美圖第二集 …… 2－301
古今列女傳四卷 …… 2－67
古今列女傳四卷 …… 3－200

古今列仙通紀六十卷 …………………… 1-91
古今曲調一卷…………………………… 2-477
古今合璧事類備要前集六十九卷後集八十一卷續集五十六卷………… 1-325
古今名文走盤珠四卷讀古喻言一卷 …………………………………… 1-38
古今名喻八卷 ………………………… 1-13
古今名勝圖說第十二集……………… 2-301
古今名醫萬方類編三十二卷………… 1-507
古今名醫彙粹八卷…………………… 2-276
古今孝子所見錄十二卷 ……………… 3-94
古今孝友傳十五卷…………………… 1-290
古今志異六卷………………………… 1-377
古今志異六卷………………………… 1-377
古今法制表十六卷…………………… 3-384
古今注三卷…………………………… 3-434
古今治統二十卷……………………… 1-280
古今姓氏書辨證四十卷……………… 1-348
古今姓氏書辨證四十卷……………… 1-488
古今風謠……………………………… 3-208
古今風謠一卷古今諺一卷古今諺拾遺六卷古今風謠拾遺四卷………… 2-478
古今風謠六卷………………………… 3-510
古今祕苑三十二卷…………………… 1-396
古今夏時表 …………………………… 2-91
古今秘苑三十二卷…………………… 3-238
古今通韻十二卷……………………… 3-263
古今萬姓統譜一百四十卷附歷代帝王姓系統譜六卷氏族博考十四卷 …………………………………… 1-5
古今萬姓統譜一百四十卷附歷代帝王姓系統譜六卷氏族博考十四卷 …………………………………… 1-8
古今萬姓統譜一百四十卷歷代帝王姓系統譜六卷氏族博考十四卷…… 1-187
古今道脈四十五卷 …………………… 1-65
古今疏十五卷 ………………………… 1-14
古今楹聯彙刻小傳十二卷首集一卷跋一卷…………………………… 3-138
古今詩話選雋二卷…………………… 3-275
古今圖書集成一萬卷………………… 2-195
古今圖書集成一萬卷目錄三十二卷 …………………………………… 2-465
古今僞書考…………………………… 2-184
古今僞書考一卷……………………… 3-417
古今說部叢書………………………… 1-533
古今說部叢書十集…………………… 2-282
古今說海一百三十五種 ……………… 1-93
古今說海一百三十五種一百四十二卷…………………………………… 1-388
古今說海一百四十二卷……………… 2-269
古今說海一百四十二卷……………… 2-284
古今鴈字詩選五卷…………………… 1-308
古今談叢圖八集至九集……………… 2-302
[古今選文]不分卷 …………………… 1-295
古今翰苑瓊琚十二卷………………… 1-3
古今戰事圖說平定粵匪之部六卷 …… 3-18
古今錢略三十二卷首一卷末一卷…… 1-497
古今錢略三十二卷首一卷末一卷…… 1-498
古今輿地考…………………………… 2-172
古今輿地考…………………………… 3-149
古今濡削選章四十卷………………… 1-259
古今醫案按十卷……………………… 1-517
古今韻略五卷 ………………………… 1-62
古今韻略五卷………………………… 1-108
古今韻會舉要三十卷禮部韻署七音三十六字母通攷一卷 ……………… 1-61
古今韻會舉要三十卷禮部韻署七音三十六字母通攷一卷 ……………… 1-61
古今韻會舉要三十卷禮部韵署七音三十六母通攷一卷………………… 1-114
古今韻會舉要三十卷禮部韻署七音三十六字母通攷一卷……………… 1-333
古今韻準一卷………………………… 3-406
古今類傳四卷………………………… 1-196
古今類傳四卷………………………… 1-253
古今類傳四卷………………………… 1-272
古今釋疑十八卷 ……………………… 1-90
古今釋疑十八卷……………………… 1-138
古月軒集……………………………… 3-148
古文一隅三卷………………………… 2-435
古文十六卷…………………………… 3-530

古文十六卷…………………………… 3－530
古文十六卷…………………………… 3－530
古文十六卷…………………………… 3－530
古文七種……………………………… 3－309
古文七種三十四卷…………………… 2－431
古文分編集評四集…………………… 1－238
古文未曾有集八卷…………………… 2－373
古文四象三卷………………………… 3－356
古文快筆貫通解四卷………………… 3－196
古文苑二十一卷……………………… 1－414
古文苑二十一卷……………………… 2－435
古文苑二十一卷……………………… 3－195
古文苑九卷…………………………… 2－345
古文苑九卷…………………………… 2－376
古文析義十六卷……………………… 1－228
古文析義十六卷……………………… 1－275
古文析義十六卷……………………… 2－376
古文析義合編十六卷………………… 3－323
古文奇賞二十二卷續古文奇賞三十四卷奇賞齋廣文苑英華二十六卷四續古文奇賞五十三卷 …………… 1－35
古文奇賞二十六卷 ………………… 1－36
古文奇賞二十六卷…………………… 1－420
古文奇艶八卷………………………… 1－234
古文尚書不分卷……………………… 3－408
古文尚書不分卷……………………… 3－408
古文尚書冤詞平議二卷……………… 1－455
古文周易參同契秘解………………… 1－462
古文品外錄二十四卷………………… 1－100
古文品外錄二十四卷………………… 3－422
古文眉詮七十九卷…………………… 2－366
古文眉詮七十九卷首一卷…………… 1－103
古文眉詮七十九卷首一卷…………… 1－209
古文眉詮七十九卷首一卷…………… 1－209
古文約選不分卷 …………………… 1－98
古文約選不分卷……………………… 1－102
古文雅正十四卷……………………… 1－211
古文雅正十四卷……………………… 2－362
古文雅正十四卷……………………… 3－127
古文喈鳳新編八編…………………… 3－198
古文筆法百篇二十卷首一卷………… 1－427
古文筆法百篇二十卷首一卷………… 3－438
古文筆法百篇八卷…………………… 3－316
古文集宜四卷………………………… 1－286
古文詞略二十四卷…………………… 2－345
古文詞略二十四卷…………………… 2－428
古文詞略二十四卷…………………… 2－525
古文詞略二十四卷目錄一卷………… 3－128
古文詞略讀本二十四卷……………… 2－435
古文淵鑒……………………………… 1－535
古文淵鑒……………………………… 1－535
古文淵鑒六十四卷 ………………… 1－95
古文淵鑒六十四卷 ………………… 1－96
古文淵鑒六十四卷…………………… 1－104
古文淵鑒六十四卷…………………… 1－129
古文淵鑒六十四卷…………………… 1－208
古文淵鑒六十四卷…………………… 1－211
古文淵鑒六十四卷…………………… 1－230
古文淵鑒六十四卷…………………… 1－242
古文淵鑒六十四卷…………………… 2－335
古文淵鑒六十四卷…………………… 2－448
古文淵鑒六十四卷…………………… 3－522
古文淵鑑正集六十四卷……………… 2－333
古文摭逸八卷………………………… 2－382
古文摭逸八卷………………………… 2－441
古文関鍵二卷………………………… 2－442
古文精言詳註合編十六卷…………… 3－217
古文精粹十卷 ……………………… 1－44
古文斵十八卷………………………… 1－223
古文斵前集十六卷向青閣古文斵讀本十八卷 ………………………… 1－94
古文審八卷首一卷…………………… 1－494
古文審八卷首一卷…………………… 1－494
古文斵前集十六卷後集十八卷……… 1－269
古文講授談二編……………………… 3－124
古文翼讀本八卷……………………… 3－138
古文辭類纂十五卷…………………… 1－433
古文辭類纂七十五卷………………… 2－333
古文辭類纂七十五卷………………… 3－438
古文辭類纂七十五卷續二十八卷…… 2－326
古文辭類纂七十四卷………………… 1－421
古文辭類纂七十四卷………………… 2－318

古文辭類纂七十四卷…………………… 2－347
古文辭類纂七十四卷…………………… 2－380
古文辭類纂七十四卷…………………… 2－380
古文辭類纂七十四卷…………………… 3－323
古文釋義八卷…………………………… 2－367
古文釋義新編八卷……………………… 2－343
古文讀本………………………………… 3－300
古文觀止十二卷………………………… 1－545
古文觀止十二卷………………………… 3－389
古文觀止六卷…………………………… 2－446
古玉圖攷 ……………………………… 2－77
古玉圖攷………………………………… 3－201
古玉圖譜一百卷………………………… 1－530
古本大學輯解二卷……………………… 3－405
古本易鏡十三卷………………………… 1－448
古本荆釵記二卷四十八出……………… 3－448
古史六十卷……………………………… 1－6
古史六十卷……………………………… 1－333
古列女傳八卷…………………………… 1－362
古名文鈔………………………………… 1－293
古志石華三十卷 ……………………… 2－92
古抄八卷………………………………… 1－251
古伴柳亭初稿四卷 …………………… 3－34
古言二卷今言四卷 …………………… 1－30
古林如禪師語録四卷…………………… 1－178
古林智禪師語録六卷…………………… 1－169
古杍秋館遺稿文二卷詩一卷…………… 2－416
古事比五十二卷………………………… 1－200
古金待問錄四卷………………………… 2－453
古周易訂詁十六卷附一卷 …………… 1－59
古刻叢鈔………………………………… 2－254
古春軒詩鈔二卷………………………… 2－327
古春軒詩鈔二卷………………………… 2－482
古春軒詩鈔二卷 ……………………… 3－77
古春軒詩鈔二卷………………………… 3－243
古柏軒遺稿四卷 ……………………… 3－42
古品節錄六卷…………………………… 1－352
古品節錄六卷…………………………… 3－128
古品節錄六卷…………………………… 3－198
古香吟館詩存…………………………… 1－420
古香岑草堂詩餘正集六卷……………… 1－305
古香岑草堂詩餘正集六卷續集二集
新集五卷别集四卷…………………… 3－510
古香樓遺稿……………………………… 2－505
古香齋春明夢餘錄七十卷……………… 3－541
古香齋袖珍十種………………………… 3－424
古香齋袖珍五經 ……………………… 2－50
古香齋新刻袖珍淵鑑類函四百五十
卷目錄四卷…………………………… 2－233
古香齋新刻袖珍淵鑑類函四百五十
卷目錄四卷…………………………… 3－359
古香齋鑒賞袖珍史記一百三十卷 …… 2－79
古香齋鑒賞袖珍春明夢餘錄七十卷
……………………………………… 3－400
古香齋鑒賞袖珍春明夢餘錄七十卷
……………………………………… 3－413
古香齋鑑賞袖珍五經 ………………… 2－28
古泉匯 ………………………………… 1－494
古泉匯首集四卷元集十四卷亨集十
四卷利集八卷貞集十四卷 ………… 2－83
古泉叢話………………………………… 3－148
古泉雜詠四卷…………………………… 3－203
古音諧八卷首一卷……………………… 1－452
古紅梅閣集八卷………………………… 2－480
古桐書屋六種二十卷…………………… 2－463
古桐書屋六種古桐書屋續刻三種……… 2－464
古唐詩合解二十卷……………………… 2－320
古唐詩合解十二卷……………………… 3－392
古唐詩合解十六卷……………………… 2－324
古唐詩合解十六卷……………………… 2－445
古唐詩合解十六卷……………………… 2－449
古唐詩合解古詩四卷唐詩十二卷……… 2－326
古瓶山牧道者究心録…………………… 1－169
古教彙参三卷…………………………… 2－196
古教彙參三卷…………………………… 2－256
古教彙參三卷…………………………… 3－354
古雪喆禪師語録二十卷………………… 1－155
古越藏書樓書目二十卷首一卷………… 1－466
古稀集 ………………………………… 3－79
古雋考略六卷…………………………… 1－264
古幹亭詩六卷文二卷附嶺外雜言一
卷…………………………………… 3－182

古幹亭詩集六卷文集二卷嶺外雜言一卷…… 2－402
古椿軒詩鈔二卷首一卷 …… 3－84
古榆軒詩七卷…… 3－118
古愚老人消夏錄十七種…… 1－407
古愚叢書四十卷…… 2－4
古微書二十八卷 …… 2－22
古微書三十六卷…… 1－458
古微書三十六卷…… 3－355
古微堂内集二卷外集八卷 …… 3－59
古微堂全集内集二卷外集八卷…… 2－382
古微堂集十卷内集三卷外集七卷…… 1－420
古微堂集内集三卷外集七卷…… 2－342
古詩存四十二卷 …… 1－53
古詩源十四卷…… 1－224
古詩源十四卷…… 1－227
古詩源十四卷…… 1－228
古詩源十四卷…… 1－236
古詩源十四卷…… 2－352
古詩源十四卷…… 2－368
古詩源十四卷…… 2－450
古詩箋五言詩十七卷七言詩歌行鈔十五卷…… 1－327
古詩賞析二十二卷…… 1－210
古詩賞析二十二卷…… 1－238
古詩類苑一百三十卷…… 1－313
古意新情…… 2－292
古經天象考…… 1－531
古經解彙函…… 1－340
古經解彙函 …… 2－14
古經解彙函 …… 2－53
古歌謠二卷 …… 3－78
古漁詩概六卷 …… 3－73
古賦辨體十卷…… 1－269
古賦識小錄八卷…… 1－438
古數學…… 1－391
古墨齋金石跋…… 2－170
古墨齋金石跋六卷…… 2－101
古論玄箸八卷 …… 1－88
古樂苑五十二卷衍錄四卷前卷一卷目錄二卷…… 1－213
古樂苑五十二卷前卷一卷衍錄四卷目錄二卷 …… 1－26
古樂粹論…… 3－514
古緣萃錄…… 2－472
古緣萃錄十八卷…… 1－510
古緣萃錄十八卷…… 3－210
古燕史…… 1－312
古學彙刊…… 2－465
古學彙刊…… 2－465
古隸韻宗五卷 …… 1－60
古謠諺一百卷…… 1－543
[咸豐]古豐識略四十二卷 …… 1－274
古籀拾遺三卷宋政和禮器文字攷一卷…… 1－495
古韻通說二十卷…… 2－493
古韻發明…… 1－447
古韻溯原八卷…… 1－451
古韻溯原八卷…… 1－452
古韻標準四卷…… 3－121
古韻標準四卷首一卷…… 3－198
古韻標準四卷首詩韻舉例一卷…… 3－519
古韻論三卷 …… 2－18
古韻論三卷 …… 2－23
古籌算考釋六卷…… 1－528
古懽録八卷 …… 1－16
古歡室女學篇九卷…… 3－236
古歡室全集…… 2－322
古歡室詩三卷詞一卷…… 3－188
古歡室詩詞集四卷…… 3－236
古歡室醫學篇二卷…… 3－236
古歡堂全集…… 2－406
古歡堂集二十二卷詩集十四卷黔書二卷長河志籍考十卷有懷堂詩集一卷文集一卷…… 1－234
古歡堂集八種二十二卷 …… 1－57
古歡堂集四卷…… 2－412
古歡堂詩集七種十五卷 …… 1－57
古歡堂詩稿二卷詩餘一卷樂循禮齋詩稿六卷…… 3－270
本事方釋義十卷…… 1－507
本事方釋義十卷…… 1－519

本事詩十二卷 …… 1-215
本事詩十二卷 …… 1-231
本草三家合註六卷 …… 1-520
本草三家合註六卷 …… 2-188
本草求真九卷目錄二卷脈理求真二卷 …… 2-469
本草述三十二卷 …… 1-524
本草述三十二卷首一卷 …… 1-519
本草述鉤元三十二卷 …… 1-507
本草述鉤元三十二卷 …… 2-277
本草述鉤元五卷 …… 1-507
本草便讀二卷 …… 3-189
本草衍義二十卷 …… 1-529
本草衍義二十卷 …… 1-531
本草通元二卷 …… 1-141
本草崇原集說三卷附錄一卷 …… 2-274
本草崇原集說三卷附錄一卷 …… 2-277
本草從新 …… 2-278
本草從新十八卷 …… 1-506
本草從新十八卷 …… 1-509
本草從新十八卷 …… 1-518
本草從新十八卷 …… 2-188
本草從新六卷 …… 1-522
本草從新六卷 …… 2-207
本草從新六卷 …… 2-276
本草萬方鍼線八卷 …… 1-86
本草萬方鍼線八卷 …… 2-268
本草萬方鍼線八卷 …… 3-305
本草備要 …… 1-520
本草詩箋十卷 …… 1-195
本草詩箋十卷 …… 2-271
本草經疏三十卷 …… 1-85
本草經疏輯要十卷 …… 1-522
本草經解要四卷附餘一卷 …… 1-256
本草經解要四卷附餘一卷 …… 1-293
本草綱目五十二卷 …… 1-505
本草綱目五十二卷 …… 1-505
本草綱目五十二卷 …… 2-199
本草綱目五十二卷首一卷 …… 1-85
本草綱目五十二卷首二卷瀕湖脈學一卷 …… 1-138
本草綱目五十二卷圖三卷 …… 1-520
本草綱目五十二卷圖三卷 …… 2-314
本草綱目拾遺十二卷 …… 1-197
本草綱目拾遺十卷首一卷 …… 1-518
本草綱目拾遺十卷首一卷 …… 3-305
本草綱目圖三卷 …… 2-508
本草醫方全書六卷 …… 1-507
本草簡明圖說 …… 1-507
本草簡明圖說四卷 …… 2-276
本堂先生文集九十六卷 …… 3-26
本朝五言近體瓣香集十六卷 …… 1-277
本朝五言近體瓣香集十六卷 …… 1-284
本朝史講義 …… 3-308
本朝史講義二編三編 …… 2-165
本朝名媛詩鈔六卷 …… 1-23
本朝名媛詩鈔六卷 …… 1-23
本朝京省人物考一百十五卷 …… 1-3
本朝館閣詩二十卷附錄一卷續附錄一卷 …… 1-325
本朝應制和聲集六卷首三卷 …… 1-287
本經三種 …… 1-506
本經逢原四卷 …… 1-85
本經疏證十二卷續疏六卷本經序疏要八卷 …… 1-519
札迻十二卷 …… 1-381
札迻十二卷 …… 1-528
札樸 …… 1-450
札樸十卷 …… 2-186
札樸十卷 …… 2-275
札樸五卷 …… 1-452
可之先生全集錄 …… 2-450
可竹軒詩錄 …… 3-239
可作集八卷 …… 3-37
可青軒詩集 …… 2-418
可青軒詩集 …… 3-248
可泉擬涯翁擬古樂府二卷 …… 1-253
可恨人集五卷人義二卷 …… 3-223
可做堂詞集四卷 …… 3-88
可園文存十六卷 …… 2-481
可園詩存二卷 …… 3-238
可齋經進文存 …… 3-255

丙午攷督東瀛警察筆記四卷………… 3－242
左文襄公文集五卷……………………… 3－429
左文襄公文集五卷附詩集聯語一卷
……………………………………………… 2－450
左文襄公年譜十卷……………………… 2－339
左文襄公年譜十卷……………………… 3－349
左文襄公年譜十卷……………………… 3－357
左文襄公全集…………………………… 1－544
左文襄公全集…………………………… 2－375
左文襄公全集…………………………… 2－435
左文襄公全集一百十九卷…………… 1－427
左文襄公奏稿六十四卷……………… 3－365
左文襄公奏稿初編三十八卷………… 3－365
左文襄公書牘二十六卷……………… 3－439
左文襄公書牘節要二十六卷………… 2－162
左文襄公書牘節要二十六卷………… 3－324
左文襄公書牘節要二十六卷………… 3－439
左汾近稾一卷 ………………………… 1－15
左忠毅公集二卷………………………… 1－215
左恪靖伯奏稿…………………………… 3－227
左恪靖伯奏稿三十八稿……………… 1－481
左海文集十卷乙集駢體文二卷詩鈔
六卷…………………………………… 2－447
左海全集………………………………… 1－545
左海全集十種…………………………… 1－446
左海全集十種…………………………… 3－168
左通補釋三十二卷 …………………… 2－35
左國腴詞八卷…………………………… 1－249
左庵瑣語 ……………………………… 3－80
左傳分國不分卷………………………… 1－299
左傳文法讀本十二卷 ………………… 2－24
左傳文法讀本十二卷 ………………… 2－35
左傳句解六卷 ………………………… 2－43
左傳句解六卷 ………………………… 2－43
左傳列國分編三十卷續編一卷 ……… 2－16
左傳杜注三十卷首一卷 ……………… 2－46
左傳快讀十八卷………………………… 3－292
左傳事緯十二卷………………………… 1－110
左傳事緯十二卷………………………… 1－461
左傳事緯十二卷 ……………………… 2－19
左傳事緯前書八卷左傳事緯十二卷
……………………………………………… 2－51
左傳春秋[鼓詞] ……………………… 1－50
左傳紀事本末五十三卷 ……………… 2－66
左傳紀事本末五十三卷 ……………… 2－84
左傳紀事本末五十三卷……………… 2－130
左傳紀事本末五十三卷……………… 2－137
左傳紀事本末五十三卷……………… 3－321
左傳紀事本末五十三卷……………… 3－342
左傳紀事本末五十三卷……………… 3－393
左傳博議續編二卷 …………………… 2－28
左傳博議續編二卷左傳博議三編 …… 2－28
左傳評三卷……………………………… 3－354
左傳評林八卷…………………………… 1－109
左繡三十卷 …………………………… 2－15
左繡三十卷 …………………………… 2－19
左繡三十卷首一卷……………………… 1－111
石山醫案八種…………………………… 1－295
石月川遺集三卷 ……………………… 1－44
石田先生集不分卷……………………… 1－254
石臼後集七卷…………………………… 1－286
石臼集前集九卷後集七卷…………… 2－354
石均軒初集二卷二集二卷…………… 3－160
石村詩集二卷…………………………… 2－340
石村詩集二卷…………………………… 2－491
石村詩稿………………………………… 3－249
石作做法………………………………… 3－317
石林居士建康集八卷………………… 3－150
石林詞一卷……………………………… 1－247
石林遺書十二種四十六卷…………… 1－388
石林燕語十卷…………………………… 3－416
石門文字禪三十卷……………………… 1－139
石城七子詩鈔 ………………………… 3－25
石柏山房詩存九卷……………………… 3－268
石柱記五卷……………………………… 1－125
石研齋校刻書三種……………………… 1－274
石研齋集十二卷………………………… 1－249
石泉書屋全集十種一百三十六卷…… 1－425
石泉書屋金石題跋 …………………… 2－81
[道光]石泉縣志十卷 ………………… 3－143
石派通天河卷三………………………… 3－491

石洲詩話八卷 3－225
石洲詩話五卷 1－270
石室先生年譜一卷 1－248
石室秘籙六卷 1－86
石室秘籙六卷 3－518
石屏集八卷 2－505
石桐先生詩鈔 3－76
石桐先生詩鈔一卷 2－483
石倉十二代詩選 1－53
石倉十二代詩選 1－439
石翁詩鈔 3－241
石菊影廬筆識二卷 3－229
石菊影廬筆識二卷 3－291
石菊影廬筆識二卷 3－437
石堂全集十卷 2－337
石堂全集八卷 3－219
石堂近稿一卷金臺隨筆四卷 3－173
石笥山房文集五卷補遺一卷 2－352
石笥山房文集六卷補遺一卷詩集十二卷補遺二卷續補遺二卷 2－353
石笥山房文集四卷 1－102
石笥山房全集文集六卷補遺一卷詩集十二卷補遺二卷續補遺二卷 3－429
石笥山房集文集六卷補遺一卷詩集十二卷補遺二卷續補遺二卷 2－377
石笥山房詩文集文七卷詩十六卷 1－421
石船居賸稿十二卷 2－475
石清吉行狀 2－531
石渠餘紀六卷 1－514
石渠餘紀六卷 2－71
石渠餘紀六卷 3－204
石琴室稿 3－262
石塔碑刻記 2－95
石雲館詩稿一卷 3－227
石湖居士詩集三十五卷 1－205
石鼓文 2－301
石鼓文定本十卷附地名考一卷 1－498
石鼓文音訓考正 3－187
石溪周先生文集八卷 1－22
石經攷文提要十三卷 1－459
石經攷文提要十三卷 2－28
石經彙函 1－454
石經閣金石跋文 2－92
石榴記傳奇四卷 1－38
石榴記傳奇四卷 3－279
石榴記傳奇四卷三十二出 1－235
石榴記傳奇四卷三十二出 1－256
石榴記傳奇四卷三十二出 3－464
石間集 2－437
石間集 2－437
石語齋集二十六卷 1－45
石遺先生德配蕭夫人遺著 3－269
石遺室文集十二卷 2－439
石墨鐫華八卷 2－121
石墨鐫華八卷 3－412
石樵先生遺詩四卷 2－504
石樵詩稿十二卷 3－91
石樵詩稿五卷 2－529
石頭記評贊 2－393
石頭記評贊石頭記分評 3－167
石霜爾瞻尊禪師塔銘一卷 1－155
石點頭十四卷 1－10
石點頭十四卷 1－372
石點頭十四卷 3－480
石點頭六卷十四回 1－374
石齋偶筆十六卷 3－312
石鐘山人遺稿二卷 1－418
石鐘山志十六卷 3－151
石臞詩集 1－213
右北平集不分卷 1－329
右台仙館筆記十六卷 2－359
布哈爾志緬甸國志英領緬甸志緬甸新志暹羅國志 3－308
戊申大政記七卷 3－23
戊申全年畫報 2－411
戊戌奏稿 2－67
戊戌奏稿 2－156
戊戌奏稿 2－156
戊戌奏稿 2－156
戊戌政變記九卷 2－518
戊辰銷夏百一詩己巳消夏懷人詩 3－252
戊笈談兵 2－317

戊笈談兵九卷…………………………… 1－514
平山冷燕五卷二十回………………… 3－485
平山冷燕四卷………………………… 2－393
平山冷燕四卷二十回………………… 1－370
平山冷燕四卷二十回………………… 3－165
平山堂圖志十卷……………………… 2－178
平山堂圖志十卷附名勝全圖一卷 …… 2－89
平山堂圖志十卷宸翰一卷名勝全圖
　一卷 ……………………………… 1－67
［咸豐］平山縣志八卷續修七卷續志
　九卷 ……………………………… 2－74
平平言一卷 ………………………… 2－92
平平言四卷………………………… 2－162
平旦鐘聲…………………………… 3－246
平旦鐘聲二卷……………………… 3－122
平江記事…………………………… 1－397
平江記事…………………………… 3－219
平安如意…………………………… 3－453
平妖全傳十八卷四十回…………… 1－373
平妖傳六卷四十回………………… 1－369
平苗紀事二卷 ……………………… 3－33
平易方四卷………………………… 1－507
平易方四卷………………………… 1－525
［光緒］平定州志補一卷 …………… 2－57
平定教匪紀略四十二卷首一卷…… 1－365
平定粵匪功臣戰蹟圖 ……………… 3－22
平定粵匪紀畧十八卷附記四卷 …… 3－14
平定粵匪紀略十八卷附記四卷…… 1－366
平定猺匪述略二卷 ………………… 3－24
平定準噶爾回部得勝圖不分卷 …… 1－78
［道光］平度州志二十七卷 ……… 3－328
平津館叢書………………………… 2－4
平津館叢書………………………… 2－8
平津館叢書………………………… 2－461
平津館鑒藏書畫記一卷…………… 1－468
平津讀碑記八卷續一卷 …………… 2－93
平桂紀略四卷 ……………………… 3－14
平夏錄一卷………………………… 3－257
平時國際公法六編………………… 3－371
平浙紀略十六卷…………………… 1－347
平浙紀略十六卷…………………… 1－356
平浙紀略十六卷 …………………… 2－66
［乾隆］平陸縣志十六卷 ………… 3－278
平陵主客詞………………………… 2－470
平庵詩集十二卷…………………… 1－265
［道光］平望志十八卷首一卷 …… 3－188
［道光］平望志十八卷首一卷 …… 3－190
［光緒］平望續志十二卷首一卷 … 3－177
平陽全書地理三訣………………… 1－473
［光緒］平鄉縣志十二卷 ………… 3－368
［光緒］平鄉縣志十二卷首一卷 …… 2－73
［光緒］平鄉縣志十二卷首一卷 … 2－179
平等閣詩話二卷…………………… 2－388
平番奏議四卷……………………… 2－166
平番奏議四卷……………………… 2－185
［光緒］平湖縣志二十五卷 ……… 3－271
平遠山房法帖……………………… 2－263
平遠堂日記………………………… 1－298
［光緒］平遙縣志十二卷 …………… 2－87
平臺紀畧…………………………… 1－124
平播全書十五卷…………………… 1－485
平養堂文編十卷…………………… 2－504
平養堂文編十卷…………………… 3－157
平盦遺稿 …………………………… 3－49
平齋文集三十二卷………………… 1－420
平齋文集三十二卷………………… 2－482
平齋文集三十二卷拾遺一卷附錄一
　卷………………………………… 3－172
平齡傳三段八出末段八出………… 3－458
打車………………………………… 3－105
打馬圖經…………………………… 3－125
打龍袍……………………………… 1－319
扒沙經五卷………………………… 2－290
北九宮詞紀摘選七集……………… 3－476
北山文集二十卷…………………… 3－348
北山草堂遊覽詩記三卷首一卷 …… 3－16
北山樓集…………………………… 2－334
北山樓集不分卷…………………… 3－392
北戶錄三卷………………………… 1－500
北史一百卷………………………… 1－131
北史一百卷………………………… 1－135
北史一百卷………………………… 1－360

北史一百卷……………………………… 2－165
北史一百卷……………………………… 3－425
北史演義六十四卷 …………………… 1－11
北史演義六十四卷…………………… 3－337
北史演義六十四卷南史演義三十二
　卷 ……………………………………… 1－11
北史識小錄十二卷 …………………… 2－81
北西廂五卷首一卷…………………… 3－508
北江詩話六卷………………………… 3－400
北江詩話四卷 ………………………… 3－74
北宋志傳五十回……………………… 3－119
北宋志傳五十回楊家將傳五十回…… 3－286
北宋拓蘇書醉翁亭記………………… 2－263
北宋楊家將四卷五十回 ……………… 3－118
北宋楊家將四卷五十回 ……………… 3－283
北宋經撫年表………………………… 2－183
北宋經撫年表二卷…………………… 2－110
北宋經撫年表二卷…………………… 3－384
北東園筆錄二十四卷………………… 2－536
北東園筆錄四編二十四卷…………… 1－388
北東園筆錄初編六卷續編六卷三編
　六卷四編六卷 ……………………… 3－29
北東園筆錄續編六卷………………… 3－165
北固山志十二卷……………………… 3－151
北固山志十四卷首一卷 ……………… 2－58
北固山志十四卷首一卷……………… 3－389
北征集散曲鈔………………………… 3－514
北京工業專門學校章程……………… 3－535
北京內外詳細全圖…………………… 3－535
北京自來水公司賬畧(光緒三十四
　年至民國二十五年) ……………… 3－532
北京官話詳解特別奇言解口語之笑
　談……………………………………… 3－532
北狩見聞錄…………………………… 3－147
北洋女醫學堂簡易科章程…………… 2－133
北洋公牘類纂………………………… 2－161
北洋公牘類纂二十五卷目錄一卷…… 3－169
北洋公牘類纂二十五卷目錄一卷…… 3－395
北洋公牘類纂續編…………………… 2－161
北洋法政專門學堂章程……………… 2－120
北海亭集詩集四卷文集四卷………… 2－418
北海道拓殖概觀……………………… 2－100
北海經學七錄八卷…………………… 1－2
北堂書鈔一百六十卷首一卷………… 1－528
北堂書鈔一百六十卷首一卷………… 1－528
北堂書鈔一百六十卷首目錄一卷…… 3－161
北堂書鈔一百六十卷首目錄一卷…… 3－315
北隅掌錄二卷………………………… 2－371
北隅掌錄二卷………………………… 3－152
北遊日錄一卷………………………… 3－151
北湖小志六卷首一卷 ………………… 2－57
北湖小志六卷首一卷………………… 3－141
北夢瑣言二十卷 ……………………… 1－18
北夢瑣言二十卷……………………… 1－198
北夢瑣言二十卷……………………… 1－220
北溪先生全集五門五十卷…………… 3－138
北溪字義二卷………………………… 3－212
北溪字義二卷補遺一卷首一卷……… 3－123
北墅抱甕錄一卷……………………… 1－270
北墅緒言二卷………………………… 2－337
北墅緒言五卷………………………… 1－210
北齊書五十卷………………………… 1－135
北齊書五十卷………………………… 1－360
北齊書五十卷………………………… 2－131
北齊書五十卷………………………… 2－137
北齊書五十卷………………………… 2－165
北齊書五十卷………………………… 3－444
北學編四卷…………………………… 1－8
北徼彙編六卷 ………………………… 2－60
北闕光明　河清海宴………………… 3－454
占花魁………………………………… 2－512
占察善惡業報經二卷………………… 1－149
占察善惡業報經二卷………………… 1－176
目科正宗十六卷首一卷末一卷……… 2－277
目科捷徑三卷………………………… 1－520
目前集二卷 …………………………… 1－15
目前集二卷…………………………… 2－199
目耕齋三集…………………………… 2－499
目耕齋小題…………………………… 3－126
目耕齋全集…………………………… 3－124
目耕齋全集…………………………… 3－307
目耕齋選文…………………………… 1－406

目耕齋讀本初集……………………… 2－424
目連記五十部………………………… 2－395
目連救母……………………………… 1－382
目連救母幽冥寶傳一卷……………… 3－499
目連救母寶傳………………………… 2－517
目連寶卷 …………………………… 3－71
目蓮卷全集一卷……………………… 3－494
目蓮救母幽冥寶傳一卷……………… 3－494
且飲樓詩四卷續集一卷 …………… 3－85
甲乙雜箸……………………………… 2－379
甲子科十八省鄉試同年錄…………… 2－134
甲子紀元表…………………………… 2－139
甲子會紀五卷 ……………………… 1－70
甲申傳信錄十卷……………………… 1－347
甲辰恩科會試同年全錄……………… 2－134
申斗垣校正外科啓玄十二卷………… 1－260
申江百詠二卷………………………… 3－204
申江名勝圖說二卷…………………… 3－173
田家樂寶卷 ………………………… 3－69
田間詩學不分卷……………………… 1－212
田壽蓀行述…………………………… 2－539
由拳集二十三卷……………………… 1－258
冊府元龜一千卷 …………………… 1－14
冊府元龜一千卷目錄十卷 ………… 1－88
冊府元龜一千卷目錄十卷…………… 1－197
冊頁畫………………………………… 1－534
史外八卷……………………………… 1－353
史外八卷 …………………………… 2－62
史外八卷……………………………… 3－166
史存三十卷…………………………… 1－359
史存三十卷…………………………… 1－486
史存三十卷…………………………… 1－488
史存三十卷…………………………… 3－428
史表功比說…………………………… 2－144
史表功比說一卷 …………………… 2－72
史事論十六卷………………………… 2－173
史事論八卷…………………………… 2－425
史忠正公文集四卷附錄二卷 ……… 3－59
史忠正公集四卷首一卷末一卷……… 2－434
史忠正公集四卷首一卷末一卷……… 3－147
史姓韻編二十四卷 ………………… 2－91
史姓韻編六十四卷…………………… 1－351
史姓韻編六十四卷…………………… 3－362
史記一百三十卷 …………………… 1－69
史記一百三十卷……………………… 1－128
史記一百三十卷……………………… 1－359
史記一百三十卷……………………… 1－471
史記一百三十卷……………………… 1－484
史記一百三十卷……………………… 1－486
史記一百三十卷 …………………… 2－87
史記一百三十卷……………………… 2－167
史記一百三十卷……………………… 3－321
史記一百三十卷……………………… 3－341
史記一百三十卷……………………… 3－341
史記一百三十卷……………………… 3－443
史記一百三十卷首一卷……………… 1－127
史記天官書補目……………………… 2－144
史記毛本正誤………………………… 2－144
史記月表正譌………………………… 2－144
史記正譌……………………………… 2－143
史記志疑三十六卷…………………… 1－488
史記志疑三十六卷…………………… 3－313
史記抄九十一卷首一卷 …………… 1－72
史記注補正…………………………… 2－143
史記索隱三十卷 …………………… 2－64
史記索隱三十卷……………………… 2－142
史記菁華錄 ………………………… 2－99
史記菁華錄六卷……………………… 1－484
史記菁華錄六卷 …………………… 2－80
史記菁華錄六卷 …………………… 2－96
史記菁華錄六卷 …………………… 2－96
史記菁華錄六卷……………………… 3－323
史記探源八卷………………………… 1－487
史記探源八卷………………………… 2－143
史記探源八卷………………………… 2－143
史記集解索隱正義合刻一百三十卷
…………………………………… 1－351
史記集解索隱正義合刻本一百三十
卷………………………………… 2－165
史記鈔九十一卷……………………… 1－305
史記鈔四卷…………………………… 1－133
史記鈔四卷 ………………………… 2－83

史記論文一百三十卷…………………… 1－125
史記論文一百三十卷…………………… 2－158
史記辨證十卷…………………………… 1－486
史記纂二十四卷 ……………………… 1－71
史案二十卷……………………………… 2－105
史通削繁四卷…………………………… 1－491
史通削繁四卷…………………………… 1－499
史通削繁四卷…………………………… 2－102
史通削繁四卷 ………………………… 3－31
史通削繁四卷…………………………… 3－320
史通訓故補二十卷 …………………… 1－75
史通通釋二十卷………………………… 1－489
史通通釋二十卷………………………… 2－104
史通通釋二十卷………………………… 2－128
史通通釋二十卷附錄一卷……………… 1－122
史通通釋二十卷附錄一卷……………… 3－389
史梅叔詩選十二卷……………………… 2－322
史略八十七卷…………………………… 1－480
史腴二卷 ……………………………… 3－90
史傳三編 ……………………………… 2－68
史漢合編題評八十八卷附錄四卷 …… 1－74
史漢駢枝………………………………… 2－143
史餘二十卷……………………………… 3－258
史餘萃覽四卷…………………………… 2－515
史餘萃覽四卷勝國文徵四卷…………… 1－425
史論存稿………………………………… 2－104
史緯三百三十卷首一卷 ……………… 2－92
史學小叢書……………………………… 3－386
史學提要輯注四卷……………………… 3－154
史學叢書四十二種……………………… 3－370
史闕十四卷……………………………… 1－486
史鑑節要便讀六卷 …………………… 2－68
史鑑節要便讀六卷 …………………… 2－71
史鑑節要便讀六卷 …………………… 2－75
史鑑節要便讀六卷……………………… 2－143
央掘魔羅經四卷………………………… 1－181
只且園詩存二卷………………………… 3－164
另有一種情不分卷……………………… 3－476
四十賢人集 …………………………… 3－81
四大奇書第一種一百二十回…………… 3－478
四大奇書第一種十九卷一百二十回
　首一卷………………………………… 1－400
四大奇書第一種六十卷一百二十回
　………………………………………… 3－478
四川全省地理鄉土風俗志……………… 2－133
四川官運鹽案類編九十卷首一卷…… 3－426
［嘉慶］四川通志二百〇四卷首二十
　二卷…………………………………… 2－178
四川通省警察局章程…………………… 2－113
四川鄉試同年齒錄（光緒八年） ……… 3－7
四川鄉試闈墨光緒辛卯科……………… 3－123
四川開辦警察章程 …………………… 2－98
［光緒］四川新設爐霍屯志略 ……… 2－522
四川說唱本……………………………… 3－228
四川鹽法志四十卷首一卷……………… 1－502
四川鹽法志四十卷首一卷……………… 3－428
四子棋譜二卷…………………………… 2－266
四子譜二卷……………………………… 2－283
四元玉鑑三卷首一卷…………………… 2－267
四元玉鑑細草…………………………… 1－509
四元消法易簡草四卷首一卷末一卷
　………………………………………… 3－430
四友堂里言十二折……………………… 3－473
四友遺詩………………………………… 2－519
四友遺詩十三卷………………………… 3－156
四中閣詩鈔二卷………………………… 3－135
四分比丘尼羯磨法一卷………………… 1－187
四分戒本如釋十二卷附攝頌戒相圖
　………………………………………… 1－175
四分戒本如釋十二卷附攝頌戒相圖
　一卷…………………………………… 1－191
四分戒本便學摭畧記三卷……………… 2－199
四分律藏六十卷………………………… 1－323
四分僧羯磨五卷………………………… 1－148
四分僧羯磨五卷………………………… 1－187
四六初徵二十卷………………………… 3－504
四六法海十二卷………………………… 1－225
四六法海十二卷………………………… 1－227
四六法海十二卷………………………… 1－238
四六叢話二十三卷附選詩叢話一卷
　………………………………………… 1－437

四六叢話三十二卷 …………………… 1－541
四六叢話三十三卷 …………………… 2－443
四六叢話三十三卷 …………………… 3－309
四本簡要四卷 ………………………… 3－521
四本簡要四卷 ………………………… 3－522
四史朔閏攷二卷 ……………………… 2－157
四史發伏十卷 ………………………… 3－155
四史鴻裁四十卷 ……………………… 1－322
四印齋所刻詞 ………………………… 1－537
四印齋所刻詞十六種四十二卷 ……… 1－413
四百三十二峰草堂印章浚縣衙齋二
　十四詠印章 ………………………… 2－310
四百三十二峰草堂詩 ………………… 3－116
四言脈訣 ……………………………… 2－315
四松草堂詩略二卷 …………………… 3－133
四松草堂詩略四卷 …………………… 2－456
四松草堂詩略四卷 …………………… 3－61
四松草堂詩鈔四卷 …………………… 3－339
四述奇十六卷 ………………………… 1－362
四奇合璧 ……………………………… 3－332
四明文獻集五卷 ……………………… 1－45
四明古蹟詩四卷 ……………………… 3－233
四明四友詩六卷 ……………………… 1－311
四明它山水利備覽二卷首一卷 ……… 3－33
［寶慶］四明志二十一卷 …………… 1－366
［寶慶］四明志二十一卷 …………… 2－54
［寶慶］四明志二十一卷首一卷 …… 3－32
［延祐］四明志二十卷首二卷 ……… 3－32
［咸豐］四明志校勘記九卷 ………… 3－32
四明近體樂府 ………………………… 3－12
四明忠孝節義傳圖 …………………… 3－90
四明萬季野先生新樂府詞二卷 ……… 2－486
［乾道］四明圖經十二卷首一卷 …… 3－32
四明談助四十六卷 …………………… 1－310
［開慶］四明續志十二卷 …………… 3－32
［至正］四明續志十二卷 …………… 3－33
四忠遺集 ……………………………… 3－93
四念處四卷 …………………………… 1－189
四念處四卷 …………………………… 2－247
四注悟真篇 …………………………… 1－531
四香緣 ………………………………… 3－102
四香緣彈詞三十二回 ………………… 2－515
四香緣彈詞四卷三十二回 …………… 1－407
四段下南唐八出 ……………………… 3－457
四音釋義十二集 ……………………… 1－339
四洪年譜四種 ………………………… 3－243
四神志略 ……………………………… 2－59
四郡驪唱集 …………………………… 3－93
四馬齋文集八卷四馬齋詩集六卷 …… 1－33
四時病機十四卷 ……………………… 3－226
四時病機十四卷女科歌訣六卷 ……… 3－116
四秘全書十二種 ……………………… 2－2
四秘全書十二種 ……………………… 3－343
四庫全書排架目錄不分卷 …………… 1－5
四庫全書敘 …………………………… 2－72
四庫全書敘 …………………………… 2－158
四庫全書敘 …………………………… 2－158
四庫全書總目二百卷首一卷 ………… 2－71
四庫全書總目提要二百卷 …………… 2－158
四庫全書總目提要二百卷首一卷 …… 1－505
四庫全書總目提要二百卷首一卷 …… 2－71
四庫全書簡明目錄 …………………… 2－312
四庫全書簡明目錄二十卷 …………… 2－8
四庫書目略二十卷 …………………… 1－354
四庫書目略二十卷 …………………… 2－71
四庫書目略二十卷附錄一卷 ………… 1－466
四庫書目略二十卷附錄一卷 ………… 1－504
四庫簡明目錄標注二十卷 …………… 1－354
四庫簡明目錄標注二十卷 …………… 1－467
四庫簡明目錄標注二十卷 …………… 2－131
四庫簡明目錄標注二十卷 …………… 2－184
四益因緣 ……………………………… 2－290
四益館經學叢書五種 ………………… 1－344
四海昇平 ……………………………… 3－452
四海昇平 ……………………………… 3－456
四家詠史樂府 ………………………… 3－128
四家賦鈔 ……………………………… 2－367
四家賦鈔 ……………………………… 3－79
四家纂文敘錄彙編四卷附錄一卷 …… 2－432
四書 …………………………………… 1－456
四書 …………………………………… 2－196
四書 …………………………………… 2－202

四書一貫講 …… 2－298
四書人物備考十二卷 …… 2－258
四書人物備考十二卷 …… 2－260
四書人物備考十二卷圖一卷 …… 2－201
四書人物類典十八卷 …… 2－295
四書大全四十二卷附錄一卷 …… 1－144
四書大全摘要二十卷 …… 1－143
四書大全摘要四種 …… 2－260
四書小參 …… 2－217
四書五經合刊 …… 2－14
四書五經合刻 …… 2－30
四書五經合刻 …… 2－30
四書五經類典集成三十四卷 …… 2－309
四書不二字 …… 2－51
四書不二字 …… 3－300
四書反身錄八卷 …… 2－11
四書反身錄八卷 …… 2－208
四書反身錄八卷 …… 2－291
四書反身錄八卷 …… 2－298
四書反身錄八卷 …… 3－146
四書反身錄八卷 …… 3－360
四書正本七卷 …… 1－463
四書古人典林十二卷 …… 2－207
四書古注群義彙解九種 …… 2－305
四書左國彙纂四卷 …… 1－145
四書左國彙纂四卷 …… 1－199
四書白文十九卷 …… 2－308
四書考異七十二卷 …… 1－65
四書考異七十二卷 …… 1－143
四書考輯要二十卷 …… 1－142
四書地理攷十五卷 …… 1－459
四書朱子本義匯參 …… 1－202
四書朱子本義匯參 …… 2－298
四書朱子本義匯參四十三卷首四卷 …… 1－143
四書字解 …… 3－526
四書改錯二十二卷 …… 2－202
四書述十九卷 …… 1－107
四書事類典賦二十四卷 …… 2－297
四書味根錄 …… 2－265
四書味根錄三十七卷 …… 2－304
四書味根錄三十七卷 …… 2－305
四書典林三十卷 …… 1－199
四書典制類聯音注 …… 2－295
四書典故辨正二十卷 …… 1－461
四書典故覈 …… 1－462
四書拾遺九卷首一卷 …… 1－139
四書便蒙 …… 2－11
四書便蒙 …… 2－203
四書恆解 …… 2－308
四書訓義三十六卷 …… 1－340
四書益智錄二十卷 …… 1－461
四書益智錄二十卷 …… 1－461
四書逸箋六卷 …… 3－219
四書章句 …… 2－296
四書章句便蒙 …… 2－297
［四書章句集注］二十六卷 …… 1－108
四書策問論疏詩題 …… 1－341
四書備旨十卷 …… 3－375
四書集字音義辨 …… 3－292
四書集字音義辯十九卷 …… 2－44
四書集注 …… 1－306
四書集注 …… 2－199
四書集注 …… 2－268
四書集注 …… 2－268
四書集注 …… 2－279
四書集注 …… 2－296
四書集注二十六卷 …… 1－63
四書集注二十六卷 …… 2－297
四書集注十八卷 …… 1－341
四書集注十九卷 …… 1－199
四書集注十九卷 …… 2－308
四書集注正蒙 …… 2－204
四書集注直解二十七卷 …… 2－253
四書集注直解二十七卷 …… 2－259
四書集注直解說約二十七卷 …… 2－253
四書集注講義 …… 2－204
四書集注闡微直解 …… 2－266
四書集注闡微直解二十七卷 …… 3－423
四書集益 …… 1－143
四書集註 …… 1－459
四書集註 …… 1－460

四書集註……………………………… 2－207
四書集註……………………………… 3－525
四書集註……………………………… 3－525
四書集註二十卷…………………………… 1－2
四書集註直解…………………………… 1－460
四書集註直解說約二十七卷 ………… 2－15
四書集註直解說約二十七卷………… 2－201
四書集註直解說約二十七卷………… 2－202
四書集註闡微直解二十七卷………… 2－299
四書集註闡微直解二十七卷………… 2－299
四書補注備旨十卷……………………… 2－288
四書補注備旨附考……………………… 2－259
四書補注備旨附考十卷………………… 2－309
四書解義不分卷………………………… 1－197
四書解義不分卷………………………… 1－198
四書詩………………………………… 3－304
四書經史摘證七卷……………………… 1－397
四書經史摘證七卷……………………… 2－279
四書經史摘證七卷……………………… 2－288
四書經史摘證七卷……………………… 3－344
四書摭餘說七卷………………………… 2－201
四書劄記不分卷 ……………………… 1－66
四書說約……………………………… 2－318
四書說略不分卷………………………… 3－408
四書翼注論三十八卷…………………… 2－288
四書題鏡……………………………… 1－197
四書題鏡……………………………… 2－284
四書題鏡……………………………… 2－305
四書題鏡……………………………… 2－306
四書釋文二十卷………………………… 2－299
四書釋地一卷續一卷又續一卷三續
一卷附孟子生卒年月考一卷……… 1－115
四書釋地一卷續一卷又續一卷三續
一卷孟子生卒年月考一卷………… 1－141
四書釋地一卷續一卷又續一卷三續
一卷孟子生卒年月考一卷………… 1－141
四書釋地又續補………………………… 2－311
四書釋地補一卷………………………… 3－357
四書釋地補一卷續補一卷二續補一
卷三續補一卷……………………… 1－462
四書釋地補一卷續補一卷又續補二
卷三續補二卷……………………… 2－201
四書釋地續補…………………………… 2－311
四書體注……………………………… 2－252
四書讀本十九卷………………………… 3－409
四焉齋文集八卷詩集六卷……………… 1－236
四教考略……………………………… 2－249
四教義………………………………… 2－249
四雪草堂重訂通俗隋唐演義二十卷
一百回 ……………………………… 1－11
四雪草堂重訂通俗隋唐演義二十卷
一百回……………………………… 3－337
四雪草堂重訂通俗隋唐演義二十卷
一百回……………………………… 3－479
四喜記二卷四十二出…………………… 3－461
四喜寶卷……………………………… 2－498
四喜寶卷 …………………………… 3－64
四喜寶卷 …………………………… 3－66
四雲亭新書全傳………………………… 3－285
四衆弟子淨土詩………………………… 2－227
四爲堂焚餘草二卷附一卷……………… 2－456
四遊記………………………………… 1－368
四遊記十四卷…………………………… 1－372
四童子三昧經三卷……………………… 2－248
四夢彙談四卷…………………………… 2－516
四夢彙談四卷…………………………… 2－537
四夢彙談四卷…………………………… 3－118
四照堂詩集十五卷……………………… 2－501
四愁吟樂府一卷………………………… 2－482
四會守城紀略一卷……………………… 3－330
四裔編年表……………………………… 2－160
四裔編年表四卷………………………… 1－345
四裔編年表四卷………………………… 2－133
四裔續年表 …………………………… 2－72
四溟山人集十卷………………………… 2－349
四溟瑣記十二卷………………………… 3－110
四經同卷……………………………… 1－151
四經同卷……………………………… 1－152
四經同卷……………………………… 1－154
四經同卷四種…………………………… 1－147
四經圖表不分卷 ……………………… 1－66

四種遺規 …………………………… 2－260
四銅鼓齋論畫集刻 …………………… 1－511
四銅鼓齋論畫集刻 …………………… 1－512
四銅鼓齋論畫集刻 …………………… 1－527
四銅鼓齋論畫集刻 …………………… 1－527
四賢記二卷三十八出 ………………… 3－461
四賦體裁箋註十二卷 ………………… 1－314
四憶堂詩集六卷 ……………………… 1－40
四憶堂詩集六卷首一卷 ……………… 1－254
四憶堂詩集六卷首一卷 ……………… 1－268
四憶堂詩集六卷遺稿一卷 …………… 1－210
四憶堂詩集六卷遺稿一卷 …………… 1－278
[四禪師語録] ……………………… 3－215
四聲易知録四卷 ……………………… 1－341
四聲猿四卷 …………………………… 1－317
四聲猿四種 …………………………… 3－475
四禮疑三卷四禮翼七卷痧科一卷 …… 1－111
四禮疑五卷 …………………………… 1－193
四禮翼 ………………………………… 2－10
四禮翼 ………………………………… 3－210
四禮翼 ………………………………… 3－213
四禮翼一卷 …………………………… 2－48
四禮翼八卷 …………………………… 1－193
四體合璧文鑑三十二卷總綱八卷 …… 3－520
四體合璧文鑑三十二卷總綱八卷目録一卷 ………………………………… 3－520
四體合璧文鑑三十二卷總綱八卷目録一卷 ………………………………… 3－522
生生四諦一卷 ………………………… 1－305
生利分利之别論不分卷 ……………… 3－386
生佛碑傳奇十二出 …………………… 3－472
生香書屋文集四卷詩集七卷思光集一卷 ………………………………… 3－133
生氣千秋集三卷 ……………………… 2－365
矢音集四卷 …………………………… 1－226
矢音集四卷 …………………………… 1－273
乍浦集詠十六卷 ……………………… 1－424
丘文莊公集十卷 ……………………… 1－36
仕隱圖題詞木犀香館詩草都門唱和詩 ………………………………… 1－414
[光緒]代州志十二卷首一卷 ……… 3－166
代形合參三卷 ………………………… 2－290
代耕堂叢刊 …………………………… 3－101
代微積拾級十八卷 …………………… 2－200
代數通藝録十六卷 …………………… 2－205
代數問答 ……………………………… 3－325
代數術二十五卷 ……………………… 1－394
代數術二十五卷 ……………………… 2－204
代數備旨 ……………………………… 1－523
代數備旨 ……………………………… 2－297
代數須知 ……………………………… 2－265
代數歎子弟書 ………………………… 3－514
代數難題解法十六卷 ………………… 2－234
代數難題解法十六卷 ………………… 2－292
代檀集二卷 …………………………… 2－460
仙卜奇緣全傳四十回 ………………… 3－283
仙心閣集詩鈔八卷 …………………… 2－480
仙佛合宗語録 ………………………… 2－244
仙佛合宗語録不分卷 ………………… 3－374
仙佛奇蹤八卷 ………………………… 1－261
仙音宗旨 ……………………………… 3－466
仙姬送子 ……………………………… 3－52
[乾隆]仙遊縣志五十三卷首一卷 … 2－470
仙盤真經一卷 ………………………… 3－493
仙機武庫八集 ………………………… 1－257
仙蹟遺編 ……………………………… 3－91
仙鶴配三出盤天河三出 ……………… 3－50
白下愚園集八卷 ……………………… 2－417
白下瑣言三卷 ………………………… 3－306
[道光]白山司志十八卷 …………… 3－272
白山詞介五卷 ………………………… 2－470
白山詞介五卷 ………………………… 2－493
白山詞介五卷 ………………………… 3－143
白氏諷諫 ……………………………… 1－366
白氏諷諫集 …………………………… 3－191
白水紀勝二卷首一卷 ………………… 2－380
白玉燕寶卷 …………………………… 3－63
白玉燕寶卷 …………………………… 3－66
白玉燕寶卷 …………………………… 3－68
白石詞一卷 …………………………… 1－246
白石道人四種 ………………………… 3－94
白石道人詩集二卷 …………………… 2－352

白石道人詩集二卷集外詩一卷附錄
諸賢酬贈詩一卷 …………………… 1－329
白石道人詩集二卷集外詩一卷詩附
錄一卷歌曲四卷歌曲別集一卷 …… 2－436
白石道人歌曲四卷別集一卷 ………… 3－438
白石樵真稿二十四卷 ………………… 1－257
白田草堂存稿二十四卷附崇祀鄉賢
錄一卷行狀一卷 …………………… 1－257
白田草堂存稿二十四卷附錄二卷 ……… 1－8
白田風雅二十四卷 …………………… 2－405
白田風雅二十四卷 …………………… 3－100
白田風雅二十四卷首一卷 ………… 3－84
白圭志十六回 ………………………… 1－370
白圭志四卷 …………………………… 2－360
白圭堂詩鈔八卷續鈔六卷 ………… 3－286
白圭堂詩鈔六卷續鈔六卷 ………… 2－500
白光明禪師語錄五卷 ………………… 2－205
白竹君不分卷 ………………………… 3－342
白衣寶卷 ……………………………… 3－72
白芙堂算學叢書 ……………………… 1－508
白芙堂算學叢書 ……………………… 1－508
白牡丹傳八卷 ………………………… 2－526
白谷山人詩鈔二卷 …………………… 2－345
白沙子古詩教解二卷 ………………… 1－239
白沙子全集十卷首一卷末一卷 ……… 1－209
白沙子全集六卷首一卷附錄一卷 …… 1－216
白沙子全集六卷首一卷附錄一卷 …… 1－235
白社詩草一卷 ………………………… 1－99
白茅堂集四十六卷 …………………… 1－233
白茅堂集四十六卷附耳提錄一卷 …… 1－219
白茅堂集四十六卷附耳提錄一卷 …… 1－285
白茅堂集四十六卷附耳提錄一卷 …… 3－353
白雨湖莊詩鈔四卷 …………………… 3－245
白雨齋詞話 …………………………… 2－473
白虎通四卷 …………………………… 1－108
白虎通四卷 …………………………… 2－306
白虎通校勘補遺 ……………………… 1－108
白虎通疏證十二卷 …………………… 1－463
白虎通疏證十二卷 …………………… 1－514
白虎通疏證十二卷 …………………… 2－13
白虎通義四卷 ………………………… 2－47
白虎通德論二卷 ……………………… 1－66
白虎通德論二卷 ……………………… 1－111
白虎通德論四卷 ……………………… 1－63
白虎通德論四卷 ……………………… 2－13
白虎通德論四卷 ……………………… 2－45
白虎通德論四卷 ……………………… 3－433
白虎通闕文 …………………………… 1－108
白門新柳記 …………………………… 2－76
白門新柳記一卷附記一卷 …………… 3－505
白門新柳記一卷首一卷 ……………… 3－331
白兔記 ………………………………… 2－514
白兔記二卷三十二出 ………………… 1－233
白兔記二卷三十二出 ………………… 3－462
白兔記二卷三十三出 ………………… 3－513
白兔記寶卷 …………………………… 3－65
白奋山人年譜一卷 …………………… 3－118
白香山年譜一卷 ……………………… 1－101
白香山年譜一卷 ……………………… 1－228
白香山年譜一卷 ……………………… 1－230
白香山詩長慶集二十卷後集十七卷
別集一卷補遺二卷 ………………… 1－101
白香山詩長慶集二十卷後集十七卷
別集一卷補遺二卷 ………………… 1－103
白香山詩長慶集二十卷後集十七卷
別集一卷補遺二卷 ………………… 1－204
白香山詩長慶集二十卷後集十七卷
別集一卷補遺二卷 ………………… 1－228
白香山詩長慶集二十卷後集十七卷
別集一卷補遺二卷 ………………… 1－230
白香亭詩集三卷 ……………………… 2－334
白帝城子弟書一回 …………………… 3－465
白眉故事 ……………………………… 2－361
白華山人詩集十六卷 ………………… 3－107
白華後稿四十卷 ……………………… 3－201
白華前稿六十卷 ……………………… 1－287
白華絳柎閣詩 ………………………… 3－107
白華絳柎閣詩十二卷 ………………… 2－423
白華絳柎閣詩十卷 …………………… 2－392
白華樓詩鈔四卷 ……………………… 2－410
白華樓詩鈔四卷 ……………………… 3－83
白華樓詩鈔四卷 ……………………… 3－193

白華樓詩鈔四卷焚餘稿一卷………… 2－371
白華樓藏稿十一卷續稿十五卷……… 1－235
白雪齋選訂樂府吳騷合編四卷衡曲
　麈譚一卷 ……………………………… 1－20
白鹿書院志十九卷…………………… 1－365
白塔信礮章程不分卷………………… 3－421
白雲文集五卷 ………………………… 3－48
白雲仙表……………………………… 2－193
白雲村文集四卷……………………… 1－228
白雲居米帖十二卷…………………… 2－301
白雲香山寶傳………………………… 3－502
白雲香山寶傳二卷…………………… 3－209
白雲越秀二山合志二卷 ……………… 2－58
白雲集七卷補遺一卷………………… 1－294
白喉全生集…………………………… 2－303
白湖詩稿八卷文稿八卷……………… 2－403
白榆集二十八卷……………………… 1－265
白綾記十二部………………………… 1－430
白頭新六折…………………………… 3－226
白嶽盦詩話二卷……………………… 3－409
白獺髓一卷…………………………… 1－287
白鶴山房詩鈔十四卷 ………………… 3－81
白鶴圖寶卷 …………………………… 3－67
白鶴圖寶卷 …………………………… 3－70
白鶴圖寶卷上下 ……………………… 3－70
白鶴寶卷一卷………………………… 3－496
白鷺洲書院志八卷首一卷 …………… 2－60
白鷺灣草堂詩存十二卷……………… 3－148
瓜棚避暑錄…………………………… 2－528
印人傳十五卷………………………… 2－158
印心佛敏訥禪師語録二卷…………… 1－157
印可齋詩……………………………… 2－520
印典八卷 ……………………………… 1－82
印度志………………………………… 2－150
印度志………………………………… 2－150
印度劄記二卷………………………… 2－148
印度國志……………………………… 3－306
印度國志一卷 ………………………… 2－85
印度新志……………………………… 2－150
印度新志……………………………… 2－150
印度新志一卷 ………………………… 2－85
印度劄記二卷………………………… 3－519
印雪軒詩鈔十六卷…………………… 3－105
印雪軒詩鈔十六卷…………………… 3－109
印雪軒隨筆四卷……………………… 1－386
印譜…………………………………… 3－145
句溪雜著六卷………………………… 1－544
句溪雜著六卷………………………… 2－376
句溪雜著六卷………………………… 2－442
句溪雜著四卷………………………… 2－533
句餘土音三卷………………………… 1－434
句餘土音三卷全謝山先生遺詩一卷
　……………………………………… 3－436
外治素世方初編四卷………………… 2－272
外城巡警廳區處所職員住址冊……… 3－538
外科大成四卷………………………… 1－300
外科心法七卷………………………… 1－255
外科正宗十二卷……………………… 2－188
外科正宗十二卷……………………… 2－208
外科正宗十二卷……………………… 2－272
外科正宗十二卷……………………… 2－272
外科百效全書四卷…………………… 1－521
外科明隱集四卷醫案錄匯二卷……… 2－204
外科症治全生集四卷………………… 3－153
外科症治全生集四卷………………… 3－205
外科病名畫冊六幀…………………… 1－299
外科證治全生………………………… 2－188
外科證治全生………………………… 2－208
外科證治全生………………………… 2－273
外科證治全生………………………… 3－195
外科證治全生二卷…………………… 2－269
外科證治全生集四卷………………… 3－123
外家紀聞一卷遣戍伊犁日記一卷…… 3－383
外國地理講義三卷…………………… 3－439
外國竹枝詞一卷……………………… 3－410
外國竹枝詞一卷百末詞六卷………… 2－370
外國師船圖表十二卷………………… 2－161
外國師船圖表十二卷………………… 2－255
外國歷史歌…………………………… 3－253
外道問聖大乘法無我義經…………… 1－180
外臺秘要四十卷……………………… 2－272
外臺秘要四十卷……………………… 3－321

外摺簿 …………………………………… 2－108
外證醫案彙編四卷 ……………………… 1－512
外證醫案彙編四卷 ……………………… 2－273
冬日百詠 ………………………………… 3－250
冬心先生三體詩一卷 …………………… 3－351
冬心先生自度曲一卷 …………………… 3－352
冬心先生集六種 ………………………… 1－428
冬心先生集四卷 ………………………… 2－363
冬心先生集四卷 ………………………… 2－363
冬心先生集四卷 ………………………… 2－375
冬心先生集四卷 ………………………… 3－200
冬心先生集四卷 ………………………… 3－352
冬心先生集四卷續集一卷拾遺一卷
三體詩一卷自度曲一卷雜著六卷
隨筆一卷 ………………………………… 2－358
冬心先生雜著一卷 ……………………… 3－352
冬心先生續集不分卷 …………………… 3－352
冬心集拾遺不分卷 ……………………… 3－352
冬生艸堂詩文錄詩八卷文四卷 ……… 2－409
冬花庵燼餘稿三卷 ……………………… 2－382
冬花庵燼餘稿三卷 ……………………… 3－353
冬青樹二卷三十八出 …………………… 3－124
冬青館甲集六卷乙集八卷 ……………… 2－404
冬巢詩集四卷 …………………………… 3－97
冬暄草堂遺詩二卷 ……………………… 2－435
冬暄草堂遺詩二卷 ……………………… 3－58
冬暄草堂遺詩二卷 ……………………… 3－353
冬暄草堂遺詩二卷 ……………………… 3－419
冬榮室詩鈔 ……………………………… 3－233
包公案[鼓詞] …………………………… 1－51
包公無頭案經卷一卷 …………………… 3－495
主要果樹剪定整枝圖解 ………………… 3－236
市隱書屋文稿十一卷詩稿七卷卮言
一卷 ……………………………………… 2－474
立雪齋琴譜二卷 ………………………… 3－134
立齋遺詩六卷附錄一卷 ………………… 3－181
立願寶卷 ………………………………… 2－498
立願寶卷 ………………………………… 3－113
玄水禪師語録不分卷 …………………… 1－301
玄白詩草八卷 …………………………… 2－342
玄白詩稿八卷 …………………………… 3－75
玄玄碁經不分卷 ………………………… 1－285
玄抄類摘六卷 …………………………… 1－275
半厂叢書 ………………………………… 2－1
半厂叢書初編殘八種七十二卷 ……… 2－467
半日閒齋詩存 …………………………… 3－172
半可集一卷 ……………………………… 2－471
半可集四卷 ……………………………… 1－540
半可集四卷 ……………………………… 2－417
半行庵詩存稿八卷 ……………………… 3－91
半行庵詩存稿八卷 ……………………… 3－154
半村草堂遺集賦鈔二卷 ………………… 3－156
半舫印存 ………………………………… 1－526
半畝園叢書四種 ………………………… 2－464
半野草堂詩集十七卷 …………………… 2－502
半塘丁稿 ………………………………… 2－523
半塘丁稿鶩翁集 ………………………… 3－144
半塘定稿二卷賸稿一卷 ………………… 2－523
半農先生春秋說十五卷 ………………… 1－64
半農先生禮說十四卷 …………………… 1－455
半解集詩選 ……………………………… 3－239
半隱先生花甲紀略 ……………………… 3－14
半螺龕詩存二編 ………………………… 2－326
半巖廬日記五卷 ………………………… 3－202
半巖廬遺集 ……………………………… 2－441
半巖廬遺集 ……………………………… 2－525
半巖廬遺集二卷 ………………………… 2－420
[乾隆]汀州府志四十五卷 ……………… 3－282
穴譜大全圖 ……………………………… 3－138
[康熙]永平府志二十四卷 ……………… 3－32
[光緒]永平府志七十二卷首一卷末
一卷 ……………………………………… 3－270
[光緒]永平府志七十二卷首一卷末
一卷 ……………………………………… 3－360
永平詩存二十四卷 ……………………… 2－415
[光緒]永年縣誌四十卷首一卷 ……… 2－179
[光緒]永年縣誌四十卷首一卷 ……… 3－374
[光緒]永昌府志六十六卷首一卷 … 3－162
永明禪師念佛訣 ………………………… 2－227
永定河志三十二卷 ……………………… 3－542
永定河續志十六卷 ……………………… 3－541
永春亭做法 ……………………………… 3－317

永思錄一卷 …… 1－280
永息教策案不分卷 …… 3－382
永康太平呂氏世德源流集三卷 …… 2－173
永清文徵五卷 …… 1－136
永清文徵五卷 …… 1－208
永清庚辛紀畧 …… 2－497
[乾隆]永清縣志十卷 …… 1－136
[乾隆]永清縣志十卷 …… 2－185
[乾隆]永清縣志十卷永清文徵五卷 …… 1－282
永嘉先生八面鋒十三卷 …… 2－315
永嘉真覺大師證道歌 …… 2－228
永嘉真覺大師證道歌 …… 3－375
永嘉聞見錄二卷 …… 2－271
[光緒]永嘉縣志三十八卷首一卷 …… 3－140
永嘉禪宗集二卷 …… 2－247
永嘉禪宗集注二卷 …… 2－242
永嘉叢書 …… 2－461
永嘉叢書十二種 …… 2－6
永團圓 …… 2－528
永團圓 …… 2－528
永團圓 …… 2－528
永寧祇謁筆記 …… 3－533
永慶昇平後傳十二卷 …… 3－285
永慶昇平前傳十二卷 …… 3－285
永濟融禪師住關東廣寧普慈寺語錄二卷 …… 1－155
[光緒]永濟縣誌二十四卷 …… 3－278
永覺和尚洞上古轍二卷 …… 2－244
永覺和尚洞上古轍二卷 …… 2－244
永覺和尚洞上古轍二卷家言一卷續寱言一卷 …… 2－228
永覺和尚廣録三十卷 …… 1－169
司牧寶鑑一卷 …… 3－398
司命錫禧 …… 3－456
司法統計表式解說二卷 …… 2－118
司空表聖文集十卷 …… 2－444
司馬氏書儀十卷 …… 1－133
司馬氏書儀十卷 …… 1－300
司馬氏書儀十卷 …… 2－60
司馬氏書儀十卷 …… 2－169
司馬文正公集八十二卷首一卷目錄二卷 …… 1－213
司馬文正公集八十二卷首一卷目錄二卷 …… 3－428
司馬文正公傳家集八十卷目錄二卷 …… 1－255
司馬文正公傳家集八十卷目錄二卷附錄一卷 …… 1－28
司馬文正公傳家集八十卷目錄二卷附錄一卷年譜一卷 …… 1－218
司馬文正公傳家集八十卷首一卷附錄一卷年譜一卷 …… 2－448
司馬長卿集一卷 …… 3－357
司馬温公文集 …… 2－441
司馬温公文集八十二卷 …… 2－330
司馬温公集八十二卷首一卷 …… 1－244
司馬温公稽古錄二十卷 …… 1－69
司馬温公稽古錄二十卷 …… 1－76
尼祿海戰史二編 …… 3－397
民事刑事訴訟法 …… 2－127
民事刑事訴訟法 …… 2－127
民事訴訟法草案 …… 2－121
民政部奏定部廳官制章程 …… 2－114
民謠六首 …… 3－515
弗告堂集二十六卷 …… 1－40
弘正四傑詩集 …… 1－543
弘正四傑詩集四種 …… 3－358
弘明集 …… 2－213
弘明集十四卷 …… 1－529
弘明集十四卷 …… 2－239
弘明集十四卷 …… 3－322
弘藝錄三十二卷首一卷 …… 1－52
弘簡錄二百五十四卷 …… 1－72
弘簡錄二百五十四卷 …… 1－132
出三藏記集十七卷 …… 3－510
出口程記不分卷 …… 1－267
出山草文五卷詩十二卷 …… 2－478
出山草譜八卷 …… 3－22
出山草譜四卷 …… 3－107
出生菩提心經一卷 …… 1－176
出使英法意比四國日記六卷 …… 1－350

出使英法意比四國日記六卷………… 1－505
出使英法義比四國日記 ……………… 3－15
出家授進近圓羯磨儀範一卷………… 1－160
出塔子弟書二回 ……………………… 3－465
出曜經二十卷………………………… 1－163
奴僕欺主寶卷 ………………………… 3－68
加持天輪燈…………………………… 1－331
皮鹿門所著書十三種………………… 1－442
皮膚新編……………………………… 3－1
皮簧腳本目錄不分卷 ………………… 1－53
台州府瑞巖淨土禪寺方山文寶禪師
　語録………………………………… 1－159
台州叢書……………………………… 2－7
台州叢書七種………………………… 1－445
幼幼集成六卷………………………… 1－523
幼幼集成六卷 ………………………… 3－58
幼科秘書推拿廣意三卷……………… 2－540
幼科醫學指南四卷 …………………… 1－85
幼科釋謎六卷………………………… 1－286
幼科釋謎六卷………………………… 3－195
幼科鐵鏡六卷………………………… 2－197
幼科鐵鏡六卷………………………… 2－273
幼學求源三十三卷首一卷…………… 3－137
幼學故事瓊林四卷…………………… 3－316
幼學故事瓊林四卷首一卷…………… 2－259
幼學衍義三卷………………………… 2－287
幼學堂文稿…………………………… 2－448

六畫

匡喆刻經頌十二卷…………………… 1－342
式叉摩那尼戒本一卷比丘尼戒録…… 1－162
式古訓齋文集二卷…………………… 3－114
式訓堂叢書…………………………… 2－2
式訓堂叢書…………………………… 2－466
刑案匯覽六十卷首一卷末一卷拾遺
　備考一卷續增刑案匯覽十六卷新
　增刑案匯覽十六卷………………… 3－381
刑案匯覽六十卷首一卷末一卷拾遺
　備考一卷續編十六卷 ……………… 2－90
刑案匯覽六十卷首一卷末一卷拾遺
　備考一卷續編十六卷……………… 3－365
刑統賦一卷…………………………… 1－131
刑統賦解二卷………………………… 2－163
邢特進集……………………………… 1－314
［光緒］邢臺縣誌八卷首一卷 ……… 3－373
戎行備攷二卷………………………… 3－220
戎旃遺興草二卷……………………… 3－134
戎旃遺興草二卷……………………… 3－239
迂存遺文二卷 ………………………… 3－74
迂松閣詩鈔十二卷 …………………… 1－49
迂菴語存一卷迂菴箋存一卷………… 2－349
迂齋學古編四卷……………………… 1－228
圭塘倡和詩…………………………… 1－403
圭盦詩錄……………………………… 1－403
圭盦詩錄……………………………… 2－507
圭盦詩錄一卷………………………… 2－415
吉石笙比部審判要略三十則………… 2－183
吉田松陰……………………………… 3－436
吉林外記十卷 ………………………… 2－74
吉林外記十卷 ………………………… 2－95
吉林外記十卷………………………… 2－148
吉林全省自治研究所總章及規則…… 2－116
吉林東甯廳屯墾報告 ………………… 3－14
吉林官運局第一次報告書…………… 3－434
［光緒］吉林通志一百二十二卷 …… 1－466
［光緒］吉林通志一百二十二卷 …… 2－146
吉林農安戊巳政治報告書四卷……… 3－422
吉林調查局文報初編………………… 3－363
［光緒］吉林輿地略二卷 …………… 2－55
吉金志存四卷………………………… 1－497
吉金志存四卷………………………… 3－305
吉金所見錄十六卷首一卷末一卷…… 3－512
吉金所見錄十六卷首末二卷………… 1－495
吉金樂石山房文集二卷詩集二卷…… 3－248
吉金齋古銅印譜六卷………………… 2－160
吉祥兆二卷二十九出………………… 3－446
吉祥花六卷…………………………… 2－526
吉祥花六卷…………………………… 3－284
吉祥喜金剛本續王後分註疏………… 1－306

吉雲草堂集九卷玉雨詞二卷紅亭日
記二卷……………………………… 1－248
吉義高陞寶卷 ………………………… 3－68
吉慶圖一折…………………………… 2－509
吉羅居士印譜………………………… 3－185
考工記要十七卷附圖一卷…………… 2－253
考工記要十七卷圖一卷……………… 1－394
考工記圖二卷 ………………………… 3－38
考功集選四卷………………………… 1－254
考功詞………………………………… 2－438
考古新編……………………………… 1－123
考古質疑六卷………………………… 1－455
考信錄………………………………… 2－186
考訂朱子世家 ………………………… 2－84
考試司機七卷首一卷圖一卷………… 1－388
考試司機三卷首一卷………………… 1－398
考槃室詩草六卷……………………… 3－512
考察各國政治條陳折稿不分卷……… 3－398
考察英國政府答問…………………… 2－121
考察英國議院問答…………………… 2－111
考察英國議院問答六卷……………… 2－126
考察英憲要目答問…………………… 2－106
考察憲政大臣奏考察日本皇室制度
摺……………………………………… 2－117
考察憲政大臣奏攷察日本詔敕制度
片……………………………………… 2－114
考察憲政大臣奏攷察日本詔敕制度
片……………………………………… 2－114
老子一卷……………………………… 2－255
老子約說三篇續篇一篇 ……………… 1－84
老子章義……………………………… 2－293
老子章義二卷………………………… 1－517
老子道德經…………………………… 1－321
老子道德經…………………………… 2－255
老子道德經二卷……………………… 1－117
老子道德經二卷……………………… 3－377
老子道德經解二卷首一卷…………… 1－517
老子道德經解二卷首一卷…………… 2－202
老子解二卷…………………………… 2－205
老子翼三卷…………………………… 1－199
老泉先生全集錄四卷………………… 2－164
老媽回家歎十聲……………………… 3－493
老學後盦自訂詩六卷詞二卷………… 3－275
老學庵筆記二卷……………………… 2－376
老學庵筆記十卷……………………… 3－332
地文學問答…………………………… 2－264
地文學問答…………………………… 2－264
地文學問答…………………………… 3－325
地方自治章程解釋彙鈔……………… 2－115
地方自治淺說五章…………………… 2－124
地形圖志八種………………………… 3－313
地球十五大戰紀十五卷……………… 3－384
地球韻言四卷 ………………………… 2－62
地球韻言四卷………………………… 3－121
地球韻言四卷………………………… 3－127
地理三字經二卷……………………… 1－475
地理三會集三卷……………………… 1－475
地理大成五集 ………………………… 1－68
地理山洋指述四卷…………………… 1－474
地理元宗圖說二卷…………………… 1－474
地理元宗圖說二卷…………………… 2－188
地理五訣八卷 ………………………… 2－63
地理六經注六卷……………………… 1－472
地理六經注六卷……………………… 1－472
地理心法闡微四卷首二卷…………… 1－474
地理末學……………………………… 1－473
地理正宗十二卷……………………… 1－473
地理正宗十二卷……………………… 1－473
地理正義鉛彈子砂水要訣六卷 ……… 1－90
地理四家……………………………… 1－476
地理攷索四卷………………………… 1－478
地理易簡……………………………… 2－287
地理知本金鎖秘二卷………………… 2－288
地理知新錄 …………………………… 1－70
地理指迷臆解四卷…………………… 1－476
地理度金鍼集六卷…………………… 1－474
地理書 ………………………………… 2－63
地理會心集二卷……………………… 1－473
地理圖說八卷………………………… 2－259
地理辨正二卷………………………… 1－120
地理辨正直解五卷…………………… 1－473
地理辨正補證三卷…………………… 1－475

地理辨正疏五卷首末各一卷………… 1－474
地理點穴撼龍經……………………… 1－499
地理講義……………………………… 2－147
地湧金蓮……………………………… 3－452
地獄寶卷 …………………………… 3－71
地獄寶卷……………………………… 3－111
地盤真經一卷………………………… 3－493
地學二卷……………………………… 2－187
地學淺釋……………………………… 2－291
地學淺釋三十八卷…………………… 1－366
地學淺釋三十八卷…………………… 3－368
地藏菩薩本願經三卷………………… 2－229
地藏菩薩本願經三卷………………… 2－250
地藏菩薩本願經開蒙三卷…………… 1－284
地藏菩薩本願懺儀…………………… 2－219
地藏經開蒙品題科判三卷…………… 2－307
地藏寶燈……………………………… 2－250
耳食錄初編十二卷二編八卷………… 1－378
耳郵四卷……………………………… 2－516
耳庵嵩禪師語録……………………… 1－159
芋巖詩鈔……………………………… 3－255
共讀樓書目十卷……………………… 1－468
芝在堂文集十五卷…………………… 1－209
芝城紀略……………………………… 3－267
芝庭先生集十八卷 ………………… 3－59
芝庭先生集十六卷…………………… 2－440
芝庭先生集詩六卷文十二卷附錄一
卷…………………………………… 2－405
芝庭詩稿十六卷……………………… 1－286
芝峰後集四卷 ……………………… 3－95
芝峰後集四卷 ……………………… 3－95
芝塘詩稿十五卷……………………… 2－528
芝隱室續存一卷……………………… 3－412
芝盦記六十一出 …………………… 3－30
芝隱室詩存一卷附存一卷續存一卷
…………………………………… 3－262
芝隱室詩存七卷附存一卷續存一卷
…………………………………… 3－182
芝麓詩鈔三卷………………………… 1－267
芝巖秀禪師語録二卷………………… 1－303
芝龕記六卷六十出…………………… 3－469
芝龕記樂府…………………………… 1－402
芑汀詩草六卷………………………… 3－272
臣鑑錄二十卷 ……………………… 1－76
臣鑑錄二十卷 ……………………… 2－79
吏治三書六卷………………………… 2－155
吏治輯要……………………………… 3－529
吏治輯要一卷………………………… 3－398
吏部銓選滿洲官員品級考三卷……… 3－292
吏皖存牘三卷………………………… 3－369
再生緣二十卷………………………… 2－393
再生緣全傳二十卷…………………… 1－429
再生緣全傳二十卷…………………… 2－391
再生緣全傳二十卷…………………… 2－394
再生緣全傳二十卷…………………… 3－483
再生緣摘錦 ………………………… 3－49
再生緣摘錦 ………………………… 3－49
再造天………………………………… 2－392
再造天………………………………… 2－392
再造天………………………………… 2－392
再造天十六卷………………………… 2－396
再造天十六卷十六回………………… 1－405
再增摭古遺文一卷 ………………… 1－62
再顧枕痕一折………………………… 2－511
再續三十五舉一卷…………………… 2－267
再續兒女英雄傳四卷………………… 3－150
[光緒]再續高郵州志八卷 ………… 3－299
西山先生全集七種…………………… 1－406
西山先生真文忠公文章正宗二十四
卷 ………………………………… 1－99
西山先生真文忠公文章正宗二十四
卷…………………………………… 1－104
西山先生真文忠公文章正宗二十四
卷…………………………………… 1－248
西山先生真文忠公文章正宗二十四
卷…………………………………… 1－275
西山先生真文忠公文章正宗二十四
卷續二十卷………………………… 1－321
西山先生真文忠公全集五十五卷目
錄二卷……………………………… 1－230
西山先生真文忠公集五十五卷年譜
一卷心政二經二卷目錄二卷 ……… 1－57

西山先生真文忠公讀書記四十卷…… 1－194
西山先生真文忠公讀書記四十卷…… 1－231
[乾隆]西山志十二卷 ……………… 1－119
西山紀遊詩………………………… 3－536
西山真文忠公文集五十五卷………… 1－240
西山真文忠公年譜一卷……………… 1－286
西山集……………………………… 2－330
西天目祖山志八卷首一卷末一卷 …… 2－58
西天目祖山志八卷首一卷末一卷 …… 2－62
西比利亞志一卷附新志一卷 ………… 2－85
西方公據二卷……………………… 2－219
西方公據二卷……………………… 2－231
西方合論…………………………… 1－144
西方要決釋疑通規………………… 2－231
西方確指…………………………… 2－212
[光緒]西石城風俗志 ……………… 2－56
[光緒]西石城風俗志 ……………… 3－50
西北文集三卷……………………… 1－540
西北文集四卷 ……………………… 1－40
西北國道路線計畫書附圖………… 2－172
西北邊界圖地名譯漢考證二卷……… 1－362
西北邊界圖地名譯漢考證二卷光緒
勘定西北邊界俄文譯漢圖例言一
卷………………………………… 3－178
西史綱目二十卷…………………… 2－123
西瓜寶卷 ………………………… 3－68
西瓜寶卷…………………………… 3－112
西瓜寶卷…………………………… 3－170
西廵盛典二十四卷首一卷………… 1－320
西江政要一百三十二卷…………… 2－149
西江祝嘏四種……………………… 3－474
西江詩話十二卷 ………………… 1－45
西江詩話十二卷…………………… 1－297
[宣統]西安縣志畧二卷 …………… 2－146
[宣統]西安縣志畧二卷 …………… 2－146
[宣統]西安縣志畧十三卷 ………… 3－376
[宣統]西安縣志畧十三卷 ………… 3－376
西安縣原呈詳細報告冊式………… 3－375
西巡迴鑾始末記…………………… 3－540
西巡迴鑾始末記六卷……………… 2－397
西巡迴鑾始末記六卷……………… 3－307
西巡迴鑾始末記六卷……………… 3－415
西陂類稿三卷……………………… 1－362
西陂類稿五十卷…………………… 1－104
西陂類稿五十卷…………………… 1－414
西青散記二卷 ……………………… 1－17
西青散記八卷……………………… 1－384
西青散記八卷……………………… 1－387
西青散記四卷 ……………………… 1－92
西事類編十六卷…………………… 1－364
西事類編十六卷…………………… 1－385
[嘉慶]西招圖略附圖說 …………… 2－87
西征石城記一卷興復哈密記一卷…… 1－124
西征紀程 ………………………… 3－24
西京雜記一卷……………………… 3－309
西河合集勝朝彤史拾遺記六卷……… 1－121
西河合集經集五十一種二百三十六
卷文集六十六種二百五十七卷 …… 1－48
西河合集經集四十九種文集六十九
種………………………………… 1－105
西泠十二景冊……………………… 2－261
西泠五布衣遺著…………………… 2－333
西泠五布衣遺著…………………… 2－435
西泠消寒集………………………… 3－130
西泠詞萃…………………………… 1－543
西泠話別集………………………… 3－255
西泠閨詠十六卷…………………… 2－530
西泠閨詠十六卷…………………… 3－191
西泠懷古集十卷…………………… 3－171
西垣詩鈔二卷……………………… 3－109
西政叢書 ………………………… 2－90
西政叢書三十一種 ……………… 3－18
西美戰史二卷 …………………… 3－84
西洞庭節孝貞烈志略……………… 3－105
西洋記二卷一百回………………… 1－387
[乾隆]西華縣志十四卷首一卷 …… 1－118
西莊始存稿三十卷附錄一卷……… 1－287
西夏紀事本末……………………… 2－137
西夏紀事本末三十六卷首二卷 …… 2－66
西夏紀事本末三十六卷首二卷 …… 2－88
西夏紀事本末三十六卷首二卷……… 3－305
西夏紀事本末三十六卷首二卷……… 3－371

西夏經義五種…………………………1－458
西圃集十卷…………………………2－443
西圃集十卷…………………………2－482
西圃集四卷…………………………2－323
西笑山房詩鈔九卷…………………3－226
西郭草堂合刊………………………2－5
西陵各陵各園寢廠商報效等工作法
情形表…………………………3－535
西陵各陵隆恩門内要工情形做法錢
糧表…………………………3－535
西陲要略四卷………………………1－472
西陲要略四卷………………………3－225
［乾隆］西陲總統事略十二卷………1－470
［乾隆］西陲總統事略十二卷………1－475
［乾隆］西陲總統事略十二卷………3－2
西域三種……………………………1－469
西域三種……………………………1－472
西域水道記五卷……………………2－134
西域水道記五卷……………………3－385
西域水道記五卷漢書西域轉補注二
卷新疆賦一卷……………………1－526
西域記八卷…………………………1－348
西域聞見錄八卷……………………1－348
西域聞見錄八卷首一卷……………1－67
西域輿地三種彙刻…………………3－17
西域釋地一卷西陲要略四卷………1－474
西菴集九卷…………………………1－262
西堂全集……………………………2－358
西堂全集……………………………2－361
西堂全集十五種五十八卷…………1－405
西堂全集五十六卷…………………1－216
西堂全集六十一卷…………………2－367
西堂剩稿二卷………………………3－295
西堂剩稿西堂秋夢錄………………3－259
西堂集九種…………………………3－208
西堂樂府六種………………………1－20
西堂樂府六種………………………1－21
西堂樂府六種………………………3－339
西堂樂府六種………………………3－472
西堂雜組一集八卷二集八卷三集八
卷…………………………………3－165
西國近事彙編一百〇四卷…………2－122
西國近事彙編二十八卷……………3－431
西國近事彙編三十五卷……………1－353
西國近事彙編三十六卷……………3－428
西國近事彙編戊子四卷……………2－125
西國近事彙編同治癸酉四卷………2－125
西清古鑑四十卷……………………2－192
西清古鑑四十卷錢錄十六卷………1－130
西清古鑑四十卷錢錄十六卷………1－496
西清筆記二卷………………………1－529
西清劄記四卷………………………3－199
西清續鑑二十卷……………………2－157
西清續鑑甲編二十卷附錄一卷……2－192
西崦山房集四卷續集二卷微尚齋詩
初集二卷適齋文集二卷…………3－49
西鄉南洲先生遺訓不分卷…………3－396
西廂記………………………………2－513
西廂記………………………………2－514
西廂記………………………………2－514
西廂記………………………………2－515
西廂記………………………………3－530
西廂記………………………………3－530
西廂記一折…………………………2－509
西廂記一折…………………………2－510
西廂記一折…………………………2－511
西廂記二卷四十出…………………3－459
西廂記十六出………………………3－77
西廂記十六出首一卷………………3－508
西廂記十六折………………………3－279
西廂記八卷…………………………1－382
西廂記八卷…………………………1－384
西廂記八卷…………………………3－187
西廂記八卷末一卷…………………2－426
西廂記五本二十折附對奕一折……3－334
西廂記五卷首一卷末一卷…………3－508
西廂記正本四本續本一本…………3－203
西廂記四卷…………………………3－530
西廂記　荆釵記　牡丹亭還魂記……3－486
西廂記總令二十六出………………3－508
西廂記譜五卷………………………1－23
西廂酒令不分卷……………………1－247

西遊真詮一百回 …………………………… 1－11
西遊真詮一百回 …………………………… 3－481
西遊真詮六卷 ……………………………… 2－401
西遊原旨二十四卷一百回 ………………… 2－403
西遊原旨二十四卷一百回 ………………… 2－403
西遊記一百回 ……………………………… 1－369
西遊記一折 ………………………………… 2－511
西遊記［鼓詞］…………………………… 1－50
西遊記釋喻 ………………………………… 3－481
西遊補十六回 ……………………………… 1－380
西遊詩續稿二卷 …………………………… 2－455
西湖二集三十四卷西湖秋色一卷 ………… 1－8
西湖三祠名賢考略三卷 …………………… 3－154
西湖小史四卷十六回首一卷 ……………… 3－485
西湖竹枝詞一卷 …………………………… 2－474
西湖志四十八卷 …………………………… 1－120
西湖志四十八卷 …………………………… 1－286
西湖志四十八卷 …………………………… 1－365
西湖志四十八卷 …………………………… 1－475
西湖志四十八卷 …………………………… 2－69
西湖志四十八卷 …………………………… 2－149
西湖志四十八卷 …………………………… 3－392
西湖志纂十二卷首一卷 …………………… 1－117
西湖志纂十二卷首一卷末一卷 …………… 1－8
西湖志纂十五卷首一卷 …………………… 1－67
西湖佳話二卷 ……………………………… 3－121
西湖佳話十六卷 …………………………… 1－378
西湖佳話十六卷 …………………………… 3－118
西湖佳話古今遺蹟十六卷 ………………… 2－99
西湖佳話古今遺蹟十六卷 ………………… 2－397
西湖佳話古今遺蹟十六卷 ………………… 2－413
西湖佳話古今遺蹟十六卷［西湖圖
景］一卷 …………………………………… 1－15
西湖金子一卷 ……………………………… 3－499
西湖拾遺四十一卷附一卷 ………………… 2－515
西湖拾遺四十八卷 ………………………… 1－383
西湖拾遺四十五卷 ………………………… 1－386
西湖秋柳詞 ………………………………… 3－272
西湖造遊草 ………………………………… 1－47
西湖扇十六出 ……………………………… 3－449
西湖扇傳奇二卷三十二出 ………………… 3－472
西湖集覽四十五卷 ………………………… 2－364
［萬曆］西湖遊覽志二十四卷志餘二
十六卷 ……………………………………… 1－134
西湖遊覽志二十四卷志餘二十六卷
……………………………………………… 2－149
西湖遊覽志二十四卷志餘二十六卷
……………………………………………… 3－175
西湖賦 ……………………………………… 1－277
西湖緣圖詠四卷 …………………………… 1－429
西湖雜記十種 ……………………………… 3－405
西塘集耆舊續聞十卷 ……………………… 3－122
西電輯要 …………………………………… 3－17
西園記二卷 ………………………………… 1－312
西園詩鈔四卷附文集詩餘 ………………… 3－245
西園詩鈔四卷續鈔四卷 …………………… 3－265
西園遺稿 …………………………………… 1－434
西園藏帖 …………………………………… 1－194
西園瓣香集三卷 …………………………… 3－54
西甃山居殘草 ……………………………… 3－61
西甃殘草 …………………………………… 3－245
西溪百詠 …………………………………… 3－58
西甯軍務節略 ……………………………… 3－21
西臺集二十卷 ……………………………… 2－390
西漢文二十卷東漢文二十卷 ……………… 1－242
西漢文二十卷東漢文二十卷 ……………… 1－324
西漢文鑑二十一卷東漢文鑑二十卷
……………………………………………… 1－320
西漢年紀三十卷 …………………………… 1－346
西漢節義傳論二卷 ………………………… 3－100
西漢節義傳論二卷 ………………………… 3－149
西漢會要七十卷 …………………………… 1－467
西漢會要七十卷 …………………………… 2－69
西漢會要七十卷 …………………………… 2－74
西漢會要七十卷 …………………………… 2－91
西漢會要七十卷 …………………………… 2－168
西漢會要七十卷 …………………………… 3－313
西漢演義八卷 ……………………………… 1－372
西漚外集八卷 ……………………………… 2－500
［同治］西寧縣志十卷首一卷 …………… 2－54
西樓易說 …………………………………… 1－450
西樓易說十八卷 …………………………… 2－20

西樓記一折…………………………… 2－510
西樓記一折…………………………… 2－510
西樓記一折…………………………… 2－510
西樓記一折…………………………… 2－510
西樓記一折…………………………… 2－510
西樓記二卷…………………………… 3－286
西樓記二卷四十出…………………… 3－423
西樓記二卷四十出…………………… 3－461
西樓記二卷四十出…………………… 3－461
西樓記二卷四十出…………………… 3－489
西樓記傳奇 …………………………… 3－29
西調黃鸝詞集抄不分卷 ……………… 1－22
西澗草堂文集四卷…………………… 1－228
西澗草堂集四卷……………………… 1－209
西澗舊廬詩稿四卷 ………………… 3－96
西澗舊廬詩稿四卷…………………… 3－158
西橋王氏家集十卷 ………………… 3－56
西樵白雲洞志五卷…………………… 3－151
西樵遊覽記殘本二卷………………… 3－234
西樵語業一卷………………………… 1－310
西輶日記四卷………………………… 2－148
西磧山房詩文錄四卷 ……………… 3－54
西磧山房詩文錄四卷………………… 3－252
西磧山房詩錄二卷…………………… 2－531
西學考略……………………………… 2－181
西學考略……………………………… 2－181
西學列表二卷………………………… 2－163
西學書目表 ………………………… 2－80
西學書目表…………………………… 2－169
西學書目表三卷附一卷續西學書法
　一卷………………………………… 1－467
西學探源四卷………………………… 1－399
西學富強叢書………………………… 2－5
西學富強叢書八十一種三百九十卷
　……………………………………… 2－462
西諜…………………………………… 2－513
西隱文稿十卷附錄一卷……………… 1－273
西藏小識四卷………………………… 3－109
西藏交涉文牘五卷…………………… 2－477
［乾隆］西藏志不分卷 ……………… 1－68
西藏見聞錄二卷……………………… 3－331
西藏奏案……………………………… 2－477
西藏奏疏十卷碑文一卷首一卷……… 1－472
西藏記………………………………… 2－482
西藏通覽……………………………… 2－151
西藏通覽……………………………… 3－168
西藏圖考八卷………………………… 2－112
西藏圖考八卷首一卷………………… 3－357
西魏書二十四卷 …………………… 1－70
西魏書二十四卷……………………… 1－486
西魏書二十四卷附錄一卷…………… 2－139
西谿梵隱志四卷 …………………… 2－60
西齋偶得三卷附錄一卷 …………… 3－89
西齋集十八卷………………………… 1－234
西齋集十四卷………………………… 2－475
西齋集十卷…………………………… 1－276
西藝知新十二卷……………………… 2－280
西藝知新初集十卷續集十二卷……… 1－393
西藩碧玉帶四卷 …………………… 3－50
西藥大成十卷………………………… 2－268
西藥大成十卷首一卷………………… 1－394
西醫内科全書九卷…………………… 3－418
西醫略論二卷………………………… 2－197
西歸行儀……………………………… 2－226
西歸直指四卷………………………… 2－240
西歸直指四卷………………………… 2－240
西歸直指四卷………………………… 2－240
西歸直指四卷首一卷………………… 2－219
西廬文集四卷………………………… 2－331
西廬文集四卷補錄一卷……………… 3－354
西疆雜述詩 ………………………… 3－18
西巖贅語一卷………………………… 3－243
亙史鈔 ……………………………… 1－69
在山小草詩四卷 …………………… 3－81
在山草堂吟稿六卷…………………… 3－254
在官法戒錄摘鈔四卷………………… 2－233
在官法戒錄摘鈔四卷………………… 3－430
在家律要……………………………… 2－246
在陸草堂文集六卷…………………… 1－259
在陸草堂文集六卷首一卷…………… 3－125
在陸草堂文集六卷首一卷…………… 3－126
在園雜誌四卷………………………… 1－381

在園雜誌四卷…………………………… 3－165
在璞堂續稿不分卷…………………… 1－315
百一山房集十卷……………………… 3－155
百二老人語八卷……………………… 3－523
百二老人語錄八卷…………………… 3－522
百二漢鏡齋秘書四種………………… 3－168
百大家名賢手劄……………………… 2－450
百丈叢林清規證義記九卷…………… 2－201
百丈叢林清規證義說八卷…………… 2－246
百千印陀羅尼經一卷………………… 1－162
百川學海……………………………… 1－446
百川學海一百種……………………… 1－308
百子全書……………………………… 3－425
百子全書零種十七種………………… 1－392
百子金丹七卷………………………… 2－206
百子圖傳奇三十出…………………… 3－448
百尺樓百首詩鈔……………………… 3－245
百末詞六卷…………………………… 1－255
百末詞六卷…………………………… 1－272
百末詞六卷…………………………… 3－208
百末詞六卷…………………………… 3－212
百本張子弟書二十八種……………… 3－464
百老吟………………………………… 3－108
百老吟………………………………… 3－172
百名家詩選八十九卷附御製詩一卷
……………………………………… 1－103
百名家詩選八十九卷附御製詩一卷
……………………………………… 1－238
百孝圖………………………………… 1－498
百花台彈詞四卷……………………… 1－408
百花台寶卷 ………………………… 3－64
百花亭子弟書四回…………………… 3－467
百花亭子弟書四回…………………… 3－467
百花亭四回…………………………… 3－467
百花莊寶卷 ………………………… 3－66
百花夢二卷三十二出………………… 3－468
百花檯寶卷…………………………… 3－112
百花廳寶卷 ………………………… 3－63
百局棋譜八卷………………………… 2－271
百旻遺草一卷………………………… 1－273
百柱堂全集五十二卷首一卷………… 1－537
百柱堂全集五十三卷附錄一卷文一
卷……………………………………… 1－534
百美新詠集…………………………… 2－359
百美新詠圖傳………………………… 1－511
百美新詠圖傳 ……………………… 3－77
百美圖新詠…………………………… 1－416
百美圖新詠…………………………… 1－534
百衲宋本資治通鑑…………………… 3－402
百家姓………………………………… 3－313
百家姓古人名………………………… 2－385
百家姓考畧…………………………… 3－151
百梅新詠……………………………… 3－116
百鳥圖寶卷上下 …………………… 3－69
百將百美合璧印譜…………………… 3－201
百將圖傳……………………………… 2－206
百將圖傳二卷………………………… 1－504
百將圖傳二卷 ……………………… 2－68
百越先賢志四卷 …………………… 2－62
百硯齋硯銘一卷……………………… 1－516
百歲全書二卷………………………… 3－168
百愚斯禪師語録二十卷……………… 1－144
百福駢臻……………………………… 3－455
百塼考二卷…………………………… 1－129
百論二卷……………………………… 2－219
百緣語業……………………………… 1－266
百癡禪師語錄二十八卷……………… 1－140
百寶箱二卷…………………………… 3－278
百寶箱二卷三十二出………………… 3－469
百體千字文…………………………… 3－310
有不爲齋隨筆十卷 ………………… 3－81
有不爲齋隨筆十卷…………………… 3－232
有正味齋尺牘二卷…………………… 1－411
有正味齋律賦詳注二卷試帖詳注四
卷……………………………………… 2－373
有正味齋集十六卷…………………… 3－322
有正味齋詞集八卷…………………… 3－230
有正味齋詞續集二卷外集二卷……… 1－437
有正味齋試帖評注四卷……………… 3－324
有正味齋詩文集詩十六卷又續集八
卷詞八卷續集二卷駢文二十四卷
續集八卷外集五卷又二卷………… 2－364

有正味齋詩集十二卷外集五卷詞集八卷駢文二十四卷 …………………… 3－36
有正味齋駢文箋注十六卷補注一卷 ……………………………………… 2－353
有正味齋駢文箋註十六卷……………… 2－362
有正味齋駢體文二十四卷……………… 2－389
有正味齋駢體文二十四卷……………… 2－389
有正味齋駢體文集二十四卷………… 1－411
有正味齋駢體文箋二十四卷………… 2－355
有正味齋駢體文箋注十六卷………… 2－331
有正味齋續集詩八卷詞二卷外集二卷駢文二卷…………………………… 2－353
有正味齋續集詩八卷詞二卷外集二卷駢文八卷…………………………… 3－323
有正味齋續集詩八卷駢文八卷外集二卷……………………………………… 2－378
有宋高僧傳……………………………… 1－189
有明名賢遺翰…………………………… 3－157
有秋唱和 ……………………………… 3－74
有恆心齋集……………………………… 2－5
有真意齋文集 ………………………… 3－60
有真意齋詩集四卷……………………… 3－157
有益遊戲圖説…………………………… 1－399
有益遊戲圖説…………………………… 1－399
有賀博士日清戰役中之國際法論…… 3－188
有福讀書堂叢刻前編八種十六卷後編八種二十一卷……………………… 2－469
有懷堂文藁二十二卷………………… 1－209
有懷堂詩槁六卷文槁二十二卷……… 1－279
有懷堂詩槁六卷文槁二十二卷……… 1－296
有懷堂詩藁六卷文藁二十二卷 ……… 1－54
有懷堂詩藁六卷文藁二十二卷……… 1－204
而菴説唐詩二十二卷首一卷………… 1－223
存吾春齋詩鈔十二卷文鈔十卷 ……… 3－81
存吾真齋謎稿 ………………………… 3－98
存性編二卷……………………………… 2－310
存研樓文集十六卷……………………… 1－430
存研樓文集十六卷……………………… 2－362
存研樓文集十六卷二集二十五卷 …… 1－49
存素堂文集四卷………………………… 1－325
存素堂文稿四卷補遺一卷…………… 2－344
存素堂全集文稿四卷詩稿十四卷續編(奏疏)四卷壬癸志稿二十八卷年譜二卷………………………… 2－353
存素堂詩初集二十四卷二集八卷…… 1－537
存素堂詩初集錄存二十四卷詩稿一卷二集八卷續集一卷……………… 1－437
存素堂詩初集錄存二十四卷詩稿一卷二集八卷續集一卷年譜一卷…… 3－289
存悔詞…………………………………… 2－522
存悔齋集二十八卷……………………… 2－503
存悔齋集二十八卷外集四卷 ………… 3－31
存雅堂詩存三卷雜著二卷…………… 3－251
存誠堂詩集二十五卷………………… 1－211
存學編二卷……………………………… 2－310
存齋偶編………………………………… 3－9
匠門書屋文集三十卷………………… 1－316
戍疆瑣記………………………………… 3－8
列女傳二卷……………………………… 1－362
列女傳十六卷 ………………………… 1－75
列女傳十六卷 ………………………… 1－78
列子八卷 ……………………………… 1－82
列子八卷 ……………………………… 1－83
列子八卷………………………………… 1－515
列子八卷………………………………… 2－186
列子八卷………………………………… 2－198
列子沖虛真經八卷 …………………… 1－83
列子沖虛真經八卷 …………………… 1－84
列仙冊…………………………………… 3－145
列仙酒牌………………………………… 1－379
列仙酒牌………………………………… 2－302
列仙傳二卷……………………………… 1－348
列仙傳四卷……………………………… 1－367
列仙傳四卷……………………………… 1－529
列仙傳四卷……………………………… 3－288
列仙傳校正本…………………………… 3－149
列仙傳校正本二卷敘讚一卷………… 1－527
列祖提綱錄四十二卷首一卷………… 1－300
列國政要一百三十二卷首一卷……… 1－346
列國政要一百三十二卷首一卷……… 3－438
列國政要一百三十二卷首一卷附譯名對照表一卷……………………… 3－409

列國政要一百三十三卷首一卷 ········ 2－93
列國政要續編九十四卷 ················ 2－149
列國政要續編九十四卷 ················ 2－149
列國政要續編九十四卷首一卷 ········ 2－93
列國政要續編九十四卷首一卷 ········ 3－438
列國陸軍制 ································ 1－394
列國陸軍制 ································ 1－394
列國歲計政要 ····························· 2－156
列朝詩集 ·································· 2－333
列朝詩集六集 ····························· 1－428
成山老人自撰年譜六卷附録一卷 ······ 2－508
成山老人自撰年譜六卷附録一卷 ······ 3－200
成山老人自撰年譜六卷附録一卷 ······ 3－360
成方切用二十六卷 ························ 1－517
[康熙]成安縣誌十二卷 ·············· 3－374
成均課士經古文録 ························ 2－433
成均課士録十六卷 ························ 2－447
成具光明定意經 ·························· 2－228
[嘉慶]成都縣誌六卷 ················ 3－278
成唯識論十卷 ····························· 1－149
成唯識論十卷 ····························· 1－162
成唯識論十卷 ····························· 2－213
成唯識論俗詮十卷 ························ 1－138
成就妙法蓮法經王瑜伽觀智儀軌二
卷 ··· 2－237
成裕堂繪像第七才子書琵琶記六卷
··· 3－301
成裕堂繪像第六才子書八卷 ··········· 3－509
成裕堂繪像第六才子書西廂記八卷
··· 3－129
成實論二十卷 ····························· 3－314
成擒準擬鸞交續十六出 ················· 3－453
扣舷集二卷 ································ 1－266
托孤子弟書二回 ·························· 3－467
夷牢溪廬文鈔六卷 ························ 3－107
夷門廣牘 ·································· 1－18
夷堅志 ····································· 1－533
夷堅志十集 ································ 1－374
夷堅志十集 ································ 2－391
夷堅志五十卷 ····························· 2－283
夷堅志五十卷 ····························· 2－388
攷工記辨證三卷補疏一卷 ·············· 1－457
至正集八十一卷 ·························· 1－405
至正集八十一卷 ·························· 2－336
至美之德 ·································· 2－249
至堂詩鈔六卷 ····························· 2－482
至聖林廟碑目六卷 ······················· 2－89
至聖林廟碑目六卷 ······················· 3－144
至聖實錄十八卷首一卷 ················· 1－516
至德志十卷 ································ 3－185
至寶丸散集十卷 ·························· 3－2
至寶録内外二篇四卷 ···················· 2－306
此木軒雜著八卷 ·························· 3－333
此中人語六卷 ····························· 1－386
此宜閣增訂金批西廂四卷首一卷末
一卷 ······································ 3－295
此宜閣增訂金批西廂四卷首一卷末
一卷 ······································ 3－508
[光緒]光州志十二卷首一卷 ········ 3－141
光亞新稗史 ································ 3－94
光緒二一年分彙題各省節孝人等請
旌原題檔冊 ······························ 2－182
光緒二十八年貽侍郎等辦理墾務並
查辦案 ··································· 2－129
光緒二十九年通商各關華洋貿易總
冊不分卷 ································ 3－385
光緒二十年甲午恩科會試同年齒録
··· 2－503
光緒二十年查辦奏案 ···················· 2－128
光緒二〇年分彙題各省節孝人等請
旌原題檔冊 ······························ 2－182
光緒十七年辛卯科湖北鄉試題名録
··· 2－134
光緒丁酉同年録 ·························· 1－363
光緒三十三年通商各關華洋貿易論
畧不分卷 ································ 3－385
光緒三十四年部庫出入款目表 ········ 3－29
光緒三十四年通商各關華洋貿易論
畧不分卷 ································ 3－385
光緒三十年甲辰恩科會試同年齒録
··· 1－504

光緒三十年通商各關華洋貿易總冊
不分卷……………………………… 3－385
光緒大婚典禮………………………… 3－537
光緒廿八年中外陳奏政治…………… 2－129
光緒戊戌軍機處事由檔錄要………… 3－540
光緒建元以來督撫年表……………… 3－275
光緒奏議 …………………………… 3－18
光緒奏議草稿………………………… 3－1
光緒政要三十四卷…………………… 1－476
光緒政要三十四卷…………………… 1－505
光緒癸巳科科試紅案………………… 2－134
光緒鹿邑縣誌十六卷首一卷………… 1－474
光緒鹿邑縣誌十六卷首一卷………… 1－475
光緒順天府志一百三十卷…………… 2－146
光緒順天府志一百三十卷附錄一卷
…………………………………………… 2－130
光緒蔭生同官齒錄…………………… 2－500
光緒會計表四卷……………………… 3－364
光緒會計表四卷……………………… 3－392
光緒輿地韻編………………………… 3－202
光學二卷……………………………… 2－235
光學二卷……………………………… 2－314
光學二卷附視學諸器圖說一卷……… 2－235
光學三卷……………………………… 2－294
光讚般若波羅密經十卷……………… 1－153
早春朝賀　對雪題詩………………… 3－456
［曲五種］…………………………… 1－21
曲江淚痕一卷 ……………………… 3－88
曲阿詩綜二十八卷…………………… 1－419
曲波園二種曲………………………… 3－470
曲品二卷……………………………… 3－514
曲律一卷 …………………………… 1－20
曲律四卷……………………………… 3－486
曲洧舊聞十卷………………………… 2－536
曲詞七十四種………………………… 3－486
曲園雜纂五十卷……………………… 3－300
曲話五卷……………………………… 3－503
曲線新說堤積術辯…………………… 2－290
曲學津逮……………………………… 3－487
曲錄六卷……………………………… 3－146
曲錄六卷……………………………… 3－502
曲辭…………………………………… 3－491
曲譜…………………………………… 2－515
曲譜…………………………………… 2－515
曲譜…………………………………… 3－466
曲譜…………………………………… 3－485
曲譜十二卷首一卷末一卷 ………… 1－22
曲譜大成不分卷 …………………… 1－23
［曲譜大成摘抄］…………………… 1－56
曲譜四種 …………………………… 3－37
曲譜雜鈔……………………………… 3－2
曲譜雜錄……………………………… 3－466
同人倡和詩鈔………………………… 1－424
同人集………………………………… 2－431
同人詩錄……………………………… 3－268
同仁祠錄二卷………………………… 2－521
同仁堂藥目…………………………… 3－404
同仁堂藥目…………………………… 3－533
同文千字文二卷 …………………… 1－62
同文彙集四卷………………………… 3－521
同文韻統六卷………………………… 1－343
同岑五家詩鈔………………………… 2－439
同岑五家詩鈔………………………… 3－148
同事攝詩集一卷詞集一卷…………… 1－219
同治十二年正二月長編總檔………… 2－133
同治中興京外奏議約編八卷………… 1－464
同治以來督撫譜二卷………………… 3－147
同治精刊本俗曲三種………………… 3－466
同菴史彙十卷 ……………………… 1－69
同菴史彙十卷………………………… 1－280
同壽錄四卷末一卷…………………… 2－211
同調編………………………………… 3－448
同館律賦精萃六卷附刻一卷 ……… 3－77
同館經進賦鈔………………………… 3－129
同館經進賦鈔………………………… 3－129
同館賦鈔三十二卷…………………… 2－340
同館賦續鈔十八卷…………………… 2－341
同館賦續鈔十八卷…………………… 2－445
同聲詩集八卷首前編一卷後編一卷
尾一卷……………………………… 3－161
同譜唱和集 ………………………… 3－86
因明入正理論………………………… 1－168

因明入正理論八卷…………………… 3－394
因明入正理論直解…………………… 2－244
因明入正理論直解…………………… 2－244
因明入正理論略疏不分卷…………… 1－301
因明入正理論疏八卷………………… 2－249
因寄軒文初集十卷二集六卷………… 2－324
因寄軒文集初集十卷二集六卷補遺
　一卷……………………………… 2－349
因寄軒文集初集十卷二集六卷補遺
　一卷……………………………… 2－371
因話錄六卷………………………… 1－199
因樹屋書影十卷…………………………… 1－5
因樹屋書影十卷 ……………………… 1－92
回文類聚十四卷…………………… 2－447
回文類聚十卷續編四卷…………… 2－436
回文類聚正四卷續十卷…………… 1－409
回文類聚原編四卷續編十卷……… 2－345
回文寶卷一卷……………………… 3－500
回生春腳集四卷…………………… 1－520
回生集二卷………………………… 3－154
回生集二卷………………………… 3－390
回生集二卷………………………… 3－416
回生集二卷續集二卷……………… 2－212
回郎寶卷…………………………… 2－498
回郎寶卷二卷 ………………………… 3－28
回春夢二卷二十四出……………… 3－471
屺思堂詩集………………………… 2－327
屺雲樓集八卷……………………… 2－507
肉蒲團小說(覺後禪) ……………… 3－480
朱一齋先生文集後卷五卷廣遊文集
　一卷……………………………… 3－277
朱九江先生集十卷………………… 2－408
朱九江集十卷首一卷……………… 2－328
朱子大全一百卷目錄二卷………… 2－330
朱子六經圖十二卷增定四書圖四卷
　………………………………… 1－114
朱子文集一百二十卷……………… 2－435
朱子文集大全類編………………… 3－367
朱子文集大全類編一百十一卷……… 1－211
朱子文集大全類編一百十一卷首一
　卷………………………………… 3－395
朱子文集大全類編一百十卷 ………… 1－99
朱子文集大全類編十三卷………… 3－323
朱子四書語類……………………… 2－317
朱子年譜四卷考異四卷朱子論學切
　要語二卷………………………… 1－121
朱子年譜四卷考異四卷朱子論學切
　要語二卷………………………… 1－133
朱子年譜四卷考異四卷附錄二卷……… 1－8
朱子年譜四卷考異四卷附錄二卷…… 3－320
朱子全書六十六卷………………… 2－279
朱子近思錄十四卷………………… 1－328
朱子近思錄集解八卷……………… 2－298
朱子性理吟集說二卷……………… 3－124
朱子注釋濂關三書………………… 2－316
朱子校昌黎先生集傳一卷………… 1－204
朱子校昌黎先生集傳一卷………… 1－211
朱子校昌黎先生集傳一卷………… 1－218
朱子校昌黎先生集傳一卷………… 1－245
朱子原訂近思錄十四卷…………… 3－433
朱子原編孟子要略五卷…………… 3－445
朱子家禮十卷 ………………………… 2－44
朱子家禮八卷首一卷……………… 1－107
朱子家禮八卷首一卷……………… 1－145
朱子晚年全論……………………… 2－317
朱子晚年定論……………………… 1－382
朱子集一百〇四卷………………… 2－452
朱子語類一百四十卷……………… 2－298
朱子語類五十二卷………………… 1－200
朱子語類日鈔五卷………………… 2－295
朱子語類日鈔五卷………………… 3－418
朱子語類日鈔五卷………………… 3－435
朱子論語集注訓詁考三卷………… 1－342
朱子論語集注訓詁考二卷………… 2－279
朱子禮纂五卷……………………… 1－115
朱子讀書法四卷…………………… 2－189
朱子讀書法四卷…………………… 2－294
朱止泉先生文集八卷……………… 2－506
朱氏群書……………………………… 2－5
朱氏經學叢書三十八卷…………… 1－340
朱氏藏書十三種…………………… 1－444
朱文公校昌黎先生文集四十卷 ……… 1－41

朱文公校昌黎先生文集四十卷外集十卷集傳一卷遺文一卷…………… 1－194
朱文公書劄十四卷……………………… 3－343
朱文公書劄十四卷……………………… 3－416
朱文公問答全集………………………… 3－367
朱文公問答全集三十一卷……………… 3－381
朱文公問答全集三十一卷……………… 3－416
朱文端公文集四卷……………………… 2－458
朱文端公藏書十三種…………………… 1－245
朱文端公藏書十三種……………………… 2－3
朱奴犯銀燈……………………………… 3－514
朱竹垞先生年譜不分卷………………… 3－345
朱批諭旨………………………………… 3－404
朱秉器全集六種十四卷 ………………… 1－46
朱秉器全集六種十四卷 ………………… 1－48
朱秉器詩集四卷 ………………………… 1－48
朱柏廬先生大中講義三卷……………… 2－279
朱秋厓詩集四卷………………………… 3－146
朱景昭批評西廂記十六套……………… 3－507
朱飲山千金譜二十九卷 ………………… 1－28
朱慶餘詩集不分卷……………………… 1－274
缶廬詩九卷別存一卷…………………… 2－458
缶廬詩四卷別存一卷…………………… 2－456
缶廬詩四卷別存一卷 …………………… 3－58
缶廬詩四卷別存一卷…………………… 3－134
先天易貫五卷…………………………… 1－447
先天集十卷附錄二卷…………………… 2－379
先太常年譜一卷 ………………………… 1－47
先正讀書訣……………………………… 1－515
先正讀書訣……………………………… 2－288
先正讀書訣……………………………… 2－453
先君趙塚宰忠毅公行述一卷…………… 3－399
先恭勤公年譜四卷……………………… 1－353
先聖大訓六卷 …………………………… 1－89
先聖生卒年月日考二卷………………… 2－152
先聖生卒年月日考二卷………………… 2－508
先聖生卒年月考一卷 …………………… 2－67
先撥志始二卷 …………………………… 3－25
先醒齋廣筆記一卷……………………… 3－234
竹石居集………………………………… 2－528
竹西花事小錄…………………………… 2－397
竹西花事小錄…………………………… 2－520
竹西花事小錄一卷……………………… 3－505
竹初詩鈔十六卷文鈔六卷……………… 3－257
竹初樂府二種…………………………… 3－447
竹坡軒梅冊……………………………… 3－187
竹林女科………………………………… 1－518
竹所吟稿 ………………………………… 3－85
竹居錄存………………………………… 3－255
竹垞小志五卷…………………………… 3－156
竹垞文類二十六卷……………………… 1－273
竹柏山房十五種………………………… 2－3
竹柏山房十五種………………………… 2－6
竹香齋類書三十七卷…………………… 1－196
竹素園詩鈔二卷首一卷竹素園集句二卷首一卷…………………………… 3－117
竹笑軒賦鈔二集………………………… 2－374
竹笑軒賦鈔初二集……………………… 2－427
竹書紀年校正十四卷…………………… 1－482
竹書紀年統箋十二卷…………………… 2－140
竹書紀年統箋十二卷前編一卷雜述一卷 ………………………………… 2－82
竹雪軒印集八卷………………………… 3－179
竹崦盦金石目錄五卷…………………… 1－494
竹崦盦金石目錄五卷…………………… 1－497
竹葉亭雜記八卷………………………… 2－361
竹葉亭雜記八卷………………………… 2－384
竹葉亭雜記四卷………………………… 2－285
竹葉亭雜記四卷………………………… 2－285
竹雲題跋四卷…………………………… 2－171
竹間十日話六卷 ………………………… 3－78
竹窗詞一卷蔬香詞一卷………………… 1－288
竹窗隨筆一卷二筆一卷三筆一卷…… 3－419
竹窗隨筆一筆二筆三筆………………… 3－355
竹瑞堂詩鈔十八卷……………………… 3－232
竹園集紀詩 ……………………………… 3－24
竹園詩稿三卷…………………………… 3－272
竹嘯軒詩鈔十八卷……………………… 1－266
竹禪畫蘭冊……………………………… 2－261
竹隱廬隨筆四卷 ………………………… 3－78
竹簾館詞………………………………… 3－139
竹懶雜著………………………………… 2－194

竹巖詩草二卷 …… 1-220
竹巖詩草二卷 …… 1-262
竹巖詩草二卷 …… 1-270
休復居文集六卷附録一卷 …… 2-419
休園詩草一卷 …… 3-48
伏敔堂詩録 …… 2-473
伏敔堂詩録十五卷續録四卷首一卷 …… 2-351
伏獅祇園禪師語録二卷 …… 1-155
伏獅義公禪師語録一卷諸祖源流頌古一卷 …… 1-178
伅真陀羅所問寶如來三昧經三卷 …… 1-167
伅真陀羅所問寶如來三昧經三卷 …… 2-231
延平四先生年譜 …… 1-7
延平四先生年譜 …… 1-127
延平答問二卷 …… 1-396
延平答問二卷 …… 2-292
延生陰德修行寶卷一卷 …… 3-498
延吉邊務報告四卷 …… 3-14
延秋吟館詩鈔四卷 …… 2-497
延桂山房吟稿八卷詞草一卷 …… 3-266
延壽寶卷 …… 2-409
延壽寶卷 …… 2-498
延壽寶卷 …… 3-68
延壽寶卷 …… 3-110
延壽寶卷 …… 3-112
延壽寶卷 …… 3-237
延壽寶卷一卷 …… 3-502
延綠閣集十二卷 …… 2-416
[乾隆]延慶州志十卷首一卷 …… 1-118
[乾隆]延慶州志十卷首一卷 …… 1-122
[乾隆]延慶州志十卷首一卷 …… 3-535
延露編 …… 1-53
仲子詩前集 …… 3-367
仲升自訂年譜 …… 3-20
仲實類稿 …… 2-351
仲瞿詩録 …… 3-250
任午橋存稿三卷 …… 3-238
任氏經世博議二卷 …… 3-369
[乾隆]任邱縣志十二卷首一卷 …… 1-135
[道光]任邱縣志續編二卷 …… 2-179
任彥升集六卷 …… 1-222
任彥升集六卷 …… 1-298
任彥升集六卷 …… 1-300
[宣統]任縣誌八卷 …… 3-399
任學士功績録 …… 3-265
仰視千七百二十九鶴齋叢書四集三十種 …… 2-461
仰節堂集十四卷 …… 1-311
仰蕭樓文集 …… 2-329
仰蕭樓文集 …… 3-213
仿今言 …… 3-201
仿白居易新樂府五十章 …… 1-415
仿宋相臺岳氏本古注五經 …… 2-30
仿宋嚴州本儀禮十七卷 …… 2-14
仿唐寫本説文解字木部箋異 …… 1-435
仿唐寫本説文解字木部箋異 …… 2-13
自由鏡三十四章 …… 3-88
自西徂東五卷 …… 3-384
自在王菩薩經二卷 …… 2-229
自求齋戒煙指南 …… 2-272
自知堂集二十四卷 …… 1-235
自知録 …… 2-246
自知齋詩九卷詞一卷 …… 3-101
自怡曲譜 …… 3-485
自怡軒卮言四卷 …… 3-26
自怡軒詞譜六卷 …… 1-26
自怡軒隨筆偶存二卷 …… 3-108
自怡軒雜文 …… 3-277
自怡菊圃哀詞 …… 3-131
自怡園屏錦詩集二卷詞集二卷 …… 3-276
自治官書偶存三卷 …… 3-364
自春堂詩集十二卷 …… 3-48
自娱集十卷詩餘一卷 …… 1-44
自強軍西法類編十八卷 …… 3-439
自強軍創制公言二卷 …… 3-439
自然好學齋詩鈔十卷 …… 2-438
自然好學齋詩鈔十卷 …… 3-58
自然好學齋詩鈔十卷 …… 3-117
自遠堂琴譜十二卷 …… 3-191
自遠堂琴譜十二卷 …… 3-330
自號録 …… 3-220

自鳴稿二卷 …………………………… 3－182
自適齋詩鈔二卷 ……………………… 3－232
自警編九卷 ……………………………… 1－93
自警編九卷 …………………………… 1－307
自鏡編四卷 …………………………… 2－255
自攜集前 ……………………………… 3－180
伊川文集八卷 ………………………… 1－217
伊川擊壤集二十卷 …………………… 3－183
伊壯湣公事實四卷 …………………… 2－529
伊洛淵源錄十四卷 ……………………… 1－4
伊洛淵源錄十四卷 …………………… 1－348
伊洛淵源錄十四卷 …………………… 2－110
伊犁日記天山客話 …………………… 3－285
伊蒿室文集六卷詩集二卷詩餘一卷
…………………………………………… 2－406
血手印 ………………………………… 3－490
血證論五卷 …………………………… 2－517
向湖邨舍詩初集十二卷 ……………… 3－49
似昇長生冊 …………………………… 2－444
似昇長生冊 …………………………… 3－157
似昇長生冊 …………………………… 3－218
行川必要圖攷 ………………………… 1－492
行水金鑒一百七十五卷 ……………… 3－358
行水金鑒一百七十五卷首圖一卷 …… 3－358
行水金鑑一百七十五卷 ……………… 1－349
行水金鑑一百七十五卷 ……………… 3－358
行在陽秋二卷 ………………………… 2－168
行有恆堂初集二卷 …………………… 3－183
行年紀畧 ……………………………… 3－216
行政事務宜明定權酌擬辦法折 ……… 2－259
行政審判法 …………………………… 2－105
行政審判法 …………………………… 2－114
行政審判法 …………………………… 2－126
行軍日記二卷 ………………………… 3－22
行軍紀略 ………………………………… 3－9
行軍測繪十卷首一卷 ………………… 2－300
行軍測繪十卷首一卷附圖 …………… 2－234
行軍鐵路工程二卷圖一卷 …………… 1－390
行素草堂目睹書錄 …………………… 1－354
行素草堂金石叢書 …………………… 2－75
行素軒算稿 …………………………… 2－231
行素堂目覩書錄 ……………………… 1－467
行素堂目覩書錄 ………………………… 2－8
行素堂目覩書錄 ………………………… 2－8
行素堂目覩書錄 ………………………… 2－8
行素堂目覩書錄 ……………………… 2－53
行素齋雜記 …………………………… 3－17
行素齋雜記二卷 ……………………… 3－195
行素齋雜記二卷 ……………………… 3－540
行海要術四卷 ………………………… 1－395
行海要術四卷 ………………………… 2－234
行海要術四卷 ………………………… 2－234
行朝錄六卷 …………………………… 3－407
行圍得瑞　獻獸稱觴 ………………… 3－449
行實録五卷 …………………………… 1－125
行樂衛生秘訣 ………………………… 2－270
行藏園雜存十卷 ……………………… 3－57
舟齋文集八卷詩集四卷 ……………… 1－538
舟齋文集八卷詩集四卷 ……………… 2－355
舟齋詩文集文八卷詩四卷 …………… 1－542
全上古三代秦漢三國六朝文 ………… 3－361
全上古三代秦漢三國六朝文十五集
七百四十六卷 ………………………… 1－421
全上古三代秦漢三國晉南北朝文編
目一百〇三卷 ………………………… 1－438
全上古三代秦漢三國晉南北朝文編
目一百〇三卷 ………………………… 1－503
全本千金全德子弟書全本不垂別淚
子弟書 ………………………………… 3－198
全史吏鑑十卷 ………………………… 3－136
全史宮詞二十卷 ……………………… 1－356
全史宮詞二十卷 ……………………… 2－357
全史宮詞二十卷 ……………………… 2－362
全地五大洲女俗通考二十一卷首一
卷 ……………………………………… 2－266
全宋詩話十三卷 ……………………… 1－26
全金詩七十二卷首二卷 ……………… 1－418
全後魏文六十卷 ……………………… 2－319
全校水經注四十卷補遺一卷附錄二
卷 ……………………………………… 1－348
全唐文紀事一百二十卷首一卷目錄
一卷 …………………………………… 1－401

全唐詩九百卷 …………………………… 1－545
全唐詩九百卷目錄十二卷 …………… 1－230
全唐詩九百卷目錄十二卷 …………… 1－245
全唐詩三十二卷 ………………………… 3－517
全唐詩鈔八十卷補遺十六卷 ………… 1－239
全唐詩話八卷 …………………………… 1－215
全唐詩話六卷 …………………………… 2－387
全浙詩話五十四卷 ……………………… 1－434
全浙詩話五十四卷 ……………………… 2－390
全浙擴義園擴建募捐清冊 …………… 2－261
全書正宗十六卷首一卷 ……………… 2－299
全蜀藝文志六十四卷首一卷 ………… 1－421
全像金瓶梅第一奇書一百回 ………… 1－19
全像通俗演義隋煬帝豔史 …………… 2－398
全像通俗演義隋煬帝豔史 …………… 3－40
[光緒]全滇紀要 ……………………… 3－27
全閩道學總纂 …………………………… 2－472
全閩道學總纂三十八卷首一卷 ……… 3－204
全閩詩話十二卷 ………………………… 1－52
全齊文二十六卷 ………………………… 3－309
全謝山文鈔十六卷 ……………………… 2－377
全謝山文鈔十六卷 ……………………… 2－502
全體通考十八卷 ………………………… 1－521
全體通考十八卷 ………………………… 2－206
全體通考十八卷 ………………………… 2－280
全體須知 ………………………………… 1－399
全體新論 ………………………………… 2－267
全體學問答一卷 ………………………… 3－442
全體闡微三卷 …………………………… 2－278
[光緒]合州志十六卷 ………………… 3－289
合江李公紫璈年譜 ……………………… 3－282
合肥李氏三世遺集 ……………………… 3－211
合肥李氏三世遺集二十四卷 ………… 1－540
合肥李勤恪公政書十卷 ……………… 2－131
合肥相國七十賜壽圖 …………………… 3－125
合肥相國七十賜壽圖 …………………… 3－518
合肥相國七十賜壽圖二卷 …………… 3－323
合肥相國七十賜壽圖附壽言 ………… 2－82
合刻四家詩詞四卷 ……………………… 3－143
合刻四家詩詞四卷 ……………………… 3－171
合浦珠傳奇二卷十六出 ……………… 3－470
合義通財寶卷 …………………………… 3－64
合歡圖 …………………………………… 1－319
危司利訓言 ……………………………… 2－232
各兵科下級幹部野外必攜不分卷 …… 3－380
各直省拔貢錄鄉試錄 …………………… 3－16
各省查辦案件 …………………………… 2－129
各省開礦擬辦章程 ……………………… 2－127
各省選拔同年明經通譜四卷 ………… 3－20
各省輿圖便覽 …………………………… 1－490
各部院刑錢條例 ………………………… 3－199
各國立約始末記 ………………………… 3－19
各國立約始末記三十卷 ……………… 2－155
各國立約始末記三十卷首一卷 ……… 2－98
各國交涉公法論 ………………………… 2－160
各國交涉公法論十六卷 ……………… 2－500
各國交涉公法論三集十六卷 ………… 2－256
各國交涉公法論三集十六卷 ………… 3－428
各國交涉公法論初集二集三集 ……… 1－363
各國交涉公法論初集四卷 …………… 3－419
各國交通行政律彙編 …………………… 2－122
各國交通行政律彙編乙編路政律 …… 2－95
各國交通行政律彙編丙編郵政律 …… 2－95
各國約章纂要七卷附錄一卷 ………… 3－35
各國約章纂要六卷首一卷附錄一卷
………………………………………… 3－374
各國條約不分卷 ………………………… 3－375
各國國籍法類輯 ………………………… 2－107
各國國籍法類輯 ………………………… 2－115
各國國籍法類輯 ………………………… 2－115
各國國籍法類輯 ………………………… 2－115
各國國籍法類輯 ………………………… 3－149
各國駐使夏季報告 ……………………… 2－101
各國憲法源泉三種合編 ……………… 2－97
各國鐵路政攷四卷 ……………………… 1－349
各國鐵路律 ……………………………… 2－90
各國鐵路圖考四卷 ……………………… 1－346
名人生日表 ……………………………… 2－535
名人書畫扇面集一至九集 …………… 2－302
名人書畫扇面集一至六集 …………… 2－302
名人書畫扇面集第三冊 ……………… 2－261
名人詩箋集錦 …………………………… 1－310

名人墨寶二出 ………………………… 3－456
名山勝概記四十六卷 …………………… 1－4
名山勝概記四十六卷名山圖一卷 …… 1－67
名山藏一百〇九卷 ……………………… 1－9
名山藏副本初集二卷 …………………… 3－517
名山叢刊九種 …………………………… 3－105
名公筆記一卷 …………………………… 1－39
名公筆記一卷 …………………………… 1－99
名文前選 ………………………………… 1－187
名文前選 ………………………………… 2－432
名文前選六卷 …………………………… 2－414
名世文宗三十卷附談藪一卷 ………… 1－245
名句文身表異錄二十卷 ……………… 1－287
名言類編三卷 …………………………… 3－509
名言類聯 ………………………………… 3－262
名原二卷 ………………………………… 1－355
名原二卷 ………………………………… 3－234
名家尺牘選二十卷 …………………… 1－37
名家竿牘四集 …………………………… 1－249
名家詞 …………………………………… 1－540
名家詩法八卷 …………………………… 1－32
名雋初集八卷 …………………………… 3－273
名媛文萃二十四卷 ……………………… 3－117
名媛詩歸三十六卷 ……………………… 1－260
名賢手劄 ………………………………… 2－301
名賢手劄八卷 …………………………… 2－424
名賢手劄墨蹟 …………………………… 2－423
名賢集一卷 ……………………………… 3－406
名儒言行錄二卷 ………………………… 2－200
名儒言行錄二卷 ………………………… 2－200
名醫類案 ………………………………… 1－519
名醫類案十二卷 ………………………… 1－86
名醫類案十二卷 ………………………… 1－524
多歲堂古詩存八卷 ……………………… 1－437
多歲堂集 ………………………………… 2－326
交代章程廉俸章程 ……………………… 3－315
［光緒］交城縣誌 ……………………… 2－471
交議摺件 ………………………………… 2－127
衣讔山房詩集八卷 ……………………… 2－355
亦玉堂稿十卷 …………………………… 1－219
亦有生齋集樂府二卷 ………………… 3－55
亦有生齋詞鈔五卷亦有生齋樂府二
卷 ………………………………… 3－152
亦有生齋詩集三十二卷 ……………… 2－491
亦有生齋續集七卷收庵居士自敍年
譜二卷 …………………………… 2－454
亦吾廬詩草八卷 ………………………… 2－420
亦吾廬詩草八卷 ………………………… 3－123
亦步齋彙編四種 ………………………… 3－185
亦政堂重考古玉圖二卷 ……………… 1－77
亦政堂重考古玉圖二卷 ……………… 1－321
亦政堂重考古玉圖二卷 ……………… 1－329
亦政堂重修考古圖十卷 ……………… 1－77
亦政堂重修考古圖十卷 ……………… 1－321
亦政堂重修宣和博古圖錄三十卷 …… 1－77
亦政堂重修宣和博古圖錄三十卷 …… 1－129
亦政堂重修宣和博古圖錄三十卷 …… 1－321
亦雲詞 …………………………………… 2－475
亦復如是四卷 …………………………… 1－384
亦園亭全集 ……………………………… 3－26
亦樂堂詩稿六卷 ………………………… 3－57
亦廬詩三十卷 …………………………… 1－54
亦囂囂堂謎稿 …………………………… 3－98
亥白詩草八卷 …………………………… 3－99
亥白詩草八卷 …………………………… 3－208
充裕有禪師語錄四卷 …………………… 3－290
羊城古鈔八卷 …………………………… 2－532
羊城竹枝詞 ……………………………… 3－260
［光緒］米脂縣志十二卷 ……………… 3－141
州縣須知四卷佐雜須知四卷 ………… 2－174
次立齋詩集四卷文集二卷 …………… 3－162
汗筠齋叢書四種 ………………………… 1－442
汗筠齋叢書四種 ………………………… 2－468
汗漫集三卷 ……………………………… 3－182
汗簡七卷目錄敘略一卷 ……………… 1－328
汗簡箋正 ………………………………… 2－12
汗簡箋正七卷目錄一卷書目一卷 …… 3－444
汗簡箋正八卷 …………………………… 2－36
江上草堂前稿四卷代耕堂中稿二十
五卷 ……………………………… 3－97
［同治］江山縣志十二卷首一卷末一
卷 ………………………………… 3－143

江止庵遺集八卷首一卷……………… 1－233
江月松風集十二卷…………………… 3－108
江文通文集十卷 …………………… 1－35
江文通文集十卷……………………… 1－224
江文通文集十卷……………………… 1－252
江文通集八卷………………………… 2－429
江文通集四卷………………………… 1－243
江左十子詩鈔十六卷………………… 3－299
江左十五子詩選十五卷……………… 1－217
江左十五子詩選十五卷……………… 1－294
江左三大家詩鈔九卷………………… 1－241
江左三大家詩鈔九卷………………… 1－406
江北運程四十卷首一卷……………… 1－358
江北運程四十卷首一卷……………… 2－166
江北運程四十卷首一卷……………… 3－223
[道光]江北廳志八卷 ……………… 3－268
江令君集一卷………………………… 1－222
江西九府科考一等並新進文童姓名
冊………………………………… 3－220
江西考古錄十卷 …………………… 3－28
江西全省輿圖十四卷首一卷………… 1－484
江西全省輿圖十四卷首一卷………… 2－148
江西全省警察局兼學堂章程………… 2－116
江西巡撫奏疏………………………… 2－128
江西忠義錄六十卷首一卷…………… 2－143
江西忠義錄六十卷首一卷…………… 3－8
江西奏議二卷………………………… 1－117
江西奏議附録一卷…………………… 1－117
江西校士錄六卷首一卷 …………… 3－34
[光緒]江西通志一百八十五卷 …… 2－146
[光緒]江西通志一百八十卷首五卷
………………………………… 1－468
江西農工商礦紀略 ………………… 3－14
江西詩徵九十四卷…………………… 2－435
江西賣雜貨…………………………… 3－493
江西闈墨……………………………… 3－218
江西闈墨……………………………… 3－304
江邨銷夏錄三卷 …………………… 1－80
江邨銷夏錄三卷 …………………… 1－81
江花夢二卷二十八出………………… 3－463
江冷閣文集四卷……………………… 2－457
江表忠略二十卷……………………… 1－483
江東白苧二卷續二卷 ……………… 1－20
江忠烈公行狀………………………… 3－8
江忠烈公遺集二卷行述一卷………… 2－539
江忠烈公遺集二卷附錄一卷………… 2－359
江忠烈公遺集二卷首一卷附錄一卷
………………………………… 3－377
江刻書目三種………………………… 1－354
江刻書目三種………………………… 1－464
江河紀行草…………………………… 2－421
江泠閣文集四卷……………………… 1－269
江泠閣文集四卷……………………… 3－117
江城名蹟記三卷……………………… 1－4
江城名蹟記四卷補二卷續一卷詩二
卷 ………………………………… 2－62
江南北大營紀事本末 ……………… 3－21
江南各學堂課藝十二卷……………… 2－422
江南名勝圖詠 ……………………… 1－67
江南名勝圖詠………………………… 3－179
江南好詞一百首……………………… 2－523
江南別錄一卷………………………… 3－257
江南松江府上海縣太平邨蘭英寶卷
二卷……………………………… 2－408
江南松江府上海縣太平邨蘭英寶卷
二卷……………………………… 3－501
江南松江府華亭縣白沙邨孝修回郎
寶卷……………………………… 2－401
江南松江府華亭縣白沙村孝修回郎
寶卷一卷………………………… 3－500
江南松江府華亭縣白沙村孝修回郎
寶卷一卷附七七寶卷、喫素經、花
名寶卷、法船經 ………………… 3－515
江南松江府華亭縣白沙村孝修回郎
寶卷一卷新刻七七寶卷…………… 3－515
江南河道圖說不分卷………………… 1－302
江南春詞……………………………… 1－416
江南陸師學堂武備課程二十七卷…… 2－311
[乾隆]江南通志二百卷首四卷序目
一卷……………………………… 1－468
江南鄉試錄…………………………… 3－7
江南鄉試題名錄 …………………… 3－18

江南經略八卷 …………………………… 1－68
江南闈墨光緒辛卯科…………………… 3－122
江南蘇州府報講寺志 ………………… 2－61
江南蘇州府報講寺志 ………………… 2－61
江南鐵淚圖……………………………… 1－491
江南鐵淚圖及附編……………………… 3－122
江風集樂府四卷謠一卷………………… 2－520
［雍正］江都縣志二十卷 …………… 1－283
［乾隆］江都縣志三十二卷 ………… 3－355
［乾隆］江都縣志三十二卷 ………… 3－356
［光緒］江都縣續志三十卷首一卷 … 3－177
［光緒］江都縣續志三十卷首一卷 … 3－356
［同治］江夏縣志八卷 ……………… 3－267
江浙十二家詩選十二卷………………… 1－289
江陵張文忠公全集四十七卷………… 2－367
［光緒］江陵縣志六十五卷 ………… 3－267
江陰列女志十四卷首一卷…………… 3－176
江陰忠義錄……………………………… 3－293
江陰寇變紀略 ………………………… 3－14
［道光］江陰縣志二十八卷首一卷 … 3－176
江鄂兩督覆陳變法三摺……………… 3－397
江淮異人録一卷……………………… 1－330
江鄉節物詩……………………………… 3－515
江程蜀道現勢書……………………… 3－151
江湖長翁文集四十卷………………… 1－271
江湖後集二十四卷…………………… 2－334
江湖後集二十四卷…………………… 3－305
江湖海底………………………………… 3－1
江甯金石記八卷待訪目二卷………… 3－130
江楚會奏變法摺……………………… 2－136
江楚會奏變法摺……………………… 2－162
江楚會奏變法摺……………………… 3－195
江鄰幾雜誌一卷……………………… 1－324
江漢吟二卷廬山真面吟一卷………… 1－217
江漢炳靈集二卷……………………… 2－403
江漢炳靈集二卷 …………………… 3－44
江漢淵源錄八卷附表一……………… 2－383
江寧金石記八卷待訪目二卷………… 1－496
［嘉慶］江寧府志五十六卷 ………… 3－178
江聲草堂詩集四卷…………………… 1－213
江蘇水利全書圖說…………………… 3－312
江蘇水師奏稿………………………… 2－508
江蘇同官錄…………………………… 1－345
江蘇同官錄…………………………… 3－7
江蘇全省輿圖………………………… 1－471
江蘇全省輿圖………………………… 1－471
江蘇沿海圖說………………………… 2－148
江蘇省例……………………………… 2－161
江蘇省例四編 ……………………… 2－71
江蘇省例四編 ……………………… 3－19
江蘇省減賦全案八卷………………… 1－471
江蘇海運全案十二卷 ……………… 3－19
江蘇海塘新志八卷…………………… 1－364
江蘇海塘新志八卷…………………… 1－364
江蘇海塘新志八卷…………………… 3－176
江蘇甯屬清理財政局編造說明書三
　編…………………………………… 3－383
江蘇詩徵一百八十三卷……………… 1－439
江蘇詩徵一百八十三卷……………… 2－390
江醴陵集二卷附錄一卷……………… 1－279
汲古堂集二十八卷 ………………… 1－28
汲古堂集二十八卷…………………… 2－526
汲古閣刊書細目一卷………………… 1－117
汲古閣未刻詞二十二種……………… 1－253
汲古閣說文訂 ……………………… 2－12
汲庵文存八卷………………………… 2－415
汲庵文存六卷………………………… 2－415
汲綆書屋詩鈔………………………… 3－239
汲綆圖題跋…………………………… 3－509
池上草堂筆記八卷…………………… 1－396
池上草堂筆記六卷 ………………… 3－54
池北偶談……………………………… 2－281
池北偶談二十六卷…………………… 1－219
守一齋筆記四卷……………………… 3－268
守山閣叢書…………………………… 2－8
守正庵畫譜四卷……………………… 3－187
守岐公牘彙存………………………… 3－208
守岐公牘彙存鳳翔紀事詩存 ……… 3－21
守岐彙紀 …………………………… 3－21
守城要覽……………………………… 2－316
守柔齋詩鈔三卷……………………… 2－506
守穮堂詩文稿八卷…………………… 2－505

守硯生印存……………………………… 1－527
守硯生印存……………………………… 1－527
守硯齋試帖初集四卷二集二卷……… 3－223
守閒堂詩集懷歸草堂詩集…………… 3－239
守意龕詩六卷古今體詩一卷………… 3－138
守經堂詩彙鈔四卷…………………… 3－238
守默齋詩文稿………………………… 1－416
守衢紀略 ………………………………… 3－13
［同治］安化縣志三十四卷 ………… 3－328
安氏家集……………………………… 1－226
安邦志二十卷………………………… 1－429
安邦傳四卷…………………………… 1－265
安邦誌………………………………… 2－393
安吉施氏遺著………………………… 2－505
安危注四卷…………………………… 1－275
安安送米 ……………………………… 3－51
安吳四種……………………………… 1－446
安吳四種……………………………… 1－546
安吳四種三十六卷……………………… 2－6
安吳四種三十六卷首一卷…………… 2－463
安我素先生年譜一卷………………… 1－290
安序堂文鈔三十卷…………………… 1－261
［光緒］安東縣志十五卷 ………… 3－174
安般簃集 ……………………………… 3－90
安家樂十四回………………………… 2－373
安陸集一卷……………………………… 1－1
安陸集一卷 …………………………… 1－64
安清幫入幫手摺……………………… 2－195
安陽集五十卷 ………………………… 1－27
［嘉慶］安陽縣志二十八卷首一卷 … 3－183
安陽縣金石錄十二卷………………… 1－357
安陽縣金石錄十二卷………………… 1－497
安陽縣金石錄十二卷………………… 3－215
安雅堂未刻稿八卷附入蜀集二卷 …… 1－34
安雅堂未刻稿八卷附入蜀集二卷…… 1－216
安雅堂未刻稿八卷附入蜀集二卷…… 1－262
安雅堂書啟一卷 ……………………… 1－34
［安雅堂集］ ………………………… 1－32
［安雅堂集］ ……………………… 1－208
安雅堂詩不分卷……………………… 3－349
安雅堂稿十五卷……………………… 2－428
［咸豐］安順府志五十四卷 ………… 3－289
安祿山事蹟三卷 ……………………… 2－77
安祿山事蹟三卷……………………… 3－296
安祿山事蹟三卷……………………… 3－364
安愚堂文鈔十二卷…………………… 2－481
安溪先生註解正蒙二卷……………… 1－199
［乾隆］安肅縣誌十六卷 ………… 3－399
安樂集二卷…………………………… 2－224
安靜子集五種 ………………………… 1－55
安徽全省鐵路圖書…………………… 3－310
安徽法政學堂章程…………………… 2－115
安徽財政沿革利弊說明書不分卷…… 3－369
［光緒］安徽通志三百五十卷 ……… 3－142
安徽諮議局籌辦處擬定章程表式摘
要……………………………………… 2－258
安徽勸辦柞蠶案……………………… 3－263
冰川詩式十卷………………………… 1－100
冰川詩式十卷………………………… 1－272
冰月補三卷 …………………………… 1－17
冰言十卷補錄十卷…………………… 3－382
冰雪攜三選稿 ………………………… 1－56
冰壺山館詩鈔………………………… 1－417
冰壺山館詩鈔………………………… 2－324
冰壺詞三卷…………………………… 2－483
冰壺詞六卷…………………………… 1－420
冰蠶詞………………………………… 3－244
字字香 ………………………………… 3－94
字林古今正俗異同通攷二卷 ………… 2－29
字林攷逸八卷附錄一卷補本一卷附
錄一卷………………………………… 1－454
字林攷逸八卷附錄二卷 ……………… 2－36
字典攷證 ……………………………… 2－12
字典攷證十二卷 ……………………… 2－18
字典攷證十二卷……………………… 3－177
字典攷證三十六卷 …………………… 2－38
字雲巢文稿二十卷 …………………… 3－96
字雲巢文稿二十卷…………………… 3－125
字雲巢文稿十卷……………………… 1－278
字詁義府……………………………… 1－452
字孳補十二卷………………………… 3－211
字彙十二卷首一卷末一卷…………… 1－108

字彙十二集……………………………… 1－341
字說一卷 ……………………………… 2－25
字課圖說四卷………………………… 1－342
字課圖說四卷………………………… 1－458
字學七種二卷 ……………………… 2－27
字學七種二卷………………………… 3－222
字學三種……………………………… 3－262
字學三種合刊 ……………………… 2－47
字學舉隅 …………………………… 2－46
字學舉隅 …………………………… 2－51
字學舉隅……………………………… 3－290
字類標韻六卷 ……………………… 2－46
字類標韻六卷………………………… 3－119
字類標韻六卷………………………… 3－150
字觸六卷……………………………… 1－300
字鑑五卷……………………………… 1－325
祁氏家傳外科大羅…………………… 1－154
祁竹軒行述…………………………… 1－479
祁竹軒行述一卷……………………… 2－508
[光緒]祁州志續志四卷 …………… 2－179
[乾隆]祁州誌八卷 ……………… 2－179
[同治]祁陽縣志(浯溪志)………… 2－55
冐綮錄一卷…………………………… 1－250
聿修堂醫學叢書……………………… 2－277
艮山文集八卷………………………… 2－348
艮居詞選……………………………… 3－256
艮齋先生薛常州浪語集……………… 2－472
艮齋倦稾十一卷……………………… 3－155
阮元瑜集一卷………………………… 2－428
阮氏重撫天一閣北宋石鼓文………… 1－495
阮亭壬寅詩…………………………… 1－266
阮亭選古詩三十二卷………………… 1－204
阮盦筆記五種………………………… 2－361
收回粵漢鐵路奏摺及附件…………… 3－310
艸亭先生詩文集……………………… 2－418
防山書屋就正詩續稿………………… 3－254
防心集五卷…………………………… 3－160
防海紀略……………………………… 1－484
防海紀略二卷………………………… 2－149
防海紀略二卷………………………… 2－149
防海紀略二卷 ……………………… 3－13
防海新論……………………………… 2－150
防海新論十八卷……………………… 1－389
那處詩鈔四卷………………………… 1－434
如西所刻諸名家評點春秋綱目左傳
句解六卷 ………………………… 2－27
如西所刻諸名家評點春秋綱目左傳
句解匯雋六卷…………………… 3－404
如舟吟館詩鈔………………………… 3－241
如如老祖化度衆生指往西方寶卷全
集………………………………… 2－488
如如老祖化度衆生指往西方寶卷全
集一卷…………………………… 3－494
如如寶卷……………………………… 3－113
如如寶卷……………………………… 3－287
如來不思議秘密大乘經二十卷……… 1－191
如面談十卷首一卷…………………… 1－422
如許齋詩稿 ………………………… 3－99
如許齋詩稿…………………………… 3－132
如臯冒氏叢書三種…………………… 1－442
[嘉慶]如臯縣志二十四卷 ………… 3－180
[道光]如臯縣續志十二卷 ………… 3－174
如夢緣傳奇二卷三十出首一卷……… 3－448
如夢錄………………………………… 2－189
如夢錄二卷…………………………… 3－332
如意輪陀羅尼經一卷………………… 1－152
如意輪陀羅尼經一卷………………… 1－173
如意輪陀羅尼經一卷………………… 1－174
如意緣傳奇二卷二十出……………… 3－468
如意寶冊十本一百四十二出 ……… 1－56
如意寶卷……………………………… 3－286
如意寶珠二卷………………………… 2－537
如諫果室叢刊………………………… 2－133
如諫果室叢刻四種…………………… 3－266
如願迎新……………………………… 3－454
如願迎新……………………………… 3－455
如願迎新八出………………………… 3－451
好逑傳十八回………………………… 1－373
好逑傳四卷十八回…………………… 3－338
好逑傳四卷十八回…………………… 3－484
好深湛思室詩存二十二卷…………… 3－136
好深湛思室詩存二十二卷…………… 3－160

好雲樓二集十六卷…………………… 2－455
好雲樓初集二十八卷首一卷二集十六卷首一卷…………………… 2－414
好雲樓初集二十八卷首一卷好雲樓二集十六卷首一卷…………………… 3－207
牟子一卷…………………… 3－434
牟尼合三十六出…………………… 3－261
巡警須知江湖口號釋義…………………… 3－303

七畫

弄丸心法八卷…………………… 3－193
形意拳學…………………… 2－315
形學備旨十卷…………………… 2－205
形學備旨十卷…………………… 2－289
形學備旨十卷…………………… 2－290
戒因緣經十卷…………………… 1－187
戒亭續集四卷…………………… 2－535
戒殺放生文…………………… 2－226
戒殺放生文…………………… 2－239
戒訟篇一卷…………………… 3－498
走馬春秋[鼓詞]…………………… 1－50
走嶺子子弟書…………………… 3－467
攻守礮法…………………… 1－394
攻媿集一百十二卷…………………… 1－243
赤水玄珠三十卷醫旨緒餘二卷…………………… 1－88
赤水玄珠三十卷醫旨緒餘二卷醫案五卷…………………… 1－85
赤松遊傳奇二卷四十六出…………………… 3－449
赤城論諫錄十卷…………………… 3－281
[乾隆]赤城縣志八卷首一卷…………………… 1－289
[乾隆]赤城縣志八卷首一卷…………………… 3－188
[同治]赤城縣續志十卷…………………… 3－188
赤堇遺稿詩六卷…………………… 3－131
[光緒]赤溪雜志二卷…………………… 2－54
赤壁賦小楷帖…………………… 2－261
孝子逆婚寶卷…………………… 3－111
孝子經…………………… 2－223
孝子經…………………… 2－239
孝友堂家規一卷…………………… 1－133
孝友圖說…………………… 3－138
孝弟養正…………………… 3－50
孝逆報四卷…………………… 2－518
孝琵琶…………………… 3－52
孝義真蹟珍珠塔全傳二十四回…………………… 2－394
[乾隆]孝義縣誌二十卷…………………… 3－288
孝義寶卷一卷…………………… 3－498
孝肅包公奏議十卷…………………… 3－217
孝肅奏議十卷…………………… 2－61
孝肅奏議十卷…………………… 3－152
孝經…………………… 2－34
孝經…………………… 2－34
孝經…………………… 2－232
孝經…………………… 2－269
孝經…………………… 3－230
孝經一卷…………………… 2－204
孝經一卷…………………… 2－255
孝經一卷附校勘記…………………… 3－445
孝經存解一卷…………………… 3－227
孝經存解闡要一卷析疑二卷…………………… 3－192
孝經注…………………… 2－10
孝經注…………………… 2－35
孝經注疏九卷…………………… 1－144
孝經注疏九卷…………………… 2－39
孝經注疏九卷…………………… 2－200
孝經衍義一百卷首二卷…………………… 1－65
孝經衍義一百卷首二卷…………………… 1－113
孝經衍義一百卷首二卷…………………… 1－140
孝經衍義四十七卷…………………… 2－268
孝經音訓爾雅音訓…………………… 1－344
孝經集註一卷…………………… 2－34
孝經註疏九卷…………………… 1－113
孝經傳說圖解二卷…………………… 1－342
孝經傳說圖解二卷…………………… 3－322
孝經詳說六卷…………………… 1－461
孝經鄭注附音…………………… 2－255
孝經鄭注坿音…………………… 2－11
孝經讀本存解四卷首一卷…………………… 2－205
志遠堂文集十卷…………………… 2－481
志節編二卷…………………… 2－182
志銘廣例二卷…………………… 2－77
志寧堂稿不分卷…………………… 1－267

志學會約 …………………………… 2－291
志學會約困學錄 …………………… 2－190
志學錄合刻輔仁錄 ………………… 2－289
志隱齋詩鈔八卷 …………………… 3－102
志壑堂後集刪 ……………………… 1－41
志壑堂集刪 ………………………… 1－41
刼火紀焚 …………………………… 3－9
刼灰錄 ……………………………… 2－153
劫火紀焚 …………………………… 1－491
劫灰錄六卷 ………………………… 3－332
芙蓉山館文鈔 ……………………… 2－341
芙蓉山館文鈔續刻 ………………… 2－341
芙蓉山館全集 ……………………… 2－507
芙蓉山館集詩鈔八卷補鈔一卷詞鈔二卷文鈔一卷 …………………… 1－433
芙蓉山館詞鈔二卷 ………………… 3－253
芙蓉延壽寶卷全部一卷 …………… 3－515
芙蓉洞全傳十卷四十回 …………… 1－430
芙蓉洞彈詞十卷 …………………… 2－516
芙蓉碣傳奇二卷 …………………… 1－423
芙蓉碣傳奇二卷 …………………… 3－189
芙蓉碣傳奇二卷十四出 …………… 3－488
邯鄲記二卷三十二出 ……………… 3－424
邯鄲記二卷三十二出 ……………… 3－459
邯鄲夢一折 ………………………… 2－511
芸香館遺集 ………………………… 3－61
芸香館遺詩二卷 …………………… 1－400
芸香館遺詩二卷 …………………… 2－348
芸香館遺詩二卷 …………………… 3－148
芸香館遺詩二卷 …………………… 3－249
芸篦偶存二卷 ……………………… 3－133
芷香閣詩鈔 ………………………… 3－87
花王閣賸稿 ………………………… 2－325
花王閣賸稿 ………………………… 2－343
花天塵夢錄 ………………………… 1－31
花王閣賸稿一卷 …………………… 1－209
花王閣賸稿不分卷 ………………… 3－342
花天塵夢錄九卷 …………………… 3－331
花月痕十六卷五十二回 …………… 1－370
花月痕十六卷五十二回 …………… 1－371
花月痕五十二回 …………………… 3－271
花月痕全書十六卷 ………………… 2－379
花月痕全書五十二回 ……………… 3－484
花文 ………………………………… 3－284
花石山房遺集二卷 ………………… 1－276
花甲天開　鴻禧日永 ……………… 3－452
花甲天開　鴻禧日永 ……………… 3－452
花甲閒談十六卷 …………………… 1－408
花甲閒談十六卷 …………………… 1－503
花甲閒談十六卷 …………………… 3－101
花田金玉緣四卷 …………………… 2－398
花仙小志 …………………………… 3－130
花辛寶卷 …………………………… 3－65
花雨樓叢鈔十四種 ………………… 2－1
花雨樓叢鈔初集十一種續集十一種 …………………………………… 1－440
花宜館詩鈔二卷 …………………… 3－189
花宜館詩鈔十五卷 ………………… 3－47
花柳深情傳二十二回 ……………… 3－118
花枷良願龍圖寶卷 ………………… 2－525
花陣綺言十二卷 …………………… 1－12
花笑廎雜筆 ………………………… 3－38
花笑絶詞四種 ……………………… 3－247
花菴絕妙詞選十卷 ………………… 1－45
花菴絕妙詞選十卷 ………………… 1－99
花菴絕妙詞選十卷 ………………… 1－208
花婆 ………………………………… 2－514
花萼交輝閣集八卷 ………………… 2－407
花萼吟傳奇二卷三十二出 ………… 1－275
花萼唱和集 ………………………… 3－84
花間九奏九種 ……………………… 3－474
花間笑語五卷 ……………………… 2－536
花間笑語五卷 ……………………… 3－260
花間笑語五卷 ……………………… 3－480
花間堂詩鈔一卷 …………………… 1－316
花間集 ……………………………… 2－428
花間集 ……………………………… 2－428
花間集十卷 ………………………… 1－297
花間集十卷 ………………………… 2－456
花間楹帖 …………………………… 2－497
花間楹帖十卷 ……………………… 3－506
花間樂府一卷 ……………………… 3－477

花間樂傳奇二十出 …………………… 3－449
花窗夢影圖六卷 …………………… 3－149
花農詩鈔六卷 …………………… 2－370
花箋記彈詞六卷五十九回 …………… 1－408
花箋錄二十卷 …………………… 1－532
花語山房詩文小鈔四卷附南匯縣誌
分目原稿一卷 …………………… 1－239
花樣集錦四卷 …………………… 3－160
花影吹笙詞鈔二卷 …………………… 2－538
花磚日影集十卷 …………………… 2－481
花嶼詞 …………………… 2－509
花嶼讀書堂詩文詞鈔十二卷 ………… 3－266
花隱園課菊秘要 …………………… 3－407
花隱盦遺稿 …………………… 3－84
花簾詞 …………………… 3－251
花簾詞一卷香南雪北詞一卷 ………… 1－416
花簾詞一卷香南雪北詞一卷 ………… 3－503
花鏡六卷 …………………… 1－380
花鏡六卷 …………………… 2－194
花鏡六卷 …………………… 3－229
花鏡雋聲十六卷 …………………… 1－268
花譜移情八卷首一卷末一卷 ………… 3－188
芹池疊喜詩 …………………… 3－248
芥子園易經四卷 …………………… 2－16
芥子園書畫 …………………… 3－504
芥子園畫傳 …………………… 2－297
芥子園畫傳 …………………… 3－422
芥子園畫傳二十一卷 …………………… 2－304
芥子園畫傳二十卷 …………………… 1－137
芥子園畫傳二集 …………………… 1－82
芥子園畫傳二集九卷 …………………… 2－214
芥子園畫傳三集 …………………… 1－514
芥子園畫傳三集 …………………… 2－196
芥子園畫傳三集六卷 …………………… 2－214
芥子園畫傳三集六卷 …………………… 2－267
芥子園畫傳四集 …………………… 2－263
芥子園畫傳第四集 …………………… 3－150
芬陀利室詞一卷 …………………… 3－131
芬陀利室詞集五卷 …………………… 2－506
芬響閣存稿十卷 …………………… 3－145
芳茂山人文集十二卷 …………………… 3－259
芳茂山人詩文集詩九卷文十一卷 …… 2－421
芳茂山人詩錄 …………………… 2－338
芳茂山人詩錄十卷 …………………… 3－259
芳茹園樂府 …………………… 2－199
芳洲文集四卷 …………………… 3－170
克虜伯炮彈造法二卷圖一卷 ………… 2－300
克虜伯礮准心法 …………………… 1－390
克虜伯礮准心法 …………………… 1－391
克虜伯礮說四卷表八卷 ………………… 1－393
克虜伯礮說四卷操法四卷附表 ……… 2－234
杜工部年譜一卷杜詩補註一卷 ……… 1－44
杜工部草堂詩箋二十二卷 …………… 2－505
杜工部草堂詩箋二十二卷首一卷詩
話二卷 …………………… 3－315
杜工部集二十卷 …………………… 1－45
杜工部集二十卷 …………………… 1－431
杜工部集二十卷 …………………… 1－542
杜工部集二十卷 …………………… 1－543
杜工部集二十卷 …………………… 1－543
杜工部集二十卷 …………………… 2－381
杜工部集二十卷 …………………… 2－452
杜工部集二十卷首一卷 ……………… 1－48
杜工部集二十卷首一卷 ……………… 1－52
杜工部集二十卷首一卷 ……………… 1－280
杜工部集二十卷首一卷 ……………… 1－433
杜工部集二十卷首一卷 ……………… 1－538
杜工部集二十卷首一卷 ……………… 2－363
杜工部集二十卷唱酬題詠附錄一卷
諸家詩話一卷杜工部集附錄一卷
少陵先生年譜一卷 ……………… 1－206
杜工部詩集二十卷文集二卷集外詩
一卷 …………………… 1－44
杜工部詩話 …………………… 2－428
杜子美七言律不分卷 …………………… 1－272
杜天使冊封琉球真記奇觀 …………… 3－332
杜氏地理圖說八卷 …………………… 1－468
杜氏地理圖說八卷 …………………… 3－239
杜主開明前志五卷後志八卷 ………… 2－58
杜茶村詩鈔八卷序目一卷 …………… 1－307
杜荀鶴文集三卷 …………………… 1－274
杜律通解四卷 …………………… 1－44

杜律啟蒙十二卷 …… 1－204
杜律啓蒙十二卷年譜一卷 …… 1－52
杜詩分類五卷 …… 1－101
杜詩偶評四卷 …… 1－45
杜詩偶評四卷 …… 1－212
杜詩偶評四卷 …… 1－214
杜詩偶評四卷 …… 1－267
杜詩提要十四卷 …… 1－253
杜詩集說二卷末一卷 …… 1－430
杜詩會粹二十四卷 …… 1－44
杜詩會粹二十四卷 …… 1－225
杜詩詳注二十五卷附卷二卷 …… 2－380
杜詩詳注二十五卷首一卷 …… 1－100
杜詩詳注二十五卷首一卷附編二卷 …… 1－226
杜詩詳注二十五卷首一卷附編二卷 …… 1－230
杜詩論文五十六卷 …… 1－49
杜詩論文五十六卷 …… 1－209
杜詩鏡銓二十卷 …… 1－542
杜詩鏡銓二十卷 …… 2－443
杜詩鏡銓二十卷年譜一卷附錄一卷 …… 1－45
杜詩鏡銓二十卷年譜一卷附錄一卷 …… 1－217
杜詩鏡銓十卷 …… 2－422
杜詩闡三十三卷 …… 1－50
杜韓集韻二卷 …… 2－362
杜韓詩句集韻三卷 …… 1－103
杜韓詩句集韻三卷 …… 1－231
杕左堂集詩六卷詞四卷 …… 1－244
杕左堂集詩六卷詞四卷 …… 1－259
杏花天四卷十四回 …… 3－480
杏花樓詩稿四卷補遺一卷 …… 3－233
杏花寶卷 …… 3－63
杏花寶卷 …… 3－502
杏花寶卷一卷 …… 3－496
杏村詩集七卷 …… 1－207
杏瓊齋詩集三卷 …… 2－347
杏廬文鈔八卷 …… 2－486
杉湖酬唱詩畧二卷 …… 3－254
李二曲先生全集二十六卷 …… 2－348
李元賓文集六卷 …… 3－136
李元賓文集六卷 …… 3－193
李太白文集 …… 1－434
李太白文集三十六卷 …… 1－229
李太白文集三十六卷 …… 1－241
李太白文集三十卷目錄一卷後序一卷 …… 1－221
李太白文集三十卷目錄一卷後序一卷 …… 1－245
李太白全集十六卷 …… 1－231
李太白全集三十六卷 …… 2－374
李中丞遺集三卷 …… 2－417
李中麓閒居集十二卷 …… 1－47
李公案奇聞三十四回 …… 3－307
李公案奇聞四卷 …… 2－374
李公案奇聞初集三十四回 …… 1－373
李公頌 …… 2－262
李氏五種二十七卷 …… 1－361
李氏五種合刊 …… 1－443
李氏五種合刊 …… 2－91
李氏五種合刊 …… 2－94
李氏五種合刊 …… 2－94
李氏易傳十七卷易釋文一卷 …… 1－64
李氏音鑑六卷 …… 1－342
李氏音鑑六卷 …… 1－342
李氏焚書六卷 …… 1－52
李氏蒙求集註八卷 …… 2－322
李氏蒙求補注六卷 …… 2－96
李氏蒙求補注六卷 …… 2－444
李氏蒙求詳註四卷 …… 2－336
李氏算學遺書 …… 1－525
李氏遺書 …… 1－531
李氏遺書十一種十八卷 …… 1－373
李氏歷代輿地沿革圖校勘記 …… 1－470
李氏藏書六十八卷 …… 1－5
李氏藏書六十卷 …… 1－76
[李氏叢書]十二種二十四卷 …… 1－57
李文山詩集三卷 …… 1－40
李文山詩集三卷 …… 3－244
李文忠公外部函稿二十八卷 …… 1－404

李文忠公全書一百六十四卷首一卷 …… 3－314
李文忠公全集一百六十五卷 …… 1－403
李文忠公全集一百六十五卷 …… 1－545
李文忠公事略 …… 3－83
李文忠公朋僚函稿二十四卷 …… 3－371
李文忠公朋僚函稿二十四卷 …… 3－372
李文忠公朋僚函稿二十四卷 …… 3－372
李文忠公朋僚函稿二十卷 …… 3－360
李文忠公函稿 …… 3－394
李文忠公奏議二十卷 …… 2－152
李文忠公奏議二十卷 …… 3－370
李文忠公奏議二十卷 …… 3－385
李文忠公海軍函稿四卷 …… 3－375
李文忠公海軍函稿四卷 …… 3－375
李文忠公電稿四十卷 …… 3－368
李文忠公遷移蠶池口教堂函稿一卷 …… 3－375
李文忠公遺集八卷 …… 3－299
李文忠公譯署函稿二十卷 …… 3－426
李文恭公行述一卷 …… 2－481
李文恭公奏議二十二卷 …… 1－488
李文莊公全集十卷 …… 2－506
李文襄公文集十八卷 …… 1－32
李文襄公年譜 …… 1－69
李文襄公奏議二卷奏疏十卷別錄六卷 …… 1－213
李文襄公奏議二卷奏疏十卷別錄六卷首一卷 …… 1－69
李石亭詩集六卷文集六卷 …… 3－36
李申夫先生全集九卷 …… 2－504
李仕材先生三書八卷 …… 3－13
李光祿公遺集八卷 …… 2－376
李竹嬾先生說部全書 …… 1－199
李延平先生文集五卷 …… 1－32
李延平先生文集四卷 …… 2－440
李長吉昌谷集句解定本四卷 …… 1－228
李長吉昌谷集句解定本四卷 …… 1－230
李長吉集四卷外集一卷 …… 2－437
李長吉詩註四卷外集一卷 …… 2－423
李長吉歌詩四卷外集一卷首一卷 …… 1－313
李長吉歌詩四卷外集一卷首一卷 …… 3－264
李長吉歌詩四卷首一卷外集一卷 …… 2－374
李卓吾先生批評三國志一百二十回 …… 1－19
李卓吾批點世說新語補二十卷 …… 1－256
李卓吾評焚香記二卷四十齣 …… 1－38
李卓吾選批十種叢書 …… 1－443
李空同詩集三十二卷序目一卷 …… 3－104
李空同詩集三十三卷附錄一卷 …… 3－293
李厚岡集 …… 3－144
李素蘭風月玉壺春雜劇 …… 1－229
李剛介傳忠錄 …… 3－7
李剛烈公碧血錄 …… 3－11
李恕谷年譜 …… 2－153
李恕谷年譜 …… 2－153
李恕谷年譜五卷 …… 3－327
李恕谷先生年譜 …… 2－184
李恕谷瘳忘編 …… 2－285
李恕谷瘳忘編 …… 2－285
李菊圃先生遺文 …… 3－438
李笠翁十種曲 …… 2－412
李笠翁十種曲 …… 3－295
李笠翁六種曲 …… 3－210
李笠翁四種曲 …… 3－307
李笠翁先生試驗急救良方一卷 …… 3－504
李笠翁批閱三國志一百二十回 …… 1－19
李商隱詩集三卷 …… 2－483
李習之先生文集二卷 …… 2－422
李習之先生文集二卷 …… 3－297
李黑心寶卷 …… 3－286
李復堂畫小冊 …… 2－263
李温陵外紀五卷 …… 1－30
李遠詩集一卷 …… 1－281
李勤恪公政書 …… 2－169
李詩三集二十卷 …… 1－421
李義山文集箋註十卷 …… 1－221
李義山詩三卷 …… 2－379
李義山詩集十六卷 …… 1－219
李義山詩集三卷 …… 1－237
李義山詩集三卷 …… 2－323
李義山詩集三卷 …… 2－343

李義山詩集三卷 …………………………… 3－74
李義山詩集箋註十六卷……………… 1－241
李義山詩集輯評三卷…………………… 2－451
李肅毅伯奏議二十卷…………………… 3－364
李肅毅伯奏議十卷……………………… 2－184
李羣玉詩集三卷後集五卷……………… 3－160
李衛公文集二十卷……………………… 2－353
李衛公文集二十卷別集十卷外集四
　卷補遺一卷…………………………… 1－426
李衛公集………………………………… 1－544
李衛公會昌一品集三十五卷………… 3－134
李翰林集三十卷………………………… 2－376
李翰林集三十卷………………………… 2－441
李翰林集三十卷………………………… 3－441
李翰林詩集三十卷……………………… 1－540
李鴻章…………………………………… 2－500
李鴻章 ………………………………… 3－97
李鴻章(中國四十年來大事記) …… 3－519
李黼堂事略一卷………………………… 2－508
李躍門百蝶圖四卷……………………… 2－194
李鑒堂制軍查辦奉天等事件………… 2－129
李襲侯遺集八卷………………………… 2－377
李襲侯遺集八卷………………………… 3－416
李襲侯遺集八卷………………………… 3－430
車制攷…………………………………… 2－157
車營叩答合編四卷……………………… 2－309
車營百八叩……………………………… 1－106
車營百八叩……………………………… 1－117
車營圖制………………………………… 2－311
甫田集三十六卷………………………… 2－330
更生齋文甲集四卷乙集四卷續集二
　卷……………………………………… 3－353
更生齋文甲集四卷乙集四卷續集二
　卷詩集八卷續集十卷附鮚軒詩
　集八卷………………………………… 2－365
更生齋文續集二卷更生齋詩續集十
　卷……………………………………… 3－162
更生齋集文甲集四卷乙集二卷詩集
　八卷詩餘二卷………………………… 2－343
更生齋詩八卷…………………………… 3－428
更生齋詩續集十卷……………………… 3－428
更豈有此理四卷………………………… 2－526
更豈有此理四卷 ……………………… 3－35
[嘉慶]東鹿縣志十卷 ………………… 2－73
吾丘詩吾丘詩餘吾丘小品…………… 1－221
吾汶全藁十卷文獻錄一卷從祀錄一
　卷……………………………………… 1－263
吾汶稿十卷……………………………… 2－430
吾汶稿十卷……………………………… 2－430
吾炙集 ………………………………… 3－83
吾炙集 ………………………………… 3－95
吾炙集二卷……………………………… 1－274
吾亭唱和詩存一卷……………………… 3－260
吾學編六十九卷 ……………………… 1－78
吾學錄二十四卷………………………… 2－197
吾學錄初編二十四卷…………………… 1－504
吾學錄初編二十四卷 ………………… 2－70
吾學錄初編二十四卷…………………… 3－203
吾學錄初編二十四卷…………………… 3－397
吾學錄初編二十四卷…………………… 3－542
吾學錄初編二卷………………………… 1－341
吾廬筆談八卷 ………………………… 3－22
豆棚閒話十二卷………………………… 1－377
豆棚閒話十二卷………………………… 3－480
豆醫蠡酌錄三卷………………………… 1－292
酉陽雜俎二十卷續集十卷……………… 1－199
酉陽雜俎二十卷續集十卷……………… 1－392
[乾隆]辰州府志五十卷首一卷 …… 2－55
辰星寶卷………………………………… 3－170
[咸豐]邳州志 ………………………… 2－471
[咸豐]邳州志二十卷首一卷 ……… 2－56
[咸豐]邳州志二十卷首一卷 ……… 3－176
夾漈遺稿二卷 ………………………… 3－86
扶荔生詞三卷扶荔詞別錄一卷 …… 1－22
扶荔生覆瓿集十卷 …………………… 3－47
扶荔生覆瓿集十卷首一卷 ………… 3－80
扶風許氏仙音集二卷 ………………… 3－88
[嘉慶]扶風縣志十八卷 …………… 2－534
扶雅堂詩集十四卷……………………… 3－156
扶雅堂詩集十四卷……………………… 3－264
抛綵球寶卷 …………………………… 3－69
批註左傳快讀十八卷 ………………… 2－35

批點春秋左傳綱目句解………………… 3－210
批點春秋左傳綱目句解六卷 ………… 2－34
批點燕子箋二卷四十二出………… 3－404
批點燕子箋二卷四十二出………… 3－513
抄本曲譜………………………………… 3－194
抄本劇本………………………………… 3－515
抄本劇本不分卷……………………… 3－515
折中施食儀範………………………… 1－282
折式昆曲劇本八十四折……………… 1－311
［折席銀帳本］ …………………… 3－418
折疑論五卷…………………………… 1－148
折疑論集註…………………………… 2－215
折疑論集註二卷……………………… 2－203
折獄龜鑑八卷………………………… 3－303
抑庵遺詩八卷………………………… 2－504
投梭記二卷三十出…………………… 3－424
投梭記二卷三十出…………………… 3－461
投梭記二卷三十出…………………… 3－461
投壺儀節一卷………………………… 2－290
投筆集二卷…………………………… 1－205
抗希堂十六種全書…………………… 1－546
抗希堂十六種全書……………………… 2－1
抗希堂稿……………………………… 3－302
抒懷操………………………………… 3－191
求一得齋算學七種…………………… 2－204
求已錄三卷…………………………… 2－202
求艾錄十卷 ……………………… 3－45
求古精舍金石圖四卷………………… 1－493
求古精舍金石圖四卷………………… 3－294
求古錄………………………………… 2－168
求古齋訂正九經五十一卷附三種四
　卷……………………………………… 1－1
求可堂自記…………………………… 2－524
求自得之室文鈔十二卷……………… 2－486
求志居集……………………………… 2－344
求志居集三十六卷外集一卷………… 2－367
求志居楹聯約錄……………………… 2－379
求志居經說六種 ………………… 2－20
求志堂存稿彙編……………………… 3－182
求表捷術九卷………………………… 3－225
求雨篇………………………………… 3－257
求治管見合刻………………………… 1－500
求是堂詩集二十二卷………………… 2－496
求是齋十六科鄉會墨醇……………… 3－301
求真是齋詩草二卷…………………… 2－407
求益齋全集二十卷…………………… 2－436
求益齋全集五種……………………… 2－495
求復彔四卷…………………………… 2－314
求聞過齋詩集六卷文集四卷………… 2－417
求實齋叢書十四種…………………… 1－444
求闕齋日記類鈔二卷………………… 2－212
求闕齋日記類鈔二卷………………… 3－131
求闕齋日記類鈔二卷………………… 3－365
求闕齋日記類鈔二卷………………… 3－395
求闕齋日記類鈔十卷………………… 1－349
求闕齋弟子記………………………… 1－504
求闕齋弟子記三十二卷 …………… 2－94
求闕齋弟子記三十二卷……………… 2－214
求闕齋弟子記三十卷………………… 3－318
求闕齋讀書錄十卷…………………… 2－212
求闕齋讀書錄十卷…………………… 2－446
求闕齋讀書錄十卷…………………… 3－430
求礦指南十卷附卷一卷……………… 2－235
求礦指南十卷附卷一卷……………… 2－235
迓福迎祥……………………………… 3－450
步兵工作教範………………………… 3－383
步兵斥候教練不分卷………………… 3－381
步兵各個教練書……………………… 3－383
步兵各個教練書不分卷……………… 3－381
步兵射擊教範………………………… 3－383
步兵部隊教練書……………………… 3－383
步兵暫行操法不分卷………………… 3－380
步兵操典……………………………… 3－383
步兵戰鬥射擊教練書………………… 3－383
步姜詞二卷…………………………… 2－470
里安百詠……………………………… 3－256
里乘…………………………………… 1－378
里乘…………………………………… 2－308
里乘十卷……………………………… 2－395
里乘十卷……………………………… 2－500
里乘十卷……………………………… 3－411

呈雲南警察局暨附設學堂試辦各章程 …… 2－94
見山堂詩草 …… 2－329
見山樓詩鈔二卷 …… 3－160
見星樓賦話十卷 …… 2－363
見菴錦官錄八種 …… 2－5
見新籙寶卷 …… 3－72
見聞隨筆二十六卷 …… 2－269
見聞隨筆二十六卷 …… 2－269
見聞隨筆二十六卷 …… 3－12
見聞輯要 …… 3－8
見聞雜記十一卷 …… 3－332
見聞雜記十一卷首一卷 …… 1－16
見聞續筆二十四卷 …… 1－377
助字辨略五卷 …… 1－60
呆齋公年譜一卷 …… 1－7
足本評點東萊博議四卷 …… 2－540
男女延壽寶卷 …… 3－70
困知記八卷 …… 1－89
困知記九卷 …… 1－381
困學紀聞二十卷 …… 1－138
困學紀聞二十卷 …… 1－203
困學紀聞二十卷 …… 1－376
困學紀聞二十卷 …… 1－515
困學紀聞二十卷 …… 2－204
困學紀聞二十卷 …… 2－215
困學紀聞五箋二十卷 …… 2－203
困學紀聞注二十卷 …… 1－376
困學紀聞集證二十卷 …… 2－203
串雅内外編八卷 …… 3－300
串雅内編四卷 …… 3－134
串頭八出 …… 3－453
呂子節錄四卷 …… 2－293
呂子節錄四卷補遺二卷 …… 2－196
呂子節錄四卷補遺二卷 …… 2－202
呂子遺書 …… 1－375
呂子遺書 …… 1－513
呂氏三姊妹集 …… 2－420
呂氏四禮翼 …… 1－199
呂氏四禮翼 …… 2－171
呂氏春秋二十六卷 …… 1－83
呂氏春秋二十六卷 …… 1－84
呂氏春秋二十六卷 …… 1－194
呂氏春秋二十六卷 …… 1－289
呂氏春秋二十六卷 …… 2－260
呂氏春秋二十六卷 …… 2－299
呂氏春秋二十六卷 …… 3－430
呂氏家塾讀詩記三十二卷 …… 1－456
呂氏家塾讀詩記三十二卷 …… 2－8
呂氏家塾讀詩記三十二卷 …… 2－51
呂洞賓度鐵拐李岳雜劇一卷 …… 1－229
呂祖仙書 …… 2－256
呂祖全書 …… 2－537
呂祖全書 …… 2－537
呂祖全書三十二卷 …… 2－296
呂祖全書三十二卷 …… 3－389
呂祖全書六十四卷 …… 2－311
呂祖師降諭遵信玉曆鈔傳閻王經一卷 …… 3－500
呂祖師度何仙姑因果卷二卷 …… 3－500
呂祖師度何仙姑因果寶卷 …… 3－62
呂祖普度詞一卷 …… 3－498
呂涇野先生文集三十八卷 …… 2－458
呂書四種合刻 …… 3－490
呂晚邨手書家訓五卷 …… 3－327
呂晚邨四書講義四十三卷 …… 1－2
呂晚邨先生四書講義四十三卷 …… 1－142
呂晚邨東莊詩集 …… 2－325
呂新吾先生去僞齋文集十卷 …… 1－225
呂新吾全集 …… 1－245
呂新吾全集二十一種 …… 1－101
呂語集粹四卷 …… 2－285
吟林綴語 …… 3－79
吟香室詩草二卷 …… 2－372
吟香堂曲譜四卷 …… 1－314
吟香館詩草十二卷 …… 2－500
吟秋館詩存 …… 2－476
吟風閣四卷 …… 1－317
吟風閣四卷 …… 3－257
吟風閣四卷三十二種 …… 1－22
吟風閣雜劇四卷 …… 3－448
吟紅閣詩鈔五卷 …… 3－195

吟雲仙館詩稿一卷…………………… 3－101
吟雲仙館詩稿一卷附錄一卷………… 3－229
吟詩義法錄四卷 ……………………… 3－94
吟鳳閣[罷宴]雜齣[七巧圖]一折 … 2－510
妝樓摘豔十卷首一卷………………… 3－507
吹網錄六卷…………………………… 1－532
吹影編四卷 …………………………… 3－95
吹彈笛樂詞譜四十八首 ……………… 3－464
吳下諺聯四卷………………………… 3－227
吳山伍公廟志六卷…………………… 3－151
吳山伍公廟志六卷首一卷…………… 2－150
吳友如花卉冊第十二集 ……………… 2－301
吳中女士詩鈔十種…………………… 1－272
吳中平寇記八卷……………………… 1－347
吳中平寇記八卷……………………… 2－522
吳中平寇記八卷………………………… 3－9
吳中唱和集八卷……………………… 3－312
吳氏一家稿八十二卷………………… 2－441
吳氏石蓮菴刻山左人詞 ……………… 3－108
吳氏見聞記十二卷…………………… 3－234
吳氏言行錄二卷………………………… 3－7
吳氏說鈴攬勝二十五種 ……………… 3－316
吳氏遺著五卷附錄一卷 ……………… 2－30
吳氏遺著五卷附錄一卷……………… 3－132
吳氏醫學述第五種傷寒分經十卷 …… 1－80
吳氏醫學述第五種傷寒分經十卷 …… 1－86
吳文節公遺集八十卷………………… 3－301
吳古餘制義二卷……………………… 2－349
吳地記 ………………………………… 2－69
吳地記………………………………… 3－218
吳地記一卷附後集一卷……………… 2－149
吳竹如年譜…………………………… 2－539
吳江水攷增輯五卷附編二卷 ………… 3－34
吳江沈氏詩集録十二卷……………… 1－233
吳江沈氏詩錄十二卷………………… 1－433
[光緒]吳江縣續志四十卷 ………… 2－538
吳吳山三婦合評牡丹亭還魂記二卷
　　………………………………………… 1－56
吳吳山三婦合評牡丹亭還魂記二卷
　首一卷……………………………… 3－447
吳吳山三婦評箋注釋聖歎第六才子
　書八卷附三卷……………………… 3－508
吳社集四卷…………………………… 3－191
吳門百豔圖五卷……………………… 3－116
吳門百豔圖五卷……………………… 3－331
吳門治驗錄四卷……………………… 1－519
吳門畫舫錄一卷……………………… 3－399
吳門畫舫錄二卷……………………… 1－363
吳門畫舫錄二卷……………………… 1－379
吳門畫舫續錄内編一卷外編一卷紀
　事一卷首一卷畫舫續錄投贈三卷
　………………………………………… 3－507
吳門畫舫續錄六卷…………………… 1－363
吳忠節公遺集四卷…………………… 1－255
吳侍讀全集…………………………… 1－535
吳柳堂先生誄文正續合編…………… 3－268
吳柳堂先生請預定大統遺摺疏稿附
　廷議各疏稿………………………… 1－274
吳貞女女貞錄………………………… 2－499
吳郡名賢圖傳贊二十卷……………… 1－358
吳郡名賢圖傳贊二十卷……………… 1－486
[紹定]吳郡志五十卷 ……………… 1－68
吳郡金石目 …………………………… 2－92
吳郡圖經續記三卷 …………………… 2－61
[元豐]吳郡圖經續記三卷 ………… 2－68
[元豐]吳郡圖經續記三卷 ……… 2－147
[元豐]吳郡圖經續記三卷校勘記一卷 ……
　　…………………………………… 3－179
吳都文粹十卷 ………………………… 1－22
吳宮保公奏議六卷 …………………… 3－19
吳梅村先生年譜四卷 ………………… 3－92
吳梅村先生年譜四卷………………… 3－216
吳梅村詞……………………………… 2－371
吳梅村詞……………………………… 2－429
吳梅村詩集箋注十八卷……………… 1－423
吳梅村詩集箋注十八卷……………… 1－537
吳梅村詩集箋注十八卷……………… 2－440
吳梅村劇作三種……………………… 1－317
吳梅村劇作三種……………………… 3－449
吳康齋先生集十二卷………………… 1－431
吳越所見書畫録六卷書畫說一卷…… 1－198
吳越所見書畫錄六卷………………… 1－514

吳越所見書畫錄六卷 …………………… 1－516
吳越所見書畫錄六卷 …………………… 2－195
吳越春秋十卷 …………………… 3－330
吳越春秋[鼓詞] …………………… 1－51
吳越備史四卷首一卷 …………………… 1－352
吳疎山先生遺集十二卷 …………………… 2－446
吳園周易鮮九卷附錄一卷 …………………… 1－448
吳歈小草十卷 …………………… 1－431
吳歈萃雅四卷 …………………… 1－21
吳會英才集二十四卷 …………………… 2－434
吳會英才集二十卷 …………………… 2－405
吳詩集覽二十卷 …………………… 1－227
吳詩集覽二十卷 …………………… 2－347
吳詩集覽二十卷首一卷談藪二卷補
注二十卷 …………………… 2－378
吳慈鶴全集 …………………… 1－431
吳漁山山水冊 …………………… 2－262
吳摯甫文集四卷 …………………… 2－332
吳摯甫尺牘十卷 …………………… 2－447
吳摯甫尺牘五卷補遺一卷 …………………… 3－345
吳摯甫傳狀 …………………… 3－201
[光緒]吳橋縣志十二卷 …………………… 2－74
[光緒]吳橋縣志十二卷 …………………… 3－281
吳興合璧四卷 …………………… 1－120
吳興長橋沈氏家集二十九卷 …………………… 2－504
吳興金石記十六卷 …………………… 3－197
吳興科第表 …………………… 3－204
吳興記 …………………… 2－60
吳興詩存四集四十八卷 …………………… 2－321
吳學士文集四卷詩集五卷 …………………… 2－455
吳學士文集四卷詩集四卷 …………………… 2－441
吳醫彙講十一卷 …………………… 1－85
吳醫彙講十一卷 …………………… 1－507
吳顧賦稾合刻詳注 …………………… 2－322
吳讓之印存 …………………… 3－199
映盦詞 …………………… 2－497
映盦詞一卷 …………………… 3－373
別本刑統賦解一卷 …………………… 2－163
別雅五卷 …………………… 1－291
別雅五卷 …………………… 3－345
別譯雜阿含經二十卷 …………………… 1－163
囮生集二卷續集二卷 …………………… 3－187
刪注脈訣規正二卷 …………………… 2－533
刪訂痘疹定論四卷 …………………… 3－188
刪除律例 …………………… 2－157
刪除律例二卷 …………………… 3－383
刪註脈訣規正二卷 …………………… 3－153
刪註脈訣規正圖二卷 …………………… 1－518
刪補古今文致十卷 …………………… 1－256
刪補古今文致八卷 …………………… 2－451
岑府君行狀 …………………… 3－265
岑華居士外集二卷 …………………… 3－379
岑華居士蘭鯨錄八卷 …………………… 2－455
岑襄勤公年譜十卷 …………………… 2－509
岑襄勤公奏稿三十卷 …………………… 3－40
牡丹亭 …………………… 2－511
牡丹亭 …………………… 2－511
牡丹亭 …………………… 2－511
牡丹亭 …………………… 2－512
牡丹亭 …………………… 2－512
牡丹亭一折 …………………… 2－511
牡丹亭一折 …………………… 2－511
牡丹亭一折 …………………… 2－511
牡丹亭一折 …………………… 2－511
牡丹亭一折 …………………… 2－511
牡丹亭曲譜二卷 …………………… 1－56
牡丹亭追魂記二卷 …………………… 1－422
牡丹亭還魂記二卷 …………………… 1－316
牡丹亭還魂記二卷 …………………… 2－357
牡丹亭還魂記二卷五十五出 …………………… 3－449
牡丹亭還魂記八卷 …………………… 1－422
告示 …………………… 3－146
利於不息齋初集 …………………… 2－328
[光緒]利津縣志十卷 …………………… 3－31
利溥集三種十四卷 …………………… 3－190
秀山公牘五卷 …………………… 1－501
[光緒]秀山縣志十四卷首一卷 …………………… 2－56
秀女寶卷 …………………… 3－234
秀英寶卷 …………………… 3－70
秀英寶卷一卷 …………………… 3－502
私塾改良總會章程 …………………… 2－105
我法集 …………………… 3－120

我法集二卷…………………………… 3－260
我信錄二卷…………………………… 3－196
兵書…………………………………… 3－529
兵船汽機六卷附一卷………………… 2－236
兵船礮法六卷………………………… 1－390
兵鏡類編四十卷首一卷……………… 3－161
兵鏡類編四十卷首一卷……………… 3－382
邱文莊公集十卷……………………… 1－255
邱海二公合集兩種…………………… 3－296
邱樊倡和集…………………………… 2－428
何大復先生集三十八卷 ……………… 1－34
何大復先生集三十八卷……………… 1－544
何大復先生集三十八卷附錄一卷 …… 1－94
何大復先生集三十八卷附錄一卷…… 1－101
何大復先生集三十八卷附錄一卷…… 1－220
何子清遺文集………………………… 2－479
何氏公羊春秋十論三卷……………… 3－410
何氏集二十六卷……………………… 1－273
何氏語林三十卷……………………… 1－105
何文秀報冤傳 ………………………… 3－28
何文秀寶卷 …………………………… 3－65
何水部集不分卷……………………… 1－329
何仙姑寶卷二卷……………………… 2－402
何仙姑寶卷二卷……………………… 3－500
何必西廂彈詞………………………… 1－408
何仲默先生詩集十五卷 ……………… 1－32
何希之先生雞肋集一卷……………… 1－262
何耿繩行述…………………………… 2－530
何焯先生集十二卷…………………… 2－368
何端簡公集十二卷附卷一卷………… 2－384
何燕泉先生餘冬序錄六十五卷……… 1－233
佐治芻言……………………………… 1－390
佐治芻言……………………………… 1－391
佐治芻言……………………………… 3－364
佐治藥言……………………………… 2－191
佚名史書……………………………… 3－512
作文稿………………………………… 2－414
作吏要言……………………………… 3－133
作如是觀四卷………………………… 3－138
作新末議……………………………… 3－165
作新末議二卷………………………… 3－370
作戰糧食給養法概意………………… 3－383
伯山文鈔 ……………………………… 3－86
伯山詩鈔癸巳集七卷庚申集全卷 …… 3－85
伯山詩話四續集 ……………………… 3－86
伯山詩話續集四卷後集二卷再續集
二卷三續集二卷 ……………………… 3－85
伯牙心法一卷………………………… 1－306
伯牙琴一卷…………………………… 2－430
伯牙琴一卷…………………………… 2－430
身世金箴……………………………… 3－214
佛本行集經六十卷…………………… 1－150
佛本行集經六十卷…………………… 1－337
佛本行經七卷………………………… 1－177
佛本行經七卷………………………… 2－251
佛母大孔雀明王經三卷……………… 1－336
佛母出生三法藏般若波羅蜜多經二
十五卷………………………………… 1－337
佛地經論七卷………………………… 1－152
佛曲十九種…………………………… 2－416
佛曲佛歌佛詩詞……………………… 3－105
佛旨度魔……………………………… 3－456
佛旨度魔二出五場…………………… 3－454
佛旨度魔　魔王答佛………………… 3－450
佛旨度魔　魔王答佛………………… 3－456
佛阿毗曇經二卷……………………… 1－186
佛果擊節錄二卷……………………… 2－228
佛果擊節錄二卷……………………… 2－243
佛昇忉利天爲母說法經三卷………… 1－151
佛昇忉利天爲母說法經三卷………… 1－169
佛垂般涅槃略說教誡經……………… 2－216
佛祖心要節錄二卷…………………… 2－219
佛祖心燈宗教律諸家演派…………… 2－221
佛祖心燈宗教律諸家演派…………… 2－223
佛祖正傳古今捷録一卷附拈頌一卷
……………………………………… 1－163
佛祖綱目四十一卷首一卷…………… 1－203
佛華嚴入如來德智不思議境界經一
卷……………………………………… 1－165
佛般泥洹經二卷……………………… 1－154
佛冤綱禪師語録十二卷……………… 1－157
佛教初學課本………………………… 3－434

佛教初學課本附注…………………… 2－222
佛教初學課本附注…………………… 2－222
佛教初學課本附注…………………… 2－222
佛教初學課本並注…………………… 2－307
佛頂心大陀羅尼經三卷……………… 1－190
佛頂心大陀羅尼經三卷……………… 1－190
佛頂心大陀羅尼經三卷……………… 1－335
佛頂心大陀羅尼經三卷……………… 1－335
佛頂心陀羅尼經……………………… 2－250
佛頂心陀羅尼經……………………… 2－250
佛頂心陀羅尼經……………………… 2－250
佛頂心陀羅尼經……………………… 2－250
佛頂心陀羅尼經三卷………………… 1－336
佛頂心陀羅尼經三卷………………… 1－336
佛頂心陀羅尼經三卷………………… 1－336
佛頂心陀羅尼經三卷………………… 1－336
佛頂心陀羅尼經三卷………………… 1－336
佛頂光明摩訶薩怛多般怛囉無上神
　咒…………………………………… 2－242
佛頂首楞嚴經圓通疏十卷…………… 2－251
佛頂尊勝陀羅尼經…………………… 2－228
佛頂尊勝總持經咒一卷……………… 1－151
佛頂楞嚴經會解二十卷……………… 2－240
佛爲阿支羅迦葉自化作苦經………… 2－239
佛爲海龍王說法印經………………… 2－237
佛爲海龍王說法印經一卷…………… 1－175
佛像做法……………………………… 3－317
佛像做法……………………………… 3－318
佛會一折……………………………… 2－510
佛爾雅八卷…………………………… 2－197
佛爾雅八卷…………………………… 2－215
佛爾雅八卷…………………………… 2－244
佛爾雅八卷 …………………………… 3－31
佛說一切如來安像三昧儀軌經……… 1－192
佛說一切如來真實攝大乘現證三昧
　大教王經三十卷…………………… 2－250
佛說一切佛攝相應大教王經聖觀自
　在菩薩念誦儀軌經一卷…………… 1－192
佛說一切法功德莊嚴王經一卷……… 1－161
佛說十一面觀世音神咒經一卷……… 1－174
佛說十二頭陀經……………………… 2－224
佛說十二頭陀經(沙門頭陀經) …… 1－176
佛說十善業道經……………………… 1－185
佛說十善業道經……………………… 2－218
佛說十善業道經……………………… 2－218
佛說十善業道經節要………………… 2－225
佛說七俱胝佛母准提大明陀羅陀經
　……………………………………… 2－228
佛說八大人覺經……………………… 2－248
佛說八吉祥神咒經…………………… 2－231
佛說八吉祥經………………………… 2－231
佛說八佛名號經……………………… 2－231
佛說八師經佛說長者音悅經佛說龍
　王弟兄經佛說七女經黑氏梵志經
　四願經未生怨經…………………… 2－239
佛說八陽神咒經佛說龍施菩薩本起
　經佛說盂蘭盆經…………………… 2－231
佛說八無暇有暇經…………………… 2－237
佛說人本欲生經……………………… 1－154
佛說九色鹿經一卷…………………… 1－172
佛說了義般若波羅密多經一卷……… 2－223
佛說三品弟子經一卷………………… 1－176
佛說大方等大雲請雨經……………… 1－170
佛說大方等大集菩薩念佛三昧經十
　卷…………………………………… 1－183
佛說大方廣十輪經八卷……………… 1－153
佛說大方廣十輪經八卷……………… 1－161
佛說大方廣曼殊室利經觀自在多羅
　潑灑儀軌經………………………… 1－191
佛說大安般守意經二卷……………… 2－245
佛說大阿彌陁經二卷………………… 1－170
佛說大阿彌陀經二卷………………… 1－190
佛說大阿彌陀經二卷………………… 1－190
佛說大迦葉問大寶積正法經五卷…… 1－181
佛說大威燈光仙人問疑經一卷……… 1－171
佛說大乘十法經……………………… 1－147
佛說大乘十法經一卷………………… 1－184
佛說大乘日子王所問經……………… 1－179
佛說大乘方等要慧經二卷…………… 1－192
佛說大乘同性經二卷………………… 1－150
佛說大乘同性經二卷………………… 1－171
佛說大乘金剛經論…………………… 2－220

佛說大乘莊嚴寶王經四卷…………… 1－179
佛說大乘菩薩藏正法經四十卷……… 1－160
佛說大乘無量壽莊嚴經……………… 2－221
佛說大乘無量壽莊嚴經三卷………… 1－153
佛說大乘聖吉祥持世陀羅尼經……… 1－179
佛說大乘聖無量壽決定光明王如來
陀羅尼經…………………………… 1－179
佛說大乘聖無量壽決定光明王如來
陀羅尼經…………………………… 2－250
佛說大乘觀想曼拏羅淨諸惡趣經二
卷………………………………… 1－191
佛說大淨法門品經…………………… 2－230
佛說大淨法門品經一卷……………… 1－170
佛說大藏血盆經……………………… 1－191
佛說大灌頂神呪經十二卷…………… 1－148
佛說大灌頂神呪經十二卷…………… 1－167
佛說千手千眼觀世音菩薩廣大圓滿
無礙大悲陀羅尼經………………… 1－188
佛說尸迦羅越六方禮經……………… 1－154
佛說五十頌聖般若波羅密經一卷…… 2－223
佛說五王經一卷佛說越難經一卷…… 2－223
佛說五苦章句經……………………… 2－217
佛說太子沐魄經一卷………………… 1－172
佛說巨力長者所門大乘經三卷……… 2－230
佛說中心經…………………………… 2－237
佛說內藏百寶經……………………… 2－237
佛說仁王護國般若波羅密經疏三卷
附仁王經疏科文…………………… 1－155
佛說仁王護國般若波羅密經疏神寶
記四卷……………………………… 2－221
佛說月光童子經一卷………………… 1－173
佛說文殊師利現寶藏經二卷………… 1－148
佛說文殊師利現寶藏經二卷………… 1－167
佛說文殊悔過經……………………… 1－187
佛說方等般泥洹經二卷……………… 1－178
佛說孔雀王呪經二卷………………… 1－146
佛說末利支提婆華鬘經……………… 2－219
佛說右遶佛塔功德經一卷…………… 1－175
佛說布施經…………………………… 1－180
佛說目連所問經……………………… 1－180
佛說目連問戒律中五百輕重事經二
卷………………………………… 2－219
佛說申曰兒本經一卷………………… 1－173
佛說四十二章經……………………… 1－331
佛說四十二章經……………………… 2－218
佛說四十二章經……………………… 2－218
佛說四十二章經……………………… 2－241
佛說四十二章經……………………… 2－242
佛說四十二章經注…………………… 2－248
佛說四十二章經解佛遺教經解……… 2－213
佛說四十二章經解…………………… 2－248
佛說四十二章經解…………………… 2－307
佛說四天王經………………………… 2－237
佛說四分戒本………………………… 1－331
佛說四輩經一卷……………………… 1－176
佛說四諦經…………………………… 2－218
佛說生經五卷………………………… 1－154
佛說犯戒罪報輕重經………………… 1－186
佛說犯罪輕重經……………………… 2－223
佛說出家十一經長者懊惱三處經佛
說阿含正行經佛說出家緣經佛說
法受塵經佛說十八泥犁經………… 2－244
佛說出家功德經……………………… 2－315
佛說老女人經………………………… 1－172
佛說老女人經………………………… 2－227
佛說老母女六英經…………………… 1－172
佛說老母經一卷……………………… 1－172
佛說因緣僧護經一卷………………… 1－179
佛說決定毗尼經……………………… 1－184
佛說守護大千國土經三卷…………… 1－179
佛說守護大千國土經三卷…………… 2－218
佛說如幻三昧經……………………… 1－185
佛說如幻三昧經……………………… 1－185
佛說如來興顯經四卷………………… 1－165
佛說如意摩尼陀羅尼經……………… 1－181
佛說如意寶總持王經………………… 1－181
佛說戒消災經………………………… 1－186
佛說戒消災經………………………… 2－223
佛說李素真還魂卷…………………… 1－290
佛說貝多樹下思維十二因緣經……… 2－230

佛說見正經佛說呵鵰阿那舍經佛說
大魚事經佛說阿難七夢經………… 2－237
佛說身觀經………………………… 2－237
佛說佛印三昧經…………………… 1－306
佛說佛印三昧經一卷……………… 1－176
佛說佛母般若波羅密多大明觀想儀
軌經一卷………………………… 1－191
佛說佛地經一卷…………………… 1－161
佛說佛名經十二卷………………… 1－167
佛說沙彌十戒儀則經……………… 1－179
佛說阿閦世王經二卷……………… 2－229
佛說阿閦佛國經二卷……………… 2－229
佛說阿閦佛國經三卷……………… 1－147
佛說阿閦佛國經三卷……………… 1－184
佛說阿闍世王女阿術達菩薩經一卷
………………………………………… 1－184
佛說阿闍世王經二卷……………… 1－167
佛說阿彌陁經一卷………………… 1－170
佛說阿彌陀經……………………… 2－210
佛說阿彌陀經……………………… 2－223
佛說阿彌陀經……………………… 2－223
佛說阿彌陀經……………………… 2－224
佛說阿彌陀經……………………… 2－224
佛說阿彌陀經……………………… 2－311
佛說阿彌陀經……………………… 3－529
佛說阿彌陀經二卷………………… 1－184
佛說阿彌陀經要解………………… 1－142
佛說阿彌陀經要解………………… 2－213
佛說阿彌陀經略解………………… 2－238
佛說阿彌陀經疏…………………… 2－223
佛說阿彌陀經疏…………………… 2－223
佛說阿彌陀經義疏………………… 2－222
佛說阿彌陀經摘要易解…………… 2－231
佛說妙色王因緣經一卷…………… 1－175
佛說盂蘭盆鈔疏並序孝衡鈔二卷…… 2－213
佛說盂蘭盆經疏…………………… 2－230
佛說盂蘭盆經新疏………………… 2－230
佛說長阿含經二十二卷…………… 2－244
佛說長阿含經二十二卷…………… 2－245
佛說長者子制經一卷……………… 1－172
佛說長者法老要經佛說長者女庵提
遮師子吼了義經………………… 2－227
佛說長壽王經一卷………………… 1－177
佛說長壽滅罪讚諸童子陀羅尼經…… 2－250
佛說苾芻五法經…………………… 1－180
佛說苾芻迦尸迦十法經…………… 1－180
佛說拔除罪障咒王經一卷………… 1－161
佛說明度五十校計經二卷………… 1－181
佛說金剛手菩薩降伏一切部多大教
王經三卷………………………… 1－191
佛說金剛般若波羅蜜經略疏………… 2－286
佛說金剛般若波羅蜜經略疏二卷…… 2－224
佛說金剛般若波羅蜜經略疏二卷…… 2－286
佛說金耀童子經…………………… 1－179
佛說受十善戒經…………………… 1－186
佛說受十善戒經…………………… 2－247
佛說乳光佛經一卷………………… 1－173
佛說放鉢經………………………… 1－170
佛說法律三昧經…………………… 1－185
佛說法常住經……………………… 1－177
佛說法滅盡經一卷………………… 1－176
佛說法鏡經二卷…………………… 1－147
佛說法鏡經二卷…………………… 1－184
佛說迦葉禁戒經…………………… 1－186
佛說迦葉禁戒經…………………… 2－223
佛說甚深大迴向經一卷…………… 1－176
佛說持明藏八大總持王經………… 1－181
佛說胞胎經………………………… 1－147
佛說胞胎經………………………… 2－239
佛說胞胎經一卷…………………… 1－184
佛說施燈功德經…………………… 1－193
佛說首楞嚴三昧經三卷…………… 1－167
佛說華聚陀羅尼咒經一卷………… 1－175
佛說校量數珠功德經一卷………… 2－231
佛說逝童子經一卷………………… 1－173
佛說造像量度經…………………… 2－224
佛說秘密三昧大教王經四卷……… 1－191
佛說高王觀世音菩薩真經………… 2－307
佛說海龍王經四卷………………… 1－149
佛說海龍王經四卷………………… 1－175
佛說海龍王經四卷………………… 2－230

佛說浴像功德經…………………………2－231
佛說菩薩十住經…………………………1－166
佛說菩薩十住經…………………………2－237
佛說菩薩本業經…………………………1－166
佛說菩薩本業經…………………………2－237
佛說菩薩念佛三昧經六卷………………1－183
佛說菩薩逝經一卷………………………1－173
佛說梵網六十二見經……………………1－154
佛說梵網經………………………………2－250
佛說梵網經二卷…………………………1－164
佛說梵網經二卷…………………………2－226
佛說梵網經二卷…………………………3－316
佛說梵網經二卷…………………………3－386
佛說梵網經直解十卷……………………2－202
佛說梵網經菩薩心地品下畧疏八卷
　………………………………………………1－159
佛說梵網經菩薩心地品玄義不分卷
　………………………………………………1－187
佛說梵網經菩薩心地品合註七卷……1－187
佛說堅固女經……………………………2－227
佛說第一義法勝經一卷…………………1－171
佛說進學經………………………………2－244
佛說兜沙經………………………………1－166
佛說兜沙經………………………………2－236
佛說得道梯隥錫杖經……………………2－244
佛說貧窮老公經…………………………2－244
佛說象腋經一卷…………………………1－150
佛說象腋經一卷…………………………1－171
佛說清淨無爲直指正真收圓寶卷……1－306
佛說淨業障經……………………………1－186
佛說淨意優婆塞所問經一卷……………2－223
佛說婦人遇辛經…………………………2－237
佛說紹興城救父還國慈雲登基寶卷
　一卷……………………………………3－499
佛說越難經………………………………2－239
佛說報恩奉盆經佛說造立形像福報
　經佛說作佛形像經……………………2－231
佛說虛空藏菩薩能滿諸願最勝心陀
　羅尼求聞持法一卷……………………1－161
佛說最上祕密那拏天經三卷……………1－147
佛說最上根本大樂金剛不空三昧大
　教王經七卷……………………………1－147
佛說最上根本大樂金剛不空三昧大
　教王經三卷……………………………1－191
佛說最上秘密那拏天經三卷……………1－191
佛說最上意陀羅尼經……………………1－181
佛說開覺自性般若波羅密多經四卷
　………………………………………………2－223
佛說無二平等最上瑜伽大教王經六
　卷………………………………………1－191
佛說無言童子經二卷……………………2－223
佛說無所希望經…………………………2－209
佛說無所希望經(象步經)一卷　……1－171
佛說無常經………………………………2－237
佛說無極寶三昧經二卷…………………3－391
佛說無量清淨平等覺經三卷……………1－183
佛說無量清淨平等覺經三卷……………2－222
佛說無量清淨平等覺經三卷……………2－247
佛說無量壽經二卷………………………1－184
佛說無量壽經二卷………………………2－222
佛說無量壽經義疏六卷…………………2－213
佛說無量壽經義疏六卷…………………2－213
佛說無量壽經義疏六卷…………………3－435
佛說無詬賢女經一卷……………………1－173
佛說智光滅一切業障陁羅尼經…………1－181
佛說智炬陀羅尼經一卷…………………1－161
佛說須摩提菩薩經一卷…………………1－184
佛說須摩提經一卷………………………1－184
佛說須賴經一卷…………………………1－185
佛說須賴經一卷…………………………1－185
佛說善夜經一卷…………………………1－161
佛說普門品經……………………………1－147
佛說普門品經一卷………………………1－184
佛說尊勝大明王經………………………1－181
佛說聖大總持王經………………………1－181
佛說聖法印經……………………………1－306
佛說聖持世陀羅尼經……………………1－179
佛說聖曜母陀羅尼經……………………1－180
佛說聖寶藏神儀軌經二卷………………1－191
佛說蓮華面經二卷………………………1－149
佛說蓮華面經二卷………………………1－176

佛說較量壽命經……………………… 1－179
佛說當來變經一卷…………………… 1－176
佛說睒子經一卷……………………… 1－172
佛說罪業報應教化地獄經…………… 2－239
佛說腹中女聽經一卷………………… 1－173
佛說義足經二卷……………………… 1－154
佛說稱讚如來功德神咒經一卷……… 1－174
佛說隨求即得大自在陀羅尼神咒經
一卷…………………………………… 1－161
佛說樓炭經六卷……………………… 1－153
佛說樓炭經六卷……………………… 2－240
佛說德護長者經二卷………………… 1－151
佛說德護長者經二卷………………… 1－173
佛說德護長者經二卷………………… 2－228
佛說諸法勇王經……………………… 1－151
佛說諸法勇王經一卷………………… 1－172
佛說摩利支天菩薩經………………… 1－330
佛說摩訶阿彌陀經衷論……………… 2－238
佛說摩訶阿彌陀經衷論……………… 2－252
佛說摩訶迦葉度貧母經……………… 2－237
佛說摩訶衍寶嚴經(大迦葉品)一卷
……………………………………… 1－192
佛說樂瓔珞莊嚴方便經一卷………… 1－151
佛說樂瓔珞莊嚴方便經(轉女身菩
薩問答經)二卷 ……………………… 1－172
佛說緣生初勝分法本經……………… 1－157
佛說緣生初勝分法本經二卷………… 1－157
佛說樹提伽經一卷…………………… 1－177
佛說龍施女經………………………… 2－231
佛說燈指因緣經……………………… 2－237
佛說禪行三十七品經………………… 2－237
佛說優婆寒五戒相經………………… 2－223
佛說優婆塞五戒相經………………… 1－186
佛說優填王經一卷…………………… 1－184
佛說濡首菩薩無上清淨分衛經二卷
……………………………………… 1－164
佛說彌勒下生成佛經一卷…………… 1－171
佛說彌勒下生經一卷………………… 1－171
佛說彌勒成佛經……………………… 2－225
佛說彌勒成佛經一卷………………… 1－171
佛說彌勒來時經……………………… 1－171
佛說藥師如來本願經………………… 1－167
佛說離垢施女經……………………… 1－184
佛說羅雲忍辱經一卷………………… 2－223
佛說羅摩伽經四卷…………………… 1－165
佛說羅摩伽經四卷…………………… 2－237
佛說犢子經一卷……………………… 1－173
佛說證契大乘經二卷………………… 1－150
佛說證契大乘經二卷………………… 1－171
佛說灌佛經…………………………… 2－231
佛說灌洗佛經乞伏…………………… 2－231
佛說寶雨經十卷……………………… 1－151
佛說寶雨經十卷……………………… 1－169
佛說寶帶陀羅尼經一卷佛說金身陀
羅尼經一卷………………………… 1－200
佛說寶雲經七卷……………………… 1－169
佛說寶積三昧文殊師利菩薩問法身
經一卷……………………………… 1－201
佛說寶藏神大明曼拏羅儀軌經二卷
……………………………………… 1－191
佛說觀無量佛經疏妙宗鈔四卷……… 2－246
佛說觀無量壽佛經…………………… 2－223
佛說觀無量壽佛經…………………… 2－223
佛說觀無量壽佛經…………………… 2－230
佛說觀無量壽佛經一卷……………… 1－170
佛說觀無量壽佛經一卷附圖頌……… 1－140
佛說觀無量壽佛經四帖疏四卷……… 2－243
佛說觀無量壽佛經疏一卷…………… 1－153
佛說觀想佛母般若波羅蜜多菩薩經
……………………………………… 1－180
佛說觀彌勒菩薩下生經一卷………… 1－171
佛說觀彌勒菩薩上生兜率陀天經…… 1－171
佛說觀彌勒菩薩上生兜率陀天經…… 2－230
佛說觀藥上二菩薩經………………… 2－231
佛遺日摩尼寶經一卷………………… 1－192
佛鑰一卷……………………………… 3－463
佛藏經四卷…………………………… 1－186
近三科鄉會墨選四卷………………… 3－220
近世史略……………………………… 2－125
近世名人尺牘教本…………………… 2－388
近光堂經進初稿十二卷……………… 3－169
近光集二十八卷……………………… 1－221

近光集二十八卷…………………………… 1－412
近思錄十四卷…………………………… 2－200
近思錄十四卷…………………………… 2－295
近思錄十四卷…………………………… 2－298
近思錄集注十四卷……………………… 2－189
近思錄集注十四卷……………………… 2－206
近思錄集注十四卷……………………… 2－298
近思錄補注十四卷……………………… 2－291
近思錄補注十四卷……………………… 2－291
返生香…………………………………… 2－400
返生香…………………………………… 3－144
返生香…………………………………… 3－304
返生香一卷……………………………… 2－410
返生香一卷……………………………… 3－214
返性圖十卷……………………………… 2－284
返性圖十卷……………………………… 2－284
返性圖十卷……………………………… 2－284
返魂香傳奇四卷………………………… 1－386
返魂香傳奇四卷………………………… 2－426
返魂香傳奇四卷四十出………………… 3－307
返魂香傳奇四卷四十出………………… 3－488
余氏五稿十一卷 ………………………… 3－85
余光倬行述……………………………… 2－539
余孝惠先生年譜………………………… 2－529
余忠宣青陽山房集五卷附錄一卷…… 2－486
希古軒外集二卷………………………… 3－108
希夷夢四十卷…………………………… 1－372
希呂印存………………………………… 3－160
希希集二卷……………………………… 1－259
希奇古怪四卷…………………………… 3－115
希奇寶卷一卷…………………………… 3－502
希賢齋文鈔……………………………… 2－495
坐花閣詩餘……………………………… 2－334
坐花閣詩餘……………………………… 2－431
坐禪三昧法門經二卷…………………… 2－206
坐禪三昧法門經二卷…………………… 2－206
坐隱先生訂譜…………………………… 1－315
谷音二卷………………………………… 1－279
谷簾先生遺書八卷首一卷 …………… 3－79
谷簾學吟八卷…………………………… 1－330
豸華堂文鈔十二卷……………………… 2－481
豸華堂文鈔文八卷奏摺十二卷首一
卷…………………………………… 3－388
岔曲鈔存………………………………… 3－490
岔曲選錄………………………………… 3－491
邸鈔 ……………………………………… 3－95
劬書室遺集十六卷……………………… 1－539
劬盦文稿四編 …………………………… 3－21
狂猖裁中十卷春秋賞析二卷 ………… 1－58
角山樓詩鈔十五卷……………………… 3－144
角山樓增補類腋………………………… 2－265
角山樓增補類腋五十七卷……………… 2－306
角山樓蘇詩評注彙鈔二十卷附錄三
卷…………………………………… 3－292
角虎集二卷附起念佛七儀式…………… 1－261
彤管清芬錄海外奇談 ………………… 3－35
彤管清芬錄海外奇談 ………………… 3－88
迎天榜傳奇二卷三十四出……………… 3－473
迎年獻歲………………………………… 3－454
辛巳泣蘄録……………………………… 1－308
辛壬蔓草一卷…………………………… 1－283
辛丑各國和約…………………………… 2－471
辛丑消夏記五卷………………………… 1－511
辛丑消夏記五卷………………………… 3－354
辛未吟草一卷…………………………… 1－302
辛卯侍行記六卷………………………… 2－370
辛里表忠錄四卷………………………… 3－9
［光緒］忻州直隸州志 ………………… 3－288
快心編初集五卷十回二集五卷十回
三集六卷十二回 ……………………… 1－12
快心編初集五卷十回二集五卷十回
三集六卷十二回……………………… 1－381
快心編初集五卷十回二集五卷十回
三集六卷十二回……………………… 3－482
快心編傳奇……………………………… 2－498
快心醒睡錄十六卷……………………… 1－374
快心醒睡錄十六卷首一卷……………… 3－173
快雨堂詩翰……………………………… 1－195
快雪堂法書……………………………… 2－262
灶皇寶卷………………………………… 3－111
弟子規…………………………………… 2－292
弟子規…………………………………… 3－529

弟子箴言十六卷……………………… 1－376
弟子箴言十六卷……………………… 2－290
弟子職正音一卷……………………… 3－294
弟子職集解…………………………… 2－293
弟子職箋釋一卷附史目表二卷……… 2－256
弟子職箋釋一卷附史目表二卷……… 3－429
冷吟小集五卷………………………… 3－173
冷吟仙館詩稿八卷…………………… 3－101
冷吟仙館詩稿八卷一卷附錄一卷…… 3－229
冷邸小言一卷………………………… 2－336
冷香樓詩稿一卷……………………… 3－227
冷紅詞四卷…………………………… 2－484
冷紅詞四卷…………………………… 2－485
冷紅館賸稿四卷詩補鈔二卷………… 3－131
冷唫僊館詩稿八卷首一卷 …………… 3－80
冷廬醫話五卷………………………… 2－276
冷廬雜識八卷………………………… 2－269
冷廬雜識八卷………………………… 2－518
汪氏兩園圖詠合刻…………………… 1－544
汪批檀弓二卷………………………… 2－334
汪明生詩草一卷借研齋草一卷齊梁
　草一卷秦草二卷…………………… 1－271
汪梅村先生文集十二卷外集一卷…… 1－406
汪梅村先生集………………………… 1－539
汪堯峯先生年譜……………………… 2－509
汪鈍翁文鈔十二卷…………………… 1－213
汪鈍翁文鈔十二卷…………………… 2－532
汪龍莊先生遺書……………………… 1－501
汪龍莊先生遺書……………………… 2－461
汪龍莊先生遺書 ……………………… 3－35
汪雙池先生年譜……………………… 2－539
汪雙池先生行狀……………………… 3－216
沅湘耆舊集前編四十卷……………… 1－427
[光緒]沔陽州志十二卷首一卷 …… 3－353
沚亭删定文集二卷…………………… 1－268
沙門日用二卷比丘受戒録…………… 1－162
沙燈記第四集 ………………………… 3－52
沙彌十戒法並威儀…………………… 1－152
沙彌十戒法並威儀一卷……………… 1－161
沙彌十威儀…………………………… 2－240
沙彌成範二卷………………………… 1－306
沙彌律儀要略述義二卷……………… 1－301
沙彌律儀要略增註二卷……………… 1－162
沙彌學戒儀軌頌一卷註一卷………… 1－163
沖虛經發隱道德經發隱南華經發隱
　陰符經發隱………………………… 2－216
汽機中西名目表……………………… 2－236
汽機必以十二卷首一卷附卷一卷…… 1－388
汽機必以十二卷首一卷附卷一卷…… 1－389
汽機發軔九卷表一卷………………… 1－389
汽機發軔九卷表一卷………………… 2－280
汽機發軔九卷表一卷………………… 2－280
汽機新制八卷………………………… 1－388
汽機新制八卷………………………… 2－300
[康熙]沂州志八卷 ………………… 1－350
[乾隆]汾州府志三十四卷首一卷 …… 1－3
[乾隆]汾陽縣志十四卷首一卷 …… 1－251
[道光]汾陽縣志十四卷首一卷 …… 3－142
泛梗集八卷…………………………… 2－434
泛槎圖………………………………… 1－475
泛槎圖………………………………… 1－478
汴宋竹枝詞二卷 ……………………… 3－48
汴遊冰玉稿四卷……………………… 2－507
沉香卷………………………………… 3－103
沉香卷………………………………… 3－302
沉香寶卷……………………………… 3－170
沉香寶卷……………………………… 3－302
沉香寶卷……………………………… 3－302
沈下賢文集十二卷…………………… 1－273
沈下賢文集十二卷…………………… 2－319
沈下賢文集十二卷…………………… 2－355
沈氏三先生文集三種六十二卷……… 1－413
沈氏三先生集六十二卷……………… 2－431
沈氏尊生書五種六十八卷…………… 1－520
沈氏尊生書五種六十八卷…………… 1－521
沈氏經學六種二十卷………………… 1－341
沈文忠公集十卷……………………… 1－410
沈文忠公集十卷……………………… 2－371
沈文忠公集十卷……………………… 2－469
沈文忠公集八卷……………………… 1－543
沈文節公事實 ………………………… 3－20
沈文肅公事略………………………… 3－220

沈文肅公政書七卷首一卷…………… 1－358
沈文肅公政書七卷首一卷…………… 1－487
沈四山人詩鈔六卷附錄一卷………… 2－338
沈四山人詩錄五卷附錄一卷 ………… 3－61
沈廷楓行述………………………………… 2－532
沈余遺書…………………………………… 2－208
沈余遺書…………………………………… 2－300
沈青霞公遺集十六卷…………………… 2－506
沈南疑先生檇李詩擊四十二卷 ……… 1－20
沈衍慶傳…………………………………… 2－533
沈蓮溪先生全集六種…………………… 3－221
沈端恪公遺書四卷……………………… 2－287
沈端洛公遺書二卷年譜二卷………… 2－331
沈隱侯集二卷 ………………………… 3－42
沈蕢漁四種曲八卷 …………………… 1－20
[沈歸愚]八秩壽序詩不分卷九秩壽
　序詩不分卷…………………………… 1－292
沈歸愚詩文全集十五種………………… 1－221
沈歸愚詩文全集十五種………………… 1－244
沈歸愚詩文全集十四種………………… 1－332
沈歸愚詩文全集五十四卷 …………… 1－96
沈觀察燕晉弭兵記二卷 ……………… 2－81
[乾隆]沁州志十卷 …………………… 1－325
沁泉山館詩二卷 ……………………… 3－78
宋十五家詩選…………………………… 1－261
宋十五家詩選十五種十六卷 ………… 1－24
宋十五家詩選十五種十六卷 ………… 1－25
宋七家詞選七卷………………………… 2－530
宋人小說類編…………………………… 3－286
宋人小說類編補鈔……………………… 2－274
宋人詞鈔………………………………… 2－525
宋人經義約鈔三卷……………………… 3－128
宋大家歐陽文忠公文抄三十二卷…… 1－217
宋大家蘇文公文抄十卷宋大家蘇文
　定公文抄二十卷 …………………… 1－30
宋大家蘇文忠公文集二十八卷……… 2－373
宋王忠文公文集五十卷………………… 1－435
宋王忠文公文集五十卷目錄四卷…… 1－205
宋王忠文公文集五十卷目錄四卷…… 1－212
宋王忠文公全集五十卷………………… 2－359
宋王忠文公全集五十卷………………… 3－299
宋元三十一家詞三十一種…………… 1－414
宋元以來畫人姓氏錄二十二卷首一
　卷……………………………………… 1－511
宋元以來畫人姓氏錄三十六卷……… 1－348
宋元以來畫人姓氏錄三十六卷首一
　卷……………………………………… 2－103
宋元四明六志八種……………………… 3－166
宋元名家詞……………………………… 2－387
宋元名家詞十五種……………………… 1－421
宋元名家詞十五種……………………… 1－540
宋元名家詞十五種 …………………… 3－18
宋元明詩約鈔二卷……………………… 2－354
宋元明詩約鈔三百首…………………… 3－250
宋元通鑑一百五十七卷………………… 1－132
宋元通鑑一百五十七卷………………… 3－403
宋元學案一百卷………………………… 1－514
宋元學案一百卷………………………… 1－523
宋元學案一百卷首一卷………………… 2－264
宋元舊本書經眼錄三卷………………… 3－152
宋元舊本書經眼錄三卷附錄二卷…… 1－354
宋太祖下南唐二集八卷 ……………… 3－49
宋中興百官題名四卷…………………… 3－202
宋氏女寶卷一卷………………………… 3－501
宋氏綿津詩鈔八卷……………………… 1－221
宋六十一家詞選十二卷………………… 2－537
宋六十一家詞選十二卷………………… 2－540
宋六十一家詞選十二卷………………… 3－297
宋六十名家詞…………………………… 1－536
宋六十名家詞…………………………… 3－319
宋六十名家詞…………………………… 3－320
宋文憲公全集…………………………… 1－539
宋文憲公全集五十三卷首四卷……… 2－338
宋文憲公護法録十卷…………………… 1－160
宋文鑑一百五十卷 …………………… 2－62
宋文鑑一百五十卷……………………… 2－361
宋文鑑一百五十卷……………………… 2－443
宋文鑑一百五十卷……………………… 3－293
宋文鑑一百五十卷目錄三卷………… 1－414
宋本十三經注疏附校勘記十三種四
　百十六卷……………………………… 3－361

宋本十三經注疏附校勘記十三種四百十六卷…………………………… 3－361
宋本陶集…………………………………… 3－201
宋本說文解字十五卷 ………………………… 2－28
宋本儀禮疏五十卷 ………………………… 2－46
宋布衣文集………………………………… 2－444
宋布衣集三卷 ………………………………… 1－41
宋史二十卷………………………………… 2－168
宋史四百九十六卷………………………… 1－361
宋史四百九十六卷 ………………………… 2－64
宋史四百九十六卷………………………… 3－425
宋史紀事本末一百〇九卷 ……………… 2－66
宋史紀事本末一百〇九卷 ……………… 2－66
宋史紀事本末一百〇九卷 ……………… 2－88
宋史紀事本末一百〇九卷……………… 2－130
宋史紀事本末一百〇九卷……………… 2－137
宋史紀事本末一百〇九卷……………… 2－138
宋史紀事本末一百〇九卷……………… 3－402
宋史紀事本末一百〇九卷……………… 3－403
宋史紀事本末一百〇九卷……………… 3－403
宋史紀事本末一百〇九卷……………… 3－439
宋史紀事本末一百九十卷 ……………… 2－53
宋史新編二百卷 …………………………… 1－74
宋史翼四十卷……………………………… 1－486
宋史翼四十卷 ……………………………… 2－61
宋史藝文志補……………………………… 2－159
宋四子抄釋二十一卷……………………… 2－287
宋四六選二十四卷………………………… 1－209
宋四六選二十四卷………………………… 1－239
宋四名家詩………………………………… 2－459
[宋四名家詩鈔]四種 ……………………… 1－45
宋四家詞選………………………………… 2－494
宋四家詞選 ………………………………… 3－60
宋四家詞選不分卷………………………… 1－404
宋四家詞選不分卷………………………… 1－404
宋四家詞選不分卷………………………… 3－377
宋代五十六家詩集六卷…………………… 2－423
宋包孝肅公奏議十卷……………………… 2－163
宋百家詩存二十卷 ………………………… 1－25
宋百家詩存二十卷………………………… 1－101
宋朱晦菴先生名臣言行錄前集十卷後集十四卷續集八卷外集十七卷別集十三卷…………………………… 1－126
宋名臣言行錄七十五卷…………………… 1－488
宋名臣言行錄七十五卷…………………… 1－490
宋名臣言行錄七十五卷 ………………… 2－67
宋名臣言行錄約編六卷補二卷………… 3－436
宋名臣言行錄補編八卷…………………… 3－436
宋名家詞…………………………………… 1－251
宋名家詞六十一種 ………………………… 1－99
宋州郡志校勘記…………………………… 2－146
宋丞相文山先生全集二十卷…………… 1－212
宋李忠定公文集選二十九卷首四卷 ………………………………………… 1－55
宋李忠定公文集選二十九卷首四卷目錄二卷奏議選十五卷……………… 1－238
宋邵康節先生伊川擊壤集十卷 ……… 1－35
宋邵康節先生伊川擊壤集十卷洛陽邵氏三世名賢行實圖像一卷……… 1－103
宋拓王大令洛神賦 ………………………… 3－39
宋拓東坡雪堂帖…………………………… 2－263
宋拓河南本十七帖………………………… 2－263
宋忠獻韓魏王君臣相遇傳十卷相遇別錄一卷相遇遺事一卷 …………… 1－72
宋侍郎胡忠佑公事跡錄………………… 2－537
宋金元詩永二十卷補遺二卷 ………… 1－38
宋金傳十出………………………………… 1－320
宋周公謹雲煙過眼錄四卷 …………… 1－77
宋周公謹雲煙過眼錄四卷……………… 1－322
宋宗忠簡公全集八卷…………………… 1－539
宋宗忠簡公集七卷……………………… 1－415
宋宗忠簡公集七卷……………………… 2－352
宋宗忠簡公集七卷附考異一卷……… 2－383
宋洪魏公進萬首唐人絕句四十卷目錄四卷 ……………………………… 1－33
宋洪魏公進萬首唐人絕句四十卷目錄四卷………………………………… 1－252
宋書一百卷………………………………… 1－129
宋書一百卷………………………………… 1－131
宋書一百卷………………………………… 1－135
宋書一百卷………………………………… 1－360

宋書一百卷…………………………… 2－119
宋書一百卷附考證…………………… 3－391
宋陳文節公詩集……………………… 3－150
宋孫仲益内簡尺牘十卷 ……………… 1－23
宋孫仲益内簡尺牘十卷……………… 1－277
宋孫仲益内簡尺牘十卷首一卷……… 1－204
宋黄文節公正集三十二卷外集二十
　四卷别集十九卷續集十卷………… 2－460
宋國録流塘詹先生集三卷…………… 1－233
宋章仔鈞及練夫人行述……………… 1－314
宋淳熙敕編古玉圖譜一百卷 ………… 1－89
宋張南軒先生詩集七卷……………… 3－137
宋提刑洗冤集録……………………… 3－290
宋詩百一鈔八卷……………………… 1－436
宋詩紀事一百卷 ……………………… 1－41
宋詩紀事一百卷……………………… 1－102
宋詩紀事一百卷……………………… 1－103
宋詩紀事一百卷……………………… 1－228
宋詩紀事一百卷……………………… 1－240
宋詩記事補遺一百卷補正四卷……… 2－318
宋詩畧十八卷 ………………………… 1－28
宋詩鈔初集…………………………… 1－211
宋詩鈔初集…………………………… 1－224
宋詩鈔初集…………………………… 1－225
宋意龕詩集二十八卷………………… 2－493
宋瑣語………………………………… 3－195
宋鄭所南先生心史七卷附録一卷 …… 1－95
宋遼金元别史三百〇七卷…………… 1－349
宋撫州本禮記二十卷 ………………… 2－40
宋學士全集三十二卷附録一卷 ……… 1－53
宋學士全集三十二卷附録二卷……… 2－347
宋儒龜山楊先生年譜一卷…………… 1－311
宋濂溪周元公先生集十卷首一卷…… 1－266
宋豔十二卷…………………………… 2－385
宋豔十二卷…………………………… 3－337
冶金録三卷…………………………… 1－391
冶金録三卷…………………………… 2－299
冶金録三卷…………………………… 3－364
冶梅石譜二卷………………………… 3－179
初月樓文鈔十卷……………………… 2－502
初白菴詩評三卷詞綜偶評一卷 ……… 1－45
初拓鄭文公碑不分卷………………… 3－344
初桄齋詩集二卷……………………… 2－379
初桄齋詩集二卷 ……………………… 3－80
初唐四傑文集二十一卷……………… 2－378
初唐四傑文集二十一卷……………… 2－432
初唐四傑文集二十一卷……………… 3－321
初唐彙詩七十卷詩人氏系履歴一卷
　目録十卷盛唐彙詩一百二十四卷
　詩人氏系履歴一卷目録二十二卷
　…………………………………… 1－236
初堂遺稿……………………………… 3－106
初等小學女子國文讀本……………… 2－414
初潭集三十卷 ………………………… 1－19
初潭集三十卷………………………… 1－274
初學必讀……………………………… 3－528
初學必讀名賢集……………………… 2－309
初學行文語類四卷…………………… 2－310
初學記三十卷 ………………………… 1－87
初學記三十卷 ………………………… 1－90
初學記三十卷………………………… 1－137
初學記三十卷………………………… 1－202
初學記三十卷………………………… 1－306
君子堂詩一卷………………………… 1－7
即非禪師全録二十五卷……………… 1－142
即墨詩乘十二卷……………………… 1－419
即墨詩乘十二卷……………………… 2－321
[同治]即墨縣志十二卷 ……………… 2－55
壯悔堂文集十一卷…………………… 3－427
壯悔堂文集十一卷四憶堂詩集六卷
　…………………………………… 3－121
壯悔堂文集十卷……………………… 1－233
壯悔堂文集十卷首一卷 ……………… 3－96
壯學齋文集十二卷…………………… 3－265
壯懷堂詩初集十卷…………………… 3－235
改正世界地理學六卷首一卷………… 2－258
改良三命通會十二卷………………… 3－417
改良正粤謳 …………………………… 3－42
改良新西遊記十六回………………… 2－388
改良增廣四言雜字 …………………… 2－50
改良繪圖新聊齋初集二卷…………… 3－327
改制皮黄新詞四卷…………………… 3－489

改定西安縣光緒三十四年歲入經費
決算冊不分卷 3-371
改定俄約調查綱目表一卷 2-485
改亭集十六卷 1-251
阿文成公年譜三十四卷 1-352
阿文成公年譜三十四卷 1-484
阿文成公年譜三十四卷 3-314
阿字無禪師光宣臺集二十五卷 1-208
阿育王山志略二卷 1-127
阿育王舍利瑞應集 2-216
阿毗達磨大毗婆沙論二百卷 1-338
阿毗達磨順正理論八十卷 1-333
阿毗達磨發智論二十卷 3-441
阿毗答磨俱舍論三十卷 2-231
阿毗曇毗婆沙論八十二卷 1-338
阿哈覺羅誠靖公行述一卷 2-509
阿差末菩薩經七卷 1-183
阿惟越致遮經四卷 1-169
阿達曼群島志一卷附新志一卷婆羅
島志一卷 2-85
阿達曼群島志婆羅島志 2-151
阿富汗土耳其斯坦志 2-150
阿富汗土耳其斯坦志 2-150
阿富汗土耳基斯坦志阿富汗斯坦新
志土耳基斯坦志東土耳基斯坦志
3-308
阿富汗土耳其斯坦等志 2-57
阿鳩留經 2-239
阿闍世王問五逆經 2-239
阿彌陀鼓音聲王陀羅尼經拔一切業
障根本得生淨土神咒 2-223
阿彌陀鼓音聲王陀羅尼經稱讚淨土
佛攝受經 2-223
阿彌陀經 2-205
阿彌陀經要解一卷 1-383
阿彌陀經講義四卷 2-243
阿難四事經 2-244
阿難問事佛吉凶經 2-218
附鮚軒詩八卷 1-215
附鮚軒詩八卷 3-427
附釋文互注禮部韻略 3-259
附釋文互注禮部韻略五卷 1-113
附釋文互注禮部韻略五卷 1-288
附釋音毛詩注疏二十卷 2-28
附釋音春秋左傳注疏六十卷校勘記
六十卷 3-356
附釋音禮記注疏六十三卷 2-38
附釋音禮記注疏六十三卷 2-44
妙吉祥平等秘密最上觀門大教王經
五卷普徧光明焰鬘清靜熾盛如意
寶印心無能勝大明王大隨求陀羅
尼經二卷 1-191
妙吉祥室詩鈔十三卷 2-494
妙吉祥室詩鈔十三卷 2-508
妙吉祥室詩鈔十三卷附錄二卷 3-25
妙英寶卷 2-408
妙英寶卷 2-498
妙英寶卷 3-63
妙英寶卷 3-64
妙英寶卷 3-111
妙英寶卷 3-111
妙英寶卷一卷 3-499
妙法聖念處經八卷 1-181
妙法蓮華經七卷 1-148
妙法蓮華經七卷 1-189
妙法蓮華經七卷 1-189
妙法蓮華經七卷 1-190
妙法蓮華經七卷 1-331
妙法蓮華經七卷 1-336
妙法蓮華經七卷 2-206
妙法蓮華經七卷 2-246
妙法蓮華經七卷 3-519
妙法蓮華經八卷首一卷 1-157
妙法蓮華經大成九卷音義九卷科文
一卷 1-144
妙法蓮華經大窾七卷 1-139
妙法蓮華經玄義十卷 2-241
妙法蓮華經弘傳序知音一卷 1-144
妙法蓮華經杍海 2-238
妙法蓮華經知音七卷 1-144
妙法蓮華經卷七 1-190
妙法蓮華經指掌疏七卷 2-240

妙法蓮華經科註六卷科文一卷……… 2－245
妙法蓮華經授手十卷………………… 1－175
妙法蓮華經臺宗會義十六卷………… 1－163
妙法蓮華經臺宗會義七卷…………… 2－196
妙法蓮華經綸貫不分卷教觀綱宗釋
　義不分卷………………………… 1－163
妙法蓮華經觀世音菩薩普門品一卷
　………………………………………… 1－337
妙香室叢話十四卷…………………… 1－388
妙香室叢話十四卷…………………… 3－297
妙香詩草三卷………………………… 3－273
妙香館文鈔二卷 …………………… 3－61
妙香館啟甕集四卷…………………… 2－488
妙香齋詩集四卷……………………… 2－385
妙香齋叢鈔七卷……………………… 3－274
妙音寶卷 …………………………… 3－65
妙華葉算……………………………… 3－459
妙善寶卷 …………………………… 3－69
妙絕古今不分卷 …………………… 1－30
妙絕古今不分卷……………………… 1－243
妙蓮寶卷一卷………………………… 3－498
妙臂菩薩所問經四卷………………… 1－180
妙臂菩薩所問經四卷………………… 1－200
妙臂菩薩所問經四卷………………… 1－336
妒律一卷……………………………… 1－383
邵子湘全集…………………………… 1－278
邵子湘全集…………………………… 1－290
邵子湘全集…………………………… 1－538
邵氏危言二卷………………………… 2－125
邵武徐氏叢書………………………… 2－4
邵武徐氏叢書初刻十四種八十三卷
　………………………………………… 2－467
邵亭詩稿二卷………………………… 2－322
忍字輯略……………………………… 3－214
忍字輯略……………………………… 3－297
忍齋叢說……………………………… 2－307
忍勸圖詞一卷………………………… 3－263
甬上水利志六卷……………………… 1－364
甬上宋元詩畧十六卷………………… 3－259
甬上耆舊詩三十卷…………………… 1－100
甬上高僧詩二卷……………………… 2－371
甬上高僧詩二卷……………………… 3－291

八畫

奉天全省地輿圖說圖表……………… 1－356
奉天全省府廳州地輿圖志…………… 1－501
奉天全省農業試驗場報告第三冊…… 3－144
奉天全省農業調查書 ……………… 3－14
奉天全省諮議局規則 ……………… 2－99
奉天省各海關試辦預算總冊………… 2－117
［宣統］奉天備志職官表五卷 ……… 1－7
奉天農業學堂管理規則……………… 2－116
奉天旗制變通案甲乙二類不分卷…… 3－372
［光緒］奉化縣志四十卷首一卷 …… 3－167
［光緒］奉化縣鄉土志 …………… 3－203
奉使金鑑六十卷續編四十卷………… 1－484
奉使琉球詩三卷二友齋詩稿一卷詞
　附一卷文附一卷………………… 1－104
奉勸警世人言一卷…………………… 3－497
玩月草堂印存………………………… 3－199
玩箋等四折…………………………… 2－513
武王克殷日記附滅國五十考………… 3－200
［正德］武功縣志三卷首一卷 ……… 1－125
［正德］武功縣志三卷首一卷 ……… 2－54
［正德］武功縣志三卷首一卷 ……… 2－72
［正德］武功縣志四卷 …………… 3－181
武夷山志二十四卷首一卷…………… 1－366
武夷山志二十四卷首一卷 ………… 2－87
武夷山志二十四卷首一卷 ………… 2－89
武夷山志二十四卷首一卷…………… 2－104
武夷山志二十四卷首一卷…………… 3－176
武夷新集二十卷……………………… 2－319
［同治］武邑縣誌七卷首一卷 ……… 3－382
武英殿聚珍板叢書五十四種四百四
　十三卷…………………………… 2－466
武英殿聚珍版全書一百四十八種…… 1－446
武英殿聚珍版程式…………………… 1－334
武英殿聚珍版程式一卷……………… 1－8
武英殿聚珍版程式十六條…………… 1－363
武英殿聚珍版叢書…………………… 2－4
武英殿聚珍版叢書五十四種………… 2－466

武英殿聚珍版叢書五十四種四百四十三卷 …… 2－466
武林元妙觀志四卷 …… 2－59
武林往哲遺著 …… 2－461
武林往哲遺著六十六種 …… 1－546
武林往哲遺著附後編 …… 1－435
武林草一卷附刻一卷 …… 3－46
武林理安寺志八卷 …… 2－89
武林理安寺志八卷 …… 3－156
武林掌故叢編一百八十四種 …… 1－439
武林藏書錄五卷 …… 2－494
武林舊事十卷 …… 2－173
武昌紀事二卷 …… 1－491
武昌紀事二卷 …… 3－33
[光緒]武昌縣志二十六卷首一卷末一卷 …… 3－142
武定詩續鈔二十四卷 …… 2－504
[武香球傳奇]六十三齣 …… 1－38
武侯全書二十卷首一卷 …… 1－434
武帝寶翰考十卷首一卷末一卷 …… 3－493
武陵山人雜著 …… 3－236
武陵春傳奇八出 …… 3－471
[光緒]武進陽湖縣志三十卷 …… 3－157
[乾隆]武清縣志 …… 2－185
[光緒]武陽志餘十二卷 …… 3－282
武陽團練紀實二卷 …… 3－23
武備地利四卷 …… 2－164
武備志二百四十卷 …… 1－83
武備志二百四十卷 …… 1－203
武備新書 …… 2－453
武當山玄天上帝經二卷二十四品 …… 3－493
武當全功課經 …… 3－510
武溪集二十一卷 …… 1－417
武經團鏡十九卷 …… 2－289
武澄清年譜 …… 2－538
青山書屋詩稿 …… 2－344
青山集二十二卷 …… 3－158
青山詩選六卷 …… 3－46
青牛獨駕　環中九九 …… 3－451
青牛獨駕　環中九九 …… 3－451
青石山京子弟曲詞全部 …… 3－278
青芝山館駢體文集二卷 …… 2－433
青州法慶靈巒中禪師柳峪詩集 …… 1－223
青芙蓉閣詩鈔六卷 …… 3－137
青村遺稿一卷 …… 3－107
青邱高季迪先生詩集十八卷首一卷遺詩一卷扣舷集一卷附錄一卷鳧藻集五卷 …… 1－40
青邱高季迪先生詩集十八卷首一卷遺詩一卷扣舷集一卷附錄一卷鳧藻集五卷 …… 1－204
青邱高季迪先生詩集十八卷首一卷遺詩一卷扣舷集一卷附錄一卷鳧藻集五卷 …… 1－205
青邱高季迪先生詩集十八卷首一卷遺詩一卷扣舷集一卷附錄一卷鳧藻集五卷 …… 1－258
青邱高季迪先生詩集十八卷首一卷遺詩一卷扣舷集一卷附錄一卷鳧藻集五卷 …… 1－320
青邱高季迪先生詩集十八卷首一卷遺詩一卷扣舷集一卷附錄一卷鳧藻集五卷 …… 1－325
青門旅稿六卷 …… 1－262
青門等四折 …… 2－513
青門集簏稿十六卷旅稿六卷賸稿八卷 …… 2－328
青門詩十卷 …… 1－280
青門簏稾十六卷旅稾六卷賸稾八卷邵氏家錄二卷 …… 1－215
青門賸稿八卷 …… 1－262
青泥蓮花記十四卷 …… 2－373
青城山記二卷 …… 2－58
青城山記二卷 …… 2－61
青城山鳳林寺竹浪生禪師語録七卷 …… 1－178
青草堂文約鈔二卷 …… 3－244
青草堂集一集十二卷二集十六卷三集十六卷 …… 2－343
青柯館竹根印存二卷 …… 1－527
青要山房文集不分卷 …… 1－291
青要集十三卷 …… 1－26

青原小草一卷……………………………… 1－291
青原志略十三卷首一卷……………………… 1－284
青原志略十三卷首一卷……………………… 3－178
[光緒]青浦縣志三十卷末一卷 …… 2－110
[光緒]青浦縣志三十卷首二卷末一
卷……………………………………… 3－183
青埵山人詩十卷 ………………………… 3－81
青萍軒文錄二卷…………………………… 3－242
青萍軒文錄二卷詩錄一卷………………… 3－216
青陽山房集五卷…………………………… 1－414
青陽地景寶卷 …………………………… 3－70
青陽集五卷………………………………… 2－506
青雲堂詩草二卷…………………………… 3－122
青雲集廣註四卷…………………………… 3－285
青虛山房集十一卷………………………… 2－342
青虛山房集十一卷………………………… 2－452
青湖文集十四卷…………………………… 3－238
青塚記大紅袍了夢工尺字韻譜……… 3－464
青溝偈語一卷……………………………… 1－283
青溪風雨錄二卷附牡蠣園四出……… 3－336
青溪笑二卷十六出………………………… 3－475
青溪詩選二卷 …………………………… 3－89
青溪舊屋文集十卷詩集一卷………… 3－104
青墅集……………………………………… 1－407
青墅詩鈔…………………………………… 3－181
青墅詩鈔…………………………………… 3－291
青嶁遺稿二卷……………………………… 2－416
青樓小名錄八卷 ………………………… 2－60
青樓小名錄八卷…………………………… 3－122
青樓小名錄四卷…………………………… 3－505
青樓烈傳奇(黑海蓮)二卷十二出 … 3－514
青樓集一卷………………………………… 3－399
青樓夢六十二回…………………………… 1－386
青樓夢六十四回…………………………… 3－121
青樓夢六十四回…………………………… 3－301
青樓夢六十四回…………………………… 3－324
青箱堂詩三十三卷 ……………………… 1－44
青燈淚二卷三十六出首一卷………… 3－448
青燈淚傳奇………………………………… 2－471
青櫺山房未刻詩刪存……………………… 1－295
青囊藥性賦直解八卷首一卷末一卷
……………………………………… 3－189
表忠記傳奇二卷…………………………… 1－404
表忠記傳奇二卷三十六出……………… 3－472
表忠彙錄六卷……………………………… 1－312
表異錄二十卷……………………………… 2－199
表異錄十二卷……………………………… 3－126
表潔揚芬集………………………………… 3－130
盂蘭夢傳奇………………………………… 2－519
[康熙]長山縣志十卷首一卷 ……… 1－119
[光緒]長子縣志十二卷首一卷 …… 2－176
[嘉慶]長山縣志十六卷首一卷 …… 1－475
長元吳豐備義倉全案續編八卷首一
卷末一卷…………………………… 3－178
長生祝壽…………………………………… 3－455
長生記[祝壽]慶有餘[慶圓]一折 … 2－510
長生殿……………………………………… 2－512
長生殿……………………………………… 2－512
長生殿……………………………………… 2－512
長生殿……………………………………… 2－512
長生殿……………………………………… 2－512
長生殿……………………………………… 2－512
長生殿……………………………………… 2－513
長生殿曲譜二卷…………………………… 1－320
長生殿時劇八出…………………………… 3－489
長生殿時劇八折…………………………… 2－490
長生殿傳奇 ……………………………… 1－56
長生殿傳奇二卷五十折 ………………… 1－20
長生殿傳奇五十出………………………… 1－367
長生籙詞…………………………………… 2－527
長白山人四求吟草………………………… 3－261
長白山江岡志略 ………………………… 2－75
長白山錄…………………………………… 1－125
長白彙徵錄八卷首一卷 ………………… 2－58
長江水師全案三卷 ……………………… 3－22
長江集十卷 ……………………………… 1－31
長江圖十二卷……………………………… 1－492
長江圖說十二卷…………………………… 2－170
長江圖說十二卷首一卷 ………………… 2－69
長江礮臺芻議 …………………………… 3－17
[熙寧]長安志二十卷 …………………… 1－67

[熙寧]長安志二十卷 ……………… 1－122
長安志圖三卷 ………………………… 1－67
長安宮詞…………………………… 3－516
長安圖志三卷……………………… 1－122
[嘉慶]長安縣志三十六卷 ………… 3－177
長安獲古編二卷補一卷…………… 1－345
長安獲古編二卷補一卷…………… 1－492
長沙方歌括六卷…………………… 2－211
長沙方歌括六卷…………………… 3－441
[乾隆]長沙府志五十卷首一卷 …… 1－325
長沙賈太傅祠志二卷 ……………… 2－59
[同治]長沙縣誌三十六卷 ………… 3－283
長沙縣學宮志八卷首一卷………… 3－223
長沙藥解四卷……………………… 2－267
長阿含十報法經二卷……………… 1－164
長河志籍考十卷 …………………… 1－57
[康熙]長河志籍考十卷 …………… 1－128
[光緒]長治縣志八卷 ……………… 2－176
長洲彭氏家集……………………… 2－407
長恩書室叢書……………………… 2－2
長恩書室叢書二十種……………… 1－446
[道光]長清縣志十六卷首一卷末一
卷 ………………………………… 2－54
長短經十卷………………………… 1－308
[光緒]長寧縣志四卷首一卷末一卷
………………………………… 3－141
長慶老和尚行狀…………………… 1－302
長慶空隱獨和尚語録二卷………… 1－168
長慶空隱獨和尚語録二卷………… 1－302
長慶空隱和尚塔銘………………… 1－302
[同治]長樂縣誌 …………………… 2－178
長興學記 …………………………… 3－27
長谿草堂詩鈔二卷詞鈔一卷……… 3－274
長離閣集一卷 ……………………… 3－87
邨亭詩稿…………………………… 2－421
坦菴詞一卷………………………… 1－246
坦菴詞曲六種九卷 ………………… 1－22
坦菴禪師住嘉興普光寺語録……… 1－159
坦庵買花錢雜劇一卷……………… 1－317
坦庵詞曲六種……………………… 3－474
坦園全集…………………………… 1－422
坦園傳奇六種……………………… 2－447
坦園傳奇六種……………………… 3－168
幸魯盛典四十卷…………………… 1－133
幸魯盛典四十卷…………………… 1－334
坡公詞[歸來樂]金鎖記[私祭]一折
………………………………… 2－510
坡仙集十六卷……………………… 1－210
坡仙集十六卷……………………… 1－259
坡門酬唱二十三卷………………… 1－419
坡門酬唱二十三卷………………… 3－257
亞拉伯志一卷附新志一卷 ………… 2－85
亞細亞洲志附新志 ………………… 2－86
亞斐利加洲志……………………… 2－151
亞斐利加洲志……………………… 2－151
亞斐利加洲志一卷附新志一卷 …… 2－85
耶蘇實徵…………………………… 2－249
取南郡雁門關合集………………… 2－481
取南郡頭本………………………… 2－489
取滎陽……………………………… 2－489
苷園詩錄四卷……………………… 3－196
苷園詩錄四卷……………………… 3－197
苦功悟道二卷二十四品…………… 3－494
苦海金堤二卷……………………… 2－311
苦菜金牌寶卷上下 ………………… 3－70
苦菜寶卷 …………………………… 3－70
昔積陰隲孩兒寶卷 ………………… 3－71
若愚指南捷徑門法一卷…………… 1－281
茂陵秋雨詞四卷…………………… 2－369
茂陵絃二卷………………………… 2－474
茂雪堂叢書 ………………………… 3－93
苗氏說文四種……………………… 1－453
苗氏說文四種……………………… 1－455
苗氏說文四種 ……………………… 2－51
苗民圖說…………………………… 1－126
苗防備覽二十二卷………………… 2－167
苗防備覽二十二卷………………… 3－200
英文鐵路釋名 ……………………… 2－93
英民史記…………………………… 2－151
[光緒]英吉沙爾廳鄉土志一卷 …… 3－281
英列春秋[鼓詞] …………………… 1－50
英列春秋戲詞 ……………………… 1－51

英果敏公四種 …………………………… 3－23
英法俄德四國志略………………………… 2－101
英法俄德四國志略………………………… 2－101
英法俄德四國志略………………………… 3－203
英法義比志譯略四卷……………………… 1－365
英威民政輯要……………………………… 2－127
英俄印度交涉書…………………………… 1－348
英皇肥挖唎阿聖德記……………………… 3－386
英烈全傳十卷 …………………………… 3－53
英烈全傳十卷八十回……………………… 1－373
英烈全傳五卷……………………………… 2－491
英烈全傳四卷八十回……………………… 3－118
英國水師律例四卷………………………… 1－391
英國水師律例四卷………………………… 2－166
英國水師律例四卷………………………… 3－373
英國度支攷………………………………… 2－257
英國第七冊藍皮書三卷…………………… 3－375
英國憲法史………………………………… 3－386
英軺日記十二卷…………………………… 1－464
英雄會不分卷 …………………………… 1－43
英雄譜……………………………………… 1－368
英雄譜……………………………………… 1－372
英雄譜 …………………………………… 3－55
英雲夢傳…………………………………… 2－375
英雲夢傳八卷……………………………… 1－373
英臺寶卷 ………………………………… 3－68
英語集全六卷……………………………… 1－341
英選舉法志要……………………………… 2－105
[康熙]茌平縣志四卷首一卷 ………… 3－34
苑西集十二卷 …………………………… 1－23
苑洛志樂十三卷 ………………………… 1－63
苑洛集二十二卷…………………………… 1－255
苑詩類選三十卷 ………………………… 1－42
苑詩類選三十卷…………………………… 1－244
范文正公忠宣公全集七十三卷……… 1－239
范文正公忠宣公全集七十三卷……… 1－276
范文正公集二十卷………………………… 1－542
范文正公集八卷…………………………… 1－245
范文正范忠宣二公全集…………………… 1－406
范文忠公年譜一卷………………………… 1－214
范文忠公初集十二卷……………………… 1－214
范石湖詩集註三卷………………………… 2－443
范伯子詩集十九卷………………………… 2－405
范伯子詩集十九卷………………………… 2－410
范伯子詩集十九卷………………………… 2－505
范忠貞公文集五卷首一卷 …………… 1－50
范忠貞公集十卷…………………………… 1－270
范忠宣公集十卷 ………………………… 1－25
范梁行述…………………………………… 2－531
苾芻詞二卷 ……………………………… 3－46
苾芻館詞集六卷…………………………… 2－411
直木堂詩集七卷…………………………… 1－207
直木齋全集十三卷首一卷………………… 3－100
直東從戎雜記四卷 ……………………… 3－21
直東勦匪電存四卷………………………… 3－539
直指玉鑰匙門法一卷……………………… 1－317
直省分道屬境歌略並圖…………………… 3－291
直省同年齒錄……………………………… 3－3
直省同年齒錄 …………………………… 3－12
直省同年錄………………………………… 3－3
直省鄉墨適中二集………………………… 3－219
直省鄉墨精萃……………………………… 3－304
直省鄉墨精萃……………………………… 3－304
直省新墨約選……………………………… 2－432
直省闈墨十卷……………………………… 2－374
直省釋奠禮樂記六卷……………………… 2－157
直省釋奠禮樂記六卷首一卷……………… 1－498
直省釋奠禮樂記六卷首一卷末一卷
…………………………………………… 2－70
[乾隆]直隸易州志十八卷首一卷 … 2－180
[乾隆]直隸商州志十四卷首一卷 … 1－134
直隸工藝志初編…………………………… 3－538
[乾隆]直隸代州志六卷圖一卷 …… 1－134
直隸全省最新地圖………………………… 2－130
直隸全省輿地全圖………………………… 3－538
[乾隆]直隸易州志十八卷首一卷 …… 1－6
[乾隆]直隸易州志十八卷首一卷 … 1－118
[乾隆]直隸易州志十八卷首一卷 … 1－134
[道光]直隸定州志二十二卷首一卷
…………………………………………… 2－55
[道光]直隸定州志二十二卷首一卷
…………………………………………… 3－364

［乾隆］直隸秦州新志十二卷首圖一
卷末一卷……………………………… 1－323
［乾隆］直隸通州志二十二卷 ……… 1－282
［乾隆］直隸通州志二十二卷 ……… 3－535
直隸清理財政局說明書七編………… 3－440
［乾隆］直隸階州志二卷 …………… 1－119
直隸試辦小學堂暫行章程…………… 2－118
直隸試辦小學堂暫行章程…………… 2－118
直隸試辦中學堂暫行章程摺稿 ……… 2－90
直隸試辦中學堂暫行章程摺稿……… 2－118
直隸試辦師範學堂暫行章程摺稿…… 2－114
［光緒］直隸趙州志十六卷末二卷 …… 2－73
［光緒］直隸趙州志十六卷首一卷末
一卷…………………………………… 3－393
［乾隆］直隸遵化州志二十卷 ……… 1－284
［乾隆］直隸遵化州志二十卷 ……… 3－374
直齋書録解題二十二卷 ……………… 1－78
直齋書録解題二十二卷……………… 1－468
直齋書錄解題二十二卷……………… 1－5
直齋書錄解題二十二卷 ……………… 1－67
直齋書錄解題二十二卷……………… 1－469
直齋書錄解題二十二卷……………… 1－505
直齋書錄解題二十二卷 ……………… 2－19
直齋書錄解題二十二卷 ……………… 2－71
直齋書錄解題二十二卷 ……………… 2－83
直齋書錄解題二十二卷……………… 2－164
苕華閣詩稿一卷……………………… 3－228
苔文館詩存一卷……………………… 1－205
苔岑集二十四卷附二卷……………… 1－270
苔岑集初刊七種十八卷小紅薇館拾
餘詩鈔四卷…………………………… 3－160
苕溪集五十五卷……………………… 1－415
茅山志十四卷 ………………………… 2－61
茅山志十四卷 ………………………… 2－75
茅山志十四卷………………………… 3－156
茅山志十四卷附道秩考一卷………… 1－128
茅亭客話十卷………………………… 3－184
茅亭客話十卷………………………… 3－331
茅亭客話十卷校勘記一卷續校一卷
……………………………………… 3－262
茅鹿門集八卷………………………… 1－248
茅麓公司清查報告…………………… 3－219
林下雅音集六種十五卷……………… 1－436
林文忠公戒煙斷癮良方並說………… 3－517
林文忠公政書………………………… 2－150
林文忠公政書三十七卷……………… 1－488
林文忠公政書四集…………………… 2－126
林松址詩集三卷北行即景一卷……… 1－267
林臥遙集二卷千疊波餘一卷續編一
卷補遺一卷 …………………………… 1－39
林和靖詩集四卷……………………… 2－422
林和靖詩集四卷拾遺一卷…………… 2－319
林屋民風十二卷附錄一卷…………… 1－285
林屋集二十卷 ………………………… 1－46
林野奇禪師語録八卷附一卷………… 1－160
林琴南譯著一種……………………… 1－237
林間錄二卷後集一卷………………… 1－300
林蕙堂文集十二卷…………………… 1－221
林蕙堂文集十二卷…………………… 1－278
林蕙堂文集續刻六卷………………… 3－340
林蕙堂全集二十六卷 ………………… 1－55
［乾隆］林縣志十卷首一卷末一卷 …… 2－56
林黛玉被難始末記…………………… 3－505
林蘭香八卷六十四回………………… 1－371
林蘭香六十四回……………………… 1－386
枝山文集四卷………………………… 1－416
枝山文集四卷………………………… 2－358
板調龍舟……………………………… 2－515
板橋全集……………………………… 2－374
板橋集 ………………………………… 1－82
板橋集………………………………… 1－216
板橋集………………………………… 1－276
板橋集………………………………… 2－433
板橋集………………………………… 3－438
板橋集六卷…………………………… 1－431
板橋詩詞鈔二卷……………………… 1－401
板橋雜記 ……………………………… 3－95
板橋雜記二卷………………………… 3－336
板橋雜記三卷………………………… 3－399
來生福彈詞三十六回………………… 1－406
來生福彈詞三十六回………………… 2－396
來青園全集文集一卷詩集一卷 ……… 3－30

來雨軒存稿四卷……………………… 2－474
來南雜俎四卷…………………………… 3－163
來雲閣詩六卷 ………………………… 3－42
來雲閣詩六卷…………………………… 3－436
來禽館集二十九卷……………………… 1－404
來齋金石刻考略三卷 ………………… 2－77
來瞿唐先生易註十五卷首一卷末一
　卷……………………………………… 1－114
松下閒談………………………………… 3－162
松心詩十集三十五卷 ………………… 3－94
松心詩集十集…………………………… 2－384
松石齋詩集六卷………………………… 2－524
松竹梅…………………………………… 3－464
［嘉慶］松江府志 …………………… 2－472
［嘉慶］松江府志八十四卷首二卷 … 3－185
［光緒］松江府續志四十卷首一卷 … 3－162
［光緒］松江府續志四十卷首一卷 … 3－178
松花菴全集十二卷……………………… 2－418
松花菴全集十二卷……………………… 3－139
松花菴律古一卷………………………… 1－291
松花菴逸草一卷詩餘一卷……………… 1－213
松花菴逸草一卷詩餘一卷……………… 1－256
［松花菴集］ ………………………… 1－286
松花菴詩文集…………………………… 1－290
松花菴韻史一卷………………………… 2－421
松厓文稿一卷…………………………… 1－291
松厓文稿一卷次編一卷松花菴詩草
　二卷律古一卷律古續稿一卷集古
　古詩一卷集古絕句一卷松花菴集
　唐一卷………………………………… 1－216
松厓詩錄二卷 ………………………… 3－41
松風閣指法抒懷操……………………… 3－197
松風閣琴譜……………………………… 3－191
松風閣詩鈔二十六卷…………………… 2－332
松風閣詩鈔二十六卷…………………… 2－405
松風閣詩鈔二十六卷…………………… 2－437
松風閣詩鈔二十六卷 ………………… 3－58
松風閣詩鈔八卷………………………… 2－356
松風餘韻五十卷末一卷 ……………… 1－44
松桂堂全集三十七卷延露詞三卷南
　淮集三卷 …………………………… 1－36
松陵文集二編六卷……………………… 1－402
松陵文錄二十四卷……………………… 2－456
松陵集十卷……………………………… 1－104
松陵詩徵前編十二卷…………………… 2－329
松雪精舍詩錄四卷……………………… 2－329
松雪齋集十卷外集一卷………………… 2－351
松雪齋集十卷外集一卷附趙公行狀
　……………………………………… 1－103
松雪齋集十卷外集一卷續集一卷…… 1－417
松雪齋詞一卷…………………………… 2－506
松陽鈔存二卷…………………………… 3－248
松陽講義十二卷………………………… 2－298
松陽講義十二卷………………………… 3－128
松鄉先生文集十卷……………………… 1－265
松滋祠廟事畧一卷……………………… 3－152
松窗快筆一卷…………………………… 2－254
松夢寮詩稿……………………………… 2－474
松夢寮詩稿六卷 ……………………… 3－60
松圓浪淘集十八卷目錄二卷………… 1－322
松圓偈庵集二卷………………………… 1－322
松筠閣鈔異十二卷……………………… 1－399
松漠紀聞 ……………………………… 3－41
松溪集 ………………………………… 3－90
松壽堂詩鈔四卷………………………… 2－344
松寥山人詩集十卷……………………… 3－268
松禪老人遺墨…………………………… 2－262
松聲池館詩存四卷 …………………… 3－61
松聲池館詩存四卷……………………… 3－217
松齋憶存草 …………………………… 3－82
松巖自怡稿 …………………………… 3－28
松韻亭詩四卷附山居五十秋詩一卷
　……………………………………… 1－268
松靄初刻………………………………… 1－289
杭大宗七種叢書………………………… 1－106
杭大宗七種叢書………………………… 2－466
杭女表微錄十六卷首一卷……………… 3－204
杭州八旗志二十五卷…………………… 2－149
杭州上天竺講寺誌十五卷首一卷…… 1－121
杭州織造奏稿…………………………… 2－128
杭俗遺風一卷…………………………… 3－517
杭雙溪先生詩集八卷…………………… 1－320

述古堂文集十二卷 …………………… 2－368
述古堂文集十二卷 …………………… 2－385
述古堂藏書目 ………………………… 2－120
述古堂藏書目四卷 …………………… 1－469
述古齋醫書三種 …………………… 3－38
述古叢鈔 ………………………………… 2－3
述古叢鈔十種 ………………………… 1－445
述古叢鈔四集二十種 ……………… 1－445
[述本堂奏議] …………………… 3－423
述本堂詩集十八卷 …………………… 1－254
述祖詩一卷于京集五卷 …………… 2－370
述記 ……………………………………… 1－12
述記 ……………………………………… 2－188
述記二卷 ……………………………… 3－225
述菴詩鈔十二卷 ……………………… 1－226
述菴詩鈔十二卷 ……………………… 1－269
述菴詩鈔十二卷 ……………………… 1－290
述菴詩零 ……………………………… 3－93
述德堂詩稿 …………………………… 3－74
述學 ……………………………………… 1－397
述學 ……………………………………… 1－543
述學六卷 ……………………………… 1－454
東三省沿革表六卷 …………………… 1－470
東三省沿革表六卷 …………………… 2－61
東三省沿革表六卷 …………………… 2－184
東三省政略 …………………………… 1－483
東三省政略 …………………………… 2－175
東三省政略十二卷 …………………… 1－356
東三省政略十二卷首一卷 ………… 2－166
東三省政略十二卷總目一卷 ……… 3－387
東三省蒙務公牘彙編四卷附編一卷
………………………………………… 3－16
東三省鹽法志十四卷 ……………… 3－401
東山老人詩賸 ………………………… 3－139
東山草堂全集 ………………………… 2－415
東山草堂邇言六卷 …………………… 2－256
東山寓聲樂譜一卷補鈔一卷 ……… 3－89
東井詩鈔 ……………………………… 2－474
東方大中集一卷 ……………………… 3－356
東方先生集一卷 ……………………… 3－345
東方兵事紀略五卷 …………………… 3－384
東方兵事紀略四卷 …………………… 3－384
東方時局論略 ………………………… 2－115
東方朔神異經一卷 …………………… 1－330
[光緒]東平州志二十七卷 ………… 3－192
東田文集三卷 ………………………… 3－156
東西洋考十二卷 ……………………… 1－469
東西洋考十二卷 ……………………… 3－203
東西晉志傳東晉八卷西晉四卷 ……… 1－370
東西晉志傳東晉八卷西晉四卷 ……… 3－288
東西漢演義 …………………………… 3－286
[光緒]東光縣志十二卷首一卷末一
卷 ……………………………………… 2－73
[光緒]東光縣志十二卷首一卷末一
卷 ……………………………………… 2－83
[光緒]東光縣誌十二卷首一卷末一
卷 ……………………………………… 2－178
東行集 ………………………………… 3－248
東江始末 ……………………………… 2－152
東江始末 ……………………………… 2－152
東牟守城紀略 ………………………… 3－17
東巡金石錄八卷 ……………………… 1－77
東巡金石錄八卷 ……………………… 1－125
東巡金石錄八卷 ……………………… 1－274
[道光]東阿縣志略二卷 …………… 2－57
東武詩存十卷 ………………………… 2－488
東坪詩集八卷 ………………………… 1－286
東坡文選二十卷 ……………………… 1－95
東坡年譜 ……………………………… 1－229
東坡年譜一卷 ………………………… 1－327
東坡先生全集七十五卷 …………… 1－230
東坡先生全集七十五卷 …………… 1－326
東坡先生物類相感志十八卷 ……… 1－137
東坡先生詩集注三十二卷 ………… 3－404
東坡先生編年詩五十卷年表一卷 …… 1－210
東坡先生翰墨尺牘八卷 …………… 1－425
東坡先生翰墨尺牘八卷 …………… 3－315
東坡事類二十二卷 …………………… 1－532
東坡事類二十二卷 …………………… 1－544
東坡和陶合箋四卷 …………………… 2－349
東坡和陶詩 …………………………… 1－209
東坡和陶詩一卷 ……………………… 1－34

東坡和陶詩一卷…………………………… 1－238
東坡集一百十卷…………………………… 1－535
東坡稱賞道潛之詩一卷…………………… 1－235
東坡樂府三卷……………………………… 2－434
東坡禪喜集十四卷………………………… 1－260
東坡題跋二卷……………………………… 3－354
東亞史要…………………………………… 3－242
東林列傳二十四卷末二卷………………… 1－5
東林列傳二十四卷末二卷 ……………… 1－74
東林列傳二十四卷末二卷………………… 1－489
東林書院志二十二卷……………………… 2－185
東林書院志二十二卷……………………… 3－178
東林書院志二十二卷……………………… 3－262
東征集六卷………………………………… 1－216
東周列國全志一百〇八回………………… 3－338
東周列國全志二十三卷 ………………… 1－11
東周列國全志二十三卷一百〇八回
…………………………………………… 1－10
東周列國全志二十三卷一百〇八回
…………………………………………… 1－307
東周列國志………………………………… 2－401
東周列國志二十三卷一百八十回………… 3－298
東周列國志二十三卷首一卷……………… 3－384
東周列國傳奇……………………………… 1－319
東京夢華錄十卷…………………………… 1－293
東京夢華錄十卷…………………………… 3－331
東垣十書 ………………………………… 1－87
東垣先生此事難知二卷…………………… 1－203
東南紀事十二卷西南紀事十二卷………… 3－175
東南樵草堂詩鈔二卷……………………… 3－170
東皇布令　斂福錫民……………………… 3－455
東洋史要…………………………………… 3－327
東洋史要二卷……………………………… 1－349
東洋史要二卷……………………………… 3－310
東洋史要六卷首一卷……………………… 1－349
東洲草堂金石詩抄………………………… 1－305
東洲草堂詩鈔……………………………… 3－235
東洲草堂詩鈔三十卷文鈔二十卷詩
餘一卷…………………………………… 2－354
東津館文集二卷…………………………… 2－536
東都仙洞餘譚一卷附錄一卷……………… 3－510
東都事略一百三十卷 …………………… 1－76
東都事略一百三十卷……………………… 1－481
東都事略一百三十卷……………………… 1－503
東都事略校記二卷………………………… 2－144
東華全錄…………………………………… 2－100
東華全錄…………………………………… 2－130
東華全錄五百二十四卷…………………… 1－483
東華錄……………………………………… 3－359
東華錄……………………………………… 3－359
東華錄一百九十四卷續錄二百三十
卷………………………………………… 2－122
東華錄二十六卷…………………………… 3－397
東華錄十六卷……………………………… 1－127
東華錄十六卷……………………………… 1－354
東華錄三十二卷…………………………… 1－361
東華錄三十二卷…………………………… 2－104
東華錄四十五卷續錄七十五卷…………… 2－120
東華續錄…………………………………… 2－138
東華續錄…………………………………… 3－359
東華續錄一百二十卷……………………… 3－397
東華續錄一百卷…………………………… 2－100
東華續錄二百二十卷……………………… 1－358
東華續錄二百二十卷……………………… 1－483
東華續錄光緒朝二百二十卷……………… 1－505
東華續錄光緒朝二百二十卷……………… 3－425
東華續錄光緒朝二百二十卷……………… 3－426
東華續錄咸豐朝一百卷…………………… 2－103
東華續錄嘉慶朝五十卷…………………… 2－166
東莞三逸合稿 …………………………… 3－42
東晉南北朝輿地表………………………… 1－474
東晉南北朝輿地表二十七卷……………… 2－148
東晉疆域志四卷…………………………… 1－468
東晉疆域志四卷 ………………………… 2－84
東晉疆域志四卷…………………………… 2－106
東晉疆域志四卷…………………………… 2－146
東晉疆域志四卷…………………………… 3－371
東郭記二卷………………………………… 1－423
東郭記二卷四十四出 …………………… 3－90
東郭記二卷四十四出……………………… 3－333
東郭記二卷四十四出……………………… 3－461
東郭記二卷四十四出……………………… 3－488

東郭記四十四出………………………… 3－279
東悟本禪師語録二卷…………………… 1－298
東海半人詩鈔二十四卷………………… 2－507
東海孝婦傳奇十六出…………………… 3－471
東海記……………………………………… 3－279
東海記十六出附錄一卷………………… 2－487
東海褰冥氏三十以前舊學四種 ……… 3－88
東海褰冥氏三十以前舊學四種……… 3－388
東海褰冥氏三十以前舊學四種……… 3－437
東海褰冥氏三十以前舊學四種……… 3－437
東海褰冥氏三十以前舊學四種……… 3－437
東海褰冥氏三十以前舊學四種八卷
……………………………………………… 3－132
東家雜記二卷首一卷…………………… 3－219
東陲芻議不分卷………………………… 3－363
東陶吳野人先生詩集十二卷………… 1－433
東埭文鈔四卷…………………………… 3－276
東萊先生左氏博議二十五卷 ………… 2－43
東萊先生音注唐鑑二十四卷 ………… 1－71
東萊先生音注唐鑑二十四卷 ………… 1－76
東萊先生音注唐鑑二十四卷………… 1－133
東萊先生詩集二十卷…………………… 1－206
東萊博議四卷 …………………………… 2－45
東萊博議四卷…………………………… 2－384
東萊集注類編觀瀾文集三集七十卷
……………………………………………… 3－77
東萊集註類編觀瀾文集二十五卷…… 2－455
東萊集註類編觀瀾文集七十卷……… 2－318
東遊日報譯編不分卷…………………… 3－349
東野志二卷……………………………… 1－251
東國史略六卷…………………………… 1－302
東國史略六卷…………………………… 1－345
東淘吳野人先生詩集十二卷………… 2－406
東陽隨筆………………………………… 2－534
東越文苑六卷首一卷…………………… 1－417
東越儒林傳一卷 ……………………… 3－75
東嵐謝氏明詩畧四卷…………………… 3－138
東嵐謝氏明詩略四卷…………………… 3－192
東皐詩存四十八卷……………………… 1－433
東皐詩存四十八卷詩餘四卷………… 1－270
東廂記四卷……………………………… 3－279
東廂記四卷十六出首一卷…………… 3－103
東廂記四卷十六出首一卷…………… 3－488
東遊日記 ………………………………… 3－16
東遊日記………………………………… 3－202
東遊志傳………………………………… 2－313
東遊記……………………………………… 2－247
東道紀行集……………………………… 3－272
東道紀略 ………………………………… 3－14
東湖志二卷 ……………………………… 2－74
東湖志二卷 ……………………………… 2－81
東湖集五卷 ……………………………… 3－10
［同治］東湖縣誌三十一卷 ………… 3－289
東湖叢記六卷…………………………… 2－358
東槎紀略三卷…………………………… 2－168
東槎紀略五卷…………………………… 1－347
東槎紀略五卷…………………………… 2－171
東槎紀略五卷 …………………………… 3－14
東園集……………………………………… 2－451
東園詩集五卷 …………………………… 1－37
東溟奏稿四卷…………………………… 2－112
［嘉慶］東臺縣志四十卷 ……………… 3－12
［嘉慶］東臺縣志四十卷 …………… 3－180
東墅文字禪四卷………………………… 3－251
東塾集六卷附申范一卷……………… 2－382
東塾遺書九卷…………………………… 2－467
東塾叢書………………………………… 2－469
東塾叢書五種共二十八卷…………… 1－375
東塾讀書記二十一卷………………… 1－396
東塾讀書記二十五卷………………… 1－514
東塾讀書記十二卷又三卷…………… 1－531
東漢八出………………………………… 1－319
東漢會要四十卷………………………… 1－468
東漢會要四十卷 ………………………… 2－70
東漢會要四十卷 ………………………… 2－91
東漢會要四十卷 ………………………… 2－94
東漢會要四十卷………………………… 2－168
東漢會要四十卷………………………… 3－313
東漢演義評八卷………………………… 1－371
東甌百詠………………………………… 3－312
東甌先正文錄十二卷補遺一卷栝蒼
先正文錄三卷附錄誌異倡和詩…… 1－406

東甌金石志十二卷……………………… 1－493
東撫奏疏……………………………………… 2－128
東嶽泰山十王寶卷一卷……………… 3－493
東魏劉懿墓誌銘及其它……………… 2－519
東齋詞略四卷 ……………………………… 1－29
東齋就正草五卷…………………………… 3－114
東藩紀要十二卷補錄一卷…………… 1－364
東藩紀要十二卷補錄一卷…………… 3－301
東瀛百詠……………………………………… 3－239
東瀛參觀學校記…………………………… 2－111
東瀛戰士策………………………………… 3－421
東瀛觀學記 ……………………………… 2－99
東觀奏記三卷……………………………… 3－225
東觀漢記二十四卷 ……………………… 1－73
東觀漢記二十四卷 ……………………… 1－76
東觀漢記二十四卷……………………… 2－164
東籬中正……………………………………… 2－529
或問一卷 ………………………………… 1－56
臥知齋駢體文初稿附外集…………… 3－255
臥雪堂詩草十二卷……………………… 3－188
臥雲樓詩草二卷…………………………… 3－237
臥樟書屋集十卷 ………………………… 3－78
臥龍崗志二卷……………………………… 1－124
[康熙]臥龍崗志二卷 ………………… 1－279
臥龍崗志二卷……………………………… 1－290
[康熙]臥龍崗志二卷 ………………… 1－334
事物紀原集類十卷……………………… 1－322
事物異名錄四十卷 ……………………… 1－19
事物異名錄四十卷 ……………………… 1－89
事宜須知四卷……………………………… 1－362
事類統編九十三卷首一卷…………… 2－266
事類賦三十卷……………………………… 1－146
事類賦三十卷……………………………… 2－306
事類賦補遺十四卷……………………… 2－306
刺心寶卷……………………………………… 2－525
刺字章程……………………………………… 3－406
刺字集四卷………………………………… 2－155
刺字集四卷………………………………… 3－238
刺虎…………………………………………… 2－515
兩日畫報……………………………………… 3－269
兩世因十八出……………………………… 3－489
兩邑集頌……………………………………… 3－252
兩晉南北合纂四十卷………………… 1－252
兩般秋雨盦隨筆七卷………………… 2－395
兩般秋雨盦隨筆八卷………………… 1－397
兩般秋雨盦隨筆八卷………………… 2－388
兩般秋雨盦隨筆八卷………………… 3－298
兩浙令長考二卷………………………… 3－115
兩浙刑案……………………………………… 2－128
兩浙名賢錄六十二卷………………… 2－143
兩浙防護錄………………………………… 2－148
兩浙防護錄………………………………… 2－171
兩浙金石志十八卷……………………… 1－491
兩浙金石志十八卷補遺一卷………… 1－497
兩浙科名續錄……………………………… 2－135
兩浙輶軒錄四十卷補遺十卷………… 1－410
兩浙輶軒錄四十卷補遺十卷………… 2－333
兩浙輶軒續錄五十四卷補遺六卷…… 1－415
兩浙輶軒續錄五十四卷補遺六卷…… 2－378
兩浙鹽法續纂備考十二卷…………… 1－502
兩宴大觀園子弟書……………………… 3－466
兩淮運庫收支條款……………………… 3－436
兩淮戡亂記………………………………… 1－491
兩淮戡亂記………………………………… 2－154
兩淮鹽法志一百六十卷首一卷……… 3－401
兩淮鹽法志五十六卷首四卷………… 1－365
兩淮鹽法志五十六卷首四卷………… 3－180
兩朝剝復錄六卷首一卷……………… 1－345
兩朝御批合璧……………………………… 3－222
兩朝憲章錄二十卷 ……………………… 1－75
兩當軒全集二十二卷附錄四卷……… 2－349
兩當軒詩鈔十四卷詞二卷…………… 2－350
兩當軒詩詞鈔詩十四卷詞二卷……… 2－356
兩種情傳奇二卷三十二出…………… 3－447
兩廣鹽法志三十五卷首一卷………… 3－401
兩廣鹽價成本冊 ………………………… 3－19
兩漢刊誤補遺十卷……………………… 1－136
兩漢刊誤補遺十卷……………………… 2－142
兩漢刊誤補遺十卷……………………… 2－170
兩漢金石記二十二卷 ………………… 1－77
兩漢金石記二十二卷………………… 1－122
兩漢紀 ……………………………………… 2－91

兩漢紀六十卷附校記二卷 …………… 2－186
兩漢記前漢記三十卷後漢記三十卷
附校記二卷 ……………………………… 3－324
兩漢書注攷證二卷 ……………………… 2－145
兩漢書辨疑三十三卷 …………………… 2－140
兩漢博文十二卷 ………………………… 1－7
兩漢博聞十二卷 ………………………… 1－385
兩漢博聞十二卷 ………………………… 2－396
兩漢博聞類編九卷 ……………………… 1－72
兩漢策要十二卷 ………………………… 1－72
兩漢策要十二卷 ………………………… 3－301
兩漢淵源錄八卷附表三 ………………… 2－383
兩漢疏證六十六卷 ……………………… 2－142
兩漢會要西漢七十卷東漢四十卷 …… 3－321
兩罍軒印考漫存九卷 …………………… 1－527
兩罍軒彝器圖釋十二卷 ………………… 1－492
兩罍軒彝器圖釋十二卷 ………………… 1－498
雨十詩鈔四卷 …………………………… 3－168
雨山夜檢二卷 …………………………… 1－277
雨花香八種 ……………………………… 3－338
雨花臺傳奇二卷 ………………………… 1－35
雨花臺傳奇二卷 ………………………… 3－469
雨香書屋詩鈔二卷續鈔四卷 ………… 3－49
雨堂偶筆四卷 …………………………… 3－27
雨窗寄所記四卷 ………………………… 3－116
雨當軒詩鈔十四卷 ……………………… 2－389
協天大帝玉律經寶卷二卷二十六品
……………………………………… 3－502
協天大帝玉律經寶卷上卷 ……………… 2－527
郁氏書畫題跋記十二卷 ………………… 1－508
郁迦羅越問菩薩行經 …………………… 1－184
郁離子一卷 ……………………………… 3－429
奈何天二卷 ……………………………… 3－53
奈何天傳奇二卷三十出 ………………… 3－446
奈何天傳奇(奇福記)二卷 …………… 1－214
奇才新傳四卷八回 ……………………… 1－368
[光緒]奇台縣鄉土志一卷 …………… 3－280
奇字名十二卷 …………………………… 3－262
奇門秘書 ………………………………… 2－307
奇門輯要 ………………………………… 2－306
奇烈編 …………………………………… 3－82
奇晉齋叢書十九卷 ……………………… 1－105
奇晉齋叢書十六種十九卷 …………… 1－57
奇書五十五種三卷續編一卷 ………… 3－512
奇書快覩十卷 …………………………… 2－390
奇書續編一卷 …………………………… 3－512
奇冤寶卷 ………………………………… 3－68
奇觚室吉金文述二十卷 ………………… 1－491
奇觚室吉金文述二十卷 ………………… 1－491
奇觚室樂石文述二卷 …………………… 1－497
奇經八脈考脈訣附方脈學 …………… 3－134
奇耦典彙三十六卷 ……………………… 1－381
奇賞齋古彙編二百三十六卷 ………… 1－241
奇器圖說三卷諸器圖說一卷 ………… 3－76
妻財傷夫記寶卷 ………………………… 3－71
拔一切業障根本得生淨土神咒 ……… 1－170
拔陂菩薩經 ……………………………… 2－229
拔陂菩薩經(拔陁經)一卷 …………… 1－183
拔貢同年全錄 …………………………… 3－7
拔優貢朝考卷 …………………………… 3－129
拊掌錄 …………………………………… 3－473
拍案驚奇十二卷 ………………………… 3－480
拍案驚奇十八卷 ………………………… 1－372
拍案驚奇十八卷 ………………………… 3－43
抱乙子幼科指掌遺藁五卷 …………… 1－85
抱山堂集十四卷 ………………………… 3－109
抱朴子八卷 ……………………………… 2－194
抱朴子内篇四卷外篇四卷 ……………… 2－202
抱守草堂詩文存 ………………………… 3－101
抱沖齋詩集三十六卷 …………………… 1－411
抱真書屋詩鈔九卷詩餘一卷 ………… 3－260
抱碧齋詩四卷詞一卷 …………………… 3－232
抱影軒詩鈔十卷 ………………………… 3－274
抱潤軒文集一卷 ………………………… 2－332
抱潤軒文集十卷 ………………………… 2－436
抱潤軒文集十卷 ………………………… 2－523
抱犢山房集六卷 ………………………… 3－474
抱犢山房集六卷敕贈國子監助教留
山公殉難敘略一卷 …………………… 1－44
拙存堂題跋 ……………………………… 2－203
拙修集十卷 ……………………………… 3－12
拙軒集六卷 ……………………………… 1－220

拙軒集六卷 …… 2-336
拙軒集六卷 …… 3-340
拙娛軒詩鈔二卷 …… 3-82
拙尊園叢稿六卷 …… 1-418
拙尊園叢稿六卷 …… 2-344
拙尊園叢稿六卷 …… 2-353
拙尊園叢稿六卷 …… 2-408
拙盦叢稿 …… 1-395
拙盦叢稿 …… 2-3
招作 …… 2-513
招隱山房詩鈔 …… 2-458
招隱山房詩鈔八卷末一卷 …… 3-277
招寶山志二卷 …… 2-58
披肝露膽經 …… 1-475
非水舟遺集二卷 …… 1-20
非律賓民黨起義記美利堅自立記檀香山華人受虐記波蘭國的故事 …… 3-519
非熊夢傳奇八出 …… 3-471
叔苴子内篇六卷外篇二卷 …… 3-433
卓氏藻林八卷 …… 1-12
卓氏藻林八卷 …… 1-86
卓氏藻林八卷 …… 1-90
卓光祿集三卷 …… 1-27
卓峰草堂詩鈔二十卷 …… 1-278
虎口日記 …… 3-23
虎口餘生四卷 …… 2-399
虎口餘生傳奇四十四出 …… 3-471
虎口餘生傳奇四卷四十四出 …… 1-422
虎口餘生傳奇四卷四十出 …… 3-488
虎丘山圖志一卷虎丘山志五卷 …… 1-300
虎吞寶卷 …… 3-72
虎邱山志十卷首一卷 …… 3-383
[乾隆]虎阜志十卷首一卷 …… 1-282
虎鈐經二十卷 …… 1-514
尚友録二十二卷 …… 1-75
尚史七十一卷 …… 2-167
尚史七十卷 …… 1-7
尚史七十卷 …… 1-73
尚史七十卷 …… 1-74
尚書十三卷 …… 1-448
尚書十三卷 …… 2-46
尚書大傳四卷 …… 2-16
尚書大傳四卷考異一卷補遺一卷續補遺一卷 …… 2-45
尚書大傳四卷考異一卷補遺一卷續補遺一卷 …… 3-443
尚書大傳四卷補遺一卷 …… 1-112
尚書大傳疏證七卷 …… 1-456
尚書不分卷 …… 3-419
尚書今古文註疏 …… 1-462
尚書六卷 …… 2-25
尚書示兒評不分卷 …… 1-304
尚書古文疏證八卷 …… 1-341
尚書古文疏證八卷 …… 1-455
尚書古文疏證八卷 …… 2-33
尚書古文疏證八卷 …… 3-319
尚書古文辨惑二十二卷 …… 1-463
尚書句解考正 …… 1-461
尚書考異六卷 …… 1-344
尚書考異六卷 …… 2-9
尚書考異六卷 …… 2-9
尚書伸孔篇一卷 …… 2-32
尚書注疏二十卷 …… 1-110
尚書注疏二十卷 …… 2-25
尚書注疏二十卷校勘記二十卷 …… 2-40
尚書注疏十九卷附考證 …… 2-19
尚書要義二十卷 …… 2-32
尚書後案三十卷附尚書後辨一卷 …… 1-63
尚書後案三十卷附尚書後辨一卷 …… 1-112
尚書後案三十卷附尚書後辨一卷 …… 1-289
尚書後辨一卷 …… 3-342
尚書約旨六卷 …… 1-64
尚書約注四卷末一卷 …… 2-32
尚書章句存疑二卷 …… 1-107
尚書啓蒙五卷周季編略九卷 …… 1-480
尚書啓幪五卷 …… 2-18
尚書啓幪五卷 …… 2-18
尚書啓幪五卷 …… 2-18
尚書啓幪五卷 …… 2-18
尚書集注音疏十二卷末一卷 …… 1-1
尚書集注音疏十二卷末一卷外編一卷 …… 1-62

味道集 …… 3－135
味經齋存稿四卷 …… 3－238
味經齋遺書 …… 2－465
味經齋遺書十三種 …… 1－460
味經齋遺書十種 …… 1－446
［味塵軒曲］四種八卷 …… 1－21
［味塵軒曲］四種八卷 …… 1－318
［味塵軒曲］四種八卷 …… 3－448
味塵軒雜錄 …… 3－474
味蔬詩話四卷 …… 3－431
味餘書室隨筆二卷 …… 1－274
味餘書屋全集定本四十卷隨筆二卷 …… 1－224
味餘書屋全集定本四十卷隨筆二卷 …… 1－242
味諫果齋集六卷 …… 3－114
味諫果齋集六卷首一卷 …… 3－90
味燈書屋詩集八卷 …… 2－529
味燈書屋詩集八卷首一卷 …… 3－100
味燈聽葉廬詩草二卷 …… 2－356
味燈聽葉廬詩草二卷 …… 2－415
味檗齋文集十五卷 …… 1－537
味檗齋文集十五卷 …… 3－409
味蘇齋集四卷 …… 3－171
味鐙聽葉廬詩草二卷 …… 2－340
味靈華館詩 …… 2－509
味靈華館詩五卷 …… 3－217
味靈華館詩六卷 …… 2－366
杲堂文鈔六卷杲堂詩鈔七卷 …… 1－30
昆弋劇本三十四種 …… 3－314
昆曲 …… 3－37
昆曲一八出唱詞及宮譜 …… 3－96
昆曲十三出唱詞及宮詞 …… 3－96
昆曲十五出 …… 3－95
昆曲十出 …… 3－93
昆曲七齣 …… 3－96
昆曲三齣 …… 3－106
昆曲五劇 …… 2－527
昆曲五齣 …… 3－96
昆曲五齣 …… 3－102
昆曲四出 …… 3－91
昆曲四齣 …… 3－233
昆曲唱詞及宮譜 …… 3－96
昆曲唱譜二十四種總目一種 …… 3－117
昆曲零段 …… 2－515
昆曲零碎唱詞 …… 3－91
昆曲摘錦 …… 3－35
昆曲粹存初集 …… 2－414
昆曲劇本 …… 1－298
昆曲雜抄 …… 3－106
昆曲雜鈔二十五種 …… 3－37
昆仲賢良寶卷 …… 3－63
［道光］昆明縣志十卷 …… 3－142
［光緒］昌平外志六卷 …… 3－538
［光緒］昌平州志十八卷 …… 3－537
［光緒］昌平州志十八卷 …… 3－538
昌平遺記 …… 3－539
［光緒］昌吉縣鄉土志一卷 …… 3－280
昌谷集一卷 …… 1－245
昌谷集四卷 …… 1－238
昌谷集四卷首一卷 …… 3－96
［大德］昌國圖志七卷首一卷末一卷 …… 3－32
［宣統］昌圖府志一卷 …… 3－387
昌黎先生外集十卷附遺文 …… 3－421
昌黎先生全集四十卷外集十卷遺文四卷 …… 2－388
昌黎先生全集錄八卷 …… 2－452
昌黎先生集四十卷 …… 2－335
昌黎先生集四十卷 …… 2－378
昌黎先生集四十卷外集十卷遺文一卷 …… 1－204
昌黎先生集四十卷外集十卷遺文一卷 …… 1－206
昌黎先生集四十卷外集十卷遺文一卷 …… 1－218
昌黎先生集四十卷外集十卷遺文一卷 …… 1－245
昌黎先生集四十卷遺文一卷外集十卷 …… 1－211
昌黎先生詩集注 …… 2－459
昌黎先生詩集注十一卷 …… 1－223

昌黎先生詩集注十一卷……………… 2－319
昌黎先生詩集注十一卷……………… 2－322
昌黎先生詩集註……………………… 2－354
昌黎先生詩集註十一卷……………… 2－376
昌黎先生詩增注証訛十一卷………… 2－359
昌黎先生詩增注証訛十一卷………… 3－155
[同治]昌黎縣志十卷 ………………… 3－181
門存倡和詩鈔十卷…………………… 2－431
昇平除歲　彩炬祈年………………… 3－450
昇平雅頌六出………………………… 3－453
昇平集慶……………………………… 3－455
昇平寶筏二十一本一百七十四出…… 3－470
昇平寶筏二百四十出 ………………… 1－56
昇平寶筏三十二出…………………… 3－458
昇平寶筏三十二出…………………… 3－458
昇仙傳八卷五十六回………………… 1－369
昇仙傳八卷五十六回………………… 3－284
昕夕閒談三卷………………………… 1－379
明十三家詩選初集八卷二集八卷…… 1－401
明人尺牘選四卷 ……………………… 1－32
明人詩品二卷………………………… 2－387
明人詩鈔正集十二卷續集十四卷…… 1－213
明人詩鈔正集十四卷續集十四卷 …… 1－35
明人詩鈔正集十四卷續集十四卷…… 1－327
明三十家詩選八卷…………………… 2－440
明三十家詩選初集 …………………… 3－73
明三十家詩選初集八卷二集八卷…… 2－353
明三十家詩選初集八卷二集八卷…… 3－389
明大政纂要六十三卷………………… 1－357
明大政纂要六十三卷………………… 1－477
明大政纂要六十三卷………………… 3－395
明手斧言前集一卷後集一卷明手鋤
　言前集一卷後集一卷 ……………… 1－12
明文才調集…………………………… 2－348
明文必自集選本……………………… 2－209
明文必自集選本……………………… 2－209
明文必自集選本……………………… 2－209
明文必自集選本……………………… 2－209
明文必自集選本……………………… 2－209
明文在一百卷………………………… 1－424
明文在一百卷………………………… 2－321
明文在一百卷………………………… 2－352
明文在一百卷………………………… 2－459
明文在一百卷………………………… 3－293
明文英華十卷………………………… 1－260
明文明………………………………… 2－424
明文明四卷明文明二集四卷………… 2－424
明文明註釋…………………………… 3－211
明文待詔書梅花百詠不分卷………… 3－347
明文授讀六十二卷…………………… 1－295
明文鈔初編六編 ……………………… 1－40
明心鑑禪師語録一卷………………… 1－301
明末紀事補遺十卷…………………… 1－485
[明末軼事]二卷 ……………………… 1－264
明史三百三十二卷…………………… 1－361
明史三百三十二卷…………………… 1－489
明史三百三十二卷 …………………… 2－87
明史三百三十二卷 …………………… 2－92
明史三百三十二卷…………………… 2－119
明史三百三十二卷目錄四卷………… 1－117
明史三百三十二卷目錄四卷………… 1－132
明史三百三十二卷目錄四卷………… 3－321
明史紀事本末八十卷………………… 1－472
明史紀事本末八十卷………………… 1－482
明史紀事本末八十卷 ………………… 2－53
明史紀事本末八十卷 ………………… 2－66
明史紀事本末八十卷………………… 2－130
明史紀事本末八十卷………………… 2－136
明史紀事本末八十卷………………… 3－403
明史稿三百十卷目錄二卷…………… 1－7
明史稿三百十卷目錄二卷 …………… 1－75
明史論四卷…………………………… 3－349
明史藁三百十卷目錄二卷…………… 1－135
明史雜詠四卷………………………… 1－6
明刑管見錄…………………………… 2－160
明刑管見錄…………………………… 3－309
明刑管見錄…………………………… 3－313
明臣奏議十二卷首一卷……………… 2－170
明夷待訪錄…………………………… 2－170
明夷待訪錄…………………………… 2－312
明夷待訪錄糾謬……………………… 3－130
明夷待訪錄糾謬……………………… 3－190

明名臣奏議選八卷 …………………… 3-420
明州天童景德禪寺宏智覺禪師語録
　四卷 ………………………………… 1-182
明州阿育王山志十卷 …………………… 1-9
明州阿育王山志十卷續志六卷 ……… 1-278
明州阿育王山志十卷續志六卷 ……… 1-283
明州阿育王山續志六卷 ……………… 1-9
明州定應大師布袋和尚傳 …………… 2-217
明李卓吾先生心經箋釋 ……………… 1-187
明何元朗徐陽初曲論 ………………… 3-486
明良志略一卷 ………………………… 3-150
明良志略一卷 ………………………… 3-519
明狀元圖考二卷 ……………………… 3-38
明狀元圖考三卷 ……………………… 1-498
明季三朝野史四卷 …………………… 2-153
明季北略二十四卷 …………………… 1-351
明季北略二十四卷 …………………… 1-486
明季北略二十四卷 …………………… 1-488
明季南略十八卷 ……………………… 1-351
明季逸史利貞集 ……………………… 1-302
明季稗史彙編 ………………………… 2-5
明季稗史彙編十六種 ………………… 1-358
明季稗史彙編十六種 ………………… 1-490
明季稗史彙編十六種 ………………… 2-133
明季續聞 ……………………………… 2-67
明治法制史 …………………………… 2-97
明南雍經籍考 ………………………… 2-504
明皇史概五種 ………………………… 1-69
明律集解附例三十卷 ………………… 1-392
明洪武至崇禎各科題名 ……………… 1-4
明洪武至崇禎各科題名 ……………… 1-128
明紀六十卷 …………………………… 1-481
明紀六十卷 …………………………… 2-139
明紀事樂府四卷 ……………………… 1-437
明紀會通十五卷 ……………………… 2-166
明紀彈詞註二卷 ……………………… 2-530
明珠 …………………………………… 2-290
明珠記二卷四十三出 ………………… 3-423
明珠記二卷四十三出 ………………… 3-460
明珠緣六卷五十回 …………………… 3-284
明倫大典二十四卷 …………………… 1-69
明高士傳二卷 ………………………… 3-302
明宮史八卷 …………………………… 3-163
明宮史八卷 …………………………… 3-533
明宮詞 ………………………………… 2-488
明宮雜詠二十卷 ……………………… 3-542
明宮雜詠四卷 ………………………… 3-80
明通鑑一百卷 ………………………… 1-487
明通鑑一百卷首一卷目錄二十卷 …… 3-403
明通鑑九十六卷首一卷 ……………… 2-140
明通鑑九十卷目錄二十卷前編四卷
　附編六卷 …………………………… 1-483
明通鑑九十卷前編四卷目錄二十卷
　附編六卷 …………………………… 2-66
明通鑑九十卷前編四卷附編六卷 …… 2-130
明通鑑九十卷首一卷附記六卷 ……… 1-358
明通鑑卷首 …………………………… 3-416
明通鑑前編四卷 ……………………… 2-66
明理圖說 ……………………………… 3-310
明戚少保年譜節要六卷 ……………… 2-156
明崔文敏公洹詞三種 ………………… 1-431
明清進士題名錄十四卷 ……………… 1-479
明張文忠公全集四十八卷 …………… 2-459
明彭用光太素脈訣不分卷 …………… 1-296
明朝紀事本末八十卷 ………………… 1-128
明朝國初事蹟 ………………………… 3-308
明朝題名碑錄明宣德二年丁未至天
　順八年甲申 ………………………… 3-414
明詞綜十二卷 ………………………… 2-431
明詞綜十二卷 ………………………… 2-436
[明善堂五經]五種五十八卷 ………… 1-2
明湖四客詞鈔四卷 …………………… 2-474
明湖四客詞鈔四卷 …………………… 3-503
明聖經三卷 …………………………… 1-392
明雷石庵尚書 ………………………… 3-311
明雷石庵尚書胡二峯侍郎遺集 ……… 3-214
明傳八本六十四出 …………………… 3-458
明會要八十卷 ………………………… 2-152
明詩正選八卷 ………………………… 1-54
明詩別裁集十二卷 …………………… 1-97
明詩別裁集十二卷 …………………… 1-99
明詩別裁集十二卷 …………………… 1-206

明詩紀事……………………………… 1－541
明詩紀事……………………………… 1－544
明詩紀事一百八十七卷……………… 1－421
明詩紀事十簽……………………… 3－420
明詩紀事甲簽三十卷乙簽二十二卷
　丙簽十二卷丁簽十七卷……………… 2－319
明詩綜一百卷 ……………………… 1－34
明詩綜一百卷……………………… 1－102
明詩綜一百卷……………………… 1－209
明詩綜一百卷……………………… 1－211
明詩綜一百卷……………………… 1－239
明詩選十二卷 ……………………… 1－99
明詩選十二卷盛明百家詩選姓氏爵
　里一卷 ……………………………… 1－26
明義僧擔公遺詩……………………… 2－435
明準飛燕四本三十二出……………… 3－458
［清嘉慶癸酉科］明經通譜 ………… 1－355
明經通譜……………………………… 2－167
明經通譜［光緒丁酉科］ …………… 3－33
明僮小錄……………………………… 2－489
明僮合錄……………………………… 2－339
明僮合錄二卷………………………… 3－331
明僮合錄二卷………………………… 3－331
明僮合錄小錄一卷續錄一卷………… 3－507
明僮合錄小錄一卷續錄一卷………… 3－507
明漳浦黃忠端公全集五十卷………… 1－542
明賢尺牘四卷………………………… 3－197
明德先生文集二十二卷 …………… 3－85
明德錄 ……………………………… 3－30
明薊遼督師袁崇煥傳………………… 1－123
明儒王心齋先生全集………………… 1－435
明儒學案六十二卷…………………… 1－508
明儒學案六十二卷…………………… 2－124
明儒學案六十二卷…………………… 2－141
明儒學案六十二卷…………………… 2－141
明辨齋叢書四集……………………… 2－4
明齋小識 …………………………… 3－57
明瞿忠宣公手劄及蠟丸書一卷……… 3－504
明蘭寺志六卷首一卷………………… 1－120
明覺禪師語錄六卷…………………… 1－156
明覺禪師語錄六卷…………………… 1－299
明覺聰禪師語録十六卷……………… 1－158
明辯齋叢書四集三十二種…………… 1－441
明鑑二十四卷首一卷 ……………… 2－71
明鑑前紀二卷………………………… 3－148
易水往還稿 ………………………… 3－61
易林補遺十二卷……………………… 1－341
易林釋文二卷 ……………………… 2－45
易林釋文二卷………………………… 2－192
易知編四卷…………………………… 2－213
易例輯略一卷………………………… 1－448
易注十二卷 ………………………… 1－59
易注十二卷洪範傳一卷……………… 1－110
易酌十四卷…………………………… 1－447
易酌十四卷讀易法一卷周易雜卦圖
　一卷 ………………………………… 1－60
易原…………………………………… 1－448
易原八卷……………………………… 1－115
易圃詩鈔三十卷……………………… 3－197
易堂九子文鈔………………………… 2－337
易象意言一卷………………………… 1－116
易象意言一卷………………………… 1－116
易象圖說內篇三卷外篇三卷 ……… 1－59
易筋經………………………………… 3－160
易道真傳五卷………………………… 1－448
易畫軒詩錄八卷……………………… 2－504
易園集七卷…………………………… 2－415
易傳十七卷 ………………………… 1－59
易傳十卷 …………………………… 1－60
易傳八卷 …………………………… 2－19
易傳三卷……………………………… 1－449
易解附錄一卷 ……………………… 1－60
易解醒豁 …………………………… 2－47
易義前選……………………………… 1－112
易經 ………………………………… 2－53
易經八卷 …………………………… 2－22
易經八卷 …………………………… 2－44
易經大全會解四卷 ………………… 2－43
易經本義十二卷首一卷末一卷 …… 2－46
易經四卷 …………………………… 2－47
易經四卷……………………………… 3－524
易經四卷首一卷 …………………… 2－42

易經四卷首一卷附校勘記…………… 3－445
易經如話十二卷首一卷……………… 1－450
易經如話十二卷首一卷……………… 3－211
易經啓蒙補二卷 ……………………… 1－58
易經揆一十四卷 ……………………… 1－58
易經揆一十四卷易學啓蒙補二卷 …… 1－60
易經程傳四卷………………………… 1－448
易經備旨七卷………………………… 3－282
易經集解八卷 ………………………… 2－31
易經集解八卷 ………………………… 2－31
易經詮義十四卷首一卷……………… 1－449
易經詮義十四卷首一卷……………… 1－450
易經圖說辯正二卷…………………… 1－448
易經增訂旁訓三卷 …………………… 2－16
易經講義八卷 ………………………… 1－58
易經簡明集解………………………… 3－223
易圖一卷 ……………………………… 1－59
易圖明辨十卷 ………………………… 2－44
易圖畧八卷…………………………… 1－449
易箋八卷首一卷 ……………………… 1－59
易說十二卷…………………………… 1－447
易說十三卷 …………………………… 2－42
易說六卷……………………………… 1－447
易學十二卷 …………………………… 1－64
易學圖解六卷 ………………………… 1－63
易學濫觴一卷………………………… 1－112
易憲四卷 ……………………………… 2－32
易憲四卷卦歌一卷圖說一卷 ………… 1－58
易藝舉隅六卷 ………………………… 2－50
易簡齋詩鈔四卷……………………… 2－328
易釋五卷 ……………………………… 2－51
易釋文一卷 …………………………… 1－59
易釋四卷 ……………………………… 2－32
典林琅環五十四卷…………………… 3－340
典林嫏嬛二十四卷續三十卷………… 3－194
典林博覽十二卷……………………… 3－194
固有草堂擬古………………………… 2－428
固村觀玩集稿四卷…………………… 1－449
固哉草亭文集二卷詩集四卷………… 2－477
固菴自定草四卷……………………… 2－439
固蘿詩稿七卷………………………… 2－476
忠介公集十三卷……………………… 1－405
忠介遺集 ……………………………… 3－25
忠正德文集十卷……………………… 2－351
忠正德文集十卷附錄一卷…………… 1－437
忠列俠義傳一百二十四回…………… 3－479
［道光］忠州直隸州志八卷 ………… 3－277
忠州營輿圖 …………………………… 2－79
忠孝全頭二本………………………… 2－489
忠孝勇烈木蘭傳三十三回…………… 3－254
忠孝勇烈奇女傳三十二回…………… 3－185
忠孝節義見聞紀畧 …………………… 3－14
忠孝錄………………………………… 3－8
忠言…………………………………… 2－292
忠武志………………………………… 2－141
忠武志十卷 …………………………… 2－89
忠武志八卷…………………………… 1－124
忠武志八卷…………………………… 1－279
忠武祠墓志七卷首一卷末一卷 ……… 2－59
忠武祠墓志七卷首一卷末一卷……… 3－162
忠武祠墓志七卷首一卷末一卷……… 3－162
忠定公奏議選十五卷 ………………… 1－55
忠貞錄………………………………… 3－8
忠貞錄 ………………………………… 3－13
忠烈何文秀…………………………… 3－102
忠烈俠義傳一百二十回……………… 2－373
忠烈俠義傳一百二十回……………… 3－479
忠烈俠義傳說唱本…………………… 3－479
忠烈備考……………………………… 3－217
忠烈備考八部 ………………………… 3－19
忠敬堂彙錄…………………………… 2－532
忠雅堂文集三十卷…………………… 1－217
忠雅堂文集三十卷…………………… 3－503
忠雅堂全集文十二卷詩二十九卷詞
二卷…………………………………… 2－360
忠雅堂全集文十二卷詩二卷補遺二
卷詞二卷……………………………… 2－345
忠雅堂集三十卷……………………… 2－354
忠雅堂評選四六法海八卷…………… 1－538
忠雅堂評選四六法海八卷…………… 2－322
忠雅堂評選四六法海八卷…………… 2－350
忠雅堂評選四六法海八卷…………… 2－502

忠雅堂詩詞全集二十七卷補遺二卷
銅絃詞二卷 …… 1－288
忠節傳 …… 1－405
忠節傳傳奇三十二出續一出 …… 3－334
忠義水滸全書一百二十回 …… 3－481
忠義水滸全書一百二十回引首一卷
…… 1－10
忠義紀聞錄三十卷 …… 3－7
忠義紀聞錄三十卷 …… 3－330
忠義集十卷 …… 3－235
忠義集八卷 …… 1－357
忠義璇圖二十齣 …… 1－38
忠義寶卷一卷 …… 3－501
忠肅集二十卷 …… 1－232
忠肅集二十卷 …… 2－354
忠肅集二十卷 …… 3－170
忠肅集二十卷 …… 3－359
忠經一卷 …… 3－433
忠獻韓魏王别錄三卷 …… 1－27
忠獻韓魏王家傳十卷 …… 1－27
忠獻韓魏王遺事一卷 …… 1－27
咀華錄四卷 …… 3－12
呻吟語 …… 2－298
呻吟語六卷 …… 1－133
呻吟語六卷 …… 1－146
呻吟語六卷 …… 1－395
呻吟語六卷 …… 2－298
呻吟語六卷 …… 2－298
呻吟語六卷 …… 3－301
呻吟語六卷皇帝陰符經一卷救命書
一卷 …… 1－187
呻吟語六卷首一卷 …… 1－524
呻吟語摘二卷 …… 1－203
咒三首經一卷 …… 1－174
咒五首經一卷 …… 1－174
邵亭知見傳本書目十六卷 …… 1－469
邵亭知見傳本書目十六卷 …… 3－315
邵亭碎墨拾遺 …… 1－304
邵亭詩文集 …… 1－435
邵亭詩鈔六卷 …… 1－438
邵亭詩鈔六卷 …… 2－377
邵亭詩鈔六卷 …… 2－500
邵亭詩鈔六卷遺詩八卷 …… 2－340
狀元策［嘉慶辛未至光緒壬辰］ …… 1－401
狀元會唱和詩集 …… 2－419
狀元圖攷四卷 …… 3－332
狀花譜 …… 2－489
咄咄錄四卷 …… 2－482
［光緒］岢嵐州志十二卷 …… 2－176
岩泉山人詞稿 …… 2－497
岩鎮汪氏重輯本宗譜四卷附錄一卷
…… 1－333
岣嶁叢書九種 …… 1－237
岣嶁鑑撮四卷 …… 3－151
廻文傳十六卷 …… 2－536
廻龍傳［鼓詞］ …… 1－50
岷江紀程 …… 2－104
制服成誦編 …… 3－151
制詔集二十卷 …… 1－500
制詔集二十卷 …… 2－450
制詔集二十卷 …… 3－232
制義叢話二十四卷 …… 2－213
制義叢話二十四卷 …… 2－358
制義叢話二十四卷 …… 2－385
制機理法八卷 …… 2－234
制機理法八卷 …… 2－234
制藝選讀 …… 2－324
制藝簡摩不分卷 …… 1－222
制羼金法二卷 …… 1－390
知不足齋紀事 …… 3－18
知不足齋叢書 …… 2－461
知不足齋叢書二十一集 …… 3－413
知不足齋叢書二十一種 …… 2－469
知不足齋叢書三十集 …… 2－460
知不足齋叢書三十集 …… 2－465
知止堂詞錄 …… 2－497
知止堂詩錄十二卷 …… 2－409
知止齋遺編三卷 …… 3－20
知白軒遺稿二卷 …… 3－57
知白齋詩鈔五卷 …… 1－419
知白齋詩鈔四卷 …… 2－411

知守齋詩集初集六卷二集四卷别集一卷…………………………………… 3－181
知足齋全集詩二十卷詩續四卷文六卷進呈文稿二卷年譜二卷………… 1－418
知足齋詩集二十卷…………………… 2－406
知足齋詩集二十卷…………………… 2－508
知非堂外稿四卷通書問一卷………… 1－262
知非堂稿六卷附文獻外錄一卷……… 1－262
知非齋詩鈔十卷……………………… 2－531
知服齋叢書二十五種………………… 1－441
知服齋叢書殘七種…………………… 2－464
知亭畫蘭冊…………………………… 2－261
知退齋稿七卷………………………… 2－474
知聖道齋讀書跋尾二卷……………… 1－465
知聖道齋讀書跋尾二卷……………… 1－466
知聖道齋讀書跋尾二卷……………… 2－170
知聖篇………………………………… 2－190
知稼軒詩稿…………………………… 2－378
知識五門不分卷……………………… 3－360
牧牛圖頌淨修指要合刊……………… 2－252
牧令七種……………………………… 2－467
牧令書二十三卷……………………… 1－501
牧令書二十三卷……………………… 2－170
牧令書鈔及其它……………………… 3－125
牧令書節要十八卷 ………………… 2－69
牧令書輯要十卷 …………………… 2－72
牧令書輯要十卷……………………… 2－155
牧令書輯要十卷……………………… 2－166
牧令書輯要十卷……………………… 3－371
牧令須知六卷 ……………………… 2－69
牧令須知六卷………………………… 2－160
牧令經驗方…………………………… 2－313
牧民忠告二卷 ……………………… 2－83
牧民忠告二卷………………………… 2－155
牧民忠告二卷………………………… 3－395
牧民忠告二卷………………………… 3－503
牧民寶鑑……………………………… 3－303
牧菴雜記六卷………………………… 2－483
牧庵文集三十六卷…………………… 2－340
牧豬法………………………………… 3－263
牧齋有學集五十一卷 ……………… 1－96
牧齋全集……………………………… 2－473
牧齋全集有學集五十卷補遺二卷投筆集一卷初學集一百十卷………… 2－415
牧齋初學集詩注二十卷 …………… 1－96
牧齋晚年家乘文 …………………… 3－87
物料價值則例二百二十卷…………… 1－6
物理小識十二卷首一卷……………… 1－530
物理小識十二卷首一卷……………… 2－204
物猶如此十四卷 …………………… 3－77
物體遇熱改易記四卷………………… 1－391
乖崖先生文集十二卷附錄一卷……… 2－355
乖崖集十二卷附錄一卷……………… 1－413
乖庵文錄二卷………………………… 2－355
和天台三聖詩………………………… 3－165
和天倪齋詞四卷……………………… 2－475
和中峰禪師懷淨土詩一卷…………… 1－158
和先生教書…………………………… 3－228
和名類聚抄十卷……………………… 2－528
[同治]和林格爾廳志一卷 ………… 3－280
和約彙抄六卷 ……………………… 3－17
和約彙抄六卷首一卷………………… 1－347
和珠玉詞……………………………… 2－496
和陶詩………………………………… 3－245
和程詩一卷…………………………… 1－404
和樂堂詩抄五卷……………………… 3－272
和聲集六卷首三卷二集三卷補編一卷首一卷…………………………… 3－219
[光緒]和闐州鄉土志一卷 ………… 3－281
和蘭刑法……………………………… 2－107
和蘭刑法……………………………… 2－107
季文敏公年譜一卷遺愛錄一卷……… 3－184
季漢書六十卷………………………… 1－128
季漢書六十卷正論五篇答問二十篇…………………………………… 1－70
季總徹禪師語錄四卷………………… 1－155
竺仙宸禪師語錄五卷………………… 1－282
竺溪源大師語錄五卷首一卷末一卷…………………………………… 2－238
侍兒小名錄拾遺……………………… 1－203
侍兒小名錄補………………………… 1－203
侍兒小名錄續補……………………… 1－203

侍雪堂詩鈔八卷 …………………………… 3－97
岳氏相臺五經…………………………… 3－420
[光緒]岳池縣志二十卷首一卷 …… 3－186
岳武穆精忠傳六卷…………………… 2－401
岳武穆精忠傳六卷六十八回………… 1－367
岳忠武王文集八卷首一卷末一卷…… 1－419
岳忠武王文集八卷首一卷末一卷…… 2－445
岳忠武王文集八卷首一卷末一卷…… 2－447
岳忠武王文集八卷首一卷末一卷…… 3－321
岳容齋詩集四卷 ……………………… 3－56
岳容齋詩集四卷……………………… 3－247
岳廟志略十卷首一卷 ………………… 2－69
岳廟志略十卷首一卷 ………………… 2－84
供諸天科儀不分卷禮舍利塔儀式…… 1－163
使琉球記六卷………………………… 1－350
使粵吟三卷…………………………… 2－524
使黔草二卷…………………………… 3－163
使隴日記……………………………… 3－329
例學新編十六卷……………………… 3－377
版權考………………………………… 2－312
岱史十八卷 …………………………… 1－67
岱遊集一卷…………………………… 2－359
岱覽十三卷首編七卷………………… 3－174
岱覽三十二卷首七卷………………… 1－363
岱覽三十二卷首七卷………………… 1－469
岱覽摘録 ……………………………… 1－67
兒女英雄傳十九卷…………………… 2－394
兒女英雄傳四十回…………………… 1－386
兒女英雄傳四十回首一回…………… 2－396
兒女英雄傳評話四十回……………… 1－379
兒女英雄傳評話四十回……………… 3－479
兒女英雄傳總本八本………………… 3－102
兒童的智慧…………………………… 2－372
兒童矯弊論…………………………… 2－254
佩文詩韻五卷 ………………………… 2－50
佩文詩韻五卷………………………… 2－258
佩文詩韻五卷………………………… 2－258
佩文詩韻五卷………………………… 2－258
佩文詩韻五卷………………………… 3－238
佩文詩韻五卷………………………… 3－341
佩文詩韻釋要五卷…………………… 2－193
佩文詩韻釋要五卷…………………… 2－256
佩文詩韻釋要五卷…………………… 2－279
佩文詩韻釋要五卷…………………… 3－129
佩文詩韻釋要五卷…………………… 3－222
佩文詩韻釋要五卷…………………… 3－294
佩文詩韻釋要五卷…………………… 3－359
佩文廣韻彙編五卷…………………… 2－294
佩文廣韻彙編五卷…………………… 3－221
佩文齋書畫譜一百卷 ………………… 1－83
佩文齋書畫譜一百卷………………… 1－197
佩文齋書畫譜一百卷………………… 1－198
佩文齋詠物詩選……………………… 1－209
佩文齋詠物詩選不分卷……………… 1－237
佩文齋詠物詩選不分卷……………… 1－242
佩文齋詠物詩選四百八十二卷……… 1－100
佩文齋廣群芳譜一百卷……………… 1－513
佩文齋廣群芳譜一百卷目錄二卷 …… 1－80
佩文齋廣群芳譜一百卷目錄二卷…… 1－194
佩文韻府一百〇六卷………………… 1－139
佩文韻府一百〇六卷………………… 1－198
佩文韻府一百〇六卷………………… 2－208
佩文韻府一百〇六卷………………… 2－258
佩文韻府一百〇六卷………………… 3－345
佩文韻府一百〇六卷………………… 3－345
佩文韻府一百〇六卷………………… 3－345
佩文韻府一百〇六卷………………… 3－424
佩文韻府一百〇六卷拾遺一百〇六
卷……………………………………… 1－515
佩文韻府一百〇六卷拾遺一百〇六
卷……………………………………… 2－188
佩文韻府一百〇六卷拾遺一百〇六
卷……………………………………… 2－268
佩文韻府一百〇六卷拾遺一百〇六
卷……………………………………… 2－268
佩文韻府一百〇六卷拾遺一百〇六
卷……………………………………… 2－316
佩文韻溯原…………………………… 2－292
佩弦齋文存三卷駢文存一卷詩存一
卷試帖存一卷雜存二卷……………… 3－292
佩弦齋文存内集四卷首一卷外集二
卷……………………………………… 3－103

佩秋閣詩稿二卷………………………… 2－474
佩秋閣詩稿二卷詞稿一卷……………… 3－182
佩秋閣遺稿……………………………… 2－530
佩銘類譜八卷…………………………… 1－306
佩蘅詩鈔………………………………… 2－349
佩蘅詩鈔八卷…………………………… 1－421
佩蘅詩鈔八卷…………………………… 2－446
佩蘅詩鈔八卷…………………………… 3－308
佩觿三卷………………………………… 1－106
佩觿三卷………………………………… 1－325
依光集八編……………………………… 1－236
郎園詩鈔………………………………… 3－440
卹典……………………………………… 2－129
卹贈朝議大夫李公遺事録……………… 3－491
欣賞編八帙八卷………………………… 1－7
征西紀略………………………………… 2－495
征西異傳………………………………… 3－334
征西演義全傳六卷四十回……………… 1－373
征剿紀略四卷 ………………………… 3－14
征鴻吟草………………………………… 3－241
徂徠石先生全集二十卷附錄一卷…… 1－249
往生净土懺儀式不分卷………………… 1－190
往生淨土懺儀式………………………… 1－151
往生集三卷……………………………… 2－247
往生論注二卷…………………………… 2－239
往生論注二卷…………………………… 2－239
往生錄四卷……………………………… 3－380
所至錄八卷……………………………… 2－346
所安遺集一卷補錄一卷 ……………… 1－25
所知集初編十二卷二編八卷三編十
二卷 ………………………………… 1－30
所知集初編十二卷二編八卷三編十
二卷………………………………… 1－210
所願學齋書鈔四種……………………… 1－343
所願學齋書鈔四種……………………… 2－405
舍利弗悔過經…………………………… 1－185
舍是集八卷……………………………… 3－137
金刀記十一、十二續八卷……………… 3－51
金刀記五、六續………………………… 3－51
金山志二十卷首二卷…………………… 3－177
金山志十卷首一卷……………………… 1－126
金山志十卷續志二卷…………………… 3－180
［光緒］金山縣志三十卷首一卷 ……… 2－55
金山龍遊禪寺志略四卷首一卷……… 1－284
金元明八大家文選……………………… 2－459
金牛湖漁唱……………………………… 2－527
金氏精華錄箋注辩訛一卷……………… 1－103
金丹正理大全悟真篇註疏三卷……… 1－320
金丹正理大全群仙珠玉集成四卷…… 1－321
金文雅十六卷…………………………… 1－432
金文雅十六卷…………………………… 2－321
金文雅十六卷…………………………… 2－348
金文雅十六卷…………………………… 2－443
金文雅十六卷…………………………… 3－293
金文最六十卷…………………………… 1－432
金文最六十卷…………………………… 2－333
金文最六十卷…………………………… 2－443
金文釋…………………………………… 2－132
金本忠寶卷 …………………………… 3－72
金石一隅錄……………………………… 2－104
金石一跋四卷二跋四卷三跋二卷 …… 2－77
金石三例………………………………… 1－492
金石三例………………………………… 1－497
金石三例 ……………………………… 2－76
金石三例再續編………………………… 2－109
金石三跋十卷…………………………… 3－408
金石文不分卷…………………………… 3－350
金石文字記六卷………………………… 1－125
金石文字辨異十二卷…………………… 1－492
金石文鈔八卷 ………………………… 2－53
金石文鈔八卷…………………………… 2－157
金石文鈔八卷續鈔二卷………………… 1－345
金石古文十四卷………………………… 1－503
金石史二卷 …………………………… 2－77
金石存十五卷…………………………… 1－329
金石存十五卷…………………………… 1－496
金石存十五卷 ………………………… 2－22
金石全例 ……………………………… 2－87
金石全例四十九卷……………………… 1－357
金石苑…………………………………… 1－492
金石苑六卷……………………………… 1－361
金石苑六卷……………………………… 1－496

金石例九卷 …………………………… 2－53
金石例補二卷 ………………………… 2－76
金石例補二卷………………………… 2－122
金石契………………………………… 1－493
金石契………………………………… 1－493
金石契………………………………… 1－495
金石契不分卷 ………………………… 1－77
金石訂例四卷 ………………………… 2－77
金石索………………………………… 1－495
金石索………………………………… 1－503
金石索十二卷………………………… 2－102
金石索十二卷首一卷………………… 3－298
金石書目一卷………………………… 2－158
金石書目撮要………………………… 2－133
金石屑二卷附說一卷………………… 1－496
金石萃編一百六十卷………………… 1－499
金石萃編一百六十卷………………… 1－499
金石萃編一百六十卷續編二十一卷
…………………………………………… 2－102
金石萃編補正四卷…………………… 1－493
金石萃編補正四卷 …………………… 2－99
金石新聲……………………………… 3－448
金石彙目分編二十卷………………… 1－496
金石彙目分編二十卷 ………………… 2－77
金石摘………………………………… 1－495
金石摘………………………………… 1－495
金石摘 ………………………………… 2－71
金石圖不分卷………………………… 3－387
金石圖說……………………………… 1－491
金石圖說……………………………… 1－495
金石圖說……………………………… 1－496
金石稱例四卷………………………… 2－101
金石稱例四卷續一卷 ………………… 2－76
金石稱例四卷續編一卷……………… 2－122
金石綜例四卷 ………………………… 2－77
金石綜例四卷………………………… 2－101
金石緣全傳八卷二十四回…………… 1－372
金石學錄補四卷……………………… 3－213
金石錄三十卷………………………… 1－133
金石錄三十卷………………………… 1－293
金石錄補二十七卷…………………… 1－497
金石錄補續跋七卷…………………… 2－122
金石叢書……………………………… 1－503
金石叢書……………………………… 2－463
金石識別十二卷……………………… 1－394
金石識別十二卷……………………… 1－396
金石識別十二卷……………………… 2－212
金石識別十二卷……………………… 2－283
金石續編二十一卷首一卷…………… 2－389
金田村匪跡紀略……………………… 1－491
金史一百三十五卷…………………… 1－361
金史一百三十五卷…………………… 1－488
金史一百三十五卷…………………… 2－166
金史紀事本末五十二卷……………… 2－136
金史紀事本末五十二卷……………… 2－138
金史紀事本末五十二卷首一卷末一
卷……………………………………… 1－464
金史紀事本末五十二卷首一卷末一
卷……………………………………… 1－480
金史詳校十卷………………………… 1－480
金史詳校十卷………………………… 2－139
金史詳校十卷首一卷………………… 1－365
金仙韶護……………………………… 3－106
金印合縱記二卷三十四出…………… 3－513
金光明最勝王經……………………… 2－268
金光明最勝王經十卷………………… 1－148
金光明最勝王經十卷………………… 1－309
金光明最勝王經十卷………………… 2－242
金光明最勝王經十卷………………… 2－242
金光明經……………………………… 2－245
金光明經文句記六卷………………… 1－149
金光明經四卷………………………… 1－190
金光明經四卷………………………… 1－335
金光明經四卷………………………… 1－336
金光明經四卷………………………… 2－229
金光明經玄義二卷科文一卷………… 2－245
金如意彈詞…………………………… 1－407
金如意寶卷 …………………………… 3－72
金吾事例……………………………… 3－533
金陀粹編……………………………… 2－143
金陀粹編……………………………… 3－318
金陀粹編二十八卷 …………………… 2－67

金陀粹編二十八卷續編三十卷……… 1－477
金陀續編三十卷 ……………………… 2－67
金東心詩集四卷……………………… 2－428
金雨叔先生家戒詩註釋……………… 3－247
金昌集四卷…………………………… 1－309
金忠節公文集………………………… 2－439
金忠節公文集………………………… 3－159
金忠節公文集八卷 ………………… 1－35
金忠節公文集八卷…………………… 2－330
金知事手諭錄不分卷………………… 3－370
金庭奏事　錫福通明………………… 3－451
金冠記鼓詞六卷……………………… 2－522
金珠寶卷……………………………… 3－112
金華子二卷…………………………… 2－366
金華文萃二十七種二百五十九卷…… 2－467
金華文略二十卷……………………… 1－259
金華詩錄六十卷外集六卷別集四卷
　……………………………………… 1－419
[道光]金華縣志十二卷首一卷 …… 3－140
金華叢書……………………………… 1－445
金峨山館文集………………………… 1－403
金剛三昧經…………………………… 1－193
金剛三昧經二卷……………………… 2－215
金剛山志……………………………… 2－200
金剛山志二卷 ……………………… 2－57
金剛光焰止風雨陀羅尼經…………… 2－250
金剛決疑……………………………… 2－225
金剛決疑解一卷金剛經頌十八首一
　卷…………………………………… 1－139
金剛恐怖集會方廣軌儀觀自在菩薩
　三世最勝心明王大威力烏樞瑟摩
　明王經三卷………………………… 1－191
金剛恐怖集會方廣軌儀觀自在菩薩
　三世最勝心明王經………………… 1－191
金剛峰樓閣一切瑜伽瑜祇經二卷佛
　說妙吉祥最勝根本大教經三卷…… 1－191
金剛般若波羅密經…………………… 2－210
金剛般若波羅密經…………………… 2－222
金剛般若波羅密經…………………… 2－222
金剛般若波羅密經…………………… 2－222
金剛般若波羅密經…………………… 2－222
金剛般若波羅密經…………………… 2－249
金剛般若波羅密經…………………… 2－250
金剛般若波羅密經一卷……………… 1－165
金剛般若波羅密經一卷……………… 1－165
金剛般若波羅密經一卷……………… 1－165
金剛般若波羅密經一卷……………… 1－190
金剛般若波羅密經一卷……………… 1－195
金剛般若波羅密經一卷……………… 1－195
金剛般若波羅密經一卷……………… 1－306
金剛般若波羅密經一卷……………… 1－335
金剛般若波羅密經不分卷…………… 1－154
金剛般若波羅密經六譯……………… 2－248
金剛般若波羅密經直解二卷………… 2－213
金剛般若波羅密經直說……………… 3－174
金剛般若波羅密經部旨二卷………… 1－157
金剛般若波羅經二卷太上感應篇纘
　義二卷……………………………… 3－127
金剛般若波羅蜜多經一卷…………… 1－337
金剛般若波羅蜜經…………………… 2－225
金剛般若波羅蜜經…………………… 3－411
金剛般若波羅蜜經…………………… 3－421
金剛般若波羅蜜經一卷……………… 1－137
金剛般若波羅蜜經一卷……………… 1－309
金剛般若波羅蜜經二卷……………… 3－350
金剛般若波羅蜜經六譯……………… 3－435
金剛般若波羅蜜經直解一卷………… 1－188
金剛般若波羅蜜經直解二卷………… 1－298
金剛般若波羅蜜經郢說……………… 1－187
金剛般若波羅蜜經破空論…………… 2－225
金剛般若波羅蜜經註解一卷………… 1－169
金剛般若波羅蜜經論三卷…………… 2－225
金剛般若波羅蜜經釋義一卷………… 1－301
金剛般若經疏………………………… 1－188
金剛般若經疏………………………… 2－224
金剛般若經疏論纂要二卷…………… 1－148
金剛般若經疏論纂要刊定記會編十
　卷…………………………………… 1－193
金剛能斷般若波羅密多經…………… 2－221
金剛能斷般若波羅密經……………… 2－222
金剛能斷般若波羅蜜經一卷………… 1－164

金剛頂瑜伽中發阿耨多羅三藐三菩
　提心論 …… 1－168
金剛頂瑜伽理趣般若經一卷 …… 1－191
金剛滑公表忠錄 …… 3－12
金剛愍公傳略 …… 2－535
金剛經大悲心咒持誦簡法阿彌陀經
　多心經法華經普門品高王經 …… 2－248
金剛經石注 …… 2－316
金剛經句解 …… 2－221
金剛經集解 …… 2－197
金剛經感應分類輯要 …… 2－220
金剛經纂要刊定記七卷 …… 1－148
金剛藥師觀音三經全部 …… 3－520
金師子章雲間類解 …… 1－151
金瓶梅一百回 …… 3－443
金瓶梅一百回 …… 3－444
金瓶梅一百回 …… 3－483
金瓶梅一百回 …… 3－523
金屑一撮不分卷 …… 1－17
金陵文徵小傳彙刊 …… 2－385
金陵百詠 …… 2－520
金陵百詠一卷 …… 2－324
金陵名勝詩鈔四卷秦淮詩鈔二卷 …… 2－351
金陵兵事彙略四卷 …… 3－2
金陵述略 …… 3－25
金陵府四卷歸西甯四卷 …… 3－187
金陵毘盧寺印魁文祖法語 …… 2－219
金陵待徵錄十卷 …… 2－167
金陵癸甲紀事略 …… 3－15
金陵被難記 …… 3－21
金陵通紀 …… 2－169
金陵通紀十四卷 …… 2－149
金陵通傳四十九卷 …… 2－141
金陵通傳四十五卷補遺四卷 …… 2－75
金陵通傳四十五卷補遺四卷韻編一
　卷續傳一卷 …… 1－477
金陵通傳補遺三卷 …… 2－110
金陵詞鈔八卷 …… 3－11
金陵詩徵四十四卷 …… 1－416
金陵詩徵四十四卷首一卷 …… 3－81
金陵瑣志三種六卷 …… 2－133
金陵瑣志五種 …… 1－472
金陵瑣志五種 …… 1－496
金陵瑣志五種 …… 2－147
金陵舉義文存 …… 2－496
金陵叢刊十五種 …… 1－442
金陵叢刊三十七卷 …… 1－442
金陵叢刻 …… 2－3
金陵叢刻 …… 3－445
金陵覽勝詩考十卷 …… 2－325
金雀記 …… 2－511
金雀記 …… 2－511
金釵寶卷 …… 3－286
金盒春秋八出 …… 3－458
金盒春秋[鼓詞] …… 1－50
金梁夢月詞二卷 …… 2－493
金梁夢月詞二卷 …… 2－501
金梁夢月詞三卷 …… 2－520
[咸豐]金鄉縣志畧十二卷首一卷 …… 3－139
金壺七墨 …… 2－346
金壺七墨 …… 2－492
金壺字攷 …… 3－119
金壺精粹四卷 …… 3－210
金軺籌筆四卷 …… 2－524
金軺籌筆四卷 …… 3－409
金粟山房詩鈔十卷 …… 2－420
金粟山房詩續鈔三卷 …… 3－251
金粟如來詩龕集四卷 …… 2－529
金開寶卷 …… 3－64
金開寶卷 …… 3－72
金牌寶卷 …… 3－63
金貂記八出 …… 3－458
金湯借箸十二卷 …… 2－204
金湯借箸十二籌十二卷 …… 3－134
金淵集六卷 …… 2－336
金淵集六卷 …… 2－350
金淵集六卷 …… 2－434
金淵集六卷 …… 3－340
金絲蛺蝶二集十卷 …… 3－49
金絲蛺蝶接續 …… 3－49
金蓋山志四卷 …… 3－152
金蓋山志四卷首一卷 …… 2－61

金蓋山志四卷首一卷…………………… 3－178
金蓋心燈…………………………………… 2－317
金蓮仙史二十四回………………………… 3－482
金蓮記二卷三十六出……………………… 3－462
金詩選四卷………………………………… 1－208
金源紀事詩八卷…………………………… 2－135
金源紀事詩八卷…………………………… 2－185
金源紀事詩八卷…………………………… 2－341
金塗銅塔考一卷…………………………… 1－277
金福寶卷 ………………………………… 3－69
金臺全傳十二卷六十回…………………… 3－118
金臺全傳彈詞十卷六十回………………… 2－515
金臺書院課士錄初二合刻………………… 2－426
金臺殘淚記三卷 ………………………… 3－84
金臺殘淚記三卷…………………………… 3－337
金臺殘淚記三卷…………………………… 3－337
金臺殘淚記三卷…………………………… 3－506
金臺殘淚記三卷…………………………… 3－506
金匱方歌括六卷…………………………… 2－270
金匱方歌括六卷…………………………… 3－160
金匱方歌括六卷…………………………… 3－441
金匱玉函經二註二十二卷………………… 2－196
金匱要略心典三卷………………………… 2－271
金匱要略心典三卷………………………… 3－154
金匱要略心典六卷………………………… 3－208
金匱要略淺註五卷………………………… 3－216
金匱要略淺註補正九卷 ………………… 3－40
金匱縣七區十三扇輿地全圖……………… 3－141
金匱翼八卷………………………………… 2－275
金閨傑十六回……………………………… 2－413
金閨傑彈詞十六回………………………… 1－408
金樓子六卷………………………………… 2－312
金樓子六卷………………………………… 3－431
金樓子六卷………………………………… 3－433
金遼備考…………………………………… 3－280
金德運圖說………………………………… 3－240
金壇守城日記 …………………………… 3－23
金壇圍城紀事詩…………………………… 3－8
［乾隆］金壇縣志十二卷 ………………… 1－282
［光緒］金壇縣志十六卷 ………………… 3－176
金薤琳琅二十卷補遺一卷………………… 1－7
金學士國史循吏傳三卷…………………… 3－8
金錯膾鮮四卷……………………………… 1－102
金鴛鴦三宣牙牌令子弟書………………… 3－465
金龍寶卷…………………………………… 2－498
金聲玉振集六十三卷 …………………… 1－88
金鍾傳全書八卷六十四回………………… 2－411
金鎖寶卷…………………………………… 2－525
金鎖寶卷 ………………………………… 3－68
金鎗全傳五十回…………………………… 1－387
金寶樹行述………………………………… 2－537
金鰲退食筆記二卷………………………… 1－306
金鐲寶卷一卷……………………………… 3－499
命理正宗六卷……………………………… 1－529
［乾隆］郃陽縣全志四卷 ………………… 1－118
采白仙子殉難哀辭 ……………………… 3－20
采衣堂集四卷 …………………………… 1－40
采芳隨筆二十四卷………………………… 1－396
采芳隨筆二十四卷………………………… 1－529
采風記五卷附一卷………………………… 1－395
采唐集……………………………………… 3－283
受生寶卷…………………………………… 2－498
受生寶卷…………………………………… 2－499
受生寶卷 ………………………………… 3－67
受生寶卷一卷……………………………… 3－496
受生寶卷一卷……………………………… 3－499
受持大涅槃經懺悔儀……………………… 2－238
受持佛說阿彌陀經行願儀………………… 2－221
受恆受漸齋集十二卷 …………………… 3－99
受恆受漸齋集十二卷……………………… 3－228
受祺堂文集四卷…………………………… 2－340
受經堂彙稿………………………………… 1－542
受齋印存…………………………………… 3－148
爭春園全傳四十八回……………………… 1－375
爭春園全傳四十八回……………………… 2－398
爭春園全傳四十八回……………………… 2－540
爭駒奪婿記………………………………… 2－188
念八翻傳奇二卷…………………………… 1－312
念佛切要…………………………………… 2－227
念佛四大要訣……………………………… 2－226
念佛百問…………………………………… 2－223
念佛百問…………………………………… 2－223

念佛伽陀……………………………… 2－227
念佛伽陀……………………………… 2－227
念佛法門往生西方公據…………… 1－331
念佛開心頌…………………………… 2－227
念佛警策二卷………………………… 2－227
念佛警策二卷………………………… 2－242
念宛齋全集四種……………………… 3－418
念堂詩鈔樹君詞鈔…………………… 2－345
念庵公等詩…………………………… 1－304
肺病問答……………………………… 3－326
朋舊遺詩合鈔………………………… 3－149
股匪總錄三卷…………………………… 3－8
周工部什一草………………………… 2－521
周子全書九卷首二卷末一卷………… 2－195
周子全書九卷首末各一卷…………… 1－517
周子全書四卷………………………… 2－232
周氏止庵詞辨………………………… 2－499
周氏止庵詞辨二卷附介存齋論詞雜
　著…………………………………… 3－376
周氏詞辨二卷………………………… 2－439
周氏詞辨二卷………………………… 2－439
周氏彙刻醫學叢書…………………… 1－520
周文忠公尺牘二卷…………………… 2－386
周文忠公尺牘二卷…………………… 2－441
周文忠公尺牘二卷雜文附錄一卷…… 2－332
周文忠公尺牘二卷雜文附錄一卷…… 3－378
周文忠公遺集七卷 …………………… 3－96
周甲錄 ………………………………… 3－11
周此山先生詩集四卷………………… 1－264
周伯衡詩鈔十六卷…………………… 1－210
周武壯公遺書九卷首一卷外集三卷
　別集一卷附錄一卷………………… 1－487
周武壯公遺書九卷首一卷外集三卷
　別集一卷附錄一卷………………… 3－314
周松靄先生遺書九種………………… 1－288
周郁珊尚書撫東疏…………………… 2－129
周易 …………………………………… 2－46
周易…………………………………… 3－296
周易二卷圖說一卷新贈圖說一卷 …… 2－47
周易十二卷…………………………… 3－290
周易十卷 ……………………………… 1－59
周易十卷……………………………… 1－448
周易十卷……………………………… 1－448
周易十卷 ……………………………… 2－15
周易十卷 ……………………………… 2－18
周易人事疏證正編八卷續編四卷 …… 2－31
周易九卷 ……………………………… 1－59
周易九卷略例一卷…………………… 3－213
周易上經爻變易蘊四卷……………… 1－450
周易口訣義六卷 ……………………… 2－15
周易王註十卷 ………………………… 1－60
周易内傳六卷内傳發例一卷………… 3－282
周易介………………………………… 1－449
周易爻徵廣義六卷首一卷末一卷…… 3－211
周易引經通釋十卷…………………… 3－322
周易孔義集說…………………………… 2－9
周易孔義集說二十卷 ………………… 2－32
周易正義十四卷 ……………………… 2－51
周易本義……………………………… 3－322
[周易本義]十二卷 …………………… 1－59
周易本義二卷 ………………………… 2－15
周易本義二卷 ………………………… 2－16
周易本義十二卷……………………… 1－112
周易本義十二卷……………………… 1－449
周易本義十二卷易圖一卷周易五贊
　一卷筮儀一卷……………………… 1－330
周易本義十二卷首一卷末一卷……… 1－341
周易本義十四卷……………………… 3－349
周易本義四卷………………………… 1－330
周易本義四卷…………………………… 2－9
周易本義四卷 ………………………… 2－17
周易本義四卷 ………………………… 2－20
周易本義四卷………………………… 3－322
周易本義四卷………………………… 3－356
周易本義刪正讀本四卷……………… 1－296
周易本義辯證五卷…………………… 1－109
周易四卷 ……………………………… 2－23
周易四卷 ……………………………… 2－23
周易四卷 ……………………………… 2－24
周易四卷 ……………………………… 2－24
周易四卷 ……………………………… 2－29
周易四卷 ……………………………… 2－42

周易四卷 …………………………………… 2－43
周易四卷 …………………………………… 2－43
周易四卷…………………………………… 3－296
周易四卷…………………………………… 3－392
周易四卷附校勘記一卷…………………… 3－392
周易白文 …………………………………… 2－32
周易考異一卷周易外傳七卷…………… 3－282
周易究四卷………………………………… 1－449
周易玩辭十六卷 ………………………… 1－59
周易卦象六卷……………………………… 3－222
周易析義六卷……………………………… 1－447
周易述二十一卷 ………………………… 2－48
周易述四十卷……………………………… 1－448
周易注疏十三卷附周易音義校勘記
……………………………………………… 3－360
周易注疏十三卷略例一卷 ……………… 2－26
周易注疏九卷 …………………………… 2－23
周易函書別集十六卷卜法詳考四卷
周易函書約存十五卷首三卷 ………… 1－60
周易函書約存十五卷首三卷約註十
八卷別集十六卷卜法詳攷四卷 …… 1－66
周易要義十卷 …………………………… 2－31
周易便蒙襯解 …………………………… 2－41
周易恒解五卷首一卷…………………… 1－448
周易洗心十卷讀法一卷 ……………… 1－59
周易姚氏學十六卷首一卷……………… 1－450
周易姚氏學十六卷首一卷……………… 3－443
周易旁註十四卷前圖二卷卦傳十卷
……………………………………………… 1－66
周易旁註不分卷周易旁註前圖二卷
……………………………………………… 1－58
周易兼義九卷 …………………………… 1－60
周易兼義九卷音義一卷注疏校勘記
九卷釋文校勘記一卷………………… 3－405
周易兼義九卷略例一卷 ……………… 2－26
周易通義十六卷………………………… 1－450
周易通論四卷…………………………… 1－106
周易通論四卷…………………………… 1－112
周易通論四卷…………………………… 1－112
周易略例一卷 …………………………… 1－59
周易略例一卷 …………………………… 1－60
周易略例釋文一卷 ……………………… 1－59
周易象義集成 …………………………… 2－50
周易啟蒙翼傳…………………………… 1－449
周易程傳八卷…………………………… 3－322
周易程傳八卷…………………………… 3－349
周易集傳八卷…………………………… 1－447
周易集解十七卷………………………… 1－447
周易費氏學……………………………… 1－447
周易疏略………………………………… 3－410
周易傳注七卷筮考一卷………………… 1－447
周易傳註七卷 …………………………… 2－24
周易傳義大全二十四卷 ……………… 1－63
周易傳義合訂十二卷 ………………… 2－52
周易傳義合訂圖義十二卷 …………… 1－60
周易傳義音訓八卷附義學啟蒙一卷
……………………………………………… 1－450
周易傳義音訓八卷首一卷末一卷 …… 2－48
周易傳義音訓八卷首末二卷 ………… 2－25
周易傳義音訓八卷首末二卷 ………… 2－25
周易解故 ………………………………… 2－32
周易廓二十四卷………………………… 1－450
周易義海撮要十二卷…………………… 1－450
周易經程傳……………………………… 1－447
周易經傳八卷 …………………………… 2－18
周易經傳八卷 …………………………… 2－51
周易經傳集程朱解附錄纂注十四卷
朱子筮儀附錄纂注一卷 ……………… 1－60
周易經義審七卷首一卷 ……………… 1－59
周易圖三卷……………………………… 1－446
周易說畧四卷…………………………… 1－447
周易精義四卷首一卷…………………… 3－282
周易鄭氏注三卷 ………………………… 2－15
周易鄭註十二卷………………………… 1－449
周易遵經像輯十四卷末一卷…………… 1－447
周易遵翼約編十卷……………………… 1－447
周易審義………………………………… 1－447
周易辨畫四十卷 ………………………… 1－60
周易舊注十二卷………………………… 1－449
周易臆解………………………………… 1－447
周易簡註四卷…………………………… 1－109
周易離句啓蒙七卷 ……………………… 2－31

周易讀本三卷 …………………………… 2 – 32
周易觀象十二卷 ……………………… 1 – 106
周易觀象十二卷 ……………………… 1 – 112
周忠介公燼餘集 ……………………… 3 – 146
周忠介公燼餘集三卷 ………………… 3 – 93
周忠湣先生文集 ……………………… 3 – 195
周季編略 ……………………………… 2 – 72
周季編略九卷 ………………………… 2 – 82
周季編略九卷 ………………………… 2 – 139
周季編略九卷 ………………………… 3 – 320
周官析疑三十六卷 …………………… 1 – 328
周官指掌五卷 ………………………… 2 – 29
周官指掌五卷 ………………………… 3 – 317
周官參證二卷 ………………………… 3 – 218
周官祿田考三卷 ……………………… 1 – 287
周官新義 ……………………………… 2 – 52
周官新義 ……………………………… 3 – 322
周官義疏四十八卷首一卷 …………… 2 – 42
周官箋六卷 …………………………… 3 – 361
周官精義十二卷 ……………………… 1 – 326
周官精義十二卷 ……………………… 2 – 20
周官精義十二卷 ……………………… 2 – 24
周官禮注十二卷 ……………………… 1 – 64
周孟侯全書 …………………………… 1 – 536
周貞恪公傳 …………………………… 2 – 538
周秦學案 ……………………………… 2 – 92
[光緒]周莊鎮志六卷首一卷 ………… 2 – 54
周莊鎮志六卷首一卷 ………………… 3 – 20
周益國文忠公集二十五種二百〇五
卷 …………………………………… 1 – 407
周書十卷逸文一卷 …………………… 2 – 27
周書王會一卷 ………………………… 1 – 134
周書五十卷 …………………………… 1 – 6
周書五十卷 …………………………… 1 – 126
周書五十卷 …………………………… 1 – 135
周書五十卷 …………………………… 1 – 360
周書五十卷 …………………………… 2 – 64
周書五十卷 …………………………… 2 – 102
周書五十卷 …………………………… 2 – 137
周髀算經 ……………………………… 1 – 525
周禮十二卷 …………………………… 1 – 111
周禮十二卷 …………………………… 2 – 9
周禮不分卷 …………………………… 3 – 415
周禮今釋六卷 ………………………… 3 – 419
周禮六卷 ……………………………… 2 – 24
周禮六卷 ……………………………… 2 – 26
周禮六卷 ……………………………… 2 – 40
周禮六卷 ……………………………… 3 – 294
周禮正義 ……………………………… 2 – 19
周禮正義八十六卷 …………………… 1 – 340
周禮正義四十二卷 …………………… 3 – 359
周禮折衷四卷 ………………………… 2 – 38
周禮序官 ……………………………… 1 – 210
周禮注疏四十二卷 …………………… 1 – 110
周禮注疏四十二卷 …………………… 1 – 111
周禮注疏四十二卷 …………………… 2 – 25
周禮注疏四十二卷 …………………… 2 – 26
周禮政要二卷 ………………………… 2 – 26
周禮政要二卷 ………………………… 2 – 79
周禮政要四卷 ………………………… 2 – 49
周禮音訓 ……………………………… 1 – 344
周禮註疏四十二卷 …………………… 1 – 115
周禮節訓六卷 ………………………… 2 – 41
周禮節訓六卷 ………………………… 2 – 48
周禮疑義辨證 ………………………… 1 – 459
周禮精華六卷 ………………………… 2 – 47
周禮精華六卷 ………………………… 3 – 201
周禮精華六卷 ………………………… 3 – 323
周禮精華六卷首一卷 ………………… 2 – 25
周禮鄭注十二卷序目一卷 …………… 2 – 39
周禮鄭注十二卷序目一卷 …………… 2 – 44
周禮鄭注十二卷序目一卷 …………… 2 – 45
周禮鄭注十二卷序目一卷 …………… 2 – 45
周犢山文稿 …………………………… 3 – 298
周犢山稿四卷 ………………………… 3 – 120
匋雅 …………………………………… 2 – 192
匋雅二卷 ……………………………… 1 – 526
匋雅二卷 ……………………………… 3 – 211
狐仙口授人見樂妓館藏書東遊記 …… 2 – 404
狐白集不分卷 ………………………… 1 – 253
狐狸緣全傳六卷二十二回 …………… 1 – 372
刴菴訂定譚子詩歸十卷自題一卷 …… 1 – 297

京口三山志十卷 …………………… 2－61
京口三山志六十八卷………………… 3－293
京口山水志十八卷…………………… 3－151
京口山水志十八卷末一卷…………… 3－179
京口山水志十八卷末一卷…………… 3－184
京口山水志十八卷首一卷末一卷…… 2－133
京口耆舊傳九卷……………………… 3－217
京口掌故叢編………………………… 1－351
京本江湖博覽按摩修養淨髮須知二
卷………………………………… 3－518
京江七子詩鈔七卷…………………… 2－328
京江耆舊集十三卷…………………… 1－358
京江耆舊集十三卷…………………… 2－320
京江張氏家集十卷 ………………… 3－73
京江鮑氏三女史詩鈔十二卷………… 1－413
京江鮑氏三女史詩鈔合刊…………… 2－530
京江鮑氏課選合稿十三卷…………… 3－131
京江鮑氏課選樓合稿四種 ………… 3－75
京津拳匪紀略………………………… 3－540
京津拳匪紀略………………………… 3－540
京津拳匪紀略………………………… 3－540
京都仁壽大志祚禪師語錄二卷……… 1－301
京都風俗志…………………………… 3－540
京華百二竹枝詞……………………… 3－513
京華百二竹枝詞……………………… 3－533
京華慷慨竹枝詞……………………… 3－535
京師工業學堂成蹟初集 …………… 2－78
京師大學堂講義……………………… 3－441
京師大學堂講義……………………… 3－441
京師女子師範學堂暫行章程………… 3－538
京師公立願學堂章程………………… 3－538
京師地名對二卷……………………… 2－365
京師地名對二卷……………………… 3－540
京師坊巷志稿二卷…………………… 3－356
京師坊巷志稿二卷…………………… 3－540
京師陸軍小學堂軍事教科書………… 3－367
京師通各省會城道里記不分卷……… 3－360
京師督學局一覽表(光緒三十二年
分、宣統元年分)…………………… 3－538
京師藥行商會配方…………………… 3－533
京張鐵路局詳定張綏鐵路購地章程
……………………………………… 3－532
京張鐵路總局稟定買地章程二十九
條並告示……………………………… 2－133
京報…………………………………… 2－162
京塵雜錄……………………………… 2－162
京塵雜錄四卷………………………… 3－339
京塵雜錄四卷………………………… 3－537
京塵雜錄四卷………………………… 3－537
京漢鐵路載客運貨價章滙全………… 3－533
京察官員冊(光緒二十八年) ……… 3－541
京劇三出……………………………… 2－519
京劇四出總綱京劇一二出角本 …… 3－37
京劇劇詞……………………………… 2－411
京調戲書十一卷……………………… 3－115
京畿金石考二卷……………………… 1－498
京畿金石考二卷……………………… 2－165
京畿金石考二卷……………………… 3－532
京畿金石考二卷……………………… 3－537
[京戲唱本]六種 …………………… 1－51
享帚詞四卷…………………………… 2－535
享帚齋文鈔一卷賦鈔二卷試帖一卷
……………………………………… 3－190
享帚齋詞鈔二卷 …………………… 3－99
夜雨秋燈錄正錄八卷續錄八卷……… 1－388
夜雨秋燈續錄八卷…………………… 1－386
夜雨秋燈續錄八卷…………………… 3－304
夜奔…………………………………… 2－512
夜航船八卷…………………………… 1－378
夜雪集一卷…………………………… 3－264
夜餘錄一卷 ………………………… 2－97
夜譚隨錄十二卷……………………… 3－297
庚子天津一月記……………………… 3－109
庚子北京事變紀略…………………… 1－359
庚子北京事變紀略…………………… 3－540
庚子生春詩二卷……………………… 3－244
庚子生春詩二卷……………………… 3－264
庚子花詩……………………………… 3－516
庚子辛丑恩正並科各省鄉試同年全
錄…………………………………… 1－482
庚子都門紀事詩……………………… 3－541

庚子都門紀事詩補 …… 2－449
庚子拳變繫日要錄六卷 …… 3－532
庚子海外紀事四卷 …… 3－540
庚子國變彈詞五回 …… 3－415
庚子國變彈詞四十回 …… 3－490
庚子國變彈詞四十回 …… 3－539
庚子銷夏記八卷 …… 1－82
庚子銷夏記八卷 …… 1－396
庚子銷夏記八卷 …… 1－512
庚子銷夏記八卷 …… 2－282
庚子銷夏記八卷 …… 2－282
庚申寶卷 …… 3－71
庚辰集五卷 …… 1－422
庚辰集五卷 …… 2－361
庚辰叢鈔 …… 3－37
庚辛之際月表 …… 3－538
庚辛泣杭錄十六卷 …… 2－135
庚寅譹集三編 …… 3－110
放生儀軌 …… 2－216
放生儀軌 …… 3－309
放言百首 …… 3－259
放言百首牋注 …… 3－212
放言百首牋注 …… 3－258
放言居詩集六卷 …… 1－272
放翁詞 …… 3－244
放翁詩選四卷首一卷 …… 1－223
放翁題跋六卷 …… 2－427
放翁題跋六卷放翁家訓一卷 …… 3－62
刻天仙正理直論增注不分卷 …… 3－362
刻全像五顯靈官大帝華光天王傳四卷 …… 1－318
刻李衷一先生清源洞文集六卷 …… 1－49
刻吳虎侯遺集詩六卷文十一卷 …… 1－49
刻楮集四卷旅逸小稿二卷 …… 3－170
刻楮集四卷旅逸小稿二卷 …… 3－255
刻經僧妙空大師傳及塔銘 …… 2－216
刻藏緣起一卷附檢經會約一卷刻藏規則一卷 …… 1－121
刻燭集 …… 2－344
於越先賢像傳贊 …… 1－478
於越先賢像傳贊 …… 1－478
於越先賢像傳贊 …… 3－172
於越先賢像傳贊二卷 …… 1－359
於越先賢像傳贊二卷 …… 2－53
於越先賢像傳贊二卷 …… 2－198
育嬰彙講 …… 2－273
性住釋　物不遷題旨 …… 1－305
性命圭旨 …… 3－389
性命圭旨一卷續性命圭旨一卷 …… 3－397
性命雙修萬神圭旨四卷 …… 1－193
性命雙修萬神圭旨四卷 …… 1－307
性命雙修萬神圭旨四卷 …… 2－259
性相通說 …… 2－226
性理大全七十卷 …… 2－259
性理大全書七十卷 …… 1－142
性理大全書七十卷 …… 1－144
性理大全書七十卷 …… 1－193
性理大全書七十卷 …… 1－197
性理大全書七十卷 …… 1－199
性理字訓 …… 2－189
性理字訓 …… 2－287
性理吟後性理吟 …… 3－203
性理群書大全七十卷首一卷 …… 1－88
性理群書集覽七十卷 …… 1－400
性理精義十二卷 …… 3－521
性理精義十二卷 …… 3－521
性理歸真 …… 3－160
怡志堂文初編六卷 …… 2－372
怡志堂文初編六卷 …… 3－79
怡志堂詩初編八卷文鈔六卷 …… 3－36
怡怡堂圍棋新譜 …… 3－2
怡怡樓遺稿 …… 3－252
怡秋軒初稿 …… 3－84
怡情書室詩鈔 …… 1－325
怡情書室詩鈔 …… 2－418
怡情集二卷 …… 1－436
怡廬詩草不分卷 …… 3－436
券橋做法 …… 3－317
卷施閣文甲集十卷文乙集十卷詩二十卷 …… 1－220
卷施閣文甲集十卷甲集補遺一卷乙集十卷乙集續編一卷 …… 3－353

卷施閣詩二十卷……………………… 3－428
法中俄光緒七年陸路通商章程不分
卷…………………………………… 3－413
法外部章程…………………………… 3－327
法外部章程二卷……………………… 3－437
法戒錄六卷…………………………… 3－480
法言會纂五十卷……………………… 2－199
法苑珠林一百卷……………………… 2－239
法苑珠林一百卷……………………… 2－239
法苑珠林一百卷……………………… 2－252
法帖刊誤二卷………………………… 1－306
法乳樂禪師語錄三卷………………… 1－282
法官分發章程………………………… 2－122
法政大學講演集……………………… 2－113
法南勝禪師語錄二卷首一卷………… 1－142
法界次第初門三卷…………………… 1－153
法界宗五祖略記……………………… 2－221
法界緣起章一卷法身章一卷華嚴經
明法品内立三寶章一卷流轉章一
卷十世章一卷玄義章一卷圓音章
一卷………………………………… 2－220
法律須知……………………………… 2－162
法律館二科三處辦事細則…………… 2－109
法律館二科三處辦事細則…………… 2－109
法律館二科三處辦事細則…………… 2－109
法律館二科三處辦事細則…………… 2－114
法律館奏摺彙存……………………… 2－118
法律館奏摺彙存……………………… 2－118
法律館奏摺彙存……………………… 2－119
法律館奏摺彙存……………………… 2－119
法律館奏摺彙存……………………… 2－119
法律館試辦宣統四年歲入預算報告
冊附比較表………………………… 3－328
法律館試辦宣統四年歲入預算報告
冊附比較表………………………… 3－328
法律館試辦宣統四年歲出預算報告
冊附比較表 ……………………… 2－78
法律館試辦宣統四年歲出預算報告
冊附比較表 ……………………… 2－78
法華提綱……………………………… 1－190
法華經安樂行義……………………… 2－225
法華擊節……………………………… 2－216
法華擊節……………………………… 2－218
法部會奏編輯秋審條款清單………… 2－183
法海觀瀾五卷………………………… 2－216
法書要録十卷 ……………………… 1－90
法書真蹟……………………………… 2－261
法國民法三卷………………………… 2－127
法國武備考略不分卷………………… 3－387
法國律例四十六卷…………………… 2－100
法國律例四十六卷…………………… 2－100
法國律例四十六卷…………………… 2－100
法國律例四十六卷…………………… 2－162
法國黃皮書不分卷…………………… 3－382
法訣啟明二卷………………………… 3－421
法訣啓明二卷………………………… 3－313
法集名數經…………………………… 1－180
法集經六卷…………………………… 1－193
法幢遠禪師語録……………………… 1－178
法學通論一卷………………………… 3－372
法璽印禪師語錄十二卷……………… 2－198
法蘭西刑法四編……………………… 2－256
法瀾澂禪師語録二卷附法瀾澄禪師
塔銘………………………………… 1－159
沽上題襟集一卷……………………… 1－312
河工案牘 …………………………… 3－21
河工器具圖說四卷…………………… 3－150
河工簡要四卷………………………… 3－147
河上易註八卷圖說二卷……………… 1－448
河北采風錄四卷……………………… 2－165
[同治]河曲縣志八卷 ……………… 2－175
河防芻議 …………………………… 3－21
河汾諸老詩集八卷 ………………… 1－42
河汾諸老詩集八卷…………………… 1－253
河汾諸老詩集八卷…………………… 1－271
河東柳仲塗先生文集十六卷………… 1－206
河南二程全書二十六卷……………… 2－436
河南先生文集二十七卷……………… 2－349
河南先生文集二十七卷附錄一卷…… 2－404
河南全省諮議局籌辦處第一次報告
書…………………………………… 2－112

河南各廳州縣宣統元年秋季倉穀表
不分卷……………………………… 3－382
河南忠節成案備覽 ………………… 3－33
河南財政說明書十卷………………… 3－369
［順治］河南通志五十卷 …………… 1－66
河南開封府花枷良願龍圖寶卷全集
上卷………………………………… 2－488
河南開封府花枷良願龍圖寶卷二卷
……………………………………… 3－62
河南開封府花枷良願龍圖寶卷二卷
……………………………………… 3－501
河南程氏文集十二卷 ……………… 1－56
河南程氏全書………………………… 2－298
河南程氏全書六十六卷……………… 2－453
河南程氏粹言二卷…………………… 2－209
河南程氏遺文一卷 ………………… 1－56
河南程氏遺書二十五卷附錄一卷…… 2－382
河南集三卷…………………………… 2－370
河南道查刷在京各部院衙門壹應錢
糧各省解到各項銀兩滿漢清冊…… 3－528
河南穆公集三卷附遺事一卷………… 1－100
河南穆公集三卷附穆參軍遺事一卷
……………………………………… 1－305
河南諮議局議事細則………………… 2－126
河南廳州縣契稅明細表四卷………… 3－369
河海崑崙錄四卷……………………… 3－444
河清海宴八出………………………… 3－449
河間詩集十五稿 …………………… 3－83
河幹詩鈔四卷………………………… 2－506
河幹詩鈔四卷………………………… 3－159
河嶽英靈集二卷 …………………… 3－87
河嶽英靈集二卷……………………… 3－185
河嶽英靈集三卷……………………… 1－104
沮江隨筆二卷 ……………………… 3－47
沮江隨筆二卷………………………… 3－332
況靖安集八卷首一卷末一卷 ……… 3－49
［光緒］泗虹合志十九卷 ………… 3－162
泊宅編三卷…………………………… 1－304
泊如齋重修宣和博古圖三十卷……… 1－307
泊鷗山房集三十八卷………………… 3－270
泝瀰集………………………………… 2－486
泖溪詩存二卷………………………… 3－243
注陸宣公奏議十五卷制誥十卷附錄
一卷………………………………… 2－124
注補續漢書八志三十卷 …………… 2－75
注解傷寒論四卷……………………… 2－535
注釋古文檢玉初編八卷……………… 1－430
注釋東萊博議 ……………………… 2－79
注釋拜月亭記二卷…………………… 1－439
波斯志一卷 ………………………… 2－85
波餘遺稿……………………………… 3－147
治心免病法…………………………… 3－432
治心齋琴學練要五卷………………… 1－196
治平通議六卷………………………… 1－397
治平鐵壁機禪師年譜一卷…………… 1－158
治印圖章譜十二幅…………………… 3－232
治英紀一卷…………………………… 3－398
治河方略十卷………………………… 1－346
治河方略十卷首一卷 ……………… 2－90
治河方略十卷首一卷………………… 2－264
治浙成規八卷………………………… 1－501
治家格言繹義………………………… 2－267
治家格言繹義二卷首一卷…………… 3－396
治梟善後芻議二卷…………………… 3－434
治梟善後芻議内外篇………………… 3－392
治痢百效方…………………………… 2－275
治嘉格言……………………………… 2－287
宗子相集八卷………………………… 1－237
宗門拈古彙集四十五卷……………… 1－310
宗門統要續集二十二卷……………… 1－177
宗忠簡集八卷………………………… 3－290
宗室王公功績表傳五卷表一卷 …… 1－70
宗室王公世職章京爵秩襲次全表十
卷…………………………………… 1－480
宗室王公世職章京爵秩襲次全表十
卷…………………………………… 1－490
宗室王公世職章京爵秩襲次全表十
卷…………………………………… 3－318
宗室王公表傳十二卷………………… 3－534
宗室貢舉備考………………………… 1－356
宗統編年三十二卷首一卷…………… 2－203
宗聖志二十卷………………………… 1－354

宗範八卷……………………………… 2－197
宗範八卷……………………………… 2－197
宗藩寶鑑二卷 ………………………… 2－60
宗鏡錄一百卷………………………… 1－138
宗鏡錄一百卷………………………… 1－201
宗鏡錄一百卷………………………… 2－248
宗鑒語要……………………………… 2－238
宗鑑法林七十二卷 …………………… 1－91
定山堂古文小品二卷………………… 3－419
定山堂詩集…………………………… 1－418
定山堂詩集四十三卷詩餘四卷 ……… 3－33
［咸豐］定州續志四卷 ………………… 1－356
定例彙編（清光緒三十一年）………… 3－11
定例彙編（清光緒三十二年）………… 3－11
定例彙編（清光緒三十四年）………… 3－11
定例彙編（清宣統二年）……………… 3－11
定例彙編（清宣統元年）……………… 3－11
定香亭筆談…………………………… 2－331
定香亭筆談四卷……………………… 1－396
定香亭筆談四卷……………………… 1－534
定香亭筆談四卷……………………… 2－193
定叟文鈔……………………………… 1－267
定峰樂府十卷………………………… 2－475
定海黄氏所著書七十卷……………… 3－196
［光緒］定海廳志三十卷 ……………… 3－288
定國志八卷…………………………… 3－185
定國志彈詞二十卷…………………… 1－407
［光緒］定興縣誌二十六卷首一卷 … 2－179
定盦文集三卷………………………… 2－372
定盦文集六卷續四卷………………… 2－435
定盦文集補編四卷 …………………… 3－45
定盦詩文集文三卷續文四卷詩二卷
雜詩一卷詞選一卷………………… 1－421
定盦續集四卷定盦文集續補一卷…… 3－412
定廬集四卷…………………………… 3－157
宜雨宜晴山館文存二卷……………… 3－266
宜振書室印存………………………… 1－527
宜堂類編……………………………… 1－422
［光緒］宜陽縣志十六卷 ……………… 2－57
［嘉慶］宜賓縣志五十四卷首一卷 … 3－168
宜稼堂叢書…………………………… 2－7
宜稼堂叢書十一種…………………… 1－446
［光緒］宜興荆溪新志十卷首一卷末
一卷……………………………… 3－223
宜識字齋詩鈔四卷…………………… 3－153
官子譜三卷…………………………… 1－287
官書局彙報…………………………… 2－173
官書局彙報 …………………………… 3－15
官書局彙報（光緒二十二年）………… 3－34
官場制度……………………………… 3－512
官場現形記十二卷…………………… 2－397
官場現形記六十卷…………………… 2－393
官銜名目……………………………… 3－531
官話萃珍……………………………… 3－200
空山堂文集十二卷 …………………… 3－73
空山夢傳奇二卷八出………………… 3－164
空石齋詩賸…………………………… 2－491
空同子一卷…………………………… 3－429
空同子集六十六卷目錄三卷附錄二
卷 ………………………………… 1－97
空同子集六十六卷目錄三卷附錄二
卷………………………………… 1－270
空同詩集三十四卷…………………… 2－324
空同詩集三十四卷…………………… 2－350
空同詩選一卷………………………… 1－106
空谷香三十出………………………… 1－318
空谷香傳奇二卷……………………… 3－192
空谷傳聲一卷 ………………………… 3－27
空青水碧齋詩集十三卷……………… 3－156
空青水碧齋詩集十三卷首一卷補遺
一卷 ……………………………… 3－76
空明子詩集十卷又八卷文集六卷又
二卷詩餘二卷雜錄一卷 ………… 1－31
穹窿山志六卷………………………… 1－283
宛南書院課讀經義策論三種………… 3－125
宛舫居文集…………………………… 1－307
宛陵先生文集六十卷附拾遺一卷…… 1－260
宛陵集六十卷………………………… 1－230
宛陵集六十卷………………………… 2－334
宛雅初編八卷首一卷 ………………… 1－52
宛湄書屋文鈔八卷遺詩二卷詩後集
二卷……………………………… 3－104

宛鄰書屋古詩錄十二卷…………………3－264
郎潛紀聞……………………………2－282
郎潛紀聞……………………………2－282
郎潛紀聞四卷………………………3－119
郎潛紀聞初筆二筆三筆…………………3－533
郎潛紀聞初筆十四卷二筆十六卷……1－483
房山終南華山西山遊記…………………3－540
祈嗣真詮不分卷………………………1－139
建文年譜四卷…………………………1－486
建文朝野彙編二十卷 …………………1－69
建文朝野彙編二十卷 …………………1－72
建炎以來朝野雜記甲集二十卷乙集
二十卷 ………………………………1－74
建炎以來繫年要錄二百卷………………2－140
建炎以來繫年要錄二百卷………………1－479
[同治]建始縣誌八卷 …………………3－283
建威將軍浙甯徐公小傳…………………2－540
建隆寺志十卷…………………………3－218
[宣統]建德縣志二十卷首一卷 ……3－328
居士分燈錄二卷首一卷補遺一卷……1－156
居士傳五十六卷………………………2－239
居士傳五十六卷………………………2－251
居士傳五十六卷………………………2－302
居士傳五十六卷………………………3－209
居東集二卷……………………………2－337
居東集二卷……………………………3－354
居東集二卷……………………………3－515
居易軒遺稿……………………………3－231
居易錄三十四卷 ………………………1－17
居易錄三十四卷 ………………………1－93
居官必讀書四卷………………………3－240
居官鑑二卷……………………………3－1
居官鑑二卷……………………………3－349
居家四書二卷…………………………3－149
居業堂文集……………………………2－460
居業堂文集二十卷……………………2－347
居業堂文集二十卷……………………2－366
居業錄四卷……………………………1－393
居濟一得八卷…………………………3－193
屈子正音三卷…………………………2－522
屈原外傳 ……………………………1－99
屈原列傳 ……………………………1－99
屈原列傳……………………………1－272
屈原傳一卷 …………………………1－97
屈原賦二十五篇………………………2－384
屈原賦十二卷…………………………2－330
屈原賦注十二卷………………………2－444
屈原賦戴氏注 …………………………3－92
屈翁山詩集 …………………………3－46
屈賈文合編 …………………………3－77
弧三角闡微五卷………………………2－281
弧三角闡微五卷………………………2－281
弧失算術……………………………2－187
弧矢算術細草一卷……………………3－230
弢甫五嶽集二十卷……………………1－234
弢甫集十四卷附旌門錄一卷…………1－263
弢甫集十四卷附旌門錄一卷…………1－279
弢華館詩稿一卷………………………3－436
弢園文錄外編十二卷…………………1－431
弢園文錄外編八卷……………………1－430
弢園尺牘四卷…………………………1－424
弢園尺牘續鈔六卷……………………3－319
弢園著述二種…………………………1－343
陋軒詩十二卷詩續二卷………………2－352
陋軒詩集十二卷………………………3－236
陌花軒雜劇十出………………………3－335
陔南池館遺集二卷 ……………………3－61
陔餘叢考四十三卷 ……………………1－58
陔餘叢考四十三卷 ……………………1－89
陔餘叢考四十三卷……………………1－139
陔餘叢考四十三卷簷曝雜記六卷續
一卷…………………………………1－106
陔餘叢錄十六卷………………………3－311
陔蘭書屋試帖三卷……………………2－363
陔蘭書屋試帖三卷……………………2－363
姑妄聽之四卷…………………………2－394
姑娘二十四標…………………………3－493
姑娘十二漂……………………………3－493
姑嫂成親一卷…………………………3－496
姑嫂雙修寶卷 …………………………3－63
姑溪居士文集五十卷…………………3－107
姑溪題跋二卷…………………………3－210

姓氏族譜合編十卷…………………… 1－351
姓氏譜纂七卷………………………… 1－6
姓解三卷……………………………… 3－211
姓解三卷……………………………… 3－410
姓觿十卷……………………………… 2－8
始終心要……………………………… 2－224
始豐前稿三卷後稿三卷……………… 1－302
迦陵先生填詞圖不分卷題詞一卷 …… 1－46
迦陵詞全集三十卷…………………… 1－271
迦陵詞全集三十卷…………………… 1－290
迦廠詞四卷…………………………… 2－487
承志錄十卷…………………………… 2－316
承乾介壽六出………………………… 3－457
[道光]承德府志六十卷 …………… 2－186
[道光]承德府志六十卷首二十六卷
…………………………………… 3－177
[道光]承德府志六十卷首二十六卷
…………………………………… 3－378
[宣統]承德縣志書 ………………… 3－440
孟大家柏樓吟一卷…………………… 3－504
孟子 ………………………………… 2－11
孟子二卷……………………………… 1－143
孟子十四卷…………………………… 3－378
孟子七卷……………………………… 2－232
孟子七卷……………………………… 3－345
孟子七卷……………………………… 3－443
孟子不分卷…………………………… 3－376
孟子字義疏證三卷…………………… 3－299
孟子注疏十四卷附音義考證………… 2－253
孟子注疏解經十四卷附音義二卷校
勘記十四卷……………………… 2－258
孟子要略五卷 ……………………… 2－11
孟子要略五卷………………………… 2－279
孟子要略五卷………………………… 3－443
孟子要略五卷附錄一卷……………… 3－345
孟子音義二卷………………………… 1－114
孟子略傳……………………………… 2－143
孟子集注七卷………………………… 3－372
孟子集註本義滙參十四卷首一卷…… 1－194
孟子註疏解經十四卷………………… 1－143
孟子趙注補正六卷 ………………… 2－11
孟子趙注補正六卷…………………… 2－279
孟子質疑不分卷……………………… 3－349
孟子編年四卷………………………… 1－342
孟子編年四卷 ……………………… 2－67
孟子編年四卷………………………… 2－156
孟子編年四卷………………………… 3－311
孟子讀法附記十四卷………………… 1－107
孟志編略六卷………………………… 1－460
孟志編略六卷………………………… 1－487
孟良搬兵八出廷讓起兵八出………… 3－457
孟東野集十卷附聯句一卷…………… 3－413
孟東野詩集十二卷…………………… 2－423
孟東野詩集十卷……………………… 1－321
孟東野詩集十卷附一卷追昔遊詩三
卷………………………………… 2－357
孟亭居士文稿五卷…………………… 3－101
孟亭詩集四卷………………………… 3－275
孟晉齋文集五卷……………………… 2－324
孟晉齋文集五卷……………………… 2－328
孟晉齋年譜…………………………… 3－233
孟浩然詩集三卷……………………… 3－196
孟姜女寶卷 ………………………… 3－68
孟姜女寶卷 ………………………… 3－68
[乾隆]孟縣志十卷 ………………… 3－140
孤忠錄二卷…………………………… 2－535
孤忠錄二卷…………………………… 2－537
孤樹裒談十卷………………………… 1－8
孤嶼志八卷首一卷…………………… 3－178
孤鴻編四卷首二卷…………………… 3－181
函史上編八十二卷下編二十一卷…… 1－261
函海一百六十九種九百十二卷……… 2－466
函海一百六十種……………………… 1－439
函雅堂集四十卷……………………… 2－411
函樓文鈔九卷………………………… 2－346
函樓文鈔九卷………………………… 2－481
函樓詩鈔十六卷……………………… 2－346
函牘舉隅碎錦注釋 ………………… 2－44

九畫

契丹國志二十七卷…………………… 1－481

契丹國志二十七卷…………………… 2－181
契文舉例二卷………………………… 1－497
奏考核提法使官制並考用屬官章程
　摺……………………………………… 2－108
奏考核提法使官制並考用屬官章程
　摺……………………………………… 2－108
奏考核提法使官制並考用屬官章程
　摺……………………………………… 2－108
奏妥議清理財政辦法摺……………… 2－122
奏定女學堂章程……………………… 2－113
奏定度量權衡畫一制度圖說總表推
　行章程………………………………… 2－170
奏定度量權衡畫一制度圖說總表推
　行章程………………………………… 2－113
奏定陸軍人員補官暫行章程………… 2－114
奏定陸軍衣制圖說…………………… 2－116
奏定陸軍部官制……………………… 2－116
奏定陸軍學堂辦法…………………… 2－121
奏定學務綱要………………………… 2－112
奏定學堂章程………………………… 2－104
奏定學堂章程………………………… 2－106
奏定學堂章程………………………… 3－312
奏定學堂章程………………………… 3－316
奏定學堂章程不分卷………………… 3－384
奏定懲治陸軍漏洩機密等項章程…… 2－105
奏設外務部章程……………………… 2－118
奏設外務部章程……………………… 2－118
奏設外務部章程……………………… 2－118
奏設外務部章程……………………… 2－118
奏設東省鐵路俄文學堂章程………… 3－308
奏報軍務……………………………… 2－129
奏御集二卷泛漿錄二卷……………… 3－203
奏疏錄要……………………………… 2－523
奏試辦豫算謹陳大概情形摺………… 2－122
奏摺 ………………………………… 3－11
奏摺合輯……………………………… 3－309
奏摺體例輯要四卷…………………… 2－127
奏摺體例輯要四卷…………………… 2－143
奏稿…………………………………… 2－136
奏稿…………………………………… 2－484
奏稿彙鈔 …………………………… 3－39
奏請於簡易識字學塾内附設簡字一
　科並變通地方自治選民資格摺 …… 2－87
奏請於簡易識字學塾内附設簡字一
　科並變通地方自治選民資格摺…… 2－118
奏請於簡易識字學塾内附設簡字一
　科並變通地方自治選民資格摺…… 2－118
奏請通飭京外各衙門一律設立憲政
　籌備處摺……………………………… 2－108
奏請通飭京外各衙門一律設立憲政
　籌備處摺……………………………… 2－108
奏請通飭京外各衙門一律設立憲政
　籌備處摺……………………………… 2－108
奏請設立閩省大學堂摺 …………… 3－89
奏請設立調查局章程………………… 2－117
奏請設立調查局章程………………… 2－117
奏遵憲法大綱暨議院選舉法並逐年
　應行籌備事宜摺……………………… 2－107
奏遵憲法大綱暨議院選舉法並逐年
　應行籌備事宜摺……………………… 2－108
奏遵憲法大綱暨議院選舉法並逐年
　應行籌備事宜摺……………………… 2－108
[奏辦湖南全省學務處諮文]等不分
　卷……………………………………… 3－380
奏覆核民政部修訂法律大臣會奏禁
　煙條例摺並單 ……………………… 2－90
奏籌辦川漢鐵路南端接川界北端接
　幹路各工商定分別接修辦法摺…… 3－309
奏議初編十二卷……………………… 3－121
春牛經………………………………… 3－138
春水詞………………………………… 2－523
春台葉慶四出………………………… 3－450
春台葉慶四出………………………… 3－450
春在堂尺牘六卷……………………… 2－432
春在堂全書…………………………… 2－6
春在堂全書…………………………… 2－464
春在堂詞錄二卷……………………… 2－470
春在堂詩編六卷詞錄二卷…………… 3－207
春江花史二卷………………………… 3－507
春江燈市錄二卷……………………… 3－506
春雨草堂别集三十卷 ……………… 1－55
春雨草堂宦稿五卷 ………………… 1－55

春雨堂詩選 …… 3－250
春雨樓叢書 …… 2－3
春雨齋詩集十六卷 …… 2－407
春明盍簪集試帖續刻 …… 3－417
春明夢餘錄七十卷 …… 1－357
春明夢餘錄七十卷 …… 3－165
春明夢餘錄七十卷 …… 3－284
春明夢餘錄七十卷 …… 3－536
春明詩課彙選八卷 …… 3－239
春明課藝約刊 …… 3－210
春帖子詞一卷 …… 3－517
春帖遺墨題詞 …… 3－234
春草軒詩餘六卷 …… 2－475
春草堂全集三十六卷 …… 1－413
春草堂集三十六卷 …… 1－539
春柳鶯四卷十回 …… 1－370
春星草堂集七卷 …… 3－198
春秋三十卷 …… 1－296
春秋三傳 …… 1－344
春秋三傳十六卷 …… 2－38
春秋三傳十六卷首一卷 …… 1－462
春秋三傳十六卷首一卷 …… 2－24
春秋三傳十六卷首一卷 …… 2－25
春秋三傳合參十卷 …… 1－2
春秋大事表 …… 1－342
春秋大事表五十卷 …… 1－480
春秋大事表五十卷附錄一卷 …… 1－65
春秋大事表五十卷附錄一卷 …… 3－437
春秋大事表五十卷輿圖一卷附錄一卷 …… 2－34
春秋比二卷 …… 3－236
春秋比事參議十六卷 …… 2－83
春秋中國夷狄辨 …… 2－29
春秋公羊注疏二十八卷 …… 2－21
春秋公羊註疏質疑二卷 …… 2－35
春秋公羊傳十一卷 …… 1－340
春秋公羊傳十一卷 …… 2－10
春秋公羊傳十一卷 …… 2－35
春秋公羊傳十一卷 …… 3－410
春秋公羊傳十二卷 …… 2－39
春秋公羊傳十二卷考一卷春秋穀梁傳一卷考一卷 …… 1－107
春秋公羊傳注疏二十八卷 …… 2－21
春秋公羊傳注疏二十八卷 …… 3－362
春秋公羊傳音訓 …… 1－343
春秋公羊傳解詁十二卷 …… 2－35
春秋公羊經傳解詁 …… 2－52
春秋公羊經傳解詁十二卷 …… 2－16
春秋公羊穀梁二傳十二卷附左氏傳 …… 1－111
春秋氏族圖攷二卷 …… 1－355
春秋世族譜 …… 2－15
春秋世族譜 …… 2－97
春秋世族譜二卷 …… 1－459
春秋左氏古義六卷 …… 3－220
春秋左氏傳地名補注十二卷 …… 3－350
春秋左氏傳補注十二卷 …… 3－351
春秋左氏傳賈服註輯述二十卷 …… 1－458
春秋左氏傳賈服註輯述二十卷 …… 1－462
春秋左傳十五卷 …… 2－16
春秋左傳十五篇 …… 1－108
春秋左傳三十卷 …… 2－10
春秋左傳三十卷 …… 2－35
春秋左傳五十卷 …… 1－343
春秋左傳杜注三十卷 …… 1－114
春秋左傳杜注三十卷 …… 1－339
春秋左傳杜注三十卷 …… 1－339
春秋左傳杜注三十卷 …… 2－17
春秋左傳杜注三十卷 …… 2－52
春秋左傳杜注三十卷 …… 3－445
春秋左傳杜注補輯三十卷 …… 1－461
春秋左傳杜注補輯三十卷首一卷 …… 2－21
春秋左傳杜注補輯三十卷首一卷 …… 2－21
春秋左傳杜注補輯三十卷首一卷 …… 2－21
春秋左傳注疏六十卷 …… 2－21
春秋左傳注疏六十卷 …… 2－39
春秋左傳注疏六十卷末一卷 …… 2－27
春秋左傳音訓 …… 2－22
春秋左傳音訓 …… 3－316
春秋左傳集解十五卷 …… 2－34
春秋左傳詁二十卷 …… 2－27

春秋左傳詁二十卷 …………………… 3－342
春秋左傳註疏六十卷 ………………… 1－110
春秋左傳補注六卷 …………………… 3－355
春秋左傳賈服注輯述二十卷 ………… 2－34
春秋左傳綱目杜林詳註 ……………… 2－41
春秋四傳三十八卷春秋集註綱領一卷春秋提要一卷春秋列國東坡圖說一卷春秋二十國年表一卷春秋諸國興廢說一卷 …………………… 1－110
春秋地名攷略十四卷 ………………… 1－64
春秋臣傳三十卷 ……………………… 3－370
春秋別典十五卷 ……………………… 2－52
春秋述義拾遺八卷首一卷末一卷 …… 2－34
春秋例表 ……………………………… 1－458
春秋紀傳攷二十五卷 ………………… 1－459
春秋配四卷 …………………………… 3－173
春秋配四卷 …………………………… 3－484
春秋旁訓辨體合訂四卷 ……………… 2－33
春秋規過攷信九卷 …………………… 2－34
春秋啖趙二先生集傳辨疑十卷春秋集傳微旨三卷首一卷 ………………… 1－1
春秋啖趙二先生集傳纂例十卷 ……… 1－1
春秋董氏學八卷 ……………………… 1－461
春秋詞命三卷 ………………………… 3－443
春秋傳二十一卷 ……………………… 2－43
春秋傳十二卷 ………………………… 1－461
春秋傳三十卷 ………………………… 2－16
春秋傳註四卷 ………………………… 2－51
春秋傳說例一卷 ……………………… 1－116
春秋會義二十六卷 …………………… 1－458
春秋會義二十六卷 …………………… 2－34
春秋詩話四卷 ………………………… 3－59
春秋經傳集解 ………………………… 2－24
春秋經傳集解三十八卷 ……………… 2－34
春秋經傳集解三十卷 ………………… 1－61
春秋經傳集解三十卷 ………………… 2－34
春秋經傳集解三十卷 ………………… 2－41
春秋經傳集解三十卷附考證三十卷春秋年表一卷春秋名號歸一圖二卷 ………………………………… 1－108
春秋經解十五卷 ……………………… 1－116
春秋穀梁傳注疏二十卷 ……………… 2－27
春秋說略十二卷春秋比二卷 ………… 1－343
春秋說略十二卷春秋比二卷 ………… 2－43
春秋精義彙鈔六卷 …………………… 1－65
春秋綱目左傳句解六卷 ……………… 2－16
春秋穀梁傳十二卷 …………………… 2－10
春秋穀梁傳十二卷 …………………… 2－35
春秋穀梁傳十二卷 …………………… 2－35
春秋穀梁傳十二卷 …………………… 2－39
春秋穀梁傳十二卷 …………………… 2－52
春秋穀梁傳音訓 ……………………… 1－344
春秋穀梁傳音訓 ……………………… 2－20
春秋穀梁傳時月日書法釋例 ………… 3－225
春秋穀梁傳時月日書法釋例四卷 …… 3－121
春秋穀梁傳註疏二十卷 ……………… 1－111
春秋穀梁傳註疏二十卷 ……………… 1－111
春秋穀梁傳註疏二十卷 ……………… 2－22
春秋戰國文選三十四卷 ……………… 1－224
春秋衡庫三十卷附錄一卷備錄一卷 ………………………………… 1－5
春秋録疑十六卷 ……………………… 1－280
春秋辨疑四卷 ………………………… 1－116
春秋辨疑四卷 ………………………… 2－34
春秋辨疑四卷春秋集注四十卷 ……… 2－52
春秋繁露十七卷 ……………………… 1－343
春秋繁露十七卷附錄一卷 …………… 1－198
春秋繁露十七卷首一卷 ……………… 1－341
春秋繁露十七卷策三篇 ……………… 1－64
春秋釋四卷 …………………………… 1－461
春秋釋地韻編五卷 …………………… 2－29
春秋釋例十五卷 ……………………… 1－1
春秋釋例十五卷 ……………………… 1－65
春秋屬辭辨例編六十卷 ……………… 1－459
春秋屬辭辨例編六十卷首二卷 ……… 2－10
春秋屬辭辨例編六十卷首二卷 ……… 2－34
春風草廬遺稿 ………………………… 3－246
春華集二卷 …………………………… 3－244
春卿遺稿一卷補遺一卷附錄一卷 …… 3－86
春酒堂文集 …………………………… 2－524
春酒堂文集 …………………………… 3－191
春酒堂存稿 …………………………… 1－314

春雲集六卷末一卷…………………… 1－416
春暉堂詩文集二卷 …………………… 3－83
春暉堂叢書…………………………… 2－3
春暉堂叢書………………………… 2－461
春暉堂叢書十二種三十七卷………… 2－467
春暉樓四六四卷…………………… 1－265
春園吟稿十二卷…………………… 3－301
春農草堂文集二卷………………… 2－403
春腳集四卷………………………… 3－263
春穀小草二卷……………………… 1－266
春蕪記二卷二十九出……………… 3－423
春蕪記二卷二十九出……………… 3－459
春樹草堂集四卷棗下小集一卷……… 1－248
春樹齋叢說………………………… 2－530
春融堂集六十八卷年譜二卷雜記八
種……………………………………… 1－411
春融堂襍記八種八卷……………… 1－536
春融堂雜記八種…………………… 1－385
春融堂雜記八種…………………… 1－385
春融堂雜記八種…………………… 3－208
春燈謎二卷………………………… 2－475
春燈謎[遊街]眉山秀[婚試]一折 … 2－510
春燈謎彙纂………………………… 3－183
春蟄吟……………………………… 2－386
春闈唱和詩………………………… 3－274
春闈雜詠…………………………… 3－268
珂雪詞二卷補遺一卷……………… 1－271
珂雪詩集不分卷 ………………… 1－32
珍珠衫[歆動]鐵冠圖[借餉]一折 … 2－510
珍珠塔彈詞二十四回……………… 1－407
珍珠塔彈詞四卷五十六回………… 1－408
珍珠塔寶卷………………………… 2－525
珍珠塔寶卷 ……………………… 3－65
珍珠塔寶卷全集一卷……………… 3－500
珍執宧詩鈔二卷…………………… 3－428
珍執宧遺書………………………… 1－106
珍執宧遺書………………………… 1－441
珊瑚舌雕談初筆二卷 …………… 3－57
珊瑚寶卷一卷……………………… 3－497
封泥攷略十卷……………………… 1－366
封泥攷略十卷……………………… 1－496
封泥攷略十卷……………………… 1－497
封神演義一百回…………………… 2－395
封神演義一百回…………………… 3－285
封神演義一百回…………………… 3－288
封神演義十九卷一百回…………… 1－367
城北草堂詩鈔四卷 ……………… 3－26
城北草堂詩稿二卷………………… 3－251
[康熙]城固縣誌十卷 ……………… 3－282
城南草堂筆記三卷 ……………… 3－53
政史撮要五卷 …………………… 2－99
政史撮要五卷……………………… 2－100
政治………………………………… 2－127
政治汎論二卷後編二卷 ………… 2－93
政治汎論二卷後編二卷 ………… 2－93
政治汎論後編二卷………………… 2－123
政治汎論後編二卷………………… 2－123
政治學……………………………… 2－131
政書搜遺一卷……………………… 3－399
政教進化論不分卷………………… 3－386
政績彙覽十四卷…………………… 2－180
政藝新書六卷……………………… 1－399
赴日考察審計事宜報告書………… 2－122
郝太僕褒忠錄六卷………………… 3－7
郝氏三種…………………………… 1－500
郝氏遺書…………………………… 1－545
郝氏遺書…………………………… 2－6
郝氏遺書三十七種………………… 1－446
郝文忠公陵川文集三十九卷……… 2－349
郝文忠公陵川文集三十九卷附錄一
卷……………………………………… 1－220
郝文忠公陵川文集三十九卷首一卷
附錄一卷…………………………… 2－327
郝文忠公集三十九卷附錄一卷…… 1－409
郝文忠公集三十九卷附錄一卷…… 1－539
[光緒]荊州府志八十卷首一卷 …… 3－226
荊州記三卷………………………… 2－101
荊州萬城隄志十卷首一卷末一卷…… 1－364
荊州萬城隄志十卷首末二卷……… 1－475
荊州萬城隄續志十卷首一卷末一卷
………………………………………… 1－364
[嘉慶]荊門直隸州志三十二卷 ……… 2－54

荆圃倡和集詩十卷詞六卷…………… 3－195
荆釵記……………………………… 2－511
荆釵記……………………………… 2－511
荆釵記……………………………… 2－513
荆釵記二卷四十八出……………… 3－460
荆楚修疏指要三卷首一卷 ………… 3－20
荆園小語集證四卷………………… 2－202
荆園小語集證四卷………………… 2－253
荆駝逸史…………………………… 1－464
荆駝逸史…………………………… 2－141
荆駝逸史…………………………… 2－141
荆駝逸史八十三卷………………… 1－358
荆駝逸史五十二種八十五卷……… 2－184
荆駝逸史五十種…………………… 1－477
荆襄快談錄一百回………………… 3－284
茜窗小品…………………………… 1－383
草木子四卷………………………… 1－292
草木花詩譜………………………… 3－231
草木春秋五卷三十二回…………… 1－373
草木移植心得……………………… 3－203
草本春秋演義五卷………………… 2－532
草字彙……………………………… 1－144
草字彙……………………………… 1－451
草字彙……………………………… 1－513
草花百咏一卷……………………… 1－215
草茇詩鈔…………………………… 3－181
草書備考四卷……………………… 1－296
草堂詩餘十六卷…………………… 1－269
草堂詩餘四卷 ……………………… 1－97
草堂耨雲實禪師語録二卷………… 1－156
草窗詞二卷補二卷………………… 3－418
草窗詞四卷………………………… 1－427
草窗詞四卷………………………… 1－427
草橋關頭本………………………… 2－494
草藥三字經時用良方……………… 3－2
草廬經略十二卷…………………… 1－380
草韻彙編二十六卷 ………………… 1－84
草韻彙編二十六卷 ………………… 2－13
草韻彙編二十六卷………………… 1－201
草韻辨體五卷……………………… 1－299
茯苓仙傳奇十四出………………… 3－106
茶山集八卷………………………… 1－219
茶具圖贊一卷……………………… 1－196
茶香室三鈔二十九卷 ……………… 3－44
茶香室四鈔二十九卷 ……………… 3－45
茶香室經說十六卷………………… 3－443
茶香室叢鈔二十三卷 ……………… 3－44
茶香室叢鈔二十三卷目錄一卷…… 3－347
茶香室續鈔二十三卷 ……………… 3－44
茶香室續鈔二十五卷……………… 2－455
茶香閣遺草………………………… 3－237
茶董補二卷………………………… 2－236
茶夢庵詩稿十二卷………………… 3－133
茶夢盦劫後詩稿十二卷…………… 3－137
茶經三卷…………………………… 1－196
茶餘客話十二卷…………………… 2－309
茶餘客話十九卷…………………… 2－410
茶餘談薈二卷……………………… 1－384
茶磨山人詩鈔八卷………………… 2－504
茶譜一卷…………………………… 1－196
荀子二十卷 ………………………… 1－82
荀子二十卷………………………… 1－516
荀子二十卷………………………… 1－517
荀子二十卷………………………… 2－255
荀子二十卷………………………… 3－263
荀子二十卷………………………… 3－342
荀子集解二十卷首一卷…………… 2－298
荀子集解二十卷首一卷…………… 3－343
荀子補注二卷……………………… 3－342
荀子箋釋二十卷…………………… 2－297
荀子箋釋二十卷…………………… 3－323
荀勖笛律圖注……………………… 2－285
荀勖笛律圖注……………………… 3－164
茗柯文初編一卷二編二卷………… 2－524
茗柯文編…………………………… 2－428
茗柯文編四編……………………… 2－331
茗柯文編四編……………………… 2－335
茗柯文編四編……………………… 2－350
茗柯文編四編……………………… 3－409
茗香堂集六卷補遺四卷…………… 2－419
茗雪山房二種曲…………………… 3－447
荒外奇書六種……………………… 1－362

荒年賣子寶卷 …………………………… 3－65
荒政便覽二卷…………………………… 1－482
荒政輯要九卷首一卷 ………………… 2－70
荒政輯要九卷首一卷………………… 2－183
荒政叢書十二卷……………………… 2－462
故大行禪師通圓懿公功德碑並序…… 1－286
故友詩錄初編………………………… 3－186
故事俗說百課………………………… 1－399
故唐律疏議三十卷…………………… 1－131
故唐律疏議三十卷…………………… 1－481
故唐律疏議三十卷…………………… 1－482
故唐律疏議三十卷…………………… 1－498
故唐律疏議三十卷 ………………… 2－93
故唐律疏議三十卷…………………… 3－311
故唐律疏議三十卷附釋文…………… 3－378
故唐律疏議三十卷音義一卷洗冤錄
五卷 ………………………………… 2－70
胡二峰侍郎遺集……………………… 3－311
胡子知言六卷附錄一卷疑義一卷…… 3－433
胡天游文集五卷……………………… 2－530
胡天游文鈔六卷……………………… 2－447
[胡天寵詩三種] …………………… 1－308
胡少師總集六卷……………………… 3－151
胡(月)琴工尺字　代雜牌子 ……… 3－464
胡氏三烈志言………………………… 3－274
胡氏三種八卷………………………… 2－186
胡氏刻書三種畫錄二卷圖像考二卷
劄記四卷…………………………… 1－509
胡氏刻書三種畫錄二卷圖像考二卷
劄記四卷…………………………… 1－509
胡氏榮哀錄二卷……………………… 1－261
胡文忠公手翰二卷 ………………… 3－24
胡文忠公全集八十六卷……………… 3－394
胡文忠公全集八十六卷首一卷……… 3－370
胡文忠公政書十四卷………………… 1－478
胡文忠公政書十四卷 ……………… 3－32
胡文忠公遺集十卷首一卷…………… 2－323
胡文忠公遺集十卷首一卷…………… 2－384
胡文忠公遺集十卷首一卷…………… 2－456
胡文忠公遺集八十六卷……………… 2－445
胡文忠公遺集八十六卷首一卷……… 1－482
胡文忠公遺集八十六卷首一卷……… 2－332
胡文忠公遺集八十六卷首一卷……… 2－369
胡文忠公遺集八十六卷首一卷……… 3－392
胡文忠遺集三十四卷………………… 2－164
胡瑞敏公奏議十卷校勘記十卷……… 1－478
胡蒙谿詩集十一卷文集四卷 ……… 1－98
胡蒙谿續集六卷 …………………… 1－98
胡端敏公奏議十卷…………………… 2－154
胡慶餘堂丸散膏丹全集……………… 2－276
胡澹庵先生文集三十二卷…………… 3－238
胡寶玉(三十年上海北里三怪歷史)
……………………………………… 3－505
茹古山房駢體文二卷………………… 2－341
茹古堂文集三卷……………………… 3－244
茹蘗齋詩稿…………………………… 3－249
荔雨軒文集六卷……………………… 2－482
荔香詞鈔……………………………… 2－520
荔舫吟草……………………………… 2－520
荔園詞二卷…………………………… 2－521
荔隱山房集…………………………… 3－227
荔隱山房詩草六卷日記三卷衛生集
語三卷文略一卷…………………… 3－184
荔牆叢刻……………………………… 2－5
南山全集十六卷……………………… 2－436
南山全集十六集……………………… 1－431
南山佳話 …………………………… 3－55
南山法曲……………………………… 1－313
南山宗統十卷………………………… 1－198
南山略紀一卷………………………… 1－283
南山集十四卷補遺三卷……………… 3－385
南川草堂詩鈔十三卷………………… 3－238
南天痕二十六卷……………………… 2－141
南天痕二十六卷 …………………… 3－31
南本大般涅槃經三十六卷…………… 1－178
南北史表七卷………………………… 2－138
南北史捃華八卷……………………… 2－132
南北史捃華八卷……………………… 2－504
南北史補志十四卷…………………… 1－475
南北史補志十四卷 ………………… 2－87
南北史補志十四卷…………………… 2－142
南北史補志十四卷…………………… 3－176

南北史識小錄二十八卷……………… 1-490
南北史識小錄二十八卷 ……………… 2-95
南北史識小錄十四卷………………… 1-478
南北朝文鈔二卷……………………… 2-383
南北詞名宮調彙錄…………………… 2-526
南史八十卷…………………………… 1-131
南史八十卷…………………………… 1-135
南史八十卷…………………………… 1-360
南史八十卷 ………………………… 2-64
南史八十卷 ………………………… 2-87
南史八十卷…………………………… 3-425
南史演義三十二卷…………………… 3-337
南皮張宮保政書十二卷……………… 2-173
南皮張宮保政書奏議初編十二卷…… 3-400
南皮張宮保政書奏議初編十二卷…… 3-400
[光緒]南皮縣誌十五卷首一卷末一
卷…………………………………… 2-176
南廵盛典一百二十卷………………… 1-5
南廵盛典一百二十卷 ……………… 1-79
南西廂一折…………………………… 2-510
南邨帖攷四卷………………………… 3-189
南曲入聲客問………………………… 3-486
南曲譜………………………………… 3-487
南行吟草……………………………… 2-440
南行吟草……………………………… 3-102
南行詩草……………………………… 3-257
南州草堂集三十卷續集四卷………… 1-315
南州舊草堂學詩……………………… 1-302
南江詩鈔四卷………………………… 3-125
南江劄記四卷………………………… 1-308
[光緒]南安府志補正十二卷首一卷
…………………………………… 1-355
南巡盛典一百二十卷 ……………… 1-71
南村帖攷四卷 ……………………… 2-80
南村草堂文鈔二十卷………………… 3-243
南村草堂詩鈔二十四卷文鈔二十卷
…………………………………… 2-409
南宋文範七十卷外編四卷…………… 1-414
南宋文範七十卷外編四卷…………… 2-320
南宋文範七十卷外編四卷作者考二
卷…………………………………… 2-342
南宋文錄錄二十四卷………………… 1-414
南宋文錄錄二十四卷………………… 2-443
南宋古跡考二卷……………………… 3-308
南宋志傳十卷五十回………………… 1-371
南宋志傳十卷五十回………………… 2-403
南宋志傳十卷北宋志傳十卷………… 2-397
南宋志傳五十回……………………… 3-118
南宋院畫錄八卷……………………… 1-493
南宋院畫錄八卷……………………… 2-287
南宋院畫錄八卷首一卷……………… 1-529
南宋書六十八卷 …………………… 2-62
南宋書六十八卷……………………… 2-181
南宋群賢小集………………………… 2-333
南宋群賢小集………………………… 3-317
南宋群賢詩選十二卷………………… 1-228
南宋群賢詩選十二卷………………… 1-261
南宋樂府……………………………… 2-477
南宋樂府……………………………… 3-303
南宋雜事詩…………………………… 3-318
南宋雜事詩七卷……………………… 1-127
南宋雜事詩七卷……………………… 1-307
南宋雜事詩七卷……………………… 1-315
南宋雜事詩七卷……………………… 2-342
南宋雜事詩七卷……………………… 2-383
南宋雜事詩七卷……………………… 3-515
南武詩鈔……………………………… 3-306
南苑唱和詩…………………………… 3-534
南枝集………………………………… 2-521
南來志一卷北歸志一卷廣州遊覽小
志一卷……………………………… 1-120
南昌文考二十卷 …………………… 1-34
南阜山人詩集七卷…………………… 3-107
南征日記……………………………… 3-8
南征集………………………………… 3-107
南河成案續編………………………… 3-368
南柯記二卷四十四出………………… 3-423
南柯記二卷四十四出………………… 3-459
南柯夢………………………………… 2-514
南柯夢傳奇二卷四十四出…………… 3-447
南省公餘錄八卷……………………… 3-216
南畇文稿十二卷……………………… 1-233

南畇文稿十二卷 …………………………… 2－436
南畇詩文稿文稿十二卷詩稿十七卷
年譜一卷 …………………………… 2－407
南畇詩稿十卷續四卷 …………………… 2－437
南畇詩稿四卷續稿十卷文稿十二卷
小題文稿一卷 ……………………… 3－59
南洋公學堂章程 ………………………… 3－310
南洋製造局譯書彙刻十四種 ………… 3－162
南洋勸業會出品分類綱目 …………… 2－121
南洋勸業會雜詠二卷 ………………… 2－439
南屏豁堂禪師尺牘三卷 ……………… 2－335
南華山人詩鈔十六卷 ………………… 1－274
南華山人詩鈔十六卷南華山房詩鈔
六卷 ………………………………… 1－257
南華真經正義 ………………………… 2－317
南華真經旁注五卷 …………………… 1－299
南華真經副墨八卷 …………………… 1－142
南華發覆八卷 ………………………… 1－141
南華夢雜劇 …………………………… 3－485
南華寶卷 ……………………………… 3－68
南軒文集八卷 ………………………… 3－137
南軒先生文集四十四卷 ……………… 1－239
南唐書注十八卷附錄一卷 …………… 2－68
南唐演義 ……………………………… 1－366
南唐演義十卷 ………………………… 3－285
南唐雜事詩 …………………………… 3－125
南唐雜事詩 …………………………… 3－405
南唐雜事詩一卷 ……………………… 3－420
南唐雜事詩不分卷 …………………… 3－356
[道光]南部縣誌三十卷 …………… 3－271
南浦秋波錄三卷 ……………………… 3－84
南浦秋波錄三卷 ……………………… 3－336
南浦秋波錄三卷附錄一卷 …………… 3－506
南浦秋波錄三卷附錄一卷 …………… 3－506
南海百詠一卷 ………………………… 2－321
南海先生戊戌奏稿 …………………… 2－93
南海先生詩集四卷 …………………… 1－537
南海記一卷 …………………………… 3－481
南海集二卷 …………………………… 3－243
南海普陀山志十五卷 ………………… 1－300
[同治]南海縣誌二十六卷首一卷 … 3－356
南海學正黃氏家譜節本 ……………… 2－72
南海學正黃氏家譜節本二卷首一卷
末一卷 ……………………………… 2－154
南海寶象林慧弓詷禪師語録八卷 …… 1－177
[道光]南宮縣志十六卷 …………… 2－74
[道光]南宮縣志十六卷 …………… 2－180
[光緒]南宮縣鄉土志 ……………… 3－282
南通州五山全志二十卷 ……………… 1－363
南菁文鈔二集 ………………………… 3－48
南菁文鈔三集 ………………………… 3－48
南菁書院叢書八集四十一種 ………… 1－440
南菁書院叢書八集四十一種 ………… 2－1
南菁書院叢書八集四十一種 ………… 2－469
南菁書院叢書第六集十種 …………… 2－194
南菁劄記 ……………………………… 2－2
南菁講舍文集六卷 …………………… 1－536
南雪草堂詩鈔三卷 …………………… 3－252
南堂了菴禪師語録二十二卷 ………… 1－163
[同治]南康縣志十四卷首一卷 …… 3－186
南張賸稿 ……………………………… 3－86
南陽人物志十八卷 …………………… 1－358
南陽集六卷 …………………………… 2－351
南陽樂傳奇二卷三十二出 …………… 1－250
南越筆記十六卷 ……………………… 2－306
南越筆記十六卷 ……………………… 2－528
南朝寺考六卷 ………………………… 3－132
南朝佛寺志 …………………………… 2－169
南朝佛寺志二卷 ……………………… 2－59
南無地藏菩薩寶卷 …………………… 3－68
南詞小曲七段 ………………………… 3－515
南詔野史二卷 ………………………… 2－154
南詔野史二卷 ………………………… 3－75
南詔野史二卷 ………………………… 3－206
南遊記 ………………………………… 3－187
南遊記一卷 …………………………… 2－344
南遊記三卷 …………………………… 2－63
南湖考 ………………………………… 2－78
南湖集十卷附錄三卷 ………………… 3－225
南湖總圖 ……………………………… 2－163
[光緒]南匯縣志二十二卷首一卷末
一卷 ………………………………… 3－141

南雷文定 …………………………… 2－328
南雷文定 …………………………… 2－350
南雷文定二十二卷 ……………………… 1－421
南雷文約四卷 ………………………… 2－329
南雷詩曆三卷 ………………………… 1－41
南園前五先生集六卷後五先生集二
　十六卷 …………………………… 3－129
南溪筆錄群賢詩話前集一卷後集一
　卷續集一卷 ………………………… 1－298
南齊書五十九卷 ……………………… 1－126
南齊書五十九卷 ……………………… 1－135
南齊書五十九卷 ……………………… 1－360
南齊書五十九卷 ……………………… 2－64
南齊書五十九卷 ……………………… 2－137
南齊書五十九卷 ……………………… 3－391
南齊竟陵王集二卷 ……………………… 1－233
南榮集文選二十三卷詩選十二卷 …… 1－46
南漢地理志一卷南漢金石志二卷 …… 3－132
南漢春秋十三卷 ……………………… 1－340
南漢書十八卷 ………………………… 3－314
南漢書十八卷考異十八卷文字略四
　卷叢錄二卷 ………………………… 2－62
南樓吟草二卷 ………………………… 2－340
南樓記 ……………………………… 3－449
南樓閒話 …………………………… 1－274
南澗甲乙稿二十二卷 …………………… 2－390
南澗詞 ……………………………… 3－253
[咸豐]南潯鎮志四十卷首一卷 ……… 2－54
[光緒]南樂縣誌十卷首一卷 ……… 3－380
南學治經史積分日程不分卷 ………… 3－389
南薰殿圖像考二卷 ……………………… 3－200
南嶽山茨際禪師語録四卷 …………… 1－159
南嶽志二十六卷 ……………………… 3－179
南嶽志八卷 ………………………… 1－127
南嶽志八卷 ………………………… 1－128
南嶽志八卷 ………………………… 1－283
南嶽志八卷 ………………………… 1－284
南嶽總勝集三卷 ……………………… 3－191
南嶽攬勝集三卷 ……………………… 3－219
南豐先生元豐類稿五十一卷 ………… 1－54
南豐曾先生文粹十卷 ………………… 1－54
[同治]南豐縣誌四十六卷 ………… 3－289
南疆繹史紀略六卷列傳二十四卷 …… 1－477
南疆繹史紀略六卷列傳二十四卷 …… 1－478
南疆繹史紀略六卷列傳二十四卷 …… 1－486
南蘭文集六卷 ………………………… 2－505
枯木禪琴譜八卷 ……………………… 3－206
枯生松齋集詩存四卷 ………………… 3－98
柯山集五十卷 ………………………… 1－243
柯山集五十卷 ………………………… 2－323
柯家山館遺詩六卷 ……………………… 2－338
柯家山館遺詩六卷詞三卷 …………… 3－200
柘坡居士集十二卷 ……………………… 1－244
查毅齋先生闡道集十卷末一卷 ……… 3－26
查辦案件 …………………………… 2－128
查辦案件 …………………………… 2－128
相山撮要六卷 ………………………… 2－288
相牛經 ……………………………… 3－414
相地指迷十卷 ………………………… 1－473
相宅新編二卷 ………………………… 2－187
相宗八要直解八卷 ……………………… 2－244
相宗八要直解八卷 ……………………… 2－244
相宗八要解八種 ……………………… 2－244
相看編四卷 ………………………… 3－242
相馬書 ……………………………… 3－414
相臺五經 …………………………… 2－14
相臺書塾刊正九經三傳沿革例一卷
　………………………………… 3－444
柞蠶雜誌 …………………………… 2－288
柞蠶雜誌 …………………………… 3－263
柏井集四卷 ………………………… 3－273
柏垣瑣志 …………………………… 2－135
柏香書屋詩鈔二十四卷 ……………… 3－41
柏梘山房文集 ………………………… 2－507
柏梘山房文集十六卷續集一卷 ……… 2－350
柏梘山房文集文十六卷書後一卷詩
　集十二卷駢體文二卷 ……………… 2－345
柏堂全集 …………………………… 1－432
柏堂集 ……………………………… 2－440
柏堂遺書 …………………………… 2－5
[乾隆]柏鄉縣志十卷首一卷 ……… 3－360
[乾隆]柏鄉縣志十卷首一卷 ……… 3－373

柏葉盦印存 …………………………… 2－201
柳氏諺文志一卷 ……………………… 3－149
柳文惠公全集四十三卷別集二卷外
集二卷 …………………………… 2－445
柳文惠公全集四十三卷別集二卷外
集二卷附錄一卷 ………………… 2－353
柳先生年譜一卷韓文類譜七卷 ……… 3－121
柳州文牘二卷 ………………………… 2－509
柳州文牘二卷 ………………………… 3－205
柳州文牘二卷 ………………………… 3－416
柳州外集一卷附錄一卷 ……………… 2－319
柳村詩集十二卷 ……………………… 1－251
柳希雲第二集六卷 …………………… 3－51
柳枝詞思兒曲 ………………………… 2－494
柳厓外編十六卷首一卷 ……………… 1－288
柳河東集四十五卷 …………………… 2－439
柳河東詩集二卷 ……………………… 1－222
柳南文鈔十卷 ………………………… 2－474
柳南隨筆六卷續四卷 ………………… 1－386
柳亭詩話三十卷 ……………………… 1－226
柳亭詩話三十卷 ……………………… 2－416
柳亭詩話三十卷 ……………………… 2－486
柳洲遺稿二卷 ………………………… 3－351
柳洲遺稾二卷 ………………………… 2－379
柳崖外編十六卷首一卷 ……………… 1－17
柳營詩傳四卷 ………………………… 2－415
柳邊詞 ………………………………… 3－89
柳湄小榭詩上卷葭榭堂集續卷 ……… 3－77
柳蘼蕪傳 ……………………………… 3－165
柈湖文集十二卷 ……………………… 2－349
柈湖文集十二卷 ……………………… 2－361
柈湖文集十二卷 ……………………… 2－486
軌政紀要初編八卷次編三卷 ………… 2－93
軌政紀要初編三卷 …………………… 3－370
勅建弘慈廣濟寺新志 ………………… 3－536
勅建柏林禪寺履衡貴和尚語錄二卷
……………………………………… 1－303
勅封天后志二卷 ……………………… 3－519
勅修兩浙海塘通志二十卷首一卷 …… 1－132
勅賜圓照茆溪森禪師語錄六卷 ……… 1－142
要貨歡樂寶卷 ………………………… 3－71
柬埔寨以北探路記十五卷 …………… 1－346
柬埔寨以北探路記十五卷 …………… 3－215
咸陟堂二集文二卷詩四卷 …………… 3－228
咸陟堂詩集十七卷二集六卷文二集
八卷賦一卷 ……………………… 3－116
咸陟堂詩集十七卷文集二十五卷 …… 1－306
［乾隆］咸陽縣志二十二卷首一卷 … 2－135
［乾隆］咸陽縣志二十二卷首一卷末
一卷 ……………………………… 2－54
咸豐九年己未科會試同年齒錄 ……… 1－505
研花館吟草二卷 ……………………… 3－212
研樵詩錄 ……………………………… 3－240
研露樓琴譜四卷首一卷 ……………… 3－235
厚石齋集十二卷 ……………………… 1－235
厚石齋集十二卷 ……………………… 3－158
厚德堂集驗方萃編四卷 ……………… 2－203
厚德堂集驗方萃編四卷 ……………… 2－278
厚德錄四卷 …………………………… 1－193
面城樓集鈔四卷 ……………………… 2－326
面缸笑四出 …………………………… 3－335
耐安類稿 ……………………………… 2－478
耐冷譚十二卷 ………………………… 2－537
耐俗軒新樂府一卷 …………………… 3－243
耐軒古今體詩存二卷 ………………… 3－61
耐軒古今體詩存二卷 ………………… 3－61
耐歌詞四卷首一卷 …………………… 3－504
耐歌詞四卷首一卷笠翁詞韻四卷 …… 3－504
郁鄢山房詩存 ………………………… 2－480
奎星見(教中稀)二卷 ………………… 1－23
奎章全韻二卷 ………………………… 1－342
愃書 …………………………………… 3－517
愃書五十篇 …………………………… 1－372
持人菩薩所問經四卷 ………………… 1－150
持人菩薩所問經四卷 ………………… 1－167
持心梵天所問經(一名莊嚴佛法經,
又名等御諸法經)四卷 ………… 1－150
持心梵天所問經(一名莊嚴佛法經,
又名等御諸法經)四卷 ………… 1－171
持世經四卷 …………………………… 1－168
持世經四卷 …………………………… 2－231
持世經(佛說法印品經)四卷 ………… 1－150

持名四十八法…………………………2－218
持靜齋書目四卷續增書目一卷………1－465
持靜齋書目四卷續增書目一卷………1－465
拷打哭墓等 ……………………………3－52
拷御子弟書二回………………………3－467
括蒼金石志十二卷續四卷……………1－496
括蒼金石志補遺四卷…………………3－221
拾星集…………………………………3－251
拾唾詩文全集六卷 ……………………1－49
拾雅二十卷……………………………1－342
拾雅二十卷……………………………1－451
拾雅十卷………………………………2－252
拾雅六卷 ………………………………1－65
拾遺記十卷……………………………1－199
拾遺記十卷……………………………3－144
拾遺彙錄一卷附結緣上壽……………3－497
拾遺彙籙寶卷 …………………………3－72
挑燈新錄六卷…………………………1－379
挑燈新錄六卷…………………………2－398
挑燈新錄六卷…………………………3－507
指月錄三十二卷 ………………………1－16
指月錄三十二卷………………………1－143
指月錄三十二卷………………………2－311
指月錄三十二卷………………………2－311
指玄篇八卷……………………………2－204
指所齋文集四卷………………………2－479
指所齋駢體文四卷……………………2－478
指南後錄二卷 …………………………3－60
指南錄四卷……………………………3－419
指迷引真寶卷…………………………2－519
指真寶卷………………………………2－498
指真寶卷………………………………3－113
指真寶卷二卷…………………………3－499
按史校正唐秦王本傳八卷六十四回
……………………………………………3－337
皆大歡喜二十回………………………3－283
皆大歡喜四卷…………………………1－378
皆大歡喜四卷 …………………………3－42
毖緯瑣言………………………………2－274
貞可齋集唐六卷集宋十卷……………1－264
貞冬詩前錄四卷後錄四卷……………3－194
貞定先生遺集四卷附錄一卷…………1－435
貞居詞一卷……………………………3－120
貞居詞一卷……………………………3－230
貞祥堂鐫李笠翁先生彙纂養生卻病
歌圖一卷………………………………3－504
貞豐詩萃五卷…………………………2－404
貞觀政要十卷 …………………………1－72
貞觀政要十卷…………………………1－481
省心集 …………………………………3－57
省吾堂四種二十五卷…………………2－464
省身錄…………………………………3－330
省身錄六卷 ……………………………2－92
省身錄六卷……………………………3－351
省身錄六卷……………………………3－351
省身錄六卷……………………………3－351
省身錄六卷……………………………3－351
省身錄六卷……………………………3－351
省身錄六卷……………………………3－351
省身錄六卷……………………………3－352
省身錄六卷……………………………3－352
省身錄六卷……………………………3－352
省身錄六卷……………………………3－352
省身錄六卷……………………………3－352
省身錄六卷……………………………3－352
省身錄六卷……………………………3－352
省身錄六卷……………………………3－352
省身錄六卷……………………………3－352
省身錄六卷……………………………3－353
省身錄六卷……………………………3－412
省身錄六卷……………………………3－412
省身錄四卷 ……………………………2－86
省香齋詩集六卷………………………3－103
省軒考古類編十二卷……………………1－4
省軒考古類編十二卷……………………1－4
省軒考古類編十二卷…………………1－278
省庵法師語錄二卷……………………2－242
省齋全集十二卷………………………2－459
省齋詩鈔四卷…………………………3－272
是名正句六卷…………………………1－188
是程堂集十四卷二集四卷耶溪漁隱
詞二卷 …………………………………1－27

郢雪齋纂稿前集二卷後集四卷 ……… 1－20
盻蟾子道書三種………………………… 3－168
則古昔齋算學十三種………………… 1－523
則古昔齋算學十三種二十四卷……… 1－392
則古昔齋算學十三種附刻一種……… 1－528
冒氏小品四種………………………… 3－253
冒氏小品四種………………………… 3－311
映旭齋增訂北宋三遂平妖全傳十八
卷四十回…………………………… 3－338
禺山雜著……………………………… 3－199
禺山雜著四種………………………… 3－161
禺峽山志四卷………………………… 1－119
禺峽山志四卷………………………… 2－106
星使呈遞國書摺 …………………… 3－16
星相一掌經…………………………… 2－239
星宿圖解……………………………… 2－316
星軺指掌三卷續一卷………………… 2－162
星軺指掌三卷續一卷………………… 2－162
星軺指掌三卷續一卷………………… 3－398
星軺指掌四卷 ……………………… 2－99
星雲景慶……………………………… 3－454
星湖詩集十六卷 …………………… 3－25
星輶考轍四卷………………………… 2－518
星學發軔……………………………… 2－280
星學發軔十六卷……………………… 2－280
星學發軔引說………………………… 2－294
星學發軔引說二卷…………………… 2－280
星齋文稿初刻二刻塾課……………… 3－314
昨非錄十二卷………………………… 2－217
昱青堂詩集…………………………… 3－300
昭代名人尺牘二十四卷……………… 1－435
昭代名人尺牘十二卷附小傳………… 3－379
昭代名人尺牘續集二十四卷………… 1－422
昭代名人尺牘續集二十四卷………… 2－345
昭代名人尺牘續集二十四卷………… 3－358
昭代名人尺牘續集二十四卷………… 3－358
昭代名人尺牘續集二十四卷附小傳
…………………………………… 3－429
昭代名人尺牘續集七卷……………… 3－192
昭代詞選三十八卷 ………………… 1－53
昭代詞選三十八卷 ………………… 1－98
昭代詞選三十八卷…………………… 1－103
昭代叢書……………………………… 2－2
昭代叢書四百四十種補六十種……… 1－441
昭代叢書别集六十種………………… 1－442
昭代簫韶十本二十卷二百四十出首
一卷 ……………………………… 1－21
昭代簫韶十本二十卷二百四十出首
一卷………………………………… 3－470
昭代簫韶□□齣……………………… 1－318
昭忠錄………………………………… 1－293
昭忠錄九十卷前編六卷補遺三十卷
續刊十七卷………………………… 3－224
昭信股票案…………………………… 2－129
昭陵碑錄三卷附錄一卷錄補一卷…… 2－101
昭陽扶雅集六卷……………………… 3－154
昭陽述舊編三卷……………………… 1－484
昭德先生郡齋讀書志二十卷………… 1－466
昭德先生郡齋讀書志二十卷………… 1－471
昭德先生郡齋讀書志五卷 ………… 1－66
昭德新編三卷………………………… 1－233
昭慶寺志 …………………………… 2－59
昭覺丈雪醉禪師語録十二卷………… 1－168
昭覽丈雪禪師青松集………………… 2－300
畏齋文集四卷………………………… 3－418
畏壘山人詩集四卷…………………… 3－308
畏廬文集……………………………… 2－438
毗尼母論八卷………………………… 1－160
毗耶娑問經二卷……………………… 1－192
毗俱胝菩薩一百八名經……………… 1－180
毗陵伍氏合集六種十七卷…………… 1－437
毘陵六逸詩鈔二十三卷……………… 1－316
毘陵科第考八卷 …………………… 3－20
毘陵科第考八卷 …………………… 3－30
界弘量禪師語録一卷………………… 1－301
虹玉堂文集十一卷 ………………… 3－48
虹橋老屋遺集六卷…………………… 3－234
虹橋老屋遺稿………………………… 2－458
虹橋老屋遺稿九卷…………………… 2－496
思凡…………………………………… 3－466
思元主人詩集三種…………………… 2－336
思元齋全集六種……………………… 3－198

思不辱齋文集四卷詩集四卷外集三
卷賡颺集四卷 …………………………… 3－38
思文大紀八卷……………………………… 3－209
思伯子堂詩三十二卷 ………………… 3－32
思伯子堂詩集三十二卷……………… 2－504
思亭近稿湖山吟嘯集………………… 3－251
思亭詩五種 ………………………………… 3－75
思亭詩鈔八卷……………………………… 3－193
思退堂詩鈔十二卷 ……………………… 3－58
思益梵天所問經四卷………………… 1－170
思益梵天所問經四卷………………… 3－386
思益堂集二十卷………………………… 1－536
思益堂集十九卷………………………… 2－329
思益堂集十九卷………………………… 3－518
思益堂集詩六卷文二卷詞一卷日劄
十卷………………………………………… 2－359
思貽堂書簡八卷………………………… 3－8
思貽齋雜著………………………………… 3－240
思無邪室遺集四卷……………………… 3－2
思痛記二卷 ………………………………… 3－17
思補録二卷首一卷終一卷…………… 1－144
思補齋文集四卷 ………………………… 3－77
思補齋文集四卷………………………… 3－159
思補齋詩鈔遺稿二卷試帖存稿……… 3－200
思誤齋詩鈔二卷 ………………………… 3－82
思適齋集十八卷………………………… 2－384
思適齋集十八卷………………………… 2－385
思適齋集十八卷………………………… 3－200
思綺堂文集十卷………………………… 1－210
思綺堂文集十卷………………………… 1－221
思賢講舍叢書……………………………… 3－232
思辨錄輯要二十二卷後集十三卷…… 2－200
思辨錄輯要三十五卷………………… 2－190
思齋存草四卷……………………………… 1－253
思議梵天所問經三卷………………… 2－244
思辯錄輯要三十五卷………………… 2－299
韋間詩集五卷……………………………… 1－403
韋齋集十二卷 ……………………………… 1－57
韋齋集十二卷……………………………… 1－223
韋齋集十二卷……………………………… 1－265
韋齋集十二卷首一卷………………… 1－212
韋蘇州集……………………………………… 2－345
韋蘇州集十卷拾遺一卷……………… 1－323
韋廬詩内集四卷外集四卷…………… 2－366
品花寶鑑六十四回 ……………………… 1－11
品花寶鑑……………………………………… 2－399
品花寶鑑六十回…………………………… 1－533
品花寶鑑六十回…………………………… 3－296
品花寶鑑六十回…………………………… 3－297
品花寶鑑六十回…………………………… 3－484
哈乞開司槍圖說四卷…………………… 3－369
[宣統]哈密鄉土志一卷 ……………… 3－281
哪吒收妲己二卷 ………………………… 3－51
峇峄山人詩集 ……………………………… 3－251
迴文傳十六卷……………………………… 1－372
迴瀾紀要……………………………………… 2－150
幽芳草堂詩集八卷……………………… 3－123
幽夢影二卷………………………………… 1－228
幽夢影二卷………………………………… 2－520
幽夢影二卷………………………………… 3－408
幽夢續影一卷……………………………… 3－408
幽閨記………………………………………… 2－513
幽贊錄一卷………………………………… 3－463
拜石山房詞鈔四卷……………………… 2－493
拜石山房詞鈔四卷……………………… 3－138
拜石山房詞鈔四卷……………………… 3－262
拜石山房詞鈔四卷……………………… 3－294
[光緒]拜城縣鄉土志一卷 ………… 3－281
拜針樓八折………………………………… 3－471
拜梅山房幾上書二十一種…………… 1－427
拜經樓詩集十二卷……………………… 2－419
拜經樓詩話四卷………………………… 3－234
拜經樓藏書題跋記五卷附錄一卷…… 1－468
拜鴛樓小品四種………………………… 3－201
拜鴛樓校刻小品四種…………………… 1－406
看山閣集南曲四卷……………………… 1－318
看雲草堂集八卷………………………… 2－370
看詩隨錄……………………………………… 3－244
看鑑偶評五卷 ……………………………… 1－74
矩齋籌算叢刻七種……………………… 1－526
香山詩選六卷……………………………… 2－433
香山寶卷二卷 ……………………………… 3－44

香山寶卷二卷 …………………………… 3－63
香王菩薩陀羅尼咒經一卷…………… 1－162
香月廊詩存二卷……………………… 3－171
香石詩話……………………………… 3－228
香杜草二卷 ………………………… 3－42
香杜草二卷…………………………… 3－254
香孞集二卷…………………………… 3－119
香城志略二卷………………………… 2－179
香草居集七卷………………………… 1－253
香草堂集十卷………………………… 2－480
香草箋………………………………… 2－433
香草齋詩註六卷……………………… 2－355
香草齋詩註六卷 …………………… 3－73
香草齋詩註六卷首一卷……………… 3－7
香南居士集…………………………… 3－159
香南居士集六卷……………………… 3－137
香南精舍金石契……………………… 1－356
香研居詞麈五卷……………………… 2－487
香研居詞麈五卷……………………… 3－338
香咳集十卷附錄一卷………………… 2－414
香亭文稿十二卷……………………… 3－166
香祖筆記十二卷 …………………… 1－16
香祖筆記十二卷 …………………… 1－92
香祖筆記十二卷……………………… 1－221
香祖筆記十二卷……………………… 2－357
香祖筆記十二卷……………………… 2－388
香祖筆記十二卷……………………… 3－392
香圃遺編三卷………………………… 3－119
香乘二十八卷 ……………………… 1－92
香消酒醒詞…………………………… 3－106
香消酒醒詞…………………………… 3－172
香消酒醒詞一卷……………………… 3－477
香消酒醒詞一卷……………………… 3－477
香消酒醒詞不分卷…………………… 3－476
香屑集十八卷首一卷末一卷 ……… 1－54
香雪亭傳奇二卷三十出……………… 2－521
香雪亭新編耆英會記二卷…………… 3－279
香雪詩存六卷 ……………………… 3－91
香雪齋詩鈔四卷……………………… 2－328
香痕奩影集四卷……………………… 2－433
香溪集二十二卷……………………… 3－190
香溪集二十二卷……………………… 3－348
香墅漫鈔四卷續四卷又續四卷 ……… 1－92
香聞遺集四卷………………………… 2－438
香影詞四卷…………………………… 2－485
香蝴蝶寶卷 ………………………… 3－65
香蝴蝶寶卷…………………………… 3－170
香蝴蝶寶卷…………………………… 3－302
香銷酒醒詞…………………………… 2－470
香銷酒醒詞…………………………… 2－521
香銷酒醒詞…………………………… 3－477
香樹齋文集三十卷…………………… 1－288
香樹齋全集文三十三卷詩五十四卷
………………………………………… 1－411
香樹齋全集文集三十卷續集三十六
卷…………………………………… 1－235
香樹齋詩集十八卷…………………… 1－279
香禪精舍集…………………………… 2－496
香隱盦詞二卷首一卷………………… 3－311
香隱盦詞二卷首一卷………………… 3－311
香蘇山館古體詩鈔一卷今體詩鈔十
九卷………………………………… 2－442
香蘇山館古體詩鈔十七卷今體詩鈔
十九卷……………………………… 3－235
香蘇山館詩鈔三十六卷……………… 2－338
香艷叢書……………………………… 2－7
香羅帶[鼓詞] ……………………… 1－50
香囊記二卷二十一出………………… 3－423
香豔叢書二十集三百三十五種……… 1－440
香豔叢書三百二十七種……………… 1－546
秪芳園遺詩别集二卷………………… 1－425
秋士史疑四卷………………………… 1－7
秋士先生遺集 ……………………… 3－75
秋士先生遺集六卷…………………… 2－338
秋士先生遺集六卷 ………………… 3－83
秋士新詩一卷………………………… 1－7
秋水軒尺牘四卷……………………… 1－405
秋水軒尺牘四卷……………………… 2－326
秋水軒集……………………………… 3－272
秋水軒詞……………………………… 3－272
秋水菴花影集五卷 ………………… 1－40
秋水菴花影集五卷 ………………… 1－40

秋水菴花影集五卷 …… 2－485
秋水堂雙翠圓傳奇二卷二十八出 …… 3－488
秋水堂雙翠圓傳奇二卷十九齣 …… 1－40
秋水集十六卷 …… 1－31
秋江集註六卷 …… 2－357
秋吟山館集選句詩 …… 3－260
秋坪詩存十四卷 …… 3－160
秋坪新語十二卷首一卷 …… 3－137
秋坪新語十二卷首一卷 …… 3－139
秋林琴雅四卷 …… 1－413
秋林琴雅四卷 …… 2－470
秋林琴雅四卷 …… 2－534
秋來堂詩二卷 …… 3－191
秋佳軒詩餘十二卷 …… 3－45
秋室集十卷 …… 3－201
秋華堂詩 …… 3－243
秋根書室詩文集十四卷附西行記程二卷西征記一卷 …… 2－454
秋涇集一卷 …… 3－153
秋崖小槁鈔 …… 2－457
秋崖先生小稿三十四卷 …… 1－296
秋笳集八卷 …… 1－43
秋笳集八卷 …… 1－204
秋笳集八卷 …… 3－172
秋笳集八卷 …… 3－344
秋臯遺稿二卷 …… 1－272
秋夢盦詞鈔二卷 …… 2－484
秋夢盦詞鈔二卷續一卷再續一卷 …… 2－483
秋槎政本 …… 3－1
秋園隨錄四卷 …… 1－424
秋園雜佩 …… 3－240
秋塍書屋文鈔九卷 …… 3－35
秋蓼山房詩稿二卷補遺一卷秋蓼山房詞稿一卷 …… 3－139
秋影軒詩草四卷 …… 3－504
秋影庵遺詩 …… 2－471
秋影樓詩集九卷 …… 3－90
秋影樓詩集九卷 …… 3－134
秋影樓詩集九卷 …… 3－154
秋影樓詩集九卷 …… 3－237
秋審條款案語 …… 2－98
秋審條款案語 …… 2－98
秋審條款案語 …… 2－107
秋審實緩比較條欵 …… 2－155
秋審實緩比較條款 …… 2－71
秋審實緩比較條款 …… 3－309
秋審實緩比較條款 …… 3－383
秋審應入可矜人犯酌擬隨案減等條款 …… 2－183
秋樹讀書樓十六卷 …… 3－97
秋樹讀書樓遺集十六卷 …… 2－479
秋樵詩鈔四卷 …… 3－264
秋錦山房集二十二卷 …… 1－311
秋錦山房集二十二卷目錄二卷外集三卷 …… 1－259
秋盦遺稿 …… 3－60
秋盦遺稿 …… 3－148
秋燈叢話十八卷 …… 1－373
秋燈叢話十八卷 …… 3－45
秋燈叢話十八卷 …… 3－336
秋燈叢話十八卷 …… 3－411
秋聲集四卷 …… 2－401
秋聲館遺集八卷 …… 3－204
秋聲譜三種 …… 3－474
秋濤閣吟草三卷 …… 3－58
秋羅曲一卷月華山館本事詩一卷 …… 3－116
秋懷倡和詩一卷 …… 3－519
秋鐙畫荻草堂詩鈔 …… 3－114
秋讞輯要六卷 …… 2－157
科名金鍼 …… 3－126
科場射法指南車 …… 3－213
科場射法指南車 …… 3－213
科場異聞錄二十一卷 …… 3－90
科道疏 …… 2－128
科學叢書二集二十一卷 …… 2－463
科學叢書第一集十一卷 …… 2－296
重刊千家註杜詩全集二十卷附錄一卷文集二卷 …… 1－102
重刊杜工部年譜 …… 1－102
重刊杜工部詩集附錄 …… 1－102
重刊宋文憲公集三十卷 …… 1－55

重刊宋文憲公集三十卷潛溪燕書一卷新刊宋文憲公詩集二卷浦江詩錄一卷宋文憲未刻集一卷………… 1－279
重刊宋本十三經注疏四百十六卷 …… 2－50
重刊宋本十三經注疏四百十六卷…… 3－320
重刊宋本十三經注疏附校勘記……… 3－361
重刊宋本十三經注疏附校勘記……… 3－361
重刊宋本十三經注疏附校勘記……… 3－361
重刊宋本十三經注疏附校勘記十三種四百十六卷……………………… 3－362
重刊宋本南嶽揔勝集三卷 …………… 3－60
重刊武經七書彙解七卷首一卷末一卷……………………………… 2－318
重刊武經七書彙解九卷……………… 1－510
重刊明成化本東坡七集……………… 2－354
重刊使琉球記六卷…………………… 3－280
重刊併音連聲韻學集成十三卷 ……… 1－61
[道光]重刊宜荆續志十卷 ………… 3－223
[嘉慶]重刊宜興縣志四卷 ………… 3－223
[嘉慶]重刊宜興縣志四卷首一卷 … 3－175
[嘉慶]重刊宜興縣舊志十卷首一卷……………………………………… 3－175
重刊拜經樓叢書七種………………… 1－444
重刊拜經樓叢書七種………………… 1－547
重刊校正笠澤叢書…………………… 1－206
重刊校正笠澤叢書四卷補遺一卷續補遺一卷…………………………… 1－105
重刊校正笠澤叢書四卷補遺一卷續補遺一卷…………………………… 1－251
重刊校正笠澤叢書四卷補遺一卷續補遺一卷…………………………… 1－444
重刊校正笠澤叢書四卷補遺一卷續補遺一卷…………………………… 2－404
重刊麻姑山志十二卷 ……………… 2－75
重刊巢氏諸病源候總論十二卷……… 2－211
重刊補註洗冤錄集證六卷…………… 2－190
重刊補註洗冤錄集證六卷…………… 2－195
重刊補註洗冤錄集證六卷…………… 3－168
重刊補註洗冤錄集證六卷…………… 3－312
重刊補註洗冤錄集證六卷…………… 3－413
重刊補註洗冤錄集證四卷補輯一卷附刊一卷…………………………… 2－180
重刊嘉祐集十五卷…………………… 1－273
重刊綸灊文集二十七卷外集三卷先集搜遺二卷重刊綸灊詩集十九卷首一卷末一卷…………………… 1－424
[道光]重刊續纂宜荆縣志十卷首一卷……………………………… 3－176
重印河大王將軍畫像………………… 2－315
重建永正禪院碑記一卷……………… 1－155
重刻一峰先生集十卷………………… 1－244
重刻二鄉亭詞四卷…………………… 1－280
重刻吴淵穎集十二卷附錄一卷……… 1－226
重刻恭簡公志樂二十卷……………… 1－1
重刻高太史大全集十八卷目錄一卷……………………………………… 1－251
重刻添補傳家寶初集八卷二集八卷三集八卷四集八卷首一卷……… 3－510
重刻渼陂王太史先生全集 ………… 1－24
重刻渼陂王太史先生全集七種 …… 1－53
重刻渼陂王太史先生全集七種……… 3－477
重刻蔣文定公湘臯集四十卷………… 1－415
重刻賴古堂尺牘新鈔三選結鄰集十五卷首一卷……………………… 3－101
重刻歷代史略辭話二卷……………… 3－491
重刻鍼灸擇日編集…………………… 3－261
重刻闢邪歸正消災延壽立願寶卷一卷……………………………… 3－500
重刻闢邪歸正消災延壽立願寶卷一卷……………………………… 3－500
重刻觀世音菩薩本行經簡集二卷…… 3－498
重刻觀世音菩薩本行經簡集二卷…… 3－501
重治毘尼事儀集要十七卷首一卷…… 2－241
重重喜二十七齣 …………………… 1－24
重修正文對音捷要真傳琴譜大全十卷……………………………… 1－304
重修正文對音捷要真傳琴譜大全十卷……………………………… 1－322
[道光]重修平度州志二十七卷 …… 3－229
[道光]重修平度州志二十七卷 …… 3－269
重修白雲山福林禪院志二卷………… 1－282

[乾隆]重修安肅縣志十六卷 ········· 3－267
[光緒]重修安徽通志三百五十卷補遺十卷 ································ 3－343
[光緒]重修安徽通志補十卷 ········· 3－140
[光緒]重修吳橋縣誌十二卷 ········· 3－431
[光緒]重修岐山縣志八卷 ············ 2－485
[光緒]重修奉賢縣志二十卷首一卷末一卷 ································ 3－180
重修南海普陀山志二十卷首一卷 ······ 1－284
重修南海普陀山志二十卷首一卷 ······ 2－57
重修昭覺寺志八卷首一卷 ·············· 2－59
重修宣和博古圖録三十卷 ·············· 1－77
重修宣和博古圖録三十卷 ·············· 1－295
重修馬蹟山志八卷首一卷 ·············· 2－58
[宣統]重修恩縣誌十卷首一卷 ······ 2－175
[咸豐]重修梓潼縣誌六卷 ············ 3－277
[光緒]重修新樂縣志六卷 ·············· 2－63
[光緒]重修新樂縣志六卷 ············ 2－179
[光緒]重修新樂縣志六卷 ············ 3－427
[道光]重修膠州志四十卷 ············ 3－288
重修歙城東許氏世譜八卷首一卷 ······ 1－333
[光緒]重修酆都縣志 ················ 3－152
[道光]重修寶應縣誌二十八卷首一卷 ·· 1－470
[道光]重修續纂宜荊縣誌 ············ 2－471
重訂九度文公 ································ 3－36
重訂文選集評十五卷末一卷 ············ 2－448
重訂文選集評十五卷首一卷末一卷 ·· 1－208
重訂文選集評十五卷首一卷末一卷 ·· 1－231
重訂文選集評十五卷首一卷末一卷 ·· 2－365
重訂古文雅正十四卷 ······················ 1－229
重訂古文雅正十四卷 ······················ 2－380
重訂古文釋義新編八卷 ···················· 3－322
重訂古史全本本紀七卷世家十六卷列傳三十七卷 ·························· 1－249
重訂外科正宗十二卷 ······················ 2－208
重訂幼學須知句解二卷 ···················· 3－412
重訂江蘇海運全案原編六卷 ············ 2－167
重訂江蘇海運全案新編六卷 ············ 2－167
重訂江蘇海運全案續編八卷 ············ 2－167
重訂李義山年譜一卷 ······················ 1－224
重訂李義山年譜一卷 ······················ 1－230
重訂李義山年譜一卷 ······················ 1－232
重訂李義山年譜一卷 ······················ 1－245
重訂李義山詩文集箋註詩三卷集外詩一卷文十卷 ························· 2－336
重訂李義山詩集箋注三卷集外詩箋注一卷 ································ 1－224
重訂李義山詩集箋注三卷集外詩箋注一卷 ································ 1－230
重訂李義山詩集箋注三卷集外詩箋注一卷 ································ 1－232
重訂李義山詩集箋注三卷集外詩箋注一卷 ································ 1－245
重訂批點春秋左傳詳節句解六卷首一卷 ···································· 1－108
重訂直音篇七卷 ···························· 1－310
重訂法國志略二十四卷 ···················· 3－317
重訂宜麟策 ································ 1－141
重訂宣和譜牙牌彙集二卷 ················ 3－489
重訂併音連聲韻學集成十三卷 ········ 1－61
重訂唐詩別裁二十卷 ······················ 1－49
重訂唐詩別裁二十卷 ······················ 1－433
重訂海上群芳譜四卷 ······················ 3－506
重訂教乘法數十二卷 ······················ 2－252
重訂隋煬豔史十回 ························ 3－337
重訂路史全本四十七卷 ···················· 1－75
重訂詩韻含英十八卷 ······················ 3－328
重訂厲廉州先生詩全集 ·················· 2－406
重訂綴白裘新集合編十二集四十八卷 ·· 1－327
重訂增修安樂銘 ···························· 2－295
重訂增補陶朱公致富全書四卷 ········ 1－376
重訂駱龍吉內經拾遺方論四卷 ········ 1－85
重訂駱龍吉內經拾遺方論四卷 ········ 1－246
重訂擬瑟譜 ································ 3－464
重桂堂集十一卷 ···························· 2－496
重校刊官板地理玉髓真經二十八卷 ·· 1－69

重校正唐文粹一百卷……………………1－310
重校古文釋義八卷……………………2－326
重校官板玉髓真經後卷 ………………1－69
重校拜經樓叢書十種…………………2－464
重校書法正傳…………………………2－197
重校蒙學堂字課圖說四卷序目一卷
……………………………………3－262
重校經史海篇直音十卷重校經史海
篇直音目錄一卷新集背篇列部之
字補添印行一卷……………………1－1
重校舊本湯頭歌訣……………………2－210
[光緒]重脩華亭縣志二十四卷首一
卷末一卷 …………………………2－54
重浚江南水利全書……………………3－387
重斠唐韻考五卷………………………1－295
重廣補註黃帝内經素問二十四卷 ……1－80
重廣補註黃帝内經素問二十四卷……1－519
重廣補註黃帝内經素問二十四卷……1－519
重廣補註黃帝内經素問二十四卷……2－187
重增格物入門…………………………2－282
重鋟文公先生奏議十五卷……………1－307
重論文齋筆錄十二卷…………………1－402
重論文齋筆錄十二卷…………………1－541
重編三立祠列傳二卷附錄一卷………1－293
重編留青新集二十四卷………………2－425
重編留青新集二十四卷………………2－425
重編留青新集二十四卷………………2－425
重編張仲景傷寒論證治發明溯源集
十卷………………………………1－291
重編廣韻五卷…………………………1－114
重學二十卷……………………………1－389
重學二十卷……………………………1－392
重學二十卷圜錐曲線說三卷…………2－260
重鐫草堂外集十五卷…………………1－266
重纂三遷志十卷首一卷 ………………2－67
重纂三遷志十卷首一卷………………2－139
重續歙縣會館錄………………………3－541
段氏說文注訂八卷 ……………………2－12
段氏說文注訂八卷 ……………………2－17
段氏說文注訂八卷 ……………………2－17
段氏說文注訂八卷 ……………………2－36
段氏說文注訂八卷 ……………………2－41
段氏說文注訂八卷……………………3－285
段氏說文注訂六卷說文新補攷六卷
說文續攷一卷……………………1－453
段注說文解字 …………………………2－12
便易經驗集濟世養生集………………2－277
便蒙叢書初集至初二集………………2－465
俠女奇緣八卷…………………………2－518
俠女記傳奇十二出……………………3－487
修月山房詩鈔四卷……………………2－437
修正民事訴訟律案語…………………2－127
修正民事訴訟律案語…………………2－127
修正民事訴訟律案語…………………2－127
修正現行刑法…………………………2－111
修史試筆二卷 …………………………2－99
修西日課………………………………2－224
修西定課………………………………2－213
修西定課………………………………2－224
修西聞見錄八卷………………………2－221
修西輯要………………………………2－224
修行明宗月微實卷三卷………………2－525
[道光]修武縣志十二卷首一卷 ……2－176
修訂法律大臣會奏刊印現行刑律裝
冊呈覽摺…………………………2－116
修訂法律大臣會奏刊印現行刑律裝
冊呈覽摺…………………………2－116
修訂法律大臣會奏刊印現行刑律裝
冊呈覽摺…………………………2－116
修訂法律大臣會奏刊印現行刑律裝
冊呈覽摺…………………………2－117
修訂法律大臣會奏刊印現行刑律裝
冊呈覽摺…………………………2－117
修訂法律館奏催簽注新刑律原奏……2－108
修訂法律館奏催簽注新刑律原奏……2－108
修訂法律館奏催簽注新刑律原奏……2－108
修訂法律館會奏國籍條例草案原奏
……………………………………2－108
修訂法律館會奏國籍條例草案原奏
……………………………………2－108
修訂法律館會奏國籍條例草案原奏
……………………………………2－108

修訂秋審條款…………………………… 2－183
修眉史室詩稿二卷…………………… 3－190
修華嚴奧旨妄盡還源觀……………… 1－151
修真入門一卷………………………… 3－498
修真秘要……………………………… 1－522
修真寶傳……………………………… 2－494
修設瑜加集要施食壇儀……………… 2－246
修設瑜加集要施食壇儀……………… 2－247
修習止觀坐禪法要二卷……………… 2－243
修習止觀坐禪法要二卷……………… 2－243
修習止觀坐禪法要二卷……………… 2－243
修習止觀坐禪法要二卷附六妙法門
一卷………………………………… 2－219
修鳳集二卷…………………………… 3－264
修潔齋閑筆四卷……………………… 3－332
修學篇………………………………… 3－326
保甲書四卷…………………………… 2－171
保甲書輯要三卷 …………………… 2－83
保甲書輯要四卷 …………………… 2－72
保全生命論…………………………… 2－212
[道光]保安州志八卷續志四卷 ……… 2－73
保赤全書二卷………………………… 1－265
保赤全書二卷………………………… 2－540
保赤良方四卷………………………… 2－540
保赤彙編七種………………………… 2－272
保赤摘錄六卷………………………… 1－523
[康熙]保定府志二十九卷 ………… 1－68
[康熙]保定縣志四卷 ……………… 2－73
保閒堂集二十六卷…………………… 3－135
保閒堂集二十六卷…………………… 3－192
保富述要……………………………… 1－396
保富述要……………………………… 1－396
保富述要……………………………… 3－394
保嬰粹要一卷………………………… 1－203
保嬰撮要十卷續集十卷……………… 1－300
促織經不分卷………………………… 3－411
侶石山房詩草四卷 ………………… 3－82
俄史輯譯 …………………………… 2－96
俄史輯譯四卷 ……………………… 2－63
俄國政俗通考三卷…………………… 3－327
俄國新志八卷………………………… 2－183
俄遊彙編十二卷 …………………… 1－68
俄遊彙編十二卷……………………… 2－102
俄遊彙編十二卷 …………………… 3－10
俄羅斯三卷…………………………… 2－125
俄羅斯史 …………………………… 2－98
俄羅斯刑法十二卷 ………………… 2－74
俄羅斯刑法十二卷…………………… 2－118
俄羅斯刑法十二卷…………………… 2－118
俄羅斯刑法十二卷…………………… 3－400
俄屬遊記二卷 ……………………… 2－60
俗曲譜………………………………… 3－464
俗言一卷……………………………… 3－382
俗言一卷……………………………… 3－394
俗語指謬三卷………………………… 3－502
信力入印法門經五卷………………… 1－165
信成銀行公牘章程規條……………… 2－115
信芳閣詩草四卷 …………………… 3－92
信陽詩集二十六卷…………………… 2－352
佷亭和尚閱經十二種………………… 1－167
皇太后七八旬萬壽慶典條款………… 3－542
皇甫持正文集六卷…………………… 3－313
皇明十大家文選二十五卷…………… 1－305
皇明十六名家小品十六種…………… 1－258
皇明十六名家小品三十二卷 ……… 1－33
皇明大政紀二十五卷………………… 1－3
皇明大政紀三十六卷 ……………… 1－76
皇明天文述一卷地理述二卷………… 1－293
皇明文宗六卷 ……………………… 1－39
皇明文範六十八卷目錄二卷………… 1－100
皇明文徵七十四卷 ………………… 1－37
皇明任子攷附錄一卷 ……………… 1－73
皇明典故紀聞十八卷………………… 1－4
皇明典禮志二十卷 ………………… 1－73
皇明制科詩經文準定本三卷………… 1－314
皇明異姓諸侯傳二卷皇明異姓諸侯
表一卷皇明恩澤侯表一卷………… 1－3
皇明從信錄四十卷 ………………… 1－74
皇明開國臣傳十三卷………………… 1－9
皇明詔令二十一卷 ………………… 1－70
皇明疏鈔七十卷 …………………… 1－72

皇明詩選十三卷三子新詩合稿九卷 …… 1－47
皇明詩選十三卷三子新詩合稿九卷 …… 1－255
皇明資治通紀三十卷 …… 1－72
皇明經濟文輯二十三卷 …… 1－40
皇明經濟文輯二十三卷 …… 1－74
皇明豫章詩選二十四卷 …… 1－30
皇明館課經世宏辭續集十五卷 …… 1－48
皇政淵源五卷 …… 3－441
皇室見聞錄 …… 3－536
皇華紀程 …… 2－472
皇華紀聞四卷 …… 1－289
皇宮做法 …… 2－275
皇清文穎續編一百〇八卷首五十六卷 …… 3－211
皇清地理圖 …… 1－484
皇清名臣奏議六十八卷 …… 1－482
皇清奏議六十八卷 …… 2－152
皇清奏議六十八卷 …… 2－166
皇清開國方略三十二卷首一卷 …… 1－74
皇清經解一千四百〇八卷 …… 1－339
皇清經解一千四百〇八卷 …… 3－339
皇清經解一千四百〇八卷首一卷 …… 3－422
皇清經解一千四百〇八卷首一卷 …… 3－422
皇清經解一千四百卷 …… 2－14
皇清經解一千四百卷 …… 2－15
皇清經解一百八十種 …… 1－456
皇清經解一百九十卷 …… 1－459
皇清經解一百九十卷 …… 2－27
皇清經解續編 …… 1－457
皇清經解續編一千四百三十卷 …… 1－339
皇清經解續編一千四百三十卷 …… 2－15
皇清經解續編一千四百三十卷 …… 2－30
皇清經解續編二百〇九卷 …… 1－459
皇清經解續編二百〇九卷 …… 3－422
皇清誥封宜人晉封淑人顯妣趙淑人行述 …… 2－483
皇清誥授光祿大夫總督倉場戶部侍郎琴舫廉公傳略 …… 2－508
皇清誥授建威將軍贈太子少保記名提督廣西右江鎮總兵勇烈張公墓表 …… 3－411
皇清職貢圖九卷 …… 1－75
皇朝一統直省府廳州縣全圖 …… 3－152
皇朝一統直省府廳州縣全圖 …… 3－329
皇朝一統直省府廳州縣全圖 …… 3－330
皇朝三通 …… 2－78
皇朝五經彙解二百七十卷 …… 2－30
皇朝中外一統輿圖 …… 1－362
皇朝中外一統輿圖 …… 2－148
皇朝中外一統輿圖 …… 2－148
皇朝中外一統輿圖 …… 2－163
皇朝中外一統輿圖 …… 2－177
皇朝中外一統輿圖三十卷首二卷 …… 3－211
皇朝中外壹統輿圖 …… 1－502
皇朝文典七十四卷 …… 2－365
皇朝文獻通考三百卷 …… 1－79
皇朝文獻通考三百卷 …… 2－122
皇朝文獻通考三百卷 …… 2－161
皇朝文獻通考三百卷 …… 2－164
皇朝文獻通考輯要二十六卷 …… 2－124
皇朝文獻通考輯要二十六卷 …… 2－154
皇朝文獻通考輯要二十六卷 …… 2－172
皇朝兵制攷略六卷 …… 1－502
皇朝武功紀盛二卷 …… 3－127
皇朝武功紀盛四卷 …… 2－471
皇朝直省府廳州縣歌括 …… 3－188
皇朝直省輿地全圖 …… 1－489
皇朝直省輿地全圖 …… 1－489
皇朝事略八卷 …… 3－78
皇朝政典挈要 …… 2－185
皇朝政治學問答增校初編三卷首一卷 …… 3－424
皇朝通志一百二十六卷 …… 2－70
皇朝通志一百二十六卷 …… 2－131
皇朝通志一百二十六卷 …… 2－161
皇朝通志一百二十六卷 …… 3－402
皇朝通志一百二十六卷 …… 3－402
皇朝通典一百卷 …… 1－70
皇朝通典一百卷 …… 2－70

皇朝通典一百卷…………………………… 2－131
皇朝通典一百卷…………………………… 3－436
皇朝祭器樂舞錄二卷……………………… 3－154
皇朝祭器樂舞錄二卷中祀合編一卷
…………………………………………… 1－500
皇朝掌故彙編……………………………… 3－540
皇朝掌故彙編内編六十卷首一卷外
編四十卷首一卷………………………… 1－505
皇朝詞林典故六十四卷 ………………… 3－33
皇朝道咸同光奏議六十四卷…………… 1－353
皇朝道咸同光奏議六十四卷…………… 3－439
皇朝道學名臣言行錄正篇十七卷續
篇八卷 …………………………………… 2－80
皇朝蓄艾文編八十卷……………………… 1－499
皇朝經世文三編八十卷………………… 1－436
皇朝經世文三編八十卷………………… 2－173
皇朝經世文四編五十二卷……………… 1－438
皇朝經世文四編五十二卷……………… 2－173
皇朝經世文新編二十一卷……………… 2－182
皇朝經世文新編二十一卷……………… 3－229
皇朝經世文新編二十一卷……………… 3－373
皇朝經世文新編三十二卷……………… 2－172
皇朝經世文新編續集二十一卷………… 3－429
皇朝經世文編一百二十卷……………… 1－401
皇朝經世文編一百二十卷……………… 1－545
皇朝經世文編一百二十卷……………… 2－448
皇朝經世文編一百二十卷……………… 3－415
皇朝經世文編一百二十卷總目二卷
…………………………………………… 2－103
皇朝經世文編一百二十卷續編一百
二十卷三編四十八卷…………………… 2－164
皇朝經世文編五集三十二卷…………… 2－426
皇朝經世文續編一百二十卷…………… 1－437
皇朝經世文續編一百二十卷…………… 1－545
皇朝經世文續編一百二十卷…………… 2－120
皇朝經世文續編一百二十卷…………… 2－426
皇朝經世文續編一百二十卷…………… 3－436
皇朝經籍志六卷…………………………… 1－466
皇朝瑣屑錄………………………………… 2－471
皇朝駢文類苑十四卷首一卷…………… 2－427
皇朝謚法攷五卷續編一卷續補編一
卷…………………………………………… 1－487
皇朝輿地略………………………………… 3－139
皇朝輿地韻編二卷………………………… 3－342
皇朝謚法表十卷…………………………… 1－479
皇朝禮器圖式……………………………… 3－535
皇朝禮器圖式十八卷 …………………… 1－77
皇朝禮器圖式摘鈔弓矢類……………… 3－195
皇朝藩部要略……………………………… 2－146
皇朝藩部要略十八卷世系表四卷…… 1－472
皇朝藩部要略十八卷世系表四卷…… 3－293
皇朝藩部要略十六卷……………………… 1－346
皇朝藩屬輿地叢書………………………… 1－466
皇朝藩屬輿地叢書………………………… 1－470
皇朝續文獻通考三百二十卷…………… 1－464
皇極經世易知八卷首一卷……………… 3－396
皇極經世書八卷首一卷………………… 1－107
皇極經世書八卷首一卷………………… 1－116
皇極經世緒言九卷首二卷……………… 2－307
皇經五方雲篆……………………………… 2－196
皇輿考十卷 ……………………………… 1－70
[乾隆]皇輿西域圖志四十八卷首四
卷…………………………………………… 3－3
皇輿全圖…………………………………… 1－490
皇輿表十六卷 …………………………… 1－68
皇輿表十六卷 …………………………… 1－68
皇輿表十六卷……………………………… 1－132
皇輿表十六卷……………………………… 1－284
鬼谷子一卷………………………………… 3－430
鬼谷子二卷………………………………… 2－194
鬼谷子三卷………………………………… 1－516
鬼谷子三卷附錄一卷…………………… 2－318
鬼谷四友志三卷………………………… 3－227
鬼神傳四卷十八回……………………… 1－373
鬼問目蓮經………………………………… 1－154
鬼董五卷…………………………………… 3－230
泉布統誌九卷首一卷…………………… 1－497
泉志十五卷 ……………………………… 1－77
泉志十五卷………………………………… 1－293
泉志十五卷 ……………………………… 2－82
泉河紀略七卷圖二卷…………………… 1－8

泉竇所見録十六卷 …………………… 1－308
禹貢正詮四卷 ………………………… 2－13
禹貢全圖考正 ………………………… 3－241
禹貢易知編十二卷 …………………… 3－25
禹貢指南四卷 ………………………… 1－116
禹貢指南四卷 ………………………… 2－52
禹貢班義述三卷 ……………………… 2－32
禹貢班義述三卷 ……………………… 2－45
禹貢班義述三卷 ……………………… 2－46
禹貢班義述三卷 ……………………… 3－220
禹貢錐指二十卷圖一卷 ……………… 1－64
禹貢錐指二十卷圖一卷 ……………… 1－283
禹貢錐指二十卷圖一卷 ……………… 3－377
侯官陳氏遺書十九種 ………………… 2－468
侯朝宗文鈔八卷 ……………………… 1－208
侯鯖集 ………………………………… 2－485
侯鯖集十卷 …………………………… 2－500
侯鯖錄八卷 …………………………… 2－297
帥文毅公遺集五卷 …………………… 2－480
追昔遊集三卷 ………………………… 3－413
追昔遊詩集三卷 ……………………… 1－232
追敍綿山　高懷沂水 ………………… 3－454
追贈朝儀大夫誥封光祿大夫建威將
　軍文公魯齋陽穀殉難事實 ………… 3－313
俟後編六卷末一卷 …………………… 3－275
盾鼻隨聞錄八卷 ……………………… 3－11
盾鼻隨聞錄八卷 ……………………… 3－330
盾鼻餘瀋 ……………………………… 1－545
衎石齋紀事稿十卷 …………………… 1－542
衎石齋記事稿十卷 …………………… 3－47
衎石齋記事稿十卷續稿十卷 ………… 1－537
待清軒遺稿 …………………………… 3－99
待隱堂遺稿四卷 ……………………… 3－171
衍元筆算今式二卷 …………………… 2－192
衍元筆算今式二卷 …………………… 2－281
衎石齋記事稿十卷續稿十卷附旅逸
　小稿二卷刻楮集四卷 ……………… 2－405
衍波詞二卷 …………………………… 2－470
衍波詞二卷 …………………………… 3－106
衍極五卷 ……………………………… 1－509
律二十二明了論一卷 ………………… 1－160
律目考 ………………………………… 2－120
律呂古誼六卷 ………………………… 1－463
律呂新義四卷附錄一卷 ……………… 3－165
律呂臆說 ……………………………… 3－165
律例便覽 ……………………………… 2－157
律例便覽八卷 ………………………… 2－71
律例便覽八卷 ………………………… 2－96
律例便覽不分卷 ……………………… 3－368
律例圖說十卷幕學舉要一卷 ………… 1－275
律例館提調王斌卿郎中主稿 ………… 2－183
律法須知二卷 ………………………… 1－533
律要後集不分卷 ……………………… 1－187
律音彙攷八卷 ………………………… 1－455
律陶詩 ………………………………… 1－209
律陶雜詠 ……………………………… 3－227
律詩六鈔 ……………………………… 2－451
律詩拗體四卷 ………………………… 3－245
律話三卷 ……………………………… 1－326
律學館季考擬作 ……………………… 2－183
後七國樂田演義六卷十八回 ………… 3－479
後七國樂田演義四卷二十回 ………… 3－479
後三國石珠演義三十回 ……………… 1－11
後三國石珠演義三十回 ……………… 1－372
後三國石珠演義三十回 ……………… 2－403
後山先生集二十四卷首一卷 ………… 2－362
後山集二十四卷 ……………………… 1－540
後山集二十四卷 ……………………… 2－351
後山詩注十二卷 ……………………… 2－377
後山詩注十二卷 ……………………… 2－387
後山詩注十二卷 ……………………… 2－403
後山詩選十二卷 ……………………… 2－364
後甲集二卷 …………………………… 3－86
後四聲猿 ……………………………… 3－471
後出阿彌陁佛偈經 …………………… 1－170
後出阿彌陀佛偈經 …………………… 2－223
後出阿彌陀佛偈經無量壽經優波提
　舍 …………………………………… 2－223
後西遊記四十回 ……………………… 1－367
後西遊記四十回 ……………………… 1－384
後郇周氏淵源錄十三卷 ……………… 2－379
後郇詩集七卷吳越游草一卷 ………… 1－24

後村先生大全集一百九十六卷……… 1－296
後宋慈雲太子逃難走國全傳八卷…… 2－394
後知不足齋叢書…………………………… 2－7
後知不足齋叢書…………………………… 2－7
後知不足齋叢書十六種七十卷……… 2－467
後紅樓夢…………………………………… 3－183
後紅樓夢三十卷三十回首一卷附刻
詩二卷…………………………………… 3－484
後晉並七國圖及其他七種圖志……… 3－305
後圃編年稿十六卷 …………………… 1－28
後笑中緣二十四回…………………… 3－119
後唐傳奇蓮子瓶四卷二十三回……… 1－369
後聊齋志異十二卷…………………… 2－536
後湘集九卷…………………………… 3－213
後湘詩集九卷二集五卷 …………… 3－56
後湘詩集九卷二集五卷……………… 3－158
後漢三公年表………………………… 2－157
後漢郡國令長攷……………………… 2－156
後漢紀三十卷 ………………………… 1－78
後漢紀三十卷………………………… 1－123
後漢書一百二十卷…………………… 1－360
後漢書一百二十卷 ………………… 2－90
後漢書一百二十卷…………………… 2－137
後漢書一百三十卷…………………… 1－125
後漢書一百三十卷…………………… 1－125
後漢書一百三十卷…………………… 1－125
後漢書一百卷………………………… 1－357
後漢書一百卷………………………… 1－357
後漢書九十卷………………………… 1－128
後漢書九十卷………………………… 2－181
後漢書九十卷………………………… 3－359
後漢書九十卷………………………… 3－406
後漢書注又補………………………… 2－145
後漢書注補正八卷…………………… 2－145
後漢書朔閏考………………………… 2－472
後漢書補正八卷……………………… 1－352
後漢書補表…………………………… 2－142
後漢書補表八卷……………………… 2－132
後漢書補注二十四卷………………… 1－490
後漢書補注三十四卷………………… 2－142
後漢書補注續………………………… 2－145
後漢書補逸二十一卷………………… 1－256
後漢書疏證三十卷…………………… 3－380
後漢書蒙拾二卷……………………… 3－304
後滴血珠鼓詞………………………… 2－516
後樂堂別集…………………………… 3－256
後緹縈南曲…………………………… 3－279
後緹縈南曲十出……………………… 3－457
後緹縈傳奇十出……………………… 2－527
後續大宋楊家文武曲星包公狄青初
傳十四卷六十八回………………… 2－516
後聽猨吟……………………………… 3－237
俞伯牙摔琴謝知音子弟書六回附庸
行編慎交格言……………………… 3－462
俞俞齋文稿四卷詩稿二卷…………… 2－326
俞俞齋文稿初集四卷俞俞齋詩稿初
集二卷俞俞齋詩餘一卷…………… 2－437
俞樓雜纂五十卷……………………… 3－194
俞樓雜纂五十卷……………………… 3－212
弇山堂別集一百卷 ………………… 1－71
弇山堂別集一百卷 ………………… 1－79
弇山堂別集一百卷…………………… 1－409
弇山堂別集一百卷…………………… 1－479
弇山堂別集一百卷…………………… 1－497
弇州山人四部稿一百七十四卷目錄
十二卷……………………………… 1－103
弇州山人四部稿一百八十卷目錄十
二卷 ………………………………… 1－47
弇州山人續稿二百〇七卷目錄十卷
…………………………………………… 1－56
弇州山人續稿選三十八卷…………… 1－321
弇州史料前集三十卷 ……………… 1－74
弇州史料前集三十卷後集七十卷 …… 1－75
弇州史料前集三十卷後集七十卷…… 1－246
弇州詩集五十二卷…………………… 2－342
俎豆集三十卷………………………… 1－136
食古研齋詩初集七卷………………… 2－419
食古齋詩錄四卷文錄一卷…………… 1－424
食字齋文集四卷……………………… 2－533
食物本草會纂十二卷………………… 1－195
食物本草會纂十二卷………………… 1－518
食舊悳齋雜著………………………… 1－526

食舊悳齋雜著 …… 3－252
逃虛閣詩集六卷 …… 3－74
逃禪閣集八卷 …… 3－94
朐海詩存十六卷 …… 2－416
胎産心法 …… 2－536
胎産心法三卷 …… 1－506
胎産心法三卷 …… 2－210
胎産金鍼三卷 …… 1－525
胎産秘方二卷 …… 3－296
胎産秘書三卷 …… 2－270
胎産集要三卷附幼科摘要 …… 3－122
胎産新法三卷 …… 1－523
胎産輯萃四卷 …… 1－86
胎産輯萃四卷 …… 1－87
胎産護生篇 …… 1－521
負暄閒語十二卷 …… 2－256
負薪記傳奇八出 …… 3－253
勉行堂文集六卷 …… 3－36
勉行堂文集六卷詩集二十四卷 …… 1－536
勉行堂詩文集詩二十四卷文六卷首一卷 …… 1－419
勉行堂詩集二十四卷首一卷 …… 2－352
勉益齋偶存稿八卷 …… 3－388
勉憙集 …… 3－239
風木圖題詠 …… 1－311
風月夢 …… 2－490
風月夢三十二回 …… 1－369
風月夢三十二回 …… 1－384
風月夢三十二回 …… 3－483
風月魁子弟書 …… 3－467
風月談餘錄六卷 …… 2－504
風水二書形氣類則 …… 1－473
風穴雪兆禪師語錄□□卷 …… 1－303
風光十種 …… 1－17
風雨對吟齋詩詞鈔詩鈔四卷詩餘一卷 …… 3－276
風雨樓叢書第二集 …… 1－445
風俗志圖說十集至十一集 …… 2－301
風俗通義十卷 …… 2－198
風俗通義十卷 …… 3－433
風洞山傳奇二十四出 …… 3－489
風華閣儷體 …… 3－268
風流自賞十六卷 …… 3－54
風流配傳奇二卷 …… 1－318
風雲會 …… 3－51
風雲會二卷二十二出 …… 3－106
風箏誤 …… 2－511
風箏誤 …… 2－512
風箏誤 …… 2－512
風箏誤傳八卷 …… 1－429
風箏誤傳奇二卷 …… 1－423
風憲忠告廟堂忠告牧民忠告 …… 2－63
急效良方 …… 1－524
急悃齋庚子壬辛癸卯鄉墨選 …… 3－121
急救方一卷 …… 1－196
急救喉症全集 …… 1－512
急救應驗良方 …… 2－275
急救應驗良方 …… 3－115
急就章攷異 …… 2－37
急就章攷異一卷 …… 2－12
急就篇四卷 …… 1－88
急就篇四卷 …… 3－290
計樹園詩存賸稿 …… 3－124
計樹園詩鈔四卷 …… 3－45
訂正東醫寶鑑 …… 2－271
訂補明醫指掌十卷 …… 2－210
訂補簡易備驗方十六卷 …… 1－195
訂譌雜錄十卷 …… 1－385
哀生閣初稿四卷續稿三卷 …… 2－535
哀生閣集初稿四卷續稿三卷 …… 2－418
哀絃集 …… 3－245
亭式做法 …… 3－317
亭林文集六卷 …… 2－451
亭林文集六卷餘集一卷 …… 2－388
亭林遺書 …… 2－324
亭林遺書十七種附三種 …… 1－444
亭林遺書十種 …… 1－106
亭林顧先生小像 …… 2－312
亭皋詩鈔四卷 …… 3－410
度一切諸佛境界智嚴經一卷 …… 1－192
度支部稅課司奏案輯要三卷 …… 3－13
度支部試辦宣統三年預算表 …… 3－270

度支部試辦宣統三年預算表………… 3－440
度世品經六卷……………………… 1－166
度曲須知二卷……………………… 3－486
度諸佛境界智光嚴經……………… 2－230
度隴記四卷………………………… 1－364
度隴記四卷 ……………………… 2－63
度隴記四卷 ……………………… 2－89
庭訓格言…………………………… 2－190
庭訓格言…………………………… 2－290
庭訓格言…………………………… 3－290
庭訓格言…………………………… 3－300
庭聞錄六卷………………………… 1－380
庭聞錄六卷附錄一卷……………… 2－492
庭聞憶畧二卷……………………… 3－123
疫痧草三卷 ……………………… 3－13
疫癘溯源…………………………… 2－314
施公案[鼓詞] …………………… 1－51
施公新傳十二本…………………… 3－490
施氏家風述畧一卷隨邨先生遺集六
卷施愚山先生學餘文集二十八卷
施愚山先生學餘詩集五十卷 ……… 1－97
施氏家風述畧續編 ……………… 1－22
施氏家風述畧續編一卷 ………… 1－97
施注蘇詩四十二卷………………… 2－453
[同治]施南府志三十卷續編十卷 … 3－267
施案奇聞九十七回………………… 2－400
施設論七卷………………………… 1－168
施註蘇詩四十二卷總目二卷……… 1－229
施註蘇詩四十二卷總目二卷……… 1－327
施愚山先生年譜四卷 …………… 1－22
施愚山先生年譜四卷 …………… 1－97
施愚山先生全集…………………… 1－237
施愚山先生全集…………………… 3－350
施愚山先生全集…………………… 3－438
施愚山先生學餘文集二十八卷施愚
山先生學餘詩集五十卷施愚山先
生別集四卷施愚山先生外集二卷
宣城施氏家風述畧 ……………… 1－22
施愚山全集………………………… 1－215
弈潛齋集譜二卷…………………… 3－196
弈潛齋集譜初編…………………… 3－196
奕正二卷…………………………… 1－203
奕時初編…………………………… 3－152
音註小倉山房尺牘八卷…………… 2－423
音註小倉山房尺牘八卷…………… 3－222
音漢清文鑑二十卷………………… 3－520
音漢清文鑑二十卷………………… 3－520
音學五書…………………………… 1－330
音學五書二十八卷………………… 1－454
音學五書三十八卷………………… 3－347
音學辨微…………………………… 1－343
音韻正訛四卷……………………… 3－487
音韻逢源…………………………… 3－528
音韻輯要二十一卷………………… 3－487
音韻闡微…………………………… 1－451
音韻闡微十八卷 ………………… 1－62
音韻闡微十八卷…………………… 1－451
音韻闡微十八卷 ………………… 2－16
帝女花二卷………………………… 2－487
帝女花二卷二十出………………… 3－126
帝王表 …………………………… 2－95
帝王廟諱年譜……………………… 3－248
帝京景物略二卷…………………… 1－322
帝京景物略八卷…………………… 3－534
帝京景物略八卷…………………… 3－535
帝範四卷…………………………… 1－202
帝鑑圖說 ………………………… 1－70
帝鑑圖說…………………………… 1－480
帝鑑圖說…………………………… 1－504
帝鑑圖說四卷 …………………… 2－79
[乾隆]恆山志 ………………… 1－363
恆山志五卷圖一卷………………… 1－284
[乾隆]恆山志四集 …………… 1－399
恆心守道三卷……………………… 2－215
恆心守道三卷……………………… 2－249
恆言錄六卷………………………… 3－198
恆軒所見所藏吉金錄……………… 1－493
恆軒所見所藏吉金錄……………… 1－494
恆軒所見所藏吉金錄……………… 1－495
恆娘傳雜劇………………………… 3－474
恢慈仁和尚語録二卷……………… 1－299
恬暘齋抄趙忠毅公詩不分卷……… 1－297

恪靖奏稿初編三十八卷二編七十六
卷三編六卷…………………………… 2－132
恪靖侯盾鼻餘瀋…………………………… 2－358
恪靖侯盾鼻餘瀋…………………………… 3－444
差摩婆帝受記經一卷………………… 1－176
美人長壽盦詞六卷 …………………… 3－30
美人計三進士……………………………… 2－490
美史紀事本末八卷首一卷末一卷…… 1－352
美史紀事本末八卷首一卷末一卷…… 3－437
美國刑律…………………………………… 2－105
美國刑律…………………………………… 2－126
美國刑律…………………………………… 2－126
美國刑律…………………………………… 2－126
美國刑律…………………………………… 2－127
美國名君言行錄二卷………………… 2－109
美國名君言行錄二卷………………… 2－109
美國治法要略三卷附錄一卷………… 2－123
美國陸軍制不分卷…………………… 3－382
美國憲法源流考……………………… 2－117
美國鐵路彙攷十三卷………………… 1－390
美國鐵路彙攷十三卷………………… 1－390
姜白石集四卷 ………………………… 3－42
姜母寄當歸賦……………………………… 3－512
姜西溟先生文鈔四卷………………… 1－102
姜先生全集三十三卷首一卷………… 2－418
送客大字工尺譜趕車………………… 3－464
前後七國演義……………………………… 1－373
前後七國演義三十七回……………… 1－369
前後五十段…………………………………… 1－475
前後出師表…………………………………… 2－302
前後守寶錄二十五卷………………… 3－6
前塵夢影錄……………………………… 2－299
前漢紀三十卷 ………………………… 1－78
前漢紀三十卷……………………………… 1－123
前漢書一百二十卷…………………… 1－359
前漢書一百二十卷…………………… 2－137
前漢書一百二十卷…………………… 3－406
前漢書一百卷……………………………… 1－133
前漢書一百卷……………………………… 1－483
前漢書一百卷……………………………… 2－129
前漢書一百卷……………………………… 2－129
前漢書一百卷……………………………… 3－415
前漢書一百卷首一卷 ………………… 2－75
前漢書七十卷……………………………… 1－488
前漢書校異…………………………………… 1－5
前漢書補注一百卷…………………… 1－488
前漢書補注一百卷首一卷…………… 3－377
前漢補注一百卷…………………………… 1－484
前漢補注一百卷…………………………… 1－492
前敵須知四卷……………………………… 1－391
前敵須知四卷表一卷………………… 1－389
前禮部舊印…………………………………… 1－304
首楞嚴咒簡疏……………………………… 3－315
首楞嚴經長水疏二十卷……………… 2－240
首楞嚴經義海三十卷………………… 1－335
逆子孝媳寶卷……………………………… 3－112
逆兒孝媳寶卷 ………………………… 3－64
逆媳寶卷……………………………………… 3－286
逆黨禍蜀記 …………………………… 3－21
炳燭齋文集二卷…………………………… 2－359
炳燭齋文集初集二十三篇續集六十
五篇…………………………………… 2－344
炮兵暫行操法不分卷………………… 3－380
炮准演算法圖解第二編……………… 2－314
洪山寶通志三卷…………………………… 2－168
洪氏泉志校誤四卷…………………… 2－452
洪文惠公年譜……………………………… 3－179
洪文惠年譜 …………………………… 1－23
洪北江文集四卷…………………………… 2－447
洪北江文集四卷…………………………… 3－375
洪北江文鈔四卷…………………………… 2－331
洪北江先生遺集…………………………… 2－7
洪北江先生遺集…………………………… 2－7
洪北江先生遺集…………………………… 2－386
洪北江全集…………………………………… 1－432
洪北江全集…………………………………… 2－7
洪北江詩文集……………………………… 2－443
洪武正韻十六卷 ……………………… 1－60
洪武正韻十六卷 ……………………… 1－61
洪武正韻十六卷…………………………… 1－114
洪武正韻不分卷 ……………………… 1－61
洪度集一卷首一卷…………………… 3－507

[嘉慶]洪雅縣志二十五卷首一卷 … 3－143
洪範傳一卷 …… 1－59
洪範圖解一卷 …… 1－304
洪廬江祀典徵實二卷 …… 3－38
洹詞十二卷 …… 1－211
洹詞十二卷 …… 1－258
洹詞十二卷 …… 2－495
洞仙慶賀七出 …… 3－452
洞仙慶賀八出 …… 3－450
洞仙慶賀八出 …… 3－452
洞仙慶賀八出 …… 3－452
洞宗彙選中集不分卷 …… 1－194
洞庭緣傳奇 …… 2－471
洞庭緣傳奇十六出 …… 3－472
洞霄宮志四卷 …… 1－120
洞霄詩集十四卷 …… 1－407
洞霄圖志六卷 …… 1－473
洄溪醫案 …… 2－267
洗心輯要二卷新編壽世傳真八卷 …… 1－521
洗冤錄集證 …… 2－160
洗冤錄集證六卷 …… 2－190
洗冤錄集證四卷 …… 2－148
洗冤錄詳義四卷首一卷 …… 3－161
洗冤錄義證四卷 …… 3－290
洗冤錄義證四卷附經驗方一卷歌訣一卷 …… 3－424
洗冤錄義證四卷歌訣一卷 …… 2－150
洗冤寶鑑二卷 …… 2－313
洗蕉吟館詩鈔一卷詞鈔一卷 …… 3－82
活人方七卷 …… 1－508
活人心法一卷 …… 1－18
活人心法四卷 …… 2－277
活幼心法二卷 …… 2－273
活幼心法九卷 …… 1－519
活幼心法九卷 …… 3－40
活幼心法大全九卷 …… 1－87
活幼心書 …… 1－523
活幼心書三卷 …… 1－511
活捉王魁 …… 3－230
洽園詩稿二十卷詩餘二卷 …… 2－407
[乾隆]洵陽縣誌十四卷 …… 1－314
洛神□□場 …… 3－490
洛神廟傳奇 …… 1－39
洛神廟傳奇二卷 …… 3－471
洛陽伽藍記五卷 …… 2－82
洛陽橋 …… 1－319
洛陽龍門志 …… 3－174
洛間山人詩鈔十二卷 …… 2－349
洛學編五卷 …… 1－140
洨民遺文 …… 3－269
洨民叢稿 …… 3－201
洨濱蔡先生詩文集十卷附錄一卷語錄二十卷 …… 2－487
洋防輯要二十四卷 …… 1－366
洋防輯要二十四卷 …… 1－502
洴澼百金方十四卷 …… 2－169
洴澼百金方十四卷首一卷 …… 1－141
津門古文所見錄四卷 …… 3－193
津門詩鈔 …… 3－308
津門徵獻詩八卷 …… 3－210
津門雜記三卷 …… 1－349
津門雜記三卷 …… 2－133
津逮秘書十五集一百四十一種七百四十八卷 …… 1－105
津雲小草二卷梨花夢四卷 …… 3－475
津鎮鐵路事袁制台來電 …… 3－22
[康熙]宣化縣志三十卷 …… 1－118
[康熙]宣化縣志三十卷 …… 3－400
宣和遺事 …… 3－79
宣和遺事四卷 …… 1－376
宣和譜牙牌彙集二卷 …… 1－382
宣南夢憶二卷 …… 3－333
宣南夢憶二卷 …… 3－333
宣南夢憶二卷 …… 3－506
宣南夢憶二卷 …… 3－507
[同治]宣恩縣志二十卷 …… 3－142
宣統二年通商各關華洋貿易論畧不分卷 …… 3－385
宣統二年通商各關華洋貿易總冊不分卷 …… 3－385
宣統三年順直諮議局臨時會議案公布錄 …… 3－532

宣統四年全國歲入歲出總預算表…… 3－440
宣統四年全國預算歲入歲出說明書
…………………………………… 3－440
宣講大全八卷………………………… 2－282
宣講拾遺六卷首一卷………………… 2－254
宦拾錄十八卷………………………… 1－483
宦桂稟牘 ………………………………… 3－25
宦海指南五種………………………… 3－199
宦海指南五種………………………… 3－311
宦海指南五種………………………… 3－317
宦鄉要則七卷首一卷………………… 3－214
宦遊紀略二卷………………………… 3－229
宦遊紀實二卷………………………… 3－440
突星閣詩鈔十卷……………………… 1－286
穿珠集二卷…………………………… 3－274
客座贅語十卷………………………… 1－528
客窗閒話八卷………………………… 1－384
客窗閒話八卷………………………… 2－236
客窗閒話八卷續八卷………………… 1－374
客窗閒話正續集八卷………………… 3－118
客窗閒話四卷續四卷………………… 3－118
客窗閒錄三卷 ……………………… 3－38
客韓筆記……………………………… 3－332
冠悔堂楹語二卷附錄一卷…………… 3－201
冠縣殉難詩彙載 …………………… 3－14
軍中醫方備要二卷…………………… 3－216
軍事初階四卷………………………… 3－381
軍制篇不分卷………………………… 3－385
軍制篇不分卷………………………… 3－426
軍制篇不分卷………………………… 3－426
軍制篇不分卷………………………… 3－426
軍官學堂學員應守規則……………… 2－170
軍國民讀本甲乙編…………………… 3－326
軍隊内務不分卷……………………… 3－387
軍隊内務書…………………………… 3－383
軍隊演說集不分卷…………………… 3－368
軍樂稿四卷…………………………… 1－530
軍樂稿四卷…………………………… 3－514
軍興本末紀略四卷…………………… 3－196
軍牘集要十二卷 …………………… 3－15
軍牘彙存四卷………………………… 3－9
扁善齋文存二卷……………………… 2－478
扁善齋文存二卷詩存一卷…………… 3－329
扁善齋文存三卷詩存二卷…………… 1－430
扁善齋文存三卷詩存二卷…………… 3－137
扁善齋詩存一卷文存二卷…………… 2－343
扁鵲心書二卷………………………… 1－518
扁鵲心書三卷首一卷………………… 1－524
衲蘇集二卷…………………………… 2－381
祖師寶卷 ………………………………… 3－65
祖國女界文豪譜……………………… 1－357
祖國女界文豪譜……………………… 2－414
神山引傳奇十八出…………………… 3－106
神山引傳奇八出……………………… 2－520
神仙通鑑摘錄十四卷 ……………… 3－24
神仙傳十卷…………………………… 3－286
神仙傳登涉符籙……………………… 3－414
神仙綱鑑二十二卷…………………… 2－297
神仙綱鑑二十二卷…………………… 2－298
神奴兒大鬧開封府雜劇四折 ………… 1－39
神州國光集…………………………… 1－534
神州國光集…………………………… 2－261
神州國光集…………………………… 2－302
神相全編十二卷……………………… 2－198
神相彙編四卷續集一卷……………… 3－430
神相彙編四卷續集一卷……………… 3－436
神峰通考命理正宗六卷……………… 2－196
神授急救異痧奇方…………………… 2－314
[康熙]神鼎誌畧一卷補遺一卷 …… 1－119
神道總論三卷………………………… 3－220
神農本草經疏三十卷 ……………… 1－85
神僧傳九卷…………………………… 1－530
神劍記 …………………………………… 1－25
祝子小言一卷………………………… 1－312
祝由科六卷…………………………… 1－300
祝由科諸符秘六卷…………………… 1－308
祝長清平安如意……………………… 3－452
祝枝山全集三十卷…………………… 2－422
祝枝山全集三十卷…………………… 2－424
祝福呈祥……………………………… 3－455
祕書廿一種…………………………… 2－463
祕書廿一種…………………………… 3－319

祕授廻生痘訣 …………………………… 1－298
祠部集三十五卷 ………………………… 1－236
祠部集三十五卷 ………………………… 1－244
郡國利病書一百二十卷 ……………… 1－67
郡齋讀書志二十卷附志一卷校補一
　卷 ……………………………………… 2－184
退一步齋文集四卷 ……………………… 2－412
退一步齋文集四卷 ……………………… 2－417
退一步齋文集四卷詩集十六卷蕉軒
　續錄二卷 ……………………………… 3－194
退一步齋集詩十六卷文四卷 ………… 3－408
退宜堂詩集六卷 ………………………… 3－106
退省菴閒草不分卷 ……………………… 1－307
退思軒詩草 ……………………………… 3－306
退思軒詩集六卷補遺一卷 …………… 2－332
退思軒詩集六卷補遺一卷 …………… 2－332
退思軒詩集六卷補遺一卷 …………… 2－443
退思粗定稿二卷 ……………………… 3－79
退食槐聲留餘集 ………………………… 3－136
退菴隨筆二十二卷 ……………………… 2－204
退菴題跋二卷讀漁洋詩隨筆二卷 …… 1－467
退庵詩存二十五卷 ……………………… 1－417
退遂齋詩鈔六卷 ………………………… 3－136
退補樓外紀一卷 ………………………… 2－478
退補樓雜著一卷 ………………………… 2－478
退補齋隨筆 ……………………………… 2－193
退學詩齋詩集五卷 ……………………… 2－527
退親 ……………………………………… 3－336
咫進齋叢書 …………………………… 2－6
咫進齋叢書三集三十七種 …………… 1－439
咫聞集三卷 ……………………………… 1－144
屏山先生文集二十卷 ………………… 1－265
屏山全集二十卷 ……………………… 3－47
眉山秀二卷二十四出 ………………… 3－449
眉山詩案廣證六卷 ……………………… 2－330
眉山詩案廣證六卷 ……………………… 2－443
眉山詩案廣證六卷 …………………… 3－75
眉公先生四言群珠雜字二卷 ………… 2－413
眉公先生晚香堂小品二十四卷 ……… 1－41
眉公先生晚香堂小品二十四卷 ……… 1－324
眉公祕集十七種四十九卷 …………… 1－8
眉綠樓詞 ………………………………… 2－470
眉韻樓詩話八卷 ………………………… 2－369
眉韻樓詩話八卷 ………………………… 3－431
眉韻樓詩話四卷 ………………………… 2－365
胥屏山館詩存二卷文存一卷 ………… 3－188
[雍正]陝西通志一百卷首一卷 …… 1－256
[雍正]陝西通志一百卷首一卷 …… 2－174
[康熙]陝西通志三十二卷首一卷圖
　一卷 …………………………………… 1－68
陝西清理財政說明書 ………………… 3－387
陝西鄉試闈墨 …………………………… 3－310
陝西鄉試題名錄 ……………………… 3－10
陝西歷科進士錄四卷 ………………… 3－203
陝西闈墨 ………………………………… 2－350
除蝻八要 ………………………………… 3－242
姚少監詩集十卷 ………………………… 1－275
姚文敏公遺稿九卷附補缺一卷 ……… 2－384
姚延著傳 ………………………………… 3－125
姚江釋毀錄 ……………………………… 2－436
姚刻三韻 ………………………………… 1－453
姚秦三藏西天取經解論一卷 ………… 3－494
姚姬傳尺牘八卷 ………………………… 2－422
姚漱石遊學日記 ………………………… 2－313
姚鏡塘先生全集 ………………………… 3－516
姚體備行述 ……………………………… 2－531
飛丸記二卷三十二出 ………………… 3－424
飛丸記二卷三十二出 ………………… 3－461
飛丸記二卷三十二出 ………………… 3－461
飛丸記二卷三十二出 ………………… 3－462
飛虎夢十卷 ……………………………… 3－233
飛香圃詩集四卷 ……………………… 3－80
飛熊夢子弟書五回 ……………………… 3－467
飛影閣叢畫 ……………………………… 3－327
飛影閣叢畫二集 ………………………… 2－305
飛影閣叢畫二集 ………………………… 2－305
飛影閣叢畫二集 ………………………… 3－327
飛影閣叢畫四卷 ………………………… 2－263
飛影閣叢畫初集 ………………………… 2－305
飛影閣叢畫初集 ………………………… 2－305
飛影閣叢畫初集 ………………………… 2－305
飛龍全傳十二卷 ………………………… 1－368

飛龍全傳十二卷 …………………… 2－396
飛龍傳六十回 …………………… 1－12
飛鴻閣琴意二卷 …………………… 3－246
飛獵濱獨立戰史 …………………… 3－518
盈朒一得二卷 …………………… 2－293
观音寶卷 …………………… 3－111
勇盧閒詰 …………………… 2－288
癸巳存稿十五卷 …………………… 2－194
癸巳存稿十五卷 …………………… 2－280
癸巳存稿十五卷 …………………… 2－343
癸巳類稿十五卷 …………………… 1－363
癸巳類稿十五卷 …………………… 2－202
癸巳類稿十五卷 …………………… 2－316
癸巳類稿十五卷 …………………… 2－328
癸丑大挑十八省年譜 …………………… 3－2
癸卯東遊日記 …………………… 3－256
癸卯東遊日記 …………………… 3－395
癸卯恩科直省闈藝大全十卷 …………………… 2－425
癸卯恩科鄉試十八省同年全錄 …………………… 3－206
癸酉科選十八省拔貢同年全錄 …………………… 2－134
癸酉消夏詩 …………………… 3－60
癸酉消夏詩 …………………… 3－89
癸辛雜識前集一卷後集一卷別集二卷 …………………… 1－12
癸辛雜識新集癸辛雜識外集 …………………… 1－137
羿射無雙譜 …………………… 3－213
柔鄉韻史二卷 …………………… 3－209
柔鄉韻史二卷 …………………… 3－505
柔遠記二十卷 …………………… 2－139
孩童衛生編 …………………… 3－115
紅心草八卷 …………………… 1－418
紅羊劫傳奇 …………………… 3－487
紅江佳話 …………………… 3－209
紅杏山房聞見隨筆二十八卷 …………………… 2－314
紅杏樓詩賸稿梅笛菴詞賸稿 …………………… 3－83
紅豆村人詩稿十四卷 …………………… 2－454
紅豆詩人集 …………………… 2－383
紅豆詩人集十六卷 …………………… 2－370
紅豆樹館書畫記八卷 …………………… 1－509
紅豆樹館書畫記八卷 …………………… 1－510
紅豆樹館書畫記八卷 …………………… 2－187
紅豆樹館詩鈔十四卷 …………………… 3－226
紅豆樹館詩詞集十四卷詞八卷 …………………… 2－413
紅雨樓文稿 …………………… 3－152
紅拂私奔子弟書三卷七回 …………………… 3－468
紅拂記傳奇二卷附音釋 …………………… 3－513
紅茗山房詩存十卷 …………………… 3－114
紅梅閣六卷五十二回 …………………… 1－370
紅雪詞甲集二卷乙集二卷詞餘一卷 …………………… 3－477
紅雪樓十二種填詞 …………………… 3－469
紅梨記二卷三十出 …………………… 3－488
紅葉山房集十四卷外集四卷 …………………… 2－485
紅葉館話別圖題詞附詩一卷 …………………… 3－245
紅萼軒詞牌不分卷 …………………… 1－247
紅粟山莊詩六卷詩續六卷詩餘一卷 …………………… 2－406
紅犀館詩課第九集 …………………… 3－231
紅蕪詞鈔二卷 …………………… 3－130
紅蕉吟館啓事 …………………… 2－418
紅蕉吟館詩存十二卷 …………………… 3－503
紅蕉詞 …………………… 3－84
紅蕉館詩鈔十二卷 …………………… 3－239
紅樓幻夢二十四回 …………………… 1－369
紅樓後夢一百回 …………………… 2－397
紅樓真夢六十四回 …………………… 3－484
紅樓復夢一百回 …………………… 1－387
紅樓復夢一百卷一百回 …………………… 3－484
紅樓夢 …………………… 3－473
紅樓夢一百二十回 …………………… 1－93
紅樓夢一百二十回 …………………… 1－369
紅樓夢一百二十回 …………………… 1－370
紅樓夢一百二十回 …………………… 3－40
紅樓夢一百二十回 …………………… 3－483
紅樓夢一百二十回 …………………… 3－483
紅樓夢一百二十回 …………………… 3－483
紅樓夢一百二十回 …………………… 3－483
紅樓夢一百二十卷 …………………… 1－10
紅樓夢一百二十卷 …………………… 1－369
紅樓夢八十回 …………………… 3－483
紅樓夢人名西廂記詞句印玩 …………………… 3－206
紅樓夢竹枝詞一卷 …………………… 2－390

紅樓夢音釋一卷 …………………… 1－10
紅樓夢問答一卷 …………………… 1－10
紅樓夢偶說二卷 …………………… 3－81
紅樓夢偶說二卷……………………… 3－483
紅樓夢散套十六套…………………… 3－474
紅樓夢散套附曲譜…………………… 1－403
紅樓夢評贊…………………………… 2－390
紅樓夢評贊…………………………… 2－459
紅樓夢評贊…………………………… 2－517
紅樓夢評贊…………………………… 3－483
紅樓夢補四十八回…………………… 1－379
紅樓夢補四十八回…………………… 1－388
紅樓夢補四十八回…………………… 2－401
紅樓夢傳奇…………………………… 1－403
紅樓夢傳奇二卷五十六出…………… 3－488
紅樓夢傳奇八卷 …………………… 1－38
紅樓夢傳奇八卷……………………… 3－488
紅樓夢傳奇八卷八十出……………… 3－128
紅樓夢像一卷 ……………………… 1－10
紅樓夢圖詠 ………………………… 1－12
紅樓夢圖詠…………………………… 1－293
紅樓夢圖詠…………………………… 1－515
紅樓夢圖詠…………………………… 2－275
紅樓夢廣義紀略……………………… 3－485
紅樓夢賦……………………………… 2－390
紅樓夢賦……………………………… 2－533
紅樓夢影二十四回…………………… 1－368
紅樓夢論贊一卷 …………………… 1－10
紅樓夢總評一卷 …………………… 1－10
紅樓夢題詞一卷 …………………… 1－10
紅樓夢題詞一卷……………………… 2－390
紅樓圓夢三十回……………………… 3－484
紅樓詩借二卷………………………… 2－535
紅樹山莊詩草四卷附黔遊草一卷…… 2－454
紅橋老屋遺稿文四卷詩五卷 ……… 3－35
紅燈寶卷一卷………………………… 3－495
紅霞征北六卷………………………… 2－526
紅霞征北六卷 ……………………… 3－54
紅霞傳六卷…………………………… 2－526
紅藕花軒泉品九卷…………………… 3－275
紅羅寶卷 …………………………… 3－65
紅羅寶卷……………………………… 3－111
紅羅寶卷……………………………… 3－111
紅羅寶卷……………………………… 3－170
紅羅寶卷……………………………… 3－170
紅羅寶卷一卷………………………… 3－498
紅羅寶卷一卷………………………… 3－498
紅羅寶卷一卷………………………… 3－499
紅羅寶卷簡集一卷…………………… 3－498
紅韻閣遺稿…………………………… 3－250
紅韻閣學吟小草……………………… 3－172
級佩齋集印譜………………………… 1－526
約書十二卷…………………………… 1－534
約書十二卷…………………………… 3－160
約章分類輯要三十八卷……………… 2－124
約章分類輯要三十八卷首一卷……… 3－421
約章成案匯覽甲篇十卷乙篇四十二卷…………………………………… 2－124
約章成案匯覽甲編十卷乙編四十二卷…………………………………… 2－120
約章成案匯覽甲編十卷乙編四十二卷…………………………………… 2－131
約章成案匯覽甲編十卷乙編四十二卷…………………………………… 3－371
約章成案匯覽甲篇十卷乙篇四十二卷…………………………………… 3－371
約園志………………………………… 2－179
約園詞四卷…………………………… 3－163
紀元甲子表三卷……………………… 3－420
紀元通考十二卷……………………… 1－349
紀元通考十二卷……………………… 1－485
紀元通考十二卷……………………… 3－175
紀元編三卷…………………………… 2－106
紀元編三卷末一卷…………………… 1－502
紀元編三卷末一卷…………………… 3－409
紀公叢書十三種四十六卷…………… 2－467
紀氏嘉言四卷 ……………………… 3－99
紀氏嘉言四卷………………………… 3－214
紀文達公文集十六卷………………… 2－341
紀文達公文集十六卷………………… 2－357
紀文達公遺集十六卷………………… 1－419
紀文達公遺集十六卷………………… 2－343

紀文達公遺集三十二卷………………… 2－331
紀文達公遺集三十二卷………………… 3－318
紀文達公遺集文十六卷詩十六卷…… 1－541
紀昀詩注釋四卷……………………… 2－414
紀城文稿四卷………………………… 1－223
紀城詩稿四卷………………………… 2－339
紀城詩稿四卷………………………… 2－358
紀貞詩存一卷………………………… 3－280
紀貞詩存一卷………………………… 3－458
紀效新書十八卷……………………… 2－160
紀效新書十八卷……………………… 2－201
紀效新書十八卷首一卷……………… 2－176
紀效新書十八卷首一卷……………… 3－441
紀效新書十八卷練兵實紀九卷……… 3－136
紀載彙編……………………………… 1－347
紀載彙編十種………………………… 1－359
紀載彙編十種………………………… 3－330
紀慎齋先生祈雨全書………………… 2－315
紀慎齋全集十三種五十七卷………… 1－432
紉佩齋集印譜………………………… 3－164
紉齋畫賸……………………………… 1－513
紉蘭草………………………………… 1－297
紉蘭室詩鈔鰈硯廬詩鈔……………… 1－538

十畫

耕香館叢書…………………………… 2－304
耕野遺詩二卷 ……………………… 3－86
耕雲別墅詩話………………………… 3－210
耕道獵德齋唫稿六卷………………… 3－172
耕道獵德齋詠史小樂府二卷………… 2－485
耕煙草堂詩鈔二卷…………………… 1－298
耕餘小草四卷詩餘一卷……………… 1－292
耕織圖………………………………… 2－191
［耕織圖墨跡］ …………………… 1－139
耕讀亭詩鈔七卷……………………… 3－196
耘圃詩鈔十二編……………………… 2－477
耗子伸冤 …………………………… 3－52
馬力寶卷 …………………………… 3－63
馬上聯姻子弟書……………………… 3－468
馬上聯姻子弟書十四回……………… 3－467
馬牛駝經全集九卷…………………… 1－414
馬氏文通十卷 ……………………… 2－25
馬文莊公文集選十五卷……………… 2－419
馬吊考………………………………… 3－259
馬如飛先生南詞小引初集二卷 …… 3－29
馬如飛開篇二卷 …………………… 3－94
馬孝女遺稿六卷……………………… 2－436
馬東田漫稿六卷 …………………… 1－24
馬佳氏詩存…………………………… 2－348
馬房放奎新罵雞三巧挂畫 ………… 3－50
馬陵道［擒龐］祝髮記［渡江］一折 … 2－510
［馬萬長孑遺集］ ………………… 1－267
馬嵬志十六卷首一卷………………… 1－364
馬鳴菩薩傳一卷龍樹菩薩傳一卷提
　婆菩薩傳一卷……………………… 1－201
馬端敏公年譜………………………… 2－530
馬頭調一卷…………………………… 3－335
馬糞孵卵法…………………………… 3－270
秦川焚餘草六卷首一卷補遺一卷…… 2－386
［光緒］秦州直隸州新志二十四卷首
　一卷………………………………… 3－166
［道光］秦安縣志十四卷 ………… 2－507
秦板九經……………………………… 3－340
秦晉鄉試同闈錄……………………… 2－135
秦淮八豔圖…………………………… 1－362
秦淮八豔圖詠………………………… 3－235
秦淮八豔圖詠………………………… 3－505
秦淮月傳奇五出……………………… 3－490
秦淮畫舫錄二卷……………………… 1－526
秦淮畫舫錄二卷……………………… 3－336
秦淮聞見錄二卷……………………… 3－332
秦淮豔品一卷………………………… 3－515
秦淮豔品四卷………………………… 3－505
秦腔戲本……………………………… 3－226
秦遊草………………………………… 2－503
秦臺豔乘羼提別集…………………… 3－507
秦漢瓦當文字一卷續一卷…………… 1－497
秦漢瓦當文字二卷續一卷 ………… 1－77
秦漢瓦當文字二卷續一卷…………… 1－133
秦漢文鈔不分卷……………………… 1－204
秦漢文鈔不分卷……………………… 1－205

秦漢文鈔不分卷…………………………1－300
秦漢文鈔六卷 …………………………1－97
秦漢書疏十八卷 ………………………1－71
秦邊紀略六卷…………………………1－350
泰山小史不分卷………………………3－156
泰山石經峪字…………………………2－301
泰山石經峪字六卷……………………1－361
泰山志二十卷 …………………………2－58
泰山志二十卷…………………………2－135
泰山志二十卷…………………………3－177
泰山述記十卷…………………………1－124
泰山道里記 ……………………………2－77
泰山道里記……………………………2－171
泰山道里記……………………………2－180
泰山道里記……………………………3－152
泰西十八周史攬要十八卷……………1－353
泰西民族文明史 ………………………2－98
泰西民族文明史………………………3－427
泰西新史攬要…………………………2－174
泰西新史攬要二十三卷附記一卷……2－102
泰西新史攬要二十四卷………………1－356
泰西新史攬要二十四卷………………2－123
泰西新史攬要二十四卷………………2－172
泰西新史攬要二十四卷………………3－437
泰西新史攬要八卷……………………1－357
泰西歷史演義三十六回………………3－473
[道光]泰州志三十六卷 ………………3－32
[道光]泰州志三十六卷首一卷 ……3－176
[道光]泰安縣志十二卷首一卷末
一卷…………………………………3－192
[道光]泰安縣志十二卷首一卷 ……3－388
泰雲堂集………………………………1－424
泰雲堂詩集十八卷詞三卷……………2－418
[光緒]泰興縣志二十六卷 …………3－157
珠玉詞鈔一卷…………………………2－471
珠玉圓四卷……………………………3－288
珠玉圓四卷四十八回…………………1－429
珠邨談怪十卷續集二卷 ………………3－53
珠光集四卷……………………………3－181
珠光集四卷……………………………3－253
珠泉草廬文錄二卷……………………3－158
珠塔緣二十四回………………………3－283
珠塔寶卷………………………………3－171
珠塔寶卷………………………………3－286
珠湖草堂詩鈔四卷……………………3－272
珠溪存稾四卷…………………………3－145
敖公紀述二卷 …………………………3－23
班孟堅集一卷…………………………2－428
班馬字類二卷…………………………1－200
班馬字類二卷…………………………2－131
班馬字類五卷…………………………1－123
班馬異同三十五卷 ……………………1－70
班蘭臺集………………………………3－256
素文女子遺稿一卷……………………1－266
素心閣詩草二卷………………………2－492
素邨小草十二卷………………………2－526
素書……………………………………2－201
素菴吟稿二卷序及目錄一卷…………3－117
素問直講………………………………2－317
素問靈樞類纂約注三卷………………1－278
素問靈樞類纂約注三卷………………1－522
素問靈樞類纂約註三卷 ………………1－87
素巘文稿二十五卷……………………1－304
素靈微蘊………………………………2－275
匪莪堂文集五卷………………………3－229
起世因本經十卷………………………1－171
起世因本經十卷………………………1－177
起世因本經十卷………………………2－242
起世經十卷……………………………1－177
起世經十卷……………………………2－243
起黄二卷廣王二卷質顧二卷…………1－383
起黄二卷質顧廣王二卷………………1－492
貢愚錄…………………………………2－433
袁王加批綱鑑彙纂三十九卷首一卷
………………………………………2－64
袁王綱鑑合編三十九卷明紀綱目二
十卷…………………………………2－174
袁王綱鑑合編三十九卷首一卷 ………2－66
袁天罡李淳風二先生所撰推背圖……3－512
袁中郎先生全集二十四卷……………2－325
袁中郎先生批評唐伯虎外集一卷 ……1－30
袁中郎先生批評唐伯虎紀事一卷 ……1－30

袁中郎先生批評唐伯虎傳贊一卷 …… 1－30
袁中郎先生批評唐伯虎彙集四卷 …… 1－30
[袁中郎集]十種十六卷 ……………… 1－43
袁氏家集四集六十五卷……………… 1－428
袁文箋正十六卷……………………… 1－540
袁文箋正十六卷……………………… 2－354
袁文箋正十六卷……………………… 2－376
袁文箋正十六卷……………………… 2－426
袁文箋正十六卷……………………… 2－442
袁文箋正十六卷補注一卷…………… 3－390
袁易齋先生圖民錄四卷……………… 3－150
袁易齋先生圖民錄四卷……………… 3－442
袁侍郎奏稿 ………………………… 3－24
袁海叟詩集四卷附錄一卷…………… 1－404
袁爽秋詩集三種……………………… 1－419
袁督師遺集三卷……………………… 3－538
袁蔚帥撫東治河疏…………………… 2－129
袁蔚庭中丞撫東吏治疏……………… 2－129
都門竹枝詞…………………………… 3－513
都門紀畧都門雜咏…………………… 3－542
都門彙纂……………………………… 2－185
都門彙纂……………………………… 3－533
都門彙纂……………………………… 3－534
都門贅語……………………………… 3－513
都城紀勝……………………………… 3－312
都是春齋文集八卷…………………… 2－502
都是春齋制義存稿二卷……………… 3－164
都梁草題詞…………………………… 2－520
耆英會記二卷三十出………………… 3－472
耆獻類徵初編………………………… 2－464
埃及近世史 ………………………… 2－93
恥不逮齋集五卷 …………………… 3－40
恥躬堂詩文鈔文十卷詩十六卷……… 2－346
華山仙聖沉香卷……………………… 3－302
華山寶卷 …………………………… 3－71
華氏中藏經三卷……………………… 3－134
[華氏清睡閣十五種] ……………… 1－27
華氏醫方彙編六卷…………………… 2－314
華先生中藏經八卷…………………… 1－197
華延年室題跋三卷…………………… 1－466
華制存考……………………………… 1－350
華制存考……………………………… 1－366
華制存考……………………………… 1－366
華制存考……………………………… 1－366
華制存考……………………………… 2－124
華制存考……………………………… 2－174
華祖真君靈簽仙方…………………… 3－310
華屏倡和集二卷 …………………… 3－88
華原風土詞 ………………………… 3－89
華峰文集六卷………………………… 2－339
華海堂詩八卷………………………… 1－281
[光緒]華容縣志十五卷 …………… 3－142
華盛頓傳八卷………………………… 2－165
[華野郭公年譜]一卷 ……………… 1－291
華陽國志十二卷……………………… 1－484
華陽國志十二卷……………………… 2－147
華陽國志十二卷……………………… 3－149
華陽國志十二卷……………………… 3－164
華陽國志十二卷……………………… 3－164
[嘉慶]華陽縣志四十四卷首一卷 … 3－139
華銀山志十八卷首一卷 …………… 2－58
華潭居士詩稿二卷首一卷…………… 3－125
華潭居士詩稿二卷首一卷…………… 3－131
華積陀羅尼神咒經一卷……………… 1－174
華藏室詩鈔…………………………… 3－258
華嶽全集十一卷 …………………… 1－70
華嶽志八卷首一卷…………………… 1－365
華嶽志八卷首一卷…………………… 1－470
華嶽志八卷首一卷 ………………… 2－61
華嶽志八卷首一卷…………………… 3－176
華嶽志八卷首一卷…………………… 3－178
華嶽圖經二卷………………………… 3－300
華嚴一乘十玄門……………………… 2－220
華嚴一乘教義分齊章四卷…………… 2－225
華嚴金師子章………………………… 2－220
華嚴念佛三昧論……………………… 2－231
華嚴法界玄鏡三卷…………………… 2－223
華嚴原人論科一卷華嚴原人論一卷
………………………………………… 1－148
華嚴原人論解三卷…………………… 1－148
華嚴感應緣起傳……………………… 2－222
華嚴經十地品離垢章………………… 2－216

華嚴經旨歸一卷…………………………2－220
華嚴經明法品内立三寶章二卷………2－225
華嚴經唱字母…………………………1－331
華嚴經普賢行願品别行疏鈔十五卷
……………………………………2－242
華嚴經隨疏演義鈔九十卷……………3－391
華嚴還初佛禪師語録二卷……………1－158
華嚴懸談會玄記十五卷………………1－149
華嚴懸談會玄記四十卷………………1－150
華嚴懸談會玄記四十卷………………1－163
華鬘室詞………………………………2－509
華巖備志二卷…………………………1－120
華巖聖可禪師語録十卷百頌一卷年
譜一卷…………………………1－156
莆風清籟集六十卷……………………1－248
莆風清籟集六十卷……………………3－155
莆陽比事七卷…………………………1－262
莆陽知稼翁集二卷……………………3－169
莆陽黄御史集…………………………1－538
莆陽黄御史集二卷……………………1－421
莆陽黄御史集附錄一卷………………2－325
莆陽詩輯五卷莆陽文輯 ………………3－29
莽蒼蒼齋詩二卷………………………3－381
恭和詩稿三卷…………………………1－274
恭壽老人書謙卦………………………1－195
恭簡公志樂二十卷……………………1－478
莫包腳…………………………………3－512
莫如樓時義合稿四集…………………2－378
莫如樓詩選六卷………………………2－530
莫如樓詩選合刻………………………2－326
莫如樓詩選合刻六卷…………………2－378
莫刻三種………………………………2－405
莫愁湖志 ………………………………2－81
莫愁湖志六卷…………………………3－158
莫愁湖志六卷首一卷 …………………2－61
莫愁湖志四卷首一卷 …………………2－79
莫愁湖楹聯便覽 ………………………2－79
莫愁湖楹聯便覽………………………3－203
莊小鶴文稿不分卷乙芝園莊小鶴續
稿不分卷芝園偶鈔二卷……………1－272
莊子……………………………………2－233
莊子十卷………………………………2－255
莊子十卷………………………………2－294
莊子十卷………………………………2－297
莊子十卷………………………………2－313
莊子三卷………………………………1－397
莊子不分卷……………………………3－379
莊子内篇注四卷………………………3－428
莊子内篇注四卷………………………3－428
莊子内篇注四卷………………………3－444
莊子因六卷……………………………1－193
莊子南華真經十卷 ……………………1－83
莊子南華真經内篇一卷外篇一卷雜
篇一卷……………………………2－232
莊子南華真經四卷音義四卷…………1－137
莊子南華真經四卷音義四卷…………1－137
莊子章義五卷…………………………2－289
莊子集解八卷…………………………1－517
莊子集解八卷…………………………1－517
莊子集解八卷…………………………1－517
莊子集解八卷…………………………3－209
莊子集釋十卷…………………………1－374
莊子集釋十卷…………………………2－292
莊子集釋十卷…………………………3－318
莊子疏…………………………………1－515
莊子翼八卷……………………………1－199
莊屈合詁………………………………1－515
莊諧選錄十二卷 ………………………3－46
莊嚴王陀羅尼咒經一卷………………1－162
莊嚴菩提心經…………………………2－227
莊嚴菩提心經…………………………2－237
莊嚴菩提心經一卷……………………1－165
荷戈紀程………………………………3－199
荷戈紀程一卷…………………………3－399
荷花寶卷三卷…………………………3－502
荷亭文集十卷後錄六卷………………1－248
荷亭古文存二卷………………………2－387
荷莊檢存稿六卷………………………3－110
荷塘詩集………………………………1－251
荻芬書屋文稿…………………………2－341
荻芬書屋試帖二卷……………………2－456
荻芬書屋詩文稿………………………1－432

荻芬書屋賦稿……………………… 2－456
荻訓堂詩鈔十卷……………………… 2－525
荻訓堂詩鈔十卷 ……………………… 3－76
荻溪集二卷……………………………… 1－308
荻灘詩稿十二卷……………………… 3－153
莎車府志不分卷……………………… 1－320
真文忠公心政經二卷………………… 2－217
真文忠公政經一卷 ………………… 2－27
真正京調三集………………………… 3－168
真本玉釧緣三十二卷三百二十回…… 2－414
真武菩薩得道寶卷一卷……………… 3－501
真松閣詞六卷………………………… 2－475
真修寶卷……………………………… 2－519
真修寶卷……………………………… 3－287
真修寶卷一卷………………………… 3－500
真真豈有此理八卷…………………… 1－382
真息齋詩鈔四卷續鈔一卷…………… 3－145
真道衡平十回………………………… 2－250
真意堂叢書三種十二卷……………… 1－444
真意齋詩存 ………………………… 3－82
真意齋遺著…………………………… 3－242
桂山堂文選十卷詩選二卷…………… 1－235
桂舟遊草二卷………………………… 3－273
桂花塔二卷十出首一卷……………… 3－470
桂坡集十六卷 ……………………… 3－43
桂林書響十卷………………………… 1－295
桂林霜傳奇二卷……………………… 2－485
桂林霜傳奇二卷……………………… 2－535
桂香雲影樂府八出…………………… 3－475
桂洲夏文湣公奏議二十一卷 ……… 2－67
桂留山房詩集十二卷詞一卷 ……… 3－55
桂宮梯六卷…………………………… 3－226
[同治]桂陽直隸州志十五卷 ……… 2－56
桂管遊草二卷………………………… 3－252
桂馨堂集……………………………… 2－458
桂馨堂詩集八卷……………………… 2－411
栲栳山人詩集三卷…………………… 1－301
桐石草堂集九卷……………………… 1－235
桐花閣詞 …………………………… 1－31
桐城方氏七代遺書…………………… 1－536
桐城方氏七代遺書二十五種………… 1－434
桐城先生全書三種…………………… 2－419
桐城吴氏文法教科書二編…………… 3－350
桐城吴氏文法教科書二編…………… 3－350
桐城吴氏古文讀本十三卷…………… 2－334
桐城吴氏尚書讀本二卷……………… 3－341
桐城吴氏尚書讀本二卷……………… 3－418
桐城吴氏尚書讀本二卷……………… 3－418
桐城吴氏法律學教科書……………… 3－420
桐城吴先生文集文四卷詩一卷尺牘
五卷尺牘補遺一卷………………… 2－460
桐城吴先生文集四卷………………… 2－340
桐城吴先生文集四卷詩集一卷……… 2－361
桐城吴先生全書……………………… 2－441
桐城吴先生全書……………………… 2－451
桐城吴先生全集……………………… 1－546
桐城吴先生詩文集文四卷詩一卷傳
狀一卷……………………………… 2－367
桐城吴先生點勘諸子七種九十一卷
…………………………………… 3－357
桐城姚氏碑傳録七卷 ……………… 2－67
桐城耆舊傳十二卷 ………………… 2－77
桐城耆舊傳十二卷 ………………… 3－39
桐城錢飲光先生遺書三十卷………… 2－442
桐城錢飲光先生遺書三十卷………… 2－442
桐華竹實之軒梅花唱酬集…………… 2－329
桐華竹實之軒試帖一卷桐華竹實之
軒詩鈔一卷………………………… 2－491
桐華吟館詩稿六卷…………………… 2－319
桐華舸明季詠史詩鈔………………… 3－516
桐華舸詩鈔八卷……………………… 3－153
桐華舸詩鈔八卷續鈔八卷明季詠史
詩鈔………………………………… 3－190
桐華詩鈔八卷續鈔八卷褒忠詩鈔一
卷…………………………………… 3－104
桐華閣文集十二卷…………………… 3－376
桐華閣詞……………………………… 3－273
桐華閣詞鈔二卷……………………… 3－375
桐華閣叢書六種……………………… 1－546
桐陰清話八卷………………………… 2－284
桐陰清話八卷………………………… 3－198
桐陰畫訣……………………………… 1－400

桐陰論畫 1－524
桐陰論畫二卷附一卷續桐陰論書一卷 2－304
桐陰論畫二卷首一卷附錄一卷 3－178
桐陰論畫三卷 2－304
桐陰論畫三編六卷首一卷附錄一卷 2－304
桐菴文稿 2－339
桐埜詩集四卷 2－494
桐埜詩集四卷首一卷 3－93
［光緒］桐鄉縣誌二十四卷首四卷 2－179
桐窗散存二卷殘章二卷拾遺二卷 2－415
桐蔭書屋詩二卷 3－240
桐溪達叟自編年譜 2－539
桐鳳集 2－322
桃花山館吟稿十四卷 3－161
桃花女鬥法十六回 3－283
桃花延壽寶卷 3－65
桃花岸十三回 3－466
桃花泉奕譜二卷 1－255
桃花泉棋譜二卷 2－310
桃花扇二卷四十出 1－241
桃花扇傳奇 2－343
桃花扇傳奇二卷 1－40
桃花扇傳奇二卷四十出 1－56
桃花扇傳奇後序詳註四卷 1－56
桃花菴彈詞四卷二十四回 1－407
桃花聖解盦樂府一卷 3－475
桃花夢四卷 2－398
桃花夢傳奇四卷十六出題詞一卷 3－488
桃花影傳奇(離魂記五色線)二卷三十折 1－38
桃花潭文徵六卷 1－427
桃花嶺四出 1－320
桃芳茹園樂府一卷 3－477
桃溪客語五卷 3－234
桃溪客語五卷 3－331
桃溪雪二卷二十出 3－457
桃隖謝氏彙刻方書 2－276
桃谿雪二卷 2－494
桃谿雪二卷二十出 3－126
桃谿雪傳奇 1－402
格正還魂記詞調二卷 3－513
格言詩歌彙編八卷 1－200
格言聯璧 2－192
格言聯璧 2－205
格言聯璧 2－254
格言聯璧 3－146
格言聯璧 3－290
格物入門 1－388
格物探原六卷 2－293
格物測算八卷 2－201
格物測算八卷 2－280
［格物彙編］ 1－15
格物質學 2－292
格致古微六卷 1－393
格致古微六卷 3－222
格致書院課藝三十六類 1－383
格致進化 2－264
格致啓蒙四卷 1－395
格致啓蒙四卷 2－235
格致啓蒙四卷 2－299
格致餘論 3－96
格致舉隅十章 3－325
格致叢書 1－57
格致叢書 1－444
格致叢書 2－215
格致叢書□□種□□□卷 1－18
格致鏡原一百卷 1－15
格致鏡原一百卷 1－91
格致鏡原一百卷 1－187
格致鏡原一百卷 3－389
校刊史記集解索隱正義劄記五卷 1－477
校刊史記集解索隱正義劄記五卷 1－489
校刊資治通鑑全書二百九十四卷 2－131
校正卜筮正宗四卷 3－425
校正元親征錄一卷 3－341
校正四書古注群義十一種 2－278
校正尚友錄二十二卷續三卷 2－79
校正尚友錄二十二卷續集二十二卷 3－319
校正法蘭西刑法四編 3－421

校正重刊官板宋朝文鑑一百五十卷 …… 1－242
校正補遺一卷 …… 1－107
校正圖注八十一難經四卷圖注脉訣四卷 …… 2－269
校正圖註難經脈訣四卷 …… 2－191
校正勸善因果惡報錄八卷 …… 2－398
校邠廬抗議 …… 2－95
校邠廬抗議 …… 2－160
校邠廬抗議二卷 …… 1－395
校邠廬抗議二卷 …… 2－136
校注橘山四六二十卷 …… 1－261
校補石鼓文音訓 …… 3－186
校經山房叢書 …… 2－3
校經山房叢書二十八種 …… 1－442
校讐通義三卷 …… 2－97
核定現行刑律 …… 2－131
核訂現行刑律 …… 2－126
核訂現行刑律 …… 2－126
核訂禁煙條例摺併單 …… 2－109
核訂禁煙條例摺併單 …… 2－109
核訂禁煙條例摺併單 …… 2－109
核覆修訂法律大臣奏變通秋審覆核舊制摺 …… 2－113
核議順天府奏陳各级審判制度暨現行清讼辦法摺 …… 3－533
梡鞠錄二卷 …… 3－1
梡鞠錄二卷 …… 3－148
根本說一切有部尼陀那五卷根本說一切有部目得迦五卷 …… 1－179
根本說一切有部百一羯磨十卷 …… 1－173
根本說一切有部戒經 …… 1－186
根本說一切有部苾芻尼毗奈耶二十卷 …… 1－323
根本說一切有部毗奈耶五十卷 …… 1－170
根本說一切有部毗奈耶五十卷 …… 1－323
根本說一切有部毗奈耶尼陀那目得迦攝頌一卷 …… 1－160
根本說一切有部毗奈耶破僧事十卷 …… 1－336
根本說一切有部毗奈耶雜事四十卷 …… 1－177
根本說一切有部毗奈耶雜事攝頌一卷 …… 1－160
根本說一切有部毗柰耶雜事四十卷 …… 1－334
根本說一切有部毘柰耶頌四卷 …… 1－161
根本薩婆多部律攝十四卷 …… 1－148
根本薩婆多部律攝十四卷 …… 1－187
根本薩婆多部律攝十四卷 …… 1－337
連城金玉四卷 …… 3－51
連陞三級子弟書 …… 3－466
連筠簃叢書 …… 2－3
連筠簃叢書 …… 2－465
連環計二卷 …… 1－38
連環記 …… 2－513
連環記［環拜］江天雪［走雪］一折 …… 2－510
鬲津草堂詩 …… 1－36
酌中志六卷 …… 1－301
酌中志六卷 …… 3－531
酌中志略 …… 1－299
酌中志略二十三卷 …… 3－542
酌中志餘二卷 …… 3－220
酌雅詩話三卷 …… 3－172
夏山堂倡和詩詞唐人七言絕句詩鈔 …… 3－249
夏小正正義 …… 2－23
夏小正正義不分卷 …… 3－344
夏小正考注一卷 …… 1－115
夏小正考注一卷 …… 2－27
夏小正訓解四卷考異一卷通論一卷 …… 3－218
夏小正通釋一卷 …… 2－46
夏小正傳二卷 …… 3－260
夏小正經傳考釋十卷 …… 1－460
夏小正戴氏傳四卷 …… 3－231
夏赤城先生文集二十三卷首一卷 …… 3－185
夏雨軒雜文四卷 …… 2－482
［乾隆］夏津縣誌十卷首一卷 …… 1－4
夏桂洲先生文集十八卷首一卷 …… 1－47
夏桂洲奏議二十一卷 …… 2－170

夏峰日譜錄存三十六卷 2－182
夏商合傳 1－367
夏商合傳夏志六卷商志四卷 2－395
夏節滑全集十卷首一卷末一卷補遺二卷 2－338
夏節愍全集十四卷 1－411
砥石齋二種曲 3－488
砥齋集十二卷 2－342
砥齋集十二卷 3－38
破山禪師語録二十卷 1－144
破邪詳辯三卷首一卷 3－494
破邪詳辯三卷續刻一卷首一卷 3－494
破邪詳辯四卷 2－291
破邪論二卷 2－215
破邪顯鑰匙卷二卷二十四品 3－494
破扇記寶卷 3－71
破蘊清禪師語録 1－276
原人論 2－247
原人論一卷 2－220
原李耳載 1－264
[乾隆]原武縣志十卷 1－359
原直禪師靈巖首座秉拂語録一卷 1－281
原始 2－106
原故文録一卷 3－100
原病集四卷 1－80
原富 2－314
原富五部 3－426
原富甲二卷乙一卷丙一卷丁二卷戊二卷 3－384
原機啟微二卷 1－86
原機啟微附録一卷 1－86
原獻文録四卷 3－100
原獻文録四卷詩録三卷 2－486
原獻詩録三卷 3－100
烈女記二卷 3－279
殊恩恭紀唱和集 3－101
殊域周咨録二十四卷 3－510
殉節録 3－10
盋山文録八卷 3－47
盋山志八卷 3－208
捕蝗要訣 2－194
捕蝗圖説 2－288
振綺堂詩存 3－61
振綺堂叢刊 2－2
振綺堂叢書二集 3－13
振綺堂叢書二集二十五種 1－443
振綺堂叢書初集十三種 1－444
振綺堂叢書初集十三種 2－1
挹秀山房叢書二十四種 1－441
挹青軒詩稿一卷詩餘一卷自怡録一卷 1－31
挹奎樓選稿 1－46
挹翠樓詩鈔四卷 3－97
哲學妖怪百談 2－207
哲學妖怪百談 2－534
哲學要領前編後編 3－354
致用書院文集五編 1－411
致身録一卷附編二卷 1－320
致君術六卷 3－229
致富全書十二卷 1－13
晉王大令集一卷 1－236
晉太康三年地記 2－156
晉史雜詠 2－430
晉司隸校尉傅玄集三卷 2－421
[康熙]晉州志十卷 3－379
晉宋書故 2－144
晉宋書故 2－144
晉春秋傳奇二卷 1－56
晉春秋傳奇二卷 3－471
晉政輯要四十卷 2－166
晉政輯要四十卷 2－181
晉乘蒐略三十二卷 1－69
晉乘論再易稿二卷 2－484
晉郭弘農集二卷 3－135
晉書 2－181
晉書一百三十卷 1－125
晉書一百三十卷 1－129
晉書一百三十卷 1－131
晉書一百三十卷 1－326
晉書一百三十卷 1－360
晉書一百三十卷 2－119
晉書一百三十卷 2－123

晉書一百三十卷……………………… 2－165
晉書一百三十卷……………………… 3－359
晉書一百三十卷……………………… 3－425
晉書地理志校補一卷………………… 2－157
晉書地理志新補正五卷……………… 1－328
晉書地理志新補正五卷……………… 2－156
晉書校文五卷………………………… 2－143
晉書校勘記三卷 …………………… 2－64
晉書校勘記三卷……………………… 2－145
晉書校勘記五卷……………………… 2－144
晉陵先賢傳 ………………………… 3－50
晉孫廷尉集一卷……………………… 1－236
晉略六十六卷………………………… 1－485
晉略六十六卷………………………… 1－488
晉略本紀 …………………………… 2－62
晉略國傳……………………………… 2－120
晉國垂棘 …………………………… 1－42
晉張司空集…………………………… 3－144
晉陽秋輯本…………………………… 2－144
晉遊消遣集一卷……………………… 1－279
晉齋詩存二卷………………………… 3－222
晉齋詩存二卷味經書屋詩存一卷…… 3－198
鬥懷堂詩集…………………………… 3－146
虔共室遺集…………………………… 2－421
虔臺逸史……………………………… 2－152
虔臺逸史……………………………… 2－152
逍遙巾四出…………………………… 3－334
逍遙山萬壽宮志二十二卷首一卷 …… 2－57
逍遙山萬壽宮志二十卷……………… 1－280
時方妙用四卷………………………… 3－208
時方歌括二卷時方妙用四卷………… 3－194
時事采新彙選………………………… 1－351
時事采新彙選………………………… 1－351
時事采新彙選………………………… 1－351
時事采新彙選………………………… 1－351
時事采新彙選………………………… 1－351
時事采新彙選………………………… 1－351
時事采新彙選………………………… 1－351
時事新編六卷………………………… 2－134
時物典彙二卷………………………… 1－294
時疫喉證良方………………………… 2－275
時病論八卷…………………………… 2－276
時務金華集…………………………… 1－290
時務報………………………………… 2－133
時務匯通一百〇八卷………………… 2－482
時務摭言四卷………………………… 3－219
時務論………………………………… 1－396
時晴齋詞鈔…………………………… 2－370
時運司寶卷 ………………………… 3－69
時運寶卷 …………………………… 3－71
時運寶卷……………………………… 3－112
時調雜曲……………………………… 3－113
時齋文集十卷 ……………………… 3－81
時齋四書簡題六卷 ………………… 2－13
時藝引六卷…………………………… 2－424
時藝引階……………………………… 2－207
時藝階八卷…………………………… 2－444
［乾隆］畢節縣誌八卷 ……………… 3－289
財政條議……………………………… 3－440
財神寶卷……………………………… 2－498
財神寶卷……………………………… 3－111
財神寶卷……………………………… 3－111
財神寶卷一卷………………………… 3－495
眠琴僊館詞…………………………… 3－249
晁具茨詩集十五卷…………………… 1－437
剔弊五方元音二卷首一卷 ………… 2－29
晏子春秋七卷………………………… 2－286
晏子春秋七卷………………………… 3－316
晏子春秋七卷附音義二卷校勘記二
　卷………………………………… 2－182
晏子春秋七卷音義二卷……………… 1－107
晏子春秋七卷音義二卷……………… 1－124
晏子春秋七卷音義二卷 …………… 2－67
晏子春秋八卷………………………… 3－430
晏子春秋校補二卷 ………………… 2－22
員警彙報……………………………… 2－134
哭長城大字工尺譜…………………… 3－464
恩正併科各省鄉試同年全錄(光緒
　壬寅補行庚子辛丑)……………… 3－10
恩科各省鄉試同年全錄(辛丑補行)
　……………………………………… 3－10
［同治］恩施縣志十二卷首一卷 …… 3－142

恩福堂筆記二卷…………………………1－396
恩福堂筆記二卷…………………………2－527
恩餘堂全集五種四十九卷………………1－401
豈有此理四卷……………………………2－412
豈有此理四卷更豈有此理四卷…………1－377
峽江救生船志一卷………………………3－152
峽江圖考…………………………………3－232
峴南道唱談………………………………3－490
峨山圖說二卷……………………………3－181
[康熙]峨眉山志十八卷　………………1－289
峨眉山志十八卷　………………………2－58
[嘉慶]峨眉縣志十卷首一卷　…………3－169
峨嵋山房詩鈔三卷………………………3－240
峰青館詩鈔七卷　………………………3－54
峯泖去思集………………………………2－454
峯泖去思集　……………………………3－84
峯泖去思集………………………………3－209
郵傳部奏定籌辦贖路公債奏稿章程
……………………………………………2－114
郵傳部接辦粤川漢鐵路借款及分別
接受各路股款始末記附參考各案
件…………………………………………3－309
郵餘閒記初集二卷二集二卷……………1－324
缺壺編文集二卷　………………………1－27
乘查筆記…………………………………2－532
乘龍佳話八出……………………………3－472
秣陵春傳奇(雙影記)二卷　……………1－38
秣陵集六卷　……………………………2－81
秣陵集六卷表一卷圖考一卷……………2－327
秣陵集六卷首附序表目錄………………1－401
秫坡先生詩集八卷　……………………3－45
秫坡先生詩集八卷　……………………3－53
[秘方集腋]　……………………………1－138
秘本百局象棋全譜八卷…………………3－101
秘本碧玉簪………………………………3－107
秘書廿一種………………………………2－460
秘書廿一種………………………………2－463
秘授弓譜　………………………………3－50
秘傳花鏡六卷……………………………1－511
秘傳痘疹奇方活套五卷…………………1－321
秘殿珠林二十四卷………………………1－513
秘藏大六壬大全十三卷…………………3－341
透山肺腑口訣……………………………1－475
透膽寒……………………………………2－523
笑中緣圖說十二卷………………………2－413
笑史四卷…………………………………1－384
笑史四卷…………………………………2－518
笑林廣記四卷……………………………3－276
笑笑錄十六卷……………………………1－385
笑笑錄六卷　……………………………3－53
笑堂和尚語録……………………………1－163
笑贊六卷…………………………………3－337
笏山記三卷六十九回……………………3－473
倖存求定稿十二卷………………………3－114
倖存錄二卷續一卷求野錄一卷…………2－170
借芭蕉扇子弟書二回……………………3－466
借菴詩鈔　………………………………3－41
借笛笛……………………………………3－493
借庵詩鈔五卷……………………………2－327
借間生詩三卷詞一卷……………………3－116
借閒生詩三卷詞一卷　…………………3－56
借閒生詩三卷詞一卷……………………3－162
借箸雜俎二卷……………………………3－9
借箸籌防論略不分卷附炮概淺說………3－363
借綠軒刪訂湯霍林先生讀書譜四卷
……………………………………………1－200
倚月樓詞稿四卷…………………………2－470
倚月樓詞稿四卷…………………………3－292
倚玉堂填詞二種馮媛市義雜劇…………1－404
倚松老人文集二卷　……………………3－62
倚松老人詩集二卷　……………………3－74
倚梅閣詩四卷……………………………2－531
倚晴樓七種曲……………………………2－471
倚晴樓七種曲……………………………3－447
倚晴樓集十一種五十四卷………………1－406
倚晴樓詩集十二卷………………………2－457
倚聲初集二十卷　………………………1－36
倘湖樵書初編六卷倘湖樵書二編六
卷　………………………………………1－92
候濤山房吟草十二卷……………………3－162
倭文端公遺書十卷首二卷………………1－544
倭文端公遺書十卷首二卷………………3－393

倭文端公遺書八卷首二卷末一卷續四卷……1－434
倭都景物志……3－256
倭袍傳十二卷……2－392
倭袍傳彈詞十二卷一百回……1－407
倭情考略……1－315
倪文貞公文集二十卷首一卷奏疏十二卷……1－261
倪雲林不分卷……1－82
倪雲林先生詩集六卷附錄一卷……1－310
俾路芝志馬留土股志……2－57
倦圃曹先生尺牘二卷……1－30
健修堂詩集十八卷……2－352
健修堂詩集十八卷附空青館詞稿三卷……2－406
健餘先生文集十卷……3－156
射法擇要……3－213
射書三卷……1－246
躬厚堂集十七卷……2－457
躬恥齋文鈔二十卷……2－446
躬恥齋詩文鈔二十卷後編六卷詩十四卷首一卷後編六卷……2－451
息園舊德錄……2－432
息園舊德錄……3－290
息影山房詩鈔四卷……2－521
息影偶錄八卷……1－382
息影廬殘稿……3－257
息養廬文集十一卷……3－148
息盦尺牘二卷……1－380
師山先生文集八卷師山先生遺文五卷附錄一卷濟美錄四卷……1－97
師山先生遺文五卷附錄一卷……3－269
師山詩存十卷首一卷……3－78
師子素馱娑王斷肉經一卷……1－175
師子莊嚴王菩薩請問經一卷……1－176
師子奮迅菩薩所問經一卷……1－175
師友劄記四卷……3－159
師友雜志……3－110
師竹軒詩集四卷……2－421
師竹齋小題文鈔……2－424
師竹齋集十四卷……2－493
師竹齋謎稿……3－98
師竹廬聯話十二卷……3－144
師伏堂詠史一卷師伏堂詞一卷……3－433
師伏堂詩草六卷……3－440
師伏堂駢文四卷……3－354
師伏堂叢書十八種……1－547
師善堂詩集十卷……3－187
師鄭堂集六卷……2－408
師鄭堂駢文二卷……3－354
師曠禽經一卷……1－281
師蘊齋詩集六卷……3－182
徒陽邑埤城前北巉岡大路鎮保嬰局徵信錄……3－242
徑山志十四卷……1－119
徑山具德禪師語錄……3－222
徑山雪大師住東塔語錄四卷徑山雪嶠禪師拈古頌一卷徑山語風老人嗣臨濟第三十世雪嶠信大禪師道行碑……1－159
徑中徑又徑四卷……2－240
徑中徑又徑徵義三卷……1－383
徑中徑又徑徵義三卷……2－247
徐公文集三十卷……1－535
徐氏一家詞……2－537
徐氏一家詞……3－299
徐氏三種……2－44
徐氏三種……2－231
徐氏醫書六種……1－522
徐文長文集三十卷四聲猿一卷……1－52
徐文長文集三十卷四聲猿一卷……1－98
徐文長文集三十卷附補遺……1－251
徐文長文集三十卷徐文長四聲猿一卷……1－44
徐文長文集三十卷補遺一卷……1－104
徐文定公集六卷……1－538
徐光啟之學說五卷……3－200
徐州二遺民集十卷……2－483
徐州二遺民集十卷……3－314
［同治］徐州府志二十五卷……2－538
［同治］徐州府志二十五卷……3－175
［乾隆］徐州府志三十卷首一卷……1－283

徐州詩徵八卷 ………………………… 2－320
徐孝穆全集六卷 ……………………… 1－25
徐孝穆全集六卷 ……………………… 2－383
徐孝穆全集六卷備考一卷 …………… 2－441
徐孝穆備考一卷 ……………………… 1－25
徐位山六種 …………………………… 2－2
徐位山六種 …………………………… 2－464
徐雨峰中丞勘語四卷 ………………… 1－499
徐雨峰中丞勘語四卷 ………………… 3－411
徐卓晤歌 ……………………………… 1－269
徐忠烈公遺集二卷 …………………… 3－247
徐府君行狀 …………………………… 3－265
徐星伯先生著書三種 ………………… 2－84
徐偉長集一卷 ………………………… 2－428
徐寅詩集三卷 ………………………… 3－189
徐霞客遊記 …………………………… 1－364
徐霞客遊記 …………………………… 2－53
徐霞客遊記二十卷 …………………… 2－151
徐騎省集三十卷 ……………………… 2－340
徐騎省集三十卷 ……………………… 2－435
徐靈胎先生雜著五種 ………………… 3－222
殷商貞卜文字考 ……………………… 1－495
殷商貞卜文字考一卷 ………………… 3－150
般舟三昧經（十方現在佛悉在前立
定經）三卷 …………………………… 1－183
般舟三昧經三卷 ……………………… 2－229
般若波羅密多心經 …………………… 2－220
般若波羅密多心經 …………………… 2－220
般若波羅密多心經 …………………… 2－284
般若波羅密多心經注解 ……………… 2－218
般若波羅密多心經注解 ……………… 2－220
般若波羅蜜多心經 …………………… 2－207
般若波羅蜜多心經一卷 ……………… 1－164
般若波羅蜜多心經注解 ……………… 2－223
般若波羅蜜多心經便蒙略解 ………… 2－203
般若波羅蜜多心經註解 ……………… 1－168
般若綱要十卷 ………………………… 2－241
航海章程一卷初議紀錄一卷 ………… 2－236
航海章程一卷初議紀錄一卷 ………… 2－236
航海簡法四卷 ………………………… 1－390
航海簡法四卷 ………………………… 2－212
航海簡法四卷 ………………………… 2－212
舫廬文存四卷 ………………………… 1－402
舫廬文存四卷附集二卷首一卷 ……… 3－167
拿破倫本紀 …………………………… 2－171
殺子報 ………………………………… 3－102
殺狗記二卷三十六出 ………………… 3－462
殺狗勸夫寶卷 ………………………… 3－71
豹斑集四卷 …………………………… 3－139
豹隱堂集 ……………………………… 2－505
奚囊寸錦 ……………………………… 2－356
奚囊寸錦三卷 ………………………… 3－511
倉頡篇七卷 …………………………… 2－36
倉頡篇三卷續一卷補二卷 …………… 2－12
倉頡篇三卷續一卷補二卷附錄一卷
……………………………………… 1－453
飣餖吟 ………………………………… 1－433
飣餖吟十二卷 ………………………… 1－211
飣餖吟三卷 …………………………… 3－306
翁山文外十六卷 ……………………… 2－363
翁山詩外十九卷 ……………………… 2－369
翁仲仁先生痘科金鏡賦六卷 ………… 1－286
翁相國手劄第三集 …………………… 2－263
島居隨錄二卷 ………………………… 1－397
島居隨錄二卷 ………………………… 2－382
脩本堂叢書 …………………………… 2－6
脩史試筆二卷 ………………………… 1－123
脩史試筆二卷 ………………………… 1－126
胭肢舄二卷十六出 …………………… 3－295
胭脂牡丹六卷 ………………………… 1－387
胭脂牡丹尺牘六卷 …………………… 3－297
胭脂虎 ………………………………… 1－318
胭脂舄傳奇 …………………………… 1－402
胭脂獄十六出 ………………………… 3－123
胭脂褶 ………………………………… 2－489
脈訣捷徑 ……………………………… 2－315
脈經 …………………………………… 1－506
脈經真本十卷 ………………………… 1－512
脈經真本十卷首一卷 ………………… 1－524
［光緒］烏什廳鄉土志一卷 ………… 3－281
烏石山志九卷首一卷 ………………… 2－57
烏石山詩存十二卷 …………………… 3－58

烏目山房詩存六卷 …………………… 3－276
烏桓紀行 ………………………………… 3－253
烏龍院甘露寺 …………………………… 2－489
烏闌誓傳奇二卷三十六出首一卷釣
　渭間雜膾五種 ……………………… 3－488
狷齋遺稿五卷 …………………………… 2－521
逢吉堂焚餘稿 …………………………… 2－334
逢吉堂焚餘稿一卷 ……………………… 2－430
留爪集 …………………………………… 3－88
留松堂詩存一卷 ………………………… 2－421
留春山房詩鈔初集二卷 ………………… 3－254
留春草堂詩鈔七卷 ……………………… 2－378
留春草堂詩鈔七卷 ……………………… 2－438
留春室曲譜 ……………………………… 3－93
留垣疏草 ………………………………… 3－79
留耕堂集八種 …………………………… 3－157
留耕堂詩集 ……………………………… 3－258
留都見聞錄 ……………………………… 2－153
留都見聞錄 ……………………………… 2－153
留都見聞錄二卷 ………………………… 3－205
留真志感圖 ……………………………… 3－163
留真詩草六卷 …………………………… 3－274
留真譜初編不分卷 ……………………… 1－464
留硯堂集三卷 …………………………… 2－480
留硯堂詩選六卷 ………………………… 3－133
留雲借月盦詞八卷 ……………………… 3－137
留雲借月盦詞三卷 ……………………… 1－416
留溪外傳十八卷 ………………………… 2－169
留影龕餘草二卷 ………………………… 2－321
留餘堂史取十二卷 ……………………… 1－7
留餘堂詩鈔八卷 ………………………… 3－30
留讀齋詩集六卷 ………………………… 2－503
芻論二卷 ………………………………… 3－47
託素齋詩集四卷四憶堂詩集遺稿一
　卷 …………………………………… 1－252
託素齋詩集四卷託素齋文集六卷 …… 1－98
訓女圖說二卷 …………………………… 1－499
訓子語二卷 ……………………………… 2－292
訓俗遺規二卷 …………………………… 3－389
訓俗遺規二卷補鈔一卷補編二卷 …… 3－126
訓俗遺規四卷 …………………………… 2－285
訓俗遺規四卷 …………………………… 2－285
訓俗遺規四卷 …………………………… 2－285
訓俗遺規四卷附補編 …………………… 2－266
訓俗遺規摘鈔四卷 ……………………… 2－233
訓蒙捷徑 ………………………………… 3－519
記事珠十卷 ……………………………… 3－135
記事珠十卷 ……………………………… 3－341
記紅集三卷詞韻簡一卷 ………………… 1－24
記過齋文稿二卷 ………………………… 2－416
記過齋文稿二卷 ………………………… 3－159
記過齋文稿二卷附記過齋贈言一卷
　言行略一卷師友劄記四卷貞壽堂
　贈言一卷 …………………………… 3－347
記聞類編 ………………………………… 1－387
記纂淵海一百卷目錄一卷 ……………… 1－90
訒盦詩存 ………………………………… 3－1
衰說考誤竊言質疑 ……………………… 3－123
衷聖齋詩集二卷 ………………………… 2－457
［高士奇全集］ ………………………… 1－234
高士傳 …………………………………… 1－478
高士傳 …………………………………… 1－478
高士傳三卷 ……………………………… 1－359
高上玉皇本行集三卷 …………………… 3－518
高上玉皇本行集經三卷 ………………… 1－151
高上玉皇本行集經三卷 ………………… 1－334
高山堂詩文鈔四卷 ……………………… 2－404
高氏闔門殉難十二圖說 ………………… 3－20
高石齋文鈔三卷附縣誌議一卷 ……… 2－382
高令公集 ………………………………… 3－245
高令公集 ………………………………… 3－253
［嘉慶］高邑縣誌十卷首一卷附錄一
　卷 …………………………………… 3－373
高季迪先生大全集十八卷 ……………… 1－418
高季迪先生大全集十八集 ……………… 1－250
高宗皇帝御製翰墨志一卷 ……………… 1－306
高厚蒙求 ………………………………… 2－297
高厚蒙求四卷 …………………………… 2－202
高皇帝御製文集二十卷 ………………… 1－28
高峰大師語録不分卷 …………………… 1－182
高峰大師語錄 …………………………… 2－216
高峰大師語錄 …………………………… 2－246

高峯三山來禪師年譜 …… 1－158
[嘉慶]高郵州志十二卷首一卷 …… 3－174
高島易斷 …… 1－449
高陶唐遺集詩五卷文一卷恤誦一卷
碑埶一卷 …… 3－104
高陶堂遺集詩五卷文一卷恤誦一卷
碑埶一卷 …… 2－410
[光緒]高淳縣志二十八卷 …… 3－206
高寄齋訂正武林舊事六卷寶顔堂後
集武林舊事五卷 …… 1－4
高陽山人詩集二十卷附錄一卷補遺
一卷 …… 1－32
高陽太傅孫文正公年譜五卷 …… 1－253
高陽詩集十卷年譜五卷 …… 3－25
高等兵學教科書二卷 …… 3－370
高等國文讀本四卷 …… 2－368
高腔戲目錄 …… 3－109
高愉堂詩集不分卷高愉堂詩二集不
分卷 …… 1－25
高道傳 …… 3－414
高僧傳全集 …… 1－501
高麗好太王碑六卷 …… 1－375
郭氏玄中記 …… 3－2
郭氏傳家易說十一卷 …… 1－446
郭氏傳家易說十一卷 …… 2－31
郭氏傳家易說十一卷總論一卷 …… 1－115
郭氏閨秀集 …… 3－75
郭秀下兩廣八卷 …… 3－43
郭侍郎奏疏十二卷 …… 3－48
郭侍郎奏疏十二卷 …… 3－314
[郭華野]疏稿五卷一卷 …… 1－291
郭祥伯四種 …… 2－274
郭筠老條答陳劍閒論學墨蹟 …… 2－294
[光緒]庫車州鄉土志一卷 …… 3－281
症因脈治四卷 …… 1－246
病榻夢痕錄 …… 2－172
病榻夢痕錄二卷夢痕餘錄一卷 …… 2－287
病榻夢痕錄二卷夢痕餘錄一卷 …… 2－342
病榻遺言四卷 …… 1－121
唐十二家詩十二卷 …… 1－252
唐八家詩鈔 …… 1－251
唐人三家集 …… 2－434
唐人三家集十卷 …… 2－341
唐人小說六種 …… 3－286
唐人五十家小集 …… 1－536
唐人五十家小集 …… 3－211
唐人五十家小集 …… 3－319
唐人五言長律清麗集六卷 …… 1－237
唐人四集 …… 1－218
唐人百家小說一百〇四卷 …… 1－314
唐人合集二十八卷 …… 2－423
唐人萬首絶句選七卷 …… 1－50
唐人萬首絕句選七卷 …… 1－226
唐人萬首絕句選七卷 …… 1－239
唐人萬首絕句選七卷 …… 2－382
唐人說薈二十卷 …… 3－509
唐人說薈二十卷一百六十四種 …… 1－387
唐人說薈十二集 …… 2－281
唐人說薈十二集 …… 2－281
唐人選唐詩二十三卷 …… 1－94
唐人選唐詩八種二十三卷 …… 1－268
唐人選唐詩八種二十三卷 …… 1－314
唐大家柳柳州文抄十二卷 …… 1－100
唐大家韓文公文抄十六卷 …… 1－100
唐大薦福寺故寺主翻經大德法藏和
尚傳 …… 2－222
唐才子傳十卷 …… 2－92
唐才子詩集 …… 3－254
唐才子詩集八卷 …… 2－456
[光緒]唐山縣志十二卷首一卷末一
卷 …… 2－73
唐子潛書四卷 …… 2－289
唐王平北番全劇 …… 3－230
唐五代詞選三卷 …… 2－477
唐五代詞選三卷 …… 2－537
唐五代詞選三卷 …… 3－206
唐五言六韻詩豫四卷 …… 1－39
唐五言六韻詩豫四卷 …… 1－272
唐中丞遺集 …… 3－19
唐中興閒氣集二卷 …… 1－427
唐公年譜 …… 3－24
唐公年譜 …… 3－326

唐氏醫書五種…………………………… 2－191
唐六典三十卷…………………………… 1－350
唐六典三十卷…………………………… 1－499
唐六典三十卷…………………………… 1－499
唐文拾遺………………………………… 2－472
唐文粹一百卷…………………………… 1－240
唐文粹一百卷…………………………… 1－408
唐文粹一百卷…………………………… 2－333
唐文粹一百卷…………………………… 3－293
唐文粹補遺二十六卷…………………… 1－423
唐文粹補遺二十六卷…………………… 1－540
唐文粹補遺二十六卷…………………… 2－367
唐文粹補遺二十六卷…………………… 3－293
唐文續拾十六卷………………………… 2－333
唐石經校文十卷………………………… 1－454
唐史論斷三卷…………………………… 3－215
唐四家詩四種八卷……………………… 1－225
唐四家詩四種八卷……………………… 1－240
唐四家詩四種八卷……………………… 1－243
唐四家詩集……………………………… 2－355
唐四家詩集……………………………… 2－422
唐代叢書………………………………… 3－410
唐代叢書二十卷………………………… 2－468
唐代叢書二十卷一百六十一種………… 2－305
唐玄奘法師八識規矩母頌……………… 2－238
唐百家詩一百七十一卷 ……………… 1－21
唐丞相曲江張先生文集十二卷附錄一卷…………………………………… 1－204
唐丞相曲江張先生文集十二卷附錄一卷唐相張文獻公千秋金鑒錄一卷…………………………………… 1－232
唐李習之文集二卷……………………… 3－134
唐折衝府攷四卷………………………… 1－484
唐宋十大家全集錄 …………………… 1－96
唐宋十大家全集錄……………………… 2－333
[唐宋八大家文鈔]一百六十六卷 … 1－209
唐宋八大家文鈔一百四十四卷……… 1－241
唐宋八大家文讀本三十卷…………… 2－450
唐宋八大家類選十四卷……………… 1－227
唐宋八大家類選十四卷……………… 1－241
唐宋八大家類選十四卷……………… 2－333
唐宋八大家類選十四卷……………… 2－368
唐宋八家鈔八卷 …………………… 1－46
唐宋八家鈔八卷……………………… 1－241
唐宋大家全集錄十種五十二卷……… 1－213
唐宋大家全集錄十種五十二卷……… 1－241
唐宋四大家文選……………………… 1－327
唐宋四家詩鈔十八卷………………… 2－342
唐宋白孔六帖一百卷 ……………… 1－90
唐宋名臣筆錄二卷 ………………… 1－71
唐宋詩本七十六卷目錄八卷………… 1－422
唐宋詩醇四十七卷…………………… 2－335
唐宋詩醇四十七卷…………………… 3－301
唐宋詩醇四十七卷目錄二卷………… 2－333
唐宋叢書八十九種一百四十七卷 …… 1－57
唐宋叢書六十八種一百〇一卷……… 1－246
唐英歌詩三卷………………………… 1－274
唐英歌詩三卷………………………… 3－243
唐荆川先生文集十二卷外集三卷補遺五卷…………………………………… 2－355
唐荆川先生文集十八卷……………… 1－242
唐荆川先生纂輯武前編六卷武後編六卷 ……………………………… 1－14
唐荆川選輯朱文公全集十五卷……… 1－292
唐柳河東集四十五卷外集五卷遺文一卷附錄一卷……………………… 1－324
唐昭陵石蹟考略五卷………………… 2－123
唐律疏議三十卷……………………… 1－479
唐律疏議三十卷……………………… 1－500
唐律疏議三十卷……………………… 3－320
唐音戊籤二百〇一卷戊籤餘諸國主詩一卷戊籤餘閏唐人集六十三卷…………………………………… 1－47
唐音癸籤三十三卷 ………………… 1－52
唐眉山詩集十卷文集十四卷………… 1－249
唐眉山詩集十卷文集十四卷………… 1－256
唐書二百二十五卷…………………… 1－135
唐書二百二十五卷…………………… 1－360
唐書二百二十五卷…………………… 1－487
唐書二百二十五卷…………………… 2－168
唐書二百七十三卷 ………………… 2－93
唐書二百七十三卷…………………… 3－426

唐書釋音二卷…………………………… 2－156
唐陸宣公制誥十卷賦一卷年譜一卷
奏議十五卷…………………………… 3－397
唐陸宣公奏議全集十卷首一卷……… 2－132
唐陸宣公奏議讀本四卷 ……………… 2－81
唐陸宣公集二十二卷 ………………… 1－73
唐陸宣公集二十二卷 ………………… 1－79
唐陸宣公集二十二卷………………… 1－225
唐陸宣公集二十二卷………………… 1－275
唐陸宣公集二十二卷………………… 2－106
唐陸宣公集二十二卷增輯二卷……… 2－366
唐陸宣公翰苑集二十四卷…………… 2－364
唐陸宣公翰苑集二十四卷奏議七卷
奏草七卷制誥十卷………………… 1－321
唐陸魯望詩稿不分卷 ………………… 1－53
唐國史補三卷………………………… 1－292
唐張中丞專祠錄五卷首一卷末一卷
………………………………………… 3－183
唐張處士詩集六卷…………………… 1－297
唐張嘉貞碑…………………………… 2－262
唐落霞琴題詠………………………… 3－243
唐朝長生寶卷一卷…………………… 3－497
唐雅同聲五十卷目錄二卷 …………… 1－29
唐開元小說六種……………………… 2－368
唐開元占經一百二十卷……………… 1－531
唐開成石經一百六十六卷 …………… 2－31
唐開成石經校文十卷 ………………… 2－31
唐御史臺精舍題名攷三卷附錄一卷
………………………………………… 1－361
唐詞紀十六卷………………………… 1－212
唐墓誌五種…………………………… 2－262
唐會要一百卷………………………… 1－465
唐會要一百卷………………………… 1－465
唐會要一百卷………………………… 1－465
唐會要一百卷………………………… 2－152
唐解元仿古今畫譜…………………… 3－233
唐詩三百首…………………………… 2－410
唐詩三百首注疏六卷………………… 2－423
唐詩三百首注疏六卷………………… 2－444
唐詩三百首注釋……………………… 3－290
唐詩三百首註疏六卷………………… 2－412
唐詩三百首註疏六卷………………… 3－295
唐詩三百首註疏六卷首一卷………… 3－517
唐詩三百首註釋……………………… 2－384
唐詩三百首註釋……………………… 3－295
唐詩三百首補注八卷………………… 2－409
唐詩三百首續選……………………… 3－146
唐詩三百首續選一卷………………… 3－410
唐詩三集合編七十四卷首一卷 ……… 1－48
唐詩玉臺新詠十卷…………………… 1－327
唐詩正三十卷 ………………………… 1－54
唐詩正聲十卷………………………… 1－428
唐詩正聲不分卷 ……………………… 1－43
唐詩百名家全集三百二十六卷 ……… 1－40
唐詩百名家全集三百二十六卷……… 1－305
唐詩合解箋註十二卷………………… 3－193
唐詩合解箋註十二卷古詩四卷……… 2－378
唐詩合選箋注七卷…………………… 3－410
唐詩別裁二十卷……………………… 3－304
唐詩別裁集十卷……………………… 1－229
唐詩快三種…………………………… 1－205
唐詩快三種選詩前後諸詠一卷 ……… 1－39
唐詩析類集訓二十八卷……………… 3－109
唐詩金粉十卷………………………… 1－141
唐詩金粉十卷………………………… 1－207
唐詩金粉十卷………………………… 1－231
唐詩金粉十卷………………………… 1－433
唐詩金粉十卷………………………… 2－266
唐詩定編十四卷……………………… 1－428
唐詩品彙九十卷 ……………………… 1－31
唐詩品彙九十卷拾遺十卷詩人爵里
詳節一卷…………………………… 1－304
唐詩紀一百七十卷目錄三十四卷 …… 1－37
唐詩掞藻八卷 ………………………… 1－29
唐詩貫珠六十卷首一卷……………… 1－256
唐詩鼓吹十卷………………………… 1－327
唐詩鼓吹十卷………………………… 2－349
唐詩鼓吹十卷………………………… 3－291
唐詩諧律二卷 ………………………… 3－56
唐詩諧律二卷 ………………………… 3－80
唐詩諧律二卷 ………………………… 3－91
唐詩歸三十六卷 ……………………… 1－37

唐詩歸三十六卷………………………… 1－222
唐詩類苑二百卷 ……………………… 1－55
唐詩類苑選三十四卷 ………………… 1－54
唐詩體經六卷目錄四卷……………… 1－313
唐詩觀瀾集二十四卷唐人小傳一卷
……………………………………………… 1－46
唐僧寶卷 ……………………………… 3－71
唐僧寶卷 ……………………………… 3－71
唐僧寶卷 ……………………………… 3－71
唐僧寶卷二卷 ………………………… 3－70
唐僧寶卷二卷………………………… 3－496
唐誌後中集十卷……………………… 3－101
唐語林……………………………… 2－289
唐齊己詩集一卷……………………… 1－303
唐漁石集四卷………………………… 2－406
[光緒]唐樓志二十卷 ……………… 2－56
唐賢三昧集三卷 …………………… 1－30
唐賢三昧集三卷……………………… 1－225
唐賢三昧集三卷……………………… 1－226
唐賢三昧集四卷……………………… 1－433
唐確慎公集十卷首一卷末一卷……… 2－335
唐確慎公集十卷首末二卷 ………… 3－80
唐餘紀傳十八卷……………………… 1－6
唐魯泉遺稿………………………… 2－480
唐寫本說文解字木部箋異一卷……… 1－344
唐駱先生集八卷附錄一卷…………… 1－100
唐駱先生集八卷附錄一卷…………… 1－206
唐駢體文鈔十七卷…………………… 2－370
[光緒]唐縣志十二卷首一卷 ……… 2－56
[光緒]唐縣志十二卷首一卷 ……… 2－73
[光緒]唐縣誌十二卷首一卷 ……… 3－397
唐錢仲文集四卷……………………… 1－234
唐羅越公八齣……………………… 1－320
唐韻正二十卷 ……………………… 2－15
唐類函二百卷 ……………………… 1－91
唐釋湛然輔行記四十卷……………… 3－173
唐鑑二十四卷 ……………………… 2－71
唐鑑二十四卷……………………… 2－159
唐鑑二十四卷……………………… 2－159
旅逸小稿二卷 ……………………… 3－48
畜艾編一卷………………………… 3－463
畜產叢書…………………………… 3－401
悟性窮源…………………………… 2－306
悟秋草堂詩集十卷 ………………… 3－42
悟真直指四卷……………………… 3－383
悟真註疏直指詳說三乘祕要一卷…… 1－320
悟真篇三註………………………… 1－530
悟真篇三註三卷…………………… 2－308
悟真篇集註三卷…………………… 1－295
悟雪樓詩十二卷…………………… 2－324
悟雪樓詩存三十四卷……………… 3－235
悟雪樓詩存四卷…………………… 2－369
悟園詩文存 ………………………… 3－60
悔生文集八卷 ……………………… 3－72
悔生詩鈔六卷 ……………………… 3－97
悔生詩鈔六卷首一卷文八卷 ……… 3－87
悔言附記詩序辨…………………… 3－123
悔初廬詩稿二卷…………………… 3－241
悔初廬詩稿二卷…………………… 3－249
悔翁筆記六卷……………………… 2－361
悔翁集二十七卷…………………… 1－430
悔翁詩鈔十五卷補遺一卷………… 2－338
悔翁詩餘五卷 ……………………… 3－83
悔菴學文八卷……………………… 3－202
悔過齋文集七卷…………………… 2－493
悔過齋文集七卷續集七卷補遺一卷
……………………………………………… 2－478
悔餘菴五種三十一卷……………… 1－444
悔餘菴文稿七卷…………………… 2－367
悔餘菴集二十八卷 ………………… 3－80
悔餘菴詩文稿詩十三卷文九卷……… 2－358
悔餘菴詩稿十三卷文稿九卷……… 3－265
悔餘菴樂府稿五卷我娩之集……… 2－389
悅心集四卷………………………… 1－299
悅心集四卷………………………… 2－449
悅城龍母廟志二卷首一卷末一卷 …… 2－59
悅亭詩稿初集二卷………………… 1－281
悅容編十三篇……………………… 3－505
悅雲山房詩存六卷風泉館詞存一卷
……………………………………………… 2－456
悅心集四卷………………………… 1－202
敉壽廬遺集十卷…………………… 3－233

羞園詩草……………………………… 2－359
瓶山草堂集六卷首一卷……………… 3－100
瓶水齋詩集十七卷詩別集二卷……… 3－504
瓶水齋詩集十七卷詩別集二卷詩話一卷…………………………………… 2－403
瓶花供二十八卷……………………… 1－100
瓶花齋集十卷………………………… 2－526
瓶華書屋竹譜………………………… 2－232
瓶笙館修簫譜四種…………………… 3－261
瓶隱山房詞八卷……………………… 1－543
瓶隱山房詞八卷……………………… 2－537
瓶廬詩稿八卷………………………… 3－339
拳匪紀事六卷 ……………………… 3－37
拳匪紀略……………………………… 3－540
拳匪紀略八卷前編二卷後編二卷…… 2－133
拳時教友致命十八卷………………… 3－415
拳教析疑說…………………………… 3－540
拳教析疑說及其書後 ……………… 3－16
粉粧樓八十回………………………… 1－367
粉粧樓全傳六卷八十回……………… 3－119
益古演段三卷………………………… 3－230
益州嵩山野竹禪師後録八卷………… 1－177
益都金石記四卷……………………… 3－212
益都縣圖志五十四卷………………… 2－176
益雅堂叢書四集……………………… 2－1
益智圖………………………………… 2－287
益智圖二卷…………………………… 1－380
益智圖二卷…………………………… 2－302
益智圖二卷…………………………… 3－312
益智圖三卷…………………………… 1－374
益齋亂稿十卷拾遺一卷集志一卷…… 3－217
兼濟堂文集二十四卷………………… 3－212
兼濟堂文集選二十卷 ……………… 1－39
兼濟堂文集選二十卷………………… 1－216
兼濟堂文集選二十卷………………… 1－236
兼濟堂集二十四卷…………………… 2－405
兼韻音義四卷 ……………………… 2－20
朔方備乘……………………………… 1－491
朔方備乘六十八卷…………………… 2－145
朔方備乘六十八卷首十二卷………… 1－471
朔方備乘六十八卷首十二卷………… 1－471
朔方備乘六十八卷首十二卷………… 1－471
朔方備乘六十八卷首十二卷凡例目録一卷 …………………………… 2－79
［雍正］朔平府志十二卷 …………… 1－118
［雍正］朔平府志十二卷 …………… 1－134
朔風吟略十一卷 …………………… 3－29
剡川姚氏本戰國策三十二卷劄記三卷…………………………………… 3－360
剡川姚氏本戰國策三十三卷劄記三卷…………………………………… 3－364
剡川姚氏本戰國筞三十三卷………… 2－140
剡川姚氏本戰國筞三十三卷………… 2－140
剡源文集三十卷……………………… 2－529
剡源佚文二卷佚詩六卷……………… 3－136
剡源佚稿詩六卷文二卷……………… 3－405
剡源集三十卷………………………… 2－336
剡源集三十卷………………………… 2－352
剡録十卷……………………………… 2－169
剡録十卷……………………………… 3－205
凌雲詩鈔八卷………………………… 2－436
准提三昧行法五卷附本咒同譯一卷…………………………………… 1－157
［光緒］浦江縣志十五卷 …………… 2－503
浦城遺書十八種……………………… 1－439
浦峰長明炅禪師語録不分卷………… 1－158
浦峰法柱楝禪師語錄二卷…………… 1－158
浦陽歷朝詩錄二十三卷……………… 3－109
涑水記聞十六卷……………………… 1－136
涑水記聞十六卷補遺一卷…………… 1－469
涑水記聞十六卷補遺一卷…………… 3－365
浯溪考二卷…………………………… 1－121
酒五經吟館詩草二卷詩餘草一卷…… 3－245
酒史二卷……………………………… 1－317
酒令注………………………………… 3－101
酒令叢鈔四卷………………………… 2－492
酒令叢鈔四卷………………………… 3－414
酒令叢鈔四卷首一卷 ……………… 3－79
酒經二卷……………………………… 3－267
酒經三卷……………………………… 3－333
酒邊詞二卷…………………………… 1－246
酒顛二卷茶董二卷 ………………… 1－93

酒顛補三卷 …… 3－326
酒譜一卷 …… 1－281
酒鑑七十二條及其他雜抄 …… 1－267
浙西六家詞十一卷 …… 1－430
浙西六家詩鈔六卷 …… 1－438
浙西水利備攷 …… 1－474
浙西水利備攷 …… 2－69
浙西水利備攷 …… 2－69
浙西水利備攷 …… 2－149
浙江十一府名勝志十一卷 …… 1－120
浙江八旗殉難錄 …… 3－21
浙江八旗殉難錄四卷 …… 1－491
浙江水陸道里紀一卷 …… 3－426
浙江全省輿圖並水陸道里記 …… 1－355
浙江全省輿圖並水陸道里記 …… 2－148
浙江全省輿圖並水陸道里記 …… 2－177
浙江全省輿圖並水陸道里記 …… 3－378
浙江迎鑾樂府九出 …… 3－474
浙江武鄉試錄 …… 2－136
浙江武鄉試題名錄 …… 2－136
浙江杭州府錢塘縣雷峰寶卷二卷 …… 3－62
浙江忠義錄十卷 …… 3－221
浙江沿海圖說 …… 1－361
浙江沿海圖說 …… 2－148
浙江咨議局議決案 …… 2－90
浙江財政說明書 …… 3－384
浙江海運全案初編十卷 …… 2－170
浙江海運全案續編 …… 2－170
浙江海運漕糧全案重編原編八卷續編四卷新編八卷 …… 3－315
浙江海運漕糧全案重編新編八卷 …… 3－205
[雍正]浙江通志二百八十卷首三卷 …… 2－147
浙江採集遺書總錄十一卷 …… 1－5
浙江鄉試同年齒錄 …… 2－135
浙江鄉試錄 …… 2－135
浙江鄉試錄 …… 2－135
浙江鄉試題名錄 …… 2－97
浙江鄉試題名錄 …… 2－135
浙江鄉試題名錄 …… 2－135
浙江温州府平陽縣白梅村七世修行玉英寶卷 …… 2－408
浙江温州府平陽縣白梅村七世修行玉英寶卷 …… 2－408
浙江温州府平陽縣白梅村七世修行玉英寶卷 …… 2－411
浙江温州府平陽縣白梅村七世修行玉英寶卷 …… 2－421
浙江嘉興府秀水縣刺心寶卷 …… 3－71
浙江嘉興府秀水縣刺心寶卷二卷 …… 3－496
浙江圖考 …… 2－62
浙江圖考 …… 2－453
浙江圖考一卷 …… 1－501
浙江諮議局議事細則 …… 2－111
浙江藏書樓甲乙編書目 …… 1－469
浙江藏書樓甲編書目 …… 1－353
[光緒]浙志便覽 …… 2－471
[光緒]浙志便覽十卷 …… 3－19
浙刻雙池遺書八種 …… 2－464
浙省奏摺 …… 2－128
浙省重訂釐捐比額清冊 …… 3－147
浙程備覽 …… 3－142
浙遊草 …… 3－219
涇川叢書四十五種續八種 …… 2－465
涇川叢書四十五種續六種 …… 2－4
涇西書屋詩文稿六卷 …… 2－379
涇野先生文集三十八卷 …… 3－259
涇皋藏稿二十二卷顧端文公年譜四卷 …… 3－93
[嘉慶]涇縣志三十二卷首一卷 …… 3－142
[道光]涇縣續志九卷 …… 3－271
涉園題詠 …… 3－163
涉需堂文集二卷詩集四卷其他三卷 …… 3－171
消夏百一詩二卷 …… 3－245
消夏百一詩二卷 …… 3－289
消夏錄 …… 2－194
消暑隨筆四卷 …… 3－2
消暑隨筆四卷 …… 3－284
消暑錄 …… 3－258
消閒述異三卷 …… 1－399

消寒詞 …………………………………… 3－29
消遣錄二卷……………………………… 3－234
消愁集二卷……………………………… 2－443
消憂詩草一卷首末二卷 ……………… 3－77
涅槃經本有今無偈論………………… 2－248
涅槃經雲何得長壽偈論……………… 2－248
浩然齋雅談三卷……………………… 1－243
浩然齋雅談三卷……………………… 3－340
海上名人畫稿………………………… 1－513
海上名人畫稿………………………… 2－260
海上名人畫稿………………………… 2－263
海上名人畫稿不分卷………………… 3－357
海上花列傳 ………………………… 3－40
海上花列傳六十四回………………… 1－370
海上花列傳六十四回………………… 1－370
海上花列傳六十四回………………… 2－412
海上見聞錄十二卷…………………… 3－337
海上冶遊備覽四卷…………………… 3－332
海上冶遊備覽四卷…………………… 3－506
海上青樓花影大觀…………………… 3－505
海上青樓圖記四卷…………………… 3－506
海上奇書……………………………… 2－496
海上遊戲圖說四卷…………………… 2－399
海上煙花瑣記四卷…………………… 3－507
海上群芳譜 ………………………… 3－38
海上塵天影…………………………… 1－375
海上塵天影六十章…………………… 2－412
海上繁華夢新書後集………………… 2－314
海上繁華圖…………………………… 2－396
海山仙館叢書………………………… 2－2
海山仙館叢書………………………… 2－2
海山仙館叢書………………………… 3－365
海山仙館叢書五十六種……………… 1－439
海山存稿二十卷……………………… 2－508
海山奇遇七卷………………………… 2－534
海山詩屋詩話十卷 ………………… 3－49
海天萍寄賸草………………………… 3－269
海天琴思錄八卷……………………… 2－419
海天嘯傳奇八出……………………… 3－489
海天餘話四卷………………………… 3－337
海天餘話四卷首一卷………………… 3－510
海不揚波　太平王會………………… 3－450
海不揚波　太平王會………………… 3－450
海內十洲記別國洞冥記……………… 3－196
海公大紅袍全傳六十回……………… 2－395
海公大紅袍全傳六十卷……………… 2－396
海公奇案玉夔龍全傳續傳七種五十
　六卷 ……………………………… 3－96
海右陳人集二卷……………………… 1－260
海右集八卷…………………………… 3－192
海仙緣傳奇二十四出………………… 3－466
海外火攻神器圖說 ………………… 3－23
海外竹枝詞…………………………… 3－110
海外紀事六卷 ……………………… 3－20
海舟普慈禪師拈古頌古……………… 1－296
海州文獻錄十六卷…………………… 3－221
[康熙]海州志十卷 ………………… 1－283
海防圖論一卷 ……………………… 1－67
海防錄要二卷………………………… 3－127
海甸野史五卷………………………… 1－6
海沂子五卷…………………………… 3－429
海東金石苑四卷……………………… 1－495
海東逸史十八卷 …………………… 3－17
海東逸史十八卷……………………… 3－147
海東集二卷續集一卷………………… 3－243
海昌采芹錄…………………………… 3－169
海門文鈔……………………………… 2－343
海門詩鈔二卷………………………… 2－520
海門詩鈔外集四卷補錄一卷………… 3－355
海忠介公集六卷……………………… 1－420
海忠介公集六卷首一卷……………… 1－255
海珊詩鈔一卷 ……………………… 3－91
海南日鈔三十卷……………………… 3－146
海南雜著 …………………………… 3－36
海秋詩集二十六卷…………………… 1－419
海叟詩集四卷附錄一卷海叟集外詩
　……………………………………… 1－210
海風簫詞 …………………………… 3－99
海軍章程……………………………… 2－166
海軍歲費條議不分卷………………… 3－378
海軍調度要言三卷圖一卷…………… 1－390
海峰文集八卷………………………… 1－241

海峰先生詩集十卷 …………………… 2－376
海剛峯先生文集二卷 ………………… 3－422
海浮山堂詞稿四卷 …………………… 3－477
海陵文徵二十卷 ……………………… 2－507
海陬冶遊餘錄 ………………………… 2－75
海陬冶遊錄三卷 ……………………… 3－28
海國大政記十二卷 …………………… 2－120
海國公餘輯錄 ………………………… 3－17
海國春秋四十卷 ……………………… 2－395
海國春秋演義四卷十一回 …………… 3－283
海國聞見錄二卷 ……………………… 3－221
海國圖志一百卷 ……………………… 1－503
海國圖志一百卷 ……………………… 2－89
海國圖志一百卷 ……………………… 2－96
海國圖志一百卷 ……………………… 2－99
海國圖志一百卷 ……………………… 2－149
海國圖志一百卷 ……………………… 2－177
海國圖志一百卷 ……………………… 2－177
海國圖志一百卷 ……………………… 3－438
海國圖志一百卷首一卷 ……………… 1－472
海國圖志五十卷 ……………………… 3－296
海國輿地釋名十卷首一卷 …………… 2－150
海康陳清瑞公詩集十卷 ……………… 3－50
海陽竹林人消夏錄 …………………… 2－445
［光緒］海陽縣志四十六卷首一卷 … 3－267
［海隅集四種］ ……………………… 1－49
海雲堂詩鈔十四卷 …………………… 2－532
海雲詩鈔十卷 ………………………… 2－386
海雅堂集六卷 ………………………… 2－494
海棠山館詩鈔二卷 …………………… 3－255
海棠香夢詞 …………………………… 2－523
海棠巢詞稿 …………………………… 3－245
海棠譜三卷 …………………………… 2－296
海道圖說十五卷 ……………………… 2－121
海道圖說十五卷附卷一卷 …………… 1－389
海道圖說十五卷附卷一卷 …………… 2－72
海道圖說十五卷附卷一卷 …………… 3－392
海道圖說十五卷附錄一卷 …………… 2－167
海塘輯要十卷首一卷 ………………… 1－391
海塘輯要十卷首一卷附釋一卷 ……… 2－175
海塘攬要十二卷首一卷 ……………… 1－357
海虞三陶先生集合刻 ………………… 2－507
海虞文徵三十卷 ……………………… 2－388
海虞文徵三十卷 ……………………… 2－427
海愚詩鈔十二卷 ……………………… 1－247
海園叢談圖第六集 …………………… 2－302
海僑春傳奇二卷十六出 ……………… 3－490
［嘉靖］海寧縣志九卷 ……………… 3－268
海寧濬河徵信錄 ……………………… 3－11
海幢朗如大師語錄三卷 ……………… 1－142
海樵子一卷 …………………………… 3－433
海錯百一錄五卷 ……………………… 2－317
海録碎事二十二卷 …………………… 1－13
海錄 …………………………………… 3－282
海藏樓詩 ……………………………… 2－332
海藏樓詩 ……………………………… 2－482
海藏瘢論萃英 ………………………… 2－196
海嶽軒叢刻 …………………………… 2－3
海嶽軒叢刻 …………………………… 3－16
海嶽軒叢刻十種 ……………………… 3－207
海嶽題跋一卷 ………………………… 1－82
海嶽題跋一卷 ………………………… 1－83
海豐吳氏詩存四卷 …………………… 3－158
海鶴翁賸稿二卷 ……………………… 3－171
海鷗小譜 ……………………………… 3－95
［乾隆］海鹽縣圖經十六卷 ………… 1－132
浠川政譜二卷 ………………………… 2－130
浠川政譜二卷 ………………………… 3－312
浴像功德經 …………………………… 2－231
浮山小志三卷 ………………………… 3－242
浮山志五卷 …………………………… 2－58
浮玉山房賦鈔 ………………………… 3－294
浮石禪師語録十卷 …………………… 1－160
浮石禪師語錄十卷 …………………… 1－139
浮芥亭印存 …………………………… 2－205
浮邱子十二卷 ………………………… 1－517
浮邱子十二卷 ………………………… 1－530
浮邱子十二卷 ………………………… 2－282
浮溪集三十二卷 ……………………… 1－306
流水高山 ……………………………… 1－232
流江正案五卷 ………………………… 1－479
流芳集 ………………………………… 3－264

浣玉軒集四卷 3－124
浣花居詩鈔十卷 3－29
浣花草四卷 1－43
浣花拜石軒鏡銘集錄二卷 3－200
浣花堂詩稿二卷 3－28
浣花閣詞鈔二卷 2－470
浣芳閣吟稿 3－38
浣青詩草八卷 1－247
浣青詩草八卷詩餘附 3－503
浣桐詩鈔九卷 1－248
浣紗記 2－512
浣紗記 2－512
浣紗記 2－512
浣紗記 2－512
浣紗記 2－512
浣紗記 2－513
浪淘集詩鈔不分卷 1－216
浪跡三談六卷 1－367
浪跡叢談十一卷 1－367
浪跡續談八卷 2－189
浪語集三十五卷 2－319
浪語集三十五卷 2－367
浚儀世集六卷 3－88
浚儀世集六卷外集一卷 3－80
宸垣識略 3－297
宸垣識略十六卷 3－534
宸垣識略十六卷 3－534
宸垣識略十六卷 3－541
家戒詩注釋 3－291
家庭教育 2－285
家菌長養法 2－198
家菌長養法 3－263
家堂卷一卷 3－496
家堂寶卷 3－69
家堂寶卷 3－72
家堂寶卷一卷 3－497
家堂竈君寶卷 3－64
家蔭堂全集 2－404
家園草一卷慕園草一卷 1－278
家語十卷 1－117
家語十卷孔叢五卷 1－277
家範十卷 1－138
宵光劍一折 2－509
宮門抄 2－184
宮恕堂詩鈔五卷 3－128
宮恕堂詩鈔四卷 3－164
宮詞 2－362
宮詞四種 3－42
宮閨文選二十六卷 2－402
宮閨聯名譜二十二卷 2－395
宮閨聯名譜二十二卷 3－53
宮閨聯名譜二十二卷 3－129
容川詩鈔二卷 3－125
容安小室詩鈔二卷 3－59
容安齋詩集八卷 3－55
容甫先生遺詩五卷 3－236
容甫先生遺詩五卷附補遺 2－364
容甫先生遺詩五卷補遺一卷 2－370
容居堂三種曲六卷 1－317
容城三賢集十二卷 2－323
容城三賢集十二卷 2－368
容城文靖劉先生文集四卷 1－219
容城忠愍楊先生文集四卷 1－219
[光緒]容城縣志八卷 3－187
容城鍾元孫先生文集四卷 1－219
容城鍾元孫先生文集四卷 1－224
容臺集二十卷 1－302
容膝軒文稿七卷 3－79
容膝軒文稿八卷 3－271
容齋千首詩 2－385
容齋千首詩九卷 2－404
容齋千首詩不分卷 1－281
容齋詩集十卷 1－55
容齋詩集十卷 1－220
容齋隨筆十六卷續筆十六卷三筆十六卷四筆十六卷五筆十卷 1－93
容齋隨筆十六卷續筆十六卷三筆十六卷四筆十六卷五筆十卷 1－215
容齋隨筆十六卷續筆十六卷三筆十六卷四筆十六卷五筆十卷 1－533
容齋隨筆七十四卷 1－398
容齋題跋二卷 1－82

容齋題跋二卷 …… 1－83
宰惠紀略五卷…… 3－262
宰湘節錄…… 3－7
案事編 …… 3－46
朗村印譜…… 3－197
袖珍十三經註一百六十二卷 …… 2－49
袖珍士材三書八卷…… 2－533
袖海集二卷…… 3－260
祥芝應瑞四出…… 3－450
祥芝應瑞四出…… 3－454
祥符劉觀察鄉賢名宦錄…… 2－133
［乾隆］祥符縣志二十四卷 …… 2－134
［光緒］祥符縣志二十四卷 …… 2－484
冥報圖說一卷…… 3－333
冥寥子游二卷 …… 1－17
書小史十卷 …… 2－85
書目答問…… 1－354
書目答問…… 1－356
書目答問…… 2－100
書目答問…… 2－174
書目答問…… 2－312
書目答問不分卷…… 3－344
書目答問不分卷附輶軒語…… 3－369
書目答問略例…… 2－134
書目舉要一卷…… 1－469
書史會要九卷補遺一卷 …… 1－81
書序攷異…… 2－9
書林揚觶二卷…… 1－468
書法正傳十卷…… 2－194
書法離鈎十卷…… 1－304
書柬集抄…… 3－311
書記洞詮一百十六卷目錄十卷…… 1－259
書帶草堂文集…… 3－107
書啟合璧…… 3－412
書畫傳習錄十集…… 1－513
書畫鑑影二十四卷…… 1－378
書畫鑑影二十四卷…… 1－510
書畫鑑影二十四卷首一卷…… 1－525
書傳音釋六卷首一卷末一卷 …… 2－17
書傳音釋六卷首一卷末一卷 …… 2－38
書傳音釋六卷首末二卷 …… 2－22
書傳補商十七卷 …… 2－18
書傳補義三卷…… 3－350
書義主意六卷…… 1－108
書義主意六卷…… 3－220
書經 …… 2－41
書經 …… 2－53
書經六卷…… 1－110
書經六卷…… 2－9
書經六卷…… 2－9
書經六卷 …… 2－22
書經六卷 …… 2－24
書經六卷 …… 2－24
書經六卷 …… 2－26
書經六卷 …… 2－43
書經六卷 …… 2－44
書經六卷 …… 2－48
書經六卷…… 3－344
書經六卷首一卷…… 3－524
書經六卷首一卷…… 3－524
書經六卷首一卷…… 3－524
書經六卷首一卷…… 3－524
書經六卷首一卷末一卷…… 3－420
書經四卷…… 3－407
書經考異一卷…… 1－112
書經近指六卷 …… 1－62
書經近指六卷…… 1－116
書經音訓…… 1－344
書經章句訓解十卷 …… 1－63
書經備旨七卷 …… 2－17
書經備旨四卷 …… 2－44
書經備旨輯要六卷 …… 2－43
書經集傳 …… 2－16
書經集傳六卷 …… 2－24
書經集傳六卷 …… 2－32
書經集傳六卷 …… 2－32
書經集傳六卷首一卷末一卷…… 1－340
書經集傳六卷首末各一卷…… 3－362
書經集傳音釋六卷 …… 2－43
書經集傳音釋六卷末二卷…… 1－457
書經精義旁訓四卷…… 3－316
書經講章一卷…… 1－111

書經講章一卷…… 3-522
書經講義…… 3-308
書經體注大全合參六卷 …… 2-41
書經體注六卷 …… 2-46
書經體注圖考六卷…… 3-343
書蔡傳附釋一卷…… 2-9
書蔡傳附釋一卷 …… 2-32
書儀十卷 …… 2-10
書學手眼…… 2-201
書譜…… 2-260
帬經音辨七卷…… 3-173
展峰詩草六卷…… 3-123
展峰詩草六卷…… 3-136
屑玉叢譚二集六卷 …… 3-98
屑玉叢譚二集六卷…… 1-400
屑玉叢譚三集…… 1-398
屑玉叢譚四集六卷…… 1-398
屑玉叢譚四集六卷 …… 3-98
屑玉叢譚初集…… 1-398
屑玉叢譚初集六卷…… 2-373
弱水集二十二卷 …… 1-53
陸士衡集十卷…… 1-258
陸士衡集十卷…… 2-429
陸士龍集…… 2-429
陸士龍集十卷…… 1-258
陸子全書十八種…… 2-5
陸子遺書二十二種…… 2-389
陸文定公全集二十六卷 …… 1-98
陸文慎公年譜…… 2-531
陸地仙經…… 2-270
陸狀元增節音註精議資治通鑑一百
二十卷首一卷目錄三卷…… 1-124
陸放翁全集六種…… 1-322
陸宣公全集二十二卷增輯二卷…… 2-163
陸宣公奏議二十二卷…… 2-157
陸宣公奏議二十六卷…… 3-281
陸宣公奏議讀本四卷首一卷 …… 2-81
陸宣公奏議讀本四卷首一卷…… 3-433
陸宣公集二十二卷…… 1-409
陸宣公集二十二卷 …… 2-99
陸宣公集二十二卷…… 2-351
陸宣公集二十二卷首一卷附錄一卷
…… 2-367
陸軍中學堂地質學課本六編 …… 2-86
陸軍中學堂東洋各國歷史課本…… 2-110
陸軍中學堂修身課本中編…… 2-310
陸軍中學堂國文課本…… 2-384
陸軍部統計附則表式不分卷…… 3-368
陸陳二先生詩文鈔二種…… 1-438
陸桴亭先生遺書二十二種…… 1-546
陸桴亭先生遺書二十二種…… 2-386
陸桴亭先生遺書二十二種…… 2-464
陸桴亭先生遺書二十二種…… 3-198
陸桴亭思辨錄輯要二十二卷…… 1-443
陸桴亭思辨錄輯要二十二卷…… 2-286
陸桴亭遺書存二十一種…… 1-446
陸堂詩集十六卷…… 1-263
陸象山先生文集三十六卷…… 3-431
陸象山先生集要八卷…… 1-329
陸庵所著書…… 1-493
陸清獻公年譜…… 3-330
陸清獻公涖嘉遺跡三卷…… 2-154
陸清獻公涖嘉遺跡三卷…… 2-154
陸清獻公涖嘉遺蹟三卷…… 3-241
陸稼書先生四書講義遺編六卷…… 1-141
陸魯望文集二卷…… 3-163
陸操新義四卷…… 3-380
陵州耆舊集六卷…… 1-415
陵陽先生詩四卷 …… 3-86
陵陽先生詩集 …… 3-74
陵陽先生詩集四卷 …… 3-62
陳一齋先生文集…… 2-331
陳一齋先生文集六卷…… 2-344
陳一齋先生文集六卷…… 3-388
陳一齋詩集…… 2-331
陳一齋詩集不分卷…… 3-342
陳子性藏書十二卷…… 1-145
陳太僕批選八家文抄…… 2-379
陳太僕批選八家文鈔…… 3-299
陳太僕評選唐宋八家文讀本…… 3-124
陳太僕課孫草…… 3-129
陳比部遺集 …… 3-88

陳氏小兒痘疹方論一卷 ……………… 1－85
陳氏荷華山房詩稿二十六卷目錄二
卷 ……………………………………… 1－48
陳勾山文稿 …………………………… 2－309
陳勾山文稿 …………………………… 3－310
陳文恭公手劄節要 …………………… 2－453
陳文恭公手劄節要 …………………… 3－441
陳文肅公遺集 ………………………… 3－35
陳孔璋集一卷 ………………………… 2－428
陳北溪先生文集十四卷補遺一卷 …… 1－426
陳白陽集十卷附錄一卷 ……………… 1－43
陳司業先生集經咫一卷掌錄二卷文
集四卷詩集四卷 …………………… 1－252
陳司業先生集經咫一卷掌錄二卷文
集四卷詩集四卷 …………………… 1－254
陳司業集十一卷 ……………………… 1－105
陳同甫集三十卷 ……………………… 1－266
陳州集三卷 …………………………… 2－507
陳伯玉文集 …………………………… 3－146
陳伯玉文集三卷詩集二卷首一卷附
錄一卷 ……………………………… 2－405
陳伯玉文集三卷詩集三卷附錄一卷
……………………………………… 2－409
陳臥子先生安雅堂稿十五卷 ………… 3－129
陳忠裕公全集三十七卷 ……………… 1－411
陳忠裕公全集三十卷首一卷年譜三
卷末一卷 …………………………… 2－358
陳迦陵文集六卷儷體文集十卷迦陵
詞全集三十卷 ……………………… 1－251
陳迦陵麗體文集十卷 ………………… 1－241
陳厚甫先生續稿 ……………………… 2－457
陳修園先生醫書四十八種 …………… 2－269
陳修園醫書十五種 …………………… 3－307
陳修園醫書三十二種 ………………… 1－508
陳修園醫書廿一種 …………………… 2－269
陳修園醫書五十種 …………………… 2－191
陳修園醫書五十種 …………………… 2－303
陳修園醫書五十種 …………………… 2－303
陳修園醫書五十種 …………………… 3－388
陳修園醫書五十種 …………………… 3－436
陳眉公先生十集四卷 ………………… 1－16
陳眉公先生全集六十卷 ……………… 1－41
陳眉公先生訂正丹淵集四十卷拾遺
二卷 ………………………………… 1－248
陳眉公珍珠船四卷 …………………… 1－263
陳眉公重訂學古編一卷附錄一卷 …… 1－329
陳書三十六卷 ………………………… 1－129
陳書三十六卷 ………………………… 1－131
陳書三十六卷 ………………………… 1－135
陳書三十六卷 ………………………… 1－360
陳書三十六卷 ………………………… 2－64
陳書三十六卷 ………………………… 2－165
陳書三十六卷 ………………………… 3－391
［陳著四種］ ………………………… 3－212
陳章侯人物冊 ………………………… 2－302
陳清端公文集八卷附紀恩錄家傳 …… 1－262
陳剩夫集四卷 ………………………… 3－87
陳徵君行述 …………………………… 2－169
陳潛室先生木鍾集十一卷 …………… 2－404
陳學士文集十八卷 …………………… 1－54
陳學士文集十八卷 …………………… 1－214
陳學士文鈔一卷 ……………………… 2－415
陳獨漉先生年譜十六卷 ……………… 3－44
陳檢討四六文集二十卷 ……………… 1－414
陳檢討集二十卷 ……………………… 2－350
陳檢討詞鈔十二卷 …………………… 1－238
陳寶琛夫婦慶壽詩文 ………………… 3－39
［陳寶琛奏摺］ ……………………… 3－401
陳寶琛奏稿 …………………………… 3－39
陳巖野先生全集四卷 ………………… 2－361
陳巖野先生全集四卷 ………………… 2－406
陰那山志六卷 ………………………… 2－58
陰持入經二卷 ………………………… 1－179
陰符經發隱一卷道德經發隱一卷 …… 2－204
陰陽五要奇書 ………………………… 1－500
陰陽鏡 ………………………………… 1－375
陰陽寶海三元玉鏡奇書三卷 ………… 3－35
陰隲文制藝試帖合璧 ………………… 2－445
陰騭文圖說 …………………………… 1－529
陰騭文圖說 …………………………… 1－530
陰騭文圖說 …………………………… 2－287
陰騭文圖證 …………………………… 1－530

陰騭文廣義三卷………………………… 1－383
陰騭果報圖注………………………… 2－270
陰騭果報圖注………………………… 2－270
陰騭果報圖注………………………… 3－205
陶人心語六卷………………………… 1－207
陶山集十六卷 ………………………… 1－95
陶山集十六卷………………………… 2－351
陶山詩錄二十四卷…………………… 2－476
陶子師先生南崖集…………………… 3－108
陶元暉傳記…………………………… 1－270
陶氏女寶卷 …………………………… 3－69
陶文毅公全集六十四卷首一卷末一卷…………………………………… 1－540
陶文毅公全集六十四卷首一卷末一卷…………………………………… 2－440
陶文毅公全集六十四卷首一卷末一卷…………………………………… 3－314
陶丙壽三種六卷……………………… 1－418
陶貞白集二卷 ………………………… 1－26
陶退菴先生集二卷…………………… 3－108
陶邕州小集一卷……………………… 2－341
陶菴文集七卷首一卷補遺一卷詩集八卷補遺一卷語錄一卷自監錄四卷…………………………………… 1－218
陶菴全集二十一卷 …………………… 1－23
陶菴全集二十二卷…………………… 1－233
陶菴全集二十卷……………………… 1－217
陶菴全集八卷首一卷末一卷………… 2－419
陶堂遺文……………………………… 2－525
陶晚聞先生集十卷…………………… 3－108
陶庵文集七卷詩集八卷附吾師錄一卷…………………………………… 1－330
陶庵詩集八卷………………………… 1－232
陶庵詩集八卷補遺一卷末一卷偉恭詩附一卷……………………………… 1－275
陶情室譜稿卷二……………………… 3－106
陶情集………………………………… 3－163
陶情樂府……………………………… 2－498
陶淵明文集十卷……………………… 1－539
陶淵明文集十卷……………………… 2－318
陶淵明文集十卷……………………… 2－330
陶淵明文集十卷……………………… 2－376
陶淵明文集十卷……………………… 3－351
陶淵明全集八卷首一卷末一卷……… 2－346
陶淵明全集八卷首一卷末一卷……… 3－314
陶淵明集十卷………………………… 1－432
陶淵明集十卷………………………… 1－535
陶淵明集十卷………………………… 2－389
陶淵明集十卷………………………… 3－298
陶淵明集十卷………………………… 3－318
陶淵明集八卷………………………… 1－415
陶淵明集八卷首一卷末一卷………… 2－351
陶淵明傳……………………………… 1－222
陶淵明詩不分卷……………………… 3－342
陶淵明詩集考異陶靖節詩話………… 1－209
陶勤肅公行述………………………… 2－132
陶園全集三十六卷…………………… 1－415
陶詩集注四卷 ………………………… 1－34
陶詩彙注四卷首一卷末一卷………… 3－133
陶詩彙評四卷………………………… 2－349
陶靖節先生詩集四卷附錄一卷……… 1－434
陶靖節先生詩註四卷………………… 3－102
陶靖節集十二卷……………………… 2－433
陶靖節集十卷首一卷 ………………… 3－93
陶靖節集十卷總論一卷……………… 1－222
陶靖節詩集四卷……………………… 1－209
陶靖節詩集四卷首一卷……………… 1－238
陶模行述……………………………… 2－538
陶學士醉寫風光好雜劇四折 ………… 1－41
陶齋吉金錄八卷……………………… 1－357
陶齋吉金錄八卷……………………… 1－494
陶齋吉金錄八卷……………………… 1－497
陶齋吉金錄八卷……………………… 1－502
陶齋吉金錄八卷……………………… 3－394
陶齋吉金錄八卷……………………… 3－394
陶齋吉金續錄………………………… 1－357
陶齋吉金續錄二卷…………………… 1－497
陶齋藏石記四十四卷附陶齋藏磚記二卷 ………………………………… 2－86
陶齋藏石記四十四卷附陶齋藏磚記二卷 ………………………………… 2－86
陶齋藏石記四十四卷首一卷………… 2－193

陶蘇合箋 …… 2－363
陶廬箋牘四卷 …… 3－243
陶廬叢刻 …… 2－464
陶廬雜憶 …… 3－509
陶廬雜憶一卷續詠一卷續憶詠一卷後憶一卷五憶一卷六憶一卷七憶一卷 …… 3－41
陶龕語錄 …… 2－196
恕谷後集十三卷 …… 2－452
恕谷後集八卷 …… 2－451
娱目醒心編十六卷十六回 …… 1－377
娱萱草彈詞三十二卷 …… 1－428
娱萱草彈詞三十二篇 …… 2－518
娱萱草彈詞三十二篇 …… 3－103
娱園叢刻 …… 3－294
娱園叢刻十種 …… 1－515
娱親雅言六卷 …… 2－286
通川集文一卷詩一卷 …… 1－302
通天犀四出 …… 3－457
通仙枕十一段八出 …… 3－458
通仙枕十段八出 …… 3－458
［康熙］通州志十二卷 …… 1－136
［康熙］通州志十二卷 …… 3－536
［乾隆］通州志十卷 …… 1－334
［乾隆］通州志十卷首一卷末一卷 …… 3－534
［光緒］通州志十卷首一卷末一卷 …… 3－537
［光緒］通州直隸州志十六卷首一卷末一卷 …… 3－141
［光緒］通州直隸州志十六卷首一卷末一卷 …… 3－223
［雍正］通州新志九卷 …… 1－136
［雍正］通州新志九卷 …… 3－532
［雍正］通州新志九卷 …… 3－532
通州壩 …… 3－278
通志二十略五十一卷 …… 1－4
通志二十略五十一卷 …… 1－259
通志二百卷 …… 1－128
通志二百卷 …… 1－463
通志二百卷 …… 1－464
通志二百卷 …… 2－161
通志二百卷 …… 3－401
通志二百卷 …… 3－402
通志二百卷考證三卷 …… 2－66
通志二百卷考證三卷 …… 2－74
通志堂經解 …… 1－456
通志堂經解 …… 3－367
［通志堂經解］一百三十九種一千八百四十五卷 …… 1－107
通志堂經解一千八百二十二卷 …… 1－340
［通志堂經解五種］二十八卷 …… 1－108
通志堂經解六種三十四卷 …… 1－108
通志堂經解目錄一卷 …… 1－354
［通志堂經解四種］十六卷 …… 1－59
通志略五十一卷 …… 1－67
通志略五十一卷 …… 1－121
通甫詩存之餘二卷 …… 3－234
通甫詩存四卷詩存之餘二卷 …… 2－386
通甫類稿四卷 …… 3－155
通甫類稿四卷詩存四卷詩存之餘二卷 …… 2－371
通典二百卷 …… 1－128
通典二百卷 …… 1－337
通典二百卷 …… 1－463
通典二百卷 …… 2－103
通典二百卷 …… 2－161
通典二百卷 …… 3－401
通物電光四卷附圖一卷 …… 2－234
通俗文佚文風俗通義佚文 …… 3－240
通俗編三十八卷 …… 1－88
通俗編三十八卷 …… 1－326
通俗編三十八卷 …… 1－528
通信行政概要 …… 2－116
通信要錄十三章 …… 2－86
通紀直解十六卷 …… 1－76
通紀會纂四卷 …… 1－9
通紀彙編九卷 …… 1－310
通海紗絲廠章程 …… 3－316
通商各國條約 …… 1－464
通商各國條約 …… 2－63
通商各國條約 …… 2－266
通商條約章程成案彙編三十卷 …… 3－376
通商章程成案彙編三十卷 …… 2－163

通商章程成案彙編三十卷 …………… 3－374
通雅五十二卷 ………………………… 1－510
通雅堂詩鈔十卷 ……………………… 3－31
通雅齋叢稿 …………………………… 2－478
通雅齋叢稿三種 ……………………… 3－264
通義堂集二卷 ………………………… 3－193
通源集八卷首一卷末一卷 …………… 1－277
通德遺書所見錄七十一卷 …………… 1－341
通德遺書所見錄七十二卷 …………… 2－31
通德遺書所見錄說經五稾 …………… 1－460
通學彙編三期 ………………………… 3－6
通隱堂詩存四卷 ……………………… 2－339
通隱堂詩存卷四 ……………………… 3－85
通齋集不分卷外集一卷文集二卷 …… 1－235
通藝閣詩遺編 ………………………… 3－262
通藝閣詩錄八卷 ……………………… 3－72
通藝閣詩錄八卷 ……………………… 3－109
通藝閣詩續錄八卷 …………………… 3－99
通藝閣詩續錄八卷 …………………… 3－132
通藝錄二十一種 ……………………… 1－441
通藝錄十四種附錄一種三十八卷 …… 2－467
通鑑外紀十五卷 ……………………… 2－140
通鑑宋本校勘記五卷元本二卷 ……… 1－480
通鑑長編紀事本末一百五十卷 ……… 1－483
通鑑長編紀事本末一百五十卷 ……… 2－138
通鑑要刪六卷首一卷 ………………… 1－300
通鑑後編一百八十四卷 ……………… 2－138
通鑑後編校勘記十五卷 ……………… 2－140
通鑑紀事本末二百三十九卷 ………… 1－479
通鑑紀事本末二百三十九卷 ………… 2－53
通鑑紀事本末二百三十九卷 ………… 2－66
通鑑紀事本末二百三十九卷 ………… 2－74
通鑑紀事本末二百三十九卷 ………… 2－92
通鑑紀事本末二百三十九卷 ………… 2－124
通鑑紀事本末二百三十九卷 ………… 2－130
通鑑紀事本末二百三十九卷 ………… 2－136
通鑑紀事本末二百三十九卷 ………… 3－321
通鑑紀事本末二百三十九卷 ………… 3－403
通鑑紀事本末二百三十九卷 ………… 3－404
通鑑紀事本末四十二卷 ……………… 3－403
通鑑紀事本末四十二卷 ……………… 3－403
通鑑校勘記七卷 ……………………… 2－145
通鑑答問五卷 ………………………… 1－484
通鑑答問五卷 ………………………… 2－158
通鑑綱目一百十卷 …………………… 2－140
通鑑綱目分注補遺四卷 ……………… 2－141
通鑑綱目引義三十六卷二編十卷三
　編六卷 ……………………………… 2－93
通鑑總類二十卷 ……………………… 1－70
通鑑總類二十卷 ……………………… 1－71
通鑑總類二十卷 ……………………… 1－333
通鑑總類二十卷 ……………………… 2－185
通鑑總類二十卷 ……………………… 3－394
通鑑韻書三十二卷附彈詞一卷 ……… 1－299
通鑑韻書三十二卷附彈詞一卷 ……… 1－312
通鑑類纂 ……………………………… 2－68
通鑑類纂 ……………………………… 3－315
通鑑纂要九十二卷 …………………… 2－138
通鑑纂要九十二卷 …………………… 2－138
通鑑釋文辯誤十二卷 ………………… 1－131
通鑑釋文辯誤十二卷 ………………… 1－131
通鑑釋文辯誤十二卷 ………………… 2－162
通鑑辯誤十二卷 ……………………… 2－182
通靈寶要 ……………………………… 2－247
能改齋漫錄十八卷 …………………… 1－196
能改齋漫錄十八卷 …………………… 1－532
能斷金剛般若波羅密多經 …………… 2－222
能斷金剛般若波羅密多經一卷 ……… 1－164
能斷金剛般若波羅密經 ……………… 2－222
能斷金剛般若波羅蜜經一卷 ………… 1－164
桑梓潛德錄六卷 ……………………… 3－8
桑榆夕照錄四卷 ……………………… 3－36
桑蠶提要二卷 ………………………… 1－528
孫子十家注 …………………………… 2－293
孫子十家注十三卷 …………………… 3－296
孫子兵法四卷 ………………………… 3－529
孫子算經三卷 ………………………… 1－202
孫公談圃三卷 ………………………… 1－70
孫氏祠堂書目内編 …………………… 3－149
孫氏書目三種 ………………………… 1－466
孫文正公年譜 ………………………… 2－164
孫文恭遺書六種 ……………………… 1－442

孫文節公遺稿四卷…………………… 2－481
孫正公全集二十卷…………………… 2－506
孫可之文集二卷……………………… 2－372
孫可之文集二卷……………………… 2－429
孫可之文集二卷……………………… 2－429
孫可之文集二卷……………………… 2－440
孫可之文集二卷……………………… 3－163
孫可之文集十卷……………………… 2－385
孫明復小集三卷附錄一卷…………… 3－247
孫真人備急千金要方三十卷………… 2－211
孫夏峰日譜…………………………… 2－163
孫淵如先生全集……………………… 2－448
孫淵如全集十一種二十一卷………… 1－408
孫淵如全集文集十三卷詩集九卷附
長離閣集一卷……………………… 1－435
孫淵如校錄明末五種………………… 1－117
孫徵君日譜錄三十六卷……………… 3－211
孫燭湖集二十卷附編二卷…………… 1－419
孫臏看桃一卷………………………… 3－500
孫臏度妻一卷………………………… 3－499
孫龐演義四卷二十回四卷十八回…… 3－478
純甫古文鈔六卷……………………… 2－509
純甫左文鈔六卷……………………… 2－338
純師集十二卷 ……………………… 1－29
純陽帝君治心經純陽帝君說先天度
人真經鄭板橋家書………………… 3－234
純陽祖師說三世因果寶卷 ………… 3－63
純備德禪師語録二卷………………… 1－178
純德彙編七卷首一卷續刻一卷 …… 2－93
純德彙編八卷………………………… 3－329
紗籠文選八卷………………………… 3－108
納書楹玉茗堂四夢全譜八卷………… 1－258
納書楹曲譜…………………………… 1－401
納書楹曲譜正集四卷續集四卷外集
二卷補遺四卷納書楹玉茗堂四夢
曲譜八卷 ………………………… 1－19
納書楹曲譜正集四卷續集四卷外集
二卷補遺四卷納書楹玉茗堂四夢
曲譜八卷…………………………… 1－258
納書楹曲譜正集四卷續集四卷補遺
四卷外集二卷納書楹玉茗堂四夢
曲譜八卷…………………………… 1－206
納書楹曲譜補遺四卷………………… 1－258
納蘭詞………………………………… 2－473
紙糊燈籠一卷………………………… 3－519
紡授堂詩集八卷二集十卷文集八卷
………………………………………… 1－290

十一畫

理財考鏡十卷………………………… 3－440
理財金鑑……………………………… 2－106
理財學精義…………………………… 2－115
理財學講義不分卷…………………… 3－386
理氣圖說四卷………………………… 1－473
理堂日記八卷詩集四卷……………… 3－254
理堂文集十卷………………………… 2－528
理堂詩集四卷首一卷………………… 3－100
理學正宗十五卷……………………… 1－141
理學宗傳二十六卷…………………… 1－145
理學宗傳二十六卷…………………… 1－528
理學宗傳二十六卷 ………………… 2－67
理學鉤玄三卷………………………… 3－354
理齋寶鑒二卷………………………… 3－214
理瀹駢文摘要………………………… 2－191
理瀹駢文摘要………………………… 2－272
現在賢劫千佛名經一卷……………… 1－336
現在賢劫千佛名經不分卷…………… 1－166
現行刑律修正各條清單……………… 2－115
現行刑律修正各條清單……………… 2－257
現行刑律修正各條清單……………… 2－257
現行刑律修正各條清單……………… 2－257
現定直隸等十六省軍費政費按照辛
亥預算歲入應餘銀數概算書……… 2－135
現報傳………………………………… 3－219
琉球國志略十六卷首一卷…………… 1－504
琉球國志略十六卷首一卷…………… 3－437
琉球詩錄二卷………………………… 3－264
琉璃做法……………………………… 3－318
琉璃廠書肆記………………………… 3－535
琅邪代醉編四十卷…………………… 1－294

琅嬛詩集一卷……………………………3－173
琅環天文集四卷…………………………2－317
琅環獺祭十二種類書……………………1－445
規正脈訣二卷……………………………3－205
堵文忠公集十卷…………………………3－163
堵文忠公集十卷年譜一卷………………3－122
[光緒]焉耆府鄉土志一卷 …………3－281
埤雅二十卷………………………………1－333
埤雅二十卷………………………………1－452
教女圖說…………………………………2－289
教女遺規三卷……………………………2－232
教女遺規三卷……………………………2－232
教女遺規三卷……………………………2－232
教女遺規三卷……………………………2－285
教女遺規三卷……………………………2－285
教女遺規摘鈔一卷附補鈔………………2－233
教育統計表式解說二卷…………………2－113
教育統計表式解說二卷…………………2－113
教育統計表式解說二卷…………………2－115
教育學問答………………………………2－312
教育叢書…………………………………2－161
教育叢書初集……………………………3－212
教家二書不分卷…………………………3－399
教務紀略四卷……………………………2－155
教童子法不分卷…………………………3－347
教觀綱宗…………………………………2－215
教觀綱宗釋義紀三卷……………………2－199
碧溪詩話十卷……………………………2－434
培遠堂手劄節存三卷……………………2－331
培遠堂手劄節存三卷……………………2－443
培遠堂手劄節存三卷……………………2－453
培遠堂偶存稿十卷………………………1－286
培遠堂偶存稿手劄節要三卷……………1－228
培遠堂偶存稿手劄節要三卷……………1－311
培遠堂偶存稿四十八卷…………………3－315
培遠堂偶存稿四十八卷…………………3－409
聊自娛齋詩草三卷………………………3－214
[宣統]聊城縣志十二卷首一卷 ………3－32
[康熙]聊城縣誌四卷 …………………3－267
聊閒緣軒詩鈔 ……………………………3－75
聊復集三卷餐霞集四卷…………………3－207
聊齋文集二卷……………………………2－447
聊齋志異…………………………………3－530
聊齋志異…………………………………3－530
聊齋志異…………………………………3－530
聊齋志異十六卷…………………………1－270
聊齋志異十六卷…………………………1－378
聊齋志異十六卷…………………………3－295
聊齋志異十六卷…………………………3－295
聊齋志異評註十六卷……………………2－401
聊齋志異新評十六卷……………………2－390
聊齋志異新評十六卷……………………3－279
聊齋志異新評十六卷……………………3－412
聊齋志異新評十六卷……………………3－412
聊齋志異新評十六卷……………………3－413
聊齋志異新評十六卷……………………3－439
聊齋詞 ……………………………………3－28
聊齋詞……………………………………3－188
聊齋雜著十一種…………………………1－312
聊齋續編八卷 ……………………………3－53
聊攝叢談六卷……………………………1－375
黄山志二卷………………………………1－278
黄山志定本七卷首一卷…………………1－120
黄山谷全集二十卷………………………2－451
黄山谷全集三十九卷……………………1－542
黄山谷集内集二十卷外集十七卷………2－356
黄山谷詩集注内集二十卷外集十七
　卷别集二卷……………………………2－447
黄山草堂詩集五卷………………………3－431
黄山詩留十六卷 …………………………1－44
黄公說字十二集…………………………1－233
黄氏文鈔四卷……………………………3－265
黄氏醫書八種……………………………1－506
黄氏醫書八種……………………………1－520
黄氏醫書八種……………………………2－303
黄氏讀禮記日抄 …………………………2－52
黄文節公全集……………………………2－330
黄文節公法書石刻………………………2－301
黄文獻公集二十三卷……………………1－280
黄文獻公詩不分卷………………………1－281
黄文獻全集十卷補遺一卷附錄一卷
　…………………………………………3－348

黃石齋先生文集十三卷 ……………… 1－244
黃皮書上海撤兵始末不分卷………… 3－382
[光緒]黃州府志四十卷首一卷 …… 3－268
[宣統]黃州府志拾遺六卷 ………… 3－370
黃孝廉輓詞………………………… 3－310
黃花晚節圖題詞…………………… 2－335
黃青社先生伐檀集二卷…………… 1－269
黃青社先生伐檀集二卷…………… 1－273
黃門鼓吹不分卷…………………… 1－316
黃忠壯公遺集九卷首一卷附錄一卷
………………………………… 2－495
黃忠端公年譜……………………… 2－539
黃忠端公年譜二卷………………… 1－345
黃忠端公全集五十卷……………… 2－431
[光緒]黃岡縣志二十四卷 ………… 3－267
黃岡錢氏同根集三種……………… 2－499
黃金印二集………………………… 3－102
黃金印六卷………………………… 3－284
黃金印寶卷 ……………………… 3－64
黃金印寶卷 ……………………… 3－66
黃金印寶卷………………………… 3－112
黃金印寶卷………………………… 3－171
黃金印寶卷一卷…………………… 3－496
黃庭經……………………………… 2－261
黃庭經注解二卷…………………… 2－537
黃帝內經太素三十卷……………… 1－506
黃帝內經太素三十卷……………… 1－522
黃帝內經素問二十四卷…………… 1－506
黃帝內經素問二十四卷…………… 2－212
黃帝內經素問二十四卷…………… 2－277
黃帝內經素問二十四卷…………… 2－280
黃帝內經素問二十四卷…………… 3－417
黃帝內經素問九卷………………… 1－523
黃帝內經素問九卷………………… 2－278
黃帝內經素問合纂十卷…………… 2－303
黃帝內經素問集注九卷…………… 2－277
黃帝內經素問註證發微九卷……… 2－210
黃帝內經素問遺篇 ……………… 3－417
黃帝內經靈樞十二卷……………… 2－191
黃帝內經靈樞十二卷……………… 2－313
黃帝內經靈樞註證發微九卷……… 2－210
黃帝內經靈樞經十二卷…………… 3－417
黃帝宅經二卷……………………… 3－431
黃帝素問直解九卷………………… 2－191
黃帝素靈樞合纂…………………… 1－506
黃陵詩鈔…………………………… 3－244
黃陶菴先生全稿 ………………… 3－76
[光緒]黃梅縣誌四十卷 ………… 2－179
黃梅寶卷…………………………… 3－287
黃梅寶卷一卷……………………… 3－497
黃梨洲行朝錄六卷………………… 2－143
黃梨洲行朝錄六卷………………… 2－143
黃琢山房集十卷…………………… 2－476
黃葉邨莊詩集八卷續集一卷……… 1－264
黃葉邨莊詩集八卷續集一卷……… 3－154
黃葉邨莊詩集八卷續集一卷後集一
卷………………………………… 1－433
黃雁山人詩錄……………………… 1－277
黃御史集不分卷…………………… 3－344
黃楊集二卷………………………… 2－420
黃詩全集五十八卷附錄一卷……… 1－213
黃詩全集五十八卷附錄一卷……… 1－239
[黃福行狀墓誌銘碑文等] ………… 3－242
黃輔辰行略………………………… 2－529
黃漳浦集五十卷首一卷年譜二卷目
錄二卷…………………………… 3－329
黃髮翁全集四卷首一卷黃髮翁戲筆
一卷末一卷 …………………… 1－20
黃翰林校正書經大全十卷………… 1－112
[同治]黃縣志十四卷首一卷 ……… 2－54
黃學廬雜述三卷…………………… 2－291
黃糠寶卷 ………………………… 3－68
黃糠寶卷…………………………… 3－170
黃糠寶卷一卷……………………… 3－497
黃糠寶卷一卷……………………… 3－499
黃糠寶卷二卷……………………… 3－238
黃檗山寺志八卷 ………………… 2－59
黃檗傳心法要……………………… 2－242
黃孎餘話八卷……………………… 1－205
黃鵠山人詩初鈔 ………………… 3－47
黃鵠山志十二卷…………………… 3－156
黃繡球二卷三十回………………… 3－473

黃鶴樓…………………………………… 1 – 329
黃鶴樓…………………………………… 2 – 489
黃鶴樓填詞二卷二十六出…………… 1 – 316
黃鶴樓填詞二卷二十六出…………… 3 – 468
[光緒]黃巖志四十卷首一卷附一卷
………………………………………… 3 – 140
[光緒]黃巖縣志四十卷 …………… 3 – 268
著作林四期…………………………… 3 – 209
菴堂相會……………………………… 3 – 113
菜根軒詩鈔十四卷…………………… 3 – 108
菜根譚………………………………… 2 – 217
菜根譚………………………………… 2 – 248
菜根譚………………………………… 2 – 248
菊之栽培……………………………… 3 – 236
菊花譜一卷…………………………… 3 – 278
菊莊詞二卷…………………………… 1 – 315
菊部群英 ……………………………… 3 – 11
菊部群英一卷………………………… 3 – 331
菊園印譜……………………………… 3 – 294
菊園印譜……………………………… 3 – 302
菊壽盦詞稿四卷……………………… 3 – 169
菊潭詩鈔八卷………………………… 2 – 475
萃林詩賦……………………………… 3 – 273
萃忠全傳十卷………………………… 1 – 368
萃忠全傳十卷 ………………………… 3 – 43
萃錦唫十八卷………………………… 1 – 402
萃錦唫八卷…………………………… 2 – 442
萃錦唫八卷…………………………… 2 – 477
萃齋文鈔四卷詩鈔七卷詩餘一卷 …… 3 – 74
萃齋詩鈔七卷………………………… 2 – 509
菩提千文一卷菩提千文述釋二卷…… 1 – 298
菩提資糧論六卷……………………… 2 – 213
菩提資糧論六卷……………………… 2 – 237
菩薩十住行道品經…………………… 1 – 166
菩薩五法懺悔經……………………… 1 – 185
菩薩內習波羅密多經………………… 1 – 181
菩薩本行經三卷……………………… 1 – 182
菩薩地持經八卷……………………… 1 – 164
菩薩行方便境界神通變化經一卷…… 1 – 183
菩薩行方便境界神通變化經三卷…… 1 – 147
菩薩戒本……………………………… 1 – 186
菩薩戒本經 …………………………… 1 – 186
菩薩戒本經 …………………………… 2 – 226
菩薩戒義疏二卷……………………… 1 – 149
菩薩戒羯磨文………………………… 1 – 186
菩薩投身飼餓虎起塔因緣經………… 1 – 181
菩薩受齋經…………………………… 1 – 185
菩薩處胎經五卷……………………… 1 – 181
菩薩睒子經一卷……………………… 1 – 172
菩薩善戒經十卷……………………… 1 – 164
菩薩賣藥……………………………… 3 – 272
菩薩藏經……………………………… 1 – 185
菩薩瓔珞本業經二卷………………… 1 – 186
菩薩瓔珞本業經二卷………………… 2 – 225
萍礦土法煉焦詳說…………………… 3 – 189
菀青集二十一卷……………………… 1 – 252
[光緒]乾州志稿十四卷首一卷補正
一卷別錄四卷殉難士女錄一卷…… 2 – 178
乾初先生文鈔二卷詩鈔一卷 ………… 3 – 87
乾坤大略……………………………… 2 – 186
乾坤大略十一卷……………………… 1 – 399
乾坤正氣集…………………………… 1 – 440
乾坤正氣集二十卷…………………… 1 – 426
乾坤正氣集五百七十四卷…………… 1 – 435
乾坤正氣集五百七十四卷首一卷…… 1 – 546
乾坤正氣錄八卷……………………… 1 – 376
乾修齋集錦印譜……………………… 1 – 527
乾隆版大藏經一千六百六十九種…… 1 – 338
乾隆府廳州縣圖志五十卷 …………… 2 – 94
乾隆府廳州縣圖志五十卷…………… 3 – 179
乾隆府廳州縣圖志五十卷…………… 3 – 398
乾隆官報不分卷 ……………………… 1 – 78
[乾隆起居注]不分卷 ……………… 1 – 126
乾隆萬壽慶典成案 …………………… 3 – 36
乾道臨安志三卷……………………… 2 – 178
菉友蛾術編二卷……………………… 1 – 380
菉竹堂書目六卷……………………… 1 – 361
菉竹堂書目六卷……………………… 2 – 123
菉竹堂碑目六卷……………………… 2 – 265
菰蘆筆記……………………………… 3 – 203
埜耕集三卷 …………………………… 1 – 36
梵網合註七卷………………………… 2 – 195

梵網經菩薩戒 …………………………… 1－190
梵網經菩薩戒本疏十卷 ……………… 3－435
梵網經懺悔行法 ……………………… 2－219
梵隱堂詩存十卷 ……………………… 3－91
梵隱堂詩存十卷 ……………………… 3－104
梵隱堂詩存十卷 ……………………… 3－137
梧生文鈔十卷詩鈔十卷 ……………… 2－487
梧竹軒詩鈔十卷 ……………………… 3－92
梧竹軒詩鈔十卷 ……………………… 3－157
梧軒詩鈔六卷 ………………………… 3－503
梧孫行吟草六卷 ……………………… 2－455
梧笙館聊吟初輯二卷 ………………… 3－234
梧溪集七卷 …………………………… 1－426
梧溪集七集 …………………………… 3－307
桯史十五卷附錄一卷 ………………… 1－383
桯史十五卷附錄一卷 ………………… 3－336
梅氏花綳寶卷 ………………………… 3－287
梅氏花綳寶卷二卷 …………………… 2－521
梅氏花綳寶卷二卷 …………………… 3－46
梅氏遺書七卷 ………………………… 3－193
梅氏叢書輯要六十二卷 ……………… 1－509
梅氏叢書輯要六十二卷首一卷 ……… 1－392
梅氏叢書輯要六十二卷首一卷 ……… 2－309
梅水詩傳十卷 ………………………… 3－44
梅邨家藏稿五十八卷補一卷年譜四
卷 ……………………………………… 2－454
梅花易數五卷 ………………………… 3－419
梅花陣圖 ……………………………… 1－298
梅花落三百段 ………………………… 3－26
梅花夢二卷 …………………………… 1－422
梅花夢三十四折 ……………………… 3－472
梅花夢傳奇二卷十六出 ……………… 3－472
梅花詩 ………………………………… 3－107
梅花簪二十四出 ……………………… 3－457
梅花簪二十四出 ……………………… 3－457
梅花簪二十四出 ……………………… 3－457
梅花雜詠 ……………………………… 3－173
梅花韻十卷四十二回 ………………… 3－115
梅花韻全傳十卷 ……………………… 2－501
梅花鐵石山房詩鈔二卷 ……………… 3－55
梅村文集二十卷 ……………………… 2－331
梅村家藏稿五十八卷詩補遺一卷文
補遺一卷 ……………………………… 2－444
梅村家藏稿六十三卷 ………………… 1－539
梅村集四十卷目錄二卷 ……………… 1－231
梅村集四十卷目錄二卷 ……………… 1－232
梅村集四十卷目錄二卷 ……………… 1－289
梅村詩集箋注 ………………………… 2－459
梅村詩集箋注十八卷 ………………… 2－340
梅村詩集箋注十八卷 ………………… 3－437
梅村詩集箋註十八卷 ………………… 2－376
［光緒］梅里志八卷 ………………… 3－164
梅里詩輯二十八卷 …………………… 2－483
梅伯言全集 …………………………… 2－387
梅苑十卷 ……………………………… 1－224
梅垞詩鈔四卷 ………………………… 3－138
梅柏言全集文集十六卷續集二卷詩
集十卷續集二卷 ……………………… 2－357
梅香館尺牘四卷 ……………………… 1－436
梅叟閑評四卷 ………………………… 1－533
梅叟閑評四卷 ………………………… 3－127
梅莊遺草六卷 ………………………… 3－46
梅莊雜著八種 ………………………… 1－444
梅莊雜著抄存 ………………………… 3－407
梅軒新語 ……………………………… 3－232
梅崖居士文集三十卷外集八卷 ……… 1－218
梅崖居士文集三十卷首一卷 ………… 1－99
梅崖居士全集三十卷 ………………… 2－529
梅庵詩鈔五卷 ………………………… 3－158
梅庵詩鈔五卷首一卷 ………………… 1－291
梅湖吟稿四卷 ………………………… 2－371
梅湖吟稿四卷 ………………………… 3－62
梅湖吟稿四卷 ………………………… 3－62
梅瑞軒輯錄十種逸書三種 …………… 1－443
梅溪先生廷試策一卷奏議四卷文集
二十卷後集二十九卷 ………………… 1－53
梅溪詞 ………………………………… 3－264
梅窩詩鈔三卷詞鈔一卷 ……………… 3－233
梅影山房詩鈔六卷遺文一卷 ………… 3－275
梅龍鎮四出 …………………………… 3－334
梅隱軒吟草 …………………………… 3－309
梅麓詩鈔 ……………………………… 2－410

梅蘭佳話四卷四十段…………………… 1－369
麥有堂詩初集四卷二集四卷雜著一
　卷 ……………………………………… 3－56
梓舟船禪師襄陽檀溪語録三卷……… 1－162
梓園詩鈔………………………………… 2－337
梓溪文鈔外集十卷梓溪文鈔内集八
　卷 ……………………………………… 1－24
梓溪文鈔外集十卷梓溪文鈔内集八
　卷 ……………………………………… 1－24
梓潼守城記 …………………………… 3－22
梓潼帝君陰騭文［印譜］ …………… 3－415
梯仙閣餘課一卷 ……………………… 1－33
梯仙閣餘課六卷………………………… 1－236
斬鬼傳十回……………………………… 3－473
斬鬼傳四卷……………………………… 1－367
斬鬼傳四卷……………………………… 1－368
斬鬼傳四卷十回 ……………………… 1－10
斬鬼傳四卷十回………………………… 1－371
斬單童殺場勸友醒悟人心 …………… 3－52
曹子建集十卷…………………………… 2－429
曹太僕列傳……………………………… 3－9
曹月川遺書六種………………………… 2－405
［曹氏全集］十四卷 ………………… 1－31
曹氏墨林二卷…………………………… 1－276
曹江孝女廟志八卷首一卷末一卷 …… 2－59
曹江孝女廟志八卷首末二卷………… 1－472
曹江孝女廟志九卷……………………… 3－151
曹李尺牘二卷 ………………………… 3－59
［曹貞吉七種］八卷 ………………… 1－33
曹寅穀制藝……………………………… 2－266
曹集銓評十卷…………………………… 1－413
曹集銓評十卷附逸文年譜附録各一
　卷………………………………………… 1－427
曹集銓評十卷附選文一卷年譜一卷
　………………………………………… 2－459
曹集銓評十卷逸文一卷年譜一卷附
　録一卷………………………………… 1－538
曹谿通志八卷首一卷 ………………… 2－62
敕封天上聖母實録二卷……………… 1－490
敕封河神大王將軍傳………………… 3－263
敕修百丈清規二卷九章附一卷……… 3－510
敕修河東鹽法志十二卷……………… 3－393
敕進訓練操法詳晰圖説二十二卷…… 2－125
敕旌節婦録……………………………… 2－132
副墨八卷………………………………… 1－237
區太史詩集 …………………………… 3－47
區田編…………………………………… 3－104
區種五種五卷附録一卷………………… 2－5
堅正堂摺稿三卷 ……………………… 3－21
堅瓠集六十六卷………………………… 1－377
堅瓠集摘抄六卷………………………… 1－533
堅瓠集選十二卷………………………… 1－379
票把上場子弟書………………………… 3－466
票把爾上場子弟書……………………… 3－466
戚南塘三種合刻………………………… 3－160
帶經堂全集七種九十二卷…………… 1－421
帶經堂全集九十二卷………………… 1－205
帶經堂詩話三十一卷………………… 1－416
帶經堂詩話三十卷首一卷 …………… 1－96
帶經堂詩話三十卷首一卷 …………… 1－97
帶經堂詩話三十卷首一卷……………… 1－266
帶經堂詩話三十卷首一卷……………… 1－419
硃批七家詩選七卷……………………… 2－482
硃批史記菁華録六卷………………… 3－321
硃批諭旨………………………………… 1－135
硃批諭旨………………………………… 2－129
硃批諭旨不分卷………………………… 1－121
硃批諭旨不分卷………………………… 1－122
硃批諭旨不分卷………………………… 3－403
硃砂痣文昭關 ………………………… 3－96
瓠息齋前集二十四卷………………… 1－264
匏瓜録十卷……………………………… 1－531
匏翁家藏集七十七卷補遺一卷 ……… 1－96
匏菴先生遺集五卷 …………………… 1－44
匏笙詞甲乙稿…………………………… 2－487
匏葉龕詩存十卷詩涂餘一卷雜俎四
　卷外編一卷…………………………… 2－497
匏齋遺稿五卷 ………………………… 3－94
匏廬詩話二卷…………………………… 3－104
奢摩他室曲叢第一集三種…………… 2－519
爽鳩要録二卷…………………………… 2－315
盛世危言十四卷 ……………………… 2－98

盛世危言五卷……………………… 1－416
盛明百家詩三百二十四卷 ………… 1－25
盛明雜劇二集……………………… 3－475
盛京典制備考八卷首一卷………… 1－498
盛京典制備考八卷首一卷………… 3－364
［雍正］盛京通志四十八卷 ……… 1－129
［乾隆］盛京通志四十八卷 ……… 1－471
［乾隆］盛京通志四十八卷 ……… 3－388
雪山集十六卷……………………… 1－303
雪月梅五十回……………………… 1－368
雪月梅傳十卷五十回 …………… 1－11
雪月梅傳十卷五十回……………… 1－247
雪月梅傳十卷五十回……………… 3－338
雪北香南館香草齋詩鈔六卷……… 2－458
雪兆性禪師住汝州風穴白雲寺語録
□□卷……………………… 1－303
雪杖山人詩集八卷………………… 2－538
雪青閣詩集四卷…………………… 2－504
雪門詩草十四卷…………………… 2－476
雪門詩草十四卷 ………………… 3－97
雪門詩草十四卷…………………… 3－126
雪門詩草十四卷…………………… 3－126
雪泥屋遺書目録 ………………… 3－90
雪泥鴻爪 ………………………… 3－16
雪泥鴻爪…………………………… 3－133
雪盃圓……………………………… 2－490
雪盃圓滑油山遊六殿藥茶計……… 2－528
雪峰誌十卷………………………… 1－288
雪翁詩集…………………………… 3－190
雪梅寶卷一卷……………………… 3－495
雪梅寶卷上卷……………………… 2－525
雪堂集選三卷雪堂先生文選十七卷
侶鷗閣近集二卷侶鷗閣遺集一卷
雪堂先生詩選四卷恥廬近集二卷
…………………………………… 1－48
雪惟韻竹詞………………………… 1－253
雪溪詩集五卷……………………… 1－206
雪樵經解三十卷附録三卷………… 3－221
雪樵續集四卷……………………… 2－500
雪樵續集四卷……………………… 3－255
雪鴻堂詩蒐逸三卷附録一卷……… 3－254
雪鴻堂詩集三卷…………………… 3－238
雪鴻偶鈔四卷……………………… 3－186
雪廬百印二卷……………………… 3－182
雪廬讀史快編六十卷……………… 1－7
雪巖和尚住潭州隆興寺語録二卷…… 1－159
捧月樓詞…………………………… 2－473
描別等四折………………………… 2－513
捷録大成四卷……………………… 3－314
捷録法原旁注十卷………………… 1－271
排王讚……………………………… 2－472
排律元響十卷……………………… 1－251
排悶録十二卷……………………… 1－379
捫腹齋詩鈔三卷 ………………… 3－86
推背圖……………………………… 1－193
推背圖……………………………… 1－198
推背圖……………………………… 1－298
推拿廣意…………………………… 2－317
推拿廣意三卷……………………… 2－211
推篷寤語九卷餘録一卷 ………… 1－92
頂水鎮十卷………………………… 2－519
頂磚………………………………… 1－318
捨羅漢……………………………… 3－284
掄秀堂重訂幼學須知句解四卷……… 1－272
採桑………………………………… 3－113
採總僂傴…………………………… 3－103
授三皈五戒正範…………………… 2－246
授研齋詩…………………………… 3－515
授研齋詩一卷……………………… 1－253
授堂遺書八種……………………… 2－503
掖草二卷…………………………… 1－8
［光緒］掖縣全志四種 ………… 3－271
接命要術秘法……………………… 2－271
接庚偈一卷………………………… 3－501
接續再生緣新選再造天南音全本八
卷十六回 ……………………… 3－50
接續再生緣新選再造天南音全本八
卷十六回 ……………………… 3－52
探本録……………………………… 2－260
探病子弟書二回…………………… 3－467
探雯換襖子弟書二回……………… 3－466
探親………………………………… 2－512

探親…………………………………… 2－528
探親相罵二折…………………………… 2－513
掃山雪館詩鈔四卷……………………… 1－290
掃花三醉………………………………… 2－512
掃垢山房詩鈔八卷……………………… 3－231
掃秦……………………………………… 3－486
掃葉亭詠史詩四卷……………………… 2－409
掃葉詩存………………………………… 2－433
救世真詮………………………………… 2－249
救生船四卷……………………………… 2－299
救生船四卷附卷末……………………… 2－235
救吞生煙筆記…………………………… 3－510
救命書一卷附河工書一卷……………… 1－277
救荒六十策……………………………… 2－523
救荒百策一卷…………………………… 2－483
救飢寶卷………………………………… 3－170
救偏瑣言十卷…………………………… 2－540
救偏瑣言五卷 ………………………… 3－11
救濟日記………………………………… 3－512
救濟文牘六卷…………………………… 3－364
救饑寶卷一卷…………………………… 3－497
處分則例圖要六卷……………………… 2－121
處分則例圖要六卷……………………… 2－121
處分則例圖要六卷……………………… 3－374
雀橋密誓子弟書二回…………………… 3－468
敝帚集詩稿二卷………………………… 3－1
敝帚齋主人年譜………………………… 2－530
敝帚齋主人年譜一卷補一卷 ………… 3－30
堂匪總錄………………………………… 3－7
常山貞石志二十四卷…………………… 1－495
常山貞石記二十四卷…………………… 1－472
常州先哲遺書…………………………… 2－462
常州先哲遺書…………………………… 2－469
常州先哲遺書第一集…………………… 1－435
［康熙］常州府志三十八卷首一卷 … 3－176
常州賦…………………………………… 3－231
常言道四卷十六回……………………… 1－372
常言道四卷十六回……………………… 3－284
常言道四卷十六回……………………… 3－482
［乾隆］常昭合志十二卷首一卷 …… 3－179
［光緒］常昭合志稿四十八卷首一卷
　末一卷………………………………… 2－469
常郡八邑藝文志十二卷………………… 1－467
常郡新刻李會元先生性理書抄八卷
　……………………………………… 1－140
常評事集四卷寫情集二卷 …………… 1－29
常惺惺齋文集十一卷…………………… 3－166
常惺惺齋詩集十一卷 ………………… 3－45
常甯唐中丞行狀………………………… 2－539
常談搜四卷……………………………… 2－456
野古集三卷附錄一卷…………………… 2－338
野香亭集………………………………… 2－492
野香亭集十三卷………………………… 1－244
野香亭集十三卷………………………… 1－249
野叟閒談四卷…………………………… 3－173
野叟閒談四卷…………………………… 3－297
野叟曝言一百五十四回………………… 3－215
野叟曝言一百五十四回………………… 3－220
野叟曝言一百五十四回………………… 3－482
野叟曝言一百五十回…………………… 3－296
野叟曝言二十卷………………………… 1－375
野叟曝言二十卷一百五十四回………… 1－370
野客叢書三十卷附錄一卷……………… 1－106
野客叢書三十卷附錄一卷……………… 1－187
野客叢書三十卷附錄一卷……………… 1－195
野客叢書三十卷附錄野老紀聞一卷
　……………………………………… 1－57
野記四卷 ……………………………… 3－30
野語八卷………………………………… 1－398
野獲編三十卷…………………………… 1－383
野獲編三十卷…………………………… 1－534
野獲編三十卷補遺四卷首一卷………… 1－480
野獲編三卷……………………………… 1－299
野鶴山人詩鈔…………………………… 3－237
晨風閣叢書……………………………… 2－462
晨風閣叢書二十二種…………………… 1－445
晨風閣叢書三十二種 ………………… 3－13
晨風閣叢書甲集五十種………………… 1－445
晨鍾錄…………………………………… 2－311
眼科大全六卷首一卷…………………… 3－187
眼科百問二卷…………………………… 1－518

眼科神效方 …… 2－272
眼科秘書二卷 …… 1－524
閉門集六卷 …… 3－55
問山詩文集詩三卷文八卷 …… 1－434
問天傳鼓詞 …… 3－492
問字堂集六卷 …… 1－44
問字堂集六卷 …… 1－221
問字堂集六卷 …… 3－204
問字堂集六卷 …… 3－266
問花水榭稿二卷 …… 3－165
問青園集十三卷 …… 2－432
問青園集十三卷 …… 2－432
問奇典注六卷 …… 3－487
問奇亭印譜 …… 3－233
問紅軒詞一卷 …… 3－503
問魚篇二卷 …… 2－365
問琴閣文錄一卷詩錄一卷詞錄一卷 …… 1－304
問琴閣文錄二卷 …… 3－246
問琴閣詩錄 …… 2－497
問湘樓駢文初稿二卷 …… 2－377
問湘樓駢文初稿六卷 …… 3－295
問園遺集一卷 …… 2－477
問園遺集一卷 …… 2－481
問園遺集空山夢 …… 3－447
問園遺稿一卷 …… 3－59
問經堂叢書十八種 …… 1－441
問影樓輿地叢書 …… 1－355
問影樓輿地叢書十五種 …… 1－547
問羲軒詩鈔二卷 …… 1－250
問鸝山館詩鈔 …… 3－56
曼殊室利咒藏中校量數珠功德經 …… 2－231
曼殊室利菩薩吉祥伽陀二卷 …… 2－237
曼殊室利菩薩咒藏中一字咒王經一卷 …… 1－174
曼廬詞 …… 3－84
晦木軒稿 …… 3－30
晦明軒稿 …… 3－206
晦明軒稿一卷 …… 2－90
晦明軒稿二卷 …… 1－362
晦菴先生文集一百卷目錄二卷 …… 1－333
晦菴先生朱文公行狀二卷 …… 1－332
晦庵先生朱文公文集八十八卷目錄二卷別集十卷續集十一卷 …… 1－242
晦極明生世紀不分卷 …… 3－381
晞髮集十卷遺集二卷遺集補一卷 …… 1－267
晚郵天蓋樓偶評 …… 3－239
晚郵精選八大家古文不分卷 …… 1－31
晚香唱和集六種六卷 …… 1－417
晚笑堂竹莊畫傳 …… 1－81
晚笑堂竹莊畫傳 …… 1－87
晚笑堂竹莊畫傳 …… 1－512
晚笑堂竹莊畫傳 …… 3－40
晚聞居士遺集八卷 …… 3－116
晚聞居士遺集九卷 …… 2－505
晚聞堂集十六卷 …… 3－44
晚聞堂集十六卷首一卷 …… 3－105
晚翠堂詩鈔不分卷 …… 1－271
晚學集八卷 …… 1－537
晚學集八卷 …… 3－90
晚學齋全集 …… 1－538
異方便淨土傳燈歸元鏡三祖實錄二卷[附錄]一卷 …… 1－96
異方便淨土傳燈歸元鏡三祖實錄二卷附錄一卷 …… 1－23
異方便淨土傳燈歸元鏡三祖實錄二卷[附錄]一卷 …… 1－102
異苑十卷 …… 3－343
異治濟世法 …… 3－113
異書四種 …… 1－386
異域風謠 …… 1－346
異聞益智叢錄三十四卷 …… 2－270
異聞錄十二卷 …… 3－29
異聞總錄四卷 …… 1－193
異聞總錄四卷 …… 3－416
異說征西演義全傳六卷四十回 …… 1－11
異說南唐演義全傳十卷 …… 2－526
異說後唐傳三集薛丁山征西樊梨花全傳九十回 …… 2－360
異談可信錄二十三卷 …… 3－55
異談可信錄二十三卷 …… 3－286
異談可信錄八卷 …… 3－36

鄂州小集六卷…………………………… 1－417
鄂省丁漕指掌十卷……………………… 2－167
鄂省丁漕指掌十卷……………………… 3－363
鄂宰四種……………………………… 3－187
鄂國金陀粹編二十八卷續編三十卷
…………………………………………… 2－96
鄂渚同聲集初編七卷二編二十卷三
編八卷……………………………… 3－266
鄂渚同聲集初編七卷鄂渚同聲集正
編二十卷…………………………… 3－204
鄂跗草堂詩二卷 ……………………… 3－78
唱和續集八卷………………………… 2－439
唱道真言……………………………… 1－304
唱酬題詠附錄 ………………………… 1－48
[唱經堂才子書]十種十五卷 ………… 1－57
唱經堂才子書彙稿……………………… 1－238
唱經堂才子書彙稿十一種……………… 1－236
婁子柔先生集三十五卷………………… 1－311
婁水文徵八十卷………………………… 1－434
婁江志二卷…………………………… 1－247
婁東海寧寺至善安禪師語錄一卷附
機緣佛事偈頌……………………… 1－281
[乾隆]婁縣志三十卷首二卷 ……… 1－285
[光緒]婁縣續志二十卷 …………… 3－186
國子先生全集………………………… 1－434
國子監南學存書目錄………………… 3－532
國子監南學經籍備志光緒十五年第
二次存目…………………………… 3－536
國史文苑傳二卷……………………… 2－531
國史考異六卷………………………… 2－172
國史考異六卷………………………… 3－308
國史經籍志六卷………………………… 1－5
國史儒林文苑賢良循吏傳七卷……… 1－348
國史儒林黃仲弢先生傳……………… 1－357
國史儒林傳二卷……………………… 2－500
國史儒林傳二卷……………………… 2－532
國民常識……………………………… 3－261
國民錄四卷 …………………………… 2－70
國色天香十卷………………………… 1－375
國初十大家詩鈔十種七十五卷 ……… 1－48
國初名臣列傳………………………… 1－118
國事節鈔 ……………………………… 3－21
國政貿易相關書……………………… 1－394
國朝十家四六文鈔…………………… 2－388
國朝三元考…………………………… 3－206
國朝三家文鈔三十二卷……………… 1－234
國朝三家文鈔三十二卷……………… 1－334
國朝上虞詩集十二卷………………… 1－415
國朝山左詩鈔六十卷 ………………… 1－32
國朝山左詩鈔六十卷………………… 1－236
國朝山左詩鈔六十卷………………… 1－237
國朝山左詩鈔六十卷………………… 1－244
國朝山左詩續鈔三十二卷首一卷 …… 3－80
國朝山右詩存二十四卷附集八卷…… 2－326
國朝千家詩二卷……………………… 3－172
國朝小題文濬靈集…………………… 2－363
國朝小題文濬靈集六編……………… 2－376
國朝天台詩存十四卷………………… 3－105
國朝中州文徵五十四卷首一卷……… 1－436
國朝中州文徵五十四卷首一卷……… 1－539
國朝中州文徵五十四卷首一卷……… 3－159
國朝六科漢給事中題名錄……………… 3－3
國朝六科滿蒙給事中題名錄………… 3－306
國朝六家詩鈔………………………… 1－216
國朝六家詩鈔八卷…………………… 1－204
國朝六家詩鈔八卷…………………… 1－220
國朝六家詩鈔八卷…………………… 3－324
國朝文才調集………………………… 2－348
國朝文述八卷………………………… 2－454
國朝文述初編………………………… 3－418
國朝文鈔初編二卷二編三編四編五
編論文集鈔 ………………………… 1－47
國朝文匯……………………………… 1－544
國朝文匯二百卷首一卷……………… 2－381
國朝文匯二百卷總目一卷…………… 3－416
國朝文錄……………………………… 2－446
國朝文錄八十二卷…………………… 2－363
國朝文錄八十二卷…………………… 2－446
國朝文錄八十二卷…………………… 2－450
國朝文錄八十二卷…………………… 2－450
國朝文錄八十二卷…………………… 3－212
國朝文錄八十二卷續編六十六卷…… 2－432

國朝文錄小傳二卷…………………… 3－232
國朝文錄續編六十六卷……………… 3－212
國朝正雅集一百卷…………………… 1－415
國朝古文正的七卷…………………… 3－311
國朝古文所見集十三卷 ……………… 3－98
國朝古文彙鈔初集一百七十六卷二
集一百卷…………………………… 1－424
國朝右文掌錄………………………… 2－168
國朝四大家詩鈔……………………… 1－439
國朝先正事略六十卷………………… 1－350
國朝先正事略六十卷………………… 1－362
國朝先正事略六十卷………………… 1－485
國朝先正事略六十卷 ………………… 2－72
國朝先正事略六十卷………………… 3－320
國朝先正事略六十卷首一卷 ………… 2－79
國朝先正事略六十卷首一卷………… 2－103
國朝先正事略六十卷續八卷 ………… 2－79
國朝先正事略續編四卷……………… 1－354
國朝全閩詩錄二十一卷續集十一卷
……………………………………… 2－363
國朝名人小簡二卷…………………… 2－414
國朝名人小簡二卷…………………… 2－452
國朝名人小簡二卷…………………… 3－354
國朝名人手跡第二集………………… 3－352
國朝名人手跡第八集………………… 2－263
國朝名人書劄二卷…………………… 2－375
國朝名人著述叢編十三種 …………… 3－98
國朝名人著述叢編十三種…………… 3－198
國朝名文約編不分卷………………… 3－347
國朝名文約續編不分卷……………… 3－347
國朝名印……………………………… 3－163
國朝名家詩鈔小傳四卷 ……………… 3－90
國朝名家詩鈔小傳四卷……………… 3－378
國朝名媛詩繡鍼五卷………………… 3－251
國朝江西節孝錄八十七卷…………… 2－149
國朝江西節孝錄八十七卷…………… 2－167
國朝宋學流源記二卷附記一卷……… 1－343
國朝宋學淵源記……………………… 2－173
國朝宋學淵源記二卷附記一卷……… 2－194
國朝宋學淵源記二卷附錄一卷……… 3－225
國朝武定詩鈔十二卷補鈔二卷 ……… 1－30
國朝松陵詩徵二十卷 ………………… 1－26
國朝松陵詩徵二十卷………………… 1－292
國朝杭郡詩三輯一百卷……………… 1－406
國朝杭郡詩輯………………………… 1－422
國朝杭郡詩輯十六卷………………… 2－320
國朝兩浙科名錄 ……………………… 2－76
國朝兩浙科名錄……………………… 2－168
國朝兩浙科名錄[順治丙戌至咸豐
己卯科]……………………………… 3－53
國朝金陵詩徵國朝四十八卷金陵四
十四卷……………………………… 2－431
國朝春曹題名 ………………………… 3－16
國朝春曹題名………………………… 3－202
國朝科場異聞錄五卷 ………………… 3－43
國朝院畫錄二卷……………………… 3－199
國朝柔遠記…………………………… 2－122
國朝柔遠記二十卷…………………… 1－487
國朝柔遠記十八卷附編二卷………… 1－486
國朝耆獻類徵初編七百二十卷 ……… 2－78
國朝耆獻類徵初編七百二十卷國朝
賢媛類徵初編十二卷……………… 1－482
國朝耆獻類徵初編七百二十卷賢媛
類徵初編十二卷…………………… 1－363
國朝莆陽詩輯四卷…………………… 3－241
國朝海陵詩彙補遺…………………… 3－208
國朝書人輯略十一卷首一卷………… 1－477
國朝書人輯略十一卷首一卷………… 1－492
國朝書人輯略十一卷首一卷………… 1－492
國朝書人輯略十二卷首一卷………… 3－310
國朝書畫家筆錄四卷………………… 1－493
國朝書畫家筆錄四卷………………… 1－527
國朝書畫家筆錄四卷………………… 2－273
國朝書畫家筆錄四卷………………… 2－287
國朝書畫家筆錄四卷附名媛錄一卷
……………………………………… 3－345
國朝理學備考十二卷………………… 1－399
國朝常州詞錄三十一卷……………… 1－542
國朝常州詞錄三十一卷……………… 2－391
國朝常州詞錄三十一卷 ……………… 3－47
國朝常州駢體文錄三十一卷………… 2－370
國朝常州駢體文錄三十一卷………… 2－378

國朝常州駢體文錄三十一卷………… 3－177
國朝常州駢體文錄三十一卷附結文
一卷……………………………………… 2－452
國朝崑新青衿錄………………………… 3－145
國朝掌故輯要二十四卷 ……………… 3－76
國朝御史題名 ………………………… 2－90
國朝御史題名錄………………………… 1－464
國朝御史題名錄………………………… 3－7
國朝詞宗續編二十四卷………………… 3－130
國朝詞綜四十八卷二集八卷………… 2－431
國朝詞綜四十八卷二集八卷………… 2－436
國朝湖州府科第表 …………………… 3－19
國朝湖州詩錄三十四卷……………… 2－431
國朝湖州詩續錄十六卷……………… 2－325
國朝湖州詩續錄十六卷……………… 2－435
國朝畫人輯略十一卷首一卷………… 1－514
國朝畫家書小傳………………………… 2－136
國朝畫徵………………………………… 3－150
國朝畫徵錄二卷………………………… 1－529
國朝畫徵錄三卷續錄二卷…………… 1－512
國朝畫徵錄三卷續錄二卷…………… 2－200
國朝畫徵錄三卷續錄二卷…………… 2－200
國朝畫徵錄三卷續錄三卷…………… 2－233
國朝畫徵錄五卷………………………… 2－305
國朝畫識八卷…………………………… 2－195
國朝虞陽科名錄四卷………………… 2－185
國朝虞陽科名錄四卷………………… 3－114
國朝蜀詩略十二卷…………………… 3－274
國朝試賦彙海續編…………………… 3－290
國朝詩十卷外編一卷補六卷………… 3－226
國朝詩十卷外編一卷補四卷………… 2－459
國朝詩人徵略六十卷………………… 1－538
國朝詩人徵略六十卷………………… 1－544
國朝詩人徵略六十卷 ……………… 2－81
國朝詩人徵略六十卷………………… 2－358
國朝詩人徵略六十卷二編六十四卷
……………………………………………… 1－352
國朝詩正六卷 ………………………… 1－27
國朝詩正聲集不分卷首一卷………… 1－207
國朝詩正聲集不分卷首一卷………… 1－219
國朝詩別裁集三十六卷 …………… 1－96
國朝慈谿科名備覽…………………… 2－136
國朝滄州詩補鈔二卷續鈔四卷 ……… 3－59
國朝滄州詩續鈔四卷………………… 2－347
國朝滄洲詩補鈔二卷補遺一卷……… 2－354
國朝經學名儒記 ……………………… 2－77
國朝歷下詩鈔四卷…………………… 2－341
國朝歷科館選錄 ……………………… 3－12
國朝歷科題名碑錄初集……………… 2－503
國朝閨秀正始集續集二十卷附錄一
卷補遺一卷……………………………… 1－543
國朝閨閣詩鈔…………………………… 2－327
國朝漢學師承記八卷………………… 1－343
國朝漢學師承記八卷………………… 1－490
國朝漢學師承記八卷 ……………… 2－52
國朝漢學師承記八卷 ……………… 2－85
國朝漢學師承記八卷附國朝經師經
義目錄一卷國朝宋學淵源記二卷
……………………………………………… 3－377
國朝遺事紀聞…………………………… 2－134
國朝遺事紀聞…………………………… 3－9
國朝畿輔詩傳六十卷………………… 2－347
國朝畿輔詩傳六十卷………………… 2－361
國朝畿輔詩傳六十卷………………… 3－541
國朝駢體正宗十二卷………………… 2－323
國朝駢體正宗十二卷………………… 2－323
國朝駢體正宗十二卷………………… 2－350
國朝駢體正宗十二卷………………… 2－366
國朝駢體正宗十二卷………………… 2－373
國朝翰詹源流編年五卷 …………… 1－70
國朝歷科館選錄 ……………………… 1－79
國朝歷科館選錄………………………… 1－260
國朝歷科題名碑錄…………………… 1－3
國朝歷科題名碑錄…………………… 1－4
國朝歷科題名碑錄…………………… 1－124
國朝歷科題名碑錄…………………… 1－128
國朝舉業正軌…………………………… 3－216
國朝學案小識十四卷首一卷末一卷
……………………………………………… 1－499
國朝學案小識十四卷首末二卷……… 1－466
國朝館選錄……………………………… 3－132
國朝嶺海詩鈔二十卷………………… 2－337

國朝嚴州詩錄六卷…………………… 3－276
國朝瀛海探驪集八卷………………… 3－121
國朝繡像千家詩二卷………………… 3－516
國策評林十八卷 ……………………… 2－82
國會通考……………………………… 2－105
國際公法志…………………………… 2－169
國際公法志…………………………… 3－378
國語 …………………………………… 2－49
國語二十一卷………………………… 1－121
國語二十一卷………………………… 1－122
國語二十一卷………………………… 1－123
國語二十一卷………………………… 1－485
國語二十一卷 ………………………… 2－72
國語二十一卷………………………… 3－313
國語二十一卷………………………… 3－347
國語二十一卷劄記一卷 ……………… 2－62
國語二十一卷劄記一卷……………… 2－174
國語二十一卷劄記一卷……………… 3－430
國語二十六卷………………………… 2－140
國語九卷……………………………… 1－109
國語公羊穀梁選輯 …………………… 2－16
國語正義二十一卷…………………… 2－139
國語明道本考異……………………… 2－113
國語明道本考異四卷………………… 3－380
國語校注三君注輯存四卷發正二十
　一卷考異四卷 ……………………… 2－76
國語校注本三種……………………… 1－478
國語校註二十九卷 …………………… 2－72
國語國策附劄記 ……………………… 2－60
國語鈔二卷國策鈔二卷穀梁傳鈔一
　卷公羊傳鈔一卷…………………… 1－116
國語鈔評八卷 ………………………… 1－76
國語補音三卷………………………… 2－163
國語翼解六卷………………………… 2－140
國粹學報第一年七號第二年十三號
　…………………………………… 2－324
國粹學報第三年(丁未)一至十二號
　…………………………………… 2－208
國粹學報第五年八號第六年十二號
　…………………………………… 2－324
國粹學報第四年(戊申)一至十二號
　…………………………………… 2－208
國粹叢書……………………………… 1－445
國劇詞………………………………… 2－411
國學萃編二十六期…………………… 3－228
國學禮樂録二十卷 …………………… 1－64
國學叢刊……………………………… 2－3
國學叢刊……………………………… 2－7
國學叢刊 ……………………………… 2－98
國學叢刊……………………………… 3－149
國憲泛論三卷………………………… 3－372
唯心五種……………………………… 2－228
唯心集三卷末一卷…………………… 2－326
唯識二十論四卷……………………… 2－213
唯識開蒙問答二卷…………………… 2－251
啗敢覽館稿…………………………… 3－258
啗敢覽館稿一卷 ……………………… 3－89
啖蔗軒自訂年譜……………………… 2－538
啖影集四卷 …………………………… 3－74
崧鎮青中丞撫浙奏疏卷二…………… 2－128
崧鎮青中丞撫浙疏…………………… 2－128
崑弋集雅……………………………… 3－486
崑弋劇本三十四種…………………… 1－330
崑山片玉……………………………… 2－261
[乾隆]崑山新陽合志三十八卷首一
　卷末一卷…………………………… 1－282
崑曲詞本 ……………………………… 3－46
崑曲粹存初集………………………… 3－1
崑崙硒詠集二卷……………………… 3－256
[光緒]崑新兩縣續修合志五十二卷
　首一卷末一卷……………………… 3－177
崑劇吹打譜…………………………… 3－466
崔東壁先生遺書四種………………… 2－465
崔清獻公集五卷附錄一卷…………… 1－423
崔翰林遺集二卷……………………… 3－147
崢霄館評定出像通俗演義魏忠賢小
　說斥訐書七卷三十四回…………… 3－482
[乾隆]崞縣志八卷 …………………… 1－118
崇川各家詩鈔彙存六十一卷列朝詩
　選二卷首八卷恩暉堂詩集六卷帖
　體詩三卷…………………………… 3－221

崇川咫聞錄十二卷 3-221
崇川紫琅書院課藝 2-349
崇文門商稅則例 3-539
崇文書局彙刊書 3-315
崇文書局彙刻書三十一種二百九十七卷 2-467
崇文書局彙刻書三十一種二百九十七卷 2-467
崇文總目五卷補遺一卷 2-132
崇正寶鑑一卷 3-306
崇本堂文集八卷 2-409
崇百藥齋文集二十卷續集四卷三集四卷 2-405
崇百藥齋詩文集二十卷續集四卷三集十二卷 2-406
崇祀名宦紀不分卷 1-277
[乾隆]崇明縣志二十卷 1-327
[光緒]崇明縣志十八卷 3-217
崇相集 2-457
崇相集八卷崇相存素詩稿二卷 1-30
崇修引二十二卷 3-415
崇陵病案八卷 1-187
崇雅堂集 2-488
崇雅堂集十五卷續集一卷 2-418
崇雅堂稿八卷 2-452
崇睦山房詞 2-522
崇福寺志四卷續志一卷 2-59
崇禎五十宰相傳 2-143
崇禎朝紀事四卷 1-486
崇禎朝記事四卷 3-405
崇禎爺分宮 3-467
崇德祠志略四卷 1-223
崇蘭堂詩初存十卷 2-332
崆峒山志二卷 2-58
崆峒山志二卷 2-58
崆峒山志二卷 2-58
崆峒山志二卷 3-157
崆峒山志二卷 3-175
過氏醫案 1-522
過去佛分衛經一卷 1-176
過去莊嚴劫千佛名經不分卷 1-166
過去現在因果經四卷 2-286
過百齡先生四子譜 3-135
過江集四卷 1-253
過庵遺稿八卷 3-105
過雲精舍詞二卷 2-522
過雲樓書畫記十卷 1-511
過雲樓書畫記十卷 1-512
過會□卷 3-492
缽池山志 2-111
梨花雪 1-423
梨花雪 3-45
梨花雪 3-278
梨花雪十四折白頭新六折 3-168
梨洲先生年譜三卷 2-539
梨雲館廣清紀四卷 1-17
梨園娛老集 3-13
梨園集成 2-402
梨園集成 3-336
梨園集成四十七種 1-423
梨園譜 3-98
梨嶽集 3-253
移芝室全集文十三卷詩三卷 3-12
移芝堂集文集十二卷詩集三卷 1-413
動忍集二卷 3-75
笛漁小稿十卷 1-285
笛漁小稿十卷 3-161
笛漁小稾十卷 3-192
笙月詞五卷花影詞一卷 2-470
笙月詞五卷花影詞一卷 3-294
笙月詞四卷 2-492
笙雅堂文集四卷 3-193
笠杖集六卷 3-276
笠杖集四卷 3-92
笠東草堂文稿二卷 3-2
笠翁一家言全集十六卷 1-101
笠翁一家言全集十六卷 1-433
笠翁一家言全集初集十二卷二集十二卷別集四卷 3-504
笠翁十種 1-403
笠翁十種曲 3-445
笠翁偶集六卷 1-292

笠翁詞韻四卷………………………… 3－503
笠翁傳奇十種 ………………………… 1－22
笠翁傳奇十種………………………… 3－446
笠翁傳奇十種二十卷 ………………… 1－22
笠翁對韻四卷………………………… 3－504
笠雲槐里遺文………………………… 3－145
笥河文集十六卷……………………… 2－431
笥河文集十六卷……………………… 2－501
笥河文集十六卷首一卷……………… 2－370
笥河文鈔二卷………………………… 2－320
笥河詩文集文集十六卷首一卷詩集
　二十卷…………………………… 2－419
第一才子書十九卷首一卷一百二十
　回………………………………… 2－445
第一才子書六十卷…………………… 3－481
第一才子書六十卷首一卷一百二十
　回………………………………… 1－272
第一才子書六十卷首一卷一百二十
　回………………………………… 3－294
第一生修梅花館詞一卷……………… 2－484
第一生修梅花館詞八種附錄一種…… 3－137
第一生修梅花館詞六種 ……………… 3－89
第一奇書野叟曝言二十卷一百五十
　二回……………………………… 1－261
第一奇書野叟曝言二十卷一百五十
　二回……………………………… 3－338
第一情書廳月樓全傳二十回………… 3－287
第一樓叢書九種三十卷……………… 3－191
第十才子綠雲緣四卷………………… 2－399
第十才子駐春園六卷二十四回 ……… 3－52
第八才子花箋記二卷………………… 3－287
第九才子書平鬼傳四卷十回………… 3－482
第五才子書十二卷一百二十四回…… 3－481
第五才子書水滸全傳七十回………… 1－530
第五才子書施耐菴水滸傳七十五卷
　七十回…………………………… 1－324
第五才子書施耐庵水滸傳七十回…… 3－481
第六才子書…………………………… 2－401
第六才子書八卷 ……………………… 1－14
第六才子書六卷……………………… 3－285
第六才子書西廂記八卷附一卷……… 3－508
笳騷…………………………………… 1－290
笳騷一卷女彈詞一卷………………… 3－334
敏果齋七種…………………………… 1－501
偶更堂文集二卷詩稿二卷…………… 1－222
偶邸遺珍……………………………… 2－258
偶然雲二卷 …………………………… 3－90
偶齋詩草外集八卷…………………… 3－190
偈文寶卷 ……………………………… 3－71
偈文寶卷……………………………… 3－111
偉堂詩鈔二十卷詞鈔四卷…………… 1－225
偷閒小草二卷 ………………………… 3－85
偷詩曲譜 ……………………………… 3－98
進士登科錄 …………………………… 3－17
進寺門………………………………… 3－492
進呈集二卷…………………………… 3－158
進呈簡字譜錄摺……………………… 2－114
進修堂詩集十四卷…………………… 3－104
停琴餘牘 ……………………………… 3－20
停雲集………………………………… 2－416
偽忠王親筆口供一卷………………… 3－330
兜率不磷堅禪師語録三卷…………… 1－163
兜率龜鏡集三卷……………………… 1－156
兜率龜鏡集三卷……………………… 2－218
貨郎旦［女彈］荆釵記［男祭］ ……… 2－514
術數雜抄……………………………… 3－309
得一錄十六卷………………………… 2－283
得一錄八卷首一卷…………………… 3－313
得一齋雜著四種……………………… 2－134
得月樓小題文鈔……………………… 2－424
得月樓賦甲乙編……………………… 3－221
得月樓賦鈔…………………………… 2－425
得無垢女經一卷……………………… 1－185
得鈔嗷妻二回………………………… 3－467
得意緣不分卷………………………… 1－318
從古堂款識學十六卷………………… 1－494
從古堂款識學十六卷………………… 1－494
從古堂款識學十六卷………………… 1－494
從戎紀畧 ……………………………… 3－14
從征圖記……………………………… 1－358
從征圖記 ……………………………… 3－23
從政遺規……………………………… 2－285

從政遺規二卷 2－190
從政遺規二卷 2－266
從政遺規二卷 3－300
從政遺規二卷 3－389
從政遺規摘鈔二卷附補鈔 2－233
從軍日記 3－6
從野堂存稿 2－457
從野堂存稿八卷 3－201
從野堂存稿八卷初遺一卷年譜一卷附錄一卷 3－163
從新齋文集 3－307
船山師友記十七卷 2－478
船山詩草二十卷 3－321
船山詩草二十卷補遺三卷 1－431
船山詩草二十卷補遺三卷 3－129
船山詩草二十卷補遺六卷 2－342
船山詩草補遺六卷 2－383
船山遺書 2－462
船山遺書二百八十八卷補遺一卷 1－432
船山遺書二百八十八卷補遺一卷校勘記二卷 2－466
船山遺書二百八十八卷補遺二卷校勘記二卷 2－461
船政奏議彙編五十四卷 2－88
船庵集十二卷 3－55
船塢論略 1－391
釣琴軒詩鈔四卷 3－255
釣磯詩集四卷首一卷 3－93
敘德書情集 2－345
敘德書情集 2－509
敘德書情集一卷 3－477
斜川集六卷 2－346
斜川詩集八卷 3－168
悉達太子寶卷全集 2－498
悉曇十二返抄 3－512
欲自得齋詩草 3－146
欲海回狂集三卷 2－233
欲海囬狂三卷附錄一卷 2－221
覓燈因話二卷 1－374
覓燈因話二卷 3－46
貪瞋癡注 2－229
貪瞋癡註淨土直說 3－128
貪歡報十八回 1－439
貪歡報八卷二十四回 1－19
貧富寶卷一卷 3－497
烏鼠山人小集十六卷後集二卷擬漢樂府八卷可泉擬涯翁擬古樂府二卷 1－53
烏鼠山人小集十六卷後集二卷願學編二卷可泉擬涯翁擬古樂府二卷擬漢樂府八卷附補遺雍音四卷唐雅八卷 1－261
烏窠禪師度白侍郎 3－102
烏窠禪師度白侍郎 3－102
烏窠禪師度白侍郎寶卷 3－62
脫影奇觀 1－381
魚水緣傳奇二卷三十二出 1－317
魚水緣傳奇二卷三十二出 1－423
魚水緣傳奇二卷三十二出 3－464
魚凫彙刻 3－198
魚藏劍(專諸、王僚角詞) 2－490
魚籃記 1－319
魚籃記二卷三十六出 3－469
象山先生文集二十八卷外集四卷 1－333
象山先生行狀 1－333
象山先生全集三十六卷 2－371
象山先生全集三十六卷 3－312
象山先生語錄四卷 1－333
象山先生諡議 1－333
象山岩新書 2－414
象教皮編六卷 2－253
象崖珽禪師語録四卷 1－162
象棋譜 3－511
象臺首末七卷 3－236
象數一原七卷 1－508
象數論六卷 2－31
象數論六卷 2－51
象戲新譜外編 3－173
逸子書六種八卷 2－467
逸在堂述古錄八卷 3－34
逸周書管箋十卷疏證一卷提要一卷集說一卷摭訂三卷 2－94

欸花居詩文遺稿十卷 …………………… 3－46
猗羅吟草二卷……………………………… 1－420
凰求鳳傳奇二卷三十出………………… 3－446
猘狗經…………………………………… 2－239
猛將寶卷 ……………………………… 3－71
猛將寶卷一卷………………………… 3－499
猛醒編…………………………………… 2－527
祭王龍谿先生文……………………… 1－231
祭王龍谿先生文……………………… 1－307
祭姬…………………………………… 3－486
祭皐陶………………………………… 3－280
訥盦叢稿 ……………………………… 3－73
許氏世譜八卷………………………… 2－157
［許氏四吟］四種 …………………… 1－33
許文正公遺書十二卷首一卷末一卷
……………………………………… 2－382
許玉峯先生集三卷…………………… 2－509
許玉峯先生集三卷附錄一卷………… 2－491
許玉峯先生集三卷附錄一卷………… 2－493
許竹篔先生出使函稿十四卷………… 3－2
許竹篔侍郎尺牘真蹟二卷…………… 2－485
［道光］許州志十六卷首一卷 ……… 2－180
許松濱先生全集四十三卷首一卷末
一卷………………………………… 3－136
許松濱集四十三卷 …………………… 3－59
許學叢刻二集………………………… 1－447
許學叢書……………………………… 1－463
訟過齋日記六卷首一卷 ……………… 3－91
設立考核專科章程…………………… 2－258
設立考核專科章程…………………… 2－258
訪素…………………………………… 3－144
訪樂堂詩……………………………… 3－248
庶人禮略……………………………… 2－171
庶幾堂今樂…………………………… 1－423
庶幾堂今樂二十八卷弁言一卷……… 3－489
庶幾堂今樂二集二十八種…………… 3－339
庶幾錄 ………………………………… 3－36
庶齋老學叢談三卷 …………………… 3－94
麻山遺集二卷 ………………………… 3－26
麻子認女寶卷 ………………………… 3－71
麻姑山仙壇記………………………… 2－263
麻姑山志十二卷首一卷……………… 1－363
麻科活人全書四卷…………………… 1－511
麻疹全書……………………………… 2－210
麻疹全書四卷………………………… 2－515
麻陽平匪自治文書…………………… 3－8
麻園遺集……………………………… 2－368
庵堂相會 繡荷包…………………… 3－490
庾子山集十六卷……………………… 1－542
庾子山集十六卷……………………… 2－347
庾子山集十六卷……………………… 2－348
庾子山集十六卷年譜一卷總釋一卷
……………………………………… 1－95
庾子山集十六卷年譜一卷總釋一卷
……………………………………… 1－224
庾子山集十六卷首一卷總釋一卷…… 2－438
庾開府全集十六卷…………………… 2－440
產科心法下集………………………… 2－534
產後編………………………………… 3－295
痎瘧論疏……………………………… 2－273
庸吏庸言……………………………… 3－260
庸吏庸言二卷………………………… 3－363
庸吏庸言二卷………………………… 3－399
庸行編八卷 …………………………… 1－92
庸行編八卷…………………………… 1－139
庸言…………………………………… 2－294
庸言知旨二卷………………………… 3－528
庸言知旨二卷………………………… 3－528
庸書內篇二卷庸書外篇二卷………… 2－193
庸庵文續編二卷……………………… 3－225
庸庵全集……………………………… 1－543
庸閑齋筆記十二卷…………………… 2－373
庸閑齋筆記八卷……………………… 2－396
庸閒齋筆記八卷……………………… 1－383
庸盦文編四卷………………………… 2－435
庸盦全集……………………………… 3－260
庸盦全集二十一卷…………………… 1－409
庸盦全集十卷………………………… 2－426
庸盦筆記六卷………………………… 3－422
康梁徐謀財害命鐵證書……………… 3－151
康湍譜………………………………… 2－317
康熙己未詞科錄十二卷首一卷……… 3－200

康熙字典…………………………………… 1－455
康熙字典…………………………………… 1－463
康熙字典…………………………………… 2－8
康熙字典 ………………………………… 2－12
康熙字典 ………………………………… 2－13
康熙字典 ………………………………… 2－15
康熙字典 ………………………………… 2－38
康熙字典 ………………………………… 2－49
康熙字典…………………………………… 3－415
康熙字典十二卷 ………………………… 2－28
康熙字典十二卷 ………………………… 2－52
康熙字典十二集 ………………………… 2－28
康熙字典十二集 ………………………… 2－39
康熙字典十二集檢字一卷辨似一卷
等韻一卷備考一卷補遺一卷……… 3－357
康熙字典十二集檢字一卷辨似一卷
等韻一卷總目一卷備考一卷補遺
一卷……………………………………… 3－339
康熙字典十二集檢字一卷辨似一卷
等韻一卷總目一卷備考一卷補遺
一卷……………………………………… 3－411
康熙字典十二集總目一卷檢字一卷
辨似一卷補遺一卷備考一卷等韻
一卷……………………………………… 1－108
康熙字典十二集總目一卷檢字一卷
辨似一卷補遺一卷備考一卷等韻
一卷……………………………………… 1－110
康熙字典十二集總目一卷檢字一卷
辨似一卷補遺一卷備考一卷等韻
一卷 …………………………………… 2－15
康熙字典十二集總目一卷檢字一卷
辨似一卷補遺一卷備考一卷等韻
一卷 …………………………………… 2－17
康熙字典十二集總目一卷檢字一卷
辨似一卷補遺一卷備考一卷等韻
一卷 …………………………………… 2－41
康熙字典三十六卷 ……………………… 2－38
康熙政要二十四卷……………………… 1－490
康熙政要二十四卷……………………… 1－528
康熙樂府二十卷………………………… 3－476
康對山先生文集十卷…………………… 1－217
康對山先生文集十卷附録一卷……… 1－427
康輶紀行十六卷………………………… 2－171
康衢新樂府十出………………………… 3－474
鹿山榤槔集驪榷彙萃…………………… 1－312
鹿仙吟草………………………………… 3－256
[光緒]鹿邑縣誌十六卷 ……………… 2－85
鹿壯節公行述一卷……………………… 2－508
鹿苑結緣　龍華法會…………………… 3－450
鹿門再頌 ……………………………… 3－77
鹿門集三卷……………………………… 3－409
鹿忠節公集二十一卷…………………… 1－219
鹿忠節公認真草十五種………………… 1－503
鹿洲公案二卷…………………………… 1－123
鹿洲公案二卷…………………………… 2－169
鹿洲公案二卷…………………………… 3－110
鹿洲文集抄存…………………………… 3－407
鹿洲全集………………………………… 1－546
鹿洲全集………………………………… 2－361
鹿洲初集二十卷………………………… 1－210
鹿洲初集二十卷………………………… 1－222
鹿洲初集二十卷………………………… 2－442
鹿洲初集二十卷鹿洲公案二卷鹿洲
奏疏一卷東征集六卷棉陽學準五
卷女學六卷平臺紀略一卷修史試
筆二卷 ………………………………… 1－41
鹿洲奏疏………………………………… 2－169
鹿鳴雅詠四卷首一卷…………………… 3－186
鹿蕉山館詩鈔十卷……………………… 3－264
旌孝録…………………………………… 3－251
旌忠録…………………………………… 1－345
旋風案十六部…………………………… 1－430
褎遺草堂詩鈔十二卷 ………………… 3－39
章太炎譚復生合鈔……………………… 3－354
章介菴先生文集十一卷 ……………… 1－36
章母劉太夫人事略……………………… 2－171
章邦元年譜……………………………… 2－539
[道光]章邱縣誌十六卷首一卷末一
卷………………………………………… 2－469
章柳州集四卷…………………………… 2－369
章泉稾五卷……………………………… 1－263
章實齋先生遺書六卷附録不分卷…… 1－480

產孕集二卷……………………………… 2－205
產科心法二卷 ………………………… 3－30
產科新法……………………………… 1－522
產寶諸方 ……………………………… 2－273
商子五卷……………………………… 3－440
商丘宋氏三世遺集三種五卷 ………… 1－26
［康熙］商邱縣志二十卷首一卷 ……… 2－86
商君書五卷…………………………… 2－313
商辦漢冶萍煤鐵廠礦股份有限公司
歷次奏咨案牘……………………… 3－399
商辦漢冶萍煤鐵廠礦股份有限公司
歷次奏諮案牘……………………… 3－388
望三益齋存稿………………………… 2－480
望三益齋詩文鈔十二卷……………… 3－156
望三益齋爐餘吟草二卷附詞草一卷
………………………………………… 3－246
望山草堂詩鈔八卷 ………………… 3－74
望江南………………………………… 2－520
望眉草堂詩集八卷…………………… 3－103
望堂金石初集二集…………………… 1－494
望鄉子弟書…………………………… 3－466
望診遵經二卷 ……………………… 3－41
望湖亭記二卷………………………… 1－317
望溪文集三十二卷…………………… 2－434
望溪先生文集十八卷首一卷集外文
四卷集外文補遺二卷年譜一卷…… 2－380
望溪先生文集十八卷集外文十卷補
遺二卷……………………………… 2－460
望溪先生全集………………………… 2－345
望溪先生全集文集十八卷集外文十
卷集外文補遺二卷………………… 3－324
望溪先生全集正集十八卷集外文十
卷集外文補遺二卷年譜二卷……… 2－365
望嶽樓詩二卷………………………… 2－531
率真子偶存七卷……………………… 3－237
率爾掾觚七卷………………………… 1－399
情天外史……………………………… 2－489
情天寶鑑二十四卷…………………… 2－424
情田詞三卷…………………………… 2－455
情田詞三卷…………………………… 2－528
情史二十四卷………………………… 1－380
情史二十四卷………………………… 2－490
情史類略二十四卷 ………………… 1－14
情史類略二十四卷…………………… 2－370
情史類略二十四卷…………………… 3－509
情夢柝二卷二十回…………………… 3－485
情魔…………………………………… 3－327
惜分陰齋詩鈔十六卷………………… 1－301
惜抱尺牘八卷………………………… 1－410
惜抱尺牘八卷………………………… 1－544
惜抱先生尺牘八卷…………………… 3－298
惜抱軒十種…………………………… 1－534
惜抱軒十種…………………………… 2－463
惜抱軒今體詩選五言今體詩九卷七
言今體詩九卷……………………… 2－352
惜抱軒今體詩選五言詩九卷七言詩
九卷………………………………… 2－356
惜抱軒文集十六卷筆記八卷注說十
七卷詩十五卷……………………… 1－538
惜抱軒尺牘八卷……………………… 2－387
惜抱軒全集…………………………… 2－356
惜抱軒全集…………………………… 2－376
惜抱軒全集九種八十七卷…………… 1－409
惜抱軒集四十二卷…………………… 2－445
惜抱軒遺書三種……………………… 1－408
惜香樂府十卷………………………… 1－310
惜陰軒叢書…………………………… 2－461
惜陰軒叢書三十七種三百卷續編一
種二十一卷………………………… 2－466
惜陰軒叢書三十四種………………… 1－439
惜陰軒叢書續編……………………… 2－465
惜陰軒叢書續編五種………………… 1－442
惜道味齋集…………………………… 2－365
惜穀免災寶卷………………………… 2－498
惜穀免災寶卷………………………… 2－508
惜穀免災寶卷 ……………………… 3－99
惜穀免災寶卷一卷…………………… 3－502
惜穀寶卷……………………………… 3－113
悼亡室沈淑人十六首………………… 2－384
惕甫未定稿十六卷 ………………… 3－99
惕盦年譜……………………………… 2－508
惟清齋全集六種……………………… 1－416

粗解刑統賦一卷…………………………2－163
剪紅詞草………………………………2－523
剪紅詞草………………………………3－134
剪紅詞草………………………………3－213
剪桐載筆一卷 ……………………………1－17
剪桐載筆一卷……………………………1－210
剪桐載筆一卷……………………………3－343
剪燈新話二卷 ……………………………3－45
剪燈餘話三卷……………………………1－374
剪燈餘話三卷 ……………………………3－45
剪燈叢話………………………………2－396
剪燈叢話………………………………3－317
清十家四六文鈔十卷……………………2－455
清人楷書真蹟……………………………2－261
清人墨蹟冊頁……………………………1－194
清九朝聖訓七百七十一卷 ………………2－78
清九朝聖訓九百二十二卷………………2－142
清三家詞………………………………2－497
清天聰史料……………………………1－307
清中外一統輿圖三十一卷首一卷 ……2－68
清文典要四卷……………………………3－525
清文典要四卷……………………………3－525
清文典要四卷……………………………3－526
清文接字不分卷…………………………3－526
清文啟蒙四卷……………………………3－525
清文啟蒙四卷……………………………3－525
清文啟蒙四卷……………………………3－525
清文啟蒙四卷……………………………3－525
清文啟蒙四卷……………………………3－525
清文啟蒙四卷……………………………3－526
清文虛字指南編…………………………3－530
清文虛字指南編二卷……………………1－343
清文虛字指南編二卷……………………3－526
清文虛字指南編二卷……………………3－526
清文虛字指南編二卷……………………3－526
清文虛字指南編二卷……………………3－526
清文補彙八卷……………………………1－342
清文補彙八卷……………………………1－410
清文補彙八卷……………………………3－520
清文補彙八卷……………………………3－525
清文補彙八卷……………………………3－525
清文補彙八卷……………………………3－525
清文補彙八卷……………………………3－525
清文補彙八卷……………………………3－526
清文彙書十二卷…………………………1－343
清文彙書十二卷 …………………………2－48
清文彙書十二卷…………………………3－520
清文彙書十二卷…………………………3－520
清文彙書十二卷…………………………3－526
清文錄八十二卷…………………………1－409
清文總彙十二卷…………………………3－526
清文總彙十二卷…………………………3－526
[光緒]清水河廳志二十卷 ………………3－141
清水澄憲法………………………………2－170
清世宗諭旨一百五十九卷 ………………2－67
清平見喜　和合呈祥……………………3－452
清平見喜　和合呈祥……………………3－456
清平唐韻…………………………………1－235
清平閣倡和詩一卷 ………………………1－41
清史稿五百三十六卷目錄五卷…………1－477
清代行陣圖式……………………………1－510
清代名人書畫扇面冊……………………2－261
清白士集六種二十九卷…………………1－438
清吏部捐官則例…………………………1－358
清列朝詩文集一千二百六十八卷……2－339
清光緒時憲書三種………………………3－227
清光緒朝奏稿……………………………3－222
清江貝先生詩集十卷文集三十卷……1－271
清江貝先生詩集十卷文集三十卷……1－313
[同治]清江縣志十卷首一卷 ……………1－356
[同治]清江縣志十卷首一卷 ……………3－269
清芬閣集十二卷 …………………………3－18
清芬閣集十二卷…………………………3－290
清芬樓遺稿四卷…………………………1－540
清芬錄二卷………………………………2－484
清足居集…………………………………2－491
清足居集一卷蕉窗詞一卷………………3－184
清足居集蕉窗詞 …………………………3－76
清吟堂集六卷……………………………1－215
清忠譜正案一出蘆花絮四出……………3－334
清季光緒間籌辦各種學堂草擬章程
……………………………………………2－99

清季硃批 …………………………………… 3－145
清河六先生詩選十卷 ……………………… 1－410
清河書畫舫 ………………………………… 1－513
清河書畫舫 ………………………………… 2－207
清河書畫舫 ………………………………… 2－309
清河書畫舫十二卷鑒古百一詩一卷
………………………………………… 1－195
清河書畫舫十二集 ………………………… 3－324
清河書畫舫十二集鑒古百一詩一卷
………………………………………… 1－87
清河集七卷附錄一卷 ……………………… 3－147
［光緒］清河縣志二十六卷 ……………… 3－174
清波雜誌三卷 ……………………………… 3－416
清官斷鼓詞二卷 …………………………… 2－518
清承堂印賞初集四卷二集四卷 ………… 3－168
清咸同間與各國所訂條約 ……………… 1－352
清皇八子永璇詩稿 ………………………… 1－314
清皇室宗譜 ………………………………… 3－542
［同治］清泉縣志十卷首一卷末一卷
………………………………………… 3－185
清風易註四卷 ……………………………… 1－449
清風草堂詩鈔八卷 ………………………… 2－351
清風室詩鈔五卷 …………………………… 3－276
清風閘四卷 ………………………………… 1－369
清風閘四卷三十二回 ……………………… 3－484
清音小集四卷 ……………………………… 3－333
清音小集四卷三十二種 …………………… 3－490
清音雜録 …………………………………… 3－492
清音鑼鼓十番 ……………………………… 3－464
清軍陸軍大演習寫真集 …………………… 1－130
清真指南八卷附刻一卷 …………………… 3－190
清真集二卷 ………………………………… 2－470
清真集二卷補遺一卷 ……………………… 3－77
清真解義 …………………………………… 2－252
清時憲書 …………………………………… 1－398
清秘述聞十六卷 …………………………… 1－363
清秘述聞十六卷 …………………………… 1－365
清秘述聞十六卷 …………………………… 2－82
清秘堂帖 …………………………………… 2－302
清雋集鈔 …………………………………… 2－457
清高宗十七房子輩後裔女譜 …………… 1－309
清高宗南巡名勝圖二十四景圖冊 …… 1－334
清涼山志十卷 ……………………………… 1－124
清涼山志十卷 ……………………………… 2－175
清涼山志十卷 ……………………………… 3－519
清涼山房詩槧二卷 ………………………… 3－84
清涼山新志十卷 …………………………… 1－8
清涼山新志十卷 …………………………… 1－363
清涼山遺稿四卷 …………………………… 1－202
清宮斷鼓詞二卷 …………………………… 2－517
清容外集 …………………………………… 2－410
清容外集 …………………………………… 2－442
清容外集 …………………………………… 3－470
清容外集九種 ……………………………… 3－34
清容居士集五十卷 ………………………… 3－212
清容居士集五十卷劄記一卷 …………… 2－336
清通典一百卷 ……………………………… 2－162
清黃輔辰事蹟 ……………………………… 3－435
清乾隆工築則例一卷 ……………………… 1－287
清乾隆内府輿圖 …………………………… 1－362
清常州詞錄三十一卷 ……………………… 1－409
清異錄二卷 ………………………………… 2－199
清異錄二卷 ………………………………… 3－126
清異錄二卷 ………………………………… 3－227
清淨毗尼方廣經 …………………………… 1－185
清淨寶卷 …………………………………… 2－312
清淨寶卷一卷 ……………………………… 3－501
清朝史略十一卷 …………………………… 3－306
清朝名家書畫錄四卷 ……………………… 2－187
清朝紀略 …………………………………… 3－92
清朝詞綜四十八卷 ………………………… 2－325
清朝經世文編一百二十卷 ……………… 2－426
清朝經世文續編一百二十卷 …………… 2－427
清朝藩部要略十八卷世系表四卷 …… 2－68
［清皖撫院恩銘奏稿］ …………………… 1－257
清御製文 …………………………………… 3－372
清尊集十六卷 ……………………………… 1－423
清尊集十六卷 ……………………………… 2－342
清尊集十六卷 ……………………………… 2－408
清湖州詩錄三十四卷 ……………………… 1－421
清湖州詩續錄七十六卷補編二卷 …… 1－421
清遠朱氏家傳 ……………………………… 2－540

清夢盦二白詞一卷…………………… 2－475
清蒙古車王府藏曲本 ………………… 1－57
清搢紳全書不分卷…………………… 1－362
［清搢紳錄］ ………………………… 2－182
清閟全集八十九卷 ………………… 1－94
清閟閣全集十二卷 ………………… 1－49
清閟閣全集十二卷…………………… 1－103
清暉堂同人尺牘彙存………………… 2－455
清暉閣批點玉茗堂還魂記 …………… 1－37
清暉贈言十卷首一卷附錄一卷 ……… 3－85
清會試鄉試硃卷……………………… 3－229
清詩初集十二集……………………… 1－247
清詩話………………………………… 2－390
清詩鐸二十六卷首一卷……………… 1－438
［光緒］清源縣誌十八卷首一卷 …… 2－470
清溪草堂詩集九卷…………………… 2－506
［嘉慶］清溪縣誌四卷 …………… 3－277
清溪舊屋文集十卷詩集一卷………… 3－208
清嘯閣詩草十六卷…………………… 3－167
清嘯樓詩鈔…………………………… 3－240
清語摘抄……………………………… 3－527
清語摘抄……………………………… 3－527
清漢文海四十卷……………………… 3－525
清漢對音字式………………………… 3－218
清寤齋心賞編一卷…………………… 1－305
清寧合撰……………………………… 3－110
清綺軒詞選十三卷…………………… 2－386
清綺軒詞選十三卷…………………… 2－459
清賢紀六卷 ………………………… 1－17
清賢紀六卷 ………………………… 2－67
清賢紀六卷 ………………………… 3－97
清篆舉隅……………………………… 3－181
清儀閣古印偶存四卷………………… 2－160
清儒學案二百〇八卷………………… 2－266
清憲政編查館奏摺二十九種………… 2－117
清憲政編查館奏摺十七種…………… 2－117
清憲政編查館奏摺十四種…………… 2－117
清隱山房叢書七種…………………… 1－443
清麓文集二十三卷…………………… 2－506
清麓文集二十三卷行狀日記五卷首
一卷 ………………………………… 3－31
清獻堂集十卷………………………… 1－213
清獻集十九卷………………………… 1－409
清纂七經二百八十卷 ……………… 2－30
清懽留縞……………………………… 2－341
清懽留縞……………………………… 2－496
清懽留縞……………………………… 2－497
添籌稱慶……………………………… 3－454
淩氏傳經堂叢書殘七種……………… 2－464
淩氏叢書六種………………………… 1－441
淩谿先生集十八卷 ………………… 1－53
淩谿先生集十八卷…………………… 3－185
［順治］淇縣誌十卷 ……………… 1－474
［光緒］淶水縣志八卷首一卷末一卷
………………………………………… 2－74
［光緒］淶水縣志八卷首一卷末一卷
………………………………………… 3－175
［光緒］淶水縣誌八卷首一卷末一卷
………………………………………… 3－387
淞南夢影錄四卷 …………………… 3－44
淞隱漫錄……………………………… 1－377
淞隱漫錄十二卷……………………… 1－377
淞隱漫錄十二卷……………………… 1－380
淞濱瑣話……………………………… 2－375
［乾隆］涿州志二十二卷 ………… 2－88
［乾隆］涿州志二十二卷首一卷 …… 1－118
［乾隆］涿州志二十二卷首一卷 …… 3－417
［乾隆］涿州志二十二卷首一卷續志
十八卷……………………………… 1－248
渠亭山人半部稾一至四刻 ………… 1－96
渠亭山人半部稾一至四刻…………… 1－218
渠亭山人半部稾四種 ……………… 1－41
混元盒 ……………………………… 1－38
混成協戰術不分卷…………………… 3－368
淛㖑存愚二卷 ……………………… 2－335
淛㖑存愚二卷 ……………………… 2－443
淮上題襟集十二卷…………………… 3－255
淮北票鹽志略十五卷………………… 1－355
淮北票鹽志略十卷 ………………… 2－63
淮北票鹽續略十二卷………………… 3－376
［乾隆］淮安府志三十二卷 ……… 3－175
［光緒］淮安府志四十卷首一卷 …… 3－177

淮安藝文志十卷……………………… 3－178
淮城日記……………………………… 3－295
淮南子二十一卷……………………… 2－259
淮南子二十一卷……………………… 3－150
淮南子校勘記………………………… 2－192
淮南子校勘記………………………… 2－295
淮南天文訓補注二卷………………… 3－430
淮南許注異同詁四卷補遺一卷續補
一卷………………………………… 1－516
淮南鴻烈解二十一卷 ……………… 1－88
淮南鴻烈解二十一卷………………… 1－517
淮南鴻烈解二十一卷………………… 2－260
淮南鴻烈解二十一卷………………… 3－430
淮南雜箸二卷………………………… 2－360
淮南鹽法紀略十卷…………………… 3－174
淮南鹽法紀略十卷…………………… 3－427
淮軍平捻記十二卷…………………… 1－347
淮軍平捻記十二卷…………………… 3－206
淮海全集四十卷後集六卷又三卷附
詩錄一卷…………………………… 1－410
淮海集十七卷後集二卷詞一卷補遺
一卷………………………………… 2－355
淮海集十七卷後集二卷詞一卷補遺
一卷………………………………… 2－438
淮海集十七卷後集詩文二卷詞一卷
補遺一卷…………………………… 2－320
淮海集四十卷後集九卷……………… 2－362
淮流一勺二卷 ……………………… 3－94
淮陰金石僅存錄……………………… 2－158
淮壖小記四卷………………………… 3－209
淮鹺備要十卷………………………… 2－135
淮鹺備要十卷………………………… 3－175
淮鹺駁案類編八卷…………………… 3－382
淨土十要十卷………………………… 2－201
淨土十疑論…………………………… 1－153
淨土文鈔二卷………………………… 2－452
淨土四經……………………………… 2－227
淨土生無生論會集…………………… 2－200
淨土生無生論親聞記二卷…………… 2－230
淨土自警錄…………………………… 2－238
淨土承恩集…………………………… 2－238
淨土要解……………………………… 2－249
淨土神珠……………………………… 2－238
淨土神珠……………………………… 2－246
淨土救生船詩註三卷………………… 1－296
淨土晨鍾……………………………… 2－252
淨土極信錄…………………………… 2－229
淨土聖賢錄九卷……………………… 2－239
淨土聖賢錄九卷續四卷……………… 2－196
淨土聖賢錄略集一卷………………… 2－222
淨土聖賢錄續編三卷………………… 2－239
淨土傳燈……………………………… 3－436
淨土境觀要門一卷…………………… 2－224
淨土隨學二卷………………………… 2－226
淨土隨學二卷………………………… 2－246
淨土隨學二集………………………… 2－246
淨土儀式……………………………… 2－229
淨土論三卷…………………………… 2－227
淨土歸源五卷………………………… 2－227
淨土警語……………………………… 2－227
淨土警語……………………………… 2－230
淨土證心集三卷……………………… 2－238
淨土寶卷二卷………………………… 3－113
淨名軒驂鸞錄二卷 ………………… 3－27
淨名軒驂鸞錄二卷 ………………… 3－27
淨業初學須知………………………… 2－229
淨業知津……………………………… 2－218
淨業知津……………………………… 2－222
淨業知津……………………………… 3－306
淨業染香集…………………………… 2－238
淨業染香集…………………………… 2－316
淨業痛策……………………………… 2－238
淨慈要語二卷………………………… 1－188
淨德集三十八卷……………………… 2－390
淨德集三十八卷……………………… 3－271
淳化帖釋文 ………………………… 3－87
淳化帖釋文十卷……………………… 3－204
淳化秘閣法帖考正十二卷…………… 1－322
淳化秘閣法帖考正十二卷…………… 2－253
淳化秘閣法帖考正十卷……………… 1－513
淳化閣帖……………………………… 2－264
淳化閣帖十卷………………………… 2－261

淳化閣帖集釋十卷……………………… 2－233
淳化閣帖釋文…………………………… 2－301
淳化閣帖釋文十卷……………………… 1－117
淳化閣帖釋文十卷……………………… 1－200
淳化閣帖釋文十卷……………………… 1－201
淳化閣帖釋文十卷……………………… 3－406
淳則齋駢體文…………………………… 3－292
淡志室公牘六卷………………………… 3－344
淡災蠡述 ……………………………… 3－22
淡集齋詩鈔四卷………………………… 3－291
［道光］深州直隸州志十卷首一卷末
　一卷………………………………… 3－269
［光緒］深州風土記二十二卷 ……… 1－357
［光緒］深州風土記二十二卷 ……… 1－473
［同治］深州風土記二十二卷 ……… 3－175
深密解脱經五卷………………………… 1－337
深寧先生文鈔八卷……………………… 2－488
深寧先生文鈔八卷年譜一卷………… 1－438
梁上眼一卷八出………………………… 3－334
梁山伯寶卷 …………………………… 3－64
梁山來知德先生易經集註十六卷來
　知德周易集註改正分卷圖一卷易
　學六十四卦啟蒙一卷 ……………… 1－59
梁元帝集………………………………… 2－429
梁公九諫一卷…………………………… 3－478
梁氏筆記三種二十七卷………………… 2－282
梁氏筆記三種合刻……………………… 2－373
梁氏叢書………………………………… 1－444
梁武帝…………………………………… 2－490
梁武帝全傳四十回……………………… 1－375
梁昭明文選十二卷……………………… 1－218
梁皇寶卷………………………………… 3－113
梁皇寶卷全集二卷……………………… 3－501
梁書五十六卷…………………………… 1－129
梁書五十六卷…………………………… 1－135
梁書五十六卷…………………………… 1－360
梁書五十六卷 ………………………… 2－64
梁書五十六卷…………………………… 2－137
梁書五十六卷…………………………… 3－391
梁園風雅二十七卷 …………………… 1－36
梁溪詩鈔五十八卷……………………… 2－415
梁溪詩鈔五十八卷……………………… 2－418
梁蕭統集四卷…………………………… 2－429
梁谿十八家詞選………………………… 1－256
梁谿先生文集一百八十卷年譜一卷
　附錄一卷行狀三卷 ………………… 1－31
梁谿全集一百八十卷…………………… 2－431
涵芬樓古今文鈔………………………… 1－541
涵芬樓古今文鈔一百卷………………… 2－388
涵芬樓古今文鈔小傳四卷首一卷…… 1－501
涵芬樓古今文鈔簡編…………………… 2－427
涵村詩集十卷 ………………………… 3－76
涵村詩集十卷…………………………… 3－117
涵村詩集十卷…………………………… 3－153
涵德堂詩鏡四卷續編二卷……………… 2－374
寇忠愍公詩集三卷……………………… 2－322
寇萊公詩集三卷………………………… 2－422
寅谷先生遺搞一卷……………………… 1－248
寄生草三卷附詩剩一卷………………… 2－184
寄青霞館奕選八卷續編八卷………… 3－261
寄思齋藏稿十一卷 …………………… 3－80
寄思齋藏稿八卷………………………… 3－200
寄素堂詩稿二卷雜著二卷……………… 2－327
寄軒賸稿適然齋編年詩存一卷……… 1－296
寄萍小草詩集…………………………… 3－1
寄移文存十卷…………………………… 2－172
寄傲山房塾課新增幼學故事瓊林五
　卷…………………………………… 3－517
寄傲山房塾課纂輯春秋備旨十二卷
　………………………………………… 2－27
寄傲山房塾課纂輯禮記全文備旨十
　一卷 ………………………………… 2－18
寄傲山房隱語 ………………………… 3－54
寄園寄所寄十二卷……………………… 2－282
寄園詩存………………………………… 3－242
寄蝸殘贅十六卷 ……………………… 3－23
寄蝸殘贅十六卷………………………… 3－167
寄漚詩存………………………………… 3－246
寄漚遺集八卷…………………………… 2－495
寄靜詩詞刊遺二種……………………… 3－256
寄盦試律賸二卷首一卷末一卷……… 3－143
寄嶽雲齋試帖體詩選詳註四卷……… 2－425

寄簃文存二編二卷 …………………… 3－29
寄簃文存二編二卷…………………… 3－258
寄簃文存八卷 ………………………… 2－80
寄簃文存八卷………………………… 2－256
寄簃文存八卷二編二卷……………… 2－385
寄曠廬詩集八卷 …………………… 3－97
寄鷗遊草十一卷……………………… 3－258
寄龕文存……………………………… 2－457
寂園叢書……………………………… 2－5
寂調音所問經………………………… 1－186
[同治]宿遷縣志十九卷 …………… 3－175
密雲禪師語錄十二卷年譜一卷……… 1－156
密跡力士大權神王經偈頌一卷……… 2－237
密誓子弟書二回……………………… 3－468
啟東錄六卷…………………………… 1－473
啟啞初階四卷………………………… 3－326
啟禎宮詞二卷………………………… 2－475
扈從隨筆不分卷……………………… 1－276
啓公事略……………………………… 3－291
啓信雜說……………………………… 2－227
啓雋類函一百〇二卷目錄九卷……… 1－106
尉山堂稿十四卷……………………… 2－452
張三丰先生全集……………………… 2－537
張三丰先生全集八卷 ……………… 3－78
張三姐青書畫美人一卷……………… 3－496
張大司馬奏稿四卷…………………… 3－398
張大家蘭雪集二卷…………………… 3－504
張子全書……………………………… 1－198
張子全書十五卷 …………………… 1－84
張子全書十五卷……………………… 2－456
張子全書十四卷附錄一卷…………… 1－199
張子野詞二卷補遺二卷……………… 3－120
張子野詞二卷補遺二卷……………… 3－230
張太史塾課注釋八卷………………… 3－344
張太岳文集四十七卷目錄一卷……… 2－453
張太岳先生文集四十七卷…………… 1－535
張太岳先生全集四十七卷…………… 2－451
張中丞奏議四卷……………………… 2－533
張公襄理軍務紀略六卷……………… 1－484
張公襄理軍務紀略六卷……………… 3－313
張氏三娘賣花寶卷…………………… 2－498
張氏三娘賣花寶卷 ………………… 3－67
張氏三娘賣花寶卷全集一卷………… 3－500
張氏書目……………………………… 2－8
張氏適園叢書………………………… 2－466
張氏適園叢書初集…………………… 2－2
張氏醫通十六卷……………………… 2－280
張文忠公全集………………………… 1－538
張文忠公全集四十六卷附錄二卷…… 2－451
張文忠公全集四十六卷首一卷附錄
二卷………………………………… 3－316
張文貞公集十二卷…………………… 1－234
張文節公遺集三卷 ………………… 3－61
張文僖公詠史詩四卷………………… 1－300
張文端公全集一百卷………………… 3－239
張文毅公奏稿八卷…………………… 1－478
張文毅公奏稿八卷 ………………… 3－19
張文襄公手劄 ……………………… 3－80
張文襄公詩集四卷…………………… 3－409
張文襄公榮哀錄十卷………………… 3－414
張玉娘閨房三清鸚鵡墓貞文記二卷
三十五出…………………………… 3－470
張丘建算經三卷……………………… 3－230
張仙延嗣寶卷 ……………………… 3－67
張司業詩集八卷……………………… 1－269
張司隸初集十二種五十二卷 ……… 1－41
張仲景金匱要略論註二十四卷 …… 1－87
張仲景金匱要略論註二十四卷……… 2－272
張仲景傷寒論原文淺注……………… 2－270
張仲景傷寒論原文淺注六卷………… 2－210
張仲景傷寒論貫珠集八卷…………… 1－522
張含中文談…………………………… 2－337
張亨甫全集詩二十七卷文六卷首一
卷…………………………………… 2－415
張抱初先生印正稿六卷……………… 2－308
張叔未解元所藏金石文字…………… 1－495
張忠武公事錄………………………… 3－8
張忠敏公遺集十卷附錄一卷………… 2－431
張忠敏公遺集九卷首一卷…………… 2－378
張制軍年譜二卷 …………………… 3－19
張河間集二卷………………………… 1－222
張河間集二卷………………………… 1－278

張宗道先生地理全書…………………… 2－286
張南軒先生文集七卷…………………… 2－366
張南軒先生全集三種五十九卷……… 1－432
張香海行述……………………………… 2－531
[康熙]張秋志十二卷 ……………… 1－301
[張起宗集唐]不分卷 ……………… 1－266
張都護詩存……………………………… 3－255
張淮陽詩集……………………………… 1－297
張淮陽詩集一卷………………………… 1－270
[張敬修尺牘] ………………………… 3－407
張臯文集四種…………………………… 1－443
張蒼水全集十二卷……………………… 2－430
張蒼水全集十二卷……………………… 2－430
張蒼水傳記彙鈔………………………… 3－139
張楊園先生年譜四卷附錄一卷……… 3－103
張楊園先生全集十六卷……………… 2－448
張楊園初學備忘二卷………………… 3－418
張廉卿先生文集八卷………………… 3－146
張廉卿書李剛介碑…………………… 2－263
張靖達公雜著………………………… 3－108
張說之文集二十五卷補遺五卷……… 2－377
張說之文集二十五卷補遺五卷……… 2－449
張賢文蘭英小姐黄糠寶卷一卷……… 3－496
張燕公集二十五卷…………………… 1－232
張燕公集二卷………………………… 1－233
張横渠先生集十二卷………………… 1－285
張龍湖先生文集十五卷 …………… 1－32
強自力齋叢書………………………… 1－522
強自寬齋外集詩二卷文二卷………… 3－184
強恕堂詩八卷………………………… 1－274
強恕堂詩六卷………………………… 1－288
強聒書社策論新選二卷……………… 3－374
隋使持節大將軍故蘇使君墓誌銘…… 2－262
隋使持節大將軍故蘇使君墓誌銘…… 2－262
隋使持節大將軍故蘇使君墓誌銘…… 2－262
隋使持節大將軍故蘇使君墓誌銘…… 2－262
隋使持節大將軍故蘇使君墓誌銘…… 2－262
隋使持節大將軍故蘇使君墓誌銘…… 2－262
隋唐石刻拾遺二卷…………………… 1－363
隋唐演義二十卷一百回……………… 3－285
隋書八十五卷………………………… 1－129
隋書八十五卷………………………… 1－135
隋書八十五卷………………………… 1－360
隋書八十五卷 ……………………… 2－64
隋書八十五卷………………………… 2－137
隋書八十五卷………………………… 2－165
隋書地理志攷證九卷………………… 1－359
隋園隨筆……………………………… 3－286
隋煬帝集五卷………………………… 2－429
隋煬帝頭本二本……………………… 2－490
隋煬帝豔史八卷……………………… 1－371
隋經籍志考證十三卷 ……………… 2－84
隋經籍志攷證十三卷………………… 1－469
[乾隆]鄘縣志十八卷首圖一卷 …… 1－119
[乾隆]鄘縣志八十卷首一卷 ……… 1－128
陽山叢牘……………………………… 3－166
[道光]陽曲縣志 …………………… 2－472
陽宅三要四卷………………………… 2－296
陽宅都天發用全書…………………… 2－314
陽宅集要……………………………… 2－188
陽宅愛衆編…………………………… 2－275
陽明先生文錄十七卷………………… 1－294
陽明先生文錄五卷外集九卷別錄十卷……………………………… 1－313
陽明先生正錄五卷陽明先生外錄九卷陽明先生別錄十四卷 ……… 1－37
陽明先生集要三種…………………… 2－462
陽明先生集要三編十五卷年譜一卷……………………………………… 2－437
陽明先生集要三編十五卷附陽明先生年譜一卷………………………… 1－211
陽明先生集要三編理學集四卷經濟集七卷文章集四卷年譜一卷……… 3－437
陽明先生語錄三卷…………………… 1－294
陽明按索五卷首一卷………………… 1－108
陽明按索五卷首一卷………………… 1－138
陽明按索五卷首一卷………………… 1－259
陽明集要三種………………………… 2－432
陽明集要三編………………………… 1－516
陽河堂摘印…………………………… 2－518
陽春白雪前集五卷後集五卷………… 2－407
陽春集一卷補遺一卷 ……………… 3－89

［乾隆］陽城縣志 …………………… 2－472
［康熙］陽城縣誌八卷 ………………… 3－277
陽湖錢氏家集十六卷乩詩錄一卷摘
　星文三編名山文改二卷…………… 3－104
陽羨名陶錄二卷續錄一卷…………… 1－292
陽羨名陶錄二卷續錄一卷萬花漁唱
　一卷………………………………… 3－235
陽穀殉難事實 ……………………… 3－33
陽縣賨卷二卷 ……………………… 3－69
陽齋簡易一卷………………………… 3－351
隆平集二十卷首一卷………………… 1－266
娵隅集十卷 ………………………… 1－48
［宣統］婼羌縣鄉土志 ……………… 3－280
［宣統］婼羌縣鄉土志一卷 ………… 3－280
婉轉開筵圖好合……………………… 3－453
婦人良方二十四卷 ………………… 1－80
婦人良方二十四卷…………………… 1－255
婦人集………………………………… 2－290
婦人集一卷…………………………… 3－338
婦女衛生學白話不分卷……………… 3－350
婦科一百十七症發明………………… 2－188
婦科治驗案…………………………… 2－534
婦科指歸四卷………………………… 1－518
婦科秘方……………………………… 2－503
婦科秘方胎產護生篇………………… 1－517
婦科秘方胎產護生篇………………… 1－518
婦科秘方胎產護生篇………………… 1－524
婦嬰新說……………………………… 2－273
欸乃餘曲……………………………… 2－496
習苦齋畫絮十卷……………………… 1－510
習苦齋畫絮十卷……………………… 2－186
習苦齋畫絮十卷……………………… 3－166
習法救母……………………………… 2－497
習是編十二卷………………………… 3－210
習察編八卷…………………………… 3－223
習靜軒詩文集八種…………………… 3－254
習學記言五十卷 …………………… 3－30
習齋記餘十卷………………………… 2－452
參同契三相類二篇…………………… 1－297
參同契秘解六卷……………………… 2－306
參同契經文三篇……………………… 1－297
參同契經文分節解三卷……………… 1－263
參同契箋注三篇……………………… 1－297
參訂醫學傳心四卷…………………… 1－521
參寥子詩集十二卷…………………… 1－235
貫華堂批本西廂記八折……………… 3－509
貫華堂第六才子書八卷 …………… 1－14
貫華堂第六才子書八卷……………… 3－508
貫華堂第六才子書八卷才子西廂主
　文一卷……………………………… 1－238
貫華堂第六才子書西廂記八卷……… 3－508
貫華堂第六才子書西廂記八卷附一
　卷…………………………………… 3－509
鄉守外編輯要十卷…………………… 3－182
鄉守輯要合鈔十卷 ………………… 3－19
鄉言解頤五卷………………………… 1－387
鄉約塞語二卷………………………… 2－106
鄉園憶舊六卷………………………… 1－369
鄉試同年齒錄(光緒壬午科) ……… 3－541
鄉試會試硃卷………………………… 3－218
鄉試會試硃卷………………………… 3－302
鄉賢區西屏集十卷…………………… 1－263
鄉黨圖考十卷………………………… 1－145
鄉黨圖考十卷………………………… 3－316
鄉黨圖考補證六卷…………………… 1－460
紺寒亭文集四卷詩集十卷詩別集一
　卷…………………………………… 1－240
紺寒亭文集四卷詩集十卷詩別集一
　卷…………………………………… 1－268
紳佩擒光錄三卷……………………… 1－290
終南山蟠龍子肅禪師語録不分卷…… 1－159
紘索辨訛……………………………… 3－335
紘索辨訛……………………………… 3－487
紹陶錄二卷…………………………… 2－337
紹興先正遺書………………………… 2－461
巢氏病源五十卷……………………… 1－507
巢氏諸病源候總論五十卷…………… 1－513
巢蚊睫齋詩草二卷…………………… 3－264
巢雲閣詩鈔二卷……………………… 3－116
巢雲閣詩鈔二卷……………………… 3－168
巢經巢詩集九卷……………………… 2－403
巢經巢詩鈔九卷後集一卷…………… 2－353

巢經巢詩鈔九卷後集四卷…………… 1－411

十二畫

貳臣傳十二卷……………………………… 1－464
貳臣傳十二卷逆臣傳十二卷………… 3－518
貳臣傳十二卷逆臣傳四卷…………… 2－143
絜齋毛詩經筵講義四卷………………… 1－1
絜齋毛詩經筵講義四卷……………… 1－109
絜齋毛詩經筵講義四卷……………… 1－116
絜齋毛詩經筵講義四卷 ………………… 2－18
絜齋毛詩經筵講義四卷 ………………… 2－33
絜齋集二十四卷……………………… 1－236
絜齋集二十四卷……………………… 2－451
琵琶行分句吟草 ……………………… 3－10
琵琶記………………………………… 2－513
琵琶記………………………………… 2－513
琵琶記………………………………… 2－514
琵琶記………………………………… 2－514
琵琶記二卷…………………………… 1－423
琵琶記十二卷………………………… 1－382
琵琶記三卷四十三出釋義一卷……… 3－470
琵琶記六卷 …………………………… 1－38
琵琶記六卷…………………………… 1－422
琵琶譜三卷…………………………… 2－501
琵琶寶卷……………………………… 3－111
琴川三志補記十卷續八卷…………… 3－409
琴心記二卷四十四出 ……………… 3－333
琴心記二卷四十出 ………………… 3－459
琴心記二卷四十出 ………………… 3－459
琴心記二卷四十出 ………………… 3－459
琴志樓叢刻三十種 ………………… 1－446
琴挑亭會……………………………… 2－513
琴音三疊集二卷……………………… 2－356
琴高入甕八出 ……………………… 3－450
琴書三種……………………………… 2－491
琴源山房詩六卷 ……………………… 3－57
琴粹四卷……………………………… 2－192
琴調…………………………………… 3－486
琴操二卷……………………………… 3－247
琴學入門二卷 ……………………… 1－378
琴學入門二卷 ……………………… 2－296
琴學叢書……………………………… 2－192
琴學叢書三十二卷…………………… 1－533
琴隱園詩集三十六卷詞集四卷……… 2－320
琴隱園詩集三十六卷詞集四卷……… 2－351
琴隱園詩集三十六卷詞集四卷……… 2－382
琴隱園詩集三十六卷詞集四卷……… 2－409
琴隱園詩集三十六卷詞集四卷……… 3－503
琴譜 …………………………………… 2－494
琴譜諧聲六卷………………………… 1－524
琴譜諧聲六卷………………………… 1－524
琴譜諧聲六卷………………………… 2－501
琴譜諧聲六卷………………………… 3－394
琴韻樓詩鈔二卷……………………… 2－416
琴鶴山房遺稿二至八卷……………… 3－306
琴鶴堂印譜八卷……………………… 3－206
琳琅秘室叢書…………………………… 2－4
琳琅秘室叢書………………………… 2－461
琳貴太妃等儀仗等項工料冊………… 3－542
琳齋詩稿六卷 ………………………… 3－76
琳齋詩稿四卷………………………… 2－476
琢玉斧………………………………… 1－475
琢玉斧………………………………… 2－194
瑯環獺祭十二種……………………… 3－220
堯山堂外紀一百卷偶雋七卷…………… 1－3
堯山堂偶雋七卷……………………… 1－309
堯峰文鈔文四十卷詩十卷…………… 1－259
堪輿秘授要訣圖說…………………… 1－503
項城袁氏家集………………………… 2－334
項城袁氏家集………………………… 2－368
項城袁氏家集………………………… 2－368
項城袁氏家集………………………… 2－381
越中百詠……………………………… 3－516
越中先賢祠目序例…………………… 3－537
越中名勝賦…………………………… 1－207
越中金石記十卷……………………… 1－499
越史略三卷…………………………… 2－123
越吟草 ………………………………… 1－36
越城周氏支譜六卷……………………… 1－3
越南遊記 ……………………………… 3－16
越南輯略 ……………………………… 3－33

越南輯略二卷 …………………………… 1－351
越風三十卷 ………………………………… 1－412
越詠二卷 …………………………………… 2－403
越詠二卷 ………………………………… 3－50
越絕十五卷附外傳本事 ……………… 1－124
越絕書十五卷 …………………………… 1－130
越臺興頌 …………………………………… 3－169
越輶采風録四卷 ………………………… 1－420
越諺三卷附論二卷 ……………………… 3－512
越諺三卷附賸語二卷 ………………… 2－320
越諺三卷剩語二卷 ……………………… 3－299
越縵堂集 …………………………………… 2－415
越縵堂駢體文四卷附散體文一卷 …… 3－353
超然抒情集 ……………………………… 3－389
超然抒情集二卷 ……………………… 3－96
超群摘錦 ……………………………… 3－49
超群摘錦 ……………………………… 3－49
博物示教 …………………………………… 3－327
博物志十卷 ……………………………… 1－200
博物要覽十二卷 ………………………… 1－499
博物要覽十二卷 ………………………… 3－299
博物新編初、二、三集 ………………… 3－325
博通便覽三十卷 ………………………… 3－173
博通便覽六十卷 ………………………… 1－392
［乾隆］博野縣志八卷首一卷 ……… 1－134
［乾隆］博野縣志八卷首一卷末一卷
…………………………………………… 1－122
［乾隆］博野縣誌八卷首一卷 ……… 3－379
博庵仁禪師語錄三卷 ………………… 1－142
博庵仁禪師語錄三卷附博庵仁禪師
詩一卷 ………………………………… 1－281
博學彙書二編十二卷 ……………… 1－18
喜洽祥和 …………………………………… 3－454
喜朝五位　歲發四時 …………………… 3－455
彭公案二十三卷一百回 ……………… 1－368
彭公案三河縣［鼓詞］ ……………… 1－51
彭文敬公全集三種四十三卷 ……… 3－350
彭門詩草四卷 …………………………… 3－253
彭城集四十卷 …………………………… 1－234
彭城集四十卷 …………………………… 3－257
彭剛直公詩集八卷 ……………………… 3－388
彭羨門全集三十七卷 ………………… 2－423
彭羨門全集三種 ………………………… 3－239
［光緒］彭縣志十三卷首一卷末一卷
…………………………………………… 3－139
［光緒］彭縣志十三卷補遺一卷 …… 3－270
［嘉慶］彭縣志四十二卷補遺一卷 … 3－270
煮石齋稿 …………………………………… 2－357
煮字齋詩集一卷二集一卷 …………… 1－249
裁物象齋詩鈔一卷湘雨齋詞草一卷
…………………………………………… 2－488
裁物象齋詩鈔湘雨齋詞草 …………… 3－240
裁雲閣詞鈔六卷 ………………………… 3－130
報恩論二卷首一卷附一卷 …………… 2－207
報暉草堂詩集八卷 ……………………… 3－158
報暉堂集三十卷 ………………………… 2－493
達生保赤編四卷 ………………………… 2－275
達生保嬰稀痘全編二卷 ……………… 2－316
達生編 ……………………………………… 1－507
達生編 ……………………………………… 2－314
達生編一卷增廣一卷 ………………… 2－256
達摩寶卷 ……………………………… 3－46
達摩寶卷 ……………………………… 3－62
達摩寶卷一卷 …………………………… 3－501
達磨祖卷 …………………………………… 2－488
達磨祖卷 …………………………………… 3－287
達齋遺文正續 ………………………… 3－96
達變權禪師語録五卷 ………………… 1－158
達觀樓集二十四卷 ……………………… 1－244
壹是紀始二十二卷 ……………………… 2－281
壹是紀始二十二卷補遺一卷 ………… 1－380
壹齋集 ……………………………………… 3－154
壹齋集二十五卷別集二卷 …………… 2－407
壹齋集二卷 ……………………………… 2－337
壹齋集四十卷 …………………………… 2－534
壹齋集四十卷 …………………………… 3－203
壺山自吟稿三卷附錄一卷俟寧居偶
詠一卷 ………………………………… 3－261
壺天錄二卷 ……………………………… 3－29
壺天錄三卷 ……………………………… 1－380
［道光］壺關縣志十卷首一卷 ……… 2－177
惡鬼報應經 ………………………………… 1－154

斯文正統十二卷 …………………………… 1 - 48
斯文正統十二卷……………………………… 2 - 326
斯文規範八卷………………………………… 1 - 209
斯文規範八卷………………………………… 1 - 399
斯文精萃……………………………………… 1 - 241
斯文精萃……………………………………… 2 - 364
斯文精萃……………………………………… 2 - 406
斯未信齋文編軍書四卷藝文四卷…… 3 - 345
斯未信齋語錄三卷………………………… 3 - 404
斯陶說林十二卷…………………………… 3 - 136
斯馨堂古文初集二卷……………………… 3 - 159
欺貧重富寶卷 ………………………………… 3 - 72
葉天寥自撰年譜…………………………… 2 - 153
葉天寥自撰年譜…………………………… 2 - 153
葉天寥自撰年譜一卷續譜一卷別記
一卷甲行日注八卷……………………… 3 - 407
葉氏存古書目 ……………………………… 2 - 91
葉氏醫案存真三卷………………………… 2 - 503
葉氏醫案存真四卷………………………… 2 - 276
葉忠節公遺稿十二卷……………………… 2 - 344
葉海峯文集一卷遺集一卷……………… 3 - 182
葉蔭昉會試硃卷…………………………… 3 - 132
[同治]葉縣志十卷首一卷 ……………… 2 - 54
葫頭集二卷………………………………… 3 - 503
葫蘆寶卷 ………………………………… 3 - 69
散曲及其它 ………………………………… 3 - 51
[散曲五種] ………………………………… 1 - 21
散花小偈寶卷……………………………… 3 - 112
散原精舍詩二卷…………………………… 2 - 332
散原精舍詩二卷…………………………… 2 - 439
散樗書屋古今體詩摘鈔六卷末一卷
……………………………………………… 3 - 192
葬經內篇一卷……………………………… 3 - 431
萬山草堂詩集六卷………………………… 2 - 488
萬山草堂詩集六卷………………………… 2 - 525
萬山草堂詩集六卷………………………… 3 - 133
萬山草堂詩集六卷………………………… 3 - 166
萬山草堂詩集六卷………………………… 3 - 430
萬山達虛禪師住興國語錄四卷……… 1 - 303
萬山綱目二十一卷………………………… 1 - 365
萬山綱目二十一卷………………………… 1 - 468
萬山綱目賸稿二十一卷 ……………… 2 - 62
萬氏家傳保命歌括三十五卷萬氏家
傳痘疹心法二十三卷………………… 2 - 275
萬氏經學五書……………………………… 1 - 459
萬世玉衡錄四卷…………………………… 1 - 278
萬年甲子…………………………………… 3 - 455
萬年如意燈………………………………… 3 - 455
萬年如意燈………………………………… 3 - 455
萬年如意燈………………………………… 3 - 456
萬年青十二卷續三卷……………………… 3 - 479
萬年長春富貴燈…………………………… 3 - 455
萬年書二卷………………………………… 1 - 398
萬年曆二卷 ………………………………… 2 - 78
[道光]萬全縣志十卷首一卷 ………… 2 - 55
[道光]萬全縣志十卷首一卷 ……… 3 - 184
萬花向榮…………………………………… 3 - 456
萬花向榮一出御苑獻瑞一出………… 3 - 451
萬花向榮 御苑獻瑞…………………… 3 - 451
萬花樓全傳三十五卷……………………… 1 - 428
萬花燈鑼鼓譜……………………………… 3 - 463
萬花獻瑞…………………………………… 3 - 454
萬花獻瑞…………………………………… 3 - 454
萬花獻瑞…………………………………… 3 - 455
萬邑西南山石刻記二卷附錄一卷 …… 2 - 91
萬物炊累室類稿甲編二種乙編二種
外編一種………………………………… 2 - 422
萬育霖沛汾禪師語錄……………………… 1 - 276
萬卷樓藏書總目 …………………………… 1 - 354
萬卷讀餘五卷……………………………… 2 - 198
萬法精理…………………………………… 3 - 389
萬法歸心錄三卷…………………………… 2 - 201
萬法歸心錄三卷…………………………… 2 - 216
萬承志堂丸散膏丹全集………………… 3 - 218
[乾隆]萬泉縣志八卷 ………………… 2 - 469
萬病回春八卷……………………………… 2 - 272
萬病回春八卷……………………………… 2 - 272
萬病回春八卷……………………………… 2 - 274
萬家密電…………………………………… 3 - 171
萬國分類時務大成四十卷……………… 3 - 239
萬國公法…………………………………… 2 - 147
萬國公法…………………………………… 2 - 147

萬國公法四卷…………………………1－376
萬國公法四卷…………………………2－121
萬國公法四卷…………………………2－266
萬國史記二十卷………………………1－347
萬國史記十卷 …………………………2－94
萬國近政考十六卷……………………2－267
萬國近政考略十六卷…………………3－433
萬國官制志三卷………………………3－326
萬國政治藝學全書八十卷……………2－188
萬國通史續編…………………………2－139
萬國通商史……………………………2－111
萬國通鑑四卷…………………………2－102
萬國國力比較二十三卷………………2－154
萬國國力比較二十三卷附比較表……3－426
萬國國力比較二十三卷附表…………3－368
萬國商業地理志………………………3－326
萬國商業歷史三編……………………3－325
萬國嵩聲八出…………………………3－447
萬國歷史彙編一百卷…………………2－123
萬國憲法比較…………………………2－107
萬國藥方八卷…………………………2－198
萬國藥方八卷…………………………2－256
萬象一原九卷…………………………2－291
萬象一原演式…………………………2－294
萬象一原演式四卷首一卷……………3－325
[萬密齋遺書]九種 ……………………1－87
萬善同歸集三卷………………………2－247
萬善先資集四卷………………………2－214
萬善先資集四卷………………………2－217
萬善花室文稿七卷……………………2－320
萬善花室文稿七卷……………………2－410
萬善花室文稿六卷續集一卷…………2－360
萬善花室詞一卷 ………………………3－89
萬善堂集十卷…………………………1－220
萬福移徙　群星拱護…………………3－452
萬福雲集三出…………………………3－455
萬壽山圓明園景山各項料件戶部現
　行等例………………………………3－539
萬壽長生四出…………………………3－452
萬壽祥開………………………………3－452
萬壽祥開十二出………………………3－451
萬壽祥開十二出………………………3－451
萬壽盛典四卷…………………………3－536
萬壽盛典初集一百二十卷……………3－332
萬壽盛典初集一百二十卷……………3－536
萬壽無疆昇平樂府十二出……………3－475
萬壽詩冊………………………………3－260
萬壽衢歌樂章六卷……………………3－301
[同治]萬縣志三十六卷首一卷 ………3－143
萬錦清音二集…………………………3－448
萬寶真經二卷…………………………3－493
萬寶真經二卷…………………………3－493
葛中翰遺集十二卷……………………2－486
葛莊分體詩鈔十二卷補遺一卷 ………1－45
葛莊編年詩三十六卷補遺一卷 ………1－49
葛端肅公集十八卷……………………1－401
萼香樓初集六卷二集不分卷筆記不
　分卷分敘集一卷……………………1－306
董公選要覽……………………………2－294
董氏鈔存不分卷………………………1－300
董方立遺書……………………………1－526
董仲舒傳一卷 …………………………1－64
董若雨詩文集十六卷…………………2－382
葆沖書屋集四集外集二卷詩餘一卷
　……………………………………1－235
葆沖書屋集四集外集二卷詩餘一卷
　……………………………………1－329
葆淳閣集二十四卷……………………1－421
葆愚軒集二卷…………………………2－482
葩經儷語………………………………3－104
葟韻庵詩鈔六卷………………………2－417
葡萄架子弟書…………………………3－465
敬吾心室彝器款識……………………1－491
敬吾心室識篆圖………………………2－262
敬告我粵路各股東……………………3－309
敬孚類稿十六卷 ………………………2－75
敬孚類稿十六卷………………………2－382
敬孚類稿十六卷………………………2－482
敬修堂詞賦課鈔十六卷………………2－323
敬亭集十卷……………………………2－442
敬亭集十卷補遺一卷…………………3－184
敬亭詩草八卷 …………………………1－29

敬脩堂重訂文稿……………………… 3－125
敬業堂詩集五十卷 ………………… 1－25
敬業堂詩集五十卷………………… 1－214
敬業堂詩集五十卷………………… 3－405
敬業堂詩集五十卷續集六卷……… 1－273
敬業堂詩續集六卷………………… 1－223
敬遺軒詩文稿……………………… 3－249
敬儀堂經進詩文稿一卷詩存一卷 …… 3－62
敬學堂志八卷……………………… 3－115
敬齋古今黈八卷…………………… 1－202
敬齋古今黈八卷…………………… 2－257
敬齋古今黈八卷…………………… 2－346
敬簡堂學治雜錄四卷……………… 1－500
敬竈全書…………………………… 3－258
敬竈章……………………………… 2－313
落金扇八卷五十回………………… 3－118
落陽寶卷一卷……………………… 3－495
落落齋遺集十卷…………………… 1－413
落帽風十卷 ……………………… 3－37
落霞琴題詠………………………… 3－243
葦間詩集五卷 …………………… 1－29
葦碧軒集 ………………………… 3－75
葒溪草堂詩鈔十卷………………… 3－184
朝上鶯歌記四卷…………………… 3－207
朝市叢載八卷……………………… 3－307
朝市叢載八卷……………………… 3－307
朝市叢載八卷……………………… 3－513
朝市叢載八卷……………………… 3－513
朝市叢載八卷……………………… 3－537
朝市叢載八卷……………………… 3－538
朝邑縣志二卷 …………………… 1－26
［正德］朝邑縣志二卷 ………… 1－119
［正德］朝邑縣志二卷 ………… 2－82
［正德］朝邑縣志二卷韓五泉詩四卷
　遺詩一卷附錄二卷……………… 2－176
朝宗禪師語録十卷………………… 1－178
朝野新聲太平樂府九卷…………… 1－317
朝野類要五卷……………………… 2－164
朝鮮地理小志……………………… 3－217
朝鮮志二卷………………………… 3－297
朝鮮載記備編三卷朝鮮樂府一卷…… 3－213
葵青居詩錄………………………… 3－242
楮記室十五卷 …………………… 1－10
植物名實圖考長編二十二卷……… 3－358
植物名實圖攷三十八卷…………… 1－505
植物名實圖攷三十八卷…………… 1－505
植物圖說四卷……………………… 3－325
植庵集十卷………………………… 3－227
森鑒徹禪師語錄…………………… 2－246
焚香記一折………………………… 2－511
焚香記二卷四十出………………… 3－423
焚餘偶錄二卷……………………… 3－241
椒生詩草六卷續六卷……………… 2－411
椒生隨筆八卷……………………… 1－399
椒江攀轅詩卷……………………… 3－189
椒柏屠蘓…………………………… 3－454
棲香閣詞二卷……………………… 2－417
棲真志四卷………………………… 1－130
棲雲唱和詩不分卷………………… 1－273
棲雲閣詩十二卷拾遺三卷………… 1－211
棲雲閣詩十六卷…………………… 1－288
棲雲閣詩十六卷拾遺三卷………… 1－234
棲霞小志 ………………………… 2－59
棧雲峽雨二卷……………………… 3－131
棉陽學準五卷……………………… 1－139
棉陽學準五卷……………………… 2－253
晳次齋稿十二卷 ………………… 1－48
棣垞集三卷 ……………………… 3－73
棣垞集四卷外集三卷 …………… 3－40
極玄集二卷………………………… 1－258
極樂世界傳奇……………………… 1－403
極樂世界傳奇十三卷八十二出……… 3－489
極樂世界傳奇八卷………………… 2－501
［光緒］惠州府志四十五卷首一卷 … 3－388
惠明………………………………… 2－514
惠耆錄 …………………………… 3－46
惠陵工程備要六卷………………… 3－539
惠陵隆恩殿全座做法錢糧表……… 3－541
惠園詩鍾錄………………………… 3－148
逼釵等五折………………………… 2－512
粟香三筆八卷四筆八卷…………… 1－397
粟香室文稿 ……………………… 3－12

粟香室叢書 …… 2－465
粟香隨筆 …… 3－39
粟香隨筆八卷三筆八卷 …… 3－303
粟香隨筆四十卷 …… 2－282
粟顛山房雜錄 …… 3－272
棗花軒印存 …… 3－145
棗花樓詩略八卷 …… 2－527
棗林詩集三卷附錄一卷 …… 2－330
棗香書屋詩鈔 …… 2－337
[同治]棗強縣志補正五卷 …… 3－213
棘聽草十二卷 …… 3－441
皕宋樓藏書志一百二十卷 …… 1－468
皕宋樓藏書志一百二十卷 …… 1－471
皕宋樓藏書志一百二十卷續志四卷 …… 1－465
皕宋樓藏書志一百二十卷續志四卷 …… 1－465
皕宋樓藏書源流考 …… 1－468
皕宋樓藏書源流考 …… 2－254
皕宋樓藏書源流考 …… 3－144
皕宋樓藏書續志四卷 …… 1－470
硤川詩鈔二十卷 …… 2－501
硤川詩續鈔十六卷 …… 3－98
硯林集拾遺一卷附三丁詩文拾遺一卷 …… 3－352
硯林集拾遺一卷附三丁詩文拾遺一卷硯林印款一卷 …… 2－386
硯林詩集四卷 …… 2－386
硯林詩集四卷 …… 3－353
硯雲乙編 …… 2－525
硯雲乙編八帙 …… 1－384
硯雲甲編八帙 …… 1－385
硯雲甲編八帙 …… 1－385
硯箋四卷 …… 1－85
硯箋四卷 …… 1－330
硯緣集錄 …… 3－487
硯緣集錄十四種 …… 1－416
硯爐閣詩集五卷 …… 1－231
雁門集十四卷 …… 1－425
雁門集十四卷 …… 3－318
雁門集十四卷詩餘一卷 …… 2－345
雁門集六卷 …… 1－426
雁門集六卷 …… 2－345
雁門關 …… 1－318
雁翎甲 …… 2－513
雁鳴霜八齣唱詞 …… 3－106
雁影齋詩存 …… 3－201
雁影齋詩存一卷 …… 3－388
殘明紀事 …… 3－299
殘唐五代史演義傳十二卷六十回 …… 3－478
殘唐五代傳六卷 …… 1－373
[康熙]雄縣志書十二卷首一卷 …… 3－140
[光緒]雄縣鄉土志 …… 3－140
雲川閣文萃 …… 3－49
雲川閣集十四卷 …… 1－244
雲中紀程二卷 …… 3－217
雲中落繡鞋 …… 3－283
雲中雁三俠傳 …… 3－41
雲水集 …… 3－275
雲左山房詩鈔四卷 …… 3－114
雲石軒求是草四卷 …… 3－238
雲仙散錄一卷 …… 1－330
雲仙雜記 …… 3－47
雲仙雜記十卷 …… 1－262
雲外禪師語錄十五卷 …… 1－162
雲汀詩鈔四卷 …… 1－223
雲自在龕叢書 …… 2－5
雲谷詩餘二卷 …… 1－27
雲谷雜紀四卷首一卷末一卷 …… 1－196
雲林別墅新輯酬世錦囊書啟合編初集八卷 …… 1－327
雲來集 …… 2－212
雲臥山莊詩集八卷 …… 2－483
雲臥山莊詩集八卷首一卷末一卷 …… 3－132
雲門傳一卷 …… 3－335
雲岡文集八種 …… 3－158
雲南山川志 …… 3－196
雲南省圖說 …… 1－323
[道光]雲南通志稿二百十六卷首三卷 …… 1－470
雲南勘界籌邊記二卷 …… 3－15

雲南清理財政局調查全省財政説明書初稿………………………………… 3－374
雲香樓記事略 …………………………… 3－53
雲笈七籤三十二卷……………………… 1－529
雲叟住禪師語録二卷…………………… 1－162
雲起軒詞鈔一卷………………………… 2－482
雲起閣詩集……………………………… 1－250
雲莊張文忠公休居自適小樂府不分卷 …………………………………… 1－23
雲逗樓集………………………………… 3－246
雲逗樓集一卷…………………………… 2－507
雲莪喜禪師語録十卷…………………… 1－169
雲峰胡先生文集十卷…………………… 1－234
雲峰體宗寧禪師語録…………………… 1－163
雲悦山房偶存稿六卷…………………… 2－383
雲悦山房偶存稿六卷…………………… 2－507
雲海詩集一卷…………………………… 2－477
雲棲大師山房雜錄二卷………………… 3－355
雲棲大師遺稿二卷……………………… 3－355
雲棲法彙………………………………… 2－240
雲棲法彙………………………………… 2－241
雲棲法彙………………………………… 2－315
雲棲法彙………………………………… 3－413
雲棲紀事………………………………… 3－177
雲棲淨土彙語…………………………… 2－226
雲棧紀程八卷…………………………… 1－134
雲棧紀程八卷…………………………… 1－474
[紹熙]雲間志三卷 ……………………… 2－57
[紹熙]雲間志三卷 ……………………… 3－271
雲間求忠兩書院課藝合刊……………… 2－424
雲間吳湄州先生遺像緣起……………… 2－172
雲間據目抄五卷………………………… 1－379
雲湖合編………………………………… 3－438
雲路指南………………………………… 3－230
雲腹智禪師語録二卷…………………… 1－177
雲煙過眼錄二卷………………………… 2－289
雲煙過眼續錄一卷 ……………………… 1－77
雲臺山志八卷首一卷末一卷…………… 1－284
雲臺山記略詩集十卷…………………… 1－283
雲臺新志十八卷首一卷末一卷………… 3－179
[道光]雲臺新志十八卷首一卷末一卷……………………………………… 3－180
雲樣集八卷……………………………… 3－173
雲麾將軍碑……………………………… 2－263
雲樵詩箋二卷 …………………………… 3－48
雲樵詩賸………………………………… 3－130
雲鍾雁三鬧太平莊五十四回…………… 1－369
雲鍾雁三鬧太平莊全傳五十四回……… 3－483
雲麓漫抄四卷…………………………… 3－416
揚子十卷 ………………………………… 1－83
揚子太玄經十卷 ………………………… 1－83
揚子法言十三卷………………………… 2－189
揚子法言十三卷附音義………………… 2－264
揚子法言十三卷附音義一卷…………… 1－397
揚子法言十三卷附音義一卷…………… 1－515
揚子法言十三卷附音義一卷…………… 2－186
揚子法言十三卷附音義一卷…………… 3－296
揚子雲集三卷…………………………… 1－218
揚子雲集三卷…………………………… 1－274
揚子雲集四卷…………………………… 2－429
揚州山水寫生冊………………………… 2－261
揚州方言韻語長短句…………………… 3－242
揚州水道記四卷………………………… 1－473
揚州水道記四卷………………………… 3－164
揚州水道記四卷………………………… 3－294
揚州劫餘小誌…………………………… 3－108
[嘉慶]揚州府志七十二卷首一卷 …… 3－216
[雍正]揚州府志四十卷 ……………… 1－275
揚州畫舫詞一百首……………………… 2－385
揚州畫舫録十八卷……………………… 1－512
揚州畫舫録十八卷……………………… 2－158
揚州畫舫錄十八卷……………………… 1－380
揚州畫舫錄十八卷題詞一卷…………… 1－375
揚州夢二卷十六齣 ……………………… 1－39
揚州夢二卷三十二出…………………… 3－227
揚州夢二卷三十二出…………………… 3－473
揚州夢二卷三十二出雙報應二卷三十出…………………………………… 3－447
揚州夢傳奇二卷 ………………………… 1－34
提正編六卷……………………………… 3－416
提牢備考四卷…………………………… 2－136

提牢備考四卷 …………………………… 3－313
揖竹詞館詩詞草二卷 ………………… 3－40
揭文安公文粹二卷 …………………… 3－225
揭文安公詩文集十四卷附補遺 ……… 1－206
插花窗詩賦小草詩 …………………… 3－238
搜玉小集一卷 ………………………… 1－279
搜孤頭本 ……………………………… 2－489
搜神後記十卷 ………………………… 2－283
搜神後記十卷 ………………………… 2－283
搜神後記十卷 ………………………… 2－283
搜神後記十卷 ………………………… 2－356
搜神記二十卷 ………………………… 2－283
搜神記二十卷 ………………………… 2－283
搜神記二十卷 ………………………… 2－356
援守井研記畧 ………………………… 3－240
援鶉堂筆記五十卷 …………………… 1－392
援鶉堂筆記五十卷 …………………… 1－456
換空箱 ………………………………… 3－55
揞黑豆集一卷 ………………………… 2－246
揮毫自在二集 ………………………… 1－399
揮麈前錄四卷後錄十一卷 …………… 1－212
揮麈前錄四卷後錄十一卷第三錄三
卷後錄餘話二卷 …………………… 1－76
揮麈前錄四卷揮麈後錄十一卷揮麈
第三錄三卷揮麈後錄餘話二卷 …… 1－17
雅安書屋詩集四卷 …………………… 3－26
雅安書屋詩集四卷 …………………… 3－117
雅安圍城防河記 ……………………… 3－9
［康熙］雅安縣誌四卷 ……………… 1－303
雅雨堂文遺集四卷 …………………… 3－230
雅雨堂叢書十二種 …………………… 1－57
雅雨堂叢書十二種 …………………… 1－246
雅俗通用釋門疏式十卷 ……………… 1－199
雅歌堂全集 …………………………… 3－47
雅趣藏書 ……………………………… 1－16
雅趣藏書 ……………………………… 1－92
雅趣藏書 ……………………………… 1－267
雅趣藏書 ……………………………… 3－509
雅趣藏書不分卷 ……………………… 1－324
雅觀樓四卷十六回 …………………… 1－371
斐洲遊記四卷 ………………………… 3－284
悲華經十卷 …………………………… 1－157
紫石泉山房文集十二卷 ……………… 2－508
紫石泉山房文集十二卷詩鈔三卷 …… 2－501
紫石泉山房詩文集十二卷 …………… 2－431
紫芝山樵六種詩 ……………………… 3－250
紫光閣功臣小像湘軍平定粵匪戰圖
…………………………………… 3－22
紫光閣功臣圖像 ……………………… 3－217
紫竹山房文稾三卷附補遺 …………… 2－447
紫佩軒詩稿二卷 ……………………… 3－228
紫金瓶 ………………………………… 3－493
紫泥日記 ……………………………… 3－405
紫姑占福 ……………………………… 3－455
紫荆吟館詩集四卷試帖二卷賦略一
卷 ………………………………… 3－162
紫茜山房詩鈔二卷 …………………… 3－248
紫柏山志圖 …………………………… 2－61
紫柏老人集 …………………………… 3－192
紫柏老人集一卷般若波羅密多心經
略疏 ……………………………… 2－220
紫柏老人集十五卷首一卷 …………… 1－212
紫亭詩鈔四卷 ………………………… 2－366
紫原文集十二卷 ……………………… 1－33
紫琅山館詩鈔四卷 …………………… 3－249
紫釵記 ………………………………… 2－519
紫釵記 ………………………………… 3－471
紫釵記二卷五十三出 ………………… 3－424
紫釵記二卷五十三出 ………………… 3－459
紫釵記二卷五十三出 ………………… 3－460
紫釵記(折柳曲譜) …………………… 3－1
紫陽家塾詩鈔二十四卷 ……………… 2－529
紫陽家塾詩鈔二十四卷 ……………… 3－25
紫陽庵集 ……………………………… 2－85
紫筠軒詩略八卷 ……………………… 3－103
紫霞巾傳奇二卷三十折 ……………… 3－468
紫霞杯四卷 …………………………… 3－49
紫簫記二卷三十四出 ………………… 3－422
紫簫記二卷三十四出 ………………… 3－462
紫鸞笙譜二卷 ………………………… 3－231
虚一齋集五卷 ………………………… 3－45
虚白山房詩集四卷 …………………… 2－366

虚白山房駢體文二卷…………………… 2－366
虚白亭詩鈔二卷………………………… 1－268
虚白亭詩鈔二卷 ……………………… 3－39
虚白室文鈔二卷………………………… 2－329
虚白室詩鈔五卷………………………… 3－294
虚舟省禪師語録四卷虚舟省禪師詩
集二卷…………………………………… 1－162
虚舟詩草四卷…………………………… 2－372
虚舟題跋十卷補原三卷竹雲題跋四
卷……………………………………… 1－307
虚直軒文集十卷外集六卷…………… 2－410
虚受堂文集十五卷虚受堂詩存十五
卷……………………………………… 2－353
虚空孕菩薩經二卷……………………… 1－182
虚空孕菩薩經二卷……………………… 2－237
虚空蔵菩薩問七佛陁羅尼呪經一卷
……………………………………… 1－200
虚空藏菩薩神呪經……………………… 1－182
虚空藏菩薩經一卷……………………… 1－182
虚牕雅課………………………………… 2－261
虚牕雅課二卷…………………………… 3－329
虚齋名畫錄十六卷……………………… 1－495
虚齋名畫錄十六卷……………………… 1－511
虚齋詩稿十五卷………………………… 3－228
嵩餘吟稿 …………………………… 3－87
棠湖塤譜………………………………… 2－310
棠湖塤譜………………………………… 2－315
棠蔭比事………………………………… 2－372
掌故叢編八種…………………………… 1－445
晴川後蟹錄四卷續錄一卷…………… 3－186
晴雯撕扇子弟書………………………… 3－465
晴窗隨筆四書講義四十一卷………… 2－300
暑窗臆説二卷…………………………… 1－268
最好聽寶卷……………………………… 3－112
最近國際成文條規……………………… 3－367
最新日本教育法規……………………… 2－161
最新世界統計年鑒不分卷…………… 3－385
最新半班抄本十二種…………………… 3－228
最新式時裝百美圖……………………… 3－415
最新高等小學國文教科書第四冊…… 3－361
最新書畫譜……………………………… 2－263
最新經世文編一百三十卷…………… 1－437
最新增注繪圖官場現形記七編九十
二回…………………………………… 3－482
最新頭等戲曲十九種…………………… 3－228
最新醒世歌謠 ……………………… 3－95
最新學校遊戲法………………………… 3－325
最樂編二卷……………………………… 2－293
最樂編二卷……………………………… 2－293
最樂編五卷 ………………………… 1－92
貽令堂醫學三書三卷…………………… 2－304
鼎甲徵信錄八卷………………………… 3－130
鼎峙春秋十本二百四十出…………… 3－450
鼎峙春秋十卷 ……………………… 1－20
鼎湖山木人居在慘禪師剩稿五卷…… 1－155
鼎湖山志八卷…………………………… 1－277
鼎湖山慶雲寺志八卷首一卷 ………… 2－61
鼎湖山慶雲寺志八卷首圖一卷……… 1－119
鼎湖山慶雲寺志八卷首圖一卷……… 1－283
鼎鍥卜筮鬼谷源流斷易天機大全三
卷……………………………………… 1－257
鼎鍥幼幼集成六卷……………………… 1－145
鼎鐫金陵三元合選評註史記狐白六
卷……………………………………… 1－130
鼎鐫諸方家彙編皇明名公文雋八卷
……………………………………… 1－54
鼎鐫諸方家彙編皇明名公文雋八卷
……………………………………… 1－252
閑竹居叢書二十八種…………………… 2－463
開玄出谷西林卷二十卷……………… 2－491
開地道轟藥法三卷圖一卷…………… 1－393
開有益齋金石文字記 ……………… 2－86
開有益齋讀書志六卷…………………… 2－158
開有益齋讀書志六卷續志一卷金石
記一卷………………………………… 1－464
[光緒]開州志八卷 ………………… 2－73
[光緒]開州志八卷 ………………… 2－175
開浦殖民地志一卷附新志一卷 ……… 2－85
開家孝義全傳寶卷……………………… 3－111
開家寶卷 …………………………… 3－72
開煤要法十二卷………………………… 1－393
開煤要法十二卷………………………… 2－194

開煤要法十二卷…………………………3－365
開篇抄存………………………………3－492
開橋寶卷 ………………………………3－72
開橋寶卷………………………………3－170
開縣李尚書政書八卷首一卷…………1－487
開縣李尚書政書八卷首一卷…………3－356
開闢傳疑二卷 …………………………2－60
開闢傳疑二卷…………………………3－241
開闢新世界之鼻祖……………………3－386
開闢演義六卷八十回…………………3－137
開闢演義四卷八十回…………………3－118
閑存錄四卷 ……………………………1－93
閑居雜記………………………………3－265
閑情女肆四卷…………………………3－333
閑情小錄初集八種……………………1－401
閑情偶寄十六卷………………………3－504
閑閑老人詩集十卷年譜二卷目錄二
卷……………………………………2－351
閑閑老人滏水文集二十卷附錄一卷
……………………………………2－322
閑闢録十卷 ……………………………1－52
閑闢録十卷……………………………1－231
閒居新編四卷 …………………………3－54
閒居雜錄二卷…………………………2－214
閒居雜錄二卷…………………………2－214
閒居雜錄二卷…………………………2－372
閒情小品二十七種……………………1－250
閒情小錄初集八種……………………3－518
閒情偶寄十六卷………………………1－320
閒情集六卷……………………………1－292
閒漁閒閒錄九卷 ………………………3－47
閒談消夏錄十二卷 ……………………3－52
閒談消夏錄十二卷……………………3－316
閒談消夏錄六卷………………………1－392
遇聖投親寶卷 …………………………3－66
遏雲閣曲譜……………………………2－392
遏雲閣曲譜初集………………………2－375
景文集六十二卷………………………1－270
[乾隆]景州志六卷首一卷 ……………3－374
景宋殘本五代平話八卷………………1－372
景岳全書六十四卷 ……………………1－80
景岳全書六十四卷 ……………………1－81
景岳全書六十四卷……………………1－506
景岳全書六十四卷……………………2－198
景岳新方砭四卷………………………2－212
景岳新方詩括注解四卷首一卷………2－273
景定嚴州續志十卷 ……………………2－55
景星協慶　燈月交輝…………………3－455
景星協慶　燈月交輝…………………3－456
景祐天竺字源七卷……………………3－174
景益軒文集四卷………………………2－342
景教碑文紀事考正一卷………………3－379
景船齋雜記二卷………………………1－385
景紫堂全書十七種八十一卷……………2－6
景湘堂吟草八卷………………………2－493
景詹閣遺文……………………………2－495
[同治]景寧縣誌十四卷 ………………3－289
景德鎮陶錄十卷………………………1－373
景德鎮陶錄十卷………………………1－492
景德鎮陶錄十卷………………………1－493
景德鎮陶錄十卷………………………1－493
睒閔寶卷 ………………………………3－67
跋南雷文定一卷………………………2－368
貴州苗圖二十四幅……………………3－189
貴州省財政沿革利弊說明書不分卷
……………………………………3－372
貴州省財政沿革利弊說明書不分卷
……………………………………3－400
貴州省試辦大學堂暫行章程…………2－115
[乾隆]貴州通志四十六卷首一卷 …1－256
貴州鄉試墨卷…………………………1－188
貴池二妙集五十一卷…………………1－542
貴池二妙集五十一卷…………………3－314
貴池二妙集四十七卷附錄二卷年譜
二卷……………………………………1－427
[同治]貴溪縣誌 ………………………2－178
[同治]鄖陽志八卷 ……………………3－283
鄖鄉徵實詩……………………………3－252
喁於館詩草二卷………………………1－404
單級教授法講義………………………3－325
[單唱鼓詞]十六種 ……………………1－51
單清語八卷……………………………3－527

唧金環寶卷 …………………………… 3－63
喉科指掌六卷………………………… 2－205
喉科秘旨二卷………………………… 3－122
喉症全科紫珍集二卷………………… 1－521
喻林一百二十卷 …………………… 1－14
喻林一百二十卷 …………………… 1－91
嗱囈集不分卷………………………… 1－100
啼猩淚下卷二十一回 ……………… 3－88
啼猩淚圖畫小說 …………………… 3－35
嗟襪囊法天子受三歸依獲免惡道經
一卷……………………………… 1－179
買臣莊子寶卷 ……………………… 3－64
買愁集四集…………………………… 1－412
嵐漪小艸……………………………… 3－247
黑白半月兩乘布薩正範一卷比丘戒
相一卷菩薩戒相一卷篇聚圖一卷
……………………………………… 1－282
黑奴籲天錄四卷……………………… 2－359
黑虎緣 ……………………………… 3－51
黑旗劉大將軍事實…………………… 3－163
黑龍江外記…………………………… 2－149
黑龍江述畧六卷 …………………… 3－13
[光緒]黑龍江述略六卷 …………… 1－349
黑龍江述略六卷……………………… 3－176
黑龍江財政沿革利弊說明書三卷…… 3－372
黑龍江劃分稅項意見書不分卷附錄
一卷……………………………… 3－372
黑龍江歷任將軍懇務奏稿四卷……… 3－398
黑龍江墾務要覽四編 ……………… 1－72
黑龍江輿地圖………………………… 1－477
黑籍冤魂圖說十回…………………… 3－471
黑韃事略一卷………………………… 1－503
黑蠻風土記…………………………… 1－347
圍爐新話……………………………… 2－526
無上圓明通正生蓮寶卷二卷………… 3－494
無上圓明通正生蓮寶卷二卷………… 3－495
無幻禪師語録二卷…………………… 1－142
無邪堂答問五卷……………………… 2－195
無邪堂答問五卷……………………… 2－280
無邪堂答問五卷……………………… 2－304
無邪堂答問五卷……………………… 3－394
無字寶篋經一卷……………………… 1－172
無近名齋文集………………………… 2－328
無近名齋文集十卷…………………… 2－538
無近名齋文鈔四卷…………………… 2－405
無近名齋文鈔四卷雜著四卷………… 2－439
無近名齋集十一卷…………………… 1－404
無長物齋詞存………………………… 3－285
無事爲福齋隨筆二卷………………… 2－366
無所有菩薩經四卷…………………… 1－181
無所住齋隨筆………………………… 2－226
無甚高論三卷 ……………………… 1－16
無根樹詞注解………………………… 2－537
無欲齋詩草七卷……………………… 3－255
無欲齋詩草七卷……………………… 3－263
無欲齋詩草七卷附尋聲譜…………… 3－145
無欲齋詩鈔…………………………… 2－344
無欲齋詩鈔一卷……………………… 2－404
[乾隆]無極縣志十一卷末一卷 ……… 2－73
無敧詞剩……………………………… 3－244
無量義經……………………………… 2－248
無量壽如來會二卷…………………… 2－222
無量壽如來會二卷…………………… 2－238
無量壽如來會二卷…………………… 2－247
無量壽經宗要………………………… 2－229
無量壽經起信論二卷………………… 1－383
無量壽經起信論三卷………………… 2－222
無量壽經優波提舍…………………… 2－223
無量壽經優波提舍一卷……………… 1－201
無量壽經優婆提舍願生偈…………… 2－223
無量壽經優婆提舍願生偈…………… 2－223
無聞堂稿十七卷 …………………… 1－98
無盡意菩薩經四卷…………………… 1－183
無盡意齋詩鈔四卷 ………………… 3－48
無趣老人語錄一卷…………………… 1－142
無稽讕語五卷 ……………………… 3－43
[光緒]無錫金匱縣志四十卷附編一
卷……………………………… 3－177
[道光]無錫金匱續志十卷 ………… 3－206
無隱禪師略錄………………………… 2－221
無聲詩史七卷 ……………………… 1－81
無聲詩史七卷………………………… 1－511

無聲詩史七卷…………………………… 2－304
無聲詩史七卷 ………………………… 3－28
無雙譜…………………………………… 3－290
缾水齋詩集十七卷……………………… 3－401
缾水齋詩集十六卷……………………… 2－336
缾笙館修簫譜二卷三十二出………… 3－447
缾笙館修簫譜…………………………… 1－404
缾笙館修簫譜…………………………… 3－279
短長二卷………………………………… 1－260
智品十三卷……………………………… 1－324
智證傳…………………………………… 2－228
犍陀國王經……………………………… 2－244
剩言家言雜問不分卷…………………… 3－371
剩語小草一卷 ………………………… 1－52
嵇中散集一卷…………………………… 2－358
嵇庵詩集十卷…………………………… 2－410
程士集四卷……………………………… 1－214
程士集四卷獻忱集五卷 ……………… 1－25
程山三世詩……………………………… 1－231
程山遺書五十六卷……………………… 1－199
程子年譜七卷…………………………… 2－534
程氏即得方二卷………………………… 1－271
程氏即得方二卷………………………… 3－109
程氏家塾讀書分年日程三卷………… 1－343
程氏家塾讀書分年日程三卷綱領一
　卷…………………………………… 3－432
程氏家塾讀書分年日程綱領………… 3－216
程氏家塾讀書分年日程綱領二卷…… 3－122
程氏家塾讀書分季日程三卷………… 3－227
程氏墨苑二十三卷 …………………… 1－83
程侍郎遺集十卷………………………… 3－206
程雪門遺詩二卷 ……………………… 3－48
程端明公洺水集二十四卷首一卷…… 1－234
程墨前選………………………………… 1－195
梨園集成四十六種……………………… 3－489
喬羽書巢詩内集六卷…………………… 2－502
喬夢符小令一卷………………………… 3－355
喬園詩餘一卷…………………………… 3－275
等目菩薩所問三昧經三卷…………… 1－166
等目菩薩所問三昧經三卷…………… 2－237
等閒集詩鈔……………………………… 2－525
等韻一得二卷…………………………… 1－456
策府統宗六十五卷……………………… 3－396
策對名文約選…………………………… 3－125
策論秘訣二卷…………………………… 2－316
策學考古類編十二卷…………………… 3－304
策學萃語………………………………… 1－210
策學備纂三十二卷……………………… 2－207
策學備纂三十二卷目錄三十二卷首
　一卷………………………………… 3－413
策學備纂三十二卷首一卷…………… 3－360
策學淵萃四十六卷……………………… 2－214
策學淵萃四十六卷……………………… 2－304
策學淵萃四十六卷……………………… 2－425
筏喻初學一卷…………………………… 1－162
答順宗心要法門一卷三聖圓融觀門
　一卷華嚴念佛三昧論一卷………… 2－220
筍花詩草二卷 ………………………… 3－41
筆生花三十二回………………………… 2－421
筆花醫鏡四卷…………………………… 2－207
筆花醫鏡四卷…………………………… 2－210
筆花醫鏡四卷…………………………… 2－507
筆算數學………………………………… 2－311
筆算數學二十四章……………………… 2－312
筆諫八卷首一卷末一卷附百孝圖…… 3－136
備急千金要方三十卷考異十卷……… 1－509
備急灸方………………………………… 1－507
備急灸方一卷鍼灸擇日編集一卷…… 1－523
備急灸方一卷鍼灸擇日編集一卷…… 1－523
備預錄十四卷首一卷…………………… 2－190
備選文法四卷…………………………… 2－374
傅子……………………………………… 1－383
傅子二卷………………………………… 2－254
傅子不分卷……………………………… 1－202
傅子遺書………………………………… 1－443
傅太虛集蝶仙小史彙編十四卷宗…… 3－110
傅氏眼科審視瑤函六卷首一卷……… 1－254
傅氏眼科審視瑤函六卷首一卷……… 2－271
傅氏眼科審視瑤函六卷首一卷……… 2－274
傅青主女科二卷………………………… 2－532
傅青主女科二卷產後編二卷………… 2－197
傅青主先生年譜………………………… 3－196

傅青主男科二卷 …………………………… 2－197
傅錦泉先生傳一卷 ………………………… 1－25
傅鶉觚集五卷 ……………………………… 3－188
傅鶉觚集五卷首一卷校勘記一卷 …… 3－95
貸園叢書初集十二種 …………………… 1－58
貸園叢書初集十二種 …………………… 1－105
牌統孚玉四卷 ……………………………… 1－248
［光緒］順天府志一百三十卷 ……… 3－538
［光緒］順天府志一百三十卷 ……… 3－538
［光緒］順天府志一百三十卷附錄一
　卷 ………………………………………… 2－95
順天府宣統二年統計表 ………………… 3－532
順天鄉試同年齒錄（光緒二十九年
　癸卯恩科） …………………………… 3－540
順天鄉試同年齒錄（光緒十一年乙
　酉科） …………………………………… 3－537
順天鄉試同年齒錄（光緒十七年辛
　卯科） …………………………………… 3－537
順天鄉試同年齒錄（道光己酉科） … 3－542
順天鄉試第十六房同門硃卷（道光
　乙未恩科） …………………………… 3－541
順天鄉試齒錄（道光二十年庚子恩
　科） ……………………………………… 3－542
順天鄉試墨卷 ……………………………… 3－126
順天鄉試墨卷 ……………………………… 3－216
順天鄉試錄（光緒八年壬午科） …… 3－541
順天鄉試錄（同治六年丁卯科） …… 3－534
順天鄉試闈墨 ……………………………… 3－219
順天鄉試闈墨 ……………………………… 3－303
順天鄉試闈墨（光緒乙酉科） ……… 3－537
順天鄉試闈墨（光緒庚子辛丑恩正
　併科） …………………………………… 3－540
順天鄉試題名錄（嘉慶戊寅恩科） … 3－536
順中論二卷 ………………………………… 1－154
順安詩草八卷 ……………………………… 2－504
順所然齋詩四卷補遺一卷 …………… 3－82
順治過江四卷二十回 …………………… 3－479
順德堂詩鈔五卷 ………………………… 3－81
［咸豐］順德縣志三十二卷 ………… 3－140
順權方便經二卷 ………………………… 1－151
順權方便經二卷 ………………………… 1－172
集一切福德三昧經三卷 ………………… 2－248
集千家註杜工部詩集二十卷文集二
　卷 ………………………………………… 1－36
集千家註杜工部詩集二十卷文集二
　卷 ………………………………………… 1－102
集千家註杜工部詩集二十卷附錄一
　卷文集二卷 …………………………… 1－222
集千家註杜工部詩集附錄一卷 ……… 1－102
集古今佛道論衡實錄四卷 …………… 1－189
集古印譜六卷 …………………………… 1－88
集古印譜六卷 …………………………… 1－137
集古印譜六卷 …………………………… 1－322
集古虎符魚符考 ………………………… 3－129
集古錄目十卷 …………………………… 2－86
集古錄目十卷原目一卷 ……………… 2－82
集古錄目五卷跋尾十卷 ……………… 1－465
集古錄目五卷跋尾十卷 ……………… 2－340
集仙傳 ……………………………………… 3－414
集句叢抄四卷 …………………………… 3－274
集成曲譜 …………………………………… 3－470
集字四種 …………………………………… 3－77
集字避複一卷 …………………………… 3－429
集字避複一卷 …………………………… 3－429
集字雜著二卷 …………………………… 3－160
集李三百篇二卷 ………………………… 3－183
集杭諺詩 …………………………………… 3－266
集杭諺詩一卷 …………………………… 3－336
集思廣益編二卷 ………………………… 3－159
集神州塔寺三寶感通錄三卷 ………… 1－177
集神州塔寺三寶感通錄四卷 ………… 2－213
集神州塔寺三寶感通錄四卷 ………… 2－215
集唐初刻二卷二刻二卷三刻二卷 …… 2－355
集虛齋四書口義十卷 …………………… 1－199
集虛齋四書口義十卷 …………………… 3－418
集虛齋全稿 ………………………………… 2－505
集虛齋學古文十二卷 …………………… 2－433
集虛齋學古文十二卷離騷經解略一
　卷 ………………………………………… 1－284
集註節義十卷釋籤緣起序指明一卷
　……………………………………………… 1－157
集聖教序字詩四卷 ……………………… 3－159

集褉楹聯…………………………………… 2－370
集語二卷…………………………………… 1－117
集說詮真…………………………………… 2－311
集說詮真續編不分卷…………………… 3－341
集諸經禮懺悔文二卷禮懺儀二卷…… 2－245
集選詩一卷遲雲閣詩稿五卷………… 3－275
集錦書目子弟書………………………… 3－465
集錄真西山文章正宗三十卷………… 1－101
集蘇一百八喜箋序目一卷集涪翁文
　一百四十喜箋序目一卷集李杜詩
　八十四喜箋序目一卷……………… 2－528
集韻十卷…………………………………… 1－339
集韻十卷…………………………………… 1－452
集韻八卷 ………………………………… 2－14
集韻考正十卷…………………………… 1－455
集韻攷證十卷…………………………… 1－451
集驗簡易良方四卷……………………… 1－520
集驗簡易良方四卷……………………… 2－269
焦山六上人詩十九卷………………… 3－191
焦山六上人詩十九卷首一卷 ………… 3－99
焦山志二十六卷首一卷……………… 1－363
焦山志二十六卷首一卷 ……………… 2－86
焦山志二十六卷首一卷……………… 2－100
焦山志二十六卷首一卷……………… 3－178
焦山志二十六卷首一卷……………… 3－183
焦山志二十六卷首一卷續志八卷…… 2－177
焦山志二十六卷首一卷續志八卷…… 3－377
焦山志十二卷………………………………… 1－8
焦山志十二卷…………………………… 1－124
[乾隆]焦山志十二卷 ……………… 1－287
焦山鼎銘考一卷………………………… 1－284
焦山續志八卷 …………………………… 2－86
焦山續志八卷…………………………… 2－100
焦山續志八卷…………………………… 3－202
焦氏易林十六卷 ………………………… 2－40
焦氏說楛七卷 …………………………… 1－88
焦氏遺書一百二十四卷……………… 1－546
焦氏遺書一百二十四卷……………… 1－546
焦氏遺書一百二十四卷……………… 2－466
焦氏遺書二十二種……………………… 1－443
焦氏類林八卷…………………………… 3－225
焦尾閣遺稿………………………………… 2－419
傍溪茅屋遺稿不分卷…………………… 1－236
[乾隆]臯蘭縣志二十卷圖一卷表一
　卷………………………………………… 1－246
[臯鶴堂批評第一奇書金瓶梅]一百
　回 ………………………………………… 1－19
臯鶴堂批評第一奇書金瓶梅一百回
　………………………………………… 1－203
臯鶴堂批評第一奇書金瓶梅一百回
　………………………………………… 1－324
皖江同聲集十卷………………………… 3－204
皖江同聲集十卷………………………… 3－244
皖江採風錄一卷………………………… 1－250
[光緒]皖志便覽三卷 ………………… 2－53
皖志便覽六卷首一卷……………………… 3－9
皖南軍務紀略……………………………… 3－9
皖詞紀勝………………………………… 2－509
皖詞紀勝一卷…………………………… 2－507
皖學編十三卷首三卷 ………………… 2－82
皖學編十三卷首三卷 ………………… 2－89
衆許摩訶帝經十三卷………………… 1－153
衆喜粗言五卷…………………………… 3－501
遁甲奇門………………………………… 1－530
御批通鑑輯覽一百二十卷…………… 2－164
御批資治通鑑綱目五十九卷首一卷
　………………………………………… 1－130
御批資治通鑑綱目正編五十九卷…… 1－130
御批資治通鑑綱目正編五十九卷…… 3－402
御批資治通鑑綱目正編五十九卷…… 3－402
御批資治通鑑綱目前編十八卷……… 3－402
御批資治通鑑綱目前編十八卷舉要
　三卷外紀一卷………………………… 1－130
御批資治通鑑綱目前編舉要三卷御
　批資治通鑑綱目前編外紀首一卷
　御批資治通鑑綱目前編十八卷御
　批資治通鑑綱目首一卷御批資治
　通鑑綱目五十九卷御批續資治通
　鑑綱目二十七卷 ……………………… 1－75
御批歷代通鑑輯覽……………………… 2－186
御批歷代通鑑輯覽一百二十卷……… 1－354
御批歷代通鑑輯覽一百二十卷……… 1－357

御批歷代通鑑輯覽一百二十卷……… 1－483
御批歷代通鑑輯覽一百二十卷……… 1－486
御批歷代通鑑輯覽一百二十卷 ……… 2－65
御批歷代通鑑輯覽一百二十卷 ……… 2－65
御批歷代通鑑輯覽一百二十卷 ……… 2－66
御批歷代通鑑輯覽一百二十卷 ……… 2－79
御批歷代通鑑輯覽一百二十卷 ……… 2－84
御批歷代通鑑輯覽一百二十卷 ……… 2－98
御批歷代通鑑輯覽一百二十卷……… 2－103
御批歷代通鑑輯覽一百二十卷……… 2－103
御批歷代通鑑輯覽一百二十卷……… 2－136
御批歷代通鑑輯覽一百二十卷……… 2－136
御批歷代通鑑輯覽一百二十卷……… 3－319
御批歷代通鑑輯覽一百二十卷……… 3－389
御批歷代通鑑輯覽一百二十卷……… 3－403
御批歷代通鑑輯覽一百二十卷……… 3－412
御批續通鑑綱目二十七卷…………… 2－132
御批續資治通鑑綱目 ………………… 1－130
御批續資治通鑑綱目二十七卷……… 1－130
御批續資治通鑑綱目二十七卷……… 3－402
御批續資治通鑑綱目二十七卷……… 3－402
御苑獻瑞……………………………… 3－456
御刻三希堂石渠寶笈法帖釋文十六
卷……………………………………… 2－196
御刻三希堂法帖……………………… 2－301
御注孝經……………………………… 2－309
御注孝經不分卷……………………… 3－419
御定七政四餘萬年曆………………… 1－398
御定仿宋相臺岳氏本五經九十六卷
……………………………………… 1－62
御定星曆考原六卷 ………………… 1－12
御定駢字類編二百四十卷…………… 1－400
御定駢字類編二百四十卷…………… 2－283
御定駢字類編二百四十卷…………… 3－389
御定歷代紀事年表一百卷歷代三元
甲子編年一卷 …………………… 1－74
御定歷代賦彙一百四十卷外集二十
卷逸句二卷補遺二十二卷………… 1－100
御定歷代賦彙一百四十卷外集二十
卷補遺二十二卷逸句二卷 ………… 1－21
御定歷代賦彙正集一百四十卷外集
二十卷補遺二十二卷……………… 1－230
御定歷代題畫詩類一百二十卷 ……… 1－80
御定歷代題畫詩類一百二十卷 ……… 1－84
御定歷代題畫詩類一百二十卷 ……… 1－91
御前講易……………………………… 1－302
御案易經備旨 ……………………… 2－42
御案詩經備旨八卷 ………………… 2－27
御書楞嚴經十卷……………………… 1－331
御註孝經一卷 ……………………… 2－34
御製三十二體盛京賦………………… 1－320
御製三禮義疏一百七十八卷首一卷
……………………………………… 1－113
御製文初集三十卷目錄二卷………… 1－216
御製文初集四十卷總目五卷二集五
十卷總目六卷三集五十卷總目六
卷……………………………………… 1－232
御製文初集四十卷總目五卷二集五
十卷總目六卷三集五十卷總目六
卷……………………………………… 1－232
御製文初集四十卷總目五卷二集五
十卷總目六卷三集五十卷總目六
卷……………………………………… 1－261
御製四體清文鑑三十二卷補編四卷
……………………………………… 3－520
御製全史詩…………………………… 2－433
御製全唐詩一百二十卷……………… 2－430
御製全韻詩不分卷…………………… 1－207
御製全韻詩不分卷…………………… 1－322
御製律呂正義不分卷 ……………… 1－23
御製律曆淵源………………………… 1－247
御製律曆淵源一百四十二卷 ……… 1－81
御製耕織圖…………………………… 1－511
御製耕織圖…………………………… 2－297
御製耕織圖…………………………… 3－210
御製盛京賦一卷……………………… 1－219
御製揀魔辨異錄八卷 ……………… 1－91
御製欽若曆書上編十六卷下編十卷
表十六卷 ………………………… 1－89
御製詠左傳詩二卷…………………… 1－229
御製嗣統述聖詩四卷………………… 1－104

御製圓明園詩詞……………………… 3－542
御製圓明園圖詠……………………… 3－537
御製圓明園圖詠……………………… 3－537
御製詩初集…………………………… 2－356
御製詩初集四十八卷目錄六卷……… 1－240
御製詩初集四十八卷目錄六卷……… 2－360
御製詩初集四十四卷………………… 1－242
御製詩初集四十四卷………………… 1－329
御製詩第三集八卷…………………… 1－226
御製詩第三集八卷…………………… 1－226
御製詩第三集八卷…………………… 1－226
御製詩第三集八卷…………………… 1－297
御製資治通鑑綱目全書一百〇九卷
…………………………………… 1－122
御製資治通鑑綱目全書一百〇九卷
…………………………………… 1－122
御製滿漢西番合璧大藏全咒………… 3－523
御製滿漢西番合璧大藏全咒………… 3－523
御製滿漢西番合璧大藏全咒………… 3－523
御製滿漢西番合璧大藏全咒………… 3－523
御製滿漢西番合璧大藏全咒………… 3－523
御製滿漢西番合璧大藏全咒………… 3－523
御製滿漢西番合璧大藏全咒………… 3－523
御製滿漢西番合璧大藏全咒………… 3－524
御製滿漢西番合璧大藏全咒………… 3－524
御製滿漢西番合璧大藏全咒………… 3－524
御製增訂清文鑑三十二卷 …………… 3－33
御製增訂清文鑑三十二卷…………… 3－531
御製增訂清文鑑三十二卷補編四卷
…………………………………… 3－520
御製增訂清文鑑四卷………………… 3－525
御製數理精蘊上編五卷下編四十卷
…………………………………… 2－279
御製數理精蘊上編五卷下編四十卷
表八卷………………………………… 1－328
御製數理精蘊上編五卷下編四十卷
表八卷………………………………… 1－509
御製數理精蘊上編五卷下編四十卷
表八卷………………………………… 3－347
御製數理精蘊上編五卷下編四十卷
表八卷………………………………… 3－396
御製數理精蘊四卷…………………… 2－206
御製樂善堂全集定本三十卷………… 1－296
御製曆象考成上編十六卷下編十卷
…………………………………… 2－191
御製曆象考成上編十六卷下編十卷
後編十卷表十六卷…………………… 1－197
御製曆象考成上編十六卷下編九卷
…………………………………… 1－531
御製親征朔漠紀略一卷……………… 1－133
御製避暑山莊圓明園圖詠…………… 3－536
御製避暑山莊詩二卷 ……………… 1－82
御製避暑山莊詩二卷………………… 3－516
御製避暑山莊詩不分卷……………… 3－522
御製避暑山莊詩不分卷……………… 3－522
御製擬白居易新樂府………………… 1－249
御製翻譯四書………………………… 3－531
御製繙譯四書………………………… 3－524
御製繙譯四書………………………… 3－524
御製繙譯四書………………………… 3－524
御製繙譯四書………………………… 3－525
御製繙譯四書………………………… 3－525
御製繙譯四書………………………… 3－525
御製繙譯易經四卷…………………… 3－522
御製勸善要言………………………… 3－129
御製勸善要言………………………… 3－129
御製勸善要言………………………… 3－521
御撰資治通鑑綱目三編四十卷 ……… 2－65
御撰資治通鑑綱目三編四十卷 ……… 2－80
御選古文淵鑑六十四卷……………… 1－332
御選妙覺普度和聖寒山大士詩……… 2－217
御選明臣奏議四十卷 ……………… 1－73
御選明臣奏議四十卷………………… 1－326
御選明臣奏議四十卷………………… 3－220
御選唐宋文醇五十八卷……………… 1－102
御選唐宋文醇五十八卷……………… 1－219
御選唐宋文醇五十八卷……………… 1－414
御選唐宋文醇五十八卷……………… 1－439
御選唐宋文醇五十八卷……………… 1－537
御選唐宋文醇五十八卷……………… 2－367
御選唐宋詩醇四十七卷……………… 2－457
御選唐宋詩醇四十七卷目錄二卷…… 1－103

御選唐詩三十二卷目錄三卷………… 1－241
御選唐詩三十二卷目錄三卷………… 1－324
御選唐詩三十二卷目錄三卷御選唐
詩第三十二卷補編一卷 …………… 1－99
御選詔疏鈔…………………………… 2－134
御選詔疏鈔…………………………… 2－170
御選語錄……………………………… 3－414
御選語錄十九卷……………………… 2－243
御選歷代詩餘一百二十卷 ………… 1－23
御選歷代詩餘一百二十卷………… 1－104
御錄宗鏡大綱二十卷……………… 1－208
御錄經海一滴八卷………………… 3－129
御錄經海一滴六卷 ……………… 1－91
御錄經海一滴六卷 ……………… 1－91
御題三希堂續刻法帖……………… 3－407
御題三希堂續刻法帖……………… 3－407
御題平定臺灣戰圖不分卷 ………… 1－78
御題棉花圖………………………… 2－302
御題棉花圖………………………… 2－302
御纂七經…………………………… 1－457
御纂七經 ………………………… 2－14
御纂三元甲子編年一卷御定萬年歷
二卷………………………………… 3－120
御纂五經 ………………………… 2－23
御纂五經 ………………………… 2－25
御纂内則衍義十六卷 …………… 2－23
御纂朱子全書六十六卷…………… 3－394
御纂周易折中二十二卷首一卷 ……… 1－60
御纂周易折中二十二卷首一卷 ……… 1－63
御纂周易折中二十二卷首一卷……… 1－109
御纂周易折中二十二卷首一卷……… 1－112
御纂周易折中二十二卷首一卷……… 1－113
御纂周易折中二十二卷首一卷 ……… 2－21
御纂周易折中二十二卷首一卷……… 3－355
御纂周易折中二十二卷首一卷……… 3－362
御纂周易折中十八卷 …………… 2－48
御纂周易述義十卷 ……………… 2－43
御纂性理精義十二卷 …………… 1－84
御纂性理精義十二卷……………… 1－138
御纂性理精義十二卷……………… 1－140
御纂性理精義十二卷……………… 1－194
御纂性理精義十二卷……………… 1－376
御纂春秋直解十二卷 …………… 1－66
御纂春秋直解十二卷……………… 1－109
御纂詩義折中二十卷……………… 1－115
御纂詩義折中二十卷……………… 1－115
御纂詩義折中二十卷………………… 2－9
御纂詩義折中二十卷 …………… 2－20
御纂詩義折中二十卷 …………… 2－22
御纂詩義折中二十卷 …………… 2－22
御纂詩義折中二十卷 …………… 2－43
御纂歷代三元甲子編年一卷御定萬
年書不分卷………………………… 3－296
御纂醫宗金鑑七十二卷…………… 2－303
御纂醫宗金鑑九十卷……………… 1－505
御纂醫宗金鑑九十卷……………… 1－519
御纂醫宗金鑑九十卷……………… 2－269
御纂醫宗金鑑九十卷首一卷……… 1－196
御纂醫宗金鑑九十卷首一卷……… 2－272
御覽曲洧舊聞十卷………………… 1－130
御覽黄冊…………………………… 3－160
御覽集……………………………… 3－232
御覽經史講義三十卷首一卷 ………… 1－64
復古編二卷………………………… 1－1
復古編二卷 ……………………… 1－64
復古編二卷………………………… 1－456
復古編二卷 ……………………… 2－16
復古編二卷 ……………………… 2－18
復見心齋詩草六卷………………… 3－243
復初齋文集三十五卷……………… 2－342
復初齋文集三十五卷……………… 2－369
復初齋文集三十五卷……………… 2－431
復初齋詩集六十二卷……………… 2－407
復社姓氏傳畧十卷………………… 3－151
復社紀略四卷……………………… 2－153
復社紀略四卷……………………… 2－153
復莊詩問三十四卷駢儷文榷八卷…… 3－135
復莊詩問三十四卷駢儷文榷八卷…… 3－504
復莊駢儷文榷二編 ……………… 3－75
復莊駢儷文榷二編八卷…………… 3－503
復菴和尚華嚴綸貫一卷…………… 1－149
復堂日記八卷……………………… 1－477

復堂日記八卷…………………………… 3－367
復堂文續……………………………………… 2－499
復堂易貫不分卷 …………………………… 1－59
復堂詩四卷詞一卷………………………… 3－268
復堂類集……………………………………… 3－437
復堂類集三集……………………………… 2－417
復堂類集文四卷詩九卷日記八卷…… 2－337
復盦類稿八卷復盦公牘四卷鬻字齋
詩畧四卷…………………………………… 2－505
徧行堂集一卷 …………………………… 3－38
徧行堂集十六卷 ………………………… 3－73
須溪詞一卷補遺一卷…………………… 3－253
須摩提長者經……………………………… 2－244
舒文靖公類槀四卷附錄三卷………… 3－244
舒文靖集二卷附錄三卷 ……………… 3－97
舒文靖集二卷校勘記三卷事實冊一
卷附錄三卷……………………………… 3－161
舒嘯樓詩稿四卷………………………… 3－181
舒嘯樓詩稿四卷………………………… 3－206
舒藝室全集………………………………… 1－537
舒藝室全集五種…………………………… 1－413
鉅鹿東觀集十卷…………………………… 1－421
[光緒]鉅鹿縣志十二卷首一卷 …… 2－136
鈍吟全集二十三卷 ……………………… 1－32
鈍吟集二卷………………………………… 3－144
鈍吟集三卷………………………………… 2－349
鈍翁文錄十六卷 ………………………… 3－53
鈍翁文錄十六卷…………………………… 3－227
鈍翁前後類槀六十二卷 ……………… 1－52
鈍翁前後類槀六十二卷鈍翁續槀五
十六卷………………………………………… 1－104
鈍齋詩稿八卷……………………………… 1－215
鈔本地理書………………………………… 2－275
鈐山堂集四十卷…………………………… 1－406
鈐山堂集四十卷…………………………… 2－321
鈐山詩選七卷……………………………… 1－259
[道光]欽州志十二卷首一卷 ……… 3－183
欽定七經綱領 …………………………… 2－29
欽定七經綱領 …………………………… 2－49
欽定八旗氏族通譜輯要二卷………… 1－4
欽定三希堂法帖…………………………… 2－303
欽定三希堂法帖…………………………… 3－407
欽定三希堂法帖…………………………… 3－407
欽定三希堂法帖…………………………… 3－407
欽定三希堂法帖…………………………… 3－407
欽定三希堂法帖正集…………………… 3－407
欽定三國志六十五卷…………………… 3－405
欽定工部則例……………………………… 3－539
欽定工部則例九十八卷………………… 3－3
欽定工部則例五十卷…………………… 1－328
欽定工部軍器則例六十卷…………… 1－499
欽定大清刑律二編………………………… 3－357
欽定大清律例三十九卷奏疏一卷 …… 2－70
欽定大清商律破產律…………………… 3－327
欽定大清會典一百卷…………………… 1－476
欽定大清會典一百卷 ………………… 2－70
欽定大清會典一百卷 ………………… 2－77
欽定大清會典一百卷 ………………… 2－81
欽定大清會典一百卷…………………… 2－100
欽定大清會典一百卷…………………… 2－151
欽定大清會典一百卷…………………… 2－151
欽定大清會典一百卷事例一千二百
二十卷圖二百七十卷………………… 2－181
欽定大清會典一百卷則例一百八十
卷目錄一卷………………………………… 3－395
欽定大清會典一百卷則例一百八十
卷目錄一卷………………………………… 3－395
欽定大清會典一百卷則例一百八十
卷目錄一卷………………………………… 3－395
欽定大清會典一百卷首一卷欽定大
清會典事例一千二百二十卷目錄
八卷…………………………………………… 2－132
欽定大清會典一百卷欽定大清會典
事例一千二百二十卷目錄八卷欽
定大清會典圖一百三十二卷……… 2－101
欽定大清會典二百七十卷首一卷…… 1－476
欽定大清會典八十卷…………………… 2－184
欽定大清會典八十卷事例九百二十
卷……………………………………………… 2－125
欽定大清會典八十卷事例九百二十
卷圖一百三十二卷……………………… 2－181

欽定大清會典事例一千二百二十卷 ……………………………………… 2－151
欽定大清會典事例一千二百二十卷 ……………………………………… 2－151
欽定大清會典事例一千二百二十卷目錄八卷 ……………………………… 1－476
欽定大清會典事例一千二百二十卷目錄八卷 ……………………………… 2－70
欽定大清會典事例一千二百二十卷目錄八卷 ……………………………… 3－395
欽定大清會典事例一千二百二十卷目錄八卷 ……………………………… 3－395
欽定大清會典事例一千二百二十卷目錄八卷 ……………………………… 3－395
欽定大清會典事例一千二百二十卷首一卷 ………………………………… 1－505
欽定大清會典事例一千二百卷首一卷 ……………………………………… 2－78
欽定大清會典事例一千二百卷首一卷 ……………………………………… 2－100
欽定大清會典圖一百三十二卷 ……… 2－70
欽定大清會典圖二百七十卷 ………… 2－77
欽定大清會典圖二百七十卷 ………… 2－151
欽定大清會典圖二百七十卷 ………… 2－152
欽定大清會典圖二百七十卷 ………… 3－395
欽定大清會典圖二百七十卷首一卷 ……………………………………… 3－395
欽定王公處分則例四卷 ……………… 1－504
欽定天禄琳琅書目十卷後編二十卷 ……………………………………… 1－470
欽定天禄琳琅書目十卷後編二十卷 ……………………………………… 1－470
欽定天禄琳琅書目十卷後編二十卷 ……………………………………… 1－470
欽定天禄琳琅書目十卷後編二十卷 ……………………………………… 2－8
欽定元王惲承華事略補圖六卷 ……… 1－481
欽定元史語解二十四卷 ……………… 3－360
欽定元承華事略補圖六卷 …………… 3－261
欽定五代史七十四卷 ………………… 3－226
欽定五軍道里表十八卷 ……………… 1－353
欽定日下舊聞考一百六十卷 ………… 3－534
欽定日下舊聞考一百六十卷 ………… 3－534
欽定日下舊聞考一百六十卷 ………… 3－534
欽定中樞政考［八旗三十二卷綠營四十卷續纂四卷］ …………………… 2－163
欽定内閣官制 ………………………… 2－257
欽定化治四書文 ……………………… 2－295
欽定化治四書文 ……………………… 3－311
欽定戶部則例一百卷首一卷 ………… 2－104
欽定戶部漕運全書九十二卷首一卷 ……………………………………… 1－500
欽定戶部漕運全書九十二卷首一卷 ……………………………………… 3－303
欽定戶部漕運全書九十六卷首一卷 ……………………………………… 1－366
欽定六部處分則例五十二卷 ………… 2－162
欽定正嘉四書文 ……………………… 3－311
欽定古今圖書集成一萬卷 …………… 1－329
欽定古今圖書集成一萬卷目錄三十二卷 ………………………………… 3－344
欽定古今圖書集成一萬卷目錄三十二卷 ………………………………… 3－344
欽定古今圖書集成一萬卷目錄三十二卷 ………………………………… 3－345
欽定古今圖書集成目錄 ……………… 2－8
欽定平苗紀畧五十二卷首四卷 ……… 1－73
欽定平苗紀畧五十二卷首四卷 ……… 1－132
欽定平定七省方略一千一百五十卷首二卷 ………………………………… 3－281
欽定平定七省方略一千一百五十卷首二卷 ………………………………… 3－281
欽定平定回匪方略 …………………… 3－401
欽定平定苗匪方略 …………………… 3－401
欽定平定教匪紀略四十二卷首一卷 ……………………………………… 1－76
欽定平定教匪紀略四十二卷首一卷 ……………………………………… 1－492
欽定平定粵匪方略 …………………… 3－401
欽定平定臺灣紀略六十五卷首五卷 ……………………………………… 1－133
欽定四庫全書考證一百卷 …………… 2－94

欽定四庫全書附存目錄十卷………… 3－327
欽定四庫全書總目…………………… 3－368
欽定四庫全書總目二百卷…………… 2－173
欽定四庫全書總目二百卷首一卷…… 1－355
欽定四庫全書總目二百卷首一卷…… 1－464
欽定四庫全書總目二百卷首一卷…… 3－366
欽定四庫全書總目二百卷首四卷…… 1－123
欽定四庫全書總目二百卷首四卷…… 1－127
欽定四庫全書總目二百卷首四卷 …… 2－97
欽定四庫全書總目提要二百卷首四
卷……………………………………… 2－182
欽定四庫全書總目提要四部類敘一
卷……………………………………… 1－353
欽定四庫全書簡明目録二十卷………… 1－5
欽定四庫全書簡明目録二十卷首一
卷……………………………………… 2－164
欽定四庫全書簡明目錄二十卷……… 1－353
欽定四庫全書簡明目錄二十卷……… 1－504
欽定四庫全書簡明目錄二十卷……… 2－103
欽定四庫全書簡明目錄二十卷……… 3－326
欽定四庫全書簡明目錄二十卷首一
卷……………………………………… 3－377
欽定四書文…………………………… 2－309
[欽定四書文] ……………………… 1－146
[欽定四書文]不分卷 ……………… 1－146
欽定四書文選………………………… 1－146
欽定四書文選不分卷………………… 1－115
欽定吏部則例六卷…………………… 3－292
欽定吏部處分則例五十二卷………… 3－291
欽定吏部銓選蒙古官員品級考……… 3－292
欽定吏部銓選漢官則例八卷………… 3－292
欽定吏部銓選滿官則例五卷………… 3－292
欽定吏部銓選漢官品級考四卷……… 3－292
欽定吏部稽勳司則例八卷…………… 3－292
欽定吏部驗封司章程五卷…………… 2－478
欽定协紀辨方書三十六卷…………… 1－136
欽定光禄寺則例一百〇四卷………… 3－541
欽定同文韻統六卷…………………… 2－8
欽定同文韻統六卷 ………………… 2－20
欽定同文韻統六卷…………………… 3－528
欽定回疆則例八卷…………………… 1－484
欽定行政綱目………………………… 2－103
欽定行政綱目………………………… 2－103
欽定行政綱目………………………… 2－103
欽定行政綱目………………………… 2－104
欽定行政綱目不分卷………………… 3－339
欽定全唐文一千卷…………………… 2－333
欽定全唐文一千卷首四卷…………… 3－361
欽定全唐文一千卷總目三卷韻編一
卷 …………………………………… 1－21
欽定全唐文一千卷總目三卷韻編一
卷 …………………………………… 1－95
欽定全唐詩九百卷…………………… 1－438
欽定各郊壇廟樂章…………………… 3－464
欽定各郊壇廟樂章…………………… 3－464
欽定各郊壇廟樂章…………………… 3－537
欽定各郊壇廟樂章…………………… 3－541
欽定名臣傳八十卷…………………… 1－484
欽定兵部處分則例[八旗三十七卷
綠營三十九卷] …………………… 2－166
欽定協紀辨方書三十六卷…………… 1－530
欽定協紀辨方書三十六卷…………… 2－306
欽定明鑑二十四卷…………………… 3－318
欽定明鑑二十四卷首一卷…………… 1－481
欽定明鑑二十四卷首一卷…………… 2－159
欽定明鑑二十四卷首一卷…………… 2－167
欽定明鑑二十四卷首一卷…………… 3－444
欽定佩文齋書畫譜…………………… 1－506
欽定金史語解十二卷………………… 2－119
欽定周官義疏四十八卷 …………… 2－21
欽定周官義疏四十八卷首一卷 …… 2－22
欽定周官義疏四十八卷首一卷 …… 2－26
欽定周官義疏四十八卷首一卷 …… 2－39
欽定周官義疏四十八卷首一卷……… 3－366
欽定周官義疏四十八卷首一卷……… 3－442
欽定府廳州縣地方自治章程暨選舉
章程………………………………… 2－114
欽定府廳州縣地方自治章程暨選舉
章程………………………………… 2－114
欽定府廳州縣地方自治章程暨選舉
章程………………………………… 2－115

欽定府廳州縣地方自治章程暨選舉
章程 ………………………………… 2－115
欽定法院編制法 ………………………… 2－255
欽定法院編制法初級暨地方審判廳
管轄案件暫行章程 …………………… 2－118
欽定宗人府則例三十一卷首一卷 …… 1－505
欽定宗室王公功績表傳十二卷 ……… 2－133
欽定宗室王公功績表傳十二卷首一
卷 …………………………………… 1－350
欽定承華事略補圖提要六卷 ………… 3－32
欽定春秋左傳讀本 …………………… 2－10
欽定春秋左傳讀本三十卷 …………… 1－66
欽定春秋左傳讀本三十卷 …………… 2－17
欽定春秋左傳讀本三十卷 …………… 2－40
欽定春秋傳說彙纂三十八卷 ………… 2－17
欽定春秋傳說彙纂三十八卷首二卷
………………………………………… 1－109
欽定春秋傳說彙纂三十八卷首二卷
………………………………………… 1－110
欽定春秋傳說彙纂三十八卷首二卷
………………………………………… 1－113
欽定春秋傳說彙纂三十八卷首二卷
………………………………………… 2－39
欽定春秋傳說彙纂三十八卷首二卷
………………………………………… 2－41
欽定春秋傳說彙纂三十八卷首二卷
………………………………………… 3－438
欽定科場條例六十卷首一卷 ………… 1－504
欽定科場條例六十卷首一卷 ………… 3－222
欽定重刻淳化閣帖十卷 ……………… 1－81
欽定重修兩浙鹽法志三十卷首一卷
………………………………………… 1－502
欽定皇輿西域圖志四十八卷首四卷
………………………………………… 1－469
欽定皇輿西域圖志四十八卷首四卷
………………………………………… 2－69
欽定皇輿西域圖志四十八卷首四卷
………………………………………… 2－147
欽定皇輿西域圖志四十八卷首四卷
………………………………………… 3－295
欽定訓飭州縣規條不分卷 …………… 3－374
欽定宮中現行則例二卷 ……………… 3－342
欽定宮中現行則例四卷 ……………… 3－539
欽定書經傳說彙纂二十一卷 ………… 3－323
欽定書經傳說彙纂二十一卷首一卷
書序一卷 …………………………… 2－50
欽定書經傳說彙纂二十一卷首二卷
………………………………………… 1－110
欽定書經傳說彙纂二十一卷首二卷
………………………………………… 1－112
欽定書經傳說彙纂二十一卷首二卷
………………………………………… 3－362
欽定書經傳說彙纂二十一卷首二卷
書序一卷 …………………………… 3－360
欽定書經傳說彙纂二十一卷首二卷
書序一卷 …………………………… 3－360
欽定書經傳說彙纂三十一卷首二卷
………………………………………… 2－23
欽定書經圖說五十卷 ………………… 2－9
欽定通典二百卷 ……………………… 1－464
欽定理藩院則例五十卷 ……………… 3－528
欽定理藩院則例六十四卷通例二卷
………………………………………… 1－483
欽定理藩院則例六十四卷通例二卷
………………………………………… 1－483
欽定理藩部則例六十四卷通例二卷
………………………………………… 1－482
欽定理藩部則例六十四卷通例二卷
………………………………………… 1－482
欽定授時通考七十八卷 ……………… 1－76
欽定授時通考七十八卷 ……………… 1－138
欽定授時通考七十八卷 ……………… 1－531
欽定國子監志八十二卷首二卷 ……… 1－359
欽定國子監志八十二卷首二卷 ……… 1－483
欽定國子監志八十二卷首二卷 ……… 3－538
欽定國子監志八十二卷首二卷 ……… 3－541
欽定國子監則例四十五卷 …………… 3－541
欽定國朝詩別裁集三十二卷 ………… 1－45
欽定國朝詩別裁集三十二卷 ………… 1－204
欽定國朝詩別裁集三十二卷 ………… 1－231
欽定國朝詩別裁集三十二卷 ………… 1－243
欽定國朝詩別裁集三十二卷 ………… 3－382

欽定康濟錄四卷 ………………………… 1－71
欽定康濟錄四卷 ………………………… 2－70
欽定康濟錄四卷 ………………………… 2－89
欽定康濟錄四卷………………………… 2－168
欽定清涼山志二十二卷……………… 1－282
欽定清漢對音字式不分卷…………… 3－521
欽定清漢對音字式不分卷…………… 3－521
欽定啟禎四書文……………………… 3－216
欽定隆萬四書文……………………… 3－311
欽定報律……………………………… 2－112
欽定萬年書…………………………… 3－222
欽定萬年書…………………………… 3－229
欽定萬年書三卷 ……………………… 2－91
欽定萬全玉匣記……………………… 3－530
欽定萬全玉匣記……………………… 3－530
欽定勝朝殉節諸臣錄十二卷首一卷
　……………………………………… 1－489
欽定蒙古源流八卷…………………… 1－350
欽定蒙古源流八卷…………………… 1－502
欽定蒙古源流八卷…………………… 1－502
欽定蒙古源流八卷…………………… 1－502
欽定蒙古源流八卷…………………… 1－502
欽定詩經傳說彙纂二十一卷首一卷
　詩序二卷 …………………………… 2－29
欽定詩經傳說彙纂二十一卷首二卷
　詩序二卷…………………………… 1－107
欽定詩經傳說彙纂二十一卷首二卷
　詩序二卷…………………………… 1－109
欽定詩經傳說彙纂二十一卷首二卷
　詩序二卷…………………………… 1－111
欽定詩經傳說彙纂二十一卷首二卷
　詩序二卷…………………………… 1－113
欽定詩經傳說彙纂二十一卷首二卷
　詩序二卷…………………………… 1－113
欽定詩經傳說彙纂二十一卷首二卷
　詩序二卷…………………………… 1－332
欽定詩經傳說彙纂二十一卷首二卷
　詩序二卷 …………………………… 2－21
欽定詩經傳說彙纂二十一卷首二卷
　詩序二卷…………………………… 3－362
欽定詩經傳說彙纂二十一卷首二卷
　詩序二卷…………………………… 3－444
欽定詩經樂譜全書三十卷樂律正俗
　一卷 ………………………………… 1－63
欽定詩經樂譜全書三十卷樂律正俗
　一卷 ………………………………… 1－63
[道光]欽定新疆識略十二卷 ………… 3－13
[道光]欽定新疆識略十二卷首一卷
　……………………………………… 1－352
[道光]欽定新疆識略十二卷首一卷
　……………………………………… 1－475
[乾隆]欽定新疆識略十二卷首一卷
　……………………………………… 2－120
欽定殿試策…………………………… 3－124
欽定勦平三省邪匪方略卷首九卷正
　編三百五十二卷續編三十六卷附
　編十二卷…………………………… 1－488
欽定勦平捻匪方略三百二十卷首一
　卷…………………………………… 3－401
欽定勦捕臨清逆匪紀略十六卷……… 2－169
欽定臺規四十二卷…………………… 2－107
欽定臺規四十二卷…………………… 3－320
欽定臺規四十二卷首一卷…………… 1－501
欽定臺規四十卷……………………… 1－501
欽定熙朝雅頌集一百〇六卷首集二
　十六卷餘集二卷…………………… 1－537
欽定熙朝雅頌集一百〇六卷餘集二
　卷…………………………………… 2－353
欽定熙朝雅頌集一百三十四卷凡例
　一卷目錄一卷……………………… 2－321
欽定滿洲祭神祭天典禮六卷 ………… 1－79
欽定滿洲源流考二十卷……………… 3－366
欽定滿洲源流攷二十卷……………… 1－479
欽定遼史語解十卷…………………… 2－119
欽定遼史語解十卷…………………… 3－360
欽定遼金元三史語解………………… 1－488
欽定遼金元三史語解 ………………… 2－65
欽定篆文六經四書 …………………… 2－30
欽定篆文六經四書…………………… 3－194
欽定篆文六經四書十種……………… 1－112
欽定儀象考成三十卷首二卷………… 1－197

欽定儀禮義疏 ………………………… 3－362
欽定儀禮義疏四十八卷 ………………… 3－366
欽定儀禮義疏四十八卷首二卷 ………… 2－9
欽定儀禮義疏四十八卷首二卷 ……… 2－40
欽定選擇曆書十卷 …………………… 1－90
欽定歷代職官表七十二卷 …………… 2－180
欽定歷代職官表七十二卷 …………… 2－185
欽定學政全書八十六卷 ……………… 1－502
欽定學政全書八十六卷 ……………… 2－181
欽定學政全書八十卷 ………………… 1－130
欽定錢録十六卷 ……………………… 1－351
欽定禮記義疏八十二卷首一卷 ……… 1－111
欽定禮記義疏八十二卷首一卷 ……… 2－10
欽定禮記義疏八十二卷首一卷 ……… 2－39
欽定禮記義疏八十二卷首一卷 ……… 3－362
欽定禮記義疏八十二卷首一卷 ……… 3－366
欽定禮記義疏八十二卷首一卷 ……… 3－366
欽定禮記義疏八十四卷 ……………… 2－44
欽定禮部則例二百〇二卷 …………… 1－501
欽定禮部則例二百〇二卷 …………… 2－127
欽定總管内務府現行則例 …………… 2－87
欽定總管内務府現行則例四卷 ……… 2－503
欽定總管内務府堂現行則例四卷 …… 1－504
欽定蘭州紀略二十卷首一卷 ………… 1－6
欽定續文獻通考二百五十卷 ………… 1－356
欽定續文獻通考二百五十卷 ………… 2－74
欽定續文獻通考二百五十卷 ………… 2－161
欽定續通志六百四十卷 ……………… 2－66
欽定續通志六百四十卷 ……………… 2－103
欽定續通志六百四十卷 ……………… 2－161
欽定續通志六百四十卷 ……………… 2－184
欽定續通志六百四十卷 ……………… 3－435
欽定續通典一百五十卷 ……………… 2－103
欽定續通典一百五十卷 ……………… 3－402
欽定續纂外藩蒙古回部王公表傳十
二卷 …………………………………… 3－528
欽旌節烈樓母李太宜人家傳題辭 …… 3－263
欽頒州縣事宜 ………………………… 2－72
欽頒州縣事宜 ………………………… 2－83
欽頒州縣事宜一卷 …………………… 3－393
欽贈太僕寺卿署湖北黄州府事安陸
府知府金果毅公行狀 ………………… 2－540
鈞天樂 ………………………………… 3－278
鈞天樂二卷三十二出 ………………… 3－334
番大悲神咒 …………………………… 1－174
番大悲神咒　觀世音菩薩祕密藏神
咒經一卷 ……………………………… 1－173
番社采風圖考 ………………………… 2－75
番禺陳氏東塾叢書 …………………… 1－547
番禺潘氏詩畧二十三卷 ……………… 3－236
爲政忠告 ……………………………… 2－87
[光緒]創修鎮西鄉土志四卷 ………… 3－280
創辦清華實業公司文牘章程不分卷
……………………………………… 3－413
飲中半士詩鈔四卷 …………………… 2－476
飲水集不分卷 ………………………… 3－419
飲水詞鈔二卷 ………………………… 2－328
飲水詞鈔二卷 ………………………… 2－520
飲水詞鈔二卷 ………………………… 2－522
飲水詞鈔二卷 ………………………… 3－44
飲冰室文集二卷 ……………………… 2－368
飲冰室文集十六卷 …………………… 2－432
飲冰室自由書 ………………………… 3－143
飲冰室詩話五卷 ……………………… 2－423
飲食辯録六卷末一卷 ………………… 1－518
飲流齋說瓷 …………………………… 2－192
飲雪軒詩集四卷 ……………………… 3－136
勝天王般若波羅密經七卷 …………… 1－164
勝天王般若波羅蜜經七卷 …………… 2－242
勝思惟梵天所問經六卷 ……………… 1－170
勝思惟梵天所問經六卷 ……………… 1－200
勝軍化世百喻伽他經 ………………… 1－180
勝國文徵四卷 ………………………… 3－41
勝朝殉揚録三卷 ……………………… 1－500
勝朝遺事初編 ………………………… 1－350
勝鬘師子吼一乘大方便方廣經 ……… 2－230
勝鬘師子吼一乘大方便方廣經 ……… 3－422
勝鬘師子吼一乘大方便方廣經一卷
……………………………………… 1－192
猶太史 ………………………………… 3－518
觚賸八卷 ……………………………… 1－13

觚賸八卷續編四卷…………………… 3－336
觚賸正續編十二卷…………………… 2－282
觚賸正續編十二卷…………………… 2－282
鄒太史文集不分卷 …………………… 1－28
鄒公願學集八卷……………………… 1－258
鄒叔子遺書七種……………………… 2－5
鄒徵君遺書…………………………… 1－515
鄒徵君存稿…………………………… 3－247
［康熙］鄒縣志三卷 ………………… 3－328
［光緒］鄒縣續志十二卷首一卷 …… 3－328
詁經精舍文集十四卷………………… 1－544
詁經精舍文集十四卷………………… 2－379
詁經精舍文續集八卷………………… 1－407
詁經精舍文續集八卷………………… 3－233
評註聊齋志異圖詠十六卷…………… 2－390
評點周禮政要 ……………………… 2－48
評點周禮政要二卷 ………………… 2－21
評點春秋綱目左傳句解彙雋六卷 …… 2－18
評鑑闡要十二卷 …………………… 1－75
訴願法………………………………… 2－113
訴願法………………………………… 2－113
訴願法………………………………… 2－113
訴願法………………………………… 2－116
訴願法………………………………… 2－257
詅癡符二卷…………………………… 3－229
註解傷寒論十卷圖一卷傷寒明理論
　四卷 ……………………………… 1－80
註釋八銘塾鈔初集四卷二集四卷…… 2－209
註釋明文必自集選本………………… 2－257
詠史詩 ……………………………… 3－58
詠物詩二卷…………………………… 1－263
詠物詩選八卷………………………… 1－231
詠梅軒稿六卷………………………… 3－276
詠梅集古三十首……………………… 2－527
詠梅詩鈔……………………………… 1－266
詠畫炎涼圖便面……………………… 3－476
詠懷堂新編十錯認春燈謎四十出…… 3－194
詠懷堂新編十錯認春燈謎記二卷三
　十九出……………………………… 3－190
詠懷堂新編十錯認春燈謎記二卷四
　十出………………………………… 3－472
詞七種………………………………… 3－253
詞曲備采……………………………… 3－406
詞曲雜鈔……………………………… 3－167
詞名集解六卷………………………… 2－526
詞苑英華四十五卷 ………………… 1－94
詞苑珠塵 …………………………… 3－90
詞苑萃編二十四卷…………………… 1－412
詞苑叢談十二卷 …………………… 1－58
詞林片玉八卷 ……………………… 3－26
詞林正韻……………………………… 1－412
詞林正韻 …………………………… 3－61
詞林合璧十二卷……………………… 1－432
詞林典故八卷………………………… 1－136
詞林海錯十六卷……………………… 1－432
詞林海錯類選四卷…………………… 1－435
詞林逸響四卷 ……………………… 1－23
詞林逸響四卷………………………… 3－476
詞林萬選四卷 ……………………… 1－99
詞品…………………………………… 3－312
詞科掌錄十七卷……………………… 1－409
詞科掌錄十七卷餘話七卷 ………… 1－72
詞律二十卷 ………………………… 1－26
詞律二十卷…………………………… 1－100
詞律二十卷…………………………… 1－207
詞律二十卷…………………………… 1－225
詞律二十卷…………………………… 1－409
詞律二十卷…………………………… 1－410
詞律全書二十九卷…………………… 2－423
詞律拾遺八卷………………………… 1－535
詞律校勘記二十卷…………………… 1－426
詞律補遺一卷詞畹二卷 …………… 1－29
詞原斠律二卷 ……………………… 3－85
詞綜三十八卷明詞綜十二卷………… 1－103
詞綜三十六卷 ……………………… 1－95
詞綜三十卷 ………………………… 1－46
詞綜三十卷 ………………………… 1－46
詞綜三十卷補遺六卷………………… 1－101
詞徵六卷……………………………… 3－168
詞選二卷附錄一卷…………………… 2－384
詞選二卷附錄一卷…………………… 3－100
詞選二卷附錄一卷…………………… 3－175

詞選二卷續詞選二卷附錄一卷 ……… 3－55
詞選二卷續詞選二卷附錄一卷……… 3－306
詞選二卷續選二卷附錄一卷………… 3－511
詞壇合璧四種十五卷 ……………… 1－29
詞壇妙品十卷……………………… 3－121
詞學全書…………………………… 1－227
詞學全書六種十四卷 ……………… 1－54
詞學全書四種……………………… 1－102
詞學叢書五種……………………… 2－318
詞學叢書六種二十三卷…………… 1－412
詞辨二卷…………………………… 2－484
詞鏡平仄圖譜……………………… 1－426
詞鏡平仄圖譜四卷 ……………… 1－42
詞鏡平仄圖譜四卷………………… 1－427
詞譜四十卷 ……………………… 1－41
詞韻二卷…………………………… 2－506
詞韻二卷…………………………… 3－216
詒安堂詩初稿……………………… 3－108
詒晉齋集十卷……………………… 3－198
詒晉齋集八卷……………………… 2－341
詒晉齋集八卷……………………… 3－329
詒卿詩鈔二卷……………………… 2－364
詒卿詩鈔二卷……………………… 3－259
詒煒集……………………………… 2－419
詒經堂藏書七種…………………… 1－443
詒謀隨筆二卷……………………… 2－509
敦夙好齋詩………………………… 2－507
敦夙好齋詩集初編十二卷首一卷續
　編十一卷首一卷………………… 3－342
敦艮吉齋文存……………………… 2－486
敦艮齋詩存二卷…………………… 2－458
敦艮齋遺書十七卷………………… 1－448
敦好齋律陶纂……………………… 1－209
敦拙堂詩集十三卷………………… 1－426
敦教堂詩鈔六卷續刊二卷………… 3－168
敦雅堂詩集四卷…………………… 3－171
敦煌石室真蹟錄三卷……………… 3－163
敦煌石室遺書……………………… 1－498
[道光]敦煌縣志七卷 …………… 2－485
斌雅禪師語録二卷………………… 1－169
痘治附方一卷……………………… 1－304
痘科摘要四卷……………………… 2－515
痘疹心傳六卷……………………… 2－270
痘疹正宗二卷……………………… 1－195
痘疹定論四卷……………………… 2－273
痘疹專門二卷……………………… 1－522
痘疹專門二卷……………………… 2－275
痘疹捷要彙編四卷………………… 1－313
痘疹會通五卷 …………………… 1－86
痢證彙參十卷……………………… 1－508
痧症全書三卷……………………… 1－522
痧症全書三卷……………………… 2－214
痧脹玉衡書三卷後卷一卷 ……… 1－86
痧痘集解六卷……………………… 1－196
痧痘集解六卷……………………… 2－277
遊山日記…………………………… 3－185
遊山日記十二卷…………………… 3－518
遊天冠山詩帖……………………… 2－262
遊心安樂道………………………… 2－231
遊心安樂道一卷…………………… 1－383
遊西山記…………………………… 3－532
遊城南記一卷 …………………… 2－77
遊俠異聞錄初集四卷……………… 2－413
遊記彙刊十四卷…………………… 2－134
遊道堂集四卷……………………… 2－338
遊道堂集四卷 …………………… 3－89
遊湖借傘總本……………………… 3－458
遊園驚夢…………………………… 2－514
遊園驚夢定情……………………… 2－514
遊園驚夢清譜……………………… 2－515
遊滬筆記四卷……………………… 3－332
遊歷日本圖經三十卷……………… 3－349
遊歷古巴圖經 …………………… 2－78
遊歷秘魯圖經四卷………………… 2－521
遊歷聞見錄十八卷………………… 2－132
遊龍古跡…………………………… 3－302
遊龍傳[鼓詞] …………………… 1－50
遊戲三昧…………………………… 3－432
遊藝卮言二卷……………………… 2－217
遊藝錄……………………………… 1－533
遊藝錄六卷………………………… 3－307
童子吟六卷………………………… 2－386

童蒙止觀二卷六妙法門不分卷……… 3－386
童溪王先生易傳三十卷 ……………… 1－65
童諺(小兒語) …………………… 3－529
瓿餘集………………………………… 3－105
棄槔義禪師語錄一卷行實一卷……… 1－145
惺齋新曲六種………………………… 3－469
惺齋新曲六種十二卷 ……………… 1－22
惺齋講義不分卷……………………… 3－343
愧菴遺集七卷………………………… 3－2
愧庵遺著集要五卷…………………… 3－255
惲子居文鈔…………………………… 2－533
惲子居文鈔四卷……………………… 3－439
善女人傳二卷………………………… 2－239
[光緒]善化縣誌三十四卷 ………… 3－282
善本書室藏書志四十卷附錄一卷…… 1－355
善本書室藏書志四十卷附錄一卷…… 1－466
善本書室藏書志四十卷附錄一卷…… 1－466
善見毘婆沙律十八卷………………… 1－175
善住意天子所問經三卷……………… 1－185
善住意天子所問經三卷……………… 2－230
善卷堂四六十卷……………………… 1－215
善卷堂四六十卷……………………… 1－410
善卷堂四六十卷……………………… 2－437
善思童子經二卷……………………… 1－150
善思童子經二卷……………………… 1－183
善思童子經二卷……………………… 2－236
善思齋文鈔九卷詩鈔七卷…………… 2－486
善惡圖全傳四十回…………………… 1－368
善誘文………………………………… 1－303
善餘堂家乘後編一卷………………… 1－260
普天忠憤全集十四卷………………… 3－411
普天忠憤集十四卷 ………………… 3－42
普天樂八本…………………………… 3－490
普陀山志二十卷……………………… 3－152
普陀寶卷……………………………… 2－525
普陀寶卷 …………………………… 3－68
普陀觀音寶卷 ……………………… 3－67
普陀觀音寶卷一卷…………………… 3－498
普門品一卷…………………………… 1－383
普法戰紀十二卷……………………… 2－102
[光緒]普洱府志稿五十一卷首一卷
………………………………………… 1－471
普通百科全書………………………… 1－400
普通百科新大詞典…………………… 3－259
普通百科新大辭典 ………………… 2－24
普通百科新大辭典 ………………… 2－49
普通博物問答………………………… 3－325
普通學問答三卷……………………… 3－386
普通體操學教科書…………………… 3－326
普超三昧經四卷……………………… 1－170
普賢菩薩行願讚一卷………………… 1－160
普魯士地方行政制度………………… 2－106
普魯士地方行政制度………………… 2－107
普魯士地方行政制度………………… 2－257
普魯士兩院新舊選舉法……………… 2－126
普魯士兩院新舊選舉法……………… 2－126
普魯士兩院新舊選舉法……………… 2－126
普魯士兩院新舊選舉法……………… 2－126
普魯士兩院新舊選舉法……………… 2－126
普魯士兩院新舊選舉法……………… 2－126
普魯士兩議院新舊選舉法等法……… 2－113
普濟良方八卷………………………… 3－1
粧樓摘艷十卷………………………… 2－492
粧樓摘豔十卷首一卷………………… 2－394
粧樓摘豔十卷首一卷………………… 3－260
尊小學齋集文集六卷詩集二卷首一
卷…………………………………… 2－495
尊水園集十二卷補遺二卷…………… 1－218
尊水園集四卷………………………… 1－263
尊水園集略十二卷補遺二卷………… 1－263
尊西詩話二卷………………………… 3－247
尊前集二卷…………………………… 1－314
尊婆須蜜菩薩所集論十五卷………… 1－188
尊經書院初集十二卷 ……………… 3－34
尊經閣藏書章程[祀典錄] ………… 1－362
尊聞居士集八卷……………………… 1－252
尊聞居士集八卷……………………… 2－350
尊聞居士集八卷……………………… 2－371
尊聞居士集八卷……………………… 2－437
尊聞居士集八卷遺稿一卷…………… 2－406
道元一炁……………………………… 1－196

道元一炁四集 …………………………… 1－324
道古堂文集四十八卷道古堂詩集二十六卷 …………………………………… 1－97
道古堂外集十二種三十三卷 ………… 1－436
道古堂全集七十七卷 ………………… 2－377
道古堂全集七十六卷 ………………… 1－536
道古堂全集四十八卷 ………………… 1－544
道古堂集文集四十八卷詩集二十六卷 ……………………………………… 1－221
道古堂集文集四十八卷詩集二十六卷 ……………………………………… 1－227
道生堂小題制藝三集 ………………… 3－157
道地經一卷 …………………………… 1－335
道光己酉科直省舉貢同年錄 ………… 3－534
道言内外六卷 ………………………… 1－14
道言内外六卷 ………………………… 1－145
道林詩草八卷敘目一卷 ……………… 3－259
道法紀綱不分卷 ……………………… 3－369
道南源委六卷 ………………………… 1－443
道咸同光四朝詩史甲集八卷乙集八卷 ……………………………………… 1－538
道咸同光四朝詩史甲集八卷乙集八卷 ……………………………………… 2－385
道宣律師感通錄 ……………………… 2－215
道神足無極變化經四卷 ……………… 1－169
道原精華七種 ………………………… 2－253
道原精萃圖 …………………………… 2－316
道旁散人集五卷附錄一卷 …………… 3－246
道旁散集五卷 ………………………… 2－524
道書十一種 …………………………… 1－312
道書十二種 …………………………… 2－307
道書十二種 …………………………… 3－300
道書三種 ……………………………… 2－307
[道書五種] ………………………… 1－321
道書四種 ……………………………… 1－199
道書全集 ……………………………… 1－188
道書全集 ……………………………… 1－530
道書全集選抄 ………………………… 2－307
道國元公濂溪周夫子志十五卷首一卷 ……………………………………… 2－63
道術真傳 ……………………………… 3－50
道情詞 ………………………………… 3－249
道鄉公文集四十卷補遺一卷附錄一卷 ……………………………………… 3－161
道鄉先生文集四十卷補遺一卷附錄一卷 …………………………………… 2－355
道援堂詩集十三卷 …………………… 1－24
道貴堂類稿十一種 …………………… 1－293
道統大成 ……………………………… 1－528
道統大成十種 ………………………… 3－400
道統正宗 ……………………………… 2－204
道園學古錄二十六卷 ………………… 1－238
道榮堂文集六卷首一卷滄州近詩十卷 ……………………………………… 1－32
道德法律進化之理 …………………… 2－267
道德法律進化之理 …………………… 3－386
道德經 ………………………………… 2－246
道德經述義二卷 ……………………… 1－517
道德經順硃二卷 ……………………… 1－188
道德經評注二卷 ……………………… 2－245
道德經懸解 …………………………… 2－252
道德寶章一卷 ………………………… 1－332
道學淵源錄一百卷 …………………… 1－489
道學淵源錄一百卷 …………………… 2－167
道藏目錄詳註四卷 …………………… 1－467
道藏粹編二卷 ………………………… 3－37
道藏輯要 ……………………………… 1－400
道聽途說十二卷 ……………………… 2－517
道聽塗說十二卷 ……………………… 1－381
遂初堂詩集四十卷 …………………… 1－33
遂昌雜錄 ……………………………… 2－163
遂翁自訂年譜 ………………………… 2－531
[光緒]遂甯縣志六卷首一卷 ……… 3－142
曾氏女訓 ……………………………… 2－255
曾氏女訓 ……………………………… 2－259
曾氏女訓 ……………………………… 2－259
曾氏女訓 ……………………………… 2－259
曾氏女訓三章 ………………………… 3－396
曾氏女訓不分卷 ……………………… 3－409
曾文正公大事記 ……………………… 3－54
曾文正公大事記四卷 ………………… 1－347
曾文正公大事記四卷 ………………… 3－127

曾文正公大事記四卷…………………… 3－363
曾文正公大事記四卷…………………… 3－393
曾文正公大事記四卷…………………… 3－394
曾文正公手書日記……………………… 1－487
曾文正公手書日記……………………… 3－366
曾文正公文集…………………………… 2－343
曾文正公文集四卷……………………… 3－428
曾文正公文鈔四卷……………………… 2－351
曾文正公水陸行軍練兵志四卷……… 3－400
曾文正公年譜 ………………………… 2－87
曾文正公年譜十二卷…………………… 1－347
曾文正公年譜十二卷…………………… 3－293
曾文正公年譜十二卷…………………… 3－343
曾文正公全書一百七十卷首一卷…… 2－360
曾文正公全集…………………………… 1－435
曾文正公全集…………………………… 1－539
曾文正公全集…………………………… 2－390
曾文正公全集…………………………… 3－437
曾文正公全集一百五十六卷………… 2－438
曾文正公全集一百五十六卷首一卷
………………………………………… 2－460
曾文正公全集一百五十六卷首一卷
………………………………………… 2－460
曾文正公全集三卷……………………… 3－430
曾文正公批牘六卷……………………… 3－366
曾文正公批牘六卷……………………… 3－366
曾文正公奏稿三十卷…………………… 3－366
曾文正公奏稿三十卷…………………… 3－366
曾文正公家訓二卷……………………… 2－391
曾文正公家訓二卷……………………… 2－391
曾文正公家訓二卷……………………… 3－393
曾文正公家書…………………………… 1－435
曾文正公家書十卷……………………… 1－426
曾文正公家書十卷……………………… 2－389
曾文正公家書十卷……………………… 3－393
曾文正公家書十卷……………………… 3－437
曾文正公家書十卷家訓二卷………… 3－324
曾文正公家書十卷家訓二卷………… 3－445
曾文正公家書十卷家訓二卷大事記
四卷榮哀錄一卷…………………… 2－332
曾文正公家書十卷家訓二卷大事記
四卷榮哀錄一卷…………………… 3－509
曾文正公家書五卷家訓二卷………… 2－367
曾文正公書劄三十三卷……………… 1－437
曾文正公書劄三十三卷……………… 3－366
曾文正公書劄三十三卷……………… 3－445
曾文正公疏奏二卷文鈔四卷………… 3－124
曾文正公詩集三卷…………………… 3－366
曾文正公詩集四卷…………………… 3－125
曾文正公詩集四卷…………………… 3－366
曾文正公詩集四卷…………………… 3－429
曾文正公榮哀錄一卷………………… 3－370
曾文正公榮哀錄一卷………………… 3－393
曾文正公雜著二卷…………………… 3－363
曾文正公雜著四卷…………………… 3－377
曾文正公雜著四卷求闕齋讀書錄十
卷……………………………………… 3－127
曾文正公雜著鈔……………………… 3－127
曾文正奏議十卷補編四卷文鈔四卷
……………………………………… 1－481
曾忠襄公文集四卷曾忠襄公批牘五
卷……………………………………… 3－311
曾忠襄公年譜四卷批牘五卷奏議三
十二卷書劄二十一卷……………… 3－196
曾忠襄公奏議十二卷………………… 1－487
曾南豐文集四卷……………………… 2－388
曾南豐全集五十三卷 ……………… 1－58
曾南豐全集五十卷首一卷…………… 2－330
曾侯日記……………………………… 1－365
曾惠敏公文集五卷…………………… 3－363
曾惠敏公全集十七卷………………… 2－452
曾惠敏公全集十七卷………………… 3－428
曾惠敏公使西日記二卷……………… 3－370
曾惠敏公遺集十七卷………………… 2－335
曾惠敏公遺集十七卷………………… 3－182
曾樂軒稿一卷………………………… 1－1
曾樂軒稿一卷 ……………………… 1－64
馮少墟集二十二卷續集四卷 ……… 3－31
馮氏小集三卷………………………… 2－420
馮氏傳志二卷 ……………………… 3－15
馮氏詩草……………………………… 3－150

馮氏錦囊秘録二十卷…………………… 1－510
馮侍御遺藁六卷………………………… 2－496
馮侍御遺藁六卷………………………… 3－110
馮舍人集六卷…………………………… 2－349
馮舍人遺詩六卷………………………… 1－253
馮孟文冊二卷 ………………………… 3－41
馮桂芬行狀……………………………… 2－508
教學錄十卷……………………………… 2－292
教學錄十卷……………………………… 2－292
湛然居士文集十四卷…………………… 2－336
湛然居士文集十四卷…………………… 2－358
湛然居士文集十四卷 ………………… 3－73
湛園未定稿六卷………………………… 1－235
湛園未定稿六卷………………………… 2－328
湛園劄記四卷…………………………… 1－393
湖山分韻題考四卷……………………… 2－413
湖山便覽十二卷 ……………………… 2－76
湖山便覽十二卷………………………… 2－100
湖山便覽十二卷………………………… 2－151
湖山雜詠 ……………………………… 3－62
湖北全省大小同官文職錄……………… 3－214
湖北全省分圖…………………………… 1－489
湖北武學二十四種……………………… 3－378
湖北武學四十八卷……………………… 2－161
湖北金石志十四卷……………………… 2－101
湖北金石詩一卷………………………… 3－134
湖北官書處書目………………………… 2－494
湖北官書處書目………………………… 2－494
湖北官書處書目 ……………………… 3－39
湖北洋務譯書局章程…………………… 3－150
湖北財政說明書………………………… 2－112
湖北財政說明書不分卷………………… 3－378
湖北財政說明書不分卷………………… 3－378
湖北崇文書局書目……………………… 2－494
湖北崇文書局書目……………………… 2－494
湖北學報第一集………………………… 1－405
湖北闈墨………………………………… 3－299
［光緒］湖北輿地記二十四卷 ………… 2－60
湖北輿地圖……………………………… 3－441
湖北輿地圖記二十四卷………………… 2－148
湖北叢書………………………………… 2－2
湖北叢書………………………………… 3－358
湖北叢書三十種………………………… 1－440
湖西遺事………………………………… 2－152
湖光塔影樓詩集………………………… 3－184
湖州吳山端禪師語錄二卷……………… 1－182
［同治］湖州府志九十六卷首一卷 … 2－179
［同治］湖州府志九十六卷首一卷 … 2－179
湖州叢書………………………………… 1－547
湖州叢書………………………………… 2－461
湖州叢書十二種………………………… 1－446
湖防私記三卷餘事一卷 ……………… 3－55
湖防紀略 ……………………………… 3－22
湖東第一山詩鈔………………………… 2－474
湖東第一山詩鈔五卷 ………………… 3－86
湖南女士詩鈔所見初集十二卷 ……… 3－41
湖南文徵一百三十五卷目錄六卷首一卷………………………………… 2－438
湖南文徵一百三十五卷目錄六卷首一卷………………………………… 2－438
湖南文徵一百三十六卷目錄六卷姓氏傳四卷……………………………… 2－447
湖南西路師範學堂讀經講義…………… 3－376
湖南西路師範學堂讀經講義…………… 3－376
湖南全省輿地圖表不分卷……………… 3－387
湖南苗防屯政攷十五卷附補編………… 1－501
湖南政法速成學堂章程………………… 2－126
湖南洋關財政款目說明書四卷………… 3－373
湖南師範學堂讀經講義不分卷………… 3－376
［光緒］湖南通志二百八十八卷 …… 2－147
［光緒］湖南通志二百八十八卷首八卷末十九卷…………………………… 3－397
湖南唱本一百四十四種………………… 2－413
湖南唱本十三種………………………… 2－412
湖南陽秋十六卷續編十三卷衡湘稽古五卷………………………………… 3－211
湖南闈墨………………………………… 3－150
湖洲叢書………………………………… 2－6
湖唐林館駢體文二卷…………………… 3－253
湖海文傳七十五卷……………………… 1－404
湖海文傳七十五卷……………………… 2－447
湖海文傳七十五卷……………………… 3－444

湖海集十三卷 …… 1－29
湖海詩傳小傳 …… 2－536
湖海詩傳小傳六卷 …… 2－516
湖海詩傳四十六卷 …… 1－404
湖海詩傳四十六卷 …… 1－545
湖海樓文集 …… 2－331
湖海樓全集 …… 1－538
湖海樓全集古文六卷儷體文十二卷古今體詩十二卷 …… 2－360
湖海樓全集四種五十卷 …… 1－437
湖海樓詩集十二卷補遺一卷詞集二十卷文集六卷儷體文集十二卷 …… 1－214
湖海樓詩集八卷 …… 1－208
湖海樓詩藁十二卷 …… 1－217
湖海樓叢書 …… 2－4
湖海樓叢書十二種 …… 2－465
湖程紀略一卷 …… 1－278
湖程紀略一卷 …… 3－394
湖墅小志四卷 …… 3－156
湖廣荆州府永慶縣修行梅氏花綱寶卷二卷 …… 3－62
湖廣荆州府永慶縣修行梅氏花綱寶卷二集 …… 3－499
湖隱外史 …… 2－152
湖隱外史 …… 2－152
湖隱外史 …… 3－328
［康熙］湘山志五卷 …… 1－118
湘子問道 …… 2－274
湘中草六卷 …… 1－216
湘中草六卷 …… 2－329
湘中草六卷 …… 2－521
湘中草六卷 …… 3－208
湘社集 …… 3－30
湘社集四卷 …… 3－135
湘軍水陸戰記十六卷 …… 3－18
湘軍志十六篇 …… 2－107
湘軍志十六篇 …… 3－405
湘軍記二十卷 …… 1－485
湘軍記二十卷 …… 2－66
湘軍記二十卷 …… 2－139
湘軍記二十卷 …… 2－139
湘浦詩鈔二卷賦鈔 …… 3－253
［光緒］湘陰縣圖志三十四卷首一卷末一卷 …… 3－166
湘雪詩鈔四卷 …… 2－509
湘舲詩稿四卷 …… 2－336
湘鄉師相言兵事手函 …… 3－437
［同治］湘鄉縣志二十三卷首一卷末一卷 …… 3－328
［同治］湘鄉縣誌二十三卷 …… 3－282
湘鄉輿頌 …… 3－101
湘報類纂六集 …… 3－41
湘煙錄十六卷 …… 3－201
湘薌漫錄四卷 …… 1－312
湘薌漫錄四卷 …… 2－29
湘管聯吟一卷續集三卷附錄一卷附稿一卷 …… 1－265
湘管聯吟一卷續集三卷附錄一卷附稿一卷 …… 1－269
湘綺樓八代詩選二十卷 …… 3－200
湘綺樓文集八卷 …… 1－539
湘綺樓文集八卷 …… 2－350
湘綺樓文集八卷 …… 2－365
湘綺樓文集八卷 …… 2－368
湘綺樓文集八卷 …… 3－377
湘綺樓文集八卷 …… 3－377
湘綺樓全書 …… 2－462
湘綺樓全書十九種 …… 1－440
湘綺樓全書十九種 …… 1－546
湘綺樓全集三十卷 …… 2－422
湘綺樓全集三十卷 …… 3－375
湘綺樓詩十四卷 …… 3－438
湘綺樓箋啟八卷 …… 2－418
湘綺樓箋啟八卷 …… 3－263
湘綺樓箋啟八卷 …… 3－379
湘綺樓箋啟八卷 …… 3－387
湘穀初稿八卷吟稿四卷 …… 3－56
［光緒］湘潭縣志十二卷 …… 3－328
［嘉慶］湘潭縣志四十卷 …… 3－32
湘輶叢刻十三卷 …… 3－19
湘麇閣遺集六卷 …… 1－417
湯子遺書 …… 1－545

湯子遺書十卷附錄一卷……………… 1－244
湯子遺書五種……………………… 1－418
湯幼庵方伯護院奏摺……………… 2－128
湯海若問棘郵草二卷 …………… 1－27
湯陰精忠廟志十卷………………… 1－120
湯陰精忠廟志十卷………………… 1－277
湯陰精忠廟志十卷………………… 1－365
湯慈明詩集三十二卷 …………… 1－20
湯潛庵先生文集節要八卷………… 1－279
測地繪圖十一卷…………………… 1－395
測地繪圖十一卷…………………… 1－395
測地繪圖十一卷附卷一卷………… 2－294
測候叢談四卷……………………… 1－400
測候叢談四卷……………………… 2－191
測候叢談四卷……………………… 2－198
測海山房中西算學叢刻…………… 3－239
測海集六卷………………………… 2－439
測量法義一卷……………………… 3－404
測圓海鏡十二卷…………………… 1－529
測圓海鏡十二卷…………………… 2－297
測圓海鏡十二卷…………………… 2－297
測圓海鏡細草十二卷……………… 1－383
測圓海鏡細草十二卷……………… 3－230
[乾隆]温州府志三十卷 ………… 3－269
温壯勇公六合殉難事略…………… 2－538
温侍讀集…………………………… 3－253
温疫論補注二卷…………………… 2－271
温飛卿詩集九卷…………………… 1－205
温飛卿詩集九卷…………………… 1－215
温飛卿詩集箋注九卷……………… 1－408
温飛卿詩集箋注九卷……………… 1－409
温飛卿詩集箋註九卷……………… 1－229
温飛卿詩集箋註九卷……………… 1－332
温飛卿詩集箋註九卷……………… 2－382
温飛卿詩集箋註九卷……………… 2－423
温病條辨七卷温熱論一卷………… 1－507
温病條辨六卷首一卷……………… 2－187
温陵傅錦泉先生文集三卷詩集一卷
……………………………………… 1－25
温經樓年譜………………………… 1－353
温經樓遊戲翰墨二十卷續錄一卷 …… 1－36
温熱暑疫全書四卷 ……………… 1－80
温熱經緯五卷……………………… 1－512
温熱經緯五卷……………………… 2－188
湼源集慶…………………………… 3－512
滑疑集八卷 ……………………… 3－58
滑疑集八卷………………………… 3－105
滑疑集八卷………………………… 3－197
滑疑集八卷………………………… 3－503
[同治]滑縣縣誌十二卷 ………… 1－475
淵雅堂全集………………………… 1－426
淵雅堂全集………………………… 2－406
淵雅堂詩外集二卷瑤想詞一卷…… 3－252
淵鑒齋御纂朱子全書 …………… 1－93
淵鑒齋御纂朱子全書六十六卷 …… 1－92
淵鑒齋御纂朱子全書六十六卷…… 1－245
淵鑒齋御纂朱子全書六十六卷…… 1－245
淵鑑類函…………………………… 3－359
淵鑑類函四百五十卷……………… 1－531
淵鑑類函四百五十卷目錄四卷…… 1－188
淵鑑類函四百五十卷目錄四卷…… 3－359
盜甲子弟書三回…………………… 3－467
盜令寶卷 ………………………… 3－65
盜金牌……………………………… 3－102
盜金牌寶卷 ……………………… 3－70
渡江………………………………… 3－455
游定夫先生集六卷………………… 2－528
游藝編不分卷 …………………… 1－14
游譜一卷…………………………… 1－133
渼陂續集三卷……………………… 1－217
[光緒]滋陽縣志十四卷 ………… 2－176
[光緒]滋陽縣志十四卷 ………… 2－538
滋蕙堂法帖八種…………………… 2－302
滋樹室遺集六卷…………………… 2－501
滋蘭室遺稿 ……………………… 3－83
溈山警策句釋記…………………… 2－216
溈山警策句釋記二卷附科文……… 1－156
[乾隆]渾源州志十卷 …………… 1－134
[乾隆]渾源州志十卷圖一卷 …… 1－289
[光緒]渾源州續志十卷 ………… 2－180
溉亭述古錄二卷…………………… 3－133
溉亭述古錄二卷…………………… 3－204

漑堂前集九卷後集六卷續集六卷…… 1－310
湧翠山房文集四卷………………………… 2－495
湧翠山房文集四卷首一卷……………… 3－138
湧翠山房詩集四卷……………………… 2－495
湧幢小品三十二卷 …………………… 1－92
割症全書………………………………… 2－278
割症全書七卷…………………………… 2－266
割圜連比例述圖解三卷………………… 2－294
割圓術輯要……………………………… 2－281
割圜通解………………………………… 2－295
寒山拾得中峰詩錄不分卷……………… 3－344
寒山詩…………………………………… 2－245
寒山詩…………………………………… 2－245
寒木居詩………………………………… 2－520
寒支初集十卷…………………………… 2－345
寒支初集十卷首一卷二集四卷……… 3－104
寒支集十卷二集六卷首一卷………… 2－321
寒支集八卷二集四卷………………… 2－406
寒支集初集十卷首一卷二集四卷…… 2－404
寒灰集四卷……………………………… 2－520
寒村半生亭集三卷……………………… 1－267
寒村見黃稿二卷………………………… 1－208
寒村詩文選三十六卷 ……………… 1－49
寒松老人年譜…………………………… 3－260
寒松堂全集十二卷……………………… 1－207
寒松堂全集十二卷……………………… 1－543
寒松堂全集十二卷年譜一卷………… 2－365
寒松堂全集文九卷詩三卷年譜一卷
………………………………………… 1－407
寒松晚翠堂初集………………………… 3－250
寒松閣老人集二十三卷………………… 1－538
寒松閣集詩八卷詞四卷文一卷文續
一卷說文佚字考四卷………………… 2－407
寒松閣詩八卷詞四卷附說文佚字考
四卷…………………………………… 2－453
寒松閣談藝瑣錄六卷…………………… 1－508
寒松操禪師語錄二十卷………………… 1－159
寒温條辨七卷…………………………… 1－519
寒温條辨七卷…………………………… 2－199
寒温條辨六卷…………………………… 2－277
寒碧孤吟集美人名詩 ……………… 3－99
[乾隆]富平縣誌八卷 ……………… 1－325
富國真理二卷…………………………… 3－386
富國策…………………………………… 2－156
富國策三卷……………………………… 3－384
富強齋叢書續全集一百二十九種一
百九十二卷…………………………… 2－463
富強齋叢書續集一百二十五種……… 1－440
[光緒]富陽縣志二十四卷首一卷 … 3－141
富貴神仙二卷 ……………………… 1－38
富貴神仙二卷…………………………… 3－468
富貴神仙二卷…………………………… 3－513
[乾隆]富順縣志五卷首一卷 ……… 2－55
寓林集三十二卷詩六卷 …………… 1－54
寓杭日記………………………………… 2－377
寓真軒詩鈔十二卷……………………… 2－528
寓真軒詩鈔十二卷……………………… 3－155
寓意於物齋文編一卷詩存一卷……… 3－254
寓意草 ……………………………… 3－26
寓意錄四卷……………………………… 1－376
寓意錄四卷……………………………… 1－516
寓簡十卷………………………………… 3－230
寓簡十卷附錄一卷……………………… 2－468
甯都三魏全集…………………………… 2－342
甯都三魏全集…………………………… 3－425
甯陽存牘一卷…………………………… 2－495
[光緒]甯陽縣鄉土志一卷 ………… 3－270
運規約指三卷…………………………… 2－294
運餘齋易象管窺………………………… 1－296
運甓記二卷四十出……………………… 3－334
運甓記二卷四十出……………………… 3－459
運甓記二卷四十出……………………… 3－459
運甓齋文稿六卷………………………… 2－507
運瀆橋道小志…………………………… 2－105
運瀆橋道小志一卷……………………… 3－151
補三史藝文志…………………………… 2－169
補三國藝文志…………………………… 1－299
補三國疆域志二卷……………………… 1－134
補三國疆域志二卷 ………………… 2－84
補三國疆域志二卷 ………………… 2－94
補三國疆域志二卷……………………… 2－146
補三國疆域志二卷……………………… 3－371

補天石傳奇八種 …………………… 3－474
補天石傳奇八種八卷 ………………… 1－22
補元史藝文志四卷 …………………… 2－159
補五代史藝文志 ……………………… 2－159
補行同年錄(甲子補行辛酉) ………… 3－10
補宋書刑法食貨志一卷 ……………… 2－148
補松廬詩錄六卷 ……………………… 2－416
補注洗冤錄集證五卷 ………………… 3－309
補注洗冤錄集證五卷附寶鑑編 ……… 3－305
補注洗冤錄集證四卷 ………………… 2－63
補注洗冤錄集證四卷增一卷附作吏
要言 …………………………………… 3－305
補注黄帝内經素問二十四卷 ………… 1－524
補注傅氏女科全集 …………………… 2－188
補注銅人腧穴鍼灸圖經五卷 ………… 2－267
補注銅人腧穴鍼灸圖經五卷 ………… 2－517
補注瘟疫論四卷 ……………………… 1－523
補後漢書藝文志四卷 ………………… 2－159
補後漢書藝文志攷十卷首一卷 ……… 1－489
補校袁文箋正七卷首一卷 …………… 2－374
補校袁文箋正八卷首一卷 …………… 3－412
補晉兵志一卷 ………………………… 2－148
補晉書經籍志四卷 …………………… 3－369
補晉書藝文志 ………………………… 1－467
補晉書藝文志四卷附錄一卷 ………… 2－159
補梁疆域志四卷 ……………………… 2－156
補註洗冤錄集證六卷 ………………… 2－190
補註洗冤錄集證四卷 ………………… 2－199
補註釋文黄帝内經素問十二卷黄帝
内經素問遺篇一卷黄帝素問靈樞
經十二卷 …………………………… 1－79
補園賸稿二卷 ………………………… 3－103
補增大生要旨五卷 …………………… 2－278
補蕉山館詩二卷 ……………………… 3－78
補遼金元藝文志 ……………………… 2－159
補選捷用尺牘雙魚四卷 ……………… 1－27
補樵書三種 …………………………… 1－112
補瓢存稿六卷 ………………………… 1－246
補歷代史表五十三卷 ………………… 2－139
補學軒文集四卷續刻四卷 …………… 2－487
補學軒制藝四卷 ……………………… 2－267
補學軒詩集八卷 ……………………… 3－11
補續漢書藝文志 ……………………… 2－159
補讀書齋遺稿十卷 …………………… 2－411
補籬遺稿八卷 ………………………… 1－537
祿壽堂子弟書 ………………………… 3－465
尋花日記一卷看花雜詠一卷 ………… 2－387
尋樂類編六卷 ………………………… 3－167
尋親一折 ……………………………… 2－510
尋親記二卷三十五出 ………………… 3－460
尋壑外言五卷 ………………………… 1－213
畫一度量權衡圖說總表及推行章程
……………………………………… 2－96
畫中九友歌松陵畫友詩 ……………… 3－86
畫史會要五卷 ………………………… 1－81
畫史彙傳七十二卷 …………………… 2－309
畫史彙傳七十二卷首一卷目錄三卷
附錄三卷 …………………………… 1－391
畫角冊 ………………………………… 3－249
畫耕偶錄四卷 ………………………… 3－94
畫理齋詩稿 …………………………… 3－189
畫楫 …………………………………… 2－263
畫墁錄不分卷 ………………………… 3－414
畫圖緣四卷十六回 …………………… 3－485
畫學心印八卷 ………………………… 1－528
畫學心印八卷 ………………………… 3－180
畫錦堂記十五卷 ……………………… 2－316
畫錄識餘 ……………………………… 2－233
畫禪室隨筆四卷 ……………………… 1－80
畫禪室隨筆四卷 ……………………… 1－289
畫禪室隨筆四卷 ……………………… 3－224
犀釵記八卷四十五齣 ………………… 1－43
費娥劍圖畫小說 ……………………… 3－35
粥譜一卷廣粥譜一卷 ………………… 1－510
巽隱程先生詩集二卷文集二卷 ……… 1－271
巽隱程先生詩集二卷文集二卷 ……… 1－313
巽隱程先生詩集二卷巽隱程先生文
集二卷 ……………………………… 1－260
巽繹編四卷 …………………………… 3－179
疎山志略十卷首一卷末一卷 ………… 2－179
疏香閣附集附窈聞窈續 ……………… 2－457
疏香閣附集窈聞 ……………………… 3－245

疏勒望雲圖題詠…………………………… 3－249
疏影樓詞……………………………………… 2－476
疏影樓詞五卷……………………………… 3－504
疏影樓詞五卷……………………………… 3－504
疏影樓詞四種……………………………… 2－477
疏蘭仙館詩集四卷 ………………………… 3－49
疏蘭仙館詩集四卷續集六卷再續集
四卷…………………………………………… 3－228
隔簾花影……………………………………… 2－472
絜吳羹詩選二十四卷……………………… 1－268
絜閣…………………………………………… 3－486
媚幽閣文娛 ………………………………… 1－20
媚幽閣文娛………………………………… 3－511
媚幽閣文娛不分卷 ………………………… 1－94
媚幽閣文娛不分卷………………………… 1－260
媚幽閣文娛不分卷………………………… 1－264
［乾隆］登封縣志三十二卷 ……………… 2－54
登高覽勝　題糕閣筆……………………… 3－453
登壇必究四十卷 …………………………… 1－81
登壇必究四十卷…………………………… 1－133
登壇必究四十卷…………………………… 1－194
登壇必究四十卷…………………………… 1－202
登壇拜印八出……………………………… 3－457
登瀛疊唱……………………………………… 3－235
發菩提心論二卷…………………………… 1－168
發菩提心論二卷…………………………… 1－168
發菩提心論二卷…………………………… 2－222
發落語六卷………………………………… 2－180
發覺淨心經………………………………… 1－184
婺書八卷 …………………………………… 2－91
婺書八卷…………………………………… 3－167
粂同一揆禪師語録………………………… 1－177
粂星秘要諏吉便覽………………………… 2－271
結一宧駢體文二卷………………………… 2－505
結一廬朱氏賸餘叢書……………………… 2－461
結一廬書目四卷…………………………… 2－484
結一廬遺文二卷…………………………… 2－485
結一廬叢書五種…………………………… 1－441
結水滸全傳七十回結子一卷……………… 3－481
結水滸全傳七十卷七十回末一卷 …… 1－10
結水滸全傳七十卷末一卷………………… 1－400
結呪界法……………………………………… 1－146
結義寶卷……………………………………… 3－495
結義寶卷二卷 ……………………………… 3－69
結義寶卷二集……………………………… 3－496
結緣偈一卷………………………………… 3－497
結緣寶卷 …………………………………… 3－70
結緣寶卷一卷……………………………… 3－497
絳守居園池記句讀………………………… 2－457
絳帖二十卷………………………………… 2－264
絳帖考………………………………………… 2－308
絳河笙詞稿………………………………… 3－189
絳雪山房詩鈔二十卷……………………… 2－345
絳雪園古方選注不分卷 ………………… 1－82
絳雪園古方選注不分卷附得宜本草
…………………………………………… 1－285
絳雪園古方選註不分卷…………………… 1－140
絳雪園古方選註不分卷條目一卷 …… 1－85
絳雲樓書目………………………………… 1－130
［乾隆］絳縣志十四卷 ………………… 2－176
統計表總例………………………………… 2－112
統計表總例………………………………… 2－112
統計表總例………………………………… 2－112
絕句博選五卷……………………………… 3－510
絕妙好詞七卷 ……………………………… 1－42
絕妙好詞七卷 ……………………………… 1－43
絕妙好詞七卷……………………………… 2－439
絕妙好詞箋七卷續鈔一卷………………… 1－543
絕妙好詞箋七卷續鈔一卷………………… 3－314
絕妙好詞箋八卷…………………………… 2－445
絕妙好辭箋八卷…………………………… 2－423
絔雅堂詩誻二卷…………………………… 2－441
絲綸存草……………………………………… 1－500
絲絲寶卷 …………………………………… 3－67
絲絲寶卷 …………………………………… 3－72
絲絲寶卷…………………………………… 3－112
絲絲寶卷二卷……………………………… 3－497
幾何原本十五卷…………………………… 1－392
幾何原本十五卷…………………………… 2－280
幾何原本前六卷後九卷…………………… 2－200

十三畫

瑞士刑法 …… 2－107
瑞士刑法 …… 2－107
瑞士刑法 …… 2－107
瑞芎軒詩鈔四卷詞稿一卷 …… 2－409
瑞芝山房集詩八卷 …… 1－411
瑞芝山房詩鈔八卷 …… 2－495
瑞芝山房詩鈔八卷 …… 3－109
瑞安百詠 …… 3－249
瑞榴堂詩集四卷 …… 3－299
瑞穀山人遺集詩鈔一卷文鈔一卷首一卷 …… 3－82
瑞蘭分別搶傘全本四卷 …… 3－51
瑜伽金剛頂經釋字母品 …… 1－192
瑜伽施食集要儀範 …… 2－195
瑜伽師地論一百卷 …… 1－154
瑜伽師地論一百卷 …… 1－201
瑜伽師地論一百卷 …… 1－338
瑜伽集要燄口施食儀 …… 1－141
瑜伽焰口施食要集 …… 2－217
瑜伽焰口施食集要 …… 2－291
瑜伽焰口施食集要 …… 2－291
瑜伽焰口施食集要 …… 2－291
瑜伽焰口施食集要 …… 2－291
魂西集五卷 …… 3－46
載花舲傳奇二卷 …… 1－317
[同治]鄢陵文獻志四十卷 …… 3－139
[道光]鄢陵縣志十八卷 …… 2－95
塤篪集十卷 …… 3－405
遠西奇器圖說錄最三卷 …… 3－92
遠西奇器圖說錄最三卷諸器圖說一卷 …… 2－202
遠色全編三卷 …… 3－266
遠志齋文詩稿六卷 …… 2－447
遠志齋文稿六卷 …… 2－486
遠門禪師摘欺說一卷 …… 1－281
遠堂集十七卷 …… 3－398
遠遺堂集外文二卷 …… 3－291
鼓山志十四卷 …… 3－152
[乾隆]鼓山志十四卷首一卷 …… 1－123
鼓詞二種 …… 1－408
聖水寺志六卷補遺一卷 …… 2－104
聖多羅菩薩一百八名陀羅尼經 …… 1－180
聖安本紀六卷 …… 2－81
聖安皇帝本紀二卷 …… 2－81
聖宋文選全集十四種三十二卷 …… 1－418
聖妙吉祥真實名經一卷 …… 1－146
聖妙吉祥真實名經一卷 …… 1－191
聖武記十四卷 …… 1－347
聖武記十四卷 …… 1－366
聖武記十四卷 …… 2－63
聖武記十四卷 …… 2－83
聖武記十四卷 …… 2－182
聖武記十四卷 …… 3－323
聖武記十卷 …… 2－66
聖武記十卷附武事餘記四卷 …… 2－79
聖武記十卷附武事餘記四卷 …… 3－375
聖雨齋詩文集十卷 …… 2－365
聖雨齋詩文集十卷 …… 2－420
聖門十六子書 …… 1－500
聖門禮樂志 …… 1－499
聖門禮樂志二卷 …… 3－210
聖祖仁皇帝庭訓格言一卷 …… 3－418
聖祖仁皇帝庭訓格言十卷 …… 3－529
聖神三法 …… 3－435
聖域述聞二十八卷 …… 2－135
聖清淵源錄三十卷 …… 3－204
聖朝名畫評三卷 …… 1－81
聖朝鼎盛四十四回 …… 2－398
聖無能勝金剛火陀羅尼經 …… 1－181
聖跡備攷 …… 2－173
聖跡圖 …… 3－404
聖經學規纂二卷 …… 2－51
聖歎秘書七種 …… 1－392
聖賢高士傳贊 …… 3－95
聖賢像贊 …… 2－259
聖賢像贊 …… 3－168
聖賢像贊 …… 3－318
聖賢像贊三卷先賢像贊一卷 …… 1－293
聖廟祀典圖考五卷 …… 3－22

聖廟祀典圖攷五卷首一卷附二卷…… 1－478
聖廟記典圖攷三卷 …………………… 2－79
聖駕親征噶爾旦方略………………… 3－280
聖學心法四卷 ……………………… 1－72
聖諭十六條附律易解………………… 2－169
聖諭十六條附律易解一卷…………… 2－190
聖諭像解二十卷 …………………… 1－74
聖諭像解二十卷……………………… 2－142
聖諭像解二十卷……………………… 2－233
聖諭像解二十卷……………………… 2－307
聖諭廣訓……………………………… 2－190
聖諭廣訓……………………………… 2－199
聖諭廣訓……………………………… 2－199
聖諭廣訓……………………………… 3－529
聖諭廣訓……………………………… 3－530
聖諭廣訓衍…………………………… 2－124
聖濟總錄纂要二十六卷 …………… 1－79
聖蹟圖………………………………… 1－480
聖觀自在菩薩一百八名經…………… 1－180
萩香書屋詩草二卷…………………… 2－369
戡定玄機三十二卷 ………………… 1－13
[同治]鄞縣志七十五卷首一卷 …… 3－169
勤斯堂詩彙編………………………… 3－269
勤補軒雜著二卷……………………… 3－247
勤餘文牘六卷續二卷………………… 2－484
蓮子居詞話…………………………… 2－473
蓮子居詞話四卷……………………… 1－541
蓮子瓶全傳三十二回………………… 1－387
蓮月禪師語録六卷…………………… 1－155
蓮台弘野增禪師語錄………………… 1－303
蓮因室詩集…………………………… 3－237
蓮因室詩詞集二卷首一卷 ………… 3－81
蓮因室詩詞集三卷…………………… 2－533
蓮池大師語錄………………………… 2－244
蓮池大師語錄………………………… 2－245
蓮社備覽……………………………… 2－213
蓮坡詩話二卷………………………… 1－267
蓮宗九祖傳略………………………… 2－238
蓮宗必讀……………………………… 2－251
蓮修起信錄六卷首一卷……………… 2－226
蓮洋集二十卷年譜一卷附錄一卷…… 1－218
蓮洋集二十卷附錄一卷……………… 1－217
蓮洋集十二卷補遺一卷附錄一卷 …… 1－26
蓮洋集十二卷補遺一卷附錄一卷…… 1－234
蓮洋集十二卷補遺一卷附錄一卷…… 1－249
蓮峰志五卷…………………………… 2－110
蓮舫文鈔二卷………………………… 3－252
蓮船寶卷 …………………………… 3－70
蓮船寶卷 …………………………… 3－70
蓮船寶卷……………………………… 3－111
蓮湖吟社稿二卷……………………… 2－341
蓮溪吟稿八卷續三卷………………… 2－476
蓮溪吟稿八卷續三卷附試帖………… 3－293
蓮漪文鈔八卷………………………… 3－222
蓮漪詞二卷…………………………… 1－434
蓮潔詩存蓮潔續集…………………… 3－232
靳文襄公治河方略十卷首一卷 …… 1－77
靳文襄公治河方略十卷首一卷……… 3－435
靳文襄公奏疏八卷…………………… 1－124
靳史三十卷 ………………………… 1－72
靳兩城先生集二十卷………………… 1－252
蒔綠莊焚餘續草四卷………………… 3－273
夢厂雜著十卷………………………… 3－542
夢厂雜著十卷………………………… 3－542
夢山存家詩稿八卷 ………………… 1－42
夢中緣………………………………… 1－371
夢中緣十五回 ……………………… 3－43
夢月巖詩集二十卷詩餘一卷 ……… 1－34
夢月巖詩集二十卷詩餘一卷………… 1－207
夢月巖詩集二十卷詩餘一卷………… 1－235
夢月巖詩集二十卷詩餘一卷………… 3－504
夢占類考十二卷 …………………… 1－11
夢白先生文集三卷…………………… 3－399
夢白先生集三十一卷………………… 2－389
夢白先生集三十一卷………………… 2－389
夢花草堂詩稿十二卷………………… 3－272
夢花雜誌五卷………………………… 3－336
夢花雜誌五卷………………………… 3－480
夢東禪師遺集二卷…………………… 2－219
夢東禪師遺集二卷…………………… 2－238
夢陔堂詩集三十五卷………………… 1－436
夢春廬詞……………………………… 3－190

夢春廬詞早花集 …………………… 3－30
夢柰詩稿一卷 …………………… 3－61
夢華遺稿詩草二卷詩餘一卷賦鈔一
　卷 …………………… 2－478
夢峰王先生語錄文集合編十六卷…… 3－131
夢堂詩稿十五卷 …………………… 1－254
夢庵格禪師語錄四卷 …………………… 1－282
夢痕仙館詩鈔十卷 …………………… 2－421
夢痕錄 …………………… 1－396
夢痕館詩鈔十卷 …………………… 3－158
夢喜堂詩六卷 …………………… 1－315
夢甦齋詩集六卷 …………………… 3－28
夢硯齋遺稿八卷 …………………… 2－487
夢筆生花三十二卷 …………………… 2－425
夢湘樓詩稿二卷 …………………… 2－364
夢窗甲乙丙丁稿四卷補遺一卷 ……… 2－479
夢窗甲乙丙丁稿四卷補遺一卷 ……… 2－492
夢窗甲乙丙丁稿四卷補遺劄記一卷
　…………………… 1－427
夢窗甲乙丙丁稿四卷補遺劄記一卷
　…………………… 3－438
夢窗甲稿一卷乙稿一卷丙稿一卷丁
　稿一卷補遺一卷續補遺一卷……… 3－418
夢窗詞 …………………… 2－473
夢窗詞甲乙丙丁稿四卷 …………………… 2－383
夢跡圖 …………………… 2－308
夢園公牘文集八卷 …………………… 3－8
夢園初集 …………………… 1－537
夢園叢說八卷 …………………… 2－492
夢畹詩存不分卷 …………………… 1－267
夢溪筆談二十六卷首一卷補三卷續
　一卷 …………………… 1－477
夢溪筆談二十六卷補三卷續一卷…… 1－201
夢溪筆談二十六卷補三卷續一卷…… 1－532
夢粱錄二十卷 …………………… 1－398
夢粱錄二十卷 …………………… 2－515
夢粱錄二十卷 …………………… 3－332
夢樓詩集二十四卷 …………………… 1－31
夢樓詩集二十四卷 …………………… 1－269
夢影緣四十八回 …………………… 1－405
夢影盦遺稿四卷 …………………… 2－433
夢墨稿十卷首一卷 …………………… 3－105
夢餘偶鈔三卷 …………………… 1－397
夢澤張先生手授選評四六燦花二卷
　…………………… 1－42
夢澤集十七卷 …………………… 1－31
夢蘭草堂詩集 …………………… 3－276
夢蘉樓詩草 …………………… 3－85
蒼山留別詩送別詩 …………………… 3－241
蒼谷全集十二卷附錄一卷 …………… 1－43
蒼莨集 …………………… 1－422
蒼莨詩文初集十六卷 …………………… 3－237
蒼梧詞十二卷 …………………… 3－39
蒼雪軒全集二十卷 …………………… 1－47
蓬山詩存二卷嶺海酬唱集一卷 ……… 3－248
蓬息齋詩稿 …………………… 3－249
蓬萊集 …………………… 2－312
蓬萊閣詩錄四卷 …………………… 3－185
蓬窗隨錄十四卷附錄二卷 …………… 3－223
蓬窗隨錄十四卷續錄二卷附錄二卷
　…………………… 1－396
[道光]蓬溪縣誌十六卷 ……………… 3－270
蒻蕘集六卷 …………………… 3－73
蒿庵閒話二卷 …………………… 2－329
蒿庵集三卷 …………………… 2－329
蒿庵集三卷附閒話二卷 ……………… 1－427
蒿庵集三卷拾遺一卷附錄一卷蒿庵
　閒話二卷 …………………… 2－449
蒲東詩一卷 …………………… 1－14
蒲東詩一卷新刻魏仲雪先生批評錢
　塘夢一卷園林午夢記一卷………… 3－508
[光緒]蒲城縣新志十三卷 …………… 3－282
[光緒]蒲犁廳鄉土志一卷 …………… 3－281
蒲編堂詩存四卷 …………………… 2－535
蓉川集不分卷首附年譜行狀等……… 1－252
蓉谷偶存集三卷 …………………… 2－344
蓉洲初集六卷 …………………… 2－491
蓉菴詩鈔焔棠巢唫稿 …………………… 3－257
蓉庵詩鈔一卷海棠巢唫稿一卷……… 1－303
蓉湖春色四卷 …………………… 3－116
蓉湖草堂贈言錄 …………………… 3－262
蓉湖詩鈔二卷附續存一卷 …………… 3－45

蓉槎蠡說十二卷 …………………… 1－92
蓉穀詩鈔十一卷駢文一卷………… 3－171
蓉穀詩鈔十一卷駢文一卷………… 3－289
蒙山施食略解……………………… 2－216
蒙川先生遺稿四卷補遺一卷 ……… 3－86
蒙文字姆…………………………… 3－527
蒙文指要四種……………………… 3－527
蒙文指要四種……………………… 3－527
蒙文烏呼特經……………………… 3－531
蒙文晰義四卷……………………… 3－527
蒙文彙書十六卷…………………… 3－526
蒙文輯要五十六卷首一卷………… 3－520
蒙文藏經…………………………… 3－531
蒙文藏經…………………………… 3－531
蒙文藏經…………………………… 3－531
蒙文總彙…………………………… 3－526
蒙文總彙…………………………… 3－526
蒙文總彙…………………………… 3－526
蒙文總彙…………………………… 3－526
蒙文總彙…………………………… 3－526
蒙文總彙…………………………… 3－527
蒙文總彙…………………………… 3－527
蒙文總彙…………………………… 3－527
蒙古史二卷 ………………………… 2－97
蒙古史二卷………………………… 2－127
蒙古西域諸國錢譜四卷 …………… 2－78
蒙古律例十二卷…………………… 1－484
蒙古遊牧記十六卷………………… 1－487
蒙古遊牧記十六卷 ………………… 2－60
蒙古遊牧記十六卷………………… 2－151
蒙古遊牧記十六卷………………… 3－283
蒙古源流考八卷…………………… 2－141
蒙香室叢書四種…………………… 1－445
蒙訓一卷…………………………… 3－429
蒙墾陳訴事略……………………… 1－503
蒙隱集二卷………………………… 1－308
蒙齋集二十卷……………………… 3－165
幹鮮菜果名………………………… 3－491
蔭圃詩文鈔詩二卷文一卷蔭圃小草
　續鈔二卷………………………… 1－410
蔭貽堂旅吟草一卷………………… 1－277
蒓齋文集 ………………………… 3－94
［光緒］蒸里志略十二卷 ………… 3－270
禁林集八卷………………………… 1－281
禁扁五卷…………………………… 1－3
禁扁五卷…………………………… 3－303
禁煙進行文字錄…………………… 2－134
禁煙最近芻議 ……………………… 2－90
楚中文筆二卷附錄一卷…………… 3－412
楚林睿禪師住潭州興化禪林語録十
　卷………………………………… 1－188
楚庭耆舊遺詩前集二十一卷……… 2－443
楚國文憲公雪樓程先生文集三十卷
　…………………………………… 2－407
楚望閣集六卷 ……………………… 3－26
楚望閣詩集十卷 …………………… 3－30
楚詞集註八卷辯證二卷後語六卷…… 2－330
楚畹閣集十一卷…………………… 3－230
楚頌齋詩集八卷 …………………… 3－42
楚漢諸侯疆域志三卷……………… 2－145
楚漕江程十六卷…………………… 2－166
楚漕江程十六卷首一卷…………… 3－223
楚聲 ………………………………… 1－36
楚騷綺語六卷……………………… 1－294
楚辭………………………………… 1－272
楚辭………………………………… 2－499
楚辭二卷…………………………… 1－106
楚辭十七卷 ………………………… 1－97
楚辭十七卷………………………… 2－323
楚辭十七卷………………………… 2－376
楚辭十七卷附錄一卷 ……………… 1－97
楚辭八卷…………………………… 2－318
楚辭八卷末一卷 …………………… 1－42
楚辭八卷末一卷…………………… 2－391
楚辭八卷後語六卷………………… 2－438
楚辭八卷後語六卷辯證二卷……… 1－206
楚辭天問箋………………………… 2－444
楚辭後語六卷……………………… 1－296
楚辭章句十七卷附錄一卷………… 1－104
楚辭集注…………………………… 2－444
楚辭集注八卷 ……………………… 1－99
楚辭集注八卷……………………… 2－357

楚辭集注八卷 …………………………… 3－442
楚辭[集注]八卷辯證二卷後語八卷
…………………………………………… 1－97
楚辭集注八卷辯證二卷後語六卷 …… 1－279
楚辭評林八卷楚辭總評一卷 ………… 1－206
楚辭疏十九卷讀楚辭語一卷楚辭雜
論一卷 ………………………………… 1－97
楚辭新注求確十卷 ………………… 3－204
楚辭餘論二卷楚辭說韻一卷 ………… 1－261
楚辭燈四卷 ………………………… 2－412
楚辭總評楚辭附覽 ………………… 1－97
楚辭釋十一卷 ……………………… 3－50
楚辭辯證二卷 ……………………… 2－444
楚寶四十卷 ………………………… 1－356
楚寶四十卷外編五卷 ……………… 2－62
楝亭十二種 ………………………… 1－58
楝亭五種六十五卷 ………………… 1－304
楊八姐鬧酒店 ……………………… 2－518
楊大洪先生文集二卷 ……………… 3－422
楊升菴先生批點文心雕龍十卷 ……… 1－219
楊升菴先生評註先秦五子全書五種
…………………………………………… 1－81
楊公治鄞政略 ……………………… 1－345
楊公寶卷 …………………………… 3－62
楊氏曲三種 ………………………… 1－401
楊氏全書三十六卷 ………………… 2－184
楊氏坦園南北曲六種 ……………… 3－447
楊文靖公集四十三卷 ……………… 1－535
楊文襄公詩集一卷附錄一卷 ………… 3－236
楊仲宏集八卷 ……………………… 3－228
楊君遺集二卷詩一卷詞一卷 ………… 1－404
楊東明先生全集五種 ……………… 1－45
楊忠介公文集十三卷首一卷末一卷
…………………………………………… 1－403
楊忠烈公文集十卷 ………………… 2－451
楊忠烈公文集十卷附表忠錄補遺年
譜二卷 ………………………………… 2－453
楊忠烈公文集六卷 ………………… 1－297
楊忠滑公全集 ……………………… 2－451
楊忠滑公全集七卷 ………………… 1－409
楊忠滑公全集四卷首一卷 …………… 2－319
楊忠滑公集五卷首一卷末一卷 ……… 2－165
楊忠滑公集五卷首一卷末一卷 ……… 2－387
楊忠勤公征粵匪戰功事蹟 ………… 3－20
楊忠愍公集四卷 …………………… 1－329
楊盈川集十卷 ……………………… 1－297
楊勇愨公奏議十六卷首一卷 ………… 1－477
楊勇愨公奏議十六卷首一卷 ………… 3－18
楊勇愨公詩存一卷楊勇愨公詩存釋
文一卷 ………………………………… 3－265
楊時齋勤勞錄 ……………………… 3－3
[楊恩壽六種曲] ………………… 3－279
楊家將演義八卷 …………………… 1－373
楊國楨海梁氏自敘年譜 …………… 3－104
楊貴妃傳三卷二十三回 …………… 3－283
楊曾地理元文 ……………………… 1－475
楊曾地理元文 ……………………… 1－476
楊園先生全集五十四卷 …………… 2－440
楊園先生全集五十四卷 …………… 2－440
楊園先生全集五十四卷年譜一卷 …… 2－331
楊樹椿先生文集雜錄 ……………… 3－146
楊龍石印存 ………………………… 2－254
楊龜山先生集四十二卷首一卷末一
卷 ……………………………………… 2－321
楊龜山先生集四十二卷首一卷末一
卷 ……………………………………… 2－352
楊龜山先生集四十四卷 …………… 1－414
楊鐵崖先生詠史古樂府四卷 ………… 1－55
楊鐵崖先生詠史古樂府四卷 ………… 1－265
想當然耳八卷 ……………………… 1－378
想當然耳八卷 ……………………… 1－395
楞伽阿跋多羅寶經玄義四卷 ………… 3－407
楞伽阿跋多羅寶經四卷 …………… 1－167
楞伽阿跋多羅寶經四卷 …………… 1－311
楞伽阿跋多羅寶經四卷 …………… 2－245
楞伽阿跋多羅寶經四卷 …………… 3－421
楞伽阿跋多羅寶經四卷 …………… 3－435
楞伽阿跋多羅寶經註解四卷 ………… 1－168
楞伽阿跋多羅寶經註解四卷 ………… 1－337
楞伽阿跋多羅寶經講錄二卷 ………… 1－140
楞華室詞鈔二卷 …………………… 2－470

楞嚴自知錄二卷附同安察禪師十玄談一卷…… 1－296
楞嚴咒疏…… 2－239
楞嚴經正脈修釋畧記十卷…… 3－222
楞嚴經正脈疏科文一卷懸示一卷經疏十卷…… 2－203
楞嚴經指掌疏十卷…… 2－195
楞嚴經指掌疏十卷懸示一卷…… 3－439
楞嚴經指掌疏事義十卷…… 3－439
楞嚴經集箋十卷…… 3－222
楞嚴經勢至念佛圓通章疏鈔二卷首一卷…… 2－230
楞嚴經會解二十卷…… 3－222
楞嚴說通十卷…… 1－143
槐下新編雅說集十九種十九卷…… 1－267
槐軒全書…… 1－546
槐軒約言一卷…… 3－394
槐軒雜著四卷…… 1－434
槐軒雜著四卷…… 1－541
槐軒雜著四卷…… 3－377
槐軒雜著四卷…… 3－431
槐卿政蹟六卷…… 3－15
槐卿政蹟六卷…… 3－322
槐卿政蹟六卷首一卷…… 3－20
槐卿遺稿…… 1－538
槐卿遺稿六卷…… 3－396
槐窗詠物詩鈔一卷…… 3－417
槐塘詩稿十六卷…… 1－268
槐蔭書屋詩鈔…… 3－259
槐蔭堂鈔存圍棋譜二十四卷…… 1－307
槐蔭堂繪像第七才子書琵琶記六卷…… 3－489
槐廬叢書…… 2－6
槐廳載筆二十卷…… 1－395
槐廳載筆二十卷…… 2－357
[同治]榆次縣誌十六卷…… 3－288
榆𡈼讀史草不分卷…… 3－384
榆蔭樓詩存…… 3－85
榆園叢刻…… 1－445
榆園叢刻…… 2－1
榆園叢刻…… 2－1
榆園叢刻…… 3－420
榆墩集…… 3－240
嗇菴隨筆二卷…… 3－60
嗇庵隨筆六卷末一卷…… 2－189
嗇庵隨筆六卷末一卷…… 3－311
鄖嘯詩集十卷文集二卷…… 3－31
楓山章先生文集九卷…… 1－47
楓江草堂全集詩十卷文一卷詞三卷…… 2－407
楓南山館遺集八卷…… 2－329
楓窗小牘二卷…… 1－17
楓窗小牘二卷…… 3－414
槎翁詩八卷…… 1－35
楹書隅錄五卷續編四卷…… 1－467
楹書隅錄五卷續錄四卷…… 1－466
楹書隅錄五卷續錄四卷…… 1－466
楹聯述錄十二卷…… 3－154
楹聯集錦七卷…… 3－145
楹聯集錦八卷…… 2－357
楹聯叢話十二卷…… 2－451
楹聯叢話十二卷續四卷…… 2－347
楹聯叢話十二卷續四卷巧對錄八卷…… 2－134
楹聯續話四卷…… 2－430
椽筆樓初集…… 2－499
畺廬詩鈔十六卷…… 2－439
甄氏寶卷…… 3－65
賈子次詁十六卷…… 2－295
賈子次詁十六卷…… 3－216
賈子新書十卷…… 3－77
賈島祭詩…… 3－454
賈島祭詩…… 3－456
賈浪仙長江集十卷附錄一卷…… 1－260
賈靜子先生文集四卷…… 2－337
酬紅記…… 1－422
酬紅記十出…… 3－474
蜃山詩鈔不分卷補遺一卷…… 3－132
蜃中樓二卷…… 3－285
蜃中樓三卷三十出…… 3－458
蜃中樓傳奇二卷三十出…… 3－446
蜃中樓題綱…… 3－458

蜃樓外史六卷三十回 …………………… 1－370
蜃樓志二十四回 ……………………… 1－318
蜃樓志二十四回 ……………………… 3－287
感知集二卷 …………………………… 2－478
感發集五卷 …………………………… 3－130
感舊集十六卷附小傳補遺 …………… 1－214
感應篇引經牋注 ……………………… 3－213
感應篇引經箋注 ……………………… 2－202
感應篇引經箋注二卷 ………………… 1－461
揅經室訓子文筆二卷 ………………… 2－520
揅經室集 ……………………………… 1－545
揅經室集一集十四卷二集八卷三集
五卷四集二卷詩十一卷續九卷外
集五卷 ……………………………… 1－542
揅經室集五十六卷 …………………… 2－447
揅經室集四集四十卷續集九卷 ……… 2－339
揅經室詩錄五卷 ……………………… 3－121
揅經室詩錄五卷 ……………………… 3－225
碑別字五卷 …………………………… 2－107
碑版文廣例十卷 ……………………… 2－82
碑版文廣例十卷 ……………………… 2－163
碑傳集一百六十卷 …………………… 2－142
碑傳集一百六十卷首二卷 …………… 1－349
碑傳集一百六十卷首二卷 …………… 1－478
碑傳集一百六十卷首二卷 …………… 1－489
碎金詞譜十四卷碎金續譜六卷詞韻
四卷首一卷養默山房詩餘三卷 …… 1－19
碎金詞譜六卷附錄一卷 ……………… 1－104
碎金詞譜六卷附錄一卷 ……………… 3－146
碎金詞譜六卷附錄一卷默山房詩餘
三種 ………………………………… 1－19
碎金續譜六卷 ………………………… 1－295
電政奏議類編 ………………………… 3－22
電政紀要初編 ………………………… 2－86
電氣鍍金略法 ………………………… 1－391
電氣鍍金略法一卷 …………………… 2－236
電氣鍍金略法一卷 …………………… 2－236
電氣鍍鎳 ……………………………… 1－390
電氣鍍鎳一卷 ………………………… 2－235
電氣鍍鎳一卷 ………………………… 2－236
雷公炮製藥性解六卷 ………………… 2－211
雷打寄保四折 ………………………… 3－279
雷刻八種 ……………………………… 1－450
雷刻四種 ……………………………… 1－452
雷峰塔六出 …………………………… 1－319
雷峰塔四出 …………………………… 1－319
雷峰塔傳奇四卷 ……………………… 1－40
雷峰塔傳奇四卷 ……………………… 1－426
雷峰塔傳奇四卷三十四出 …………… 3－488
雷峰寶卷二卷 ………………………… 3－113
雷峯塔傳奇四卷 ……………………… 2－519
雷塘庵主弟子記八卷 ………………… 3－25
雷霆報五段 …………………………… 3－256
雷輯史事論 …………………………… 2－158
摄大乘論三卷 ………………………… 1－323
搏山和尚參禪警語 …………………… 2－224
損齋詩鈔二卷 ………………………… 3－87
摛文堂集十五卷附錄一卷 …………… 2－320
頓悟入道要門論二卷 ………………… 2－232
裘文達公全集文集六卷奏議一卷詩
集六卷又十二卷 …………………… 1－412
督師閣部頒發車營制 ………………… 1－117
督理崇文門商稅監法 ………………… 3－535
歲星記傳奇二卷二十四出 …………… 3－462
歲時廣記四十卷 ……………………… 2－154
歲寒堂詩話二卷 ……………………… 1－213
歲寒堂詩話二卷 ……………………… 2－438
歲寒堂詩話二卷 ……………………… 3－340
粲花佩葉山房詩稿六卷 ……………… 3－115
虞文靖公道園全集四十四卷 ………… 2－320
虞初志七卷 …………………………… 1－93
虞初志八卷 …………………………… 1－13
虞初新志二十卷 ……………………… 1－13
虞初新志二十卷 ……………………… 1－382
虞初新志二十卷 ……………………… 2－374
虞初新志二十卷 ……………………… 3－336
虞初新志二十卷 ……………………… 3－405
虞初選 ………………………………… 1－267
虞初續志十二卷 ……………………… 3－405
虞東先生文錄八卷 …………………… 3－274
虞庭集福二卷十九出 ………………… 3－451
虞庭集福十出 ………………………… 3－451

虞庭集福十出 …………………………… 3－455
虞庭集福八出 …………………………… 3－451
業海扁舟六出 …………………………… 3－334
當代百家酬世文庫模範檔大全(樣本) …………………………………… 3－400
當代百家酬世文庫模範檔大全(樣本) …………………………………… 3－400
當湖文擊初編二十八卷 ……………… 2－454
當湖文繫初編 …………………………… 2－458
當湖奚氏述德錄 ………………………… 2－172
當湖詩文逸二十二卷 ………………… 3－57
當樓詞 ……………………………………… 3－266
當檀寶卷 ………………………………… 3－71
當歸草堂醫學叢書初編十種 ………… 1－507
當歸草堂醫學叢書初編十種 ………… 2－272
睦州存稿六卷 …………………………… 3－187
睫巢後集不分卷附李鳶青詩補遺 …… 1－258
睫巢詩鈔二卷 …………………………… 3－349
睫闇詩鈔四卷 …………………………… 2－454
睡庵稿文集二十五卷詩集十一卷 …… 1－42
睢陽忠毅錄十六回 …………………… 3－43
賊情彙纂 ………………………………… 2－471
嗜此味齋詩稿一卷 ……………………… 1－294
閩竹居二十八種 ………………………… 2－4
黽記四卷 ………………………………… 1－84
愚荃敝帚二種二卷 ……………………… 3－247
暖春書屋詩刪三卷 ……………………… 3－192
暖紅室校刻曲劇資料叢輯 …………… 3－461
暖紅室橅明刊琵琶記原圖 …………… 3－513
歇山廡殿斗科大木大式做法 ………… 3－318
歇庵集二十卷行略一卷祭文附錄一卷 ………………………………… 1－31
歇庵集十六卷 ………………………… 1－32
暗香疎影齋詞鈔 ………………………… 2－523
暗香樓三種曲 …………………………… 3－447
暗香樓樂府三種 ………………………… 1－405
暗室燈二卷 ……………………………… 2－283
暗室燈二卷續增一卷 ………………… 3－199
暗室燈注解二卷 ………………………… 2－260
暗室燈註證四卷 ………………………… 3－187
路文貞公集 ……………………………… 3－237
路史四十七卷 ………………………… 1－77
路史四十七卷 …………………………… 2－141
路史前紀九卷後紀十三卷發揮四卷 ………………………………………… 3－418
路政彙鈔四卷 …………………………… 2－154
路政彙鈔四卷 ………………………… 3－85
[康熙]路南州志四卷 ……………… 1－315
園林午夢記一卷 ……………………… 1－14
遺睡雜言八卷 …………………………… 3－336
遺懷集 ……………………………………… 2－522
蛾術堂集十六卷 ………………………… 2－410
蛾術齋古今體詩十卷 ………………… 3－114
蜕學翁遺集七卷 ……………………… 3－82
畹香村會稿八卷 ………………………… 2－532
畹香樓詩稿 ……………………………… 2－534
畹香齋吟稿八卷 ………………………… 3－109
畹蘭齋文集四卷 ……………………… 3－94
農工商部農事試驗場第一期報告 …… 3－189
農工商部農事試驗場第一期報告 …… 3－532
農工商部職掌事宜 ……………………… 2－113
農丈人詩集八卷文集二十卷 ………… 1－29
農安戊己政治報告書四卷 ………… 3－16
農安縣戊巳政治報告書十卷 ………… 3－363
農安墾礦 ………………………………… 3－22
農政全書 ………………………………… 2－279
農政全書六十卷 ………………………… 1－508
農政全書六十卷 ………………………… 1－509
農政全書六十卷 ………………………… 2－160
農政全書六十卷 ………………………… 2－207
農政全書六十卷 ………………………… 3－358
農候雜占二卷 …………………………… 3－199
農桑輯要七卷 …………………………… 1－509
農桑輯要七卷 …………………………… 2－317
農場害蟲驅除法 ………………………… 2－254
農業叢書六集二十五種三十一卷 …… 2－468
農歌 ………………………………………… 3－1
農歌集鈔 ………………………………… 2－457
農學報二百七十九卷 ………………… 2－316
農學叢書二集四十八種五十九卷 …… 2－468
農學叢書九十一種一百〇九卷 ……… 2－468
農學叢書三集十一種二十三卷 ……… 2－468

農學叢書四集二十四種三十三卷…… 2－468
農學叢書(續) …………………… 2－468
嗣雅堂詩存五卷 ………………… 3－83
署四川提督廣西右江鎮總兵黃公墓
誌銘不分卷……………………… 3－400
署四川提督廣西右江鎮總兵黃公墓
誌銘不分卷……………………… 3－400
罨畫樓詩話八卷………………… 1－257
蜀十五家詞……………………… 3－262
蜀中名勝記三十卷……………… 1－473
蜀中名勝記三十卷 ……………… 2－59
蜀中名勝記三十卷……………… 3－178
蜀中草一卷 ……………………… 1－57
蜀方言二卷 ……………………… 3－11
蜀石經殘字 ……………………… 3－39
蜀秀集九卷……………………… 2－366
蜀秀集九卷……………………… 2－445
蜀事答問………………………… 3－227
蜀典十二卷……………………… 1－467
蜀典十二卷……………………… 1－472
蜀軺偶吟………………………… 3－251
蜀景匯覽三卷…………………… 3－204
蜀景彙覽十四卷………………… 3－304
蜀道集…………………………… 3－241
蜀道驛程記二卷………………… 1－126
蜀道驛程記二卷………………… 1－329
蜀碑記補十卷…………………… 1－128
蜀亂 ……………………………… 3－27
蜀詩十五卷……………………… 2－478
蜀碧四卷…………………………… 1－3
蜀碧四卷………………………… 1－365
蜀碧四卷 ………………………… 2－76
蜀碧四卷………………………… 3－306
蜀僚問答二卷讀律心得三卷…… 3－208
蜀輶日記四卷 …………………… 2－82
蜀輶日記四卷…………………… 2－171
蜀輶日記皇華草合編四卷……… 1－346
蜀龜鑑…………………………… 3－292
蜀龜鑑七卷……………………… 2－530
蜀燹述略六卷 …………………… 3－24
[同治]嵊縣志二十六卷首一卷末一
卷………………………………… 3－143
嵩山志二十卷首一卷…………… 1－123
嵩山集二卷……………………… 1－253
嵩厓尊生書十五卷……………… 1－532
嵩菴閒話二卷…………………… 3－147
嵩陽書院志……………………… 2－151
嵩遊草一卷 ……………………… 1－47
嵩嶽廟史十卷…………………… 1－123
圓沙文集七卷 …………………… 1－42
圓音正考………………………… 3－487
圓悟佛果禪師語錄二十卷……… 1－143
圓悟佛果禪師語錄二十卷……… 1－273
圓機活法詩學全書二十四卷…… 1－432
圓機活法詩學全書二十四卷…… 2－440
圓機韻學活法全書二十四卷…… 2－440
圓覺道場修證禮懺文十八卷…… 3－518
圓覺經析義疏四卷……………… 1－141
圓覺經析義疏四卷……………… 2－241
稗史彙編一百七十五卷 ………… 1－19
稗海四十八種二百八十八卷續二十
二種一百六十一卷 ……………… 1－15
稗海四十八種二百八十八卷續二十
二種一百六十一卷 ……………… 1－93
稗海四十八種二百八十八卷續二十
二種一百六十一卷……………… 3－423
稗海四十八種八卷續二十二種一百
六十一卷………………………… 1－324
稗販八卷………………………… 1－377
筠心書屋詩鈔十二卷…………… 3－166
筠心堂存稿八卷………………… 2－357
筠石山房詩話鈔………………… 1－436
筠州黃蘗山斷際禪師傳心法要二卷
………………………………… 2－228
筠州黃蘗山斷際禪師傳心法要二卷
………………………………… 3－379
筠廊二筆二卷…………………… 1－290
筠清館金石文字五卷…………… 1－491
筠清館金石文字五卷…………… 1－492
筠清館金石文字五卷…………… 1－493
筠清館金石文字五卷…………… 1－498

筠樓雜詠及賦…………………………… 3－117
筠齋詩録十卷首一卷………………… 3－106
筱雲詩集二卷………………………… 3－173
筱樹詩鈔十卷訓子筆記 ……………… 3－93
節孝先生文集三十卷語録一卷……… 1－234
節孝先生集三十卷語録一卷事實一
卷附載一卷………………………… 1－236
節相壯遊日録二卷…………………… 2－110
節俠記二卷三十一出………………… 3－461
節義寶卷 …………………………… 3－69
節義寶卷一卷………………………… 3－499
節録廿時望五種秘竅………………… 1－310
節録奏疏 …………………………… 3－11
節盦集五卷 ………………………… 3－93
與梅堂遺集十二卷耳書一卷鮓話一
卷…………………………………… 1－264
與衆曲譜八卷………………………… 3－485
僅存詩鈔三卷 ……………………… 3－83
傳中録………………………………… 2－480
傳佛心印記註二卷…………………… 1－157
[傳奇三種]六卷 …………………… 1－314
傳音快字 …………………………… 2－47
傳真詞四卷…………………………… 3－499
傳記文鈔……………………………… 1－311
傳家至寶二卷………………………… 3－512
傳家寶………………………………… 1－401
傳家寶三十二卷……………………… 3－194
傳家寶四集三十二卷………………… 2－205
傳家寶全集…………………………… 1－534
傳書樓詩稿…………………………… 1－268
傳授三壇弘受法儀三卷……………… 1－159
傳硯堂詩録八卷……………………… 3－270
傳硯齋叢書十種……………………… 1－444
傳經表二卷通經表二卷……………… 2－256
傳經表二卷通經表二卷……………… 3－439
傳經表補正十三卷 ………………… 2－18
傳經堂詩鈔十二卷…………………… 1－314
傳經堂叢書…………………………… 2－2
傳樸堂詩稿四卷……………………… 2－506
傳樸堂詩稿四卷補遺一卷附録一卷
…………………………………… 3－436
傷寒大白四卷傷寒大白總論 ………… 1－81
傷寒六書六卷 ……………………… 1－80
傷寒六書六卷………………………… 1－197
傷寒方經解…………………………… 2－275
傷寒全生集四卷……………………… 1－518
傷寒兼證析義不分卷………………… 1－271
傷寒補亡論二十卷…………………… 1－507
傷寒補亡論二十卷…………………… 1－519
傷寒補亡論二十卷…………………… 1－520
傷寒補亡論二十卷…………………… 1－521
傷寒補天石二卷……………………… 3－154
傷寒準繩八卷………………………… 2－274
傷寒論三注八卷……………………… 2－272
傷寒論三註 ………………………… 1－86
傷寒論後條辨十五卷附録一卷 ……… 1－85
傷寒論條辨八卷傷寒論條辨本草鈔
一卷傷寒論條辨或問一卷痙書一
卷 ………………………………… 1－87
傷寒論章節五卷……………………… 1－506
傷寒論淺注方論合編六卷…………… 2－277
傷寒論淺註補正七卷首一卷 ………… 3－58
傷寒論集注六卷……………………… 3－375
傷寒論註四卷………………………… 1－196
傷寒論註四卷………………………… 2－276
傷寒論註四卷………………………… 3－188
傷寒論註四卷附翼二卷……………… 1－520
傷寒論翼四卷………………………… 3－192
傷寒論類方一卷……………………… 1－139
傷寒論類方一卷……………………… 2－267
傷寒審症表…………………………… 2－503
傷寒辨證録十四卷…………………… 1－519
傷寒總病論六卷……………………… 1－520
傷寒總病論六卷……………………… 2－277
傷寒醫訣串解六卷…………………… 2－211
傷寒雜病論十六卷…………………… 1－519
傷寒纘論二卷………………………… 3－408
傷寒纘論二卷傷寒緒論二卷………… 1－271
粵十三家集…………………………… 1－535
粵十三家集…………………………… 2－358
粵西五家文鈔………………………… 3－107
粵西金石略十五卷…………………… 1－498

粤西金石略十五卷…………………… 2－106
粤西筆述…………………………… 2－195
粤西筆述………………………………… 3－9
粤西筆述一卷……………………… 3－519
粤西詞見二卷……………………… 2－348
粤西詞見二卷……………………… 3－266
粤西詞見二卷……………………… 3－343
粤東三子詩鈔十四卷……………… 2－440
粤東三子詩鈔十四卷……………… 3－235
粤東三家詞鈔 ………………………… 3－89
粤東成案初編三十八卷補遺一卷 …… 3－23
粤東金石略………………………… 2－472
粤東金石略九卷首一卷附二卷 ……… 1－77
粤東梁氏源流……………………… 3－201
粤東詞鈔三編……………………… 3－117
粤氛紀事十三卷 ……………………… 3－20
粤匪南北滋擾紀略………………… 1－491
粤匪南北滋擾紀略一卷…………… 3－330
粤匪紀略 ……………………………… 3－15
粤屑四卷…………………………… 1－385
粤軺集三卷………………………… 3－277
粤雅堂叢書……………………………… 2－1
粤雅堂叢書一百六十九種………… 1－439
粤雅堂叢書二十集………………… 3－330
粤臺秋唱…………………………… 2－487
粤謳 …………………………………… 3－28
奥國百祿槍筒廠新制堅鋼槍筒……… 3－367
奥簃朝鮮三種…………………………… 3－3
衙署名目…………………………… 3－531
微尚齋文集………………………… 3－241
微尚齋詩二卷……………………… 2－370
微尚齋詩二卷……………………… 3－108
微尚齋詩集初編四卷……………… 3－124
微波詞四卷花韻庵詩餘一卷……… 3－477
微波榭遺書………………………… 3－404
微波榭遺書六種…………………… 1－393
微雲榭詞選十卷…………………… 2－538
微積溯源八卷……………………… 1－393
微積溯源八卷……………………… 2－234
微積溯源八卷……………………… 2－292
鉛刀集四卷首一卷……………………… 3－8
鉛山逸曲三種……………………… 3－475
鈹羅當五初 …………………………… 3－52
愈愚錄六卷………………………… 1－489
愈愚錄六卷………………………… 2－193
會心内集二卷……………………… 3－477
會心外集二卷……………………… 3－246
會心錄四卷………………………… 1－188
會奏議覆山東巡撫奏地方自治擬請
　變通章程摺……………………… 2－113
會真六幻十九卷…………………… 3－508
會真六幻十九卷…………………… 3－508
會勘封禁山紀事…………………… 3－250
會聖堂集七卷……………………… 1－198
會試同年全錄 ………………………… 3－17
會試同年全錄 ………………………… 3－17
會試同年全錄 ………………………… 3－17
會試同年全錄 ………………………… 3－18
會試同年全錄 ………………………… 3－18
會試同年全錄(戊戌) ………………… 3－10
會試同年全錄(光緒丁丑) …………… 3－10
會試同年全錄(光緒丙子) …………… 3－9
會試同年全錄(庚辰) ………………… 3－9
會試同年齒錄 ………………………… 3－12
會試同年齒錄 ………………………… 3－17
會試同年齒錄 ………………………… 3－17
會試同年齒錄(光緒甲辰) …………… 3－9
會試同年齒錄(光緒庚辰) …………… 3－8
會試同年錄(光緒癸未) ……………… 3－10
會試硃卷…………………………… 2－421
會試硃卷…………………………… 3－123
會試鄉試硃卷……………………… 3－310
會試闈墨…………………………… 3－302
會試闈墨…………………………… 3－303
會稽三賦…………………………… 2－134
會稽三賦四卷……………………… 1－224
會稽三賦四卷……………………… 3－165
會稽山齋全集……………………… 2－532
會稽山齋全集 ………………………… 3－33
會稽山齋經義……………………… 3－113
會稽王氏銀管錄…………………… 3－250
會稽掇英總集二十卷……………… 2－479

會議禁革買賣人口舊習酌擬辦法摺
…………………………………… 3－28
會議銀價大臣精琪續送銀價條議 …… 3－78
會議銀價說帖 ………………………… 3－78
愛日堂全集文集八卷詩集二卷外集
一卷………………………………… 1－262
愛日堂詩十四集二十八卷 …………… 1－55
愛日精廬藏書志三十六卷續志四卷
…………………………………… 1－378
愛日精廬藏書志三十六卷續志四卷
…………………………………… 1－379
愛日精廬藏書志三十六卷續志四卷
…………………………………… 1－466
愛日精廬藏書志三十六卷續志四卷
…………………………………… 1－468
愛日精廬藏書志三十六卷續志四卷
…………………………………… 2－8
愛竹廬詩課…………………………… 2－456
愛吾廬文鈔一卷……………………… 2－369
愛吾廬詩稿不分卷…………………… 1－226
愛吾廬稿十三卷……………………… 2－476
愛勞軒答問草………………………… 3－234
愛勞軒答問草不分卷………………… 3－343
愛蓮書屋詩稿一卷…………………… 3－333
飴山文集十二卷附錄一卷…………… 1－218
飴山文集十二卷附錄一卷…………… 1－244
飴山詩集二十卷……………………… 1－220
飴山詩集二十卷……………………… 1－328
飴山詩集二十卷文集十二卷附錄一
卷…………………………………… 1－243
飴山詩集二十卷文集十二卷附錄一
卷禮俗權衡二卷 …………………… 1－29
腰雪堂詩集六卷……………………… 1－238
獅吼記一卷…………………………… 2－479
獅吼記二卷三十出…………………… 3－462
獅吼記[夢怕]雙紅記[顯技]一折 … 2－511
[乾隆]鮮州全志十八卷首一卷 ……… 1－68
解迷顯智成悲十明論………………… 2－220
解人頤八卷…………………………… 1－376
解人頤新集二十五卷 ……………… 1－55
解人頤廣集八卷……………………… 2－398
解人頤廣集八卷……………………… 2－490
解文毅公集十六卷首一卷附錄一卷
…………………………………… 1－101
[乾隆]解州平陸縣志十六卷首一卷
…………………………………… 1－134
[乾隆]解州平陸縣志十六卷首一卷
圖一卷……………………………… 1－316
[乾隆]解州全志十八卷首一卷 …… 2－175
解辰星寶卷 ………………………… 3－69
解辰寶卷 …………………………… 3－64
解神星………………………………… 3－102
解神星寶卷…………………………… 3－170
解神寶卷 …………………………… 3－69
解脫戒本經…………………………… 1－186
解深密經五卷………………………… 1－337
解深密經五卷………………………… 2－226
解深密經五卷………………………… 2－243
解惑編二卷…………………………… 2－196
解圍元藪四卷 ……………………… 3－31
解順星寶卷 ………………………… 3－65
解愁醒心錄八卷 …………………… 3－38
解醒語四卷…………………………… 1－388
遙祭…………………………………… 3－486
遙集集前編六卷遙集集後編十卷…… 2－432
試帖三芙蓉四卷 …………………… 3－35
試帖紫雲仙館八卷紫雲仙館二集八
卷紫雲仙館三集八卷……………… 2－426
試帖詩鏡十四卷……………………… 2－360
試律青雲集四卷……………………… 3－120
試律青雲集註釋三卷………………… 2－427
試律注青雲集四卷…………………… 3－417
試律時宜……………………………… 3－304
試律新話四卷………………………… 2－488
試前必讀法政問答十四種…………… 3－406
試前必讀法政問答十四種…………… 3－406
試畯堂詩集十二卷賦鈔四卷………… 3－329
試畯堂賦鈔四卷……………………… 2－360
試辦山西大學堂奏稿………………… 2－116
試辦遷旗實邊報告…………………… 3－226
試辦遷旗實邊報告初編……………… 3－364
詩二十卷……………………………… 1－108

詩八卷…………………………………… 1－110
詩人玉屑二十卷 ……………………… 1－27
詩人玉屑二十卷……………………… 1－215
詩人玉屑二十卷……………………… 1－298
詩三百不分卷………………………… 3－389
詩五種合訂…………………………… 3－253
詩比興箋四卷………………………… 2－323
詩比興箋四卷………………………… 2－434
詩比興箋四卷………………………… 3－350
詩中畫二卷…………………………… 1－398
詩毛氏傳疏 ………………………… 2－46
詩毛氏傳疏三十卷…………………… 1－461
詩毛氏傳疏三十卷…………………… 3－517
詩毛氏傳疏三十卷音四卷說一卷義類一卷 ………………………………… 2－19
詩本義十五卷鄭氏詩譜一卷………… 1－220
詩民漫詠一卷………………………… 2－508
詩地理考六卷………………………… 3－342
詩存四卷附觀劇絕句一卷 …………… 3－56
詩抄 ………………………………… 3－34
詩序廣義二十四卷…………………… 1－458
詩序廣義二十卷……………………… 1－436
詩序辨說一卷 ……………………… 1－62
詩苑天聲二十二卷 ………………… 1－50
詩苑天聲二十二卷…………………… 1－102
詩苑衆芳一卷………………………… 2－385
詩林韶濩二十卷 …………………… 1－42
詩林韶濩二十卷……………………… 1－220
詩林辨體十六卷首一卷……………… 3－510
詩所八卷……………………………… 1－2
詩所八卷……………………………… 1－108
詩所八卷……………………………… 1－113
詩法萃編十五卷……………………… 2－502
詩草…………………………………… 3－315
詩持一集二集………………………… 1－411
詩持三集十卷 ……………………… 1－26
詩品一卷……………………………… 1－222
詩品一卷……………………………… 1－292
詩品二卷……………………………… 3－132
詩品三卷 …………………………… 1－56
詩品印譜四卷………………………… 3－183
詩紀一百五十六卷目錄三十六卷 …… 1－37
詩紀一百五十六卷目錄三十六卷…… 1－230
詩紀前集十卷前集附錄一卷正集一百三十卷外集四卷別集十二卷…… 1－103
詩倫二卷……………………………… 1－203
詩部二十二卷兩都草五卷 ………… 1－44
詩料十四卷…………………………… 3－119
詩問…………………………………… 1－460
詩舲詩續二卷詞續一卷……………… 3－172
詩牌集………………………………… 2－523
詩集傳附釋一卷 …………………… 2－33
詩集傳音釋二十卷…………………… 1－340
詩集傳音釋二十卷…………………… 1－340
詩集傳音釋二十卷 ………………… 2－17
詩鈔…………………………………… 3－194
詩鈔十一種…………………………… 1－426
詩詞文鈔……………………………… 2－525
詩詞稿殘本…………………………… 1－275
詩詞雜俎十二種 …………………… 1－33
詩詞雜俎十二種……………………… 1－303
詩詞雜俎十二種二十五卷 ………… 1－36
詩詞雜俎十二種五十二卷 ………… 1－95
詩詞雜俎十二種五十二卷…………… 1－254
詩夢鐘聲錄…………………………… 3－242
詩畸八卷 …………………………… 3－99
詩畸八卷外編二卷…………………… 3－136
詩畸八卷外編二卷…………………… 3－419
詩傳大全三十卷詩傳大全綱領一卷詩傳大全圖一卷 ………………… 1－62
詩傳名物集覽十二卷 ……………… 2－48
詩傳補義三卷………………………… 3－350
詩話選雋二卷………………………… 1－415
詩話類編三十二卷 ………………… 1－42
詩義折中二十卷 …………………… 2－33
詩義堂後集六卷 …………………… 3－34
詩義堂集二卷………………………… 3－232
詩群五卷……………………………… 2－363
詩經 ………………………………… 2－53
詩經…………………………………… 3－291
詩經二十卷末一卷…………………… 2－9
詩經八卷……………………………… 1－109

詩經八卷 …… 2－16
詩經八卷 …… 2－22
詩經八卷 …… 2－24
詩經八卷 …… 2－26
詩經八卷 …… 2－26
詩經八卷 …… 2－28
詩經八卷 …… 2－29
詩經八卷 …… 2－40
詩經八卷 …… 2－40
詩經八卷 …… 2－42
詩經八卷 …… 2－43
詩經八卷 …… 3－354
詩經八卷 …… 3－443
詩經八卷 …… 3－444
詩經八卷 …… 3－445
詩經八卷 …… 3－445
詩經大全二十卷圖一卷綱領一卷 …… 1－111
詩經小學四卷 …… 2－48
詩經世本古義二十八卷首一卷末一卷 …… 1－339
詩經古譜 …… 2－49
詩經古譜 …… 2－49
詩經古譜 …… 3－514
詩經古譜二卷 …… 2－28
詩經申義 …… 1－462
詩經四卷 …… 1－65
詩經白文 …… 2－9
詩經白文 …… 2－33
詩經衍義體注大全合參 …… 2－9
詩經音訓 …… 1－344
詩經恆解六卷 …… 2－27
詩經剖疑二十一卷 …… 1－2
詩經旁訓辨體合訂四卷 …… 2－33
詩經集傳八卷 …… 1－109
詩經集傳八卷 …… 2－33
詩經集傳八卷 …… 2－33
詩經集傳八卷序辨一卷 …… 2－39
詩經集傳音釋二十卷 …… 1－461
詩經傳八卷 …… 2－16
詩經傳八卷 …… 2－19
詩經傳注 …… 2－53
詩經詮義十二卷首一卷末一卷 …… 1－459
詩經講章一卷 …… 1－110
詩經講章一卷 …… 3－522
詩經講章一卷 …… 3－522
詩經類句對 …… 2－411
詩說十二卷 …… 1－460
詩緒餘錄八卷 …… 1－431
［詩賦拾遺］ …… 3－240
詩賦備體十四卷外集五卷 …… 1－53
詩賦楷模 …… 3－161
詩餘偶鈔六種 …… 3－193
詩緝三十六卷 …… 1－61
詩緝三十六卷 …… 1－62
詩學要言 …… 2－439
詩學圓機活法大成二十四卷 …… 2－364
詩辨說不分卷 …… 3－343
詩禮堂全集八種 …… 1－436
詩總聞二十卷 …… 2－51
詩藪十六卷 …… 2－442
詩藪内編六卷外編六卷雜編六卷續編二卷 …… 1－327
詩歸五十一卷 …… 1－35
詩瀋二十卷 …… 3－220
詩鏡三十六卷総論一卷目錄一卷唐詩鏡五十四卷目錄二卷 …… 1－30
詩韻尤雅五卷 …… 2－14
詩韻全璧五卷 …… 2－323
詩韻全璧五卷 …… 3－94
詩韻合璧 …… 2－214
詩韻合璧五卷 …… 2－13
詩韻合璧五卷 …… 2－266
詩韻合璧五卷 …… 2－284
詩韻集成 …… 2－265
詩韻集成 …… 2－265
詩韻集成十卷 …… 2－265
詩韻集成十卷 …… 2－304
詩韻集成十卷 …… 2－305
詩韻歌訣初步五卷 …… 1－312
詩韻類錦十二卷 …… 3－297
詩韻釋要五卷 …… 2－323
詩韻釋音五卷 …… 2－310

詩鐘鴻雪集……………………………… 2－434
詩鐘臚唱………………………………… 2－494
詩觸五卷………………………………… 2－492
詩觀初集十二卷 ……………………… 1－46
誠一堂琴譜六卷附琴談二卷………… 1－287
誠齊易傳二十卷 ……………………… 2－31
誠齋易傳二十卷……………………… 1－449
誠齋詩集四十二卷末一卷 …………… 1－46
話山草堂集文鈔一卷雜著五種……… 3－192
話山草堂詩鈔四卷詞鈔一卷………… 3－194
話山草堂遺集十三卷………………… 2－505
話山草堂遺集十三卷………………… 3－202
話雨樓詩草三卷……………………… 2－476
詳註水竹居賦………………………… 2－425
詳註水竹居賦………………………… 2－426
詳註聊齋志異圖詠十六卷…………… 2－372
稟啓零紈四卷………………………… 1－385
廉石居藏書記二卷…………………… 1－355
廉吏傳三卷…………………………… 1－478
廉泉詩鈔四卷………………………… 3－231
廉餘詩集二卷………………………… 3－237
瘄科要略……………………………… 3－209
瘍科臨證心得集……………………… 1－525
靖逆記六卷…………………………… 2－132
靖節先生集十卷首一卷末一卷……… 2－330
靖節先生集十卷首一卷末一卷……… 2－432
[光緒]靖邊志稿四卷 ……………… 2－56
新五代史七十四卷…………………… 1－131
新五代史記七十四卷 ……………… 2－64
新中國之偉人………………………… 3－147
[同治]新化縣誌三十五卷 ………… 3－282
新文牘………………………………… 3－432
新文牘十卷…………………………… 2－422
新文牘十卷…………………………… 3－441
新方八陣……………………………… 2－275
新方言十一卷 ……………………… 2－21
新方言十一卷 ……………………… 2－49
新刊三方家兄弟註點校正昭曠諸文
　品粹魁華十九卷 ………………… 1－96
新刊五百家註音辯昌黎先生文集四
　十卷……………………………… 1－220
新刊丹溪先生心法五卷 …………… 1－80
新刊丹溪先生心法附錄一卷 ……… 1－80
新刊古今名賢品彙註釋玉堂詩選八
　卷 ………………………………… 1－25
新刊古列女傳二卷續一卷 ………… 2－80
新刊古列女傳八卷 ………………… 1－75
新刊外科正宗四卷………………… 1－140
新刊迂齋先生標注崇古文訣三十五
　卷………………………………… 1－326
新刊迂齋先生標註崇古文訣三十五
　卷………………………………… 1－269
新刊合併董解元西廂記二卷……… 3－509
新刊宋學士全集三十三卷………… 1－232
新刊宋學士全集三十三卷………… 1－239
新刊良朋彙集五卷 ………………… 1－87
新刊良朋彙集六卷………………… 2－197
新刊官板批評正百將傳十卷……… 3－330
新刊宣和遺事四卷………………… 1－376
新刊真宗摘要正傳地理集說大全…… 1－312
新刊校正增釋合併麻衣先生人相編
　五卷……………………………… 3－432
新刊徐文長先生評隋唐演義十卷 …… 1－12
新刊陳眉公先生精選古論大觀四十
　卷………………………………… 1－101
新刊黄帝内經靈樞二十四卷……… 1－197
新刊琴腔曲十隻…………………… 3－491
新刊傷寒撮要六卷………………… 1－261
新刊爾雅三卷……………………… 1－2
新刊爾雅音釋三卷………………… 1－2
新刊增修箋注妙選群英草堂詩餘二
　卷 ……………………………… 1－27
新刊憲臺釐正性理大全七十卷首一
　卷………………………………… 1－197
新刊韻學會海十六卷……………… 3－410
新刊繡像評演濟公傳初集十二卷二
　集十二卷三集四卷……………… 2－389
新刊繡像節義奇情全傳四十回……… 3－278
新刊纂圖元亨療馬集六卷………… 2－211
新世鴻勳二卷二十回……………… 3－479
新史奇觀…………………………… 2－540
新史奇觀演義全傳二十二回……… 1－373

新包探案二金臺…………………………2－360
新民府行政彙編………………………3－397
新民叢報彙編…………………………3－432
新加九經字樣一卷……………………1－1
新曲四種………………………………3－339
新安二布衣詩八卷……………………1－255
新安文獻志一百卷新安文獻志先賢
事略二卷目録二卷 …………………1－24
新安先集二十卷………………………1－413
新安先集二十卷………………………3－110
[淳熙]新安志十卷 …………………1－118
[淳熙]新安志十卷 …………………2－147
新安吳氏詩文存………………………2－334
新安吳氏詩文存………………………2－435
新安吳氏詩文存………………………2－435
新安黃氏會通譜十六卷序一卷文原
一卷新安黃氏會通譜考一卷圖一
卷新安黃氏文獻録二卷新安黃氏
文獻録外集三卷……………………1－333
新安景物約編 ………………………3－51
新抄小說載花舲四回…………………3－338
新序十卷………………………………2－189
新刻一捧雪梁天來全本四卷…………3－207
新刻八仙圖……………………………3－261
新刻三寶太監西洋記通俗演義………2－396
新刻大千生鑑聖賢年譜萬壽全書六
卷……………………………………1－7
新刻山居四要五卷……………………1－264
新刻山海經十八卷……………………1－117
新刻小八義全傳十四卷二續十二卷
四續四卷……………………………2－395
新刻王寶釧綵球記戲文十回…………3－335
新刻天花藏批評平山冷燕二十回……2－395
新刻天傭子全集十卷…………………1－227
新刻天傭子全集十卷…………………1－262
新刻瓦車篷天賜雙生牙痕記三十卷
……………………………………2－519
新刻玉釧緣全傳三十二卷……………2－372
新刻玉釧緣全傳三十二卷二百三十
四回…………………………………2－394
新刻玉釧緣全傳三十二卷二百三十
四回…………………………………3－490
新刻巧連珠十卷………………………3－434
新刻世途境……………………………3－483
新刻古今傳奇十四卷…………………3－480
新刻古本劉成美忠節全傳二十五卷
……………………………………1－428
新刻打衣箱鼓詞四卷…………………2－517
新刻出相音注勸善目蓮救母行孝戲
文三卷………………………………3－488
新刻出像增補搜神記六卷 …………1－15
新刻出像點板時尚昆腔雜曲醉怡情
八卷四十四種………………………3－336
新刻出像點板時尚昆腔雜曲醉怡情
不分卷………………………………1－316
新刻出像點板時尚崑腔雜出醉怡情
……………………………………3－459
新刻全補標題音註元朝捷録四卷………1－5
新刻全像三寶太監西洋記通俗演義
二十卷一百回………………………1－318
新刻全像海剛峰先生居官公案四卷
七十一回 …………………………1－12
新刻全像海剛峰先生居官公案四卷
七十一回……………………………3－339
新刻全像海剛峰先生居官公案四卷
七十一回……………………………3－479
新刻全像浪史四十回…………………3－481
新刻李卓吾原評西廂記二卷首一卷
……………………………………3－508
新刻批評繡像平山冷燕六卷二十回
……………………………………1－11
新刻批評繡像平山冷燕六卷二十回
……………………………………3－338
新刻批評繡像後西遊記四十四回……3－474
新刻東調忠孝呼家將全傳二十四卷
……………………………………3－444
新刻物原一卷二百三十九條…………1－293
新刻京臺公餘勝覽國色天香十卷……1－426
新刻京臺公餘勝覽國色天香十卷……3－333
新刻京臺公餘勝覽國色天香十卷……3－478
新刻法筆驚天雷二卷 ………………2－95

新刻注釋近科同館賦四卷…………… 2－413
新刻注釋草堂詩餘評林六卷………… 3－510
新刻按鑑演義三國英雄志傳二十卷
……………………………………… 3－478
新刻按鑑演義京本三國英雄志傳六
卷……………………………………… 3－478
新刻按鑑編纂開闢衍繹通俗志傳六
卷 …………………………………… 1－12
新刻按鑑編纂開闢衍繹通俗志傳六
卷八十回…………………………… 3－479
新刻保生心鑑……………………… 1－197
新刻保生心鑑一卷 ……………… 1－18
新刻訂補釋註蕭曹遺筆三卷………… 3－260
新刻桃花庵二卷二十四回…………… 3－335
新刻連珠記鼓詞四卷……………… 2－517
新刻搜集諸家卜筮源流斷易大全四
卷…………………………………… 1－2
新刻時尚華筵趣樂談笑酒令四卷…… 3－511
新刻時調真本唱口九絲縧全傳……… 1－428
新刻秘本白梅傳全傳七卷…………… 3－335
新刻秘傳眼科七十二症全書六卷…… 1－297
新刻秘藏異本奇巧戲法一卷………… 3－519
新刻陰陽寶扇八集八十卷…………… 2－414
新刻陶顧二會元類編蘇長公全集四
十卷首一卷………………………… 1－224
新刻黄掌綸先生評訂神仙鑒二十二
卷 …………………………………… 1－90
新刻國朝名公尺牘類選十二卷……… 1－103
新刻象棋譜式……………………… 2－275
新刻逸田叟女仙外史大奇書一百回
……………………………………… 1－317
新刻添改李翠連施釵六卷…………… 3－335
新刻張太岳先生詩集四十七卷……… 1－431
新刻雅調猩猩圖全傳五卷…………… 1－428
新刻紫霞杯南音四卷……………… 3－207
新刻詩傳綱領……………………… 1－109
新刻詩說一卷……………………… 1－109
新刻詩譜一卷……………………… 1－109
新刻說唱義夫節婦何文秀報冤鼓兒
詞…………………………………… 3－278
新刻精選當代臺閣精華八卷 ………… 1－10
新刻劍嘯閣批評西漢演義傳八卷一
百回新刻劍嘯閣批評東漢演義傳
十卷一百二十四回………………… 3－337
新刻選注秦漢文六卷……………… 1－311
新刻趨避檢三卷 ………………… 1－17
新刻臨川王介甫先生詩文集一百卷
……………………………………… 1－94
新刻臨川王介甫先生詩文集一百卷
……………………………………… 1－309
新刻魏仲雪先生批評琵琶記二卷 …… 1－37
新刻魏仲雪先生批評會真記一卷 …… 1－14
新刻魏仲雪先生批點西廂記二卷二
十齣 ………………………………… 1－14
新刻魏仲雪先生批點西廂記二卷首
一卷………………………………… 3－508
新刻魏仲雪先生批點琵琶記二卷四
十二出……………………………… 3－448
新刻濟顛大師醉菩提全傳四卷……… 2－516
新刻藝林尺一明珠七卷…………… 3－509
新刻雙釵記四卷…………………… 2－517
新刻譚子化書六卷………………… 2－291
新刻譚友夏合集二十三卷………… 1－280
新刻癡人福四卷八回……………… 3－483
新刻癡婆子傳二卷………………… 3－481
新刻繡像批評金瓶梅二十卷一百回
……………………………………… 1－19
新刻繡像批評金瓶梅二十卷一百回
……………………………………… 3－484
新刻繡像秘本美人坊全傳七卷……… 3－335
新刻攝生總論秘授脉訣十二卷 ……… 1－15
新刻續絲絨計鼓詞………………… 2－486
新刻觀世音菩薩出身修行傳四卷二
十六回……………………………… 3－278
新注綠牡丹全傳六十四回………… 3－483
新定十二律京腔譜十六卷首一卷…… 3－336
新定十二律崑腔譜十六卷新定考正
音韻大全一卷 …………………… 1－22
新定九宮大成南北宮詞譜八十一卷
閏一卷目錄三卷 ………………… 1－95
新定三禮圖二十卷 ……………… 1－62
新定三禮圖二十卷 ……………… 1－64

新定三禮圖二十卷 …………………… 1－332
［道光］新城縣志十一卷 …………… 3－161
新政真詮四編 ………………………… 3－310
新修楊忠滑蚋蛇膽表忠記二卷三十六出 ……………………………… 3－472
新鬼世界 ……………………………… 3－182
新訂左傳快讀十八卷 ………………… 3－293
新度妻及其他 ………………………… 3－52
新都秀運集二卷 ……………………… 1－49
新校注古本西廂記五卷考一卷首一卷 ……………………………… 3－508
新校繪圖今古奇觀六卷四十回 ……… 3－410
新造柳世清雙玉魚全歌十回 ………… 3－335
新造梅良玉下棚兩度星十四卷 ……… 3－414
新造梅良玉下棚兩度星十四卷 ……… 3－414
新造雙太子下棚禹龍山八卷 ………… 3－417
新造雙太子下棚禹龍山八卷 ………… 3－417
新唐書二百七十三卷 ………………… 2－64
新唐書二百五十五卷 ………………… 2－137
新唐書糾謬二十卷 …………………… 3－230
新書 …………………………………… 2－293
新書十卷 ……………………………… 1－83
新書十卷 ……………………………… 1－84
新書十卷 ……………………………… 1－198
新書十卷 ……………………………… 2－288
新書十卷 ……………………………… 3－433
新聊齋二集 …………………………… 2－284
［乾隆］新鄉縣志三十四卷首一卷 … 1－359
新琵琶二卷三十二出 ………………… 3－468
新集分類通鑑不分卷 ………………… 1－332
新遊戲法 ……………………………… 3－326
新義錄一百卷 ………………………… 1－516
新義錄一百卷首一卷 ………………… 1－387
［宣統］新甯鄉土地理 ……………… 3－270
新斠注地理志十六卷 ………………… 1－470
新斠注地理志十六卷 ………………… 2－146
新斠注地理志集釋十六卷 …………… 1－348
新斠注地理志集釋十六卷 …………… 1－472
新斠注地理志集釋十六卷 …………… 3－174
新斠注漢書地理志十六卷 …………… 2－64
新聞學 ………………………………… 2－171
新語二卷 ……………………………… 3－433
新說西遊記一百回 …………………… 1－318
新說西遊記八十回 …………………… 3－481
新說西遊記圖像一百回 ……………… 2－401
新增日月紀古 ………………………… 2－479
新增玉連環二十卷 …………………… 2－413
新增幼學故事瓊林四卷 ……………… 1－527
新增幼學故事瓊林四卷 ……………… 2－201
新增幼學故事瓊林四卷 ……………… 2－414
新增幼學故事瓊林四卷 ……………… 3－296
新增幼學雜字 ………………………… 2－414
新增刑案匯覽十四卷首一卷 ………… 2－90
新增百美圖說二卷 …………………… 2－537
新增全圖珍珠塔全傳十二卷 ………… 2－412
新增格古要論十三卷 ………………… 1－14
新增格古要論十三卷 ………………… 1－77
新增格古要論十三卷 ………………… 1－77
新增格古要論十三卷 ………………… 1－82
新增格古要論十三卷 ………………… 1－513
新增格古要論十三卷 ………………… 2－180
新增通行章程 ………………………… 2－183
新增通行章程 ………………………… 2－183
新增詩經補注附考備旨八卷 ………… 2－20
新增說文韻府群玉二十卷 …………… 1－1
新增說文韻府群玉二十卷 …………… 1－106
新增說文韻府羣玉二十卷 …………… 1－198
新增繡圖繪芳園全錄八十回 ………… 2－449
新撰女子尺牘二卷 …………………… 2－387
新鍥獵古詞章釋字訓解三台對類正宗十九卷 ……………………………… 1－23
新選同館詩二卷首一卷 ……………… 3－124
新選全本慈雲走國初集六卷續集六卷 ……………………………… 3－411
新選柳陸煙容全本五卷 ……………… 3－335
新選時文備格 ………………………… 3－221
新選時興笑絕氣話一卷 ……………… 3－519
新選驗方 ……………………………… 2－275
新編十錯認春燈謎記二卷四十出 …… 3－513
新編五代史平話十卷 ………………… 3－479
新編玉鴛鴦全傳八卷三十六回 ……… 1－43
新編玉蟾記六卷 ……………………… 2－515

新編玉蟾記六卷五十三回 …………… 3 – 482
新編古今事文類聚二百三十六卷 …… 1 – 14
新編古今事文類聚續編二十八卷…… 2 – 267
新編古今品彙故事啟牘二十卷 ……… 1 – 17
新編古列女傳八卷…………………… 1 – 485
新編古列女傳八卷 …………………… 2 – 90
新編古列女傳八卷…………………… 2 – 141
新編目連救母勸善戲文三卷………… 1 – 257
新編四才子二集兩交婚小傳十八回
……………………………………… 3 – 481
新編四元玉鑑細草三卷四象細草假
令之圖一卷附補增一卷…………… 2 – 204
新編批評繡像後七國樂田演義四卷
十八回……………………………… 3 – 478
新編東遊記二十卷一百回 …………… 1 – 19
新編東調大雙蝴蝶三十回…………… 1 – 428
新編事文類聚翰墨大全甲集十二卷
乙集九卷丙集五卷丁集五卷戊集
五卷已集七卷庚集二十四卷辛集
十卷壬集十二卷癸集十一卷後甲
集八卷後乙集三卷後丙集六卷後
丁集八卷後戊集九卷……………… 1 – 242
新編事文類聚翰墨全書一百三十四
卷…………………………………… 1 – 323
新編南詞定律十三卷首一卷 ………… 1 – 28
新編前明正德白牡丹傳八卷………… 2 – 402
新編條約光緒朝與各國文約………… 1 – 485
新編秘傳堪輿類纂人天共寶十二卷
……………………………………… 1 – 120
新編陶朱富四十卷 …………………… 1 – 24
新編算學啓蒙………………………… 1 – 383
新編算學啓蒙三卷…………………… 1 – 391
新編鳳雙飛全傳四十二回…………… 2 – 393
新編說平話…………………………… 3 – 277
新編寡婦烈女詩曲　新編太平時賽
賽駐雲飛…………………………… 3 – 476
新編盤龍鐲全傳二十四卷…………… 3 – 284
新編翰林珠玉六卷…………………… 3 – 256
新編儒雅小金錢彈詞十二回 ………… 1 – 43
新編錄鬼簿二卷……………………… 3 – 332
新編錄鬼簿二卷……………………… 3 – 513
新編濃淡詞十卷……………………… 3 – 491
新編雙南記二卷 ……………………… 1 – 39
新編繡像雙杯全傳三十六卷………… 1 – 429
新編覺世梧桐影十二回……………… 3 – 338
新編覺世梧桐影十二回……………… 3 – 480
新輯刑案彙編十六卷………………… 3 – 384
新輯官商近今尺牘…………………… 3 – 357
新輯海上青樓圖記六卷首一卷……… 3 – 332
新學試策問對第一書五種…………… 3 – 161
新學彙編四卷………………………… 2 – 214
新學彙編四卷………………………… 2 – 283
新雕皇朝類苑七十八卷……………… 3 – 223
新雕校證大字白氏諷諫……………… 2 – 377
新雕校證大字白氏諷諫……………… 2 – 387
新雕校證大字白氏諷諫……………… 3 – 355
新舊唐書互證二十卷………………… 2 – 143
新舊唐書合鈔二百六十卷…………… 2 – 165
新舊唐書合鈔二百六十卷首一卷唐
書宰相世系表訂訛十二卷………… 3 – 382
新舊唐書合鈔二百六十卷首一卷唐
書宰相世系表訂訛十二卷………… 3 – 398
新舊唐書合鈔二百六十卷首一卷唐
書宰相世系表訂譌十二卷………… 3 – 359
新繁詩略六卷續編二卷 ……………… 3 – 81
[同治]新繁縣志十六卷 …………… 2 – 531
新鍥重訂出像注釋通俗演義西晉志
傳題評四卷東晉志傳題評八卷…… 3 – 478
新鍥重訂出像註釋通俗演義西晉志
傳題評四卷東晉志傳題評八卷紀
元傳一卷 …………………………… 1 – 10
新鍥袁中郎校訂旁訓古事鏡十二卷
……………………………………… 1 – 3
新鍥漢丞相諸葛孔明異傳奇論注解
評林五卷…………………………… 1 – 273
新鍥纂集諸家全書大成斷易天機六
卷 …………………………………… 1 – 16
新鐫旁批詳注總斷廣名將譜二十卷
……………………………………… 1 – 130
新鐫增補較正寅幾熊先生尺牘雙魚
九卷 ………………………………… 1 – 27
新鐫斷易大全四卷…………………… 2 – 260

新蘅詞八卷外集一卷…………………… 2－470
新蘅詞九卷外集一卷 ………………… 3－78
新譜番合釧全傳三十卷 ……………… 1－47
新疆山脈圖志六卷……………………… 3－3
［光緒］新疆吐魯番廳鄉土志一卷 … 3－280
新疆圖志一百十六卷首一卷…………… 3－3
［乾隆］新疆識略十二卷 …………… 2－146
新黨升官發財記十六回……………… 3－473
新纂氏族箋釋 ……………………… 2－81
新纂氏族箋釋八卷…………………… 3－205
新纂氏族譜箋釋八卷………………… 1－363
新纂約章大全………………………… 2－160
新纂約章大全………………………… 2－160
新纂約章大全七十三卷……………… 2－125
新纂約章大全七十三卷……………… 3－388
新纂選吉要函………………………… 2－257
新鐫七真天仙寶傳四卷……………… 3－515
新鐫七真天仙寶傳四卷三十二回…… 3－499
新鐫三世化生寶卷二卷……………… 3－500
新鐫三世化生寶卷二卷……………… 3－502
新鐫小說戀情人六卷十二回………… 3－481
新鐫分類評注文武合編百子金丹十
卷……………………………………… 1－145
新鐫方孟旋先生羲經鴻寶十二卷周
易說統 ……………………………… 1－59
新鐫玉茗堂批點按鑑𠫭補北宋志傳
十卷 ………………………………… 1－11
新鐫玉茗堂批點按鑑𠫭補南宋志傳
十卷 ………………………………… 1－11
新鐫玉茗堂批點按鑑𠫭補南宋志傳
十卷五十回楊家將傳十卷五十回
……………………………………… 1－240
新鐫玉茗堂批點按鑑參補南宋志傳
五十回……………………………… 1－324
新鐫古今大雅北宮詞紀六卷………… 1－254
新鐫古今大雅北宮詞紀六卷………… 3－476
新鐫古今大雅北宮詞紀六卷………… 3－476
新鐫古今大雅北宮詞紀六卷………… 3－476
新鐫古今大雅北宮詞紀六卷新鐫古
今大雅南宮詞紀六卷 ……………… 1－22
新鐫古今大雅南宮詞紀六卷………… 1－254
新鐫古今大雅南宮詞紀六卷………… 3－476
新鐫古今大雅南宮詞紀六卷………… 3－476
新鐫古今名劇酹江集三十種………… 1－317
新鐫古本批評繡像三世報隔簾花影
四十八回…………………………… 3－338
新鐫古本批評繡像三世報隔簾花影
四十八回…………………………… 3－480
新鐫出像點板怡春錦曲新詞清賞書
集…………………………………… 3－477
新鐫全補標題音註歷朝捷録四卷……… 1－5
新鐫全像武穆精忠傳八卷…………… 1－9
新鐫全像通俗演義隋煬帝豔史八卷
四十四回…………………………… 3－337
新鐫全像通俗演義隋煬帝豔史四十
回…………………………………… 3－480
新鐫批評出相韓湘子三十回………… 1－9
新鐫批評出相韓湘子三十回………… 1－239
新鐫批評出相韓湘子三十回………… 1－261
新鐫批評出像通俗奇俠禪真逸史八
卷四十回…………………………… 1－9
新鐫批評出像通俗奇俠禪真逸史八
卷四十回…………………………… 1－240
新鐫批評出像通俗演義禪真後史十
卷六十回…………………………… 3－481
新鐫批評出像通俗演義禪真後史十
集十卷六十回 ……………………… 1－11
新鐫批評出像通俗演義禪真後史五
十三回……………………………… 1－300
新鐫批評繡像列女演義六卷 ………… 1－10
新鐫批評繡像列女演義六卷 ………… 1－10
新鐫批評繡像列女演義六卷………… 1－318
新鐫東西晉演義十二卷五十二回…… 1－297
新鐫草本花詩譜……………………… 3－511
新鐫重訂出像通俗演義東晉志傳八
卷 …………………………………… 1－12
新鐫施耐菴先生藏本後水滸全傳四
十五回……………………………… 1－324
新鐫桃花影四卷十二回……………… 3－481
新鐫秘本續英烈傳二十回 ………… 3－435
新鐫笑林廣記十二卷………………… 1－263
新鐫唐氏壽域一卷…………………… 1－202

新鐫旁批詳注總斷廣名將譜二十卷 …… 1－324
新鐫海内奇觀十卷 …… 1－9
新鐫海内奇觀十卷附一卷 …… 1－71
新鐫雲林神彀四卷 …… 1－293
新鐫焦太史彙選中原文獻二十四卷 …… 1－6
新鐫評釋巧對十八卷 …… 1－326
新鐫經苑 …… 1－463
新鐫經苑 …… 2－52
新鐫歷代名家翰墨備覽六卷 …… 1－292
新鐫歷朝捷錄增定全編大成四卷 …… 1－6
新鐫歷朝捷錄增定全編大成四卷 …… 1－72
新鐫歷朝捷錄增定全編大成四卷 …… 1－72
新鐫增補周易備旨一見能解六卷 …… 3－282
新鐫增補音郡音義百家姓 …… 3－509
新鐫增補音郡音義百家姓增補重訂音義千字文 …… 3－235
新鐫增補評林音註國朝捷録四卷 …… 1－5
新鐫諸子拔萃八卷 …… 1－16
新鐫樂府清音歌林拾翠一集 …… 3－449
新鐫繡像小說貪欣悮六回 …… 1－316
新鐫繡像風流悟八回 …… 3－480
新鐫獻藎喬先生綱鑑彙編九十一卷首一卷目錄十卷 …… 1－133
新譯日本法規大全 …… 2－161
新譯日本法規大全 …… 2－264
新譯日本法規大全 …… 3－356
新譯日本法規大全 …… 3－356
新譯蒙漢千字文 …… 3－527
新體詩偶鈔 …… 1－290
意山園詩鈔四卷續鈔一卷 …… 3－186
意中人三十二出 …… 3－446
意中緣子弟書 …… 3－465
意中緣傳奇二卷 …… 3－279
意中緣傳奇二卷 …… 3－443
意苕山館詩稿十六卷 …… 1－435
意苕山館詩稿十六卷 …… 2－348
意苕山館詩稿十六卷 …… 3－145
意苕山館詩稿十六卷 …… 3－166
意苕山館詩稿十六卷嶺上白雲集十二卷 …… 3－222
意將軍加里波的傳 …… 3－386
意園文略二卷事略一卷 …… 3－60
雍正十年中秋月御選寶筏精華二卷 …… 1－260
雍正上諭 …… 2－164
雍正上諭 …… 2－216
雍正硃批諭旨不分卷 …… 1－132
雍正諭旨 …… 2－143
雍益集一卷長白山錄一卷補遺一卷 …… 1－269
雍熙樂府二十卷 …… 3－476
慎子一卷 …… 3－430
慎余書屋文集五卷 …… 3－131
慎言十三卷 …… 1－92
慎其餘齋文集二十卷 …… 3－105
慎宜軒文十二卷 …… 3－18
慎宜軒文十二卷 …… 3－31
慎宜軒筆記十卷 …… 3－31
慎宜軒詩八卷 …… 3－408
慎疾芻言 …… 2－208
慎疾芻言不謝方合輯 …… 3－145
慎餘堂文集四卷 …… 3－275
慎盦文鈔二卷 …… 2－504
慎盦文鈔二卷 …… 2－531
慎盦詩文鈔二卷 …… 3－34
慎盦詩鈔二卷 …… 2－529
慎齋外集二卷 …… 2－308
慎齋遺書十卷 …… 2－478
慎鸞交傳奇二卷 …… 1－214
慎鸞交傳奇二卷三十五出 …… 3－446
慎鸞交傳奇三十五出 …… 3－78
義大利國財政彙考 …… 2－114
義妖傳五十三回 …… 1－405
義妖傳實卷 …… 3－64
義門讀書記五十八卷 …… 1－397
義和團皮簧 …… 3－490
義貞記二卷三十二出 …… 3－469
義貞記二卷三十二齣 …… 1－35
義俠九絲縧全傳十二卷 …… 3－119

義俠好逑傳 …… 2－499
義俠好逑傳十八回 …… 3－154
義俠記二卷 …… 3－36
義俠記二卷三十六出 …… 3－127
[嘉慶]義烏縣志二十二卷首一卷 …… 3－166
義務論不分卷 …… 3－386
義盟親知寶卷 …… 3－67
義盟親知寶卷 …… 3－111
慈生篇 …… 3－492
慈幼便覽 …… 2－270
[光緒]慈利縣志十卷首一卷 …… 2－54
慈容衍慶　蝠獻瓶開 …… 3－451
慈容衍慶　蝠獻瓶開 …… 3－456
慈雲走國五集三十卷 …… 3－53
慈雲走國四集 …… 3－53
慈雲走國初集 …… 3－53
慈雲走國[鼓詞] …… 1－51
慈雲錫類　吉曜充庭 …… 3－453
慈雲錫類　吉曜充庭 …… 3－453
慈雲錫類　吉曜充庭 …… 3－453
慈雲寶卷一卷 …… 3－497
慈悲水懺法三卷 …… 1－154
慈悲道場水懺三卷 …… 2－247
慈悲道場懺法要略解十卷 …… 1－201
慈悲道場懺法十卷 …… 1－336
慈悲道場懺法十卷 …… 1－336
慈悲道場懺法十卷 …… 3－391
慈悲道場懺法十卷 …… 3－495
慈悲願一折 …… 2－511
慈湖先生遺書十八卷 …… 1－105
慈湖先生遺書十八卷慈湖先生遺書續集二卷 …… 1－49
慈溪黃氏日抄分類九十七卷 …… 1－240
慈溪黃氏日抄分類九十七卷古今紀要十九卷 …… 1－93
慈溪黃氏日抄分類九十七卷慈溪黃氏日抄分類古今紀要十九卷 …… 1－5
慈禧六旬壽典奏稿 …… 3－146
慈谿文徵 …… 3－193
[光緒]慈谿縣志五十六卷 …… 3－142
煙花陰告　摘葡萄 …… 3－52
煙花歎子弟書二回 …… 3－468
煙峙樓文集四十卷 …… 2－457
煙海廻瀾 …… 3－100
煙嶼樓文集四十卷 …… 3－44
煙嶼樓集文集四十卷詩集十八卷 …… 1－409
煙嶼樓集詩集十八卷文集四十卷 …… 2－418
煙嶼樓詩集十八卷 …… 3－44
煙霞小說 …… 3－284
煙霞小說十三種 …… 1－13
煙霞萬古樓文集六卷 …… 3－183
煙霞萬古樓詩殘稿 …… 3－252
煙霞萬古樓詩選二卷 …… 3－59
煉石編三卷補編一卷 …… 3－365
煖香樓雜劇 …… 3－180
資生堂誠修諸門應症丸散 …… 1－313
資治通鑑 …… 2－139
資治通鑑二百九十四卷 …… 1－131
資治通鑑二百九十四卷 …… 1－131
資治通鑑二百九十四卷 …… 1－348
資治通鑑二百九十四卷 …… 1－350
資治通鑑二百九十四卷 …… 2－83
資治通鑑二百九十四卷 …… 2－182
資治通鑑二百九十四卷 …… 3－415
資治通鑑二百九十四卷目錄一卷 …… 1－132
資治通鑑二百九十四卷目錄一卷 …… 1－134
資治通鑑二百九十四卷目錄二十卷 …… 2－83
資治通鑑二百九十四卷目錄三十卷 …… 2－122
資治通鑑二百九十四卷目錄三十卷 …… 2－122
資治通鑑二百九十四卷目錄三十卷 …… 2－130
資治通鑑二百九十四卷目錄三十卷 …… 3－425
資治通鑑二百九十四卷附釋文辯誤十二卷 …… 3－402
資治通鑑二百九十四卷附釋文辯誤十二卷 …… 3－403
資治通鑑目錄三十卷 …… 1－133
資治通鑑目錄三十卷 …… 2－65

資治通鑑目録三十卷…………………… 2－122
資治通鑑目録三十卷…………………… 2－122
資治通鑑目録三十卷…………………… 2－182
資治通鑑目録三十卷…………………… 2－185
資治通鑑目録三十卷…………………… 3－320
資治通鑑目録三十卷釋例一卷……… 2－132
資治通鑑外紀十卷目録三卷 ………… 2－65
資治通鑑外紀十卷目録五卷………… 2－182
資治通鑑考異三十卷…………………… 2－140
資治通鑑考異三十卷…………………… 3－403
資治通鑑地理今釋……………………… 2－185
資治通鑑地理今釋二百九十四卷…… 2－123
資治通鑑地理今釋十六卷 …………… 2－65
資治通鑑地理今釋十六卷 …………… 2－79
資治通鑑地理今釋十六卷…………… 3－408
資治通鑑補 …………………………… 3－39
資治通鑑綱目…………………………… 2－131
資治通鑑綱目三編四十卷…………… 2－138
資治通鑑綱目五十九卷 …………… 1－70
資治通鑑綱目五十九卷……………… 1－123
資治通鑑綱目五十九卷……………… 1－127
資治通鑑綱目五十九卷……………… 3－521
資治通鑑綱目五十九卷凡例一卷…… 2－166
資治通鑑綱目五十九卷首一卷……… 1－129
資治通鑑綱目五十九卷首一卷 ……… 2－65
資治通鑑綱目前編二十五卷………… 1－122
資治通鑑綱目前編二十五卷………… 1－127
資治通鑑綱目前編二十五卷資治通鑑綱目五十九卷…………………… 1－127
資治通鑑綱目前編二十五卷資治通鑑綱目五十九卷續資治通鑑綱目二十七卷…………………………… 1－130
資治通鑑綱目前編二十五卷資治通鑑綱目五十九卷續資治通鑑綱目二十七卷…………………………… 1－130
資治通鑑綱目前編十八卷舉要三卷……………………………………… 1－129
資治通鑑綱目前編外紀一卷………… 1－129
資治通鑑綱目集覽五十九卷………… 1－123
資治通鑑綱目發明五十九卷………… 1－123
資治通鑑綱目發明五十九卷………… 1－328
資治通鑑綱目續編卷之末一卷……… 1－129
資治通鑑釋文三十卷………………… 3－151
資治新書二集二十卷………………… 3－400
資治新書十四卷首一卷……………… 3－432
資治新書全集二十卷………………… 2－121
資治新書初集十四卷二集二十卷…… 2－172
資治新書卷首一卷初集十四卷二集二十卷………………………………… 3－374
資政要覽三卷………………………… 2－190
資政院院章…………………………… 2－111
資政院第一次常年會議事録[1－42號]附資政院公報[1－9號、33號]……………………………………… 2－185
資政院農工商部奏議決運送章程…… 2－135
資政院議員選舉章程奏摺…………… 2－112
滇小記………………………………… 3－215
滇中宦場竹枝詞……………………… 3－516
滇事述聞二卷 ……………………… 3－24
滇南文略四十七卷…………………… 2－439
滇遊雜詠……………………………… 2－337
滇軺紀程……………………………… 2－104
滇軺紀程……………………………… 3－197
滇軺紀程一卷………………………… 3－399
滇軺紀程荷戈紀程 ………………… 2－77
滇雲歷年傳十二卷…………………… 3－137
滇楚九臺山知空蘊禪師語録二卷…… 1－158
滇詩拾遺五卷………………………… 3－114
滇詩重光集…………………………… 3－114
滇詩嗣音集二十卷…………………… 1－431
滇黔奏議十卷 ……………………… 3－18
滇黔浙閩四省名勝楹聯……………… 2－381
滇繫…………………………………… 1－439
滇繫…………………………………… 1－476
滇繫…………………………………… 1－499
溥通國文讀本六卷…………………… 2－368
溥通新代數六卷……………………… 2－266
[光緒]溧水縣志二十二卷首一卷 … 3－176
[乾隆]溧陽縣志十二卷首一卷 …… 1－282
塗說四卷……………………………… 1－374
塗鴉集雜録一卷文部二卷書問二卷……………………………………… 1－212

溪庯詩槀 …………………………… 3－144
[乾隆]滄州志十六卷 ……………… 3－384
滄州明詩鈔 ………………………… 2－348
滄州明詩鈔 ………………………… 3－59
滄江虹月詞三卷 …………………… 2－497
滄江菁華錄四卷 …………………… 3－305
滄江樂府 …………………………… 3－84
滄城殉難錄四卷 …………………… 1－481
滄城殉難錄四卷首一卷 …………… 3－6
滄洲近詩八卷 ……………………… 1－222
滄海遺珠錄二卷 …………………… 3－506
滄浪小志二卷 ……………………… 1－210
滄浪小志二卷 ……………………… 2－149
滄浪小志二卷 ……………………… 2－149
滄浪小志二卷 ……………………… 3－156
滄桑豔傳奇二卷首一卷 …………… 2－519
滄溟先生集三十卷 ………………… 1－69
滄溟先生集三十卷附錄一卷 ……… 1－97
滄溟先生集三十卷附錄一卷 ……… 2－354
滄溟先生集三十卷附錄一卷 ……… 2－367
滄溟先生集附錄一卷 ……………… 1－69
滄溟詩集十四卷 …………………… 2－346
滄溟詩集十四卷 …………………… 2－346
滄螺集六卷 ………………………… 1－98
滂喜齋叢書 ………………………… 2－462
滂喜齋叢書五十二種九十三卷 …… 2－467
滂喜齋叢書五十四種 ……………… 1－441
溯流史學鈔二十卷附游梁書院學規
　一卷講語一卷 …………………… 1－79
塞垣集六卷 ………………………… 2－438
塞語不分卷 ………………………… 1－8
寧古塔紀略 ………………………… 3－178
寧都三魏全集 ……………………… 2－446
[嘉慶]寧國府志 …………………… 2－472
褚堂問史考證 ……………………… 1－426
裨農最要三卷 ……………………… 1－510
裨農絲廠俗歌 ……………………… 3－263
褉敘集言六卷 ……………………… 1－299
褉湖詩拾八卷首一卷 ……………… 3－136
福少農尚書撫東吏治疏□卷 ……… 2－128
福建文苑傳七卷 …………………… 3－313
福建文苑傳三卷 …………………… 3－341
福建全省地輿圖 …………………… 1－500
福建全省輿圖 ……………………… 1－492
福建沿海圖說 ……………………… 2－148
[道光]福建通志二百七十八卷 …… 2－147
福建臺灣巡撫奏疏 ………………… 2－128
福音大全 …………………………… 2－265
福海無邊一卷 ……………………… 3－482
福惠全書三十二卷 ………………… 1－397
福惠全書三十二卷 ………………… 1－501
福祿天長 …………………………… 3－452
福祿壽燈　壽祝萬年 ……………… 3－455
福祿壽燈　壽祝萬年 ……………… 3－456
福源石屋珙禪師語錄二卷 ………… 1－142
福甯紀事二卷首一卷 ……………… 3－2
福壽延年二出 ……………………… 3－454
福壽延年六出 ……………………… 3－452
福壽延年四出 ……………………… 3－452
福壽全書不分卷 …………………… 3－374
福壽雙喜 …………………………… 3－454
[乾隆]肅寧縣志十卷 ……………… 1－284
[乾隆]肅寧縣志十卷 ……………… 2－73
[乾隆]肅寧縣志十卷 ……………… 3－432
肅藻遺書四卷 ……………………… 2－479
群芳譜二卷 ………………………… 3－506
群芳譜三十卷 ……………………… 1－373
群言錄 ……………………………… 3－95
群英珠玉五卷 ……………………… 1－416
群英傑十六卷 ……………………… 2－523
群英會 ……………………………… 2－489
群英會借東風 ……………………… 2－489
群書考索古今事文玉屑十三卷 …… 1－15
群書治要子鈔二卷 ………………… 3－127
群書治要五十卷 …………………… 3－226
群書拾補 …………………………… 3－259
群書拾補三十七種 ………………… 1－396
群書拾遺補初編 …………………… 1－533
群書校補 …………………………… 1－467
群書校補三十七種 ………………… 1－443
群書劄記十六卷 …………………… 1－393
群書劄記十六卷 …………………… 1－533

群書劄記十六卷…………………………2－197
群書劄記十六卷 ………………………3－58
群書劄記十六卷…………………………3－343
群書疑辨十二卷…………………………1－517
群雅二集二十二卷………………………3－159
群經平議三十五卷………………………1－457
群經宮室圖二卷…………………………3－231
群經評議三十五卷………………………3－129
群經補義五卷……………………………1－115
群經義證 …………………………………2－23
群經義證八卷 …………………………2－46
群經總義講錄……………………………3－320
群學肄言…………………………………2－232
群學肄言…………………………………2－256
群學肄言…………………………………3－393
群學肄言…………………………………3－511
羣英書義二卷……………………………1－108
羣雅集四卷 ……………………………1－28
彙刻書目…………………………………1－465
彙刻書目…………………………………1－503
彙刻書目…………………………………3－320
彙刻書目二十卷…………………………1－469
彙刻書目十卷……………………………1－354
彙刻書目初補編…………………………2－8
彙刻書目初編十卷續編二卷補編一
　卷………………………………………1－378
彙刻詞選六種……………………………1－425
殿試禮節…………………………………3－328
殿閣詞林記二十二卷……………………3－238
辟邪紀實三卷 …………………………3－27
辟邪紀實三卷 …………………………3－46
辟邪實錄…………………………………3－194
[辟兵珠傳奇]十卷一百四十出 ………1－56
辟疆園宋文選三十卷 …………………1－48
辟疆園遺集十卷…………………………2－497
隱元禪師語録十六卷……………………1－168
媿林漫錄二卷……………………………1－395
縫掖集十八卷 …………………………1－46
遜志齋全集七卷首一卷…………………1－536
遜志齋集二十四卷附錄一卷……………1－218
遜敏堂詩話三種…………………………3－244
遜敏堂叢書三十二種……………………1－442
遜敏堂叢書三十二種……………………1－547
遜學齋文鈔十二卷………………………2－479
遜學齋全集文鈔十二卷文續五卷詩
　鈔十卷詩續五卷………………………2－365
遜學齋詩鈔十卷…………………………2－496
經世學引初編……………………………3－147
經史正音切韻指南一卷…………………1－317
經史正音切韻指南不分卷………………1－301
經史百家雜鈔二十六卷…………………3－367
經史百家雜鈔二十六卷…………………3－367
經史百家雜鈔二十六卷…………………3－376
經史百家雜鈔二十六卷…………………3－385
經史百家簡編二卷………………………2－387
經史百家雜鈔……………………………1－443
經史百家雜鈔……………………………2－450
經史百家雜鈔二十六卷…………………2－379
經史動靜字音 …………………………3－35
經史荅問十卷……………………………1－341
經史辨體十三卷…………………………1－143
經史證類大觀本草三十一卷……………1－505
經句說二十二卷…………………………1－342
經字正蒙八卷 …………………………2－18
經字正蒙八卷 …………………………2－23
經字異同四十八卷………………………1－342
經字辨體八卷首一卷 …………………2－46
經言枝指纂四十卷………………………1－2
經玩五種二十卷 ………………………1－65
經武要略二卷上集二十二卷正集………1－4
經苑 ………………………………………2－14
經苑 ………………………………………2－38
經苑二百四十四卷………………………1－339
經典釋文…………………………………1－454
經典釋文三十卷…………………………1－114
經典釋文三十卷…………………………1－332
經典釋文三十卷…………………………1－457
經典釋文三十卷 ………………………2－11
經典釋文三十卷 ………………………2－22
經典釋文三十卷 ………………………2－30
經典釋文三十卷…………………………3－373
經典釋文三十卷攷證三十卷 …………1－63

經典釋文三十卷附攷證三十卷……… 3－438
經典釋文攷証三十卷………………… 1－114
經典釋文攷証三十卷………………… 1－332
經典釋文卷第一周易音義一卷 ……… 1－60
經征成案彙編不分卷………………… 3－371
經星彙考……………………………… 2－191
經律異相二卷………………………… 2－219
經律異相五十卷……………………… 1－337
經師經義目錄一卷…………………… 1－343
經脈圖考四卷 ……………………… 3－13
經訓比義……………………………… 1－462
經訓書院文集六卷…………………… 1－420
經訓堂叢書二十二種………………… 1－442
經書字音辨要九卷 ………………… 2－20
經野規略三卷………………………… 2－182
經畧額威勇侯奏議 ………………… 3－16
經略洪承疇奏對筆記二卷…………… 2－107
經略洪承疇奏對筆記二卷…………… 2－162
經略洪承疇奏對筆記二卷…………… 2－402
經進文稿二卷………………………… 1－285
經進文稿六卷………………………… 3－351
經策通纂 …………………………… 2－25
經絡彙編不分卷……………………… 1－278
經傳繹義五十卷 …………………… 2－24
經傳繹義五十卷 …………………… 2－31
經傳釋詞十卷 ……………………… 2－31
經傳釋詞十卷………………………… 3－173
經傳釋詞十卷………………………… 3－177
經傳釋詞十卷………………………… 3－211
經傳釋詞十卷………………………… 3－262
經傳釋詞續編二卷…………………… 3－208
經鉏堂雜誌四卷……………………… 1－264
經義考三百卷總目二卷……………… 1－1
經義考補正十二卷…………………… 1－2
經義考補正十二卷…………………… 1－469
經義攷三百卷………………………… 1－502
經義攷三百卷………………………… 1－502
經義攷補證十二卷…………………… 1－462
經義述聞 …………………………… 2－47
經義述聞十五卷 …………………… 2－30
經義述聞三十二卷…………………… 1－343
經義述聞三十二卷…………………… 1－458
經義筆法十種 ……………………… 2－47
經義雜記二十卷敘錄一卷 ………… 2－13
經義雜記三十卷敘錄一卷…………… 1－457
經說八卷……………………………… 2－209
經德堂文集十二卷浣月山房詩詞六
卷…………………………………… 3－185
經餘必讀八卷………………………… 2－206
經餘書屋詩鈔八卷…………………… 2－529
經課續編八卷………………………… 3－413
經學五種二十五卷…………………… 1－341
經學文鈔十五卷首三卷……………… 1－456
經學通論 …………………………… 2－52
經學輯要二十四卷…………………… 2－268
經學輯要二十四卷首一卷…………… 3－413
經學叢書……………………………… 1－463
經學叢書初編………………………… 1－463
經濟原論……………………………… 3－326
經濟教科書不分卷…………………… 3－384
經濟尋源……………………………… 2－308
經濟選報……………………………… 2－174
經濟選報［清光緒三十四年二月］ … 2－124
經濟類攷約編二卷 ………………… 1－88
經濟類編一百卷 …………………… 1－74
經藝文匯三十九卷目錄一卷………… 3－224
經韻集字析解二卷 ………………… 2－42
經韻集字析解二卷附編八卷………… 1－339
經韻樓集十二卷……………………… 2－449
經韻樓叢書…………………………… 1－450
經韻樓叢書…………………………… 2－5
經韻樓叢書八種……………………… 1－440
經籍訪古志一卷補遺一卷 ………… 2－80
經籍訪古志六卷補遺一卷…………… 1－354
經籍訪古志六卷補遺一卷…………… 1－469
經籍跋文一卷 ……………………… 2－97
經籍舉要……………………………… 1－343
經籍舉要……………………………… 1－466
經籍舉要一卷………………………… 2－171
經籍籑詁 …………………………… 2－36
經籍籑詁一百〇六卷………………… 1－452
經籍籑詁一百〇六卷 ……………… 2－11

經籍籑詁一百〇六卷首一卷 ………… 2－50
經驗丹方彙編……………………… 1－246
經驗良方 ………………………… 2－273
經驗良方彙集……………………… 2－273
綉花扇殘本十二卷四十五回………… 3－233
綏服紀略圖誌一卷 ……………… 1－67
綏寇紀略十二卷補遺三卷………… 1－347
綏寇紀略十二卷補遺三卷………… 1－348
綏寇紀略十二卷補遺三卷………… 1－490
綏寇紀略十二卷補遺三卷………… 2－163
綏遠奏議…………………………… 1－490
[光緒]綏遠旗志十卷 ………………… 3－7
[光緒]綏遠旗志十卷首一卷 ……… 2－180
彙苑詳注三十六卷………………… 1－262
彙刻太倉舊志五種………………… 1－476
彙刻太倉舊志五種 ……………… 2－57
彙刻詞選五種……………………… 1－425
彙集少林烏龍槍六邊……………… 2－271
彙選歷代名賢詞府全集九卷………… 3－510
彙編唐詩十集四十一卷目錄七卷 …… 1－55
彙纂元譜南曲九宮正始…………… 3－486
彙纂元譜南曲九宮正始…………… 3－487
彙纂詩法度鍼三十三卷首一卷……… 1－231
剿匪事實…………………………… 3－7

十四畫

駁呂留良四書講義………………… 1－2
駁呂留良四書講義………………… 1－197
駁案新編三十二卷………………… 2－173
駁案新編三十二卷………………… 3－397
駁案彙編三十二卷………………… 2－174
駁案續編…………………………… 3－397
碧山樂府四卷……………………… 1－217
碧天霞傳奇二卷四十出…………… 3－469
碧天霞傳奇二卷四十齣 ………… 1－32
碧玉帶四卷 ……………………… 3－51
碧玉塔全傳………………………… 1－405
碧玉獅彈詞二十卷四十回………… 1－408
碧玉環彈詞十二卷七十二回………… 1－408
碧玉簪寶卷 ……………………… 3－67
碧玉簪寶卷………………………… 3－112
碧血巾四卷………………………… 3－285
碧血錄二卷………………………… 3－151
碧血錄五卷 ……………………… 2－76
碧城詩鈔十二卷…………………… 3－269
碧城詩鈔十二卷雜著三卷………… 2－499
碧城詩髓八卷補二卷首一卷……… 3－117
碧城僊館詩十卷…………………… 2－479
碧桐花館吟稿……………………… 3－516
碧琅玕館詩鈔四卷詩續四卷……… 2－360
碧梧山館詞二卷 ………………… 3－39
碧梧玩芳集三十四卷 …………… 1－27
碧梧書屋詩集四卷………………… 3－165
碧雲秋露詞二卷…………………… 3－103
碧雲集三卷………………………… 3－243
碧腴齋詩存八卷…………………… 3－255
碧筠樓吟稿 ……………………… 3－38
碧漪集……………………………… 2－428
碧聲吟館六種曲…………………… 3－280
碧聲吟館傳奇……………………… 1－402
碧聲吟館談麈四卷 ……………… 3－57
碧聲吟館談麈四卷………………… 3－106
碧聲吟館叢書……………………… 3－447
碧聲吟館叢書八種………………… 1－443
碧霞元君護國庇民普濟保生妙經一卷……………………………… 1－334
碧霞元君護國庇民普濟保生妙經一卷……………………………… 1－334
碧霞元君護國庇民普濟保生妙經一卷……………………………… 1－334
碧霞元君護國庇民普濟保生妙經一卷……………………………… 1－334
碧霞元君護國庇民普濟保生妙經一卷……………………………… 1－334
碧蘿吟館唱和詩詞五刻…………… 3－131
瑤林香世界………………………… 3－452
瑤草珠華閣詩鈔五卷 …………… 3－96
瑤華傳十一卷四十二回…………… 1－372
瑤華詩鈔十卷……………………… 3－158
瑤華閣集詩鈔二卷詞鈔二卷……… 3－274
瑤臺………………………………… 3－106

瑤臺總本 …………………………………… 3－458
斠士館課存 ………………………………… 3－145
趙子言行錄二卷 …………………………… 2－296
趙子常選杜律五言注三卷 ……………… 1－45
趙氏三書五卷 ……………………………… 1－2
趙氏三集三卷 ……………………………… 2－416
趙氏附志二卷 ……………………………… 1－466
趙氏淵源集十卷 ………………………… 1－54
趙氏淵源集十卷 …………………………… 3－128
趙氏賢孝寶卷二卷 ……………………… 3－45
趙氏賢孝寶卷二卷 ……………………… 3－63
趙氏賢孝寶卷二集 ………………………… 3－502
趙文恪公年譜四卷 ………………………… 2－508
趙文敏公松雪齋全集十卷外集一卷
續集一卷 ………………………………… 1－96
[光緒]趙州屬邑志 ……………………… 2－185
[光緒]趙州屬邑志八卷 ………………… 3－393
趙忠定奏議四卷 …………………………… 3－164
趙忠愍公遺像 ……………………………… 1－194
趙忠毅公儕鶴先生史韻四卷 …………… 3－373
趙注孫子十三篇四卷附孫子考 ………… 3－369
趙注孫子四卷 ……………………………… 2－286
趙待制詩詞 ………………………………… 3－256
趙待制遺稿一卷 …………………………… 1－328
趙恭毅公賸稿八卷 ………………………… 1－257
趙恭毅公賸稿八卷 ………………………… 2－433
趙浚谷疏案一卷 …………………………… 1－280
趙浚谷詩集六卷趙浚谷文集十卷 ……… 1－280
趙菁衫自選古文檢 ………………………… 3－244
趙進士文論 ………………………………… 3－373
趙清獻公集十卷 ………………………… 1－38
趙清獻公集十卷目錄二卷 ……………… 1－224
趙巢寄遺稿八卷 …………………………… 2－538
趙聖關 ……………………………………… 3－113
[趙夢伯先生全集]十一種十五卷 …… 1－54
趙裘萼公賸稿三卷 ………………………… 1－257
趙裘萼公賸稿四卷 ………………………… 2－441
趙甌北全集七種 …………………………… 2－381
趙徵君東山先生存稿七卷 ……………… 1－286
嘉定赤城志四十卷 ………………………… 2－112
嘉定詩鈔初集五十二卷二集十八卷
…………………………………………… 3－296
[光緒]嘉定縣志三十二卷首一卷 … 3－183
嘉祐集選不分卷 …………………………… 3－399
[光緒]嘉祥縣誌四卷 ………………… 3－277
嘉蔭簃論泉截句二卷 ……………………… 3－228
嘉靖以來首輔傳八卷 …………………… 1－76
嘉慶已卯科各省鄉試同年譜 …………… 2－539
嘉慶海州直隸州志三十二卷 …………… 2－178
嘉樂齋三蘇文範十八卷首一卷 ……… 1－262
嘉樹山房詩集十八卷應制詩二卷 …… 1－222
嘉興退菴斷愚智禪師語録二卷 ……… 1－158
嘉應平寇紀略 …………………………… 3－15
[光緒]嘉應州志三十二卷 …………… 2－538
嘉懿集初鈔四卷續鈔四卷 ……………… 1－254
臺灣外記三十卷 …………………………… 1－365
臺灣外記三十卷 …………………………… 2－482
臺灣外記三十卷 ………………………… 3－53
臺灣外記三十卷 …………………………… 3－478
臺灣戰紀二卷 …………………………… 3－41
臺灣戰紀二卷 ……………………………… 3－420
臺灣雜詠合刻 ……………………………… 3－277
壽山堂易說 ………………………………… 1－450
壽世保元 …………………………………… 1－524
壽世保元十卷 ……………………………… 1－506
壽世保元十卷 ……………………………… 2－210
壽世保元十卷 ……………………………… 2－212
壽世彙編八卷 ……………………………… 2－197
壽生寶卷 …………………………………… 3－111
壽昌無明和尚語録二卷 ………………… 1－160
壽祝萬年 …………………………………… 3－452
壽梅山房詩存 ……………………………… 3－245
壽梅集二卷 ……………………………… 1－45
[光緒]壽張縣誌十卷首一卷 ………… 1－350
壽張縣賦役全書 …………………………… 2－172
[乾隆]壽陽縣志十卷首一卷 ………… 1－134
壽閒齋吟草八卷 …………………………… 2－508
壽詩彙編 …………………………………… 2－377
壽榮華[鼓詞] ………………………… 1－50
壽藤齋詩三十五卷 ………………………… 1－234
壽籐齋詩集三十五卷 ……………………… 1－204

聚卷堂李、百本張所抄雜曲 ………… 3－491
聚紅榭雅集詞六卷 …………………… 3－97
聚紅榭詩詞鈔九卷…………………… 3－274
聚紅榭詩詞錄六卷…………………… 2－505
聚雲吹萬真禪師語録三卷…………… 1－158
聚學軒劉氏叢書六十種第二集……… 1－439
聚學軒叢書…………………………… 2－4
蓺苑零珠六卷首一卷末一卷 ……… 3－26
慕陶集二卷…………………………… 1－271
慕萊堂詩文徵存十卷………………… 2－369
蔣氏九種曲…………………………… 2－471
蔣氏四種 …………………………… 1－38
蔣氏遊藝祕錄九種二卷 …………… 1－82
蔣氏遊藝秘錄二卷 ………………… 1－81
蔣氏遊藝秘錄二卷…………………… 1－141
蔣氏遊藝秘錄二卷…………………… 1－290
蔣石林先生遺詩四卷………………… 3－245
蔣侑石遺書十種……………………… 1－443
蔣彬蔚行述…………………………… 2－538
蔣無爲史館奏牘 …………………… 3－25
邁園文鈔 …………………………… 3－15
蔡中郎集十卷………………………… 1－542
蔡中郎集十卷外紀一卷外集四卷列
傳一卷………………………… 1－543
蔡中郎集十卷外紀一卷外集四卷傳
表一卷………………………… 1－412
蔡氏九儒書九卷首一卷……………… 2－281
蔡文莊公集 ………………………… 3－47
蔡忠烈公遺集四卷…………………… 2－452
蔡端明別紀十卷……………………… 1－259
蔗尾詩集十五卷……………………… 1－263
蔗查集五七言古二卷五七言律二卷
七言絕句一卷…………………… 2－368
蔗香集………………………………… 2－384
蔗菴範禪師語録三十卷……………… 1－156
蔗塘未定稿七種……………………… 1－305
蔗塘未定稿七種外集五種…………… 1－298
蔗塘未定稿四種四卷外集四種四卷
…………………………………… 1－28
蔴姑寶卷……………………………… 2－316
蔴姑寶卷一卷………………………… 3－498
熙朝人鑒二集八卷…………………… 3－122
熙朝紀政八卷………………………… 3－392
熙朝宰輔錄 ………………………… 2－78
熙朝宰輔錄…………………………… 3－205
熙朝新語十二卷……………………… 1－355
蔚子詩集二卷………………………… 2－474
［光緒］蔚州志二十卷首一卷 ……… 2－469
［光緒］蔚州志二十卷首一卷 ……… 3－142
［光緒］蔚州志二十卷首一卷 ……… 3－182
蓼齋集四十七卷後集五卷…………… 1－233
薌林草堂文鈔四卷…………………… 1－540
槈經廬詩集初編八卷續編十三卷 …… 3－99
榿叟詩存……………………………… 1－433
槍法準繩……………………………… 2－312
榴南山房……………………………… 3－516
榴南山房詩存 ……………………… 3－87
榴實山莊遺稿九卷…………………… 2－484
榕村全書……………………………… 2－465
［榕村全書］五種 ………………… 1－246
榕村全集四十卷別集五卷…………… 1－213
榕村家書 …………………………… 3－29
榕村詩選八卷首一卷………………… 1－204
榕村藏稿……………………………… 2－431
榕村藏稿四卷………………………… 1－237
榕村講授三編………………………… 2－190
榕城同聲集三卷……………………… 3－251
榕莊詩鈔二卷………………………… 2－456
輔仁善堂徵信錄……………………… 3－300
輓詞彙編三卷………………………… 3－244
歌林拾翠初集………………………… 3－333
歌麻古韻考四卷……………………… 3－209
歌麻古韻考四種……………………… 1－297
歌舞台 ……………………………… 3－13
歌凝絲竹……………………………… 3－265
監本四書……………………………… 2－202
監本四書……………………………… 2－204
監本四書……………………………… 2－301
監本四書……………………………… 2－309
監本四書……………………………… 2－309
監本四書……………………………… 3－438
監本易經四卷 ……………………… 2－23

監本易經四卷 …………………………… 2－42
監本易經四卷附圖…………………………… 3－324
監本易經全文三卷…………………………… 3－396
監本書經六卷 …………………………… 2－41
監本書經六卷 …………………………… 2－42
監本書經六卷附圖…………………………… 3－324
監本詩經八卷 …………………………… 2－42
監本詩經八卷附圖…………………………… 3－324
監本禮記十卷…………………………… 1－109
監本禮記十卷 …………………………… 2－43
監酒令…………………………… 2－490
監獄訪問錄二卷…………………………… 2－112
監獄訪問錄二卷…………………………… 3－420
厲樊榭先生年譜 …………………………… 3－92
歷代名臣奏議三百五十卷…………………………… 1－133
歷代法帖釋文五卷二王帖釋不分卷
…………………………… 1－304
歷代封建考十一卷…………………………… 1－4
歷代職官考十卷…………………………… 1－3
歷科狀元策…………………………… 3－150
歷亭吟稿…………………………… 2－341
歷朝法華持驗記二卷…………………………… 2－252
［康熙］磁州志十八卷 …………………………… 2－73
奩史一百卷拾遺一卷…………………………… 1－306
爾雅十一卷 …………………………… 2－35
爾雅三卷…………………………… 1－341
爾雅三卷…………………………… 1－460
爾雅三卷 …………………………… 2－11
爾雅三卷 …………………………… 2－11
爾雅三卷 …………………………… 2－39
爾雅三卷 …………………………… 2－39
爾雅三卷…………………………… 3－445
爾雅三卷音義三卷 …………………………… 2－21
爾雅小箋三卷…………………………… 3－305
爾雅正郭三卷…………………………… 1－461
爾雅正郭三卷 …………………………… 2－35
爾雅正義二十卷爾雅釋文三卷………… 1－108
爾雅匡名二十卷 …………………………… 2－36
爾雅匡名二十卷…………………………… 3－221
爾雅直音二卷 …………………………… 2－35
爾雅注疏十一卷 …………………………… 2－20
爾雅注疏十一卷 …………………………… 2－40
爾雅音義二卷…………………………… 3－445
爾雅音圖…………………………… 1－454
爾雅音圖三卷…………………………… 1－343
爾雅音圖三卷 …………………………… 2－19
爾雅音圖三卷…………………………… 3－197
爾雅郭注佚存補訂二十卷…………………………… 1－457
爾雅郭注補正九卷…………………………… 1－453
爾雅郭注義疏…………………………… 1－462
爾雅郭注義疏二十卷 …………………………… 2－17
爾雅註疏十一卷 …………………………… 2－18
爾雅註疏十一卷 …………………………… 2－20
爾雅註疏十一卷 …………………………… 2－35
爾雅註疏十一卷 …………………………… 2－41
爾雅註疏本正誤五卷 …………………………… 2－35
爾雅補注殘本 …………………………… 2－35
爾雅補註四卷 …………………………… 2－27
爾雅疏十卷…………………………… 1－451
爾雅疏十卷附校勘記…………………………… 3－409
爾雅疏五卷 …………………………… 2－45
爾雅蒙求 …………………………… 2－15
爾雅蒙求二卷 …………………………… 2－18
爾雅義疏二十卷 …………………………… 2－11
爾雅義疏二十卷 …………………………… 2－36
爾雅經注集證三卷…………………………… 3－201
爾雅圖贊…………………………… 2－256
爾雅翼三十二卷 …………………………… 1－61
爾雅翼三十二卷 …………………………… 1－65
爾雅翼三十二卷 …………………………… 1－65
爾瞻尊禪師語録二卷…………………………… 1－155
奪小沛總講…………………………… 3－421
［臧晉叔改本四夢］ …………………………… 3－468
臧榮緒晉書三十六卷…………………………… 2－139
霆軍紀略十六卷…………………………… 1－352
撾鼓漁陽…………………………… 2－514
摭古遺文二卷 …………………………… 1－62
摭言…………………………… 3－421
摭言一卷…………………………… 1－193
摘抄北宫詞紀不分卷…………………………… 3－476
摘星樓治痘全書十八卷…………………………… 1－520
摺奏成語…………………………… 3－531

蜚雲閣淩氏叢書…………………………3－422
裴光祿年譜二卷…………………………2－533
裴光祿遺集 …………………………3－33
雌雄盃寶卷 …………………………3－63
雌雄盞寶卷 …………………………3－67
雌谿草堂初集十卷 ……………………1－33
睿川易義合編……………………………1－447
對山書屋墨餘錄十六卷………………2－391
對列干戈誇武弁十六出………………3－453
對床聽雨詩屋詩鈔……………………3－114
對雨樓叢書四種………………………1－446
對音輯字二卷…………………………3－528
對音輯字二卷…………………………3－528
對雪亭文集十卷詩鈔二卷……………3－107
對策六卷………………………………3－273
對數表…………………………………2－192
對數表…………………………………2－258
對數表解………………………………2－289
對聯匯海十四卷………………………3－155
對聯匯海十四卷………………………3－187
對嶽樓詩續錄四卷……………………3－252
閨秀正始集二十卷附錄一卷補遺一
卷續集十卷附錄一卷補遺一卷……2－334
閨秀詞鈔十六卷附姓氏韻編姓氏詞
目表………………………………3－373
閨秀詩評………………………………2－325
閨秀詩評初集二卷 …………………3－83
閨律一卷………………………………1－383
閨閣才子奇書十二卷…………………3－288
聞川綴舊詩二卷 ……………………3－86
聞見異詞四卷…………………………1－380
聞見雜錄………………………………3－226
聞谷悟禪師語錄八卷…………………1－301
聞妙香室文集十九卷…………………1－415
聞妙香室詞鈔四卷……………………2－524
聞居雜錄二卷…………………………2－202
聞湖詩三鈔八卷 ……………………3－44
聞湖詩續鈔七卷 ……………………3－84
聞鈴子弟書二回………………………3－465
聞濤軒詩稿二卷………………………3－277
聞鶴軒初盛唐近體讀本十七卷………1－270
閩川閨秀詩話四卷……………………2－358
閩川閨秀詩話四卷 …………………3－30
閩中十子詩集…………………………2－434
閩中校士錄不分卷……………………3－340
閩中校士錄不分卷……………………3－340
閩中校士錄不分卷……………………3－340
閩中校士錄不分卷……………………3－340
閩中校士錄不分卷……………………3－341
閩中校士錄不分卷……………………3－406
閩中郭氏支派大畧 …………………3－76
閩中新樂府 …………………………3－81
閩中新樂府 …………………………3－81
閩中攬勝集 …………………………3－90
閩風雜記………………………………3－200
［萬曆］閩都記三十三卷 ……………2－112
閩産錄異六卷…………………………2－317
閩詞鈔四卷……………………………1－436
閩詞鈔四卷……………………………2－349
閩詩錄五集四十卷……………………2－442
閩詩錄甲集六卷乙集四卷丙集二十
三卷丁集一卷戊集七卷……………2－369
閩詩錄甲集六卷乙集四卷丙集三十
二卷丁集一卷戊集七卷……………1－535
閩雜記十二卷…………………………1－380
閩雜記十二卷…………………………2－194
閣鈔彙編………………………………2－124
閣鈔彙編………………………………3－186
蜨庵詩鈔八卷…………………………2－328
蜨庵詩鈔八卷…………………………2－328
蜨庵詩鈔八卷賦鈔二卷 ……………3－79
蜨園謎語………………………………3－203
蝸吟集…………………………………1－420
蝸居草 ………………………………3－16
蝸寄居隱語……………………………3－226
蝸廬詩存七卷…………………………1－233
鳴玉堂稿十二卷………………………1－302
鳴春集一卷……………………………1－263
鳴春集一卷七十二候考一卷…………1－273
鳴原堂論文二卷………………………2－396
鳴原堂論文二卷曾文正公詩集三卷
…………………………………………3－439

鳴鳳記二卷四十一出 …………………… 1－249
鳴鳳記 ……………………………………… 2－514
鳴鳳記二卷四十一出 …………………… 3－423
鳴鳳記二卷四十一出 …………………… 3－460
鳴雞寶卷 ………………………………… 3－70
鳴鶴堂文集二卷 ………………………… 3－156
鳴鶴堂詩集十一卷 ……………………… 2－505
嘯古堂文集八集 ………………………… 2－485
嘯雨草堂集十卷 ………………………… 2－417
嘯亭雜錄十卷 …………………………… 3－40
嘯亭雜錄十卷續錄三卷 ………………… 1－386
嘯亭雜錄十卷續錄三卷 ………………… 3－532
嘯亭雜錄八卷續錄二卷 ………………… 1－379
嘯亭雜錄八卷續錄二卷 ………………… 3－323
嘯笑齋存草八卷附詞一卷文二卷 …… 2－454
嘯雲軒文集六卷 ………………………… 3－190
嘯雲軒詩集四卷 ………………………… 3－145
嘯夢軒新演楊狀元進諫謫滇南雜劇
四出 ……………………………………… 3－474
嘯園叢書 ………………………………… 2－463
嘯園叢書 ………………………………… 3－419
嘯園叢書五十八種 ……………………… 2－462
嘯劍山房詩鈔十二卷試帖一卷 ……… 3－229
嘯餘譜十一卷 …………………………… 1－292
嘯餘譜十一卷 …………………………… 3－486
嘯餘譜十卷 ……………………………… 1－19
噉蔗全集文 ……………………………… 2－504
噉蔗全集文八卷詩八卷 ………………… 2－404
圖民錄四卷 ……………………………… 2－155
圖注難經脉訣 …………………………… 2－274
圖書編一百二十七卷 …………………… 1－73
圖開勝蹟六卷 …………………………… 3－39
圖註八十一難經四卷 …………………… 3－208
圖註八十一難經辨真四卷 ……………… 1－518
圖註八十一難經辨真四卷 ……………… 3－153
圖註金玉緣 ……………………………… 2－424
圖註脈訣辨真四卷 ……………………… 2－533
圖畫四書白話解十四卷 ………………… 2－255
圖畫見聞誌六卷 ………………………… 1－82
圖畫新聞 ………………………………… 2－472
圖畫新聞 ………………………………… 3－35
圖畫新聞 ………………………………… 3－88
圖畫新聞 ………………………………… 3－201
圖畫新聞 ………………………………… 3－417
圖畫雜俎 ………………………………… 3－299
圖像三國志演義六十卷一百二十回
………………………………………… 2－375
圖像三寶太監下西洋通俗演義 ……… 2－516
圖繪寶鑑八卷 …………………………… 1－80
圖繪寶鑑八卷 …………………………… 1－198
圖繪寶鑑八卷 …………………………… 2－335
圖繪寶鑑八卷補遺一卷 ………………… 1－81
鄦齋叢書 ………………………………… 2－7
鄦齋叢書二十種 ………………………… 2－465
製紙考製玻璃考 ………………………… 3－201
種玉記二卷三十出 ……………………… 3－424
種松園集十二卷首一卷 ………………… 3－101
種梧吟館詩存 …………………………… 3－241
種棉五種 ………………………………… 3－351
種墨山房詩稿四卷 ……………………… 3－159
種樹軒遺集四卷 ………………………… 3－37
種樹書一卷廣蠶桑說輯補二卷 ……… 2－310
種藍室詩鈔 ……………………………… 3－256
種蘭居詩稿一卷登岱草一卷歷下草
一卷附刊一卷 …………………………… 3－136
稱人心二卷二十四出 …………………… 3－446
稱揚諸佛功德經三卷 …………………… 1－167
稱謂錄三十二卷 ………………………… 1－456
稱謂錄三十二卷 ………………………… 2－254
稱讚大乘功德經 ………………………… 2－226
稱讚淨土佛攝受經 ……………………… 2－223
稱讚淨土佛攝受經一卷 ………………… 1－170
箕麓印擥 ………………………………… 1－280
箕籌五福十二出 ………………………… 3－446
箋注繪像第六才子西廂釋解八卷首
一卷附錄三卷 …………………………… 3－508
箋註第六才子書釋解八卷 ……………… 1－225
箋註第六才子書釋解八卷 ……………… 1－227
算式集要四卷 …………………………… 2－192
算式集要四卷 …………………………… 2－293
算迪八卷 ………………………………… 1－527
算命不求人 ……………………………… 2－269

算草叢存八卷…………………………2－283
算術駕說十一卷……………………1－525
算術輯要四卷…………………………2－254
算經十書………………………………2－318
算經十書十種附刻一種……………1－526
算學初集十七種………………………1－509
算學啓蒙述義三卷……………………2－205
算學啓蒙揔括…………………………2－295
算學新說不分卷 ……………………1－89
算學課藝四卷…………………………2－300
管子二十四卷 ………………………1－82
管子二十四卷 ………………………1－83
管子二十四卷 ………………………1－84
管子二十四卷…………………………1－117
管子二十四卷…………………………1－200
管子二十四卷…………………………1－516
管子二十四卷…………………………2－253
管子二十四卷…………………………2－284
管子二十四卷…………………………2－294
管子二十四卷…………………………2－294
管子二十四卷…………………………2－317
管子二十四卷…………………………3－211
管子二十四卷…………………………3－211
管子二十四卷…………………………3－316
管子義證八卷…………………………3－296
管子譯注二十四卷……………………2－198
管色考…………………………………3－164
管宜人節略……………………………2－171
管城碩記三十卷………………………1－210
管斑集二卷……………………………3－228
管窺輯要八十卷 ……………………1－13
管窺輯要八十卷 ……………………1－81
管窺輯要八十卷 ……………………1－90
管窺輯要八十卷 ……………………1－91
管窺輯要八十卷………………………1－138
管窺輯要八十卷………………………1－376
管蠡匯占六卷…………………………1－534
毓佐臣中丞撫東吏治疏………………2－129
毓佐帥撫東治黃疏……………………2－129
僬季雜著………………………………1－535
僬居集…………………………………1－533
僊里廛譚十二卷 ……………………1－16
［光緒］僊居縣志二十四卷首一卷僊居集二十四卷…………………………3－140
僊屏書屋初集詩錄十六卷……………2－502
僊屏書屋初集詩錄十六卷詩後錄二卷………………………………………2－488
僧伽吒經四卷…………………………1－176
僧忠親王盪寇述畧 …………………3－13
僧無可詩集二卷………………………1－303
徵君孫先生年譜二卷…………………1－133
槃薖文甲乙集五卷……………………2－329
槃薖紀事初稿四卷 …………………3－21
銕研㘸叢書五種………………………2－7
銅人腧穴針灸圖經五卷………………2－317
［乾隆］銅山縣志十二卷首一卷 ……1－283
銅似軒詩五卷…………………………3－274
銅官感舊集二卷附圖…………………2－130
銅梁山人詩集二十五卷………………3－133
銅梁山人詩集二十五卷首一卷………3－116
［光緒］銅梁縣志十六卷 ……………3－3
銅絃詞二卷補遺一卷…………………2－493
銅鼓書堂遺稾三十二卷………………1－217
銅鼓書堂遺稾三十二卷………………1－219
銅劍堂存稿一卷續稿一卷……………2－371
銅劍堂續稿 …………………………3－83
銀台周氏家乘 ………………………2－96
銀河太子五十卷………………………2－523
銀河太子五十卷………………………2－523
銀海精微四卷…………………………2－540
銀價駁議 ……………………………3－33
銀礦指南………………………………1－394
銀礦指南………………………………3－365
遯菴駢語五卷續二卷…………………1－417
遯窟讕言十二卷………………………1－386
遯窟讕言十二卷 ……………………3－24
鳳氏經說三卷…………………………3－218
鳳池仙館詩存…………………………2－339
鳳池集十卷……………………………1－286
鳳求凰傳奇二卷………………………1－422
鳳凰山七十二卷………………………1－429
鳳凰山聖果寺志 ……………………2－59

鳳凰池四卷十六回 …………………… 3－485
鳳凰圖六卷三十六回 …………………… 1－429
鳳巢山樵求是錄六卷二錄二卷續錄
一卷小集二卷 …………………… 2－455
鳳棲亭傳奇二十四出 …………………… 3－469
[乾隆]鳳翔縣志八卷首一卷 ……… 1－275
鳳臺祗謁筆記 …………………… 2－150
鳳臺祗謁筆記 …………………… 3－534
鳳臺祗謁筆記一卷 …………………… 1－346
[乾隆]鳳臺縣誌二十卷首一卷 …… 1－118
鳳儀四書 …………………… 2－259
鳳儀亭子弟書 …………………… 3－465
鳳儀禮記十二卷 …………………… 2－21
鳳雙飛全傳五十二回 …………………… 3－117
鳳麟寶卷 …………………… 3－64
鳳麟寶卷 …………………… 3－111
疑仙傳三卷 …………………… 1－383
疑年錄四卷 …………………… 2－96
疑年錄四卷 …………………… 2－104
疑年錄四卷 …………………… 3－344
疑年錄四卷續疑年錄四卷 …………………… 3－319
疑年錄四卷續錄四卷 …………………… 3－511
疑雨集四卷 …………………… 1－415
疑雨集四卷 …………………… 2－375
疑雨集四卷題辭一卷 …………………… 3－120
疑獄集十卷附錄一卷 …………………… 2－199
疑耀七卷 …………………… 1－87
雒閩源流錄十九卷 …………………… 1－8
鄮峰真隱漫錄五十卷 …………………… 1－425
誡子書 …………………… 2－294
語石十卷 …………………… 1－534
語石十卷 …………………… 2－74
語新二卷 …………………… 1－385
誥封光祿大夫先考丹公行述 ………… 3－213
誥授中憲大夫晉授通奉大夫浙江補
用道余公行狀 …………………… 2－530
說文二徐箋異二十八卷 …………………… 2－36
說文二徐箋異十四卷 …………………… 2－28
說文二徐箋異十四篇 …………………… 1－339
說文五種三十九卷 …………………… 1－344
說文五翼 …………………… 1－453
說文引經考七卷互異一卷 …………… 2－13
說文引經考異十六卷 …………………… 1－339
說文引經考異十六卷 …………………… 1－342
說文引經考異十六卷 …………………… 1－449
說文引經考證五卷附互異說 ………… 3－341
說文引經攷 …………………… 2－37
說文引經攷證七卷互異說一卷 ……… 2－12
說文引經攷證八卷 …………………… 2－36
說文引經證例二十四卷 …………………… 1－448
說文引經證例二十四卷 …………………… 2－38
說文古本考十四卷 …………………… 1－453
說文古本考十四卷 …………………… 1－455
說文古籀補 …………………… 1－451
說文古籀補 …………………… 1－457
說文古籀補十四卷 …………………… 2－23
說文古籀補十四卷附錄一卷 ………… 1－457
說文古籀疏證六卷 …………………… 2－16
說文本經答問二卷 …………………… 2－37
說文句讀三十卷 …………………… 2－12
說文外編十五卷補遺一卷 …………… 2－13
說文外編十六卷 …………………… 1－452
說文字原集註十六卷表一卷表說一
卷 …………………… 1－61
說文字原韻表 …………………… 2－45
說文字原韻表二卷 …………………… 2－23
說文字辨十四卷 …………………… 3－219
說文佚字考四卷 …………………… 3－123
說文長箋一百卷首二卷 …………… 1－66
說文拈字 …………………… 1－452
說文段注訂補十四卷 …………………… 1－450
說文段注訂補十四卷 …………………… 1－453
說文段注校三種四卷 …………………… 3－349
說文校議 …………………… 1－452
說文校議 …………………… 1－452
說文校議十五卷 …………………… 1－453
說文校議三十篇 …………………… 3－298
說文通訓定聲十八卷 …………………… 1－339
說文通訓定聲十八卷 …………………… 2－28
說文通訓定聲十八卷 …………………… 2－38
說文通訓定聲十八卷柬韻一卷 ……… 1－452
說文通訓定聲十八卷柬韻一卷 ……… 1－453

說文通訓定聲十八卷柬韻一卷……… 1－454
說文通訓定聲十八卷柬韻一卷 ……… 2－20
說文通訓定聲十八卷柬韻一卷 ……… 2－50
說文通檢十四卷………………………… 1－344
說文通檢十四卷 ……………………… 2－37
說文通檢十四卷 ……………………… 2－47
說文通檢段注三十二卷說文通檢十
四卷………………………………… 3－411
說文堂詩集八卷……………………… 3－157
說文假借義證二十八卷……………… 1－448
說文逸字二卷 ……………………… 2－28
說文逸字二卷………………………… 3－322
說文逸字二卷儀割私箋八卷………… 1－453
說文逸字辨證………………………… 1－454
說文提要 …………………………… 2－48
說文答問疏證六卷…………………… 1－453
說文答問疏證六卷…………………… 3－199
說文測議七卷 ……………………… 2－41
說文發疑七卷………………………… 1－453
說文發疑六卷………………………… 1－451
說文統釋序…………………………… 3－218
說文解字十五卷 …………………… 1－61
說文解字十五卷 …………………… 1－61
說文解字十五卷……………………… 1－109
說文解字十五卷……………………… 1－114
說文解字十五卷……………………… 1－114
說文解字十五卷……………………… 1－344
說文解字十五卷……………………… 1－452
說文解字十五卷 …………………… 2－12
說文解字十五卷 …………………… 2－27
說文解字十五卷 …………………… 2－37
說文解字十五卷 …………………… 2－41
說文解字十五卷……………………… 3－299
說文解字十五卷……………………… 3－430
說文解字三十二卷 ………………… 2－17
說文解字三十二卷 ………………… 2－19
說文解字三十二卷 ………………… 2－25
說文解字三十二卷…………………… 3－443
說文解字三十二卷說文選要九卷 …… 2－52
說文解字三十卷……………………… 2－8
說文解字句讀三十卷………………… 1－452
說文解字句讀三十卷 ……………… 2－37
說文解字句讀三十卷 ……………… 2－49
說文解字注十五卷…………………… 3－370
說文解字注三十二卷………………… 1－454
說文解字注三十二卷………………… 1－455
說文解字注三十二卷 ……………… 2－28
說文解字注三十二卷 ……………… 2－37
說文解字注箋十四卷………………… 3－319
說文解字[桂氏義證]五十卷 ……… 3－400
說文解字校錄 ……………………… 2－12
說文解字校錄十五卷 ……………… 2－37
說文解字通釋四十卷………………… 1－453
說文解字通釋四十卷附錄一卷……… 1－113
說文解字義證五十卷………………… 1－454
說文解字義證五十卷 ……………… 2－12
說文解字斠詮十四卷………………… 1－340
說文解字斠詮十四卷………………… 1－454
說文解字斠詮十四卷………………… 1－468
說文解字斠詮十四卷 ……………… 2－37
說文解字舊音………………………… 1－289
說文解字舊音補注改錯……………… 1－453
說文解字繫傳四十卷校勘記三卷 …… 2－53
說文解字繫傳四十卷 ……………… 2－12
說文解字韻譜十卷…………………… 3－212
說文新附考 ………………………… 2－12
說文新附考七卷……………………… 3－285
說文新附考六卷 …………………… 2－36
說文新附考六卷續考一卷…………… 3－357
說文群經正字二十八卷……………… 1－454
說文經斠十三卷……………………… 1－451
說文管見三卷 ……………………… 2－24
說文管見三卷 ……………………… 2－29
說文賡纂一卷 ……………………… 2－46
說文審音十六卷……………………… 1－451
說文辨字正俗八卷…………………… 1－451
說文辨字正俗八卷…………………… 3－322
說文辨字正俗四卷 ………………… 2－36
說文辨疑 …………………………… 2－12
說文辨疑 …………………………… 2－37
說文聲母歌𢱢四卷 ………………… 2－49
說文聲類二卷………………………… 3－215

說文聲讀表二卷 ……………………… 2－25
說文聲讀表七卷……………………… 3－215
說文聲讀表九卷 ……………………… 2－38
說文檢字 ……………………………… 2－12
說文檢字 ……………………………… 2－38
說文繫傳校錄三十卷 ………………… 2－21
說文韻譜校五卷……………………… 1－340
說文韻譜校五卷……………………… 1－453
說文韻譜校五卷 ……………………… 2－19
說文釋例二十卷……………………… 1－451
說苑二十卷…………………………… 1－378
說岳全傳二十卷……………………… 2－394
說岳全傳八十回……………………… 2－395
說郛一百二十卷 ……………………… 1－14
說郛一百二十卷……………………… 1－112
說郛一百二十卷……………………… 1－313
說郛續四十六卷 ……………………… 1－14
說唐後傳四十二回…………………… 2－393
說唐傳征西三集十卷八十八回……… 3－337
說唐演義全傳八卷六十八回………… 1－374
說唐演義全傳六十八回……………… 1－373
說唐演義全傳六十八回後傳………… 1－366
說唐演義後傳八卷…………………… 1－371
說唐演義後傳五十五回……………… 1－369
說唐薛家將傳六卷…………………… 2－400
說部精華十二卷……………………… 3－230
說略三十二卷………………………… 1－250
說唱鼓詞五種 ………………………… 1－50
說唱蔡文升玉鴛鴦二十五集………… 1－428
說雲詩鈔五卷首一卷 ………………… 3－97
說雅十五卷……………………………… 1－2
說無詬稱經六卷……………………… 1－169
說嵩三十二卷………………………… 1－280
說嵩三十二卷………………………… 3－180
說鈴…………………………………… 1－534
說鈴…………………………………… 2－375
說鈴五十三種………………………… 1－382
說鈴六十卷 …………………………… 1－15
說鈴四十二種………………………… 3－307
說鈴抄八卷二十三種 ………………… 1－17
說鈴後集十九種……………………… 3－414
說鈴前集三十二種…………………… 3－417
說詩晬語二卷………………………… 1－226
說詩樂趣類編二十卷附偶咏草續集
　一卷 ………………………………… 1－46
說經堂詩草…………………………… 3－247
說儲…………………………………… 2－153
認字測三卷 …………………………… 1－61
誦芬室叢刊初編十三種二編七種…… 3－223
誦芬詩略三卷 ………………………… 3－46
誦荻齋曲二種………………………… 3－489
誦清閣集四卷………………………… 2－481
誦清閣集四卷首一卷………………… 2－319
塾課古文滙選八卷…………………… 2－318
廣川書跋十卷………………………… 1－464
廣川書跋十卷………………………… 1－509
廣川書跋十卷………………………… 2－106
廣元遺山年譜二卷…………………… 1－350
廣日記故事二卷……………………… 1－393
廣文選六十卷………………………… 1－102
[光緒]廣平府志六十三卷首一卷 … 2－175
[康熙]廣平縣誌五卷 ……………… 3－370
廣弘明集三十卷……………………… 1－323
廣西存書總目錄……………………… 1－356
廣西昭忠錄八卷首一卷……………… 1－483
廣西財政沿革利弊詳細說明書……… 2－119
廣西財政沿革利弊說明書十三卷首
　一卷………………………………… 3－383
[嘉慶]廣西通志二百七十九卷首一
　卷…………………………………… 2－177
[嘉慶]廣西通志二百八十卷首一卷
　……………………………………… 2－146
廣西鄉試錄…………………………… 2－135
廣西輿地全圖二卷…………………… 1－357
廣西輿地全圖二卷…………………… 3－330
廣西輿地全圖二卷廣東輿地全圖二
　卷…………………………………… 3－183
廣列女傳二十卷……………………… 1－362
廣列女傳二十卷附錄一卷…………… 3－369
廣成子解一卷………………………… 3－434
[光緒]廣州府志一百六十三卷 …… 3－226
廣快書五十種五十卷 ………………… 1－57

廣東省大學堂試辦簡要章程…………2－108
廣東省大學堂試辦簡要章程…………2－109
廣東保太和壽世彙編………………3－415
廣東財政說明書十六卷……………3－372
廣東海圖說…………………………2－148
［道光］廣東通志三百三十四卷 ……2－145
［道光］廣東通志三百三十四卷首一
卷………………………………2－177
［道光］廣東通志三百三十四卷首一
卷………………………………3－302
廣東唱盤……………………………3－505
廣東圖說九十二卷首一卷圖二十三
卷………………………………1－502
廣東諮議局籌辦處第三次報告書……2－112
廣東闈墨……………………………3－310
廣事類賦三十卷……………………2－305
廣事類賦四十卷……………………1－146
［光緒］廣昌縣志十四卷末二卷 ………2－73
廣金石韻府 …………………………2－46
廣金石韻府五卷……………………3－218
廣金石韻府五卷子署一卷…………1－302
廣治平略三十六卷…………………2－174
廣治平略三十六卷續集八卷………3－304
廣治平略三十六卷續集八卷………3－377
廣造福編……………………………1－306
廣唐賢三昧集十卷…………………2－321
廣陵先生文集二十卷拾遺一卷附錄
一卷……………………………2－410
廣陵名勝全圖二卷…………………1－283
廣陵事畧七卷………………………3－152
廣陵思古編二十九卷………………3－222
廣陵通典十卷………………………1－356
廣陵通典十卷………………………3－148
廣陵詩事十卷………………………1－500
廣陵詩事十卷………………………2－325
廣陵詩事十卷………………………2－377
廣理學備考四十八卷………………1－398
廣清凉傳三卷………………………1－296
廣博物志五十卷……………………1－145
廣雁蕩山志二十八卷首一卷末一卷
……………………………………1－364
廣雁蕩山志二十八卷首末二卷………2－180
［乾隆］廣雁蕩山志二十八卷首圖一
卷末一卷………………………1－287
廣雅堂詩集不分卷…………………3－376
廣雅疏證十卷………………………1－454
廣雅疏證十卷 ………………………2－11
廣雅疏證十卷 ………………………2－36
廣雅碎金四卷附錄一卷……………2－487
廣寒香傳奇二卷三十二出…………3－472
廣寒梯傳奇二卷……………………1－263
［光緒］廣甯縣鄉土志 ………………3－267
廣虞初新志四十卷…………………1－379
廣新聞八卷 …………………………3－40
廣福山勝覺寺密印禪師語録十二卷
……………………………………1－143
廣福山勝覺寺密印禪師語録十二卷
……………………………………1－156
廣福廟志一卷 ………………………2－84
廣群芳譜一百卷……………………2－285
廣群芳譜一百卷目錄二卷…………1－379
廣經室文鈔…………………………2－448
廣經室文鈔一卷……………………2－332
廣經室文鈔一卷……………………2－335
廣廣事類賦三十二卷………………2－306
廣增四書典腋二十卷………………2－304
廣潛研堂說文答問疏證八卷 …………2－37
廣興吟稿六卷附編一卷……………1－285
廣輿記二十四卷 ……………………2－88
廣輿記二十四卷……………………3－345
廣輿記二十四卷……………………3－346
廣輿圖二卷 …………………………1－67
廣濟寺新志 …………………………2－78
廣濟耆舊詩集十二卷………………1－426
廣韻五卷 ……………………………1－62
廣韻五卷……………………………1－114
廣韻五卷 ……………………………2－16
廣續方言四卷 ………………………2－20
［乾隆］廣靈縣志十卷首一卷末一卷
……………………………………1－314
廣蠶桑說輯補二卷…………………3－130
瘍科選粹八卷 ………………………1－87

瘍醫大全二十一卷 …………………… 2－208
瘟疫明辨五卷 ………………………… 2－515
瘟疫條辨摘要 ………………………… 2－535
瘟症痴疹辨證一卷 …………………… 2－273
瘟痧要編四卷續編一卷 ……………… 2－515
瘦石山房筆記 ………………………… 3－1
瘦吟樓詩稿四卷 ……………………… 3－517
瘦碧詞 ………………………………… 2－470
塵海妙品十四卷 ……………………… 2－414
塵遠齋賦賸十五首 …………………… 3－84
塵緣錄二卷 …………………………… 3－331
塵牘叢鈔二卷 ………………………… 3－398
旗亭記二卷三十六齣 ………………… 1－37
旗亭記二卷三十六齣 ………………… 3－469
彰所知論二卷 ………………………… 1－168
［乾隆］彰德府志三十二卷首一卷 … 1－283
［同治］韶州府志四十卷 …………… 1－354
韶舞九成樂補一卷 …………………… 3－240
端人集四冊 …………………………… 3－45
端溪硯史三卷 ………………………… 2－53
端溪硯史三卷 ………………………… 2－196
端溪硯志三卷首一卷 ………………… 1－312
端毅公文集四卷 ……………………… 2－522
適軒尺牘八卷 ………………………… 2－426
適菴印粹八卷 ………………………… 1－525
適情雅趣十卷 ………………………… 3－308
適齋居士集四卷 ……………………… 2－477
適齋居士集四卷 ……………………… 2－499
適龕詩集十四卷 ……………………… 2－507
齊山巖洞志二十六卷首一卷 ………… 3－175
齊太史移居倡酬集四卷首一卷末一
卷 ……………………………………… 3－148
齊太史移居倡酬集四卷首一卷末一
卷 ……………………………………… 3－396
齊氏醫案六卷 ………………………… 2－504
齊民要術十卷 ………………………… 1－530
齊民要術十卷 ………………………… 2－317
齊民要術八卷 ………………………… 2－187
齊召南移居倡酬集四卷首一卷末一
卷 ……………………………………… 3－28
齊東野語二十卷 ……………………… 1－87
齊物論釋 ……………………………… 2－293
齊莊中正堂詩鈔十五卷 ……………… 3－92
齊乘六卷 ……………………………… 1－67
齊陳氏韶舞樂疊通釋二卷 …………… 2－233
齊陳相罵子弟書 ……………………… 3－466
齊雲山人文集一卷 …………………… 2－337
齊詩翼氏學四卷 ……………………… 3－91
齊魯遊草三種 ………………………… 3－245
慷慨悲歌錄 …………………………… 3－89
慘女界二卷三十回 …………………… 3－473
［光緒］鄯善縣鄉土志一卷 ………… 3－281
精刊定盦全集 ………………………… 2－416
精忠宋岳武穆王全傳十二卷 ………… 2－387
精忠記二卷三十五出 ………………… 3－460
精訂綱鑑廿四史通俗衍義六卷四十
四回 …………………………………… 2－373
精華錄訓纂十卷總目二卷附錄一卷
年譜二卷 ……………………………… 1－425
精校典林博覽十二卷 ………………… 2－304
精校呻吟語四卷 ……………………… 2－281
精校呻吟語四卷 ……………………… 2－281
精校命理正宗神峰通考六卷 ………… 3－419
精校神峰通考四卷 …………………… 2－313
精鈔會真記曲本十六出 ……………… 1－272
精選古今詩餘十五卷 ………………… 1－54
精選名儒草堂詩餘三卷 ……………… 3－286
精選故事黃眉十卷 …………………… 1－322
精選黃眉故事十卷 …………………… 2－362
精選黃眉故事十卷 …………………… 3－73
精選國朝詩餘一卷 …………………… 1－54
精選詩林廣記四卷 …………………… 1－98
精選舉業切要諸子粹言分類評林文
源宗海四卷 …………………………… 1－274
精輯時興雅謎二卷 …………………… 3－336
鄰蘇老人年譜 ………………………… 2－533
鄭工新例 ……………………………… 3－16
鄭山齋先生文集二十四卷 …………… 1－210
鄭少谷先生全集二十四卷首一卷 …… 2－350
鄭氏佚書 ……………………………… 1－456
鄭氏佚書 ……………………………… 1－458
鄭氏佚書 ……………………………… 1－547

鄭氏通志二百卷 ………………………… 2－184
鄭氏詩箋禮注異義考一卷 ……………… 3－351
鄭氏詩箋禮注異義考不分卷 ………… 3－408
鄭氏瘖科保赤金丹四卷 ……………… 2－270
鄭氏瘖略 ………………………………… 3－144
鄭氏禮記箋四十九卷 ………………… 1－459
鄭司農集一卷 …………………………… 1－112
鄭志三卷 ………………………………… 1－116
鄭志疏證 ………………………………… 1－461
鄭板橋全集詞鈔一卷家書一卷詩鈔
二卷 …………………………………… 3－396
鄭板橋全集詞鈔一卷家書一卷詩鈔
二卷 …………………………………… 3－407
鄭堂讀書記七十一卷 ………………… 1－397
鄭康成集一卷 …………………………… 2－428
鄭齋芻論不分卷 ………………………… 3－363
鄭齋漢學文編六卷 ……………………… 2－433
歉夫詩文稿十一卷 ……………………… 3－56
榮及甫先生遺詩 ………………………… 3－248
榮哀錄 …………………………………… 3－395
榮哀錄五卷 ……………………………… 3－311
榮壽堂詩集四卷 ………………………… 1－23
榮歸拷紅 ………………………………… 2－513
熒惑新解 ………………………………… 2－295
熒惑新解 ………………………………… 2－295
［光緒］滎經縣鄉土志 ………………… 3－270
漢上易傳十一卷卦圖三卷叢說一卷
…………………………………………… 1－60
漢上消閒集十六卷 ……………………… 3－190
漢口叢談六卷 …………………………… 3－3
漢口叢談六卷 …………………………… 3－331
［同治］漢川縣誌二十二卷 …………… 3－288
漢川叢書四種 …………………………… 2－463
漢文注釋滿文金瓶梅 …………………… 3－531
漢孔君碑 ………………………………… 2－262
漢孔宙碑 ………………………………… 2－302
漢石例六卷 ……………………………… 1－481
漢石例六卷 ……………………………… 1－494
漢石例六卷 ……………………………… 2－162
漢白石神君碑 …………………………… 2－302
漢西域圖考七卷 ………………………… 2－121
漢西域圖考七卷首一卷 ………………… 1－474
漢西域圖考七卷首一卷 ………………… 1－474
漢西域圖考七卷首一卷 ………………… 2－69
漢西域圖考七卷首一卷 ………………… 2－77
漢西域圖考七卷首一卷 ………………… 3－201
漢名臣奏議選四卷 ……………………… 2－110
［嘉慶］漢州志四十卷首一卷 ………… 3－143
漢丞相諸葛忠武侯傳 …………………… 3－128
漢志水道疏證四卷 ……………………… 2－148
漢制考四卷 ……………………………… 1－134
漢制考四卷 ……………………………… 2－534
漢官儀三卷 ……………………………… 2－76
漢官儀三卷 ……………………………… 3－306
漢官舊儀二卷補遺一卷 ………………… 1－131
漢律輯證六卷 …………………………… 2－117
漢律輯證六卷 …………………………… 2－117
漢律輯證六卷 …………………………… 2－117
漢晉春秋 ………………………………… 2－168
漢書一百二十卷 ………………………… 1－125
漢書一百二十卷 ………………………… 1－125
漢書一百二十卷 ………………………… 1－358
漢書一百二十卷 ………………………… 2－64
漢書一百卷 ……………………………… 1－6
漢書人表考九卷 ………………………… 2－162
漢書人表考校補 ………………………… 2－157
漢書引經異文錄證六卷 ………………… 1－482
漢書地理志校本二卷 …………………… 1－346
漢書地理志校注二卷 …………………… 1－471
漢書地理志稽疑四卷 …………………… 1－352
漢書西域地理考證四卷 ………………… 3－214
漢書西域傳補注二卷 …………………… 2－145
漢書西域傳補注二卷 …………………… 3－34
漢書西域傳補注二卷 …………………… 3－200
漢書注校補五十六卷 …………………… 1－352
漢書注校補五十六卷 …………………… 2－142
漢書評林一百卷 ………………………… 1－71
漢書補注一百卷首一卷 ………………… 1－351
漢書補注一百卷首一卷 ………………… 2－92
漢書補注七卷 …………………………… 3－292
漢書疏證司馬相如傳 …………………… 2－136
漢書管見四卷 …………………………… 3－293

漢書藝文志舉例一卷…………………… 2－494
漢雋十卷……………………………… 1－260
漢蒙文清凉山志……………………… 3－531
漢碑經義輯略二卷…………………… 2－255
漢碑徵經 …………………………… 2－36
漢碑徵經一卷 ……………………… 2－13
漢詩音註十卷古今韻考一卷 ………… 1－44
漢詩評十卷…………………………… 1－262
漢詩統箋一卷………………………… 2－338
漢溪書法通解八卷 ………………… 1－15
漢溪書法通解八卷…………………… 1－201
漢滿四書……………………………… 3－524
漢滿對照御製勸善要言……………… 3－531
漢學堂叢書…………………………… 2－2
漢學堂叢書…………………………… 2－465
漢學商兑三卷………………………… 1－392
漢學商兑三卷………………………… 2－202
漢學商兑三卷………………………… 3－348
漢學商兑四卷………………………… 2－187
漢學商兑四卷………………………… 3－406
漢學諧聲二十二卷…………………… 1－456
漢學諧聲二十四卷…………………… 1－455
漢儒通義七卷………………………… 3－214
漢隸字源……………………………… 1－452
漢隸字源五卷碑目一卷附字一卷 …… 1－66
漢隸字源五卷碑目一卷附字一卷…… 1－130
漢隸異同……………………………… 1－452
漢魏二十一家易注…………………… 1－458
漢魏二十一家易注三十三卷 ………… 2－32
漢魏六朝一百三名家集……………… 2－333
漢魏六朝一百三家集………………… 2－381
漢魏六朝一百三家集………………… 3－224
漢魏六朝女子文選二卷……………… 2－359
漢魏六朝女子文選二卷 …………… 3－61
漢魏六朝百三名家集不分卷………… 3－361
漢魏六朝百三家集…………………… 1－542
漢魏六朝百三家集…………………… 1－545
漢魏六朝墓銘纂例四卷 …………… 2－99
漢魏別解十六卷……………………… 1－243
漢魏音四卷 ………………………… 2－84
漢魏音四卷…………………………… 2－254
漢魏音四卷…………………………… 3－445
漢魏叢書抄六卷……………………… 2－464
漢谿書法通解八卷…………………… 1－138
漢簡三卷……………………………… 3－298
漢鐃歌釋文箋正……………………… 2－411
滿文祭祀條例六卷…………………… 3－521
滿文滿洲祭神祭天典禮六卷………… 3－528
滿床笏………………………………… 2－528
滿床笏………………………………… 2－528
[乾隆]滿城縣誌十二卷 …………… 3－432
滿洲四禮記…………………………… 3－528
滿洲四禮集…………………………… 3－524
滿洲名臣傳四十八卷漢名臣傳三十
　二卷………………………………… 2－145
滿洲字類……………………………… 3－522
滿洲財力論 ………………………… 2－96
滿洲旅行記二卷 …………………… 2－60
滿洲旅行記二卷……………………… 2－519
滿蒙合璧三字經注解二卷…………… 3－527
滿蒙合璧三字經注解二卷…………… 3－527
滿蒙新藏述略………………………… 2－499
滿蒙漢三文合璧教科書……………… 3－527
滿漢文一百條四卷…………………… 3－527
滿漢古文……………………………… 3－524
滿漢四書……………………………… 3－524
滿漢西廂記四卷十六出……………… 3－520
滿漢西廂記四卷十六章……………… 3－522
滿漢合璧三字經註解二卷…………… 3－527
滿漢合璧三字經註解二卷…………… 3－527
滿漢合璧三字經註解二卷…………… 3－531
[滿漢合璧吳三桂戰書]不分卷 …… 3－523
滿漢合璧御製繙譯四書……………… 3－531
滿漢典要大全………………………… 3－520
滿漢鬥四卷…………………………… 2－524
滿漢對照彙書………………………… 3－531
漆室吟八卷…………………………… 2－478
漆園指通三卷………………………… 1－156
漸西村人集彙刻……………………… 2－358
漸備一切智德經五卷………………… 1－166
漸源唱和集四卷 …………………… 3－91
漸齋詩鈔……………………………… 2－474

漕運則例纂二十卷 …………………… 1－79
漕撫奏疏四卷 ………………………… 1－75
漱玉詞斷腸詞 ………………………… 2－346
漱玉齋文集三卷 ……………………… 2－320
漱芳閣集十卷 ………………………… 3－105
漱六山房文集十二卷詩集十三卷 …… 1－539
漱玉詞 ………………………………… 3－303
漱紅山房詩集四卷 …………………… 3－277
漱琴室存稿 …………………………… 2－408
漚羅盦文稿 …………………………… 2－480
漂母祠志七卷首一卷 ………………… 1－365
滹南集四卷詩話三卷 ………………… 1－295
滹南遺老王先生文集四十五卷續集
　一卷 ………………………………… 2－351
滹南遺老集 …………………………… 2－473
漁山詩草二卷 ………………………… 1－220
漁古軒詩韻五卷 ……………………… 3－211
漁古軒詩韻五卷 ……………………… 3－224
漁古軒詩韻五卷 ……………………… 3－224
漁邨記一卷 …………………………… 1－313
漁邨記二卷 …………………………… 2－474
漁邨記十三折 ………………………… 3－449
漁洋山人文略十四卷 ………………… 1－207
漁洋山人文略十四卷 ………………… 1－287
漁洋山人古詩選 ……………………… 2－459
漁洋山人古詩選三十二卷 …………… 3－363
漁洋山人古詩選五言詩十七卷七言
　詩十五卷 …………………………… 2－352
漁洋山人古詩選五言詩十七卷七言
　詩歌行鈔十五卷五七言今體詩鈔
　九卷 ………………………………… 2－321
漁洋山人年譜一卷附錄一卷 ………… 1－34
漁洋山人自撰年譜二卷附一卷 ……… 1－6
漁洋山人詩合集十八卷 ……………… 1－247
漁洋山人詩問二卷 …………………… 1－238
漁洋山人詩問二卷 …………………… 1－311
漁洋山人詩集二十二卷 ……………… 1－214
漁洋山人詩集二十二卷 ……………… 1－245
漁洋山人詩集十六卷 ………………… 1－33
漁洋山人精華錄十卷 ………………… 1－205
漁洋山人精華錄十卷 ………………… 1－226
漁洋山人精華錄十卷 ………………… 1－326
漁洋山人精華錄訓纂二十卷目錄二
　卷附漁洋山人年譜二卷 …………… 1－103
漁洋山人精華錄訓纂十卷總目二卷
　……………………………………… 3－407
漁洋山人精華錄訓纂補十卷首一卷
　年譜一卷 …………………………… 1－267
漁洋山人精華錄會心偶筆六卷 ……… 1－252
漁洋山人精華錄會心偶筆六卷 ……… 1－271
漁洋山人精華錄箋注十二卷補一卷
　……………………………………… 1－34
漁洋山人精華錄箋注十二卷補一卷
　附漁洋山人年譜一卷附錄一卷 …… 1－226
漁洋山人精華錄箋注十二卷補一卷
　附漁洋山人年譜一卷附錄一卷 …… 1－239
漁洋山人精華錄箋注十二卷補一卷
　首一卷年譜一卷 …………………… 3－413
漁洋先生詩錄 ………………………… 3－30
漁洋感舊集小傳四卷 ………………… 2－536
漁洋詩話二卷 ………………………… 3－355
漁洋詩話三卷 ………………………… 1－291
漁洋精華錄箋注十二卷補注一卷 …… 3－297
漁家樂一折 …………………………… 2－510
漁家樂子弟書 ………………………… 3－465
漁家樂寶卷 …………………………… 3－69
漁家樂寶卷 …………………………… 3－72
漁隱叢話前集六十卷後集四十卷 …… 1－57
漁隱叢話前集六十卷後集四十卷 …… 1－94
漁隱叢話前集六十卷後集四十卷 …… 1－95
漁隱叢話前集六十卷後集四十卷 …… 1－98
漁磯漫鈔十卷 ………………………… 1－373
漁磯漫鈔十卷 ………………………… 1－374
漪香山館文集 ………………………… 3－27
漪香山館文集 ………………………… 3－83
漪香山館文集 ………………………… 3－207
漪香山館文集 ………………………… 3－431
滚釘板 ………………………………… 2－489
滴水珠 ………………………………… 3－52
演算法大成十卷首一卷 ……………… 2－291
演算法大成上編十卷首一卷 ………… 2－192
演算法統宗十一卷首一卷 …………… 2－191

滬上評花錄…………………………… 3－506
滬上評花錄…………………………… 3－506
滬上評花續錄………………………… 3－506
滬城備考六卷………………………… 1－352
滬城備考六卷………………………… 3－101
滬遊雜記四卷 ……………………… 2－75
滬寧鐵路英商借款條議……………… 3－235
寬温仁聖皇帝諭……………………… 3－208
賓華屋集……………………………… 3－477
賓萌集五卷…………………………… 3－171
賓萌集五卷外集四卷春在堂雜文二
　卷續編五卷三編四卷……………… 3－351
賓萌集五篇…………………………… 3－172
寤言…………………………………… 1－425
寤言二卷……………………………… 2－433
察吏六條 …………………………… 2－71
察吏六條……………………………… 2－155
[康熙]寧化縣志七卷 ……………… 1－355
[康熙]寧化縣志七卷地圖一卷 …… 1－246
[光緒]寧羌州志五卷 ……………… 2－177
[乾隆]寧河縣志十六卷 …………… 1－315
[雍正]寧波府志三十六卷首一卷 … 3－267
[光緒]寧津縣志十二卷首一卷 ……… 2－73
[光緒]寧津縣志十二卷首一卷 …… 2－178
[光緒]寧津縣志十二卷首一卷 …… 3－440
寧致堂增訂武經體註………………… 3－512
[光緒]寧陽縣鄉土志 ……………… 2－56
[嘉慶]寧鄉縣志十二卷 …………… 3－187
[光緒]寧遠縣志八卷 ……………… 2－55
蜜蜂記六卷…………………………… 3－284
寥天一閣文二卷……………………… 3－291
寥天一閣文二卷……………………… 3－442
寥天一閣文二卷……………………… 3－442
寥天一閣文二卷莽蒼蒼齋詩二卷…… 3－272
實用編一卷…………………………… 3－463
實其文齋文鈔初集八卷……………… 2－486
實政錄七卷 ………………………… 2－70
實政錄七卷 ………………………… 2－96
實政錄七卷 ………………………… 2－96
實相般若波羅密經…………………… 2－220
實相般若波羅蜜經…………………… 1－164
實業統計表式解說二卷……………… 2－115
實業統計表式解說二卷……………… 2－115
實錄尊藏 …………………………… 3－92
實驗二部教授法……………………… 3－325
肇論三卷……………………………… 2－232
肇論新疏遊刃二卷…………………… 2－251
盡言集十三卷………………………… 1－255
暨陽輿頌……………………………… 2－454
墮蘭館詞存…………………………… 1－403
隨山宇方鈔…………………………… 3－420
隨山館全集三十二卷………………… 2－486
隨山館詩簡編四卷…………………… 3－108
隨五草十卷…………………………… 1－287
隨邨先生遺集六卷 ………………… 1－22
隨安徐氏叢書十種…………………… 1－446
隨安廬詩集九卷文集六卷…………… 3－184
隨村先生遺集六卷…………………… 1－228
隨村先生遺集六卷…………………… 3－349
隨俟書屋詩集十一卷………………… 2－407
隨音雜韻十番鑼鼓譜………………… 3－466
隨軒金石文字………………………… 1－467
隨軒金石文字………………………… 2－159
隨庵徐氏叢書………………………… 2－7
隨庵徐氏叢書………………………… 3－300
隨庵徐氏叢書………………………… 3－417
隨庵徐氏叢書十種…………………… 3－397
隨軺日記……………………………… 3－263
隨軺筆記四卷………………………… 2－153
隨軺筆記四種………………………… 2－375
隨槎錄三卷…………………………… 2－522
隨園三十六種………………………… 2－427
隨園三十種…………………………… 1－440
隨園三十種…………………………… 2－363
隨園三十種…………………………… 2－460
隨園三十種…………………………… 2－536
隨園女弟子詩選六卷隨園八十壽言
　六卷………………………………… 3－215
隨園廿三種…………………………… 1－232
隨園全集……………………………… 3－424
隨園全集四十四種…………………… 2－391
隨園全集四十種……………………… 2－468

隨園詩草八卷 …………………………… 1－26
隨園詩草八卷附禪家公案頌………… 1－221
隨園詩草八卷附禪家公案頌………… 1－243
隨園詩話十六卷……………………… 3－405
隨園詩話十六卷補遺十卷…………… 1－543
隨園詩話十六卷補遺十卷…………… 2－375
隨園詩話十六卷補遺十卷…………… 3－380
隨園詩話十六卷補遺三卷…………… 2－450
隨園瑣記 ……………………………… 3－28
隨園駢體文註十六卷………………… 3－126
隨園續同人集………………………… 3－302
隨園續同人集不分卷………………… 1－325
隨輦集十卷續集一卷經進文稿六卷
……………………………………… 1－253
墜馬等八折…………………………… 2－513
熊勿軒先生文集六卷………………… 1－218
熊枚等傳狀 …………………………… 3－22
熊魚山文集二卷 ……………………… 3－29
熊魚山文集二卷 ……………………… 3－30
熊劉詩集……………………………… 1－215
熊劉詩集……………………………… 3－236
熊襄忞公集十卷……………………… 3－417
熊襄湣公集十卷首一卷……………… 1－544
鄧子一卷……………………………… 3－440
[鄧氏爭奇四種]十一卷 ……………… 1－20
鄧尉探梅詩四卷……………………… 2－387
鄧尉探梅詩四卷……………………… 2－387
鄧尉探梅詩四卷 ……………………… 3－85
鄧鐵香奏稿六卷 ……………………… 3－15
翠花記前後集 ………………………… 3－51
翠屏山(石秀角詞) ………………… 2－490
翠眉亭稿……………………………… 3－506
翠眉亭稿一卷附碧雲遺稿一卷……… 3－333
翠紅鄉兒女兩團圓雜劇四折………… 1－229
翠娛閣評選黃貞父先生小品二卷…… 1－225
翠娛閣評選黃貞父先生小品二卷…… 1－268
翠琅玕館叢書………………………… 2－1
翠琅玕館叢書………………………… 2－1
翠琅玕館叢書四集五十五種………… 2－463
翠蓮寶卷 ……………………………… 3－63
翠筠館詩存二卷……………………… 3－217
翠筠館詩存二卷……………………… 3－236
翠筠館詩存二卷……………………… 3－248
翠微三要……………………………… 2－188
翠微仙館詩稿二卷詞稿一卷 ………… 3－83
翠薇仙館遺稿詩二卷詞一卷………… 1－433
翠樓集一集一卷二集一卷新集一卷
附生平爵里………………………… 1－250
翠薇山房數學十五種………………… 1－508
翠薇山房數學十五種………………… 1－508
翠薇山房數學十五種………………… 1－508
翠薇山房數學十五種………………… 1－534
翠薇花館詞二十二卷………………… 2－415
翠螺閣詩詞稿 ………………………… 3－96
翠螺閣詩詞稿………………………… 3－124
翠螺閣詩詞稿………………………… 3－179
翠螺閣詩稿…………………………… 3－118
翠巖室文稿僅存二卷續刻一卷……… 3－261
翠巖室詩鈔四卷……………………… 3－515
斲研山房詩鈔八卷…………………… 3－251
緒戲姨子弟書………………………… 3－467
綺雲樓雜著四卷……………………… 3－246
綺樓重夢四十八回…………………… 1－371
綺霞江館聯語偶存一卷 ……………… 3－82
綱目集略五卷………………………… 1－258
綱鑑正史約三十六卷 ………………… 2－65
綱鑑正史約三十六卷………………… 2－141
綱鑑正史約三十六卷附記一卷 ……… 2－79
綱鑑易知録九十二卷明紀二十卷…… 2－171
綱鑑易知録九十二卷………………… 3－425
綱鑑易知録九十二卷明鑑易知録十
五卷………………………………… 3－221
綱鑑通俗演義六卷…………………… 2－400
綱鑑望知錄…………………………… 1－364
綱鑑集要四卷………………………… 3－217
綱鑑會纂三十九卷首一卷 …………… 2－66
綱鑑擇言十卷………………………… 3－299
綱鑑擇語十卷 ………………………… 2－83
綱鑑擇語十卷………………………… 2－141
綱師園唐詩箋十八卷 ………………… 1－42
維揚天寧寺巨渤禪師語錄一卷……… 1－303
維摩詰所說大乘經三卷……………… 1－336

維摩詰所說經三卷……………………… 1－337
維摩詰所說經三卷……………………… 2－229
維摩詰所說經三卷……………………… 2－244
維摩詰所說經三卷……………………… 2－311
維摩詰所說經折衷疏六卷…………… 3－408
維摩詰所說經注八卷………………… 2－224
維摩詰所說經注八卷………………… 2－247
維摩詰所說經無我疏十二卷………… 2－251
維摩詰經三卷…………………………… 1－169
維摩經疏會本八卷……………………… 3－435
綿津山人詩集二十二卷楓香詞一卷
…………………………………………… 1－97
綿津山人詩集二十七卷 ……………… 1－27
綸音奏章………………………………… 3－411
綸扉稿一卷 …………………………… 1－33
綸扉簡牘十卷 ………………………… 1－54
綰秀園詩選一卷詞選一卷…………… 1－291
緑牕女史十四卷 ……………………… 1－13
綴白裘…………………………………… 1－401
綴白裘十二集…………………………… 3－121
綴白裘十二集四十八卷……………… 3－462
綴白裘全傳十二集……………………… 2－421
綴白裘全傳十二集……………………… 2－421
綴白裘新集十二集四十八卷………… 3－396
綴白裘新集合編十二集……………… 1－249
綠山野屋詩集四卷……………………… 3－191
綠天蘭若詩鈔…………………………… 2－320
綠牡丹四卷……………………………… 2－492
綠牡丹全傳 …………………………… 3－43
綠牡丹傳奇二卷……………………… 1－318
綠春詞…………………………………… 3－512
綠秋草堂詞……………………………… 2－522
綠珠内傳一卷…………………………… 1－287
綠梅影樓詩存一卷詞存一卷首一卷
…………………………………………… 3－84
綠雪堂遺集二十卷……………………… 2－416
綠雪堂遺集二十卷……………………… 2－416
綠雪館詩鈔 …………………………… 3－82
綠野仙蹤八十回………………………… 1－400
綠野仙蹤八十回………………………… 3－482
綠野仙蹤五十回………………………… 3－481
綠野齋文集四卷………………………… 2－500
綠野齋文集四卷………………………… 3－154
綠野齋前後合集………………………… 3－151
綠淨山莊詩草續編二卷……………… 3－260
綠雲山房詩草四卷……………………… 3－269
綠雲僊館詩稿十二卷………………… 2－476
綠筠書屋詩稿八卷詩餘一卷………… 3－160
綠麽韻語………………………………… 3－516
綠滿山房集甲部九卷乙部九卷丙部
九卷丁部九卷……………………… 2－496
綠漪草堂文集三十卷………………… 2－529
綠綺清韻 ……………………………… 3－13
綠綺清韻………………………………… 3－236
綠蕉館詩鈔四卷………………………… 2－493
綠蘿山莊文集二十四卷……………… 1－217
綠蘿山莊文集二十四卷……………… 1－332
緇門崇行錄……………………………… 2－240
緇門崇行錄……………………………… 2－245
緇門警訓十卷…………………………… 2－240

十五畫

慧上菩薩問大善權經二卷…………… 1－192
慧上菩薩問大善權經二卷…………… 2－217
慧山記四卷……………………………… 1－358
慧山記四卷……………………………… 1－359
慧山記四卷 …………………………… 2－57
慧山記四卷……………………………… 3－175
慧山記續編三卷 ……………………… 2－57
慧山記續編三卷首一卷……………… 1－359
慧山記續編三卷首一卷……………… 1－359
慧山記續編三卷首一卷……………… 3－175
慧日永明智覺壽禪師山居詩………… 2－217
慧文正辯佛日普照元叟端禪師語録
八卷………………………………… 1－159
慧文閣詩集二卷 ……………………… 3－84
慧田詩草………………………………… 3－258
慧因寺志十二卷 ……………………… 2－83
慧香菴梵唱……………………………… 1－302
慧福樓幸草外四種合刊 ……………… 3－83
慧覺衣禪師語録二卷附錄一卷……… 1－160

璗琈山房紅樓夢詞 …………………… 2－501
璇璣經集註 ………………………… 1－108
髯仙詩舫遺稿二卷 …………………… 3－87
駐春園小史六卷二十四回 …………… 1－384
駐春園小史六卷二十四回 …………… 3－485
駐粤八旗志二十四卷首一卷 ………… 1－358
駐蹕惠山詩一卷御題竹爐圖詠四卷
…………………………………… 1－296
賣花寶卷 …………………………… 3－66
賣花寶卷 …………………………… 3－287
賣馬 ………………………………… 1－319
賣魚觀音寶卷 ……………………… 3－71
賣橄欖蘇灘 ………………………… 2－410
增一阿含經五十卷 ………………… 2－251
增刊彙刻書目初編補編續編 ………… 3－324
增刪卜易十二卷 …………………… 2－295
增刪卜易十二卷首一卷 …………… 2－270
增刪算法統宗十一卷 ……………… 1－512
增刪算法統宗十一卷 ……………… 2－290
增注七家詩五卷 …………………… 3－297
增注八名塾鈔 ……………………… 2－309
增注秋水軒尺牘四卷 ……………… 3－412
增注賦學指南十六卷 ……………… 2－425
增注寫信必讀十卷 ………………… 3－373
增注類證活人書二十一卷傷寒藥性
一卷活人書釋音一卷 ……………… 1－80
增注類證活人書二十卷 …………… 2－278
增注繪圖官場現形記全三編六十卷
…………………………………… 2－397
增定玉壺冰二卷補一卷 …………… 1－45
增定古今逸史五十五種二百二十三
卷 ………………………………… 1－105
增定南九宮曲譜二十一卷南九宮十
三調曲譜附錄一卷 ………………… 1－21
增定南九宮詞譜二十卷附錄一卷 …… 3－335
增定國朝舘課經世宏辭十五卷 ……… 1－48
[光緒]增修甘泉縣志二十四卷首一
卷 ………………………………… 3－177
[光緒]增修祁縣志十六卷首一卷 …… 3－32
增修埤雅廣要四十二卷 …………… 1－15
增修雲林寺志八卷 ………………… 1－121
增修籌餉事例條款 ………………… 3－199
增訂二三場群書備考四卷 ………… 1－91
增訂二三場群書備考四卷 ………… 1－125
增訂二三場群書備考四卷 ………… 1－140
增訂二三場群書備考四卷 ………… 2－313
增訂二三場羣書備考四卷 ………… 1－16
增訂今雨堂詩墨注四卷 …………… 1－315
增訂今雨堂詩墨注四卷 …………… 3－275
增訂玉壺冰 ………………………… 1－431
增訂本草附方 ……………………… 1－523
增訂本草備要六卷醫方集解六卷 …… 1－196
增訂本草備要四卷總義一卷附醫方
湯頭歌括一卷經絡歌訣一卷 ……… 1－86
增訂四書通典人物備考 …………… 2－297
增訂四書補注備旨附考 …………… 2－205
增訂安樂銘箴二卷 ………………… 3－129
增訂花柳指迷 ……………………… 2－274
增訂吹彈歌調全譜 ………………… 3－464
增訂金壺字考十九卷 ……………… 1－89
增訂金壺字考十九卷金壺字考二集
二十一卷補錄一卷補註一卷 ……… 1－115
增訂教案彙編八卷首一卷 ………… 3－374
增訂清文鑑四卷十二字頭一卷 ……… 3－520
增訂解人頤廣集八卷 ……………… 2－271
增訂漢魏叢書 ……………………… 2－2
增訂漢魏叢書 ……………………… 2－466
增訂漢魏叢書八十六種四百五十三
卷 ………………………………… 2－466
增訂漢魏叢書八十六種四百五十三
卷 ………………………………… 2－468
增訂漢魏叢書九十三種 …………… 2－465
增訂漢魏叢書九十六種四百七十五
卷 ………………………………… 2－467
增訂漢魏叢書五百二十四卷 ……… 1－105
增壹阿含經五十卷 ………………… 1－162
增壹阿含經五十卷 ………………… 2－243
增集人天眼目二卷 ………………… 2－244
增評全圖石頭記十五卷首一卷一百
二十回 …………………………… 2－424
增評全圖金玉緣一百二十回 ……… 2－387
增評寄嶽雲齋試體詩選四卷 ……… 3－179

增評補像全圖金玉緣一百二十回…… 2-388
增評補像全圖金玉緣一百二十回…… 2-392
增評補圖石頭記一百二十回………… 3-298
增註七家詩彙鈔……………………… 3-214
增註字類標韻六卷…………………… 3-304
增註類證活人書二十二卷序目一卷
……………………………………… 3-235
增補士材三書四種 ………………… 3-53
增補大生要旨五卷…………………… 2-197
增補千家詩…………………………… 3-432
增補五子近思錄詳解十四卷………… 3-349
增補五經備旨萃精 ………………… 2-50
增補分部書法正傳…………………… 1-508
增補分部書法正傳…………………… 2-291
增補分部書法正傳不分卷…………… 3-350
增補分類詳註飲香尺牘四卷首一卷
……………………………………… 3-221
增補文武二度梅[鼓詞] ………………… 1-50
增補四書人物備考十二卷…………… 2-286
增補四書人物備考十二卷圖一卷…… 2-259
增補四書人物聚考二十二卷………… 2-286
增補地理直指原真三卷首一卷……… 1-140
增補地理直指原真大全三卷首一卷
……………………………………… 1-68
增補地理直指原真大全三卷首一卷
……………………………………… 1-473
增補事類統編九十三卷……………… 2-304
增補事類賦統篇九十三卷首一卷…… 2-306
增補注釋故事白眉十卷……………… 3-411
增補姓氏族譜箋釋八卷……………… 2-167
增補春秋左傳句解詳注六卷 ………… 2-16
增補星平會海命學全書十卷首一卷
……………………………………… 2-266
增補音義淵海子平五卷附萬年曆…… 3-324
增補音義淵海子評五卷……………… 2-316
增補紅樓夢三十二回………………… 1-367
增補泰西名人傳六卷 ……………… 2-90
增補泰西名人傳六卷………………… 2-182
增補都門紀略………………………… 3-536
增補都門紀略………………………… 3-539
增補都門紀略七卷…………………… 3-307
增補都門紀略七卷…………………… 3-307
增補都門紀略不分卷………………… 3-408
增補秘傳痘疹玉髓金鏡錄真本四卷
增補痘疹金鏡錄一卷 ……………… 1-86
增補菊部群英一卷…………………… 3-331
增補萬全玉匣記……………………… 2-246
增補萬法歸宗五卷…………………… 2-249
增補萬寶全書二十卷………………… 2-200
增補萬寶全書二十卷………………… 2-526
增補註釋故事白眉十卷……………… 2-271
增補痘疹玉髓金鏡錄四卷…………… 2-195
增補痘疹玉髓金鏡錄四卷…………… 2-271
增補痘疹玉髓金鏡錄真本四卷……… 3-435
增補圓機活法詩學全書二十四卷…… 1-432
增補詩句題解合璧二十二卷………… 3-224
增補詩句題解合璧十二卷…………… 3-224
增補詩經體注衍義合參八卷………… 3-199
增補壽世保元十集…………………… 2-208
增補箋註第六才子西厢釋解八卷附
末一卷 ……………………………… 1-15
增補醫方一盤珠全集八卷…………… 2-210
增補蘇批孟子………………………… 2-196
增補蘇批孟子………………………… 2-309
增補蘇批孟子二卷…………………… 3-408
增像全圖西漢演義一百回東漢演義
六十回……………………………… 2-401
增像全圖清烈傳一百回……………… 3-256
增像第六才子書五卷………………… 2-397
增像第六才子書五卷首一卷………… 3-509
增像緑野仙蹤全傳八十回…………… 3-338
增像繪圖青樓夢六十四回…………… 2-399
增福延壽寶卷 ……………………… 3-71
增圖長生殿傳二卷…………………… 3-350
增圖醫方集解本草備要合編三十卷
……………………………………… 2-211
增廣尺牘句解二集三卷……………… 3-353
增廣尺牘句解二集三卷……………… 3-373
增廣字學舉隅 ……………………… 2-23
增廣尚友錄統編……………………… 2-174
增廣尚友錄統編二十二卷…………… 2-131
增廣尚友錄統編二十二卷…………… 2-264

增廣唐著寫信必讀…………………… 3－415
增廣註釋音辯唐柳先生集四十三卷
別集二卷外集二卷附錄一卷……… 1－273
增廣蒙學堂字課圖說四卷 …………… 2－29
增廣試帖玉芙蓉五卷目錄一卷續集
二卷三集四卷………………………… 3－120
增廣詩韻合璧六卷…………………… 3－324
增廣箋注簡齋詩集二十九卷 ………… 3－34
增廣寫信不求人四卷………………… 3－417
增廣驗方新編十六卷………………… 2－269
增選多寶船十三卷…………………… 3－238
增輯傷寒論類方四卷………………… 2－277
增輯傷寒類方四卷…………………… 2－469
增纂世統紀年四卷…………………… 3－147
穀山筆麈十八卷 ……………………… 1－70
穀山筆麈十八卷……………………… 1－317
穀詒堂古詩鈔十卷…………………… 3－167
穀詒堂集十卷 ………………………… 3－97
穀詒堂詩鈔十卷……………………… 3－192
穀詒彙十四卷首二卷 ………………… 1－16
穀盦叕賸 ……………………………… 3－90
穀簾學吟一卷………………………… 1－232
歎世無爲卷一卷……………………… 1－332
歎世無爲卷一卷附祖家慈悲警浮歎
世道清詞一卷………………………… 3－494
蕙襟集十二卷………………………… 2－364
蕙櫋雜記……………………………… 2－274
蕈種栽培法…………………………… 3－263
蕺山先生人譜一卷人譜類記二卷…… 2－189
蕺山先生年譜二卷…………………… 2－533
邁堂文略四卷………………………… 2－506
邁堂文略四卷………………………… 2－506
邁堂文略四卷明論一卷……………… 2－435
蕪湖巡警章程………………………… 2－257
蕉帕記二卷三十六出………………… 3－424
蕉軒摭錄十二卷……………………… 1－381
蕉軒摭錄十二卷……………………… 2－519
蕉軒隨錄十二卷……………………… 1－532
蕉庵琴譜四卷………………………… 3－137
蕉窗詞存一卷賣魚灣詞三卷………… 3－130
蕉影齋詩集四卷補遺一卷…………… 2－483
蕉聲館集三十三卷…………………… 3－154
蕉聲館詩集二十卷補遺四卷………… 3－186
蕉聲館詩集十六卷…………………… 2－502
蕩平髮逆圖記二十二卷首一卷……… 1－350
蕩寇志七十一卷……………………… 1－369
蕩寇志七十卷一百四十四回卷末一
卷……………………………………… 3－338
蕩湖船………………………………… 1－332
蕅唐詩集八卷………………………… 1－419
蕅唐詩集八卷附錄三卷……………… 3－515
蕊雲集一卷晚唱一卷………………… 1－249
樞垣記畧二十四卷 …………………… 3－14
樞垣記略二十八卷…………………… 1－489
樞垣記略十六卷……………………… 1－479
標孟…………………………………… 2－293
標孟十卷 ……………………………… 2－11
樗亭詩稿……………………………… 1－260
樗巢詩選五卷 ………………………… 3－58
樗寮先生全集………………………… 3－165
樗繭譜………………………………… 1－516
樗繭譜………………………………… 2－290
樗繭譜一卷…………………………… 3－418
樓山堂集二十七卷…………………… 1－418
樓山堂集二十七卷…………………… 3－218
樓山詩集六卷………………………… 3－133
樓邨詩集二十五卷…………………… 1－275
樓邨詩集二十五卷…………………… 2－408
樓邨詩集二十五卷…………………… 2－409
樓房等雜式分法……………………… 3－317
樓居小草一卷………………………… 1－266
樓居樂府二卷………………………… 3－477
樓船瑣記二卷………………………… 3－172
樊山公牘三卷………………………… 3－370
樊山批判十五卷……………………… 3－370
樊山判牘四卷………………………… 2－422
樊山政書二十卷 ……………………… 2－92
樊山政書二十卷……………………… 2－123
樊山時文一卷………………………… 3－353
樊山集二十四卷……………………… 2－347
樊山集二十四卷……………………… 3－353
樊山集二十四卷……………………… 3－357

樊山詩鈔六卷 …… 2-372
樊山續集二十八卷 …… 3-353
樊川文集二十卷外集一卷別集一卷 …… 1-537
樊川文集二十卷外集一卷別集一卷 …… 2-319
樊川文集二十卷外集一卷別集一卷 …… 3-393
樊川詩集一卷外集一卷別集一卷補遺一卷 …… 1-245
樊川詩集四卷外集一卷 …… 1-434
樊江闗 …… 3-490
樊南文集補編十二卷附錄一卷 …… 1-424
樊南文集補編十二卷附錄一卷 …… 1-539
樊榭山房文集八卷 …… 2-382
樊榭山房全集正集十卷續集十卷文集八卷附集外詩詞文三卷 …… 2-378
樊榭山房集 …… 2-446
樊榭山房集十卷 …… 1-28
樊榭山房集十卷文集八卷續集十卷 …… 3-265
樊榭山房集十卷續集十卷文集八卷 …… 1-217
樊榭山房集正集十卷續集十卷 …… 2-342
樊謝山房集十卷續十卷文集八卷 …… 2-338
樊謝山房集外詩三卷 …… 2-417
橄欖蘆夢 …… 3-492
輪廻寶傳 …… 2-497
輪船布陣十二卷首一卷佈陣圖一卷 …… 2-235
輪船布陣十二卷首一卷佈陣圖一卷 …… 2-235
輪船佈陣 …… 1-390
輪輿私箋二卷 …… 2-157
輟耕錄三十卷 …… 1-380
輟耕錄三十卷 …… 1-532
輟耕錄三十卷 …… 3-531
輜重兵暫行操法不分卷 …… 3-380
甄祖齋詩鈔 …… 3-60
甌北全集 …… 1-541
甌北全集七種一百七十二卷 …… 1-439
甌北集二十七卷 …… 1-268
甌北詩鈔不分卷 …… 1-220
甌香館集十二卷首一卷末一卷 …… 1-104
甌香館集十二卷首一卷末一卷 …… 3-138
甌香館集十二卷補遺二卷附錄一卷 …… 2-450
甌香館集十二卷補遺詩一卷補遺畫跋附錄一卷首一卷末一卷 …… 2-417
甌栝先正文錄十五卷補遺一卷 …… 3-169
甌鉢羅室書畫過目考六卷 …… 3-502
甌鉢羅室書畫過目考四卷 …… 1-513
甌鉢羅室書畫過目考四卷 …… 1-514
甌鉢羅室書畫過目考四卷 …… 1-514
甌鉢羅室書畫過目考四卷 …… 1-514
甌鉢羅室書畫過目考四卷 …… 2-310
甌鉢羅室書畫過目考四卷首一卷附卷一卷 …… 1-522
甌隱芻言二卷 …… 3-249
歐州東方交涉記十二卷 …… 1-348
歐州東方交涉記十二卷 …… 1-348
歐美日本審判庭編制法通義 …… 3-326
歐美日本審判廳編制法通義 …… 2-123
歐美政治要義 …… 2-98
歐美政治要義 …… 2-155
歐美政治要義 …… 2-155
歐美政治要義 …… 3-393
歐美政治要義 …… 3-426
歐美政治要義 …… 3-426
歐美電信電話事業四卷 …… 2-86
歐洲列國戰事本末二十二卷 …… 1-358
歐洲列國戰事本末二十二卷 …… 2-479
歐洲列國變法史 …… 3-401
歐洲最近政治史 …… 2-106
歐洲新政史上卷三編 …… 2-106
歐陽氏遺書 …… 3-253
歐陽文忠公五代史抄二十卷 …… 1-70
歐陽文忠公五代史抄二十卷 …… 1-241
歐陽文忠公全集 …… 1-536
歐陽文忠公全集 …… 2-347
歐陽文忠公全集一百五十三卷附錄五卷 …… 1-229

歐陽文忠公全集一百五十三卷附錄五卷…………………………………… 1－242
歐陽文忠公全集一百五十三卷附錄四卷…………………………………… 2－451
歐陽文忠公全集一百五十三卷首一卷附錄五卷………………………… 2－323
歐陽文忠公全集一百五十三卷首一卷附錄五卷………………………… 2－353
歐陽文忠公全集一百五十三卷首二卷附錄五卷………………………… 2－390
歐陽文忠公全集四十卷首一卷……… 2－347
歐陽文忠公詩集十二卷……………… 1－226
歐陽先生文粹二十卷首一卷歐陽先生遺粹十卷……………………………… 1－241
歐陽先生遺粹十卷…………………… 1－297
歐陽南野先生文選五卷 ……………… 3－49
歐遊隨筆二卷………………………… 1－361
歐羅巴通史四部……………………… 1－356
賢母錄四卷…………………………… 2－154
賢劫經十卷…………………………… 1－167
賢良寶卷 ……………………………… 3－72
賢愚因緣經十三卷…………………… 1－161
遷民圖說……………………………… 3－147
遷移蠶池口教堂函稿………………… 3－300
遷移蠶池口教堂函稿二卷…………… 3－413
醉山草堂詩集二卷…………………… 2－340
醉山草堂詩集二卷…………………… 2－389
醉仙丹 ………………………………… 3－51
醉芙詩餘……………………………… 3－122
醉花窗遺稿二卷……………………… 3－259
醉吟草 ………………………………… 3－99
醉吟草六卷…………………………… 2－454
醉臥秋林下岔曲……………………… 3－491
醉怡情昆腔雜曲……………………… 1－403
醉怡情昆腔雜曲四十四種…………… 1－402
醉怡情崑腔雜曲……………………… 3－448
醉茶誌怪四卷 ………………………… 3－38
醉紅樓集六卷附刻一卷 ……………… 3－73
醉鳥…………………………………… 3－486
醉鄉記二卷四十四出………………… 3－469
醉夢録二卷…………………………… 3－539
醉墨軒別編續刊六卷………………… 3－130
醉墨軒畫稿…………………………… 3－223
醉墨軒畫稿四卷……………………… 2－264
醉墨軒畫譜…………………………… 2－304
醉墨畫禪詩草一卷…………………… 2－386
醉寫…………………………………… 1－319
憂盛編………………………………… 3－241
遼天鶴唳記…………………………… 3－479
遼文存………………………………… 3－115
遼文存六卷…………………………… 2－408
遼史一百十五卷……………………… 1－488
遼史一百十五卷 ……………………… 2－65
遼史一百十五卷……………………… 3－321
遼史一百十六卷……………………… 1－361
遼史一百十六卷……………………… 2－137
遼史拾遺二十四卷…………………… 1－501
遼史拾遺二十四卷…………………… 2－138
遼史拾遺二十四卷補編五卷………… 1－466
遼史拾遺補五卷 ……………………… 2－65
遼史拾遺補五卷 ……………………… 2－89
遼史拾遺補五卷……………………… 2－140
遼史紀事本末四十卷………………… 2－137
遼史紀事本末四十卷………………… 2－138
遼史紀事本末四十卷首一卷末一卷……………………………………… 1－480
遼史紀事本末四十卷首一卷末一卷……………………………………… 1－487
［光緒］遼陽州鄉土志 ……………… 2－56
遼夢草一卷…………………………… 3－381
遼詩話一卷…………………………… 1－263
遼詩話一卷…………………………… 1－328
確菴先生詩鈔八卷…………………… 1－402
豬經大全一卷………………………… 3－1
震川先生集三十卷別集十卷………… 2－380
震川先生集三十卷別集十卷………… 2－380
震川先生集三十卷補編一卷別集十卷……………………………………… 1－221
震澤先生別集四種六卷附錄一卷…… 1－418
震澤長語二卷………………………… 1－277
［乾隆］震澤縣志三十八卷首一卷 … 3－166
撮要錄四卷…………………………… 1－400

撫吳公牘五十卷 …………………… 2－101
撫吳公牘五十卷 …………………… 3－346
撫吳公牘五十卷 …………………… 3－381
撫吳公牘五十卷 …………………… 3－392
撫吳公牘五十卷 …………………… 3－398
撫郡農産考略二卷 ………………… 1－512
撫郡農産考略二卷 ………………… 3－163
撫院交令覆議宣統三年地方行政經
　費預算案説明書 ………………… 2－170
撫夏奏議二卷 ……………………… 3－276
撫雲集九卷 ………………………… 1－265
［宣統］撫順縣志畧 ……………… 3－186
撫群農産考略二卷 ………………… 3－91
［光緒］撫寧縣誌十六卷 ………… 2－175
播雅二十四卷 ……………………… 1－545
播雅二十四卷 ……………………… 2－493
撰集百緣經十卷 …………………… 1－177
撰集百緣經十卷 …………………… 1－335
鴉片事畧二卷 ……………………… 1－74
鬧天宫 ……………………………… 3－37
鬧花燈八出 ………………………… 3－457
鬧廬莊十六卷 ……………………… 1－429
齒録 ………………………………… 3－167
齒録 ………………………………… 3－251
劇目 ………………………………… 2－490
劇詞 ………………………………… 3－279
劇説六卷 …………………………… 3－161
劇談録二卷 ………………………… 3－45
劇談録二卷 ………………………… 3－144
戲曲唱本二十九種 ………………… 1－237
戲曲劇本二十三種 ………………… 1－237
戲曲劇本二十種 …………………… 1－237
慮得集四卷 ………………………… 3－103
慮得集四卷 ………………………… 3－104
鄴中記一卷 ………………………… 1－126
鄴中記一卷 ………………………… 1－136
鄴中家集二卷 ……………………… 1－44
賞雨茅屋詩集十卷外集一卷 ……… 1－405
賞奇軒四種 ………………………… 1－88
賞奇軒四種合編 …………………… 1－380
賞奇軒四種合編 …………………… 2－187
賞奇軒四種合編 …………………… 2－205
賞奇軒四種合編四卷 ……………… 1－16
賦則四卷 …………………………… 2－372
賦則四卷 …………………………… 2－372
賦則四卷 …………………………… 2－377
賦品爲函二卷文品芾函三卷史品赤
　函四卷書品同函二卷 …………… 1－52
賦海大觀三十二卷 ………………… 2－374
賦梅書屋詩初集六卷二集三卷三集
　二卷四集一卷五集二卷六集三卷
　…………………………………… 2－479
賦略外篇二十卷 …………………… 1－266
賦鈔箋略十五卷 …………………… 1－238
賦學正鵠十卷 ……………………… 2－325
賦學正鵠十卷 ……………………… 3－122
賦學正鵠十卷 ……………………… 3－322
賦學正鵠集釋十一卷 ……………… 3－119
賦學指南六卷 ……………………… 2－325
賭棋山莊集 ………………………… 2－5
賜姓始末一卷 ……………………… 2－173
賜書堂稿 …………………………… 1－250
賜書樓詩草初集一卷續集一卷 …… 3－272
賜書樓嶢山集四卷補刻一卷詩集一
　卷 ………………………………… 1－315
賜硯堂叢書新編 …………………… 2－3
賜硯齋詩鈔四卷 …………………… 3－163
賜綺堂全集詩二十卷文二卷賦一卷
　詞五卷 …………………………… 1－417
賜綺堂集十五卷 …………………… 1－535
賜綺堂詩集二卷續集二卷 ………… 3－73
瞎堂詩集二十卷首一卷 …………… 1－207
嘻笑怒駡鼓詞合刊 ………………… 3－492
嘻談録二卷續録二卷 ……………… 3－406
嘻談録二卷續録二卷 ……………… 3－519
閲史郤視四卷續一卷 ……………… 3－414
閲史約書三卷 ……………………… 1－252
閲莒草堂遺草四卷 ………………… 2－364
閲微草堂筆記二十四卷 …………… 1－305
閲微草堂筆記二十四卷 …………… 1－532
閲微草堂筆記二十四卷 …………… 1－533
閲微草堂筆記二十四卷 …………… 1－533

閱微草堂筆記二十四卷………………… 3－417
閱微草堂筆記五種二十四卷………… 1－387
閱藏知津四十四卷…………………… 2－203
閱藏知津四十四卷總目四卷………… 2－227
閬風館文集 ………………………… 1－27
影山草堂六種………………………… 3－155
影北宋鈔本毛詩三卷………………… 3－204
影宋刊南嶽摠勝集三卷 …………… 3－90
影事詞存稿 ………………………… 3－57
影梅庵悼亡題詠集 ………………… 3－95
影梅庵憶語 ………………………… 3－95
遺山先生詩集二十卷………………… 1－216
遺山先生詩集二十卷………………… 1－230
遺山詩四卷…………………………… 3－263
遺山詩集二十卷……………………… 2－324
遺山詩集二十卷……………………… 2－324
遺山詩集二十卷……………………… 2－360
遺山樂府三卷附校記………………… 2－520
遺珠貫索八卷………………………… 1－379
遺珠貫索八卷………………………… 3－194
遺教經論……………………………… 2－248
蝶仙小史六卷蝶史楹聯一卷………… 3－215
蝶仙小史彙編二卷…………………… 2－456
蝶仙小史彙編二卷首一卷…………… 3－110
蝶階外史四卷………………………… 2－281
蝶階外史四卷………………………… 2－282
蝶園詞………………………………… 3－263
蝴蝶杯十二回………………………… 3－335
蝴蝶卷………………………………… 3－102
蝴蝶盃………………………………… 3－2
蝴蝶媒四卷十六回…………………… 1－371
蝴蝶媒四卷十六回…………………… 3－485
蝴蝶夢………………………………… 2－514
蝴蝶詩………………………………… 3－277
蝴蝶寶卷……………………………… 3－111
蝴蝶寶卷一卷………………………… 3－498
蝯叟臨婁壽碑………………………… 1－195
數度衍二十三卷首一卷……………… 1－526
數度衍二十三卷首一卷……………… 1－527
數理精蘊下編四十卷表八卷………… 2－311
數理精蘊五十三卷…………………… 2－191
數學上編十三卷附卷二卷…………… 1－382
數學五書……………………………… 1－525
數學理九卷附一卷…………………… 2－253
數學理九卷附卷一卷………………… 2－192
數學精詳十二卷首一卷末一卷……… 2－293
嶢山集不分卷………………………… 1－315
罵曹訪普……………………………… 2－514
罷讀樓彙刻贈言十卷………………… 2－345
嶠雅二卷 …………………………… 1－33
墨子十五卷目一卷…………………… 2－260
墨子十五卷目一卷…………………… 2－299
墨子十六卷…………………………… 2－260
墨子十六卷…………………………… 2－281
墨子十六卷…………………………… 2－299
墨子十六卷…………………………… 2－313
墨子十六卷…………………………… 3－445
墨子不分卷…………………………… 3－388
墨子六卷……………………………… 2－299
墨子閒詁十五卷……………………… 2－281
墨子閒詁十五卷……………………… 2－296
墨子閒詁十五卷目錄一卷附錄一卷
　後語二卷…………………………… 3－517
墨子閒詁十五卷附錄一卷後語二卷
　…………………………………… 1－516
墨子經說解二卷……………………… 2－315
墨井集五卷 ………………………… 3－82
墨井詩鈔四卷………………………… 3－317
墨史三卷……………………………… 2－194
墨池瑣録四卷 ……………………… 1－82
墨池編二十卷 ……………………… 1－82
墨池編二十卷印典八卷 …………… 1－25
墨花吟館詩鈔十六卷………………… 2－403
墨妙亭碑目考………………………… 2－168
墨妙亭碑目考四卷附考一卷 ……… 2－71
墨表一卷 …………………………… 1－89
墨表四卷……………………………… 3－202
墨表四卷……………………………… 3－202
墨林今話十八卷續編一卷…………… 1－395
墨林今話十八卷續編一卷琴東野屋
　集十二卷…………………………… 1－511
墨林今話十九卷……………………… 2－281

墨林今話十九卷……………………… 2－281
墨林快事六卷………………………… 1－313
墨刻畫冊……………………………… 2－262
墨法集要……………………………… 3－143
墨香居畫識十卷……………………… 3－155
墨香居畫識六卷……………………… 2－306
墨香閣集十三卷首一卷末一卷……… 2－404
墨客揮犀十卷………………………… 3－416
墨書一卷 …………………………… 1－89
墨娥小錄八種………………………… 1－378
墨園彙觀四卷………………………… 3－133
墨經…………………………………… 3－312
墨經一卷 …………………………… 1－85
墨經一卷……………………………… 1－330
墨壽閣詩集四卷……………………… 3－273
墨賦一卷 …………………………… 1－89
墨餘書異八卷………………………… 2－527
墨餘書異八卷 ……………………… 3－43
墨餘錄十六卷………………………… 1－375
墨憨齋重定三會親風流夢二卷三十
　七折………………………………… 3－448
墨憨齋重定量江記二卷 …………… 1－38
墨憨齋重定雙雄傳奇二卷 ………… 1－53
墨憨齋訂定人獸關傳奇二卷三十三
　折…………………………………… 3－448
墨憨齋訂定萬事足傳奇二卷三十六
　折…………………………………… 3－448
墨憨齋傳奇十種 …………………… 1－39
墨憨齋詳定酒家傭傳奇二卷三十七
　折…………………………………… 1－316
墨憨齋詳定酒家傭傳奇二卷三十七
　折…………………………………… 3－448
墨憨齋新曲十種二十卷 …………… 1－38
墨憨齋新曲十種二十卷……………… 3－448
墨憨齋新定灑雪堂傳奇二卷 ……… 1－53
墨憨齋新訂精忠旗傳奇二卷 ……… 1－38
墨憨齋新灌園傳奇二卷三十六折…… 3－448
墨選觀止……………………………… 2－381
墨選觀止二卷………………………… 3－306
墨緣彙觀二種四卷…………………… 1－508
墨緣彙觀法書二卷名畫二卷………… 1－513
墨緣彙觀法書二卷名畫二卷………… 1－513
墨磨軒刼餘賸草……………………… 3－233
墨齋詩錄……………………………… 3－249
墨藪…………………………………… 2－194
墨癡唱和集二卷……………………… 3－1
墨蘭譜………………………………… 1－513
墨麟詩卷十二卷……………………… 1－234
墨麟詩卷十二卷……………………… 1－315
憇雲書屋制藝二集二卷……………… 2－206
稽古錄二十卷 ……………………… 2－65
稽古錄二十卷 ……………………… 2－84
稽古錄二十卷………………………… 2－163
稽瑞…………………………………… 3－196
稽瑞樓書目…………………………… 1－353
稻香樓集一卷 ……………………… 1－34
黎氏家集……………………………… 2－401
黎氏續古文辭類纂二十八卷………… 2－450
[嘉慶]黎里志十六卷首一卷 ……… 1－400
[嘉慶]黎里志十六卷首一卷 ……… 2－56
[嘉慶]黎里志十六卷首一卷續志
　十六卷首一卷……………………… 3－271
[康熙]黎城縣誌四卷續志四卷 …… 2－175
黎襄勤公奏議六卷…………………… 1－485
稼軒詞四卷補遺一卷………………… 1－426
篋山詩草二卷 ……………………… 3－44
篋中詞六卷續四卷 ………………… 3－33
篋外錄 ……………………………… 3－80
篋衍集十二卷………………………… 1－254
篋衍集十二卷………………………… 1－287
範家集略六卷………………………… 3－411
箴銘輯要類編後錄二卷……………… 2－301
篁村集十二卷………………………… 2－344
篁村集十二卷………………………… 2－496
篁墩程先生文集九十三卷拾遺一卷
　……………………………………… 1－37
篁墩程先生文粹二十五卷 ………… 1－37
篆文五經……………………………… 1－115
篆文六經四書 ……………………… 2－50
篆刻鍼度八卷………………………… 2－267
篆書正四卷 ………………………… 1－63
篆書金剛般若波羅蜜經一卷………… 1－321

篆學瑣著三十一種…………………… 1－526
篆學瑣著三十種……………………… 1－344
篆學瑣著三十種……………………… 1－521
篆學瑣著三十種……………………… 2－463
篆學叢書三十種……………………… 2－464
儉重堂詩十二卷……………………… 1－235
億堂詩鈔十六卷……………………… 2－457
儀宋堂文集十卷……………………… 2－483
儀宋堂詩集十卷外集一卷詞集二卷
　文外集三卷 ……………………… 3－54
儀鄭堂文集二卷……………………… 3－119
儀鄭堂殘稿二卷……………………… 3－195
儀衛軒文集十二卷文外集一卷附錄
　一卷……………………………… 2－405
儀衛軒文集十二卷外集一卷附錄一
　卷 ………………………………… 3－79
儀衛軒詩集五卷……………………… 3－289
儀橋避事詩…………………………… 1－286
儀禮十七卷…………………………… 2－9
儀禮十七卷 ………………………… 2－20
儀禮十七卷 ………………………… 2－52
儀禮十七卷…………………………… 3－410
儀禮十七卷…………………………… 3－420
儀禮十七卷…………………………… 3－420
儀禮正義四十卷……………………… 1－456
儀禮古今文異同五卷 ……………… 2－47
儀禮古今文異同五卷 ……………… 2－47
儀禮石經校勘記四卷………………… 3－225
儀禮私箋八卷 ……………………… 2－47
儀禮析疑十七卷……………………… 1－327
儀禮注十七卷 ……………………… 2－38
儀禮注十七卷 ……………………… 2－38
儀禮注疏十七卷……………………… 1－111
儀禮注疏十七卷 …………………… 2－22
儀禮注疏十七卷 …………………… 2－26
儀禮注疏十七卷……………………… 3－362
儀禮注疏校勘記五十卷……………… 3－415
儀禮注疏詳校十七卷 ……………… 1－64
儀禮要義五十卷……………………… 2－9
儀禮要義五十卷 …………………… 2－42
儀禮音訓……………………………… 1－344
儀禮章句十七卷 …………………… 2－39
儀禮喪服經傳並記 ………………… 2－49
儀禮喪服經傳並記 ………………… 2－49
儀禮喪服經傳並記 ………………… 2－49
儀禮集編十七卷首一卷附錄一卷 …… 1－64
儀禮集釋三十卷 …………………… 2－51
儀禮疏 ……………………………… 2－46
儀禮疏五十卷………………………… 3－341
儀禮節略二十卷 …………………… 1－66
儀禮節略二十卷……………………… 1－115
儀禮義疏四十八卷首二卷 ………… 2－40
儀禮經註疏正譌十七卷……………… 3－299
儀禮經傳通解三十七卷……………… 1－115
儀禮經傳通解續二十九卷…………… 1－115
儀禮經傳通解續二十九卷…………… 1－115
儀禮圖六卷…………………………… 1－342
儀禮圖六卷…………………………… 1－455
儀禮圖六卷…………………………… 1－456
儀禮圖六卷…………………………… 3－420
儀禮鄭注十七卷 …………………… 2－21
儀禮鄭注十七卷 …………………… 2－21
儀禮鄭注句讀 ……………………… 2－19
儀禮鄭注句讀十七卷 ……………… 2－10
儀禮鄭注句讀十七卷 ……………… 2－42
儀禮鄭注句讀十七卷………………… 3－323
儀禮識誤三卷………………………… 1－110
儀禮識誤三卷………………………… 1－116
儀禮釋官九卷………………………… 1－462
儀禮釋官九卷首一卷 ……………… 2－44
儀顧堂集十六卷……………………… 2－446
儀顧堂集十六卷……………………… 2－477
儀顧堂題跋十六卷…………………… 2－171
儀顧堂題跋十六卷續跋十六卷……… 1－468
質直耳談八卷………………………… 3－120
質直談耳八卷………………………… 2－536
質神錄………………………………… 2－293
質園詩集三十二卷 ………………… 1－33
質學新編……………………………… 3－325
質盦集二卷 ………………………… 3－36
[光緒]德平縣志十二卷首一卷 …… 3－329
德州田氏叢書十五種………………… 3－355

［乾隆］德州志十二卷首一卷 ········ 1－280
德芬堂詩鈔十二卷 ········ 3－97
德門歡燕 ········ 3－456
德政芳十六卷 ········ 1－317
德音堂琴譜約選□□卷 ········ 3－465
德國水師事宜一卷 ········ 3－369
德國民法 ········ 2－127
德國民法 ········ 2－257
德國軍制述要不分卷 ········ 3－387
德國格魯森廠創制新法快炮圖說不分卷 ········ 3－369
德國海商法 ········ 2－127
德國學校制度不分卷 ········ 3－387
德商禮和洋行訂購水口山鉛砂合同函件不分卷 ········ 3－385
德清俞蔭甫所著書 ········ 2－5
德清俞蔭甫所著書二十種 ········ 2－463
［嘉慶］德陽縣志五十四卷續編十卷末一卷 ········ 3－270
［道光］德陽縣新志十二卷首一卷 ········ 3－267
［道光］德陽縣新志十二卷首一卷末一卷 ········ 3－166
德蔭堂集十六卷 ········ 3－157
德蔭堂集十六卷首一卷 ········ 1－430
德蔭堂集十六卷首一卷 ········ 2－372
德意志刑法 ········ 2－111
德意志刑法 ········ 2－111
德意志刑法 ········ 2－111
德榮堂詩集一卷東溟雜著一卷附考正古本大學太極圖說集解 ········ 1－291
德輿子德輿集 ········ 3－172
德禮堂疇唱集八卷 ········ 3－260
衛生直訣 ········ 3－34
衛生要術 ········ 3－263
衛生集 ········ 2－245
衛生集三卷 ········ 2－216
衛生歌一卷 ········ 1－286
衛生鴻寶六卷 ········ 3－186
衛生寶鑑二十四卷補遺一卷 ········ 1－525
衛燈錄十卷 ········ 2－203
［嘉慶］衛藏通志十六卷首一卷 ········ 3－19
［乾隆］衛藏圖識四卷 ········ 1－474
衛濟餘編十八卷 ········ 2－536
徵息齋遺詩二卷補錄一卷 ········ 2－354
徵異錄十二卷 ········ 1－377
徵聘本末二卷 ········ 3－463
徹悟禪師語錄二卷 ········ 2－205
徹悟禪師遺稿二卷 ········ 2－226
磐石縣戊申報告書不分卷 ········ 3－375
磐那室詩存 ········ 3－239
盤山志十六卷首五卷 ········ 3－535
盤山志十六卷首五卷 ········ 3－535
盤山志十卷首一卷補遺四卷 ········ 3－174
盤山志十卷補遺四卷 ········ 3－533
盤山拙菴大師電光錄一卷 ········ 1－276
盤山拙庵樸大師電光錄一卷存誠錄一卷 ········ 1－283
盤山遊記 ········ 3－533
盤夫虞探密探三出 ········ 2－514
盤那室詩存不分卷 ········ 3－353
盤那室詩存不分卷 ········ 3－379
盤洲文集八十一卷拾遺一卷 ········ 1－212
盤洲文集八十卷 ········ 1－23
盤洲文集三卷詩集一卷 ········ 3－101
盤絲洞子弟書三回 ········ 3－467
盤龍嶺四出 ········ 3－457
盤隱山樵詩集八卷 ········ 2－339
銷燬抽燬書目禁書總目違礙奏繳咨禁書 ········ 3－219
銷釋金剛科儀 ········ 3－495
銷釋金剛科儀會要註解九卷附原文一卷 ········ 3－493
銷釋金剛科儀錄說記二卷 ········ 3－494
銷釋真空掃心寶卷二卷 ········ 3－495
銷釋混元大法明經三卷 ········ 3－493
銷釋準提復生寶卷二卷 ········ 3－495
鋤月山房文鈔二卷 ········ 3－48
鋤經書舍零墨四卷 ········ 1－384
鋒劍春秋十卷六十回 ········ 3－117
鋒劍春秋［鼓詞］ ········ 1－51
鋟評林劳訓薛湯二先生家藏酉陽搜古人物奇編十八卷首一卷 ········ 1－8

[同治]劍州志十卷 …………………… 3－271
劍南詩鈔…………………………………… 2－446
劍南詩鈔…………………………………… 2－453
劍南詩鈔不分卷………………………… 3－341
劍南詩鈔六卷…………………………… 1－237
劍南詩稾八十五卷放翁逸稾三卷家
　世舊聞一卷齋居紀事一卷南唐書
　十八卷………………………………… 1－214
劍虹居文集二卷………………………… 2－328
劍虹居古文詩集文二卷詩二卷……… 2－356
劍虹齋詩文集十二卷 ………………… 1－21
劍俠傳四卷續傳四卷圖一卷………… 1－376
劍閑齋師門畣問………………………… 2－215
劍懷堂詩草二編 ……………………… 3－99
劍懷堂詩草内外二編………………… 2－381
劍懷堂詩草内外二編………………… 2－381
餘力吟草四卷 ………………………… 3－80
餘生錄…………………………………… 2－152
餘生錄…………………………………… 2－152
餘生錄…………………………………… 3－326
餘生錄一卷附塘報稿塘報再稿……… 1－309
餘生錄一卷附塘報稿塘報再稿……… 3－443
餘冬錄六十一卷………………………… 2－198
餘芳詩鈔………………………………… 3－266
餘辛集三卷……………………………… 3－197
[光緒]餘姚縣志二十七卷首一卷末
　一卷 ………………………………… 3－25
餘師錄三十二卷 ……………………… 3－25
餘師錄前集十四卷後集十卷續集八
　卷……………………………………… 1－414
餘園古今體詩精選四卷……………… 1－272
餘園古今體詩精選四卷……………… 1－278
餘園叢稿先集一卷附稿一卷墓圖題
　辭一卷詩稿一卷 …………………… 3－79
餘墨偶談八卷…………………………… 3－198
餘墨偶談續集二卷……………………… 3－411
餘癡初稿………………………………… 2－509
餘癡初稿 ……………………………… 3－57
滕王閣序………………………………… 1－396
滕王閣填詞四卷三十四出…………… 3－469
膠西辛酉殉難事略四卷……………… 3－9
魯大夫秋胡戲妻雜劇四折 …………… 1－39
魯山木先生文集十二卷首一卷外編
　二卷魯賓之文鈔一卷……………… 3－105
魯公文集十五卷 ……………………… 1－94
魯公文集十五卷………………………… 1－226
魯史榷二卷……………………………… 3－237
魯兩先生合集二種……………………… 1－412
魯班經二卷 …………………………… 3－42
魯齋遺書十四卷 ……………………… 1－39
魯齋遺書十四卷 ……………………… 1－96
魯藩署宋海棠詩苑……………………… 3－256
劉子二卷………………………………… 3－434
劉子二卷………………………………… 3－434
劉子全書四十卷………………………… 1－515
劉子全書遺編二十四卷……………… 2－446
劉太史文集二卷………………………… 2－339
劉中丞奏議二十卷……………………… 1－480
劉公案[鼓詞] ……………………… 1－51
劉公幹集一卷…………………………… 2－428
劉氏遺書八卷 ………………………… 2－30
劉氏遺書八卷…………………………… 2－331
劉氏遺書八卷序目一卷……………… 3－261
劉氏鴻書一百〇八卷 ………………… 1－89
劉文成公文集…………………………… 2－452
劉文安公文集十五卷………………… 2－372
劉文安公呆齋先生策略十卷詩集六
　卷易經圖釋十二卷………………… 1－228
劉文清公遺集十七卷應制詩集三卷
　……………………………………… 3－180
劉文清公應制詩集三卷……………… 2－502
劉左史文集四卷………………………… 2－324
劉石庵先生墨蹟………………………… 3－421
劉向說苑二十卷 ……………………… 1－89
劉秀太子走國二十四卷……………… 2－523
劉希仁文集一卷………………………… 1－423
劉武慎公年譜二卷……………………… 2－508
劉武慎公遺書二十五卷……………… 3－364
劉武慎公遺書二十四卷……………… 2－335
劉武慎公遺書二十四卷首一卷年譜
　三卷…………………………………… 2－374
劉坦齋先生文集十五卷……………… 3－195

劉坤一奎俊奏稿 …… 2－538
劉松齋先生傳 …… 3－23
劉果敏公遺書首一卷奏稿八卷批牘
　五卷從戎識實一卷文集一卷 …… 2－487
劉忠宣公遺集十一卷 …… 3－299
劉忠誠事略 …… 3－11
劉金達寶卷 …… 3－64
劉金達寶卷 …… 3－66
劉河間傷寒三六書 …… 2－210
劉河間醫學六書 …… 1－195
劉孟塗集四十四卷 …… 1－537
劉孟塗集四十四卷 …… 2－343
劉香寶卷二卷 …… 2－521
劉屏山先生集二十卷首一卷 …… 1－221
劉秘書集二卷附錄一卷 …… 1－248
劉唐山亭 …… 2－514
劉海峰詩文集文十卷詩四卷 …… 2－350
劉培元行狀 …… 2－540
劉葆真太史文集二卷 …… 3－258
劉葆真太史遺稿二卷 …… 3－353
劉葆真太史遺稿二卷 …… 3－353
劉景韓中丞兩次撫浙疏 …… 2－128
劉智遠寶卷 …… 3－72
劉註七家詩十二卷 …… 3－329
劉給諫文集五卷 …… 2－329
劉給諫文集五卷 …… 2－348
劉槎翁先生詩選十二卷 …… 1－262
劉廉舫先生吏治三書 …… 2－83
劉端臨先生遺書八卷 …… 2－6
劉端臨先生遺書八卷 …… 3－202
劉賓客文集三十卷外集十卷 …… 2－444
劉賓客詩集十卷附錄諸家詩評 …… 1－244
劉隨州詩集十一卷 …… 2－339
劉蕺山先生集二十四卷首一卷 …… 1－55
劉震行述 …… 2－539
劉潤琴書靈飛經 …… 2－263
劉靜臣制軍武功紀畧 …… 3－13
劉禮部集十二卷 …… 2－484
請神 …… 3－486
請息齋未定稿 …… 3－149
請復淮水故道圖說 …… 3－202
請纓日記十卷 …… 3－197
請觀世音菩薩消伏毒害陀羅尼咒經
　一卷 …… 1－174
請觀音經疏 …… 2－218
請觀音經疏不分卷 …… 1－188
請觀音經疏闡義鈔四卷 …… 1－188
諸子平議三十五卷 …… 3－321
諸子合雅四卷 …… 1－13
諸子詹詹錄二卷 …… 2－255
諸子彙函二十六卷九十四種 …… 1－305
諸公書翰詩文一卷 …… 1－248
諸史考異十八卷 …… 2－142
諸史拾遺五卷 …… 2－140
諸史品節三十九卷 …… 1－124
諸佛心印陀羅尼經 …… 1－180
諸佛世尊如來菩薩尊者名稱歌曲不
　分卷 …… 1－309
諸佛世尊如來菩薩尊者名稱歌曲不
　分卷 …… 1－309
諸佛世尊如來菩薩尊者名稱歌曲不
　分卷 …… 1－309
諸佛世尊如來菩薩尊者神聖名經不
　分卷 …… 1－309
諸佛世尊如來菩薩尊者神僧名經 …… 1－10
諸佛世尊如來菩薩尊者神僧名經不
　分卷 …… 1－309
諸佛世尊如來菩薩尊者神僧名經四
　十卷 …… 1－187
諸佛世尊菩薩如來尊者名稱歌曲二
　十卷 …… 3－476
諸佛要集經二卷 …… 1－167
諸佛集會陀羅尼經一卷 …… 1－161
諸法本無經三卷 …… 2－231
諸法本無經三卷 …… 3－391
諸法最上王經一卷 …… 1－162
諸法無行經二卷 …… 1－150
諸法無行經二卷 …… 1－167
諸法無行經二卷 …… 2－231
諸法無經三卷 …… 1－167
[乾隆]諸城縣志四十六卷 …… 1－254
諸家詠杜附錄二卷 …… 1－100

諸家詩話 …………………………………… 1－48
諸家藏書簿十卷………………………………… 1－512
諸菩薩求佛本業經……………………………… 1－166
諸菩薩求佛本業經……………………………… 2－237
諸葛武侯集四卷首一卷………………………… 3－375
諸葛忠武志十卷………………………………… 3－370
諸葛忠武侯全書………………………………… 2－495
諸經日誦集要二卷……………………………… 2－239
諸經日誦集要二卷……………………………… 2－242
諸經品節二十八種二十卷……………………… 1－200
諸暨詩存十六卷續編四卷……………………… 3－191
[光緒]諸暨縣志六十一卷 ………… 3－328
[光緒]諸暨縣志六十卷 …………… 3－140
諸儒學案不分卷 ……………………… 1－15
諏吉便覽………………………………………… 3－425
課子隨筆節鈔六卷……………………………… 2－292
課子隨筆節鈔六卷……………………………… 2－292
誰園詩鈔………………………………………… 2－473
誰與菴文鈔二卷………………………………… 2－458
誰與菴文鈔二卷………………………………… 2－481
誰與菴文鈔二卷………………………………… 3－124
論文新稿五卷…………………………………… 3－341
論史比事 ……………………………………… 2－81
論曲一卷 ……………………………………… 1－35
論法華二卷……………………………………… 2－248
論孟卮言 ……………………………………… 2－11
論理學綱要……………………………………… 2－257
論理學綱要……………………………………… 2－290
論理學綱要不分卷……………………………… 3－392
論教會之意……………………………………… 3－442
論策約選………………………………………… 3－127
論畫四種 ……………………………………… 3－29
論語……………………………………………… 1－462
論語 …………………………………………… 2－11
論語十卷………………………………………… 3－344
論語十卷孟子七卷……………………………… 2－311
論語八卷………………………………………… 2－265
論語正義二十四卷……………………………… 1－458
論語正義二十四卷……………………………… 1－462
論語古注集箋十卷附考一卷…………………… 2－309
論語古注集箋十卷附考一卷…………………… 2－309
論語古注集箋十卷附考一卷…………………… 2－318
論語古注集箋十卷論語攷一卷………………… 1－463
論語古訓十卷 ………………………………… 2－11
論語古訓十卷…………………………………… 2－279
論語白文………………………………………… 2－255
論語注二十卷…………………………………… 2－278
論語注二十卷…………………………………… 2－278
論語注疏解經二十卷附校勘記………………… 2－257
論語注疏解經二十卷附校勘記………………… 3－364
論語後案………………………………………… 1－458
論語後案二十卷………………………………… 2－278
論語最豁集四卷………………………………… 3－415
論語集注十卷…………………………………… 1－459
論語集注十卷…………………………………… 3－371
論語集注十卷孟子集注七卷…………………… 3－342
論語集注本義滙參二十卷首一卷……………… 1－194
論語註疏解經二十卷…………………………… 1－193
論語註疏解經二十卷…………………………… 2－296
論語註疏解經十卷……………………………… 1－460
論語註疏解經十卷……………………………… 2－8
論語註疏解經十卷……………………………… 3－219
論語發隱一卷孟子發隱一卷…………………… 3－342
論語傳注二卷…………………………………… 3－300
論語傳註二卷大學傳註一卷中庸傳
註一卷傳註問四卷……………………………… 1－201
論語詩右北平集………………………………… 3－254
論語話解十卷…………………………………… 2－203
論語意原四卷…………………………………… 2－310
論語經正錄二十卷年譜一卷 …………… 2－14
論語經正錄二十卷附年譜……………………… 2－310
論語戴氏注二十卷……………………………… 2－310
論語戴氏注二十卷……………………………… 2－310
論說十卷………………………………………… 2－253
論墨西哥政局之變遷…………………………… 2－109
論墨西哥政局之變遷…………………………… 2－109
論墨絕句詩……………………………………… 3－241
論墨絕句詩……………………………………… 3－291
論學酬答四卷…………………………………… 2－254
論衡三十卷 …………………………………… 1－88
論衡三十卷……………………………………… 2－195
論衡三十卷……………………………………… 2－198

論衡三十卷…………………………… 3－433
論衡三十卷…………………………… 3－434
論衡三十卷…………………………… 3－444
調查日本郵電學堂報告書二卷……… 2－125
調查日本裁判監獄報告書…………… 2－257
調查民事習慣問題…………………… 2－116
調查湖北南洋勸業會報告書不分卷
……………………………………… 3－363
調疾飲食辯六卷末一卷……………… 2－303
調梅鼎禪師語錄十二卷……………… 1－140
調運齋詩文隨刻不分卷附圓沙和陶
詩一卷……………………………… 1－280
談天十八卷首一卷附表……………… 1－529
談天十八卷首一卷附表一卷………… 1－389
談古偶錄二卷………………………… 1－386
談古偶錄二卷 ……………………… 3－54
談古偶錄二卷首一卷 ……………… 3－50
談道遺稿六卷………………………… 2－265
談徵…………………………………… 1－398
談徵 ………………………………… 3－95
談龍錄一卷…………………………… 1－261
談藝珠叢……………………………… 2－4
談藝錄一卷…………………………… 1－228
談瀛錄四卷…………………………… 1－504
廟制圖考四卷 ……………………… 1－71
摩訶止觀貫義科二卷………………… 1－157
摩訶般若波羅密大明呪經…………… 2－220
摩訶般若波羅密鈔經五卷…………… 2－221
摩訶般若波羅密經三十卷…………… 1－201
摩訶般若波羅蜜大明咒經…………… 1－164
摩訶般若波羅蜜多心經註疏不分卷
金剛經註正訛……………………… 1－187
摩訶般若波羅蜜鈔經五卷…………… 1－182
摩訶般若波羅蜜經三十卷…………… 1－175
摩訶僧祇律四十卷…………………… 1－338
摩訶僧祇律四十卷…………………… 1－150
摩登伽經三卷………………………… 1－200
摩園閣詞二卷………………………… 2－522
瘞雲巖曲譜…………………………… 3－486
瘞雲巖傳奇二卷首一卷十二出傳概
一出………………………………… 3－106
瘞鶴銘考……………………………… 2－385
瘞鶴銘考……………………………… 3－149
瘞鶴銘考一卷………………………… 3－147
瘞鶴銘考補…………………………… 2－119
瘞鶴銘考補一卷……………………… 1－356
瘞鶴銘考補一卷校勘記一卷………… 3－368
瘞鶴銘考補一卷校勘記一卷………… 3－368
瘡瘍經驗全書六卷…………………… 2－269
瘡瘍經驗全書十三卷………………… 1－195
瘡瘍經驗全書六卷…………………… 1－279
慶安瀾總曲譜………………………… 1－319
慶昌期吉曜承歡……………………… 3－453
慶昇平………………………………… 3－466
慶典成案……………………………… 3－542
慶忠鐵壁機禪師語録三卷…………… 1－158
慶祝表文應用呈奏…………………… 3－254
[咸豐]慶雲縣志三卷首一卷末一卷
……………………………………… 2－74
[咸豐]慶雲縣志三卷首一卷末一卷
……………………………………… 2－179
慶湖遺老詩集九卷拾遺一卷後集補
遺一卷……………………………… 3－195
慶綿延螽斯麟趾……………………… 3－457
憫忠草 ……………………………… 3－22
憫忠碑鼓詞…………………………… 3－491
憐香伴傳奇二卷三十六出…………… 3－135
憐香伴傳奇二卷三十六出…………… 3－446
憐香伴傳奇四集……………………… 2－500
羯磨二卷……………………………… 1－152
羯磨二卷……………………………… 1－161
羯磨指南……………………………… 1－139
羯磨指南十四卷……………………… 1－139
羯磨指南十四卷……………………… 1－191
養一齋文集…………………………… 1－410
養一齋文集二十卷…………………… 2－349
養一齋文集二十卷詩集四卷………… 2－329
養一齋全集四種四十二卷…………… 1－410
養一齋詞三卷………………………… 2－322
養一齋詩文集詩四卷文二十卷……… 2－368
養一齋詩話四卷……………………… 2－414

養正書屋全集定本四十卷目錄四卷 …… 1－224
養正書屋全集定本四十卷目錄四卷 …… 1－242
養正圖解 …… 2－301
養正樓印存六卷 …… 3－329
養正遺規二卷補編一卷 …… 2－283
養正遺規二卷補編一卷 …… 3－389
養正遺規摘鈔一卷附補鈔 …… 2－233
養正類編十三卷 …… 2－189
養正類編十三卷 …… 3－216
養吉齋叢錄二十六卷餘錄十卷 …… 2－193
養吉齋叢錄二十六卷餘錄十卷 …… 3－164
養志居僅存稿 …… 1－547
養拙齋集十四卷附一卷 …… 2－408
養拙齋詩十四卷附錄一卷 …… 1－407
養知書屋文集二十八卷 …… 3－431
養知書屋文集二十八卷 …… 3－438
養知書屋文集二十八卷詩集十五卷 …… 3－445
養知書屋詩文集文二十八卷詩十五卷 …… 2－346
養知書屋詩集十五卷 …… 3－398
養政遺規三卷 …… 2－285
養政遺規三卷 …… 2－285
養政遺規三卷 …… 2－285
養泉遺詩六卷 …… 3－107
養泉遺詩六卷 …… 3－235
養素堂文集三十五卷 …… 2－504
養晦堂文集十卷 …… 1－412
養晦堂文集十卷 …… 2－404
養魚經不分卷 …… 3－414
養雲山莊文集 …… 3－91
養雲山館試帖四卷 …… 2－322
養雲山館試帖四卷 …… 3－122
養蒙針度五卷 …… 3－127
養源山房詩鈔六卷西泠集一卷附錄一卷 …… 3－110
養餘齋詩集 …… 2－472
養默山房詩稿十六卷 …… 2－474
養蠶新法 …… 2－288
養靈根堂遺集 …… 3－256
遵化詩存十卷 …… 3－110
遵化詩存十卷 …… 3－190
遵主聖範四卷 …… 2－249
遵主聖範四卷 …… 3－325
遵依北藏字號編次畫一一卷續藏經值畫一一卷又續藏經值畫一一卷 …… 1－121
遵章奏報吉林省第五屆籌備憲政情形摺 …… 2－125
[道光]遵義府志四十八卷 …… 3－31
遵議滿漢通行刑律 …… 2－87
遵議滿漢通行刑律 …… 2－118
遵議滿漢通行刑律 …… 2－183
遵巖先生文集四十一卷 …… 1－46
遵巖先生文集四十二卷 …… 1－252
澆愁集八卷 …… 1－381
[乾隆]潮州府志四十二卷首一卷 …… 3－140
潮牘偶存二卷 …… 3－19
潭月山房唫草 …… 3－26
潭柘山岫雲寺志 …… 2－63
潭柘山岫雲寺志 …… 3－511
潭柘山岫雲寺志 …… 3－539
潭柘山岫雲寺志 …… 3－539
潭柘山岫雲寺志二卷 …… 1－282
潭柘山岫雲寺志二卷 …… 3－534
潛夫論十卷 …… 1－517
潛夫論十卷 …… 2－196
潛夫論十卷 …… 2－291
潛夫論十卷 …… 2－293
潛西偶存 …… 3－231
潛西精舍詩稿 …… 2－367
潛邱劄記六卷 …… 1－15
潛莊文鈔六卷 …… 2－496
潛研堂文集 …… 2－367
潛研堂全書 …… 2－5
潛研堂全書 …… 2－7
潛研堂全書 …… 2－461
潛研堂全書三十二種 …… 1－440
潛研堂金石文跋尾二十卷 …… 2－383

潛研堂金石文跋尾六卷二續六卷三續六卷 …… 2－80
潛研堂詩集十卷 …… 2－506
潛研堂詩集十卷續十卷 …… 3－321
潛研堂說文答問疏證六卷 …… 2－37
潛莊刪訂增補紫玉記二卷四十出 …… 3－472
潛菴先生遺稿五卷 …… 1－227
潛菴先生遺稿五卷 …… 1－330
潛菴先生遺稿四卷 …… 2－346
潛菴文正公家書一卷 …… 1－227
潛菴漫筆八卷 …… 1－387
潛虛先生全集 …… 2－499
潛皖偶錄十一卷 …… 2－358
潛園總集 …… 2－462
潛溪吟草 …… 3－253
潛溪燕書一卷新刊宋文憲公詩集二卷浦江詩錄一卷宋文憲未刻集一卷 …… 1－55
潛確居類書一百二十卷 …… 1－334
潛確居類書一百二十卷 …… 3－357
潛確居類書一百二十卷 …… 3－388
潛確居類書一百二十卷首一卷 …… 1－90
潛穎文二卷潛穎詩十卷 …… 3－116
潛穎詩十卷文四卷 …… 2－408
潛穎詩十卷文四卷 …… 2－455
潛齋醫書五種 …… 1－519
潛齋醫書五種 …… 2－207
潛廬篋存草四卷 …… 2－475
潤州事蹟詩鈔 …… 3－183
澗泉日記三卷 …… 1－131
澗泉日記三卷 …… 1－202
澗泉日記三卷 …… 1－293
澗泉日記三卷 …… 2－172
澗泉詩餘 …… 3－253
澂潭山房古文四卷 …… 2－407
[乾隆]澳門紀略二卷 …… 2－76
[乾隆]澳門紀略二卷 …… 2－150
澳門記略二卷 …… 3－331
澳門記略二卷首一卷 …… 1－473
潘少白先生集古文八卷詩五卷常語二卷 …… 2－321
潘公免災救難寶卷 …… 3－62
潘公免災救難寶卷二卷 …… 2－503
潘公免災救難寶卷三卷 …… 3－112
潘公免災救難寶卷三卷 …… 3－500
潘氏科名草二卷 …… 3－130
潘文勤公奏疏 …… 3－23
潘世恩年譜 …… 1－352
潘世恩年譜 …… 2－531
潘刻五種 …… 1－446
潘刻五種 …… 1－547
潘黃門集六卷 …… 1－208
潘黃門集六卷 …… 1－223
潘瀾筆記二卷 …… 3－306
[光緒]潼川府志三十卷 …… 3－31
潯陽詩詞合稿一卷附三種 …… 3－476
潯陽詩詞稿 …… 1－46
潯陽譜 …… 3－464
澄江集一卷 …… 1－315
[乾隆]澄城縣志二十卷 …… 1－118
澄秋閣集一集四卷二集四卷 …… 1－247
澄衷蒙學堂字課圖說字四卷檢字一卷類字一卷 …… 3－343
澄悅堂詩集十四卷 …… 3－199
澄碧齋詩鈔十二卷 …… 3－153
澄懷書屋詩鈔四卷 …… 3－75
澄懷園詩選十二卷 …… 3－254
澄懷園語四卷 …… 1－279
潑墨軒集六卷 …… 3－77
潑墨軒詩草六卷 …… 2－420
寫心雜劇十八種 …… 3－475
寫心雜劇十六種十六卷 …… 1－24
寫竹要訣 …… 2－289
寫竹簡明法二卷 …… 3－214
寫定尚書 …… 2－48
寫定尚書 …… 2－51
寫定尚書二十八篇 …… 3－345
寫定尚書不分卷 …… 3－345
寫定尚書不分卷 …… 3－345
寫定尚書不分卷 …… 3－349
寫定尚書不分卷 …… 3－406
寫情集四卷 …… 1－257

寫情集四卷 …………………………… 3－143
寫情集四集 …………………………… 3－517
寫趣軒吟稿三卷別編一卷續稿一卷
…………………………………… 2－519
寫韻樓遺詩五卷 ……………………… 2－479
窳翁文鈔四卷 ………………………… 2－347
窳櫎詩質二卷 ………………………… 3－92
窳櫎詩質二卷 ………………………… 3－132
審刺客 ………………………………… 2－489
審看擬式四卷 ………………………… 2－157
審看擬式四卷首一卷末一卷 ………… 3－300
審看擬式四卷首一卷末附審看論略
…………………………………… 3－357
審音鑑古錄 …………………………… 1－402
審音鑑古錄 …………………………… 1－544
審音鑑古錄十四種 …………………… 1－102
審涼床寶卷 …………………………… 3－69
審視瑤函六卷首一卷 ………………… 2－273
憨山大師夢遊摘要 …………………… 2－251
憨山老人夢遊集五十五卷 …………… 2－240
憨山老人夢遊集五十五卷 …………… 2－379
憨予暹禪師語録六卷 ………………… 1－156
憨休乾禪師語録十二卷 ……………… 1－177
履園叢話二四卷 ……………………… 1－532
履綏堂詩稿八卷 ……………………… 3－56
遲悔齋經説 …………………………… 2－522
遲雲集 ………………………………… 3－248
遲鴻軒所見書畫錄 …………………… 1－511
遲鴻軒所見書畫錄四卷 ……………… 1－527
遲鴻軒詩文集 ………………………… 2－480
彈弓譜 ………………………………… 1－90
彈指詞三卷 …………………………… 3－261
彈指詞三卷補遺一卷 ………………… 2－485
彈雅十六卷 …………………………… 1－49
彈詞十種 ……………………………… 2－400
彈詞六種 ……………………………… 1－408
彈詞鱗爪 ……………………………… 3－492
選材錄一卷 …………………………… 1－263
選佛譜六卷 …………………………… 3－375
選佛譜六卷 …………………………… 3－397
選注六朝唐賦 ………………………… 3－296
選雅二十卷 …………………………… 1－543
選集漢印分韻 ………………………… 1－455
選集漢印分韻二卷續集二卷 ………… 2－200
選夢樓詩鈔八卷 ……………………… 1－420
選詩七卷詩人世次爵里一卷 ………… 1－94
選詩補注八卷 ………………………… 1－56
選詩補注八卷 ………………………… 1－321
選僧圖説 ……………………………… 2－206
選樓集句四卷 ………………………… 2－437
選賦六卷名人世次爵里一卷 ………… 1－329
選擇集要 ……………………………… 3－214
選擇叢書集要五種 …………………… 1－105
選擇叢書集要五種 …………………… 1－245
選擇叢書集要五種 …………………… 1－326
選錄外搢 ……………………………… 2－119
險畧圖略 ……………………………… 3－9
嬌紅記二卷五十出 …………………… 3－470
豫東宣防錄八卷 ……………………… 1－73
豫軍紀略十二卷 ……………………… 1－364
豫軍紀略十二卷 ……………………… 3－34
豫軍紀略十二卷 ……………………… 3－319
豫乘識小錄二卷 ……………………… 3－223
豫章十代文獻略五十卷首一卷補遺
二卷 ……………………………… 1－34
豫章閨秀詩鈔 ………………………… 2－533
豫齋集詩一卷文一卷 ………………… 3－181
豫醫雙璧 ……………………………… 1－506
豫醫雙璧 ……………………………… 3－217
豫醫雙璧二種 ………………………… 1－521
樂只合編十二卷 ……………………… 3－182
樂邦文類五卷 ………………………… 2－244
[道光]樂至縣志十六卷首一卷 …… 3－167
[光緒]樂至縣續志四卷首一卷 …… 3－167
樂志書屋遺集四卷 …………………… 3－161
樂志堂文略四卷 ……………………… 3－158
樂志堂集文正集十八卷文續集二卷
詩十二卷文略四卷 ……………… 2－346
樂志簃集 ……………………………… 2－480
樂志簃集 ……………………………… 2－522
樂我齋古文樂我齋詩草 ……………… 3－257
樂余靜廉齋文稿 ……………………… 2－383

樂余靜廉齋文稿 …………………… 3－60
樂余靜廉齋文稿 …………………… 3－189
樂余靜廉齋詩稿二卷文稿一卷 ……… 3－55
樂妙山居集 ………………………… 3－184
樂典 ………………………………… 3－327
樂典六編 …………………………… 3－514
樂府小令七種 ……………………… 1－22
樂府小令八種十二卷 ……………… 3－477
樂府外集琴譜四卷 ………………… 2－491
樂府侍兒小名二卷 ………………… 3－264
樂府指迷一卷 ……………………… 1－273
樂府清音歌林拾翠二集 …………… 1－403
樂府雅詞三卷拾遺二卷 …………… 2－321
樂府雅詞三卷拾遺二卷 …………… 3－196
樂府補亡 …………………………… 2－470
樂府傳聲一卷 ……………………… 3－338
樂府詩集 …………………………… 2－393
樂府詩集一百卷 …………………… 1－420
樂府詩集一百卷 …………………… 2－441
樂府詩集一百卷目錄二卷 ………… 1－94
樂府詩集一百卷目錄二卷 ………… 1－99
樂府詩集一百卷目錄二卷 ………… 1－224
樂府詩集一百卷目錄二卷 ………… 1－324
樂府遺聲一卷 ……………………… 1－139
[樂律全書]四十八卷 ……………… 1－61
樂書二百卷 ………………………… 1－463
樂書二百卷 ………………………… 2－34
[乾隆]樂陵縣志八卷首一卷末一卷
…………………………………… 2－94
樂遊聯唱集二卷 …………………… 1－291
樂善堂全集定本三十卷 …………… 1－235
樂善堂全集定本三十卷 …………… 1－241
樂善堂全集定本三十卷 …………… 1－328
樂道堂文鈔五卷 …………………… 3－110
樂道堂文鈔四卷 …………………… 2－458
樂經以俟錄二卷 …………………… 3－463
樂經以俟錄二卷 …………………… 3－463
樂賢堂詩鈔三卷 …………………… 1－269
樂縣考二卷 ………………………… 3－225
樂縣考二卷 ………………………… 3－302
練川名人畫像四卷附二卷 ………… 1－481
練川名人畫像四卷附二卷續三卷 …… 1－375
練中丞集二卷 ……………………… 2－483
練中丞集二卷附錄一卷 …………… 2－458
練兵實紀九卷 ……………………… 2－316
練兵實紀九卷襍集六卷 …………… 1－202
練兵實紀九卷雜集六卷 …………… 2－311
練兵實紀九卷雜集六卷 …………… 3－441
練香詩草二卷 ……………………… 3－82
練軍紀畧 …………………………… 3－14
練勇芻言 …………………………… 2－160
練勇芻言 …………………………… 3－16
練浦攀轅圖詩 ……………………… 3－248
練溪集四卷 ………………………… 2－320
[練影草堂集] ……………………… 3－231
緬甸國志一卷 ……………………… 2－85
緝古算經考注二卷 ………………… 1－528
緝雅堂詩話 ………………………… 2－442
緯弢二卷 …………………………… 1－81
緯蕭草堂詩三卷 …………………… 1－212
緯蕭草堂詩不分卷 ………………… 1－265
緯蕭草堂詩不分卷 ………………… 1－309
緱山先生集二十七卷 ……………… 1－41
編年自記 …………………………… 3－2
編年拔秀二卷 ……………………… 1－6
編珠四卷續二卷 …………………… 1－313
編譯日本鹽專賣法規不分卷 ……… 3－372
畿南濟變紀畧 ……………………… 3－21
畿南濟變紀畧 ……………………… 3－209
畿輔人物考八卷 …………………… 3－534
畿輔人物志二十卷 ………………… 3－534
畿輔水利四案 ……………………… 3－542
畿輔水利議 ………………………… 2－168
畿輔水利議 ………………………… 2－172
畿輔水利議 ………………………… 3－539
畿輔水利議 ………………………… 3－541
畿輔水利議一卷附國史本傳 ……… 3－433
畿輔古今文匯擬目 ………………… 1－313
畿輔同官錄(光緒甲辰年) ………… 3－539
畿輔同官錄(宣統三年) …………… 3－533
畿輔先哲錄 ………………………… 3－266
畿輔安瀾志 ………………………… 3－536

畿輔河道水利叢書………………………… 3－541
畿輔河道水利叢書………………………… 3－541
［同治］畿輔通志 ………………………… 3－367
［同治］畿輔通志 ………………………… 3－367
［同治］畿輔通志 ………………………… 3－367
［雍正］畿輔通志一百二十卷 ……… 1－122
［雍正］畿輔通志一百二十卷 ……… 3－532
［雍正］畿輔通志一百二十卷 ……… 3－542
［雍正］畿輔通志一百二十卷圖一卷
……………………………………………… 1－136
［同治］畿輔通志三百卷 …………… 3－533
［同治］畿輔通志三百卷 …………… 3－533
畿輔試牘四卷……………………………… 3－219
畿輔義倉圖………………………………… 3－534
畿輔賑溺全圖……………………………… 3－538
畿輔叢書…………………………………… 2－2
畿輔叢書四十七卷………………………… 2－469
畿輔叢書初編……………………………… 1－440

十六畫

璞齋集六卷捶琴詞一卷………………… 3－184
璞齋集詩六卷詞一卷 ………………… 3－76
璞齋集詩四卷詞一卷…………………… 1－414
靜志居詩話二十四卷…………………… 1－433
靜怡軒詩草………………………………… 2－457
靜春堂詩集四卷………………………… 3－229
靜香樓詩草二卷………………………… 3－235
靜修文集十二卷………………………… 3－359
靜修先生文集十二卷…………………… 2－380
靜修先生文集三十卷 ………………… 1－29
靜耘齋集驗方不分卷…………………… 1－140
靜軒七夕集唐詩選五卷………………… 3－190
靜軒集六卷 …………………………… 3－85
靜庵文集附詩稿………………………… 1－432
靜悱集十卷 …………………………… 1－55
靜惕堂尺牘二卷 ……………………… 1－43
靜惕堂詩集四十四卷目錄一卷……… 1－256
靜遠小草八卷…………………………… 2－382
靜遠草堂尺牘稿二卷…………………… 3－333
靜遠草堂初稿不分卷…………………… 3－503
靜廉齋詩集二十四卷 ………………… 3－25
靜慈寺志二十八卷首二卷末一卷…… 3－174
靜學文集三卷首一卷末一卷………… 1－438
靜觀書屋詩集七卷……………………… 3－171
靜觀堂詩集十九卷 …………………… 1－47
聱隅子歔欷瑣微論二卷………………… 3－434
隸要分類二卷…………………………… 1－111
駱大司馬奏稿十六卷…………………… 2－167
駱文忠公年譜二卷……………………… 2－539
駱文忠公奏稿十卷……………………… 1－349
駱文忠公奏議十六卷…………………… 2－146
駱文忠公奏議十六卷奏稿十一卷附
一卷…………………………………… 1－476
駱文忠公奏議十六卷續刻四川奏議
十一卷………………………………… 3－411
駱賓王文集……………………………… 3－296
駱賓王集十卷…………………………… 2－422
駱賓王集十卷…………………………… 2－423
駱臨海集十卷…………………………… 1－418
駢文類纂四十六卷……………………… 1－413
駢文類纂四十六卷……………………… 2－325
駢文類纂四十六卷……………………… 2－340
駢字摘豔五卷…………………………… 3－155
駢雅七卷 ……………………………… 2－29
駢雅七卷 ……………………………… 2－29
駢雅訓纂………………………………… 1－459
駢語學對新編…………………………… 3－240
駢儷文三卷……………………………… 3－233
駢體文鈔三十一卷……………………… 1－406
駢體文鈔三十一卷……………………… 2－324
駢體文鈔三十一卷……………………… 2－362
駢體文鈔三十一卷……………………… 2－364
駢體文鈔三十一卷……………………… 2－436
駢體南鍼十六卷………………………… 2－342
撼山草堂遺稾三卷……………………… 3－172
撼山草堂遺稾三卷……………………… 3－274
操場野外筆記卷二……………………… 3－305
擇吉金鑑………………………………… 3－530
擇繙聊齋志異二十四卷………………… 3－523
擔公遺詩………………………………… 2－436
擔公遺詩………………………………… 3－115

擔峰詩四卷 …………………………… 1－79
擔峰詩四卷…………………………… 1－208
擔當遺詩八卷………………………… 3－132
壇經不分卷…………………………… 3－408
壇廟祀典三卷………………………… 1－257
壇廟祀典三卷………………………… 1－305
擁書堂詩集四卷……………………… 3－233
擁雙豔三種 …………………………… 1－20
擁雙豔三種六卷……………………… 1－316
擁雙豔三種六卷……………………… 3－446
燕九承應……………………………… 3－450
燕下鄉脞錄十六卷…………………… 1－503
燕下鄉脞錄四卷……………………… 3－119
燕山外史注釋八卷…………………… 1－370
燕山外史注釋八卷…………………… 3－297
燕山外史註釋二卷…………………… 2－363
燕山外史註釋八卷 ………………… 3－41
燕川集十四卷………………………… 1－400
燕川集六卷…………………………… 1－209
燕子春秋蜂衙小記…………………… 3－209
燕子箋………………………………… 1－419
燕子箋………………………………… 2－393
燕子箋二卷…………………………… 2－393
燕子箋六卷十八回…………………… 1－403
燕子箋曲譜四十二出………………… 3－485
燕子箋彈詞四卷十八回……………… 3－335
燕子樓二卷…………………………… 2－432
燕丹子三卷…………………………… 2－366
燕石集十卷 ………………………… 1－31
燕令試帖二卷………………………… 3－257
燕林藏稿十卷楚風一卷 …………… 1－52
燕來堂詩稿…………………………… 3－275
燕京開教畧…………………………… 1－516
燕京開教畧…………………………… 3－538
燕京歲時記…………………………… 3－406
燕京歲時記…………………………… 3－539
燕居筆記十卷………………………… 1－393
燕泉何先生遺稿十卷………………… 1－315
燕泉何先生餘冬序錄六十五卷 ……… 1－89
燕泉集十卷…………………………… 3－274
燕都古迹古典雜記…………………… 3－532
燕都瑣記……………………………… 3－536
燕堂詩鈔八卷燕堂賦稿二卷兖東集
　二卷小紅詞集一卷………………… 1－316
燕寓偶談六卷………………………… 1－397
燕窗閑話……………………………… 3－181
燕窗閑話……………………………… 3－270
燕滇雪跡集六卷……………………… 3－194
燕臺鴻爪集 ………………………… 3－83
燕臺鴻爪集…………………………… 3－506
燕臺鴻爪集一卷……………………… 3－333
燕說四卷……………………………… 3－511
燕樂考原六卷………………………… 3－344
燕禧堂五種十五卷 ………………… 1－65
燕蘭小譜……………………………… 3－315
燕蘭小譜五卷………………………… 2－532
燕蘭小譜五卷………………………… 3－436
薑齋文集十卷 ……………………… 3－90
薑露庵雜記六卷……………………… 2－315
薑露庵雜記六卷……………………… 2－516
薑露庵雜記六卷 …………………… 3－21
薛大司寇審辦太監李萇材等奏稿…… 2－183
薛子條貫篇十三卷續篇十三卷……… 2－217
薛子道論三卷………………………… 3－433
薛仁貴征東全傳六卷四十二回……… 1－368
薛仁齋先生遺集八卷末一卷………… 3－3
薛氏醫按二十四種一百〇七卷 ……… 1－87
薛氏鐘鼎款識二十卷 ……………… 2－91
薛文清公手稿一卷 ………………… 1－34
薛文清公要語二卷…………………… 3－522
薛文清公從政名言一卷……………… 1－243
薛文清公讀書錄……………………… 2－495
薛刑部詩集一卷 …………………… 1－34
薛考功集十卷………………………… 1－258
薛許昌詩集十卷……………………… 3－253
薛淮生先生稿………………………… 3－302
薛窮寶卷 …………………………… 3－71
薇垣小草六卷 ……………………… 1－47
薇省同聲集…………………………… 2－487
薇省同聲集…………………………… 2－497
薇省詞鈔十卷附錄一卷……………… 2－371
薇省詞鈔十卷附錄一卷……………… 2－406

薇省詞鈔十卷附錄一卷………………… 2－499
薈蕞編十六卷……………………………… 1－398
［道光］薊州志十卷 ……………………… 2－89
［道光］薊州志十卷首一卷 ………… 3－140
擎天柱做法……………………………… 3－317
薝卜花館詩二卷 ……………………… 3－46
薦堇思報感蓼廢吟兩圖題辭 ………… 3－27
薦堇感蓼兩圖題辭 …………………… 3－45
薄海番域錄十二卷……………………… 1－364
薄情傳四卷……………………………… 2－527
［乾隆］蕭山縣志四十二卷 ………… 1－275
蕭山韓湘南先生遺文…………………… 3－237
蕭史遺風不分卷………………………… 1－326
蕭亭詩選六卷…………………………… 3－261
蕭曹遺筆四卷 ………………………… 3－29
蕭閑老人明秀集注六卷 ……………… 3－89
蕭質齋先生年譜………………………… 2－538
［嘉慶］蕭縣志十八卷首一卷 ……… 3－180
翰苑先聲三種…………………………… 1－309
翰林重玫字義韻律大板海篇心鏡十
二卷首一卷 ………………………… 1－87
翰海十二卷……………………………… 1－416
翰詹九卿等衙門奏摺…………………… 2－128
頤志齋叢書……………………………… 2－5
頤志齋叢書二十三種…………………… 1－442
頤志齋叢書四集三十種………………… 2－464
頤身集五種……………………………… 3－149
頤素堂詩鈔八卷 ……………………… 3－49
頤堂先生糖霜譜………………………… 3－312
頤情館詩外一卷詩續鈔一卷………… 3－302
頤情館聞過集十二卷 ………………… 3－12
頤情館聞過集十二卷 ………………… 3－16
頤巢類稿詩四卷………………………… 3－274
頤園詩存二卷…………………………… 3－131
頤菴居士集二卷………………………… 3－230
頤綵堂文集十六卷 …………………… 3－47
頤綵堂文集十六卷賦二卷詩鈔十卷
…………………………………………… 3－229
薩天錫詩集二卷………………………… 1－270
薩天錫詩集八卷………………………… 1－249
薩母梁太夫人事略……………………… 2－131
薩婆多毘尼毘婆沙九卷………………… 1－160
薩婆多部毗尼摩得勒伽十卷………… 1－173
薩婆多部毗尼摩淂勒伽十卷………… 1－148
樹堂詩鈔………………………………… 2－340
樹堂詩鈔五卷文鈔一卷………………… 3－148
樹經堂詠史詩八卷……………………… 1－437
樹齋詩錄 ……………………………… 3－78
樹廬文鈔十卷…………………………… 1－401
橫山文鈔不分卷………………………… 1－310
橫山初集十六卷胡二齋先生評選橫
山初集不分卷……………………… 1－310
橫戈集二卷 …………………………… 3－46
橫渠易說二卷…………………………… 3－293
橫塘集二十卷…………………………… 2－341
橫塘集二十卷…………………………… 3－139
橫經堂詩餘二卷………………………… 2－524
橫橋堰水利記 ………………………… 3－19
檑壽山房輯槁六卷……………………… 2－487
樸庭詩稿六卷…………………………… 1－264
橋山盛記………………………………… 3－144
橋西雜記 ……………………………… 3－80
橋東詩草二十四卷……………………… 2－506
橋東詩草二十四卷……………………… 3－135
樵李遺書………………………………… 2－7
樵李遺書二十八種……………………… 2－1
樵川二家詩……………………………… 2－485
樵香小記二卷…………………………… 2－256
樵陽經二卷……………………………… 2－229
樵隱詞一卷……………………………… 1－247
樵歌二卷………………………………… 2－485
樵歌三卷………………………………… 1－417
樵說十卷………………………………… 2－478
樽酒消寒詞二卷續錄一卷 …………… 3－88
橘中人語 ……………………………… 3－13
橘巢小稿四卷…………………………… 1－250
輯古算經………………………………… 3－230
輶軒使者絶代語釋別國方言十三卷
…………………………………………… 1－107
輶軒使者絶代語釋別國方言十三卷
…………………………………………… 1－116
輶軒語…………………………………… 2－232

輶軒語…………………………………… 3－122
輶軒語…………………………………… 3－124
輶軒語七卷…………………………………… 2－180
輶軒語七卷…………………………………… 2－180
輶軒語書目答問…………………………… 2－173
輶軒語書目答問…………………………… 3－319
賴古堂文選二十卷 …………………… 1－97
賴古堂尺牘全集…………………………… 2－426
賴古堂尺牘新鈔二選藏弆集十六卷
首一卷…………………………………… 3－101
賴古堂尺牘新鈔二選藏弆集十六卷
賴古堂尺牘新鈔三選結鄰集十六
卷…………………………………… 2－500
賴古堂尺牘新鈔二選藏棄集十六卷
…………………………………… 3－418
賴古堂尺牘新鈔三選結鄰集十六卷
…………………………………… 1－33
賴古堂名賢尺牘新鈔十二卷………… 2－427
賴古堂藏書五種 …………………… 1－57
賴古堂藏書甲集十種…………………… 3－339
賴古齋文集八卷…………………………… 3－152
融堂書解二十卷…………………………… 1－116
融堂書解二十卷…………………………… 3－309
頭本天香慶節…………………………… 3－458
醒心軒詩草四卷 …………………… 3－48
醒心寶卷…………………………………… 3－237
醒心寶卷上卷…………………………… 3－113
醒予山房文存八卷…………………… 2－487
醒世日記二卷…………………………… 3－235
醒世佛偈寶卷 ……………………… 3－70
醒世要言四卷…………………………… 3－530
醒世要言四卷…………………………… 3－530
醒世恆言四十卷 …………………… 1－10
醒世姻緣一百回…………………………… 1－374
醒世新編三十二回…………………… 3－283
醒世寶卷…………………………………… 3－286
醒後集五卷 ………………………… 1－35
醒後續集一卷 ……………………… 1－35
醒迷錄…………………………………… 3－220
醒迷錄二卷…………………………… 3－220
醒夢記二十七回…………………………… 3－265
醒夢駢言十二回…………………………… 1－369
醒睡錄初集十卷…………………………… 1－381
醒睡錄初集十卷…………………………… 3－120
醒園錄…………………………………… 2－494
勵志錄二卷…………………………… 3－215
磧砂三體唐詩三卷…………………… 1－413
歷下志遊八卷…………………………… 1－359
歷下志遊八卷…………………………… 1－386
歷史哲學二篇…………………………… 3－396
歷代大儒詩鈔六十卷………………… 2－334
歷代世系紀年編…………………………… 1－490
歷代石經略…………………………… 1－457
歷代石經略二卷…………………………… 1－341
歷代石經略二卷…………………………… 1－455
歷代石經略二卷…………………………… 2－110
歷代甲子紀元表…………………………… 1－327
歷代史表…………………………………… 1－136
歷代史表五十九卷首一卷……………… 1－470
歷代史表五十九卷首一卷……………… 1－482
歷代史表五十九卷首一卷……………… 1－485
歷代史事新論大成二十卷首一卷…… 2－120
歷代史案二十卷…………………………… 2－483
歷代史略鼓兒詞不分卷……………… 3－379
歷代史略六卷…………………………… 2－125
歷代史略鼓詞…………………………… 3－261
歷代史略鼓詞引…………………………… 3－515
歷代史論十二卷…………………………… 1－481
歷代史論十二卷 …………………… 2－81
歷代史論十二卷 …………………… 2－90
歷代史論十二卷 …………………… 2－97
歷代史論十二卷…………………………… 2－158
歷代史論十二卷…………………………… 3－209
歷代史論鈔…………………………… 3－189
歷代史纂左編一百四十二卷 ………… 1－73
歷代史纂左編一百四十二卷………… 1－126
歷代仙史八卷…………………………… 2－193
歷代仙史八卷…………………………… 3－169
歷代仙史八卷…………………………… 3－288
歷代刑官考二卷…………………………… 3－291
歷代地理志韻編今釋二十卷 ………… 2－62
歷代地理志韻編今釋二十卷………… 2－185

歷代地理志韻編今釋二十卷………… 3－291
歷代地理志韻編今釋二十卷………… 3－320
歷代地理沿革表四十七卷…………… 3－319
歷代地理沿革表四十六卷…………… 2－146
歷代地理韻編二十卷 ………………… 2－77
歷代名人小簡二卷…………………… 2－452
歷代名人小簡二卷…………………… 3－378
歷代名人年譜十卷…………………… 1－350
歷代名人年譜十卷…………………… 2－105
歷代名人年譜十卷…………………… 3－199
歷代名人書劄二卷…………………… 2－388
歷代名人書劄二卷…………………… 2－430
歷代名人書劄二卷…………………… 2－452
歷代名人書劄二卷…………………… 3－378
歷代名人書劄二卷續編二卷小簡二
　卷續編二卷………………………… 2－392
歷代名人詞選十三卷………………… 1－407
歷代名臣言行錄……………………… 3－319
歷代名臣言行錄二十四卷…………… 2－101
歷代名臣言行錄二十四卷…………… 2－172
歷代名臣言行錄二十四卷…………… 2－173
歷代名臣言行錄二十四卷…………… 2－174
歷代名臣奏議三百二十卷…………… 3－362
歷代名臣奏議三百十九卷目錄一卷
　…………………………………… 1－73
歷代名臣奏議三百十九卷目錄一卷
　…………………………………… 3－362
歷代名臣傳三十五卷首一卷………… 2－142
歷代名臣傳三十五卷首一卷續編五
　卷………………………………… 1－136
歷代名臣傳三十五卷首一卷續編五
　卷………………………………… 3－135
歷代名臣傳三十五卷續編五卷……… 3－375
歷代名將圖二卷……………………… 2－524
歷代名賢列女氏姓譜一百五十七卷
　…………………………………… 1－7
歷代名賢列女氏姓譜一百五十七卷
　…………………………………… 1－71
歷代名賢列女氏姓譜一百五十七卷
　…………………………………… 1－348
歷代名儒名臣循吏傳五十六卷首一
　卷………………………………… 1－7
歷代名儒傳八卷……………………… 3－135
歷代名儒傳八卷……………………… 3－365
歷代名儒傳四卷……………………… 2－145
歷代宅京記二十卷…………………… 1－358
歷代宅京記二十卷…………………… 3－329
歷代奸庸殷鑒錄 …………………… 3－40
歷代男女齒譜………………………… 2－133
歷代長術輯要十卷…………………… 3－231
歷代兩浙詞人小傳十六卷…………… 1－355
歷代治權分合系統表………………… 3－242
歷代定域史綱四卷 ………………… 3－37
歷代官職表七十二卷………………… 2－152
歷代政要表二卷 …………………… 3－37
歷代貞淫百美詠正續編一卷附合輯
　詩鈔……………………………… 1－236
歷代帝王世系圖……………………… 3－216
歷代帝王世系圖……………………… 3－289
歷代帝王世系圖……………………… 3－290
歷代帝王年表………………………… 1－287
歷代帝王年表………………………… 1－464
歷代帝王年表四卷…………………… 2－141
歷代帝王表…………………………… 1－345
歷代帝王法帖釋文十卷……………… 3－329
歷代帝王法帖釋文十卷……………… 3－329
歷代帝王紀要十二卷首一卷………… 1－349
歷代帝王統系圖考…………………… 2－481
歷代帝后像 ………………………… 2－78
歷代祖師寶卷一卷…………………… 3－496
歷代紀元一卷………………………… 3－149
歷代紀元歌略………………………… 3－191
歷代都江堰功小傳二卷……………… 2－104
歷代都江堰功小傳二卷……………… 3－231
歷代宮閨文選二十六卷……………… 3－327
歷代宮闈詠事詩四卷………………… 3－229
歷代陵寢備攷五十卷………………… 1－347
歷代通鑑輯覽一百二十卷…………… 3－403
歷代通鑑纂要九十二卷……………… 1－7
歷代通鑑纂要九十二卷……………… 1－123
歷代畧………………………………… 3－149

歷代象賢錄二十卷 …………………… 1－73
歷代循吏傳八卷……………………… 1－332
歷代循吏傳八卷……………………… 3－135
歷代循吏傳八卷……………………… 3－365
歷代循良能吏列傳彙鈔……………… 1－490
歷代普慶長春五種…………………… 3－254
歷代畫史彙傳七十二卷首一卷……… 2－304
歷代畫史彙傳七十二卷首一卷總目
　三卷附錄二卷……………………… 1－516
歷代畫家姓氏便覽六卷……………… 1－514
歷代畫像傳四卷……………………… 3－261
歷代統系四卷首一卷………………… 3－178
歷代統系錄六卷……………………… 3－209
歷代統紀表十三卷…………………… 1－486
歷代節義名臣錄十卷………………… 2－170
歷代詩話二十七種五十七卷考索一
　卷…………………………………… 1－100
歷代閨媛小樂府……………………… 3－115
［歷代樂制］ ……………………… 3－514
［歷代樂制］ ……………………… 3－514
歷代諱名考…………………………… 3－162
歷代輿地沿革表十七卷 …………… 2－91
歷代輿地沿革圖校勘記……………… 1－470
歷代輿地沿革險要圖 ……………… 2－80
歷代輿地圖…………………………… 1－487
歷代輿地圖…………………………… 2－184
歷代輿地圖…………………………… 3－443
歷代職官表七十二卷首一卷………… 1－488
歷代職官表七十二卷首一卷………… 1－489
歷代職官表七十二卷首一卷………… 3－319
歷代職官表六卷 …………………… 3－79
歷代鐘鼎彝器款識法帖二十卷……… 1－493
歷科狀元策…………………………… 3－313
［清光緒朝］歷科朝元卷 ………… 1－352
歷朝二十五家詩錄三十七卷首一卷
　…………………………………… 1－437
歷朝文學史一卷……………………… 2－483
歷朝尺牘六卷 ……………………… 1－43
歷朝古體四言詩箋評自知集十三卷
　首一卷 …………………………… 3－76
歷朝名人詞選十三卷………………… 2－362
歷朝名媛尺牘二卷…………………… 2－391
歷朝名媛詩詞十二卷 ……………… 1－28
歷朝名媛詩詞十二卷………………… 1－212
歷朝名媛詩詞十二卷………………… 1－265
歷朝名媛詩詞十二卷………………… 2－422
歷朝名媛詩詞十二卷 ……………… 3－94
歷朝紀事本末七種五百六十六卷…… 3－317
歷朝詞綜九十八卷…………………… 1－544
歷朝統系圖歷朝統系歌略…………… 3－189
歷朝詩要十卷………………………… 2－445
歷朝詩約選九十三卷………………… 1－401
歷朝詩約選九十三卷 ……………… 3－40
歷朝賦楷八卷………………………… 1－406
曆正一卷……………………………… 3－463
［乾隆］曆城縣志五十卷首一卷 …… 3－169
曆科朝元卷…………………………… 3－227
曆算全書……………………………… 1－509
霏雪錄不分卷 ……………………… 1－16
霏雲居集五十四卷 ………………… 1－55
霓裳羽衣……………………………… 3－514
霓裳羽衣十首………………………… 3－463
霓裳羽衣曲全譜一卷………………… 3－463
霓裳雅奏一卷遺興消閒一卷………… 2－536
霓裳雅韻……………………………… 3－106
霓裳續譜八卷 ……………………… 1－40
霓裳續譜八卷 ……………………… 1－40
霓裳續譜八卷 ……………………… 1－40
霓裳續譜八卷………………………… 3－476
霓裳續譜八卷首一卷………………… 3－335
霍氏父子集三種四十卷……………… 1－408
霍勉齋集十三卷……………………… 1－212
［乾隆］冀州志二十卷續編一卷 …… 1－131
冀州城………………………………… 1－319
頻羅庵遺集十六卷…………………… 1－536
頻羅庵遺集十六卷…………………… 2－370
頻羅庵遺集十六卷…………………… 3－128
餐芍華館詩集八卷詞一卷…………… 2－327
餐芍華館隨筆二卷 ………………… 3－21
餐芍華館隨筆二卷…………………… 3－353
餐芍華館遺文三卷…………………… 1－544
餐芍華館遺文三卷 ………………… 3－21

餐芍華館遺文三卷…………………… 3－353
餐花室詩稿十卷詩餘一卷………… 3－275
餐青閣詩詞文稿三卷……………… 2－477
餐楓館文集二卷…………………… 2－329
餐霞樓詩軼稿 ………………………… 3－87
膚齋三子口義三種………………… 1－294
盧戶部詩集十卷…………………… 1－309
[光緒]盧氏縣志十八卷首一卷 ……… 2－55
盧史二公書牘……………………… 1－438
盧昇之集七卷……………………… 2－362
盧忠肅公集十二卷………………… 2－438
盧忠肅公集十二卷首一卷………… 1－536
盧忠肅公集十二卷首一卷………… 1－544
曉瀛遺稿二卷 ………………………… 3－82
曉讀書齋雜錄二卷………………… 3－354
曉讀書齋雜錄四錄各二卷………… 2－233
曇花記二卷五十五出……………… 3－462
曇花記傳奇二卷…………………… 3－470
曇花唫……………………………… 3－173
曇波………………………………… 2－489
曇波………………………………… 3－505
曇波………………………………… 3－507
曇波一卷…………………………… 3－331
曇波一卷…………………………… 3－331
曇香精舍詩草四卷………………… 2－319
曇雲閣詩集八卷…………………… 2－476
曇雲閣詩集八卷…………………… 3－159
螟蛉寶卷 ……………………………… 3－69
器象顯真…………………………… 2－192
器象顯真四卷圖一卷……………… 2－236
器象顯真四卷圖一卷……………… 2－236
戰功紀畧……………………………… 3－9
戰功敘略 ……………………………… 3－24
戰宛城……………………………… 2－489
戰國策十二卷……………………… 1－109
戰國策十卷 …………………………… 2－67
戰國策三十二卷劄記三卷 ………… 2－80
戰國策三十三卷…………………… 1－326
戰國策三十三卷…………………… 1－485
戰國策三十三卷…………………… 2－141
戰國策三十三卷…………………… 2－166
戰國策三十三卷劄記三卷 …………… 2－67
戰國策校注十卷 ……………………… 2－81
戰國策校注三十三卷 ………………… 2－82
戰國策釋地二卷…………………… 2－140
戰綿竹……………………………… 2－490
戰濮陽(曹操角詞) ………………… 2－490
還金鐲八卷………………………… 1－429
還金鐲八卷………………………… 2－399
還金鐲八卷 …………………………… 3－50
還金鐲寶卷 …………………………… 3－65
還珠堂詩鈔………………………… 3－194
還鄉寶卷…………………………… 3－113
還硯齋全集………………………… 2－441
還魂記二卷四十三出……………… 3－424
還魂記二卷四十三出……………… 3－460
還魂記二卷四十三出……………… 3－460
還魂記二卷四十三出……………… 3－462
還讀我書室老人年譜二卷 …………… 2－80
還讀書屋謎稿……………………… 2－516
還讀書屋謎稿 ………………………… 3－98
嶼浮閣集…………………………… 2－502
螾蛣雜記十二卷…………………… 1－375
圜天圖說三卷續編二卷…………… 1－529
圜天圖說三卷續編二卷…………… 1－529
圜容較義一卷……………………… 3－404
[光緒]黔西州志八卷續志六卷 …… 3－141
[光緒]黔江縣志五卷首一卷 ……… 3－143
黔記四卷…………………………… 1－353
[嘉慶]黔記四卷 ……………………… 2－84
黔書二卷 ……………………………… 1－57
黔書二卷 ……………………………… 2－94
黔書四卷…………………………… 3－412
黔詩紀略三十三卷………………… 2－321
黔詩紀略後編三十卷……………… 2－505
憩雲小艇駢體文一卷……………… 3－410
積古齋鐘鼎彝器款識八卷 …………… 2－89
積古齋鐘鼎彝器款識十卷 …………… 3－76
積古齋鐘鼎彝器款識十卷首一卷 …… 3－76
積古齋鐘鼎彝器款識十卷………… 1－493
積古齋鐘鼎彝器款識十卷………… 1－496
積石文稿十八卷…………………… 1－539

積書巖詩集…………………………… 3－258
積書巖六種 ………………………… 1－58
積學齋叢書………………………… 2－6
積學齋叢書………………………… 2－6
積學齋叢書二十種六十一卷………… 2－467
穆天子傳註疏六卷首一卷末一卷…… 1－477
穆伯祺遺文………………………… 3－233
穆勒名學甲乙丙三部……………… 3－348
穆堂別稿五十卷…………………… 2－407
穆堂初稿五十卷…………………… 1－251
穆堂初稿五十卷穆堂別稿五十卷…… 2－381
穆清堂詩鈔三卷…………………… 3－114
穆清堂詩鈔三卷…………………… 3－172
穆爾察福興行述…………………… 2－539
篤素堂文集十六卷 ……………… 1－28
篤素堂文集四卷…………………… 3－255
篤素堂文集四卷…………………… 3－343
篤素堂集鈔三卷…………………… 2－443
篤素堂集鈔三卷…………………… 3－127
篤素堂集鈔三卷…………………… 3－242
篤素堂集鈔三卷…………………… 3－349
篤慎堂燼餘詩稿二卷……………… 3－240
篤實堂文集八卷…………………… 2－480
篤舊集十八卷……………………… 3－104
築圩圖說 ………………………… 2－69
築圩圖說…………………………… 2－288
篔窗集九卷 ……………………… 3－92
篔穀詩集二十卷…………………… 2－502
篠園詩話四卷……………………… 3－132
篷窗吟……………………………… 3－249
篷窗隨錄十四卷附錄二卷續錄二卷
……………………………………… 1－534
舉貢考職同年齒錄 ……………… 3－16
［弘治］興化府志五十四卷 ……… 3－271
［咸豐］興化縣志十卷 ………… 3－141
興清傳……………………………… 2－527
興善南明廣禪師語録不分卷……… 1－156
［咸豐］興義府志七十四卷首一卷 … 2－177
［雍正］興縣志十八卷 ………… 1－134
學古堂日記………………………… 1－457
學古堂日記………………………… 2－193
學古堂日記十六種………………… 1－497
學古堂藏書目……………………… 1－353
學古集四卷附詩論一卷 ………… 3－74
學古編二卷………………………… 1－112
學古齋金石叢書…………………… 1－491
學古齋金石叢書…………………… 1－503
學古齋集三卷……………………… 2－421
學古齋詩草二卷 ………………… 3－55
學仕遺規四卷……………………… 2－207
學仕遺規四卷補四卷……………… 1－138
學仕遺規四卷學仕遺規補四卷…… 3－379
學仕錄十六卷……………………… 2－344
學安心室詩鈔二卷………………… 2－458
學林十卷 ………………………… 1－343
學易集八卷………………………… 1－1
學易集八卷………………………… 1－270
學治一得編不分卷………………… 3－398
學治練行錄二卷…………………… 3－275
學治臆說…………………………… 3－399
學治臆說二卷……………………… 2－190
學津討原…………………………… 3－411
學校制度…………………………… 2－173
學校管理術不分卷………………… 3－355
學部官制並改設國子監官缺章程…… 2－109
學部官制並改設國子監官缺章程…… 2－109
學部官制並改設國子監官缺章程…… 3－532
學部官報…………………………… 2－125
學部官報一百二十五期 ………… 3－15
學部奏咨輯要四卷………………… 2－107
學海堂二集二十二卷……………… 1－545
學海堂三集二十四卷……………… 1－545
學海堂四集二十八卷……………… 1－545
學海堂集…………………………… 1－541
學海堂集十六卷…………………… 1－545
學海堂集初集十六卷……………… 2－357
學海堂集初集十六卷二集二十二卷
三集二十四卷……………………… 1－425
學海堂叢刻………………………… 2－3
學海堂叢刻………………………… 2－461
學案小識十四卷首一卷末一卷…… 2－188
學案小識十四卷首一卷末一卷 …… 3－27

學堂日記故事圖說 …………………… 3－242
學畧 ……………………………………… 2－258
學庸意三卷 ………………………… 2－14
學爲福齋詩 ………………………… 3－257
學詁齋文集二卷 …………………… 2－332
學詁齋文集二卷 …………………… 2－441
學統五十三卷 ……………………… 1－84
學部通辯前編三卷後編三卷續編三
卷終編三卷 ………………………… 3－409
學詩詳説三十卷正詁五卷 ………… 1－458
學壽堂叢書十二種 ………………… 2－6
學壽堂叢書十二種 ………………… 2－466
學算筆談十二卷 …………………… 1－382
學徵 ……………………………………… 2－257
學餘録四卷 ………………………… 3－442
學廬自鏡語一卷 …………………… 3－269
盥廬詞一卷 ………………………… 2－483
盥廬詞看鏡詞 ……………………… 2－487
儒先晤語二卷 ……………………… 2－198
儒林外史五十六回 ………………… 1－9
儒林外史五十六回 ………………… 1－387
儒林外史五十六回 ………………… 3－482
儒林宗派十六卷 …………………… 1－12
儒林宗派十六卷 …………………… 2－156
儒林宗派十六卷 …………………… 3－311
儒門事親十五卷 …………………… 1－86
儒門事親十五卷 …………………… 1－198
儒門法語 …………………………… 2－190
儒門法語 …………………………… 2－289
儒門法語 …………………………… 3－432
儒門法語輯要 ……………………… 2－287
儒門法語輯要 ……………………… 3－126
儒門醫學三卷 ……………………… 2－266
儒門醫學三卷 ……………………… 2－534
儒門醫學三卷附卷一卷 …………… 1－389
儒酸福傳奇 ………………………… 1－421
儒酸福傳奇二卷 …………………… 2－501
儒酸福傳奇二卷 …………………… 3－472
儒釋道平心論二卷 ………………… 2－215
[乾隆]衡水縣志十四卷 ………… 3－373
衡曲麈譚一卷 ……………………… 3－161
衡州開峰密行忍禪師語録四卷 …… 1－178
[同治]衡陽縣圖志十二卷 ……… 2－55
衡嶽志八卷 ………………………… 1－119
錯中錯二卷 ………………………… 1－422
錯中錯二卷三十六出 ……………… 3－489
錢氏小兒直訣四卷 ………………… 2－534
錢氏小兒藥證直訣三卷 …………… 1－88
錢氏小兒藥證直訣三卷附方一卷 … 2－197
錢氏小兒藥證直訣三卷附方一卷 … 2－272
錢氏政學三種 ……………………… 1－346
錢氏政學五種十五卷 ……………… 1－353
錢孝子寶卷 ………………………… 3－113
錢志新編二十卷首一卷 …………… 1－494
錢果順回文寶傳 …………………… 2－498
錢制紀略一卷 ……………………… 3－30
錢牧齋文鈔 ………………………… 2－383
錢牧齋文鈔 ………………………… 2－447
錢牧齋先生尺牘三卷 ……………… 3－1
錢牧齋晚年文 ……………………… 3－247
錢物轉流原理 ……………………… 2－254
錢注杜工部集二十卷 ……………… 2－438
錢南園先生遺集五卷 ……………… 2－370
錢南園先生遺集五卷 ……………… 2－449
錢南園先生遺集五卷 ……………… 3－301
錢神志七卷 ………………………… 1－362
錢神志七卷 ………………………… 1－534
錢陟園考訂資治通鑑綱目五十九卷
……………………………………… 2－159
錢敏肅公奏疏七卷 ………………… 1－486
錢敏肅公奏疏七卷 ………………… 2－83
錢敏肅公奏疏七卷 ………………… 2－89
錢雲藏龜藏陶 ……………………… 1－495
錢塘夢一卷 ………………………… 1－14
錢塘遺事十卷 ……………………… 1－117
[康熙]錢塘縣誌三十六卷首一卷 … 1－334
錫山文集二十卷 …………………… 1－419
錫山秦氏詩鈔十卷首一卷 ………… 1－438
錫山景物略十卷 …………………… 3－25
錫山景物略十卷 …………………… 3－206
錫山遊庠錄二卷首一卷 …………… 3－502
錫六環 ……………………………… 3－473

錫六環二卷二十四回 ………………… 3－514
[光緒]錫金鄉土歷史二卷 ………… 3－141
錫金遊庠錄 ………………………… 3－92
錫慶堂詩集八卷 …………………… 3－276
錦上花 ……………………………… 2－473
錦帆集四卷去吳七牘一卷 ………… 1－43
錦江禪燈二十卷首一卷 …………… 1－178
錦里新編十六卷首一卷 …………… 1－470
錦里新編十六卷首一卷 …………… 3－73
錦官堂詩草 ………………………… 3－251
錦城紀略錦城詩存 ………………… 3－237
錦香亭四卷十六回 ………………… 2－518
錦香亭四卷十六回 ………………… 3－485
錦香亭全集三十二卷 ……………… 1－429
錦箋記二卷 ………………………… 1－236
錦箋記二卷 ………………………… 3－423
錦箋記二卷四十四出 ……………… 3－460
錦箋記二卷四十出 ………………… 3－462
錦繡乾坤應用錄 …………………… 2－196
錦繡萬花谷前集四十卷後集四十卷
續集四十卷 ……………………… 1－326
錦繡萬花谷前集四十卷後集四十卷
續集四十卷別集三十卷 ………… 1－92
歙西槐塘程松崖正通先生眼科家傳
秘本 ……………………………… 2－526
歙西槐塘程松崖正通先生眼科家傳
秘本 ……………………………… 2－526
館律分韻初編六卷 ………………… 3－122
館律分韻初編六卷 ………………… 3－122
館議類鈔八卷 ……………………… 3－33
雕菰樓集二十四卷 ………………… 2－405
雕菰樓集二十四卷 ………………… 2－444
雕龍五美 …………………………… 3－307
雕龍扇 ……………………………… 3－102
雕龍扇 ……………………………… 3－306
雕龍扇寶卷 ………………………… 3－66
雕龍扇寶卷 ………………………… 3－170
雕龍扇寶卷 ………………………… 3－171
雕龍扇寶卷 ………………………… 3－307
雕龍寶卷 …………………………… 3－70
鮑公年譜 …………………………… 3－8
鮑氏叢書十五種 …………………… 1－441
鮑明遠集三卷 ……………………… 2－429
鮑紅葉叢書 ………………………… 2－3
鮑參軍詩注四卷 …………………… 3－207
鮑超新文 …………………………… 3－52
[光緒]獲鹿縣志十四卷首一卷末一
卷 ………………………………… 2－72
[光緒]獲鹿縣志十四卷首一卷末一
卷 ………………………………… 2－178
[光緒]獲鹿縣志十四卷首一卷末一
卷 ………………………………… 3－392
獨山平匪記 ………………………… 1－491
獨立閣叢報 ………………………… 3－44
獨快山房文集 ……………………… 3－184
獨鹿山房詩稿 ……………………… 3－441
獨漉子詩文全集十六卷 …………… 2－440
獨漉堂文集十五卷 ………………… 3－44
獨漉堂詩集十六卷 ………………… 3－44
獨醒雜誌十卷附錄一卷 …………… 1－379
獨學廬一稿三卷 …………………… 3－347
獨學廬二稿詩三卷文三卷 ………… 3－347
獨學廬三稿五卷 …………………… 3－347
獨學廬三稿五卷 …………………… 3－347
獨學廬初稿四卷 …………………… 3－347
獨學廬初稿詩八卷文三卷讀左卮言
一卷漢書刊訛一卷 ……………… 1－95
獨學廬初稿詩八卷文三卷讀左卮言
一卷漢書刊訛一卷 ……………… 1－259
獨斷 ………………………………… 2－312
獨斷一卷 …………………………… 3－434
獨斷一卷 …………………………… 3－434
獨斷二卷 …………………………… 1－285
獪園十六卷 ………………………… 1－317
獪園十六卷 ………………………… 3－301
獪園十六卷 ………………………… 3－301
獪園十六卷 ………………………… 3－336
獪園志異十六卷 …………………… 1－374
獪園志異十六卷 …………………… 1－375
鴛水聯唫二十集 …………………… 2－403
鴛央湖櫂歌 ………………………… 1－255

鴛湖用禪師住福建建寧府普明寺語
録二卷…………………………… 1－155
鴛湖求舊録四卷 ……………………… 3－28
鴛湖求舊録四卷 ……………………… 3－74
鴛鴦扣子弟書二十四回……………… 3－468
鴛鴦宜福館吹月詞二卷……………… 2－492
鴛鴦會八回…………………………… 1－371
鴛鴦樓總綱十出……………………… 3－462
鴛鴦影十八回………………………… 3－484
鴛鴦鏡傳奇二十出…………………… 3－472
鴛鴦鏡傳奇十出 ……………………… 3－48
謀夫害妾寶卷 ………………………… 3－71
謀野集十卷 …………………………… 1－48
謀野集刪二卷………………………… 2－433
謀野集刪二卷………………………… 2－434
謀族寶卷 ……………………………… 3－66
謀族寶卷 ……………………………… 3－72
諫止和議奏疏四卷…………………… 3－185
諫垣奏稿撫滇奏稿撫滇會奏稿督滇
奏稿貳部奏稿撫黔奏稿撫桂奏稿
撫汴奏稿……………………………… 1－257
諧史四卷……………………………… 1－377
諧聲補逸十四卷 ……………………… 1－66
諧鐸十二卷…………………………… 2－391
諧鐸十卷……………………………… 1－377
諧鐸抄存……………………………… 3－407
謔語奇緣……………………………… 3－489
［光緒］諭旨 ………………………… 3－330
［光緒］諭旨 ………………………… 3－330
諭摺彙存……………………………… 1－346
諭摺彙存……………………………… 1－346
諭摺彙存……………………………… 1－347
諭摺彙存……………………………… 1－347
諭摺彙存……………………………… 1－347
諭摺彙存……………………………… 1－347
諭摺彙存……………………………… 1－348
諭摺彙存……………………………… 1－349
諭摺彙存……………………………… 1－351
諭摺彙存……………………………… 2－101
謎拾 …………………………………… 3－99
謎拾…………………………………… 3－291
謎拾二卷……………………………… 3－232
謎拾二卷……………………………… 3－355
諮議局籌辦處規則…………………… 2－116
憑几集五卷續集二卷 ………………… 1－47
憑山閣留青廣集十二卷……………… 1－311
凝香室鴻雪因緣圖記………………… 1－515
凝香閣詩鈔…………………………… 2－421
凝翠樓集四卷………………………… 1－256
凝翠樓集四卷………………………… 2－420
凝齋先生遺集………………………… 2－356
磨盾餘談……………………………… 2－284
磨盾餘談……………………………… 2－457
磨綺室詩存…………………………… 3－245
磨綺室詩存一卷……………………… 2－402
磨甋齋文存一卷……………………… 2－409
磨盦雜存……………………………… 3－243
麈談拾雅 ……………………………… 3－90
辨志文會課藝初集…………………… 3－136
辨忠篇二卷…………………………… 3－442
辨論篇………………………………… 1－529
辨證冰鑑十二卷……………………… 2－270
辨證奇聞十卷………………………… 1－509
辨證奇聞十卷………………………… 1－524
辨證錄十四卷………………………… 3－187
辨證錄十四卷洞垣全書脈訣闡微一
卷……………………………………… 1－247
親征平定朔漠方略四十八卷………… 1－133
親屬記二卷 …………………………… 2－45
龍山社謎……………………………… 2－327
龍川文集三十卷……………………… 1－102
龍川文集三十卷……………………… 1－218
龍川文集三十卷……………………… 2－459
龍川文集三十卷附錄一卷辨僞考異
二卷…………………………………… 1－536
龍川文集三十卷辨僞考異二卷附錄
一卷…………………………………… 2－362
龍川先生文集三十卷………………… 1－294
龍川集三十卷………………………… 2－448
龍井見聞錄十卷……………………… 3－185
龍井見聞錄十卷首一卷……………… 3－116
龍文鞭影二卷………………………… 1－328

龍文鞭影二卷…………………………… 3－517
龍文鞭影三集…………………………… 2－324
龍文鞭影四卷…………………………… 2－416
龍文鞭影初二集四卷…………………… 2－287
龍文鞭影初集二卷二集二卷………… 3－322
龍光達夫禪師雞肋集………………… 1－187
龍舟會雜劇……………………………… 3－280
龍舟會雜劇四折………………………… 3－474
龍米陶器製造圖………………………… 3－234
[嘉慶]龍州紀略二卷　……………… 3－277
龍州雜俎三卷…………………………… 3－382
龍州雜俎三卷附錄一卷……………… 3－370
龍池幻有禪師語録十二卷…………… 1－141
龍池幻有禪師語録十二卷…………… 1－159
龍虎征南[鼓詞]　…………………… 1－51
龍岡山人文鈔　………………………… 3－20
龍岡山人全集文十卷詩十八卷詩鈔
　二卷駢文一卷………………………… 2－354
龍岡山人詩鈔十八卷………………… 3－440
龍性堂詩集二卷………………………… 1－251
龍性堂詩話二卷………………………… 2－503
龍泓山人印譜…………………………… 1－526
龍威祕書十集…………………………… 1－440
龍威秘書………………………………… 2－7
龍泉園集………………………………… 2－338
龍泉園集十二卷………………………… 2－403
龍泉園集十二卷………………………… 2－435
龍洲詞　………………………………… 3－39
龍莊遺書十五卷………………………… 2－155
龍莊遺書十五卷………………………… 2－155
龍畐案寶卷……………………………… 3－112
龍舒淨土文十卷首一卷末一卷……… 2－227
龍湖槜李題詞…………………………… 3－248
龍湫嗣音集十二卷　………………… 3－57
[乾隆]龍溪縣志二十四卷增編二
　卷　…………………………………… 2－90
龍圖公案十卷…………………………… 2－394
龍圖公案十卷六十二事……………… 1－368
龍圖案寶卷……………………………… 3－111
龍圖詩集六卷…………………………… 3－136
龍圖寶卷二卷…………………………… 3－498
龍鳳奇緣[鼓詞]　…………………… 1－51
龍鳳金釵寶卷一卷……………………… 3－495
龍鳳珠球寶卷　………………………… 3－66
龍鳳釵…………………………………… 3－102
龍鳳報四卷……………………………… 2－526
龍膏記二卷三十出……………………… 3－333
龍膏記二卷三十出……………………… 3－424
龍膏記二卷三十出……………………… 3－461
龍膏記二卷三十出……………………… 3－461
龍潭山志二卷首一卷　……………… 2－62
龍興祥符戒壇寺志十二卷　………… 2－75
龍燈曲譜………………………………… 3－514
龍燈寶卷　……………………………… 3－63
龍燈寶卷　……………………………… 3－66
龍燈寶卷………………………………… 3－170
龍藏般若經節要二卷………………… 2－226
龍谿王先生全集二十二卷大象義述
　一卷　………………………………… 1－98
龍谿王先生全集二十二卷大象義述
　一卷…………………………………… 1－231
龍谿王先生全集二十二卷大象義述
　一卷…………………………………… 1－307
龍谿王先生墓誌銘……………………… 1－231
龍谿王先生墓誌銘……………………… 1－307
龍谿王先生傳…………………………… 1－231
龍谿王先生傳…………………………… 1－307
龍壁山房文集五卷詩草十七卷……… 2－327
龍壁山房詩草十七卷………………… 3－158
龍顧山房詩餘續集一卷……………… 3－503
龍龕手鑑四卷…………………………… 1－342
憺園文集三十六卷…………………… 1－259
憺園草二卷補遺一卷………………… 3－258
憶秋軒詩抄……………………………… 3－447
憶雲詞一卷附刪存……………………… 1－302
憶雲詞甲稿一卷乙稿一卷丙稿一卷
　丁稿一卷……………………………… 2－483
憶雲詞甲稿一卷乙稿一卷丙稿一卷
　丁稿一卷刪存一卷微波詞一卷…… 3－293
憶園詩鈔六卷　………………………… 3－55
燒餅歌　………………………………… 3－26
燒餅歌　………………………………… 3－52

螢窗異草二編四卷…………………… 1－385
螢窗異草三編…………………………… 1－384
螢窗異草初編四卷二編四卷三編四
　卷……………………………………… 2－391
螢窗異草初編四卷二編四卷三編四
　卷四編四卷………………………… 3－287
營工要覽四卷…………………………… 1－394
營工要覽四卷…………………………… 2－232
營工要覽四卷…………………………… 2－235
營伍約編………………………………… 3－144
營城揭要二卷…………………………… 1－389
營城揭要二卷附圖……………………… 2－234
營城揭要二卷附圖……………………… 2－234
營壘圖說………………………………… 1－391
營壘圖說炮准心法……………………… 2－317
縈清樓集四卷…………………………… 2－482
燈月傳四卷……………………………… 2－490
燈月傳四卷二十回……………………… 1－405
燈月緣二十回 ………………………… 3－95
燈社嬉春集二卷………………………… 3－519
燈虎……………………………………… 3－125
燈昏鏡曉詞二卷………………………… 2－369
燈昏鏡曉詞四卷………………………… 2－385
燈昏鏡曉詞四卷………………………… 2－488
燈昏鏡曉詞四卷………………………… 3－135
燈昏鏡曉詞四卷附錄聚紅榭雅集詞
　一卷 ………………………………… 3－99
燈謎偶存 ……………………………… 3－93
濊唐詩集十四卷………………………… 3－123
［嘉慶］澠池縣志十六卷 ……………… 3－177
澧西草堂文集八卷……………………… 2－452
［嘉慶］澧志要舉三卷 ………………… 2－56
澤古齋文鈔三卷補遺一卷……………… 2－493
澤古齋詩鈔一卷語錄二卷……………… 3－253
澤存堂五種……………………………… 1－295
澤存堂五種……………………………… 1－445
澤存堂五種 …………………………… 2－29
澤存堂叢刻五種 ……………………… 1－62
澤存堂叢刻五種………………………… 1－106
澤宮序次舉要二卷……………………… 2－503
澤雅堂文集八卷………………………… 2－481
澤雅堂詩集六卷………………………… 2－481
澤雅詩集………………………………… 2－532
澹川文稿四卷詩存二卷賦鈔一卷…… 1－247
澹川賸稿………………………………… 2－471
澹如山房詩稿十卷……………………… 3－165
澹如菊室謎稿 ………………………… 3－98
澹香樓詩鈔題辭七卷續刻一卷……… 3－134
澹香齋詠史詩…………………………… 1－420
澹堪詩草………………………………… 2－419
澹無爲齋詩稿五卷……………………… 3－232
澹遠堂臨黄庭經………………………… 1－195
澹園述異四卷…………………………… 3－209
澹園詩文集……………………………… 2－420
澹園詩存………………………………… 3－250
澹粹軒詩草二卷 ……………………… 3－73
澹餘詩略三卷 ………………………… 3－56
澹餘詩集四卷 ………………………… 3－75
澹靜齋全集……………………………… 2－409
澹靜齋全集文八卷詩六卷……………… 2－346
澹靜齋集………………………………… 1－422
澹藕軒詩初稿四卷詞一卷序目一卷
　……………………………………… 3－252
濂亭文集八卷…………………………… 1－417
濂亭文集八卷…………………………… 2－349
濂亭文集八卷…………………………… 2－444
濂亭文集八卷…………………………… 2－524
濂亭文集八卷 ………………………… 3－60
濂亭詩文集文八卷詩二卷……………… 2－356
濂亭遺文五卷…………………………… 2－524
濂洛風雅六卷…………………………… 2－436
濂洛關閩書十九卷……………………… 1－199
濂溪志七卷……………………………… 3－182
憲法 …………………………………… 2－96
憲法……………………………………… 2－119
憲法古義三卷…………………………… 3－434
憲法精理二卷…………………………… 3－372
憲政分年籌備事宜表…………………… 2－117
憲政分年籌備事宜表…………………… 2－117
憲政分年籌備事宜表…………………… 2－117
憲政編查館奏核訂京師地方自治章
　程暨選舉章程摺……………………… 3－532

憲政編查館奏擬將官制提前官俸展
後摺 …………………………… 2－88
憲政編查館奏議覆禮親王等奏京旗
專額議員援案免扣資俸摺………… 2－121
憲政編查館會奏現行刑律修改各條
清單…………………………………… 2－183
憲政編查館會奏遵議憲法大綱暨選
舉各法摺不分卷附清單二件……… 3－382
憲政編查館會奏遵議憲法大綱暨議
院選舉各法並逐年應行籌備事宜
摺不分卷附清單二件……………… 3－399
憲政編查館會奏覆核各衙門簽注行
政綱目摺…………………………… 3－327
憲章錄四十七卷 …………………… 1－69
憲廟硃批諭旨……………………… 3－301
寰宇貞石圖………………………… 1－376
寰宇訪碑錄十二卷………………… 1－493
寰宇訪碑錄十二卷 ………………… 2－69
寰宇訪碑錄十二卷 ………………… 2－71
寰宇訪碑錄正編六卷續編五卷失編
一卷 ………………………………… 2－83
窺生鐵齋詩詞希晦堂遺文雜著……… 3－226
窺園詩鈔五卷末一卷附詞鈔一卷…… 3－516
窺園詩鈔六卷……………………… 3－291
禪月集十二卷……………………… 1－233
禪月集十二卷……………………… 2－340
禪仙逸史二十出…………………… 1－319
禪仙逸史二十出…………………… 3－447
禪林僧寶傳三十卷首一卷續補一卷
…………………………………………… 3－373
禪林僧寶傳三十卷首一卷補一卷附
一卷…………………………………… 2－251
禪林寶訓四卷……………………… 3－390
禪林寶訓四卷……………………… 3－390
禪林寶訓四卷……………………… 3－390
禪林寶訓四卷……………………… 3－390
禪林寶訓四卷……………………… 3－390
禪林寶訓四卷……………………… 3－390
禪林寶訓四卷……………………… 3－390
禪林寶訓四卷……………………… 3－390
禪林寶訓四卷……………………… 3－390
禪林寶訓四卷……………………… 3－428
禪林寶訓筆說三卷………………… 2－241
禪門日誦…………………………… 2－217
禪門日誦二卷……………………… 2－238
禪門日誦二卷……………………… 3－429
禪門鍛煉說………………………… 2－224
禪宗正脉十卷……………………… 1－150
禪宗頌古聯珠通集四十卷………… 1－162
禪律淨三經三種後附一卷………… 2－251
禪祕要法經三卷…………………… 1－179
禪真逸史…………………………… 1－371
禪真逸史八卷四十四回…………… 1－371
禪源諸詮集都序四卷……………… 2－218
禪源諸詮集都序四卷……………… 2－230
禪隱詩……………………………… 3－251
禪關策進前後集…………………… 2－218
[乾隆]閿鄉縣志十二卷首末二卷 … 2－180
閻潛北先生年譜…………………… 2－183
閻潛北先生年譜…………………… 2－533
閻潛邱年譜四卷…………………… 3－215
避暑錄話二卷……………………… 3－416
避債台四折………………………… 3－475
彊自寬齋外集詩二卷文二卷……… 3－259
隰西草堂詩集五卷文集三卷……… 2－479
隱秀軒集三十三卷 ………………… 1－99
隱拙齋集二十三卷………………… 1－269
隱居通議三十一卷………………… 3－161
隱語萃菁 …………………………… 3－93
隱龕詩集三卷……………………… 3－364
彝軍紀畧 …………………………… 3－14
彝壽軒詩鈔十一卷煙波雨唱詞四卷
…………………………………………… 3－164

十七畫

麗澞薈錄十四卷…………………… 3－131
麗澞薈錄十四卷…………………… 3－277
麗澞澞薈錄十四卷 ………………… 3－45
環山樓詩草二卷…………………… 2－484
環天室古近體詩類選五卷後集一卷
…………………………………………… 3－342

環天室古近體詩類選五卷後集一卷 …………………………………… 3－342
環天室詩集 ………………………………… 2－449
環地福分類字課圖說八卷 …………… 2－14
環帶記 ……………………………………… 2－513
環帶記 ……………………………………… 2－513
環遊地球新錄 …………………………… 2－85
環溪吳氏家譜四卷 ……………………… 3－298
環溪詩話 …………………………………… 3－240
環影一折 …………………………………… 3－475
贅言存稿 …………………………………… 3－275
幫會歌詞 ………………………………… 3－52
趨庭紀述二卷首一卷 …………………… 3－135
戴氏三俊集三種 ………………………… 3－250
戴氏遺書 …………………………………… 1－246
戴氏遺書十六種 ………………………… 1－545
戴東原集十二卷首一卷 ………………… 2－433
戴南山文集十六卷 ……………………… 2－438
戴南山文鈔六卷 ………………………… 2－327
戴段合刻二十四卷首一卷 ……………… 2－326
戴著五種附二種 ………………………… 3－156
戴褐夫集一卷補遺一卷續補遺一卷附紀行一卷紀略一卷年譜一卷戴刻戴褐夫集目錄一卷 ………………… 2－428
戴褐夫集一卷補遺一卷續補遺一卷附紀行一卷紀略一卷年譜一卷戴刻戴褐夫集目錄一卷 ………………… 2－428
壎篪集十卷 ……………………………… 3－78
壎篪集十卷 ………………………………… 3－131
聲中詩十四卷 ……………………………… 1－434
聲玉山齋詩集十卷 ……………………… 3－92
聲律表 ……………………………………… 2－315
聲律發蒙二卷 ……………………………… 1－321
聲律發蒙二卷 ……………………………… 3－217
聲畫集八卷 ………………………………… 1－313
聲調三譜十四卷 ………………………… 3－179
聲調三譜四卷 ……………………………… 3－344
聲調前譜一卷後譜一卷 ………………… 1－243
聲調前譜一卷後譜一卷續譜一卷談龍錄一卷 ………………………………… 1－216
聲調前譜一卷聲調後譜一卷聲調續譜一卷談龍錄一卷 …………………… 1－24
聲調譜 ……………………………………… 1－378
聲學八卷 …………………………………… 1－390
聲學八卷 …………………………………… 2－314
聲譜二卷聲說二卷 ……………………… 3－167
聲韻同然集四卷 ………………………… 3－512
聲類四卷 ………………………………… 2－29
聰山集 ……………………………………… 1－218
聰山集 ……………………………………… 1－311
聰訓齋語 …………………………………… 2－384
聰訓齋語二卷 ……………………………… 3－429
聯句私抄四卷 ……………………………… 3－510
鞠部明僮選勝錄 ………………………… 2－489
鞠部群英 …………………………………… 3－265
鞠臺集秀一卷 ……………………………… 3－307
鞠臺集秀一卷 ……………………………… 3－307
藍山集六卷 ……………………………… 3－57
藍山詩集六卷 ……………………………… 2－533
藍山詩集六卷首一卷 …………………… 3－79
藍戶部集二十八卷 ……………………… 1－207
藍皮書上海撤兵始末不分卷 …………… 3－382
藍澗詩集六卷 …………………………… 3－57
藍關寶卷 …………………………………… 3－287
藏山堂遺篇 ………………………………… 3－246
藏事舉要 ………………………………… 3－17
藏事舉要不分卷 ………………………… 3－348
藏神寶卷 ………………………………… 3－68
藏海園酬唱集 ……………………………… 1－403
藏書十約 …………………………………… 2－254
藏書十約不分卷 ………………………… 3－369
藏書六十卷續藏書二十七卷 ………… 1－75
藏書紀事詩六卷 ………………………… 1－465
藏書紀事詩六卷 ………………………… 1－465
藏書樓駢文鈔二卷 ……………………… 2－359
藏蒙語彙 …………………………………… 3－522
藏園九種曲 ………………………………… 1－402
藏園九種曲 ………………………………… 2－415
藏園九種曲二卷四十一出 ……………… 3－470
藏園詩鈔 …………………………………… 2－473
藏園詩鈔 …………………………………… 3－217

藏園詩鈔…………………………… 3－231
藏鉤家慶　瑞應三星………………… 3－450
藏輶隨記 ……………………………… 3－16
藏齋詩鈔…………………………… 2－473
藏瞻奏稿三卷 ……………………… 3－36
薰蕕並載四卷……………………… 1－375
舊五代史一百五十卷 ……………… 2－88
舊五代史一百五十卷目錄二卷 ……… 1－75
舊五代史一百五十卷目錄二卷……… 1－131
舊五代史一百五十卷目錄二卷……… 1－135
舊五代史一百五十卷目錄二卷……… 1－360
舊五代史一百五十卷目錄二卷……… 2－165
舊五代史一百五十卷目錄二卷……… 3－426
舊五代史一百五十卷目錄二卷附考
證……………………………… 3－359
舊月簃詞 ……………………………… 3－58
舊抄本書囊記三卷………………… 2－315
舊抄皮黃總本九種………………… 3－454
舊雨草堂詩八卷附詩餘一卷………… 1－276
舊唐史逸文十二卷………………… 2－142
舊唐書二百十四卷 ………………… 2－64
舊唐書二百卷……………………… 1－125
舊唐書二百卷……………………… 1－360
舊唐書二百卷……………………… 2－165
舊唐書二百卷……………………… 3－425
舊鈔本曲詞………………………… 3－100
舊德堂叢書二十一種……………… 1－441
舊德集十四卷……………………… 3－162
舊德集十四卷……………………… 3－291
薲華屋蜕稿一卷…………………… 3－514
韓子二十卷………………………… 1－137
韓子二十卷………………………… 1－137
韓子粹言一卷……………………… 1－199
韓子粹言一卷……………………… 1－239
韓五泉附錄一卷 …………………… 1－26
韓五泉附錄二卷…………………… 1－119
韓五泉附錄二卷…………………… 1－216
韓五泉詩四卷 ……………………… 1－26
韓五泉詩四卷……………………… 1－119
韓五泉詩四卷……………………… 1－216
韓氏醫通二卷……………………… 1－142
韓文起十二卷……………………… 3－394
韓文類譜七卷……………………… 3－215
韓仙全傳二十四回………………… 3－279
韓江雅集十二卷…………………… 1－254
韓安人遺詩一卷 …………………… 1－26
韓安人遺詩一卷…………………… 1－119
韓安人遺詩一卷…………………… 1－216
韓非子二十卷 ……………………… 1－83
韓非子二十卷 ……………………… 1－84
韓非子二十卷……………………… 2－255
韓非子二十卷……………………… 2－255
韓非子二十卷……………………… 2－300
韓非子二十卷……………………… 3－440
韓非子二卷 ………………………… 1－85
韓非子集解二十卷首一卷………… 1－514
韓非子集解二十卷首一卷………… 2－264
韓非子集解二十卷首一卷………… 2－298
韓非子集解二十卷首一卷………… 2－307
韓昌黎文啓三卷 …………………… 1－42
韓昌黎全集四十卷………………… 2－422
韓昌黎全集四十卷外集十卷遺文一
卷……………………………… 3－439
韓昌黎集四十卷…………………… 2－447
韓昌黎詩集編年箋注十二卷 ……… 1－42
韓昌黎詩集編年箋注十二卷……… 1－204
韓昌黎詩集編年箋注十二卷……… 2－388
[乾隆]韓城縣志十六卷首一卷 …… 1－118
[嘉慶]韓城縣續志五卷 ………… 2－55
韓柳年譜八卷……………………… 1－345
韓柳全集…………………………… 1－230
韓祖成仙寶傳二十四回…………… 2－516
韓原呂守謙知非吟不分卷………… 1－291
韓集補注…………………………… 2－443
韓集補注一卷……………………… 2－330
韓集點勘四卷……………………… 2－382
韓集點勘四卷……………………… 2－454
韓集點勘四卷……………………… 3－439
韓湘子九度文公全本三卷 ………… 3－96
韓湘子昇仙二十四回……………… 3－285
韓湘寶卷二卷十八回……………… 3－499
韓詩外傳十卷……………………… 1－414

韓詩外傳十卷 2－356
韓詩外傳十卷 2－383
韓詩外傳十卷 3－442
韓詩遺說續考四卷 3－203
韓魏公言行錄 1－345
韓魏公集二十卷 3－290
隸經雜箸甲編二卷乙編二卷 3－322
隸經雜箸四種 1－459
隸篇十五卷再續十五卷 1－500
隸篇十五卷續十五卷再續十五卷 1－496
隸篇十五卷續十五卷再續十五卷 3－323
隸辨八卷 1－78
隸辨八卷 1－107
隸辨八卷 1－114
隸辨八卷 1－116
隸辨八卷 1－343
隸辨五卷 2－259
隸韻十卷碑目一卷 1－453
隸韻十卷碑目一卷 2－8
隸韻十卷碑目一卷考證一卷 1－450
隸釋二十七卷隸續二十一卷 1－498
隸釋二十七卷續二十一卷 1－501
樫華館全集散體文六卷駢體文一卷古近體詩四卷雜錄一卷 2－340
樫華館試帖彙鈔輯注十卷 3－518
檢骨格 2－528
檢驗集證 2－471
檜門詩存四卷附鄉賢崇祀錄 2－454
檜門觀劇詩三卷 2－476
檀几叢書 1－444
檀几叢書一百五十六種一百五十六卷 1－57
檀几叢書三集一百五十六種一百五十六卷 1－288
檀几叢書五十卷二集五十卷餘集二卷 2－460
檀几叢書餘集二卷 3－306
檀弓批本二卷 2－45
檀弓解一卷 2－47
轅下吟編 2－437
轅門抄[咸豐、同治、光緒] 3－38
轅門斬子 3－228
轅門點將敗惇 2－512
轅韶集六卷 1－263
擊壤吟社 1－291
臨川先生文集一百卷目錄二卷 1－104
臨川吳文正公年譜一卷 1－25
臨川吳文正公集四十九卷道學基統一卷外集三卷 1－25
臨川夢 2－525
臨川夢二卷 2－385
臨川夢二卷二十出 3－124
臨文便覽 2－20
臨文便覽 3－137
臨文便覽 3－168
臨平記四卷附錄一卷補遺四卷 1－362
臨江鄉人集拾遺一卷 3－352
臨江鄉人詩四卷 3－352
臨江鄉人詩四卷拾遺一卷 2－386
臨江樓六卷 2－536
[咸淳]臨安志一百卷 1－476
[咸淳]臨安志一百卷 1－476
[咸淳]臨安志一百卷 2－57
[咸淳]臨安志一百卷 2－146
[乾道]臨安志十五卷首一卷 3－176
[乾道]臨安志三卷 3－267
[光緒]臨朐縣志十六卷 2－176
臨陣傷科捷要四卷 2－212
臨陣傷科捷要四卷圖一卷 1－393
臨陣管見九卷 1－394
臨陣管見九卷 2－252
臨陣管見九卷 2－252
臨陣管見九卷 2－314
臨海全集十卷序目一卷 3－261
臨野堂文集十卷詩集十三卷詩餘二卷尺牘四卷 1－37
[乾隆]臨清直隸州志十一卷首一卷 1－285
臨淮詩集二卷 1－274
[乾隆]臨榆縣志十四卷 2－177
[光緒]臨榆縣志二十四卷 3－289
[康熙]臨潼縣志八卷 1－120

臨證指南醫案十卷 …… 2－210
磵東詩鈔二卷 …… 2－402
磵東詩鈔十卷 …… 3－172
皤邨詩集不分卷 …… 1－215
霜天碧 …… 3－279
霜天碧六出 …… 3－475
霜紅龕全集四卷補遺五卷咳唾珠玉二卷 …… 2－348
霜紅龕集四十卷附録三卷年譜一卷 …… 1－543
霜紅龕集四十卷附録三卷年譜一卷 …… 3－25
霜紅龕集詞曲不分卷 …… 3－475
霜傑齋詩二卷補遺一卷附錄一卷 …… 3－114
霞客遊記十二卷附補編 …… 1－476
霞蔭堂詩文集 …… 3－91
霞箋記 …… 1－402
霡臺小補 …… 2－521
擬山園帖十卷 …… 2－261
擬古樂府二卷 …… 1－322
擬兩晉南北史樂府二卷 …… 3－363
擬兩晉南北朝史樂府二卷首一卷 …… 3－3
擬明史樂府不分卷 …… 1－272
擬明史樂府外國竹枝詞百末詞 …… 3－208
擬猜隱迷六卷 …… 3－15
擬猜隱謎四卷 …… 3－510
擬將官制提前官俸展後摺 …… 2－258
擬寒山詩一卷 …… 1－207
擬樂府辭二卷附一卷丹桂軒初稿 …… 3－516
豳風詠 …… 3－165
豳風詠 …… 3－516
豳風廣義三卷 …… 2－534
戲目一卷 …… 3－502
戲曲十六種 …… 3－489
戲曲考原一卷曲錄六卷 …… 3－502
戲曲考原一卷曲錄六卷 …… 3－502
戲曲秘本 …… 3－180
［戲曲劇本集］ …… 3－421
戲曲雜鈔 …… 3－224
戲妻 …… 2－490
戲妻 …… 2－490
戲姨子弟書二回 …… 3－467
戲鴻堂法帖 …… 2－261
戲鴻堂法書 …… 2－314
嬰童百問十卷 …… 1－80
闇然堂類纂六卷 …… 1－17
曙山崙禪師語録二卷 …… 1－303
曙山崙禪師語録二卷附行實 …… 1－299
蟋蟀軒草 …… 3－81
蟋蟀譜 …… 1－387
牆東類稿二十卷補遺一卷 …… 3－265
嶺上白雲集十二卷 …… 2－376
嶺上紀行 …… 3－203
嶺上紀行一卷 …… 2－153
嶺上紀行一卷 …… 2－153
嶺西公牘彙存十卷 …… 3－18
嶺草偶存四卷 …… 3－27
嶺南三大家詩鈔二十四卷 …… 2－430
嶺南三大家詩選二十四卷 …… 1－252
嶺南即事雜詠六卷 …… 2－537
嶺南逸史二十八回 …… 1－395
嶺南逸史二十八回 …… 3－478
嶺南集八卷 …… 1－294
嶺南群雅二集 …… 3－115
嶺南遺書 …… 1－545
嶺南遺書六集五十九種三百四十三卷 …… 2－466
嶺南雜事詩鈔七卷 …… 3－233
嶺南雜記二卷 …… 3－202
嶺雲軒瑣記續選四卷 …… 2－386
嶺雲編四十三卷 …… 1－438
嶺學報 …… 2－132
嶽雪樓書畫錄五卷 …… 1－512
嶽雪樓書畫錄五卷 …… 1－521
嶽雪樓書畫錄五卷 …… 2－186
嶽廟志略十卷首一卷 …… 2－141
嶽麓書院志八卷首一卷續志四卷首一卷末一卷補編一卷 …… 3－212
嶽麓續志四卷終一卷 …… 2－54
點石齋畫報 …… 2－274
點石齋畫報 …… 3－39
點石齋畫報 …… 3－218

點石齋畫報三至五集…………………… 3－300
點石齋畫報初集、二集 ………………… 3－199
點石齋叢畫……………………………… 2－263
點石齋叢畫……………………………… 2－305
點金丹二卷 ……………………………… 1－37
點金丹二卷二十四出…………………… 3－469
點秋香…………………………………… 3－102
點蒼山人詩鈔八卷……………………… 3－105
氈笠緣十六回…………………………… 3－108
魏文帝集六卷…………………………… 2－429
魏文毅公奏議三卷……………………… 3－303
魏文毅公奏議三卷兼濟堂集十二卷
………………………………………… 3－312
魏伯子文集十卷 ……………………… 1－25
魏武帝集四卷…………………………… 2－429
魏叔子文集外篇二十二卷魏叔子日
錄三卷………………………………… 1－289
魏叔子文集外篇二十二卷魏叔子日
錄三卷魏叔子詩集八卷 …………… 1－25
魏叔子詩集八卷首一卷………………… 3－419
魏季子文集十六卷 …………………… 1－25
魏貞菴先生年譜………………………… 3－126
魏昭士文集十卷 ……………………… 1－25
魏昭士文集十卷………………………… 2－365
魏莊渠先生集二卷……………………… 1－268
魏書一百十四卷………………………… 1－131
魏書一百十四卷………………………… 1－135
魏書一百十四卷………………………… 1－360
魏書一百十四卷 ……………………… 2－64
魏書一百十四卷………………………… 2－165
魏書一百十四卷………………………… 3－444
魏書校勘記……………………………… 2－144
魏敬士文集八卷 ……………………… 1－25
魏鄭公文集三卷………………………… 3－359
魏鄭公文集三卷詩集一卷……………… 2－355
魏鄭公諫錄五卷附諫續錄……………… 3－305
魏鄭公諫錄四卷………………………… 3－359
魏鄭公諫續録二卷……………………… 1－136
魏鄭公諫續錄二卷……………………… 1－126
魏鄭公諫續錄二卷……………………… 3－202
魏鄭公諫續錄二卷……………………… 3－409
魏鄭文公文集三卷詩集一卷………… 3－303
魏鄭文公諫錄五卷……………………… 3－303
魏稼孫全集 …………………………… 2－6
魏興士文集六卷………………………… 2－339
魏興上文集六卷 ……………………… 1－25
魏鶴山先生渠陽詩……………………… 3－244
魏鶴山先生渠陽詩……………………… 3－248
魏鶴山先生渠陽詩一卷………………… 3－157
簏底焚餘………………………………… 3－248
［道光］繁峙縣誌六卷 ……………… 3－388
［光緒］繁峙縣誌四卷首一卷 ……… 3－388
繁華夢傳奇二卷二十五出……………… 3－468
輿地沿革表四十卷首一卷……………… 1－354
輿地紀勝二百卷………………………… 1－476
輿地紀勝二百卷………………………… 1－476
輿地紀勝二百卷………………………… 2－146
輿地紀勝二百卷首一卷………………… 1－355
輿地紀勝二百卷首一卷 ……………… 2－68
輿地碑記目四卷 ……………………… 2－91
輿地廣記三十八卷 …………………… 2－61
輿地廣記三十八卷……………………… 2－180
輿地廣記三十八卷校勘記二卷……… 2－155
輿地廣記三十六卷……………………… 1－475
輿圖總論注釋不分卷…………………… 3－351
輿誦集…………………………………… 3－303
優波離問經……………………………… 1－186
優婆夷淨行法門經二卷………………… 1－162
優婆塞戒經七卷………………………… 1－186
黛方山莊詩集六卷詩餘一卷 ………… 3－36
黛韻樓遺集八卷………………………… 3－187
儲遯菴文集六卷………………………… 2－339
龜山先生集四十二卷…………………… 1－239
［道光］徽州府志十六卷首一卷 …… 3－140
禦侮備覽二卷…………………………… 1－531
禦風要術三卷…………………………… 1－389
禦風要術三卷…………………………… 2－191
禦風要術三卷…………………………… 2－291
鍊石篇三卷圖一卷……………………… 1－391
鍊石編三卷圖一卷……………………… 1－390
鍊金新語………………………………… 1－389
鍼灸大成十卷 ………………………… 1－79

鍼灸大成十卷 …………………………… 1－85
鍼灸大成十卷 …………………………… 1－292
鍼灸大成十卷 …………………………… 2－269
鍼灸大成十卷 …………………………… 2－272
鍼灸甲乙經十二卷 ……………………… 1－81
鍼灸甲乙經十二卷 ……………………… 1－197
鍼灸甲乙經十二卷 ……………………… 1－506
鍼灸擇日編集 …………………………… 1－507
鍼灸擇日編集 …………………………… 2－278
鍾伯敬評封神演義十九卷 ……………… 2－409
鍾家詩鈔合集九卷附詞一卷 …………… 3－208
[同治]鍾祥縣志二十卷 ………………… 1－352
[同治]鍾祥縣志二十卷補編二卷 ……… 3－267
鍾情傳彈詞 ……………………………… 1－407
鍾無豔娘娘全本 ………………………… 2－540
鍾無豔娘娘全本六集六十四卷 ………… 3－144
龠翁詩鈔四卷寄生吟草一卷 …………… 3－185
斂齋詩稿四卷 …………………………… 3－86
爵秩全覽 ………………………………… 1－354
爵秩全覽 ………………………………… 3－188
爵秩全覽(壬午秋季) …………………… 3－5
爵秩全覽(同治辛未冬季) ……………… 3－3
爵秩全覽(庚戌冬季) …………………… 3－3
爵秩全覽(宣統辛亥秋季) ……………… 3－296
谿上詩輯十四卷 ………………………… 3－259
谿田文集十一卷 ………………………… 1－265
膽餘軒集八卷 …………………………… 1－55
鮚埼亭集二十二卷首一卷 ……………… 1－418
鮚埼亭集三十八卷首一卷 ……………… 2－362
鮚埼亭集外編 …………………………… 1－417
鮚埼亭集外編八卷 ……………………… 1－424
鮚埼亭集外編五十卷 …………………… 2－381
螽斯衍慶 ………………………………… 3－451
講筵四世詩鈔十卷 ……………………… 2－367
謝法曹集一卷 …………………………… 2－429
謝宣城集五卷 …………………………… 1－222
謝宣城集五卷 …………………………… 2－429
謝家山人集六卷 ………………………… 3－266
謝家山人集六卷 ………………………… 3－273
謝梅莊先生遺集八卷 …………………… 2－338
謝梅莊先生遺集八卷 …………………… 2－348
謝梅莊先生遺集八卷附西北域記一卷 …………………………………… 3－392
謝康樂集五卷 …………………………… 2－429
謝康樂集四卷 …………………………… 1－222
謝康樂集四卷 …………………………… 1－222
謝康樂集四卷 …………………………… 1－292
謝康樂集拾遺附校勘記一卷和謝康樂詩一卷 ……………………………… 3－381
謝琴詩文鈔七卷 ………………………… 2－418
謝琴詩文鈔四卷 ………………………… 3－266
謝惠連集一卷 …………………………… 1－222
謝穀堂算學三種三卷 …………………… 1－399
謝龜巢四種二十卷 ……………………… 1－418
謝疊山先生文集六卷 …………………… 1－32
謝靈運傳一卷 …………………………… 1－222
謝靈運傳一卷 …………………………… 1－292
謗可笑一出 ……………………………… 3－462
謙山詩鈔四卷 …………………………… 1－248
謙受軒史學質疑十四卷 ………………… 3－109
謙受堂全集四卷 ………………………… 3－37
謙益堂詩鈔二卷 ………………………… 3－294
謙齋初、二、三集 ……………………… 3－104
[乾隆]襄垣縣志八卷續志二卷 ………… 2－177
襄陽八種 ………………………………… 2－311
襄陽本義 ………………………………… 3－58
襄陽金石略十二卷 ……………………… 1－497
[光緒]襄陽府志二十六卷 ……………… 3－288
襄陽耆舊傳一卷 ………………………… 1－330
[同治]襄陽縣志七卷 …………………… 2－177
[同治]襄陽縣志七卷首一卷 …………… 2－55
氈底零箋 ………………………………… 2－454
膺受多福 ………………………………… 3－456
膺受多福　萬福攸同 …………………… 3－454
[乾隆]應州續志十卷 …………………… 2－175
[光緒]應城縣志十四卷首一卷 ………… 3－139
應酬彙編 ………………………………… 2－427
應試唐詩類釋十九卷 …………………… 1－230
應德璉集一卷 …………………………… 2－428
癘瘍機要三卷 …………………………… 1－255
齋王科儀 ………………………………… 2－217
齋僧寶卷 ………………………………… 3－71

甕牖閑評八卷 ………………………… 1－12
甕牖閑評八卷………………………… 3－254
甕牖餘談八卷………………………… 1－385
甕牖餘談八卷………………………… 1－387
懩泉書屋詩稿十六卷………………… 3－155
燭湖集二十卷附編二卷……………… 2－328
鴻文堂印存…………………………… 3－300
鴻苞節錄十卷………………………… 1－532
鴻泥日錄八卷續錄四卷續吟一卷…… 3－133
鴻泥續錄二卷………………………… 3－423
鴻案珠圍集四卷……………………… 1－266
鴻桷堂詩集五卷附錄三卷…………… 3－234
鴻桷堂詩集四卷……………………… 3－167
鴻雪因緣圖記………………………… 3－537
鴻雪因緣圖記………………………… 3－542
鴻雪因緣圖記………………………… 3－542
鴻雪因緣圖記二卷…………………… 2－104
鴻雪因緣圖記三集…………………… 1－511
鴻雪因緣圖記三集…………………… 3－133
鴻雪軒紀豔四種……………………… 3－493
鴻雪軒紀豔四種四卷………………… 1－386
鴻雪聯吟 ……………………………… 3－88
鴻雪齋官商便覽八百種……………… 2－106
鴻猷錄十六卷 ………………………… 1－70
鴻慶居士文集四十二卷……………… 3－153
鴻慶居士集四十二卷………………… 2－336
鴻濛室文鈔二集二卷………………… 2－506
鴻濛室詩鈔十八卷…………………… 2－491
鴻濛室詩鈔十卷……………………… 2－506
鴻寶應本十七卷 ……………………… 1－21
濟公傳[鼓詞] ………………………… 1－50
濟北晁先生雞肋集七十卷 …………… 1－99
濟生方八卷…………………………… 1－521
濟生集六卷…………………………… 2－211
濟州金石志八卷……………………… 1－496
濟宗世譜不分卷……………………… 1－300
[道光]濟南府志七十二卷首一卷 … 3－141
濟美錄四卷…………………………… 1－314
濟陰綱目十四卷……………………… 1－145
濟陰綱目十四卷首一卷……………… 2－268
濟陰綱目五卷 ………………………… 1－79
濟陽殉難紀略………………………… 2－107
濟源瓢不分卷………………………… 1－267
濟寧石刻七種………………………… 2－262
[乾隆]濟寧直隸州志三十四卷首一
卷……………………………………… 1－325
濟顛大師醉菩提全傳二十回………… 1－394
濟顛大師醉菩提全傳二十回………… 2－400
濟顛大師醉菩提全傳二十回………… 2－427
濟顛大師醉菩提全傳二十回………… 3－482
濟顛大師醉菩提全傳二十回………… 3－482
濯絳宧存稿…………………………… 2－334
濯絳宧詞……………………………… 1－425
濯絳宧詞……………………………… 2－437
濯絳宧存稿一卷……………………… 2－484
濯舊一卷 ……………………………… 1－26
[乾隆]濰縣志六卷首一卷末一卷 … 2－175
賽金丹 ………………………………… 3－28
賽金聲………………………………… 3－107
蹇氏忠勤錄…………………………… 3－2
邃雅堂集十卷………………………… 1－542
邃雅堂集十卷………………………… 2－360
邃雅堂學古錄七卷…………………… 1－532
邃懷堂文集十六卷…………………… 1－411
禮山園詩文集………………………… 1－431
禮斗摘要一卷………………………… 3－518
禮佛舍利寶塔懺悔行儀繞塔散花佛
事……………………………………… 2－238
禮佛儀式……………………………… 1－163
禮科則例四卷………………………… 1－277
禮耕堂叢說…………………………… 2－331
禮記二十卷 …………………………… 1－65
禮記二十卷…………………………… 1－463
禮記二十卷 …………………………… 2－17
禮記二十卷 …………………………… 2－26
禮記二十卷 …………………………… 2－26
禮記二十卷 …………………………… 2－44
禮記二十卷考異二卷 ………………… 2－10
禮記十卷……………………………… 1－1
禮記十卷……………………………… 1－107
禮記十卷……………………………… 1－111
禮記十卷 ……………………………… 2－24

禮記十卷 ………………………………… 2－24
禮記十卷 ………………………………… 2－24
禮記十卷 ………………………………… 2－25
禮記十卷 ………………………………… 2－26
禮記十卷 ………………………………… 2－41
禮記十卷 ………………………………… 2－42
禮記十卷 ………………………………… 2－42
禮記十卷 ………………………………… 2－43
禮記十卷 ………………………………… 2－43
禮記十卷…………………………………… 3－344
禮記十卷…………………………………… 3－407
禮記子思子言鄭注補正四卷………… 1－460
禮記天算釋……………………………… 3－220
禮記天算釋一卷 ……………………… 2－27
禮記天算釋一卷 ……………………… 2－47
禮記中說三十六卷…………………… 1－309
禮記析疑四十八卷…………………… 1－109
禮記注疏六十三卷 ………………… 2－25
禮記注疏六十三卷 ………………… 2－26
禮記注疏六十三卷校勘記六十三卷
………………………………………… 2－40
禮記注疏六十三卷校勘記六十三卷
………………………………………… 2－40
禮記春秋 ………………………………… 2－52
禮記要義三十三卷 ………………… 2－10
禮記要義三十三卷 ………………… 2－40
禮記恆解四十九卷 ………………… 2－48
禮記恆解四十九卷 ………………… 2－49
禮記約編十卷 ………………………… 2－42
禮記訓纂四十九卷…………………… 1－462
禮記訓纂四十九卷 ………………… 2－19
禮記陳氏集說十卷 ………………… 2－39
禮記授讀十一卷……………………… 1－341
禮記備旨十一卷春秋備旨十二卷 …… 2－29
禮記集註三十卷 ……………………… 1－65
禮記集解六十一卷 ………………… 2－10
禮記集解六十一卷 ………………… 2－10
禮記集解六卷…………………………… 1－458
禮記集說 ………………………………… 2－25
禮記集說十六卷 ……………………… 1－63
禮記集說十卷…………………………… 1－340
禮記集說十卷 ………………………… 2－15
禮記集說十卷 ………………………… 2－17
禮記集說十卷 ………………………… 2－18
禮記集說十卷 ………………………… 2－20
禮記集說十卷 ………………………… 2－41
禮記集說十卷 ………………………… 2－50
禮記集說十卷………………………… 3－362
禮記集說三十卷 ……………………… 1－64
禮記註疏 ………………………………… 2－10
禮記註疏二十四卷…………………… 1－114
禮記補疏三卷 ………………………… 2－27
禮記疏略四十七卷…………………… 3－355
禮記節本六卷 ………………………… 2－49
禮記節本六卷 ………………………… 2－49
禮記義疏八十二卷 ………………… 2－39
禮記箋四十六卷……………………… 3－361
禮記質疑………………………………… 3－295
禮記質疑四十九卷…………………… 3－443
禮記纂言三十六卷 ………………… 1－63
禮記纂言三十六卷 ………………… 2－44
禮記體注大全合參 ………………… 2－43
禮記體注大全合參四卷 …………… 2－41
禮記體注大全合叅 ………………… 2－43
禮記體註精義 ………………………… 2－44
禮部駁顧黃從祀疏…………………… 3－310
禮部遺集九卷………………………… 3－203
禮書一百五十卷……………………… 1－454
禮書一百五十卷 ……………………… 2－10
禮書一百五十卷 ……………………… 2－14
禮書一百五十卷 ……………………… 2－40
禮書通故五十卷……………………… 1－340
禮書通故五十卷……………………… 3－340
禮書綱目八十五卷…………………… 1－458
禮書綱目八十五卷 ………………… 2－40
禮書綱目八十五卷首三卷………… 1－338
禮堂經說二卷………………………… 3－220
禮堂遺集四卷補遺一卷附詩一卷…… 3－131
禮經校釋二十二卷…………………… 1－459
禮經校釋二十二卷…………………… 1－459
禮經宮室答問二卷 ………………… 2－45
禮經通論 ………………………………… 2－10

禮經會元四卷 …………………………… 2－52
禮經箋十七卷………………………… 3－443
禮經釋例十三卷首一卷……………… 1－461
禮箋三卷……………………………… 1－460
齾葉盦詞集…………………………… 3－285
檗塢詞存十二卷……………………… 2－532
檗隖詩存十二卷末一卷詞存十二卷
詞存別集二卷……………………… 2－420
檗隖詩存詞存 ……………………… 3－88
擘紅樓文集…………………………… 3－256
彌沙塞部和醯五分律三十卷………… 1－163
彌陁往生淨土懺儀…………………… 1－331
彌陀經疏鈔演義四卷………………… 1－139
彌陀經疏鈔演義定本四卷…………… 1－144
彌陀經疏鈔演義定本四卷…………… 3－364
彌陀寶懺法三卷……………………… 2－216
彌勒菩薩所問本願經一卷…………… 1－192
翼教叢編六卷………………………… 1－435
翼菴禪師真如語錄三卷……………… 1－158
翼菴禪師通玄語錄一卷……………… 1－158
翼菴禪師語錄二卷…………………… 1－158
翼駉稗編八卷………………………… 1－376
翼駉稗編八卷 ……………………… 3－23
翼駉稗編八卷………………………… 3－224
翼學編十三卷 ……………………… 1－14
縹湘會海對類二十卷………………… 1－381
縵雅堂駢體文八卷 ………………… 3－61
總管内務府現行則例………………… 1－485
繆武烈公遺集六卷首一卷…………… 2－500
繆刻六種……………………………… 1－444
繆篆分韻五卷補一卷………………… 1－452
繆篆分韻五卷補一卷………………… 1－455

十八畫

騎兵斥候答問不分卷………………… 3－387
騎兵斥候答問………………………… 3－383
騎省集鈔……………………………… 2－453
璿璣碎錦二卷………………………… 1－393
馪仙寶卷……………………………… 2－498
瓊台會稿文 ………………………… 3－47
瓊林霏屑……………………………… 2－524
瓊林霏屑八卷………………………… 2－392
聶氏重編家政學二卷………………… 2－286
藕香零拾……………………………… 1－443
藕香零拾三十九種…………………… 1－483
藕湖詞一卷…………………………… 3－503
藕絲詞四卷 ………………………… 3－75
藕頤集………………………………… 1－434
職思居姑存草 ……………………… 3－85
藝文通覽一百二十卷………………… 1－461
藝文通覽十二集十二卷補詳字義十
四篇 ……………………………… 2－27
藝文備覽……………………………… 1－524
藝文備覽一百二十卷 ……………… 2－42
藝文類聚一百卷 …………………… 1－84
藝文類聚一百卷……………………… 1－333
藝文類聚一百卷……………………… 1－528
藝芸書舍宋元本書目………………… 3－310
藝芳老人詩存二卷 ………………… 3－84
藝芳館詩集…………………………… 2－521
藝苑名言八卷………………………… 1－286
藝苑捃華四十八種…………………… 2－464
藝林伐山二十卷……………………… 1－387
藝林伐山二十卷……………………… 1－387
藝林伐山二十卷……………………… 2－412
藝林清賞……………………………… 2－412
藝林粹言四十一卷…………………… 1－322
藝香詞鈔四卷………………………… 3－340
藝香詞鈔四卷首一卷 ……………… 3－83
藝風堂文集七卷外篇一卷…………… 2－346
藝風堂文集七卷外篇一卷…………… 2－444
藝風堂文集八卷……………………… 1－415
藝風堂文漫存乙丁稿五卷…………… 2－455
藝風堂金石文字目十八卷…………… 1－465
藝風藏書記八卷續八卷……………… 1－467
藝海珠塵 …………………………… 2－2
藝海珠塵八集………………………… 1－446
藝菊十三則一百八首菊名詩………… 3－207
藝菊志八卷…………………………… 2－529
藝槩六卷……………………………… 2－254
藝談錄 ……………………………… 3－74

鞮芬室詞甲稿四卷 …………………… 2－357
藜照堂臨池新編四卷 ………………… 1－236
藤花吟館詩錄 ………………………… 2－447
藤花亭十種 …………………………… 1－445
藤花亭十種十八卷 ………………… 3－18
藤花榭本說文十五卷 ………………… 1－453
藤香草堂詩稿 ………………………… 3－236
藤香館小品二卷 …………………… 3－52
藤香館小品二卷續二卷 ……………… 3－510
藤香館詞刪存二卷 …………………… 3－196
藤香館詞刪存二卷 …………………… 3－250
藤香館詩刪存 ………………………… 2－502
藤香館詩鈔四卷 ……………………… 3－110
藤香館詩鈔四卷 ……………………… 3－144
藤陰雜記十二卷 ……………………… 2－312
藤陰襍記十二卷 ……………………… 3－539
藤陰襍記十二卷 ……………………… 3－539
藤塢詩集不分卷 ……………………… 1－225
藥方雜鈔 ……………………………… 3－317
藥目 …………………………………… 2－532
藥言四卷 ……………………………… 3－382
藥言賸稿四卷 ………………………… 3－382
藥圃集 ………………………………… 1－286
藥師三昧行法四卷 …………………… 1－157
藥師琉璃光七佛本願功德經二卷 …… 1－167
藥師琉璃光王七佛本願功德經念誦
儀軌二卷 ………………………… 1－322
藥師琉璃光如來本願功德經 ………… 2－229
藥師琉璃光如來本願功德經一卷 …… 1－323
藥師琉璃光如來本願功德經玄義不
分卷 ……………………………… 1－289
藥師琉璃光如來本願功德經直解 …… 1－157
藥師琉璃光如來本願功德經直解二
卷 ………………………………… 2－229
藥師琉璃光如來本願功德經義疏三
卷 ………………………………… 1－289
藥師瑠璃光如來本願功德經 ………… 1－167
藥師瑠璃光如來本願功德經 ………… 1－190
藥師瑠璃光如來本願功德經一卷 …… 1－337
檮杌閒評五十卷首一卷 ……………… 1－375
轉天心二卷三十出 …………………… 3－334
轉法輪經優波提舍一卷 ……………… 1－201
轉注古義考聲調譜前譜一卷後譜一
卷續譜一卷 ……………………… 3－127
轉徙餘生記一卷 …………………… 3－40
轉蕙軒駢文稿 ………………………… 3－273
覆陳妥酌清理財政章程摺 …………… 2－116
覆陳妥酌清理財政章程摺 …………… 2－116
覆陳妥酌清理財政章程摺 …………… 2－116
覆瓿集 ………………………………… 2－406
醫方考六卷脈語二卷 ………………… 1－308
醫方易簡新編六卷 …………………… 1－524
醫方易簡新編六卷 …………………… 1－527
醫方易簡新編六卷 …………………… 3－153
醫方集解 ……………………………… 1－506
醫方集解 ……………………………… 1－518
醫方集解 ……………………………… 1－521
醫方集解三卷 ………………………… 1－523
醫方集解三卷 ………………………… 1－523
醫方經驗四卷 ………………………… 2－187
醫方彙編四卷首一卷 ………………… 3－327
醫方論四卷 …………………………… 2－274
醫方選要十卷 ………………………… 1－274
醫方擇要二卷續集二卷 ……………… 2－211
醫林改錯二卷 ………………………… 1－525
醫林改錯二卷 ………………………… 2－208
醫林指月十二種 …………………… 1－86
醫林指月十二種 …………………… 1－87
醫林指月十二種 ……………………… 1－248
醫林指月十二種 ……………………… 2－208
醫林纂要十卷附錄一卷 ……………… 1－520
醫林纂要十卷附錄一卷 ……………… 1－520
醫林纂要探源十卷 …………………… 1－506
醫述 …………………………………… 2－472
醫述韻語四卷 ………………………… 2－534
醫門初學萬金一統要訣賦八卷首一
卷末一卷 ………………………… 3－90
醫門法律 ……………………………… 2－303
醫門法律二十四卷 …………………… 1－196
醫門法律六卷 ………………………… 2－211
醫門法律六卷 ……………………… 3－27
醫門棒喝二集傷寒論本旨九卷 ……… 2－276

醫門棒喝四卷二集九卷…………………… 1－521
醫門棒喝初集四卷二集九卷………… 2－271
醫門棒喝初集四卷二集九卷………… 2－271
醫法心傳……………………………… 2－276
醫法圓通四卷………………………… 3－1
醫宗必讀十卷………………………… 1－511
醫宗必讀十卷………………………… 2－211
醫宗必讀十卷………………………… 3－168
醫宗必讀五卷………………………… 2－211
醫宗必讀五卷………………………… 2－271
醫宗金鑑内科七十四卷外科十六卷
首一卷……………………………… 2－191
醫宗備要三卷………………………… 2－503
醫宗說約六卷………………………… 2－210
醫宗說約六卷首一卷………………… 3－192
醫要集覽六卷………………………… 2－272
醫按六卷首論一卷驗方一卷 ………… 1－15
醫級十卷首一卷末一卷 ……………… 1－79
醫校秘傳三卷………………………… 2－198
醫家心法……………………………… 1－519
醫家四要四卷………………………… 1－518
醫家四要四卷………………………… 2－276
醫書五種……………………………… 1－523
醫書六卷……………………………… 2－315
醫書六種……………………………… 1－203
醫書彙纂……………………………… 2－269
醫理大概約說………………………… 2－532
醫理真傳一卷………………………… 2－314
醫理略述二卷………………………… 2－277
醫理匯精二卷………………………… 3－109
醫略稿六十七卷……………………… 1－512
醫貫六卷……………………………… 1－522
醫貫砭二卷…………………………… 2－268
醫鈔類編二十四卷…………………… 1－506
醫痘金丹二卷………………………… 2－277
醫統正脈全書………………………… 1－526
醫統正脈全書………………………… 1－526
醫意二卷……………………………… 1－522
醫意二卷……………………………… 1－525
醫意内景圖說二卷…………………… 1－507
醫經原旨六卷………………………… 1－507
醫碥七卷 …………………………… 3－58
醫說十卷……………………………… 3－379
醫粹精言四卷………………………… 1－522
醫醇賸義四卷………………………… 2－274
醫醇賸義四卷………………………… 3－191
醫學一見能…………………………… 3－188
醫學三字經四卷……………………… 2－208
醫學三書……………………………… 2－193
醫學五則……………………………… 1－525
醫學五則……………………………… 2－501
醫學五則……………………………… 3－193
醫學五則五集………………………… 3－155
醫學心悟六卷………………………… 2－202
醫學心悟六卷………………………… 2－202
醫學心悟六卷………………………… 2－211
醫學心鏡圖說………………………… 2－315
醫學全書九卷………………………… 1－518
醫學全書九卷首一卷………………… 1－521
醫學金鍼八卷………………………… 2－276
醫學金鍼八卷………………………… 3－188
醫學從衆八卷………………………… 1－524
醫學從衆八卷………………………… 2－198
醫學從衆八卷………………………… 3－330
醫學階梯二卷 ………………………… 1－86
醫學集成四卷………………………… 2－273
醫學源流論二卷……………………… 1－145
醫學源流論二卷……………………… 2－267
醫學實在易十卷……………………… 2－211
醫學實在易八卷……………………… 3－210
醫學綱目四十卷附錄一卷…………… 1－295
醫學篇八卷…………………………… 2－188
醫學叢書……………………………… 2－278
醫學叢書……………………………… 2－278
醫藥通考四卷………………………… 2－278
醫醫瑣言二卷………………………… 1－524
醫驗録初集…………………………… 2－273
擷華小錄……………………………… 2－489
［同治］豐城縣誌二十八卷 ………… 3－282
豐草菴雜著 ………………………… 1－13
豐順丁氏持靜齋書目………………… 3－248
豐溪存稿一卷………………………… 1－315

豐漢文將軍武功記 …………………… 3－22
豐鎬考信錄八卷 ……………………… 2－80
叢書十二種……………………………… 2－3
叢筆軒遺稿三卷附錄一卷…………… 3－131
叢睦汪氏遺書………………………… 1－536
叢碧山房詩三集工部稿十一卷四集
　戶部稿十卷叢碧山房文集八卷叢
　碧山房雜著三卷…………………… 1－211
叢碧山房詩初集（翰苑稿）十四卷二
　集（舍人稿）六卷五集（建州稿）六
　卷…………………………………… 1－212
題紅記二卷三十六出………………… 3－471
題襟集………………………………… 2－497
題襟館倡和集四卷…………………… 2－493
題羅江送別圖詩冊…………………… 3－249
瞿忠宣公集十卷 …………………… 3－57
瞿園雜劇……………………………… 3－279
瞿園雜劇五種………………………… 3－475
瞿園雜劇五種………………………… 3－475
瞿園雜劇續編………………………… 2－491
瞻禮問答二卷………………………… 2－265
闔家歡樂……………………………… 3－492
闕史二卷……………………………… 3－287
闕里文獻考一百卷末一卷 ………… 2－88
闕里文獻考一百卷末一卷 ………… 2－88
闕里文獻考一百卷首一卷末一卷…… 1－345
闕里文獻考一百卷首一卷末一卷…… 1－345
闕里孔氏詩鈔十四卷 ……………… 1－39
闕里孔氏詩鈔十四卷………………… 1－424
闕里志十二卷………………………… 1－125
闕里述聞十四卷補一卷……………… 1－345
闕里志二十四卷……………………… 1－129
曠遊偶筆上卷………………………… 3－219
曠廬詩集二十卷……………………… 3－262
蟫史二十卷…………………………… 1－377
蟫史二十卷…………………………… 1－377
蟫史二十卷…………………………… 1－378
蟫史二十卷…………………………… 1－386
蟫史二十卷…………………………… 3－338
蟫隱廬叢書…………………………… 2－7
蟲天志十卷…………………………… 1－6
蟲天志十卷 ………………………… 1－88
蟲鳥吟十卷…………………………… 2－456
蟲薈五卷……………………………… 3－270
鵑音一卷白社詩草一卷 …………… 1－39
鵑音一卷白社詩草一卷……………… 1－101
韞山六種曲…………………………… 3－474
韞山堂全稿…………………………… 2－389
韞山堂時文…………………………… 2－446
韞山堂時文三集……………………… 2－349
韞山堂時文三集……………………… 3－126
韞山堂時文三集……………………… 3－150
韞山堂時文初、二、三集……………… 3－319
韞山堂時文初集一卷二集二卷……… 3－356
韞山堂時文初集一卷二集二卷三集
　一卷………………………………… 2－356
韞山詩稿六卷………………………… 3－123
［同治］黟縣三志十六卷 …………… 3－278
穢跡金剛說神通大滿陀羅尼法術靈
　要門經……………………………… 2－228
簪花閣詩鈔一卷詩餘一卷…………… 3－273
簡公文鈔六卷續二卷詩鈔一卷 …… 3－58
［咸豐］簡州志十四卷首一卷 ……… 3－143
［光緒］簡州續志二卷 ……………… 3－143
簡字全譜五種………………………… 1－451
簡明單級教授法……………………… 3－325
簡明幾何學教科書四編……………… 3－325
簡便應驗奇方………………………… 2－270
簡莊綴文六卷………………………… 2－455
簡緣詩草 …………………………… 3－89
簡學齋清夜手書詩稿合印…………… 3－516
簡學齋試律續鈔……………………… 2－335
簡學齋詩存四卷試律存一卷續鈔一
　卷賦一卷賦續鈔…………………… 3－127
簡學齋詩存四卷詩刪四卷館課賦存
　一卷館課賦續鈔一卷試律續鈔一
　卷…………………………………… 3－124
簡學齋詩存詩存四卷詩刪四卷……… 2－356
簡學齋詩刪四卷……………………… 2－335
簡學齋館課賦存……………………… 2－334
簡學齋館課賦續鈔…………………… 2－334
簡齋集十六卷………………………… 1－275

簡齋集十六卷…………………………… 2－319
簣山堂詩鈔八卷 ………………… 3－31
簣山堂詩鈔三十一卷 ………………… 2－453
簣齋詩抄……………………………… 1－308
鵝幻彙編十二卷……………………… 2－269
鵝湖查氏世表………………………… 3－122
雙玉玦寶卷二卷……………………… 3－237
雙仙小志……………………………… 3－193
雙仙記傳奇二卷三十六出…………… 1－317
雙仙記傳奇二卷三十六出…………… 3－468
雙白燕堂文集二卷外集八卷………… 2－417
雙白燕堂文集二卷外集八卷………… 2－477
雙白燕堂詩集二卷…………………… 2－532
雙印…………………………………… 3－302
雙印寶卷 ……………………………… 3－67
雙包記寶卷 …………………………… 3－65
雙池文集十卷 ………………………… 3－73
雙池文集十卷………………………… 3－155
雙花寶卷 ……………………………… 3－64
雙花寶卷 ……………………………… 3－66
雙花寶卷一卷………………………… 3－515
雙辛夷樓詞二卷……………………… 2－521
雙辛夷樓詞二卷……………………… 2－524
雙奇冤寶卷 …………………………… 3－67
雙奇夢傳四卷二十回………………… 3－484
雙忠紀烈 ……………………………… 3－22
雙忠廟傳奇二卷二十九出…………… 3－463
雙佩齋詩集八卷文集四卷駢體文一
　卷…………………………………… 2－406
雙金印 ………………………………… 1－51
雙金花寶卷上下 ……………………… 3－72
雙金榜二卷…………………………… 3－173
雙金錠五十卷………………………… 1－437
雙金錠寶卷一卷……………………… 3－501
雙忽雷本事…………………………… 1－404
雙忽雷本事…………………………… 2－516
雙忽雷本事…………………………… 3－298
雙官誥總講一卷……………………… 3－339
雙星圖二卷三十出…………………… 3－472
雙修寶卷……………………………… 3－112
雙修寶卷……………………………… 3－287
雙修寶卷一卷………………………… 3－497
雙帥印十四回………………………… 1－406
雙飛鳳全傳四卷……………………… 2－490
雙紅豆詞二卷水雲欸乃……………… 3－190
雙紅豆館詞鈔四卷…………………… 2－364
雙紅絲傳奇二卷二十四齣 ……………… 1－38
雙珠記二卷四十六出………………… 3－461
雙珠記二卷四十六出………………… 3－461
雙珠記二卷四十六齣 ………………… 1－24
雙珠鳳八十回………………………… 1－429
雙珠鳳奇緣寶卷 ……………………… 3－67
雙桂軒尺牘…………………………… 3－221
雙桂堂稿 ……………………………… 3－40
雙桐書屋詩鈔………………………… 2－525
雙桐書屋詩賸七卷…………………… 1－433
雙桐書屋賸稿二卷…………………… 3－250
雙峰猥稾九卷首一卷末一卷………… 2－359
雙釘案二卷二十六出………………… 3－334
雙梧山館文鈔二十四卷……………… 2－486
雙梧軒刻宋人集四種………………… 1－427
雙釵記鼓詞八卷……………………… 2－517
雙魚偶存二卷………………………… 1－279
雙魚詞………………………………… 3－7
雙旌忠節記二卷三十二出首一出續
　一出………………………………… 3－462
雙清閣袖中詩本一卷 ………………… 3－84
雙清閣袖中詩本二卷擁翠詞稿一卷
　……………………………………… 3－250
雙琴堂詩集六卷……………………… 2－529
雙喜配[鼓詞] ……………………… 1－50
雙報應二卷三十齣 …………………… 1－47
雙雲百花台寶卷 ……………………… 3－66
雙勝傳 ………………………………… 1－51
雙富寶卷 ……………………………… 3－63
雙楳景闇叢書………………………… 2－6
雙楳景闇叢書………………………… 2－6
雙楳景闇叢書………………………… 2－464
雙楳景闇叢書………………………… 3－339
雙楳景闇叢書………………………… 3－449
雙槐文集四卷首一卷 ………………… 3－88
雙節詩 ………………………………… 3－88

雙鼠奇冤寶卷 …………………………… 3－67
雙義緣傳奇六十三出………………… 3－449
雙義寶卷 ……………………………… 3－65
雙義寶卷 ……………………………… 3－70
雙溪草堂詩集十卷詩一卷…………… 1－264
雙溪倡和詩六卷……………………… 3－172
雙溪詩集九卷………………………… 1－265
雙溪樂府二卷………………………… 3－477
雙壽集………………………………… 3－210
雙鳳山四卷 …………………………… 3－54
雙鳳奇緣二十卷八十回……………… 1－370
雙賢賴婚寶卷 ………………………… 3－69
雙蝴蝶寶卷 …………………………… 3－70
雙蝴蝶寶卷…………………………… 3－170
雙牖堂集……………………………… 2－329
雙橋小築詞存………………………… 2－499
雙橋小築詞存四卷…………………… 2－411
雙橋小築詞存四卷…………………… 2－420
雙錘記二卷三十六出………………… 3－469
雙罨館詩存二卷……………………… 3－231
雙藤老屋詩鈔十三卷………………… 2－339
雙藤書屋試帖二卷…………………… 2－366
雙藤書屋詩集十二卷………………… 2－382
雙藤書屋詩集十二卷………………… 2－407
雙藤書屋詩集十二卷試帖二卷……… 2－411
雙題紅四卷…………………………… 2－527
雙鎖山………………………………… 1－319
雙鯉軒尺牘問解四卷………………… 2－214
雙鶴寶卷一卷………………………… 3－495
雙鸚鵡全歌五十卷…………………… 3－238
邊事彙鈔八卷………………………… 1－485
邊華泉集八卷集稿六卷……………… 2－342
邊華泉集八卷集稿六卷……………… 2－419
邊華泉集稿文六卷詩八卷…………… 1－420
邊華泉詩集七卷……………………… 2－379
歸元恭文續鈔七卷…………………… 3－407
歸元鏡二卷…………………………… 1－501
歸方評點史記一百三十卷…………… 1－501
歸方評點史記合筆…………………… 2－186
歸方評點史記合筆六卷 ……………… 3－38
歸石軒畫談十卷……………………… 1－388
歸田集………………………………… 1－231
歸田瑣記八卷………………………… 1－395
歸田瑣記八卷………………………… 2－384
歸先生文集三十三卷 ………………… 1－95
［光緒］歸州志十七卷 ……………… 3－142
［光緒］歸州志十卷首一卷 ………… 2－56
歸戒要集三卷………………………… 1－155
歸硯山房遺詩 ………………………… 3－87
歸硯齋詩存四卷……………………… 2－522
歸雲別集十八卷……………………… 3－154
歸愚文鈔餘集八卷…………………… 1－225
歸愚詩鈔二十卷……………………… 1－225
歸愚詩鈔二十卷歸愚詩鈔餘集七卷
…………………………………………… 1－26
歸圓鏡………………………………… 2－490
歸震川先生集三十卷別集十卷……… 2－362
歸震川錢牧齋尺牘合刊……………… 2－378
歸震川錢牧齋尺牘合刊……………… 2－423
歸震川錢牧齋尺牘合刊五卷………… 3－391
歸餘鈔四卷…………………………… 1－202
歸餘鈔四卷…………………………… 3－350
歸潛志十四卷 ………………………… 1－76
歸潛記乙編一卷附一卷丙編一卷丁
編三卷戊編一卷辛編一卷癸編一
卷附一卷……………………………… 3－396
歸潛記□□編□□卷………………… 1－302
歸樸齋詩鈔戊集二卷己集二卷……… 3－380
歸樸龕叢稿十二卷…………………… 1－412
歸樸龕叢稿十二卷…………………… 2－331
歸樸龕叢稿十二卷續編四卷………… 2－325
歸樸龕叢稿十二卷續編四卷………… 2－336
歸樸龕叢稿十二卷續編四卷年譜一
卷……………………………………… 2－439
歸樸龕叢稿續編四卷………………… 3－351
歸錢尺牘五卷 ………………………… 1－49
歸盦文稿八卷………………………… 2－496
歸盦文稿八卷 ………………………… 3－25
歸盦文稿八卷詩稿三卷……………… 2－536
歸藏衍義三卷………………………… 1－300
［光緒］鎮平縣志六卷 ……………… 1－359
［嘉定］鎮江志二十二卷首一卷 …… 3－177

[乾隆]鎮江府志五十五卷首一卷 …… 1-282
鎮江剿平粤匪記二卷 …… 3-109
鎮亭山房詩集十八卷 …… 3-272
[光緒]鎮海縣志四十卷 …… 3-143
鎮冤塔影戲 …… 3-490
禝飢亭集三十二卷 …… 2-343
禝飢亭集三十二卷後集十二卷 …… 2-328
翻譯名義集二十卷 …… 2-247
翻譯名義集二十卷 …… 2-251
翻譯名義集二十卷 …… 3-511
翻譯名義集選 …… 2-217
雞肋篇三卷 …… 1-199
雞足山志十卷首一卷 …… 1-120
雞鳴寶卷二卷 …… 3-495
雞蹠賦續刻二十八卷擬古二卷 …… 2-374
鯉庭獻壽圖題詠集 …… 3-246
謫麐堂遺集 …… 3-87
謫麐堂遺集 …… 3-132
謫麐堂遺集文二卷詩二卷 …… 2-336
顔氏學記十卷 …… 3-377
顔李遺書 …… 3-445
顔習齋先生言行録二卷闢異録二卷 …… 2-310
顔魯公文集二十卷 …… 1-98
雜文十三種 …… 3-529
雜曲 …… 3-50
[雜曲]一百三十五種 …… 1-51
[雜曲]二十一種 …… 1-51
[雜曲]八種 …… 1-51
雜曲十二種 …… 3-40
雜曲三十種 …… 3-228
雜曲抄 …… 3-493
雜抄 …… 3-492
雜阿含經一卷 …… 1-164
雜阿含經五十卷 …… 1-160
雜阿含經五十卷 …… 2-227
雜毒海四卷 …… 3-515
雜症醫方 …… 2-270
雜牌子名 …… 3-466
雜詩 …… 3-37
雜劇十段錦十集十種 …… 1-404
雜劇四種 …… 3-492
雜藏經 …… 1-154
離垢集二卷 …… 3-74
離憂集二卷 …… 2-408
離騷草木史十卷拾細一卷 …… 1-289
離騷草木疏四卷 …… 2-198
離騷彙訂 …… 2-444
離騷彙訂六帙 …… 3-133
離騷圖 …… 3-162
離騷箋二卷 …… 2-318
癖談六卷 …… 2-531
癖談六卷清白士集校補一卷 …… 1-284
癖顛小史一卷 …… 1-93
麘楥詞一卷 …… 2-494
顔山雜記四卷 …… 1-120
顔山雜記四卷 …… 1-268
顔氏家訓二卷 …… 1-297
顔氏家訓二卷 …… 2-186
顔氏家訓二卷 …… 3-430
顔氏家訓二卷 …… 3-434
顔氏家訓三卷 …… 2-294
顔氏家廟碑 …… 2-302
顔光禄集一卷 …… 2-346
顔李遺書 …… 2-449
顔李遺書 …… 2-449
顔李遺書九十二卷 …… 2-468
[康熙]顔神鎮志五卷 …… 1-315
顔魯公文集十五卷補遺一卷 …… 3-298
懺摩錄 …… 2-275
懺盦詩鈔二卷詞鈔一卷 …… 2-337
燼宮遺錄二卷對客燕談 …… 3-542
燼餘錄 …… 1-397
濾月軒集 …… 2-473
濾月軒詩集 …… 3-109
瀏陽二傑遺文二卷 …… 1-430
[同治]瀏陽縣志二十四卷 …… 3-141
[同治]瀏陽縣志二十四卷餘志一卷 …… 3-328
瀋居雜詠思元齋文集續刻 …… 3-207
濼門春餞吟草 …… 3-237
濼源問答十二卷 …… 3-79

禱河冰譜十二出 …… 3－463
璧沼集四卷 …… 3－35
[乾隆]隴西縣誌十二卷首一卷 …… 1－118
[康熙]隴州志八卷首一卷 …… 1－119
[康熙]隴州志八卷首一卷 …… 2－179
隴蜀餘聞一卷 …… 1－328
彝山書院志 …… 3－162
繞竹山房續詩稿十四卷 …… 2－477
繞竹山房續詩稿十四卷 …… 3－131
繙譯各國礦務章程十二種 …… 3－221
繙譯類編四卷 …… 3－521
織雲樓詩八卷附抄一卷 …… 1－290
織雲樓詩合刻 …… 1－207
織錦回文詩及諸讀法合刻 …… 3－261
織齋文集八卷 …… 2－327
斷梗吟 …… 3－244
斷腸詞 …… 3－303
斷腸歌 …… 1－288
斷腸漱玉詞合刊 …… 2－430
斷腸漱玉詞合刊 …… 2－430
斷腸漱玉詞合刊 …… 2－430
斷橋 …… 1－319
斷橋妙倫和尚語録 …… 1－158

十九畫

騙術奇談 …… 3－284
騷畧三卷 …… 3－169
騷情詞雁聲賦 …… 3－273
騷壇八略二卷 …… 1－238
鵲山小隱詩集十六卷 …… 3－153
鵲泉山館集詩七卷詞一卷 …… 2－420
鵲泉山館詞一卷 …… 2－488
擣石齋詩抄四卷 …… 1－314
擣石齋詩集五十卷文集二十六卷 …… 2－336
擣石齋詩集四十九卷 …… 1－246
蘋香書屋文鈔三卷 …… 3－57
蘋香書屋文鈔三卷 …… 3－298
蘋香書屋紀略七卷 …… 3－57
蘋洲漁笛譜二卷 …… 3－230
蘧盦文鈔 …… 3－87
蘆花棒喝記十八章 …… 3－88
蘆花蕩 …… 2－514
蘆花蘯身段總講 …… 3－421
蘆浦筆記十卷 …… 3－60
勸戒近錄六卷 …… 3－197
勸戒近錄六卷續錄六卷三錄六卷四錄六卷 …… 3－297
勸戒近錄六卷續錄六卷三錄六卷四錄六卷五錄六卷 …… 3－340
勸善金科十本二十卷二百四十出首一卷 …… 1－22
勸善金科十本二十卷二百四十出首一卷 …… 3－470
勸善金科十本二十卷首一卷 …… 1－93
勸善金科十種 …… 1－21
勸善要言 …… 2－295
勸號譜四卷 …… 3－266
勸學篇 …… 2－291
勸學篇 …… 2－301
勸學篇 …… 3－123
勸學篇 …… 3－310
勸學篇二卷 …… 1－392
勸學篇書後 …… 2－284
蘇子美集十卷 …… 1－411
蘇子美集十卷 …… 2－442
蘇子瞻二卷 …… 1－42
蘇子瞻二卷 …… 1－208
蘇文忠公海外集四卷首一卷 …… 3－149
蘇文忠公寓惠集四卷 …… 1－286
蘇文忠公詩合註五十卷 …… 2－449
蘇文忠公詩合註五十卷首一卷 …… 2－347
蘇文忠公詩集五十卷 …… 1－535
蘇文忠公詩集五十卷 …… 1－535
蘇文忠公詩集五十卷 …… 3－31
蘇文忠公詩集五十卷目錄二卷 …… 1－425
蘇文忠公詩集五十卷目錄二卷 …… 2－364
蘇文忠公詩編注集成 …… 1－425
蘇文忠公詩編注集成四十六卷 …… 2－448
蘇文忠公詩編注集成四十六卷總案四十五卷首一卷目錄一卷雜綴一卷識餘四卷 …… 2－330

蘇文忠公詩編注集成四十六卷雜綴
一卷識餘四卷 …… 3－298
蘇平仲集十六卷首一卷 …… 3－136
蘇台攬勝詞二卷 …… 3－130
蘇老泉先生全集二十卷 …… 1－235
蘇米齋蘭亭考八卷 …… 2－53
蘇米齋蘭亭考八卷 …… 2－275
蘇米齋蘭亭考八卷 …… 3－202
蘇米齋蘭亭考八卷 …… 3－217
蘇州竹菴衍禪師語録二卷 …… 1－178
蘇州長元吳三邑科第譜 …… 3－20
蘇州長元吳三邑科第譜四卷 …… 3－199
[同治]蘇州府志一百五十卷 …… 2－503
[同治]蘇州府志一百五十卷首三卷
…… 3－174
[同治]蘇州府志一百五十卷首三卷
金石目一卷 …… 3－367
[道光]蘇州府志十五卷首一卷 …… 3－141
[康熙]蘇州府志八十二卷首一卷 …… 1－283
蘇州府試文鈔 …… 3－114
蘇沈良方八卷 …… 2－188
蘇長公二妙集二十二卷 …… 1－212
蘇長公小品二卷 …… 1－321
蘇長公小品四卷 …… 1－95
蘇長公合作内外篇 …… 1－101
蘇長公表啓尺牘選八卷 …… 1－264
蘇長公密語十五卷首一卷 …… 1－104
蘇杭甬鐵路始末記 …… 2－97
蘇東坡尺牘八卷 …… 2－425
蘇東坡全集 …… 2－354
蘇東坡全集一百卷 …… 2－448
蘇東坡詩集注三十二卷 …… 1－221
蘇東坡禪喜集 …… 2－385
蘇門六君子文粹六種七十卷 …… 1－34
蘇門集選 …… 3－238
蘇省同官錄 …… 3－7
蘇省輿地圖說 …… 1－478
蘇亭詩話六卷 …… 2－499
蘇黄尺牘二十二卷 …… 2－449
蘇黄尺牘二卷 …… 1－430
蘇黄尺牘合刻 …… 2－425
蘇黄題跋五卷 …… 2－326
蘇庵詩稿十四卷 …… 3－47
蘇庵詩餘五卷 …… 3－116
蘇婆呼童子經三卷 …… 1－147
蘇園仲詩集六卷文集二卷文集補遺
一卷 …… 3－139
蘇詩查註補四卷 …… 2－443
蘇詩補註八卷 …… 3－121
蘇詩補註八卷 …… 3－215
蘇詩續補遺二卷目錄一卷 …… 1－229
蘇詩續補遺二卷目錄一卷 …… 1－327
蘇溪漁隱讀書譜四卷 …… 3－153
蘇寫陶淵明集十卷 …… 2－444
蘇學士文集十六卷 …… 1－205
蘇學士文集十六卷 …… 2－357
蘇龕文錄二卷 …… 2－534
蘇龕文錄二卷駢文錄五卷詩錄八卷
詞錄一卷 …… 2－481
蘇龕集 …… 2－505
蘇魏公文集七十二卷首一卷目錄一
卷 …… 1－416
[蘇齋雜著] …… 3－312
蘇屬財政說明書 …… 2－111
警心録十二卷 …… 1－198
[警世通言]四十卷 …… 1－13
警黄鍾傳奇十出附錄二出 …… 3－489
警富新書四卷三十六回 …… 3－482
警富新書四卷四十回 …… 1－369
警寤鍾四卷十六回 …… 1－371
警變 …… 3－102
藻川堂譚藝 …… 2－335
藻香館詞鈔 …… 2－366
蘦蒔山莊駢散芰存 …… 2－439
蘊香丸二十回 …… 3－43
蘊香齋詩鈔十一卷 …… 1－402
蘊真居詩集六卷附詩餘 …… 3－232
蘊愫閣詩集十二卷 …… 1－291
麓生詩文合集十卷 …… 2－474
麓雲仙館圖題詠集 …… 3－241
麓樵小草二卷 …… 3－268
攀古廔彝器款識 …… 1－355

攀古廔彝器款識…………………………1－493
攀古廔彝器款識…………………………1－494
攀雲閣臨漢碑……………………………2－318
覈定浙江省宣統三年歲入歲出預算
　總表……………………………………2－170
［同治］麗水縣誌十五卷 ……………3－281
麗句集六卷………………………………1－257
麗句集六卷………………………………1－271
麗句集六卷………………………………1－322
麗情集一卷續集一卷……………………3－507
麗廔叢書…………………………………3－406
麗廔叢書八種……………………………1－446
麗廔叢書八種……………………………1－547
麗體金膏八卷……………………………3－162
礦律礦章存案各項底本正本彙函……3－314
願學堂詩存二十二卷……………………3－158
願學堂詩鈔二十八卷……………………2－415
願體集……………………………………1－432
願體集四卷………………………………2－287
攈古錄二十卷……………………………1－494
攈古錄金文………………………………2－317
攈古錄金文三卷…………………………1－492
攈古錄金文三卷…………………………1－494
攈古錄金文三卷…………………………1－494
攈古錄金文三卷…………………………1－495
攈古錄金文三卷…………………………1－495
贈言陳德…………………………………2－261
贈言集二卷後集三卷首一卷 …………3－98
贈珠害夫寶卷 …………………………3－66
贈珠寶卷 ………………………………3－63
贈書記二卷三十二出……………………3－424
贈書記二卷三十二出……………………3－460
曝書亭全集八十卷………………………2－352
曝書亭集八十卷目錄一卷………………2－380
曝書亭集八十卷附錄一卷………………1－227
曝書亭集八十卷附錄一卷………………1－240
曝書亭集八十卷附錄一卷………………1－409
曝書亭集詞注七卷………………………2－459
曝書亭集詩註二十二卷年譜一卷……1－237
曝書亭詞拾遺……………………………2－473
曝書亭詞拾遺三卷附志異一卷………3－293
曝書亭詞拾遺四卷………………………1－409
曝書亭詩錄十二卷………………………1－247
曝書雜記三卷……………………………3－252
關夫子覺世真經詩潛齋存草…………2－412
關中同官錄………………………………2－182
關中同官錄………………………………2－182
關中同官錄 ……………………………3－12
關中同官錄［己丑年］ ………………3－314
關中兩朝詩文鈔三十六卷………………1－424
關中兩朝詩鈔補四卷又補一卷………1－410
關中金石記八卷…………………………1－493
關中金石記八卷…………………………1－493
關中奏議鈔十二卷首一卷………………1－487
關中書院詩賦課…………………………3－120
關中勝跡圖志三十卷……………………3－385
關中道脈四種書…………………………1－375
關帝聖跡圖志全集十卷 ………………2－82
關帝寶訓像注……………………………1－287
關聖帝君盛蹟全志八卷…………………3－162
關聖帝君萬應靈籤二卷…………………1－516
關聖帝君聖蹟圖志全集五卷…………1－484
關聖帝君聖蹟圖志全集五卷…………3－323
疇人傳三編七卷…………………………1－481
疇人傳四十六卷…………………………1－376
疇人傳四十六卷…………………………1－477
疇人傳四十六卷…………………………1－479
疇人傳四十六卷…………………………1－480
疇人傳四十六卷…………………………2－287
蹶張心法　單刀法選……………………3－511
蟻術詞選四卷……………………………1－295
蟻餘偶筆蟻餘附筆讕言瑣記 …………3－46
艷雪軒詩存四卷試帖詩存四卷日下
　賡歌集三卷文稿一卷…………………1－294
嚴太僕先生集十二卷……………………2－500
嚴永思先生通鑑補正略三卷刊本識
　誤三卷…………………………………1－481
［淳熙］嚴州圖經三十三卷 …………2－89
嚴州圖經三卷……………………………1－480
嚴東有詩集十卷…………………………3－107
嚴刻四家集一百二十六卷………………3－152
嚴陵集九卷………………………………2－449

嚴逸山先生文集十三卷 ……………… 1－260
嚴樂園詩稿五卷 ……………………… 2－407
韡園醫學六種 ………………………… 2－273
韜光菴紀遊初編二卷 ………………… 1－121
韜略元機八卷 ………………………… 3－18
羅山遺書 ……………………………… 2－6
羅文恪公年譜 ………………………… 2－540
羅文恪公遺集 ………………………… 2－480
羅司勳文集八卷外集一卷附錄一卷
　………………………………………… 1－208
[同治]羅江縣志二十四卷 ………… 3－143
[嘉慶]羅江縣志十卷 ……………… 2－55
[嘉慶]羅江縣志十卷 ……………… 3－143
[嘉慶]羅江縣志十卷 ……………… 3－186
[嘉慶]羅江縣志三十六卷首一卷 … 3－140
羅近溪先生語要 ……………………… 2－286
羅近溪先生語要 ……………………… 2－286
羅近溪先生語要 ……………………… 2－286
羅狀元爲仙勸世詞 …………………… 3－492
[光緒]羅店鎮志八卷 ……………… 3－216
[光緒]羅店鎮志八卷 ……………… 3－267
羅郢州遺文一卷 ……………………… 1－328
羅昭諫集八卷 ………………………… 2－357
羅洋文集一卷詩草一卷 ……………… 3－189
羅馬史二卷 …………………………… 2－97
羅浮山志會編二十二卷首一卷 ……… 1－120
羅浮山志會編二十二卷首一卷 ……… 1－278
羅浮志十卷 …………………………… 2－84
羅鄂州小集五卷 ……………………… 1－328
羅鄂州小集六卷 ……………………… 3－154
羅湖野録二卷 ………………………… 1－182
羅經發源起例十卷 …………………… 1－202
羅經解定七卷 ………………………… 2－208
羅經解定七卷附錄一卷 ……………… 1－528
羅經解定七卷附錄一卷 ……………… 1－529
羅漢度海 ……………………………… 3－451
羅漢過海 ……………………………… 3－457
羅漢渡海・寶塔淩空・地湧金蓮・
　福祿天長題綱 ……………………… 3－451
羅豫章先生集十二卷首一卷末一卷
　………………………………………… 2－361
羅整庵先生困知記四卷 ……………… 1－443
顗頠室詩稿四卷 ……………………… 3－134
犢山詩稿四類稿九卷 ………………… 2－405
犢山類藁 ……………………………… 2－496
籀經堂類稿二十四卷 ………………… 1－542
簷曝雜記六卷 ………………………… 2－200
鏡光緣傳奇二卷十六出 ……………… 3－465
鏡池樓吟稿六卷 ……………………… 3－170
鏡花水月八卷 ………………………… 3－24
鏡花緣一百回 ………………………… 1－387
鏡花緣一百回 ………………………… 2－394
鏡花緣一百回 ………………………… 3－316
鏡花緣二十卷 ………………………… 2－393
鏡花緣二十卷一百回 ………………… 1－368
鏡虹吟室詩集四卷 …………………… 2－531
鏡香園毛聲山評第七才子書十二卷
　首一卷 ……………………………… 3－443
鏡珠精舍雜撰九種 …………………… 3－377
鏡真山房詩鈔六卷 …………………… 3－54
鏡烟堂十種 …………………………… 1－444
鏡影簫聲初集 ………………………… 1－515
鏡鏡詅癡五卷 ………………………… 2－217
[光緒]騰越廳志稿二十卷首一卷 … 3－267
鯤溟先生詩集四卷奏疏一卷 ………… 1－250
觶廬詩集二卷 ………………………… 3－249
蟹譜二卷 ……………………………… 1－281
蟹譜二卷 ……………………………… 3－414
譚氏印譜 ……………………………… 2－187
譚襄敏公奏議十卷 …………………… 3－372
譚瀛八種四卷 ………………………… 2－492
譜系雜說二卷 ………………………… 1－306
譜定紅香傳十出 ……………………… 3－82
譜定紅香傳傳奇 ……………………… 1－314
證我堂摹印 …………………………… 2－207
證治準繩 ……………………………… 1－85
證治準繩 ……………………………… 1－258
證治彙補八卷 ………………………… 1－86
證治彙補八卷 ………………………… 1－509
證治彙補八卷 ………………………… 2－277
證俗文十九卷 ………………………… 3－153
廬山小志二十四卷首一卷 …………… 1－364

廬山志十五卷…………………………… 1－123
廬山志十五卷…………………………… 1－364
廬山紀事十二卷………………………… 1－9
廬山紀事六卷…………………………… 1－9
廬山紀遊………………………………… 2－168
［雍正］廬江縣志十二卷首一卷 …… 1－314
廬陵宋丞相信國公文忠烈先生全集
十六卷………………………………… 1－223
龐公寶卷………………………………… 2－488
龐公寶卷………………………………… 3－286
龐公寶卷一卷…………………………… 3－501
龐居士語錄三卷………………………… 2－219
癡夢寶卷 ……………………………… 3－69
癡說八卷………………………………… 1－382
麒麟閣 ………………………………… 3－37
麒麟閣傳奇二卷二十八出……………… 3－449
麒麟寶卷 ……………………………… 3－64
瓣香山房詩集十二卷…………………… 3－153
韻山堂詩集七卷附補遺………………… 2－371
韻山堂詩集七卷附補遺………………… 2－371
韻切指歸二卷…………………………… 3－263
韻石齋筆談二卷………………………… 3－120
韻目表…………………………………… 3－294
韻史二卷………………………………… 3－303
韻史二卷補一卷………………………… 1－361
韻史二卷補一卷………………………… 3－291
韻白一卷………………………………… 3－487
韻字略十二卷 ………………………… 2－37
韻字略十二卷…………………………… 2－286
韻字鑑四卷……………………………… 3－220
韻芳閣吟稿 …………………………… 3－38
韻岐五卷 ……………………………… 2－37
韻府拾遺一百〇六卷…………………… 2－208
韻府拾遺一百〇六卷…………………… 2－258
韻府拾遺一百〇六卷…………………… 2－284
韻府群玉二十卷………………………… 1－201
韻府群玉二十卷………………………… 3－298
韻香閣詩草一卷………………………… 2－416
韻香廬詩鈔……………………………… 3－236
韻海大全………………………………… 2－264
韻海大全………………………………… 3－209
韻詁 …………………………………… 2－13
韻詁 …………………………………… 2－37
韻會舉要………………………………… 1－449
韻綜 …………………………………… 2－48
韻徵十六卷……………………………… 3－138
韻學五卷末一卷………………………… 3－423
韻學辨中備五卷………………………… 1－452
韻學臆說一卷韻學五卷………………… 3－317
韻學驪珠二卷…………………………… 3－486
韻學驪珠二卷…………………………… 3－487
韻諧塾瘞雲巖綴白曲譜………………… 2－534
韻麈詞…………………………………… 3－231
韻麈詞後韻麈詞………………………… 3－194
韻藻集 ………………………………… 3－75
韻譜本義十卷說文未收字一卷………… 1－2
韻譜本義十卷說文未收字一卷 ……… 1－62
韻蘭集賦鈔……………………………… 2－425
韻籟四卷………………………………… 1－344
懷五山志八卷首一卷末一卷 ………… 2－60
懷日光和尚語錄二卷…………………… 1－276
懷古田舍詩鈔三十三卷………………… 3－169
懷古田舍詩節鈔六卷…………………… 3－157
懷白軒詩文集十九卷 ………………… 3－80
懷永堂繪像第六才子書八卷…………… 1－210
［光緒］懷安縣誌八卷首末各一卷 … 1－470
懷沙記二卷……………………………… 1－255
［光緒］懷來縣志十八卷首一卷 …… 2－73
［康熙］懷來縣志十八卷首圖一卷 … 1－284
懷宗傳［鼓詞］ ……………………… 1－50
懷荆堂詩稾四卷………………………… 2－338
懷星堂全集三十卷……………………… 2－354
懷香記二卷四十出……………………… 3－459
懷香記二卷四十出……………………… 3－459
［康熙］懷柔縣新志八卷 …………… 1－334
［康熙］懷柔縣新志八卷 …………… 3－536
懷清堂集二十卷首一卷 ……………… 1－96
懷清堂集二十卷首一卷………………… 1－209
懷清堂集二十卷首一卷………………… 1－250
懷清堂詩集二十卷 …………………… 1－25
懷葛堂文稿……………………………… 2－469
懷雅堂詩存四卷 ……………………… 3－27

懷舊集二卷 …………………………… 3－213
懷舊雜記二卷 ………………………… 3－60
懷豳雜俎 ……………………………… 1－547
懷豳雜俎十二種十七卷 ……………… 1－396
懷麓堂文後稿三十卷 ………………… 1－236
懷麓堂全集六種一百〇七卷 ………… 1－414
懷麓堂集文後稿三十卷詩後稿十卷
　雜記十卷 …………………………… 2－379
類林新詠三十六卷 …………………… 2－203
類林新詠三十六卷 …………………… 2－259
類林新詠大全三十六卷 ……………… 3－155
類音八卷 ……………………………… 1－64
類書十二種 …………………………… 3－316
類腋五十五卷 ………………………… 2－268
類腋五十五卷 ………………………… 2－305
類腋物部十六卷 ……………………… 2－214
類証治裁八卷首一卷末一卷 ………… 3－189
類經三十二卷圖翼十一卷附翼四卷
　……………………………………… 1－523
類經圖翼十一卷 ……………………… 1－196
類篇十五卷 …………………………… 2－37
類篇十五卷 …………………………… 3－430
類篇四十五卷 ………………………… 1－340
類選箋釋草堂詩餘六卷 ……………… 1－294
類編草堂詩餘四卷 …………………… 1－217
類編草堂詩餘四卷 …………………… 1－233
類編箋釋國朝詩餘五卷 ……………… 1－269
類編箋釋國朝詩餘五卷 ……………… 1－294
類編箋釋續選草堂詩餘二卷 ………… 1－294
類聯集古四卷 ………………………… 1－328
類聯集錦八卷 ………………………… 1－326
類證治裁八卷首一卷附卷一卷 ……… 2－276
類證活人書 …………………………… 1－389
類證增註傷寒百問歌四卷 …………… 3－13
類纂古文雲蒸六卷 …………………… 3－126
爆藥記要 ……………………………… 2－317
爆藥記要六卷 ………………………… 1－391
瀟湘怨 ………………………………… 3－487
瀟碧堂集二十卷 ……………………… 1－42
瀛仙閣詩集四卷 ……………………… 2－371
瀛舟筆談十二卷 ……………………… 1－396
瀛舟筆談十二卷 ……………………… 1－532
瀛州佳話　彩線添衣 ………………… 3－454
瀛奎律髓刊誤四十九卷 ……………… 1－222
瀛奎律髓刊誤四十九卷 ……………… 2－377
瀛奎律髓刊誤四十九卷 ……………… 2－459
瀛奎律髓四十九卷 …………………… 1－222
瀛奎律髓四十九卷 …………………… 1－262
瀛海形勢錄 …………………………… 3－188
瀛寰志略十卷 ………………………… 2－82
瀛寰志略十卷 ………………………… 2－147
瀛寰志略十卷 ………………………… 2－175
瀛寰志略十卷 ………………………… 2－177
瀛寰瑣記 ……………………………… 3－11
瀛環志略 ……………………………… 2－178
瀛環志略 ……………………………… 2－178
瀛環志略十卷 ………………………… 1－468
瀛環志略十卷 ………………………… 2－60
瀛環志略十卷 ………………………… 2－174
瀛環志略十卷 ………………………… 2－175
瀛環志略十卷 ………………………… 3－32
瀛壖雜志六卷 ………………………… 3－100
瀛壖雜志六卷 ………………………… 3－210
寶持總禪師語録二卷 ………………… 1－178
寶庵遺詩 ……………………………… 1－28
寶藏興焉十二卷 ……………………… 3－400
寶顏堂訂正四夷考八卷 ……………… 1－128
聽月樓遺稿二卷 ……………………… 2－501
［疆域圖十種］楊守敬編清宣統朱墨
　套印本十冊 ………………………… 3－315
嬾真子五卷 …………………………… 1－84
嬾真子五卷 …………………………… 3－434
繩其武齋自纂年譜 …………………… 3－2
繩其武齋摺稿偶存 …………………… 3－19
繩枻齋年譜二卷 ……………………… 1－356
繩庵内外集内集十六卷外集八卷 …… 1－98
繹史一百六十卷 ……………………… 2－75
繹史一百六十卷 ……………………… 3－437
繹史一百六十卷世系圖一卷 ………… 1－8
繹史一百六十卷世系圖一卷 ………… 1－75
繹史一百六十卷世系圖一卷 ………… 1－121

繹史一百六十卷世系圖一卷年表一
卷 ………………………………… 1－73
繹志十九卷……………………………… 1－533
繹志十九卷……………………………… 2－203
繪地法原………………………………… 2－235
繪芳錄八十回…………………………… 1－384
繪芳錄八卷八十回……………………… 1－372
繪風亭評第七才子書琵琶記六卷…… 3－447
繪真記四十卷…………………………… 1－429
繪真記四卷……………………………… 2－399
繪真記四卷四十回……………………… 3－491
繪圖三公奇案三卷……………………… 2－402
繪圖三門街八卷………………………… 2－517
繪圖大明正德皇帝遊江南傳七卷四
十五回…………………………………… 2－413
繪圖才子奇緣三十二回………………… 3－283
繪圖才子奇緣四卷……………………… 2－398
繪圖上海雜記八卷 …………………… 3－26
繪圖女四書白話解四卷………………… 2－308
繪圖女仙外史一百回…………………… 2－397
繪圖天雨花……………………………… 2－360
繪圖廿四史通俗演義六卷……………… 2－362
繪圖廿四史通俗演義六卷……………… 2－375
繪圖今古奇觀四十回…………………… 2－401
繪圖今古奇觀續集三十回……………… 2－516
繪圖文武香球彈詞八卷………………… 2－517
繪圖文學初階六卷……………………… 3－406
繪圖正續兒女英雄傳正傳四十回續
傳三十二回……………………………… 3－214
繪圖平金川四卷………………………… 2－402
繪圖平金川四卷三十二回……………… 2－374
繪圖平金川四卷三十二回……………… 3－479
繪圖包公奇案十卷 …………………… 3－43
繪圖永慶昇平後傳一百回……………… 2－392
繪圖永慶昇平前傳九十七回…………… 2－392
繪圖吉祥花六卷………………………… 2－400
繪圖安邦志八卷………………………… 2－375
繪圖走馬春秋全傳六卷………………… 2－375
繪圖花月姻緣十六卷 ………………… 3－24
繪圖花月姻緣五十二回………………… 3－257
繪圖芥子園本草綱目五十二卷……… 2－306
繪圖佛門緣二十出……………………… 3－278
繪圖佛門緣傳奇………………………… 2－516
繪圖武則天四大奇案六卷……………… 2－402
繪圖明清兩國志演義四卷四十回…… 3－406
繪圖金陵十二釵後傳四卷……………… 2－399
繪圖金魚緣二十卷……………………… 2－412
繪圖金臺全傳六十回…………………… 3－230
繪圖怕老婆……………………………… 2－398
繪圖定國志八卷………………………… 2－392
繪圖南北史通俗演義十卷一百回…… 3－415
繪圖南宋慈雲走國全傳八卷…………… 2－373
繪圖拱璧緣傳奇二十四回……………… 2－399
繪圖俠義風月傳四卷…………………… 2－399
繪圖俠義烈婦征西傳初集二卷二集
二卷……………………………………… 2－400
繪圖後西廂記雜劇四卷………………… 2－517
繪圖後紅樓夢六卷三十二回…………… 2－391
繪圖後聊齋志異十二卷………………… 3－122
繪圖度世金繩四卷二十回……………… 1－272
繪圖施公案一至十集…………………… 2－392
繪圖施公案全十集……………………… 2－390
繪圖施公案全傳十集五百四十回…… 2－412
繪圖美人兵十六回……………………… 3－326
繪圖前笑中緣金如意全傳四卷………… 2－399
繪圖笑中緣六卷………………………… 2－516
繪圖陰陽鬥異桃花女傳奇十六回…… 3－115
繪圖陰陽鬦異說傳奇四卷十六回…… 3－483
繪圖乾隆遊江南全集…………………… 2－490
繪圖描金鳳十二卷……………………… 2－398
繪圖第二奇書林蘭香八卷……………… 2－398
繪圖第九才子書平鬼傳………………… 2－399
繪圖第六才子書五卷首一卷…………… 3－341
繪圖情天外史二卷……………………… 3－507
繪圖密建遊宮四卷四十八回 ………… 3－38
繪圖雲外飄香四卷……………………… 2－399
繪圖筆生花十六卷……………………… 2－396
繪圖善惡圖全傳………………………… 2－398
繪圖聖朝鼎盛十三回…………………… 2－402
繪圖蒙學衛生實在易講義……………… 2－267
繪圖蒙學衛生實在易講義……………… 2－267
繪圖想當然傳奇二卷…………………… 3－310

繪圖感應金剛經 …… 2－313
繪圖睢陽忠毅錄四卷 …… 2－402
繪圖詩義折中 …… 2－49
繪圖新刊鍾情傳八卷 …… 2－399
繪圖群英傑後宋奇書四卷 …… 2－400
繪圖碧玉環六卷 …… 2－517
繪圖說鬼話十回 …… 3－283
繪圖精忠說岳圖全傳八卷 …… 2－390
繪圖綴白裘十二集四十八卷 …… 3－333
繪圖綠牡丹全傳六卷 …… 2－394
繪圖增批麟兒報四卷 …… 2－399
繪圖增注官場現形記六編七十六回 …… 3－482
繪圖增像五才子書水滸全傳七十回 …… 1－533
繪圖蕩寇志七十回 …… 2－400
繪圖蝴蝶緣四卷 …… 2－399
繪圖談笑奇觀 …… 2－313
繪圖澆愁集八卷 …… 3－43
繪圖歷代神仙傳二十四卷 …… 2－131
繪圖歷代神仙傳二十四卷 …… 3－362
繪圖諧鐸十二卷 …… 2－413
繪圖諧鐸十三卷 …… 2－386
繪圖雙珠球彈詞 …… 2－397
繪圖鏡花緣一百回 …… 2－392
繪圖譚瀛八種二集四卷 …… 2－397
繪圖癡人福四卷 …… 2－413
繪圖繪芳錄八卷八十回 …… 3－120
繪圖繡像四雲亭新書全傳二十四卷 …… 2－400
繪圖鐵花仙史二十六回 …… 2－397
繪圖續四才子 …… 3－43
繪圖續四才子十八回 …… 3－43
繪圖續四才子四卷 …… 2－398
繡戈袍真本八卷四十二回 …… 3－483
繡水王氏家藏集十六種 …… 3－235
繡水詩鈔八卷 …… 3－42
繡虎軒尺牘三集二十四卷 …… 1－32
繡雲閣一百四十三回 …… 3－279
繡雲閣八卷一百四十三回 …… 3－482
繡像十五貫十六出 …… 3－226
繡像十嘆觀音寶卷 …… 2－400
繡像七俠五義傳 …… 3－415
繡像八美圖初集二十卷二集二十九卷 …… 2－396
繡像八續彭公案四卷 …… 2－381
繡像九美圖全傳十二卷 …… 2－397
繡像三俠記新編四十八回 …… 3－283
繡像大唐瓦崗寨演義全傳五卷 …… 2－395
繡像今古奇觀四十卷 …… 1－316
繡像六美圖三十卷 …… 2－396
繡像六美圖三十卷繡像雙帥印十四卷繡像鬧盧莊十六卷繡像九龍陣十六卷 …… 2－393
繡像水晶球傳十七卷 …… 1－429
繡像玉連環八卷 …… 2－395
繡像玉夔龍全傳六卷五十七回 …… 3－118
繡像北宋楊家將五十回 …… 3－257
繡像四香緣四卷三十二回 …… 2－395
繡像四香緣全傳六卷 …… 2－397
繡像四遊全傳四種 …… 3－339
繡像百花臺全集四卷 …… 2－395
繡像全圖東周列國志一百〇八回 …… 2－392
繡像芙蓉洞十卷 …… 2－413
繡像芙蓉洞全傳十卷 …… 2－393
繡像花月痕全傳五十二回 …… 2－400
繡像批點紅樓夢一百二十回 …… 2－394
繡像批點麟兒報四卷十六回 …… 3－483
繡像宋史奇書十二卷 …… 2－393
繡像英烈全傳十卷 …… 2－375
繡像東西漢演義十卷 …… 2－401
繡像東周列國全志二十三卷一百〇八回 …… 2－401
繡像抽金鳳十二卷 …… 2－395
繡像昇仙演義傳八卷 …… 2－374
繡像忠烈姻緣奇傳四卷 …… 2－399
繡像京本雲合奇蹤玉茗英烈全傳十卷 …… 2－398
繡像封神演義八卷 …… 2－314
繡像草木春秋三十二回 …… 2－396
繡像南北宋志傳二十卷一百回 …… 3－337
繡像飛龍傳十卷 …… 2－398

繡像海公小紅袍四十一回 …………… 2－391
繡像黃金印六卷 ………………………… 2－394
繡像黃金印六卷 ………………………… 2－394
繡像第八才子書白圭志十六回 ……… 2－516
繡像第五才子書水滸傳十五卷 ……… 2－363
繡像第六才子書八卷 …………………… 2－398
繡像換空箱全傳二十一卷 …………… 2－394
繡像夢影緣彈詞四十八回 …………… 2－517
繡像節義錄前集二十八卷後集三十一卷 ……………………………………… 2－397
繡像傳奇十種二十二卷 ……………… 1－39
繡像閨門秘術 …………………………… 2－517
繡像閨閣才子奇書四卷 ……………… 2－413
繡像鳳凰圖 ……………………………… 2－413
繡像鳳凰圖六卷 ………………………… 2－393
繡像說唐全傳六十八回後傳四十二回 ……………………………………… 2－394
繡像說唐前傳十卷後傳八卷 ………… 3－285
繡像漢宋奇書六十卷 ………………… 3－481
繡像綠牡丹全傳六卷 ………………… 2－402
繡像賣花記 ……………………………… 3－28
繡像劉二姐全本 ………………………… 3－28
繡像薛仁貴征東全傳六卷 …………… 2－380
繡像龍鳳金釵十集 …………………… 2－413
繡像韓湘子全傳 ………………………… 2－313
繡像雙玉燕四卷 ………………………… 2－416
繡像雙金錠全傳六卷 ………………… 2－402
繡像雙珠球四十九回 ………………… 2－400
繡像雙鎖山 ……………………………… 3－370
繡像蘊香丸二十回 …………………… 2－397
繡像蘊香丸四卷 ………………………… 2－398
繡像麒麟豹十卷 ………………………… 2－414
繡像繪圖大明正德皇遊江南傳七卷 ……………………………………… 2－400
繡像繪圖後西遊記四十回 …………… 2－373
繡像繪圖乾隆巡幸江南記七十六回 ……………………………………… 3－256
繡像繪圖遇仙奇緣賽桃源 …………… 3－40
繡像麟兒報十六回 …………………… 3－43
繡圖金盒龍膏記二卷三十出 ………… 3－471
繡墨軒詩稿 ……………………………… 3－88
繡餘小草六卷 …………………………… 3－59
繡餘小草六卷江西宦遊紀事二卷 …… 3－150
繡餘遊戲彈詞二卷 …………………… 3－335
繡襦記 …………………………………… 2－514
繡襦記 …………………………………… 2－528
繡襦記二卷四十一出 ………………… 3－488
繡襦記二卷四十一出 ………………… 3－488
繡襦記二卷四十出 …………………… 3－462
繡鐙問字圖 ……………………………… 3－258

二十畫

蘭石畫譜 ………………………………… 1－514
蘭史自訂年譜一卷 …………………… 1－345
蘭竹名世 ………………………………… 2－295
蘭茳零香錄三卷 ………………………… 2－288
蘭茳零香錄三卷 ………………………… 3－337
蘭谷全書醫方 …………………………… 2－274
蘭言詩鈔四卷 …………………………… 2－322
蘭言詩鈔四卷 …………………………… 3－121
蘭英寶卷 ………………………………… 2－527
蘭英寶卷二卷 …………………………… 3－287
蘭咳二集八卷 …………………………… 1－424
蘭香閣一卷 ……………………………… 3－497
蘭香閣寶卷 ……………………………… 3－64
蘭香閣寶卷 ……………………………… 3－66
蘭香閣寶卷 ……………………………… 3－70
蘭香閣寶卷 ……………………………… 3－72
蘭亭詩鈔五卷 …………………………… 3－255
蘭素詞一卷 ……………………………… 2－432
蘭華譜二卷 ……………………………… 1－309
蘭桂仙曲譜二卷 ………………………… 3－486
蘭桂仙傳奇二卷二十出首一卷 ……… 3－470
蘭舫仲公行軍紀畧 …………………… 3－14
蘭陵集 …………………………………… 2－480
蘭雪堂詩草八卷 ………………………… 1－271
蘭雪集二卷補遺一卷 ………………… 2－416
蘭嵎朱宗伯彙選當代名公鴻筆百壽類函八卷 ……………………………… 1－308
蘭皋集三卷 ……………………………… 3－252
蘭臺軌範八卷 …………………………… 1－79

蘭臺軌範八卷………………………… 3－135
蘭閨寶錄五卷………………………… 3－101
蘭閨寶錄六卷………………………… 2－334
蘭閨寶錄六卷………………………… 2－526
蘭閨寶錄六卷………………………… 3－173
蘭蕙同心錄…………………………… 2－187
［光緒］蘭谿縣志八卷首一卷 ……… 3－142
蘭藻堂集……………………………… 1－223
蘭韻山房詩鈔二卷…………………… 3－249
蘭韻堂詩集十二卷…………………… 1－220
櫪園詩集六卷 ……………………… 1－52
轘龍鏡合集十七卷 ………………… 1－43
轘龍鏡合集十七卷…………………… 1－428
轘龍鏡韓廷美三十三卷……………… 3－205
攖寧靜禪師住戢山戒珠寺結制語録
六卷……………………………… 1－162
鹺政備覽 …………………………… 2－87
獻花山房詩存二卷 ………………… 3－74
獻忱集五卷 ………………………… 1－33
獻�橋一卷……………………………… 3－496
［乾隆］獻縣志二十卷圖一卷表一卷
…………………………………… 1－122
［乾隆］獻縣志二十卷圖一卷表一卷
…………………………………… 1－134
獻龍袍寶卷 ………………………… 3－64
闌貞集四卷…………………………… 3－114
闡道篇二卷…………………………… 1－516
鶡冠子三卷…………………………… 1－141
鶡冠子三卷…………………………… 1－143
鶡冠子三卷…………………………… 1－202
鶡冠子三卷…………………………… 3－429
鶡冠子三卷…………………………… 3－429
蠛蠓集五卷…………………………… 1－223
蠛蠓集五卷…………………………… 1－537
蠛蠓集五卷首附序目………………… 1－416
蠙廬詩鈔……………………………… 2－473
蠕範八卷……………………………… 2－501
嚶求集四卷…………………………… 2－537
嚶鳴館百疊集………………………… 2－493
嚼梅吟二卷首一卷…………………… 3－116
巍巍不動太山深根結果經一卷……… 3－494
巍巍不動太山深根結果寶卷二十四
品……………………………… 3－494
籌世芻議四卷 ……………………… 3－57
籌海初集四卷………………………… 2－167
籌海軍芻議二卷……………………… 3－378
籌海圖編十三卷 …………………… 1－67
籌海圖編十三卷 …………………… 1－71
籌海圖編十三卷 …………………… 1－76
籌國芻言二卷………………………… 3－364
籌蒙芻議二卷………………………… 3－398
籌算三卷……………………………… 1－397
籌辦海軍事宜條議不分卷…………… 3－369
籌濟編三十二卷……………………… 2－149
籌濟編三十二卷……………………… 3－320
籌濟編三十二卷首一卷……………… 1－498
籌濟編三十二卷首一卷 …………… 2－70
籌濟編三十二卷首一卷……………… 2－166
籌濟編三十二卷首一卷……………… 3－398
籌瞻疏稿三卷 ……………………… 3－22
籌邊記三卷 ………………………… 3－24
籃村詩餘……………………………… 2－520
纂訂路律車務編車務章程參據文件
…………………………………… 2－95
纂圖互注揚子法言十卷 …………… 1－83
覺世名言十二卷……………………… 1－370
覺世名言十二樓十二卷……………… 3－224
覺世風雅集四卷雲水集四卷………… 3－169
覺世新新集八卷……………………… 3－225
覺生訥堂老人念佛伽陀……………… 2－246
覺生詠史詩鈔三卷 ………………… 3－58
覺生詩鈔十卷………………………… 1－407
覺生詩續鈔四卷覺生自訂年譜一卷
…………………………………… 3－248
覺非集不分卷………………………… 1－216
覺非盦筆記八卷……………………… 1－529
斅藝齋遺書五種……………………… 1－443
鐔津文集十九卷……………………… 2－458
鐔津文集十九卷首一卷 …………… 3－59
鐫李卓吾批點殘唐五代史演義傳八
卷……………………………… 1－9

鐫李卓吾批點殘唐五代史演義傳八卷 …………………………………… 1－10
鐫李卓吾批點殘唐五代史演義傳八卷 …………………………………… 1－12
鐫刻新編全相霞箋記二卷二十七出 …………………………………… 3－513
鐫蒼霞草十二卷 …………………… 1－78
鐫蒼霞草十五卷 …………………… 1－31
鐘山劄記四卷……………………… 3－350
鐘鼎字源五卷 …………………… 1－77
鐘鼎款識…………………………… 1－494
鐘鼎款識…………………………… 1－496
鐙味齋詩存五卷…………………… 3－157
鐙味齋詩存五卷…………………… 3－252
鐙窗瑣話十卷……………………… 2－401
釋毛詩音四卷……………………… 1－344
釋氏源流 ………………………… 1－11
釋氏源流二卷 …………………… 1－11
釋氏稽古略四卷…………………… 3－429
釋氏稽古略四卷續集三卷 ……… 2－63
釋氏稽古略四卷續集三卷………… 2－194
釋耒集四卷………………………… 2－361
釋地圖考釋星圖考………………… 3－258
釋名一卷 ………………………… 1－56
釋名疏證九卷 …………………… 2－39
釋字百韻 ………………………… 2－19
釋門真孝錄五卷…………………… 2－220
釋門真孝錄五卷…………………… 3－414
釋金剛經纂要疏二卷……………… 1－148
釋服二卷 ………………………… 1－66
釋迦如來成道記註………………… 1－188
釋迦如來應化事跡………………… 1－515
釋迦如來應化事跡………………… 2－264
釋迦譜十卷………………………… 2－227
釋迦譜五卷………………………… 1－189
釋音一卷 ………………………… 1－67
釋穀四卷…………………………… 1－457
釋穀四卷…………………………… 1－458
釋穀四卷 ………………………… 2－12
釋穀四卷 ………………………… 2－36
釋摩訶衍論十卷…………………… 2－241
釋摩訶般若波羅密經覺意三昧……… 2－247
釋摩訶般若波羅蜜經覺意三昧不分卷………………………………… 1－189
釋簽緣起序………………………… 2－238
釋鑑稽古略續集三卷……………… 3－429
饒崧生先生摺譜…………………… 2－162
［乾隆］饒陽縣志二卷首一卷末一卷 …………………………………… 1－122
臙脂獄十六出提綱一出…………… 3－106
臚唱先聲七卷首一卷 …………… 3－93
護身根本經咒全部一卷…………… 3－519
護法論……………………………… 2－232
護法論二卷………………………… 2－216
護國佑民伏魔寶卷二卷…………… 3－495
護國佑民伏魔寶卷四卷…………… 3－501
護國啓真誠和尚語錄四卷………… 1－158
譯書提要…………………………… 2－117
議覆鐵路奏疏……………………… 3－265
懺花盦詩鈔十卷 ………………… 3－92
懺花盦叢書三十四種附三種……… 1－446
懺餘綺語二卷爨餘詞一卷………… 3－247
懺餘綺語二卷爨餘詞一卷………… 3－293
懺摩錄……………………………… 3－305
灌香草堂初稿……………………… 3－244
灌園未定稿二卷…………………… 2－521
灌園記二卷三十出………………… 3－334
灌縣鄉土志………………………… 3－139
［光緒］寶山縣志十四卷 ………… 3－328
［光緒］寶山縣志十四卷首一卷 …… 3－380
寶山錢氏家集……………………… 2－403
寶女所問經四卷…………………… 2－230
寶王三昧念佛直指………………… 2－221
寶王三昧念佛直指………………… 2－249
寶元天人祥異書不分卷 ………… 1－91
寶印集四卷………………………… 3－276
寶字錄六卷勸戒詩話八卷………… 3－121
寶刻叢編二十卷…………………… 1－492
寶刻叢編二十卷…………………… 2－158
寶刻類編八卷……………………… 1－494
寶刻類編八卷……………………… 1－496
寶卷六種…………………………… 3－103

寶奎堂集十二卷 2－358
寶奎堂集文十二卷詩十二卷 2－355
寶持總禪師語録二卷 1－276
寶華山志十五卷首一卷 1－119
寶華山志十五卷首一卷 1－279
寶華山志十五卷首一卷 3－179
寶華山志十五卷首一卷 3－185
寶華山見月和尚規律 1－276
寶真齋法書贊二十八卷 1－202
寶晉書院志十一卷首一卷 1－346
寶倫堂詩鈔六卷文鈔八卷 2－501
寶倫集六卷 2－201
寶訓八卷 1－526
寶通賢首傳燈錄二卷 2－203
寶通賢首傳燈錄二卷 3－323
寶授菩薩菩提行經 2－226
寶堂詩鈔十卷附存二卷 3－54
寶塔淩空 3－451
寶硯堂硯辨 1－518
［乾隆］寶鸡縣志十六卷 2－535
寶綸堂文鈔八卷 1－538
寶綸堂文鈔八卷 3－155
寶綸堂集十卷 3－192
寶綸堂集不分卷附拾遺一卷 3－517
寶綸堂詩鈔六卷 2－419
寶綸堂詩鈔六卷文鈔四卷 2－475
寶綸堂續集十一卷 3－135
寶賢堂集古法帖 2－261
寶德堂詩鈔十卷 3－42
寶藏論 2－232
寶藏興焉 1－394
寶藏興焉十二卷 2－209
［道光］寶應圖經六卷首一卷 1－469
寶應圖經六卷首一卷 2－68
寶顏堂訂正賢奕編四卷 1－279
寶顏堂訂正陳眉公考槃餘事四卷 1－293
寶顏堂訂正偶譚一卷 1－293
寶顏堂秘笈十五種 1－305
寶鏡 2－307
寶繪錄二十卷 1－381
寶繪錄二十卷 1－512
寶鐵齋詩 3－251
寶鐵齋詩錄 3－81
寶鑑編補注二卷 3－421
竇氏聯珠集 3－247
竇存四卷 1－397
竇存四卷 1－531
竇存四卷 3－511
竇圌仙山志圖 2－61
竇曉湘先生集 2－458
饗禮補亡不分卷 3－343
響泉集二十八卷 1－263
響泉集詩十七卷文一卷詞二卷 3－203
繼雅堂詩集三十四卷 2－352
繼雅堂詩集三十四卷 3－41
繼雅堂詩集三十四卷 3－56
繼雅堂詩集三十四卷序目一卷 3－117
繼聲樓帖體詩存二卷 3－274

二十一畫

驂鸞小記 3－260
歡喜冤家六卷二十四回 3－484
權利競爭篇 3－326
權利競爭篇 3－398
權載之文集五十卷 2－405
權衡一書四十一卷 1－82
權衡一書四十一卷 1－92
權衡一書四十一卷 1－203
權衡一書四十一卷 3－410
礮法求新六卷附編二卷補編一卷圖一卷 1－388
礮乘新法二卷首一卷圖一卷 2－235
礮乘新法三卷首一卷圖一卷 1－393
礮準算法圖解二卷 3－186
露淚緣十三回 3－467
露漱格蘭小傳 2－378
露蟬吟詞鈔 3－250
攝大乘論本三卷 1－154
攝大乘論釋十卷 1－151
攝山志八卷首一卷 1－68
攝山志八卷首一卷 1－119

攝生秘剖 …… 3－197
攝生眾妙方十一卷急救良方二卷 …… 1－203
攝生衆妙方十一卷 …… 1－197
攝生總要 …… 1－384
攝生總要九卷 …… 1－15
攝寶恰乘滄海月 …… 3－453
攜雪堂文集四卷 …… 2－432
攜雪堂文集四卷 …… 3－157
攜雪堂全集 …… 3－254
躍鯉記［看穀］金印記［封贈一折］ …… 2－509
饗喜廬叢書 …… 2－1
儷白妃黄冊八卷 …… 2－384
儼山外集四十卷 …… 1－248
儼若思齋集 …… 2－234
鐵山園詩稿四卷 …… 3－134
鐵甲叢譚五卷圖一卷 …… 1－394
鐵血宰相 …… 3－327
鐵花山館詩稿八卷 …… 2－418
鐵花仙史二十六回 …… 1－370
鐵花仙史二十六回 …… 3－482
鐵花仙館吟草一卷 …… 2－491
鐵板神數 …… 2－271
鐵香室叢刻初集四種 …… 2－540
鐵香室叢刻續集六種 …… 2－540
鐵冠圖 …… 1－249
鐵冠圖 …… 2－512
鐵冠圖一折 …… 2－510
鐵冠圖一折 …… 2－510
鐵冠圖一折 …… 2－510
鐵冠圖一折 …… 2－510
鐵冠圖全傳八卷五十回 …… 3－197
鐵華館叢書 …… 2－1
鐵華館叢書六種 …… 1－444
鐵華館叢書六種 …… 2－463
鐵華館叢書六種 …… 3－387
鐵莊文集八卷 …… 2－485
鐵瓶詩鈔 …… 2－474
鐵瓶雜存二卷詩存七卷 …… 3－22
鐵堂詩鈔二卷 …… 3－76
鐵崖先生復古詩集六卷 …… 1－45
鐵船詩鈔二十一卷樂府四卷 …… 2－535
鐵琴銅劍樓藏書目錄二十四卷 …… 1－353
鐵琴銅劍樓藏書目錄二十四卷 …… 1－472
鐵琴銅劍樓藏書目錄二十四卷 …… 1－472
鐵琴銅劍樓藏書目錄二十四卷 …… 1－472
鐵琴銅劍樓藏書目錄二十四卷 …… 1－472
鐵路紀要三卷 …… 1－394
鐵路運送論 …… 2－126
鐵旗陣三十九段二百四十六出 …… 3－457
鐵網珊瑚二十卷 …… 1－82
鐵網珊瑚二十卷 …… 1－93
鐵網珊瑚二十卷 …… 1－201
鐵網珊瑚三編 …… 3－304
鐵網珊瑚全集三編 …… 2－425
鐵網珊瑚書品十卷畫品六卷 …… 1－310
鐵網珊瑚集課藝 …… 2－424
鐵橋金石跋四卷 …… 2－80
鐵橋漫稿八卷 …… 1－538
鐵橋漫稿八卷 …… 2－350
鐵橋漫稿八卷 …… 2－434
鐵橋漫稿八卷 …… 3－347
鐵簫詩藁六卷 …… 1－420
鐵籠山 …… 3－463
麝塵集 …… 3－241
麝塵蓮寸集四卷 …… 3－26
麝塵蓮寸集四卷 …… 3－204
爛柯山 …… 2－513
爛柯山 …… 2－528
爛柯山志十三卷 …… 2－58
爛柯山志十三卷 …… 3－151
鶯鳩小啟十三卷 …… 1－33
灊山守禦志二卷 …… 3－33
灊山集三卷補遺一卷 …… 3－230
竈君經一卷 …… 3－495
竈君寶卷 …… 3－237
竈君靈籤 …… 2－310
竈皇寶卷 …… 2－497
竈皇寶卷一卷 …… 3－495
竈皇寶懺寶卷 …… 3－112
顧氏明朝四十家小說 …… 2－374
顧氏音學五書 …… 2－53
顧文康公詩草六卷 …… 1－269

顧曲錄三卷…………………………… 2-491
顧曲錄四卷…………………………… 3-246
顧曲雜言一卷………………………… 3-161
顧先生祠會祭題名第一卷子………… 3-531
顧仲恭文集…………………………… 2-331
顧亭林先生年譜……………………… 2-183
顧亭林先生詩箋注十七卷首一卷…… 2-361
顧亭林先生詩箋注十七卷首一卷校
補一卷…………………………… 2-335
顧亭林先生遺書十種………………… 2-463
顧亭林先生餘集不分卷……………… 3-347
顧華陽集三卷補遺一卷……………… 3-147
顧堂詩存……………………………… 2-385
顧鳳翔遺集…………………………… 2-341
顧誤錄………………………………… 1-397
顧端文公遺書………………………… 1-445
顧雙溪集詩八卷詞一卷……………… 3-104
鶴山文鈔三十二卷…………………… 1-427
鶴山文鈔三十二卷…………………… 2-321
鶴山文鈔三十二卷…………………… 2-330
鶴山文鈔三十二卷…………………… 2-440
鶴山渠陽讀書雜鈔二卷……………… 1-297
[道光]鶴山縣志十二卷末一卷 …… 3-166
鶴天鯨海焚餘稿六卷………………… 3-198
鶴半巢詩存十五卷…………………… 1-411
鶴林天樹植禪師語録不分卷………… 1-159
鶴林玉露十六卷補遺一卷…………… 1-312
鶴林寺志 …………………………… 2-76
鶴侶齋文稿四卷 …………………… 3-97
鶴泉文鈔二卷首一卷續選八卷……… 3-117
鶴泉集唐三卷初編一卷……………… 3-274
[鶴峰廳曹丞申文等] ……………… 3-271
鶴舫主人詩…………………………… 3-124
鶴巢詩存 …………………………… 3-91
鶴巢詩存三卷………………………… 2-437
鶴壽山房詩集四卷…………………… 2-492
鶴圖寶卷 …………………………… 3-65
鶴徵後錄十二卷首一卷……………… 3-205
鶴徵錄八卷後錄十二卷……………… 1-500
鶴徵錄八卷首一卷 ………………… 2-76
鶴徵錄八卷首一卷…………………… 3-205
鶴齋叢書……………………………… 2-4
鶴歸來二卷…………………………… 2-404
鶴歸來傳奇二卷……………………… 2-409
鶴歸來傳奇二卷……………………… 2-516
鶴歸來傳奇二卷首一卷……………… 3-447
鶴麓山房詩稿六卷 ………………… 3-75
蠡海集………………………………… 1-203
[光緒]蠡縣誌十卷 ………………… 3-439
續三十五舉…………………………… 1-449
續三通 ……………………………… 2-78
續山東考古錄三十二卷首一卷……… 1-362
續山東考古錄三十二卷首一卷 …… 2-69
續千家詩二卷………………………… 3-218
續小五義一百二十四回……………… 2-402
續小五義一百二十四回……………… 3-129
續小五義一百二十四回……………… 3-480
續天津縣志二十四卷………………… 1-283
[同治]續天津縣志二十卷首一卷 … 2-178
續支那通史四卷……………………… 2-102
續太平廣記八卷……………………… 1-379
續太平廣記八卷……………………… 3-478
續尤西堂擬明史樂府………………… 1-410
續中州名賢文表六十八卷…………… 1-345
續文選三十二卷……………………… 1-205
續文獻通考二百五十四卷 ………… 1-66
續文獻通考序皇朝文獻通考序……… 3-207
續方言又補二卷後漢儒林傳補遺一
卷………………………………… 3-145
續世說十二卷………………………… 3-120
續古文苑二十卷……………………… 1-414
續古文苑二十卷……………………… 2-318
續古文苑二十卷……………………… 3-215
續古文苑二十卷……………………… 3-314
續古文辭類纂二十八卷……………… 2-377
續古文辭類纂二十八卷……………… 2-380
續古文辭類纂二十八卷……………… 2-380
續古文辭類纂二十八卷……………… 3-323
續古文辭類纂二十八卷……………… 3-324
續古文辭類纂十卷…………………… 1-434
續古文辭類纂十卷…………………… 3-439
續古文辭類纂三十四卷……………… 1-431

續古文辭類纂三十四卷…………………… 2－339
續古文辭類纂三十四卷…………………… 2－364
續古文辭類纂三十四卷…………………… 2－380
續古文辭類纂三十四卷…………………… 2－381
續四才子四卷……………………………… 2－393
續四才子四卷……………………………… 3－287
續四書燈謎詩……………………………… 1－298
[光緒]續永清縣志十四卷 ………… 3－174
續弘簡錄元史類編四十二卷 ………… 1－72
續弘簡錄元史類編四十二卷………… 1－132
續西遊記四十九回……………………… 3－110
續攷古圖五卷釋文一卷………………… 1－498
續同人集…………………………………… 2－363
續同人集十三卷文四卷………………… 2－373
續同人集不分卷………………………… 3－290
續同書八卷……………………………… 2－308
續同書八卷……………………………… 3－224
續行水金鑑一百五十六卷首一卷…… 3－434
續名醫類案三十六卷…………………… 3－169
續呂氏家塾讀詩記三卷………………… 1－114
續呂氏家塾讀詩記三卷………………… 1－456
續呂氏家塾讀詩記三卷 ……………… 2－51
續英列傳五卷三十四回………………… 3－478
續英烈傳二十回………………………… 1－384
續英烈傳三十四回……………………… 3－283
續英烈傳五卷…………………………… 2－402
續板橋雜記三卷雪鴻小記一卷……… 3－336
續東軒遺集四卷………………………… 2－419
續東軒遺集四卷………………………… 3－239
續岡州遺稿八卷………………………… 2－329
續垂棘編………………………………… 1－425
續垂棘編六卷二集十卷 ……………… 1－26
續知不足齋叢書………………………… 2－460
續兒女英雄傳六卷三十二回………… 1－369
續金山志二十卷………………………… 3－176
續金瓶梅 ………………………………… 3－40
續金瓶梅六十四回 …………………… 3－43
續金瓶梅六十四回……………………… 3－338
續金瓶梅六十四回……………………… 3－484
續金陵詩徵……………………………… 2－448
續金陵詩徵六卷首一卷………………… 3－104
續刻呂涇野先生文集八卷……………… 2－458
續刻受祺堂文集四卷…………………… 2－530
續刻麻姑山丹霞洞天志十七卷……… 1－119
續刻温陵四太史評選古今名文珠璣
八卷…………………………………… 1－293
續刻滬上竹枝詞………………………… 3－506
續孟子二卷伸蒙子三卷………………… 3－229
續指月錄二十卷首一卷尊宿集一卷
…………………………………………… 2－200
續指月錄二十卷首一卷尊宿集一卷
…………………………………………… 2－242
[光緒]續修曲沃縣志三十二卷首一
卷 ……………………………………… 3－32
續修仲里誌六卷………………………… 3－186
[康熙]續修汶上縣誌八卷 ………… 1－347
[宣統]續修南海縣誌二十六卷 …… 3－289
[道光]續修咸陽縣志 ……………… 2－135
[光緒]續修浦城縣誌四十二卷 …… 3－280
[光緒]續修崞縣志八卷 …………… 3－268
續修雲林寺志八卷 …………………… 2－63
[嘉慶]續修潼關廳志三卷 ………… 3－169
[光緒]續修盧州府志一百卷首一卷
末一卷………………………………… 3－142
續俏東風子弟書八回…………………… 3－467
續泉滙四集十四卷補遺二卷………… 1－359
續後漢書………………………………… 2－139
續後漢書九十卷………………………… 1－487
續客窗閒話八卷………………………… 1－385
續客窗閒話八卷………………………… 3－408
續客窗閒話八卷………………………… 3－415
續神仙傳………………………………… 3－414
續紅樓夢三十卷………………………… 3－167
續紅樓夢三十卷………………………… 3－484
續紅樓夢三十卷………………………… 3－484
續紅樓夢雜記一卷……………………… 2－390
續原教論二卷…………………………… 2－215
續笑中緣圖說四卷……………………… 2－399
續唐書七十卷…………………………… 2－139
續消夏錄八卷 ………………………… 3－24
續消夏錄六卷…………………………… 3－414
續海塘新志四卷………………………… 2－177

續浚南湖圖志………………………… 3－152
續浚南湖圖志不分卷附南湖續圖…… 3－349
續通志六百四十卷…………………… 3－402
續通典一百五十卷 ………………… 2－70
續琉球國志畧二卷首一卷 ………… 3－37
續琉球國志畧五卷首一卷…………… 3－183
續聊齋志異四卷……………………… 2－236
續野齋前後合集六卷太湖詩草制藝
一卷………………………………… 3－215
續異書四種七卷……………………… 1－386
續商州志十卷………………………… 1－134
續閒談消夏六卷……………………… 3－224
續復古編四卷………………………… 1－342
續復古編四卷………………………… 1－461
續詞選二卷…………………………… 2－384
續詞選二卷…………………………… 3－175
續富國策四卷………………………… 2－154
續碑傳集二十九卷…………………… 2－106
續碑傳集八十六卷首二卷…………… 1－346
續碑傳集八十六卷首二卷…………… 1－478
續碑傳集八十六卷首二卷…………… 1－488
續傳燈錄三十六卷…………………… 1－189
續傳燈錄三十六卷…………………… 1－328
續新齊諧十卷………………………… 2－516
續慈雲走國六卷……………………… 3－491
續資治通鑑…………………………… 2－185
續資治通鑑二百二十卷……………… 1－486
續資治通鑑二百二十卷 …………… 2－75
續資治通鑑二百二十卷……………… 2－103
續資治通鑑二百二十卷……………… 2－122
續資治通鑑二百二十卷……………… 2－130
續資治通鑑二百二十卷……………… 2－168
續資治通鑑二百二十卷……………… 3－402
續資治通鑑二百二十卷……………… 3－403
續資治通鑑二百二十卷……………… 3－403
續資治通鑑長編五百二十卷………… 1－483
續資治通鑑長編五百二十卷 ……… 2－65
續資治通鑑長編五百二十卷………… 2－139
續資治通鑑長編拾補六十卷………… 2－138
續資治通鑑綱目二十七卷…………… 1－4
續資治通鑑綱目二十七卷…………… 1－123
續資治通鑑綱目二十七卷…………… 1－127
續資治通鑑綱目二十七卷…………… 1－136
續資治通鑑綱目二十七卷…………… 2－131
續資治通鑑綱目二十七卷…………… 2－131
續資治通鑑綱目十七卷 …………… 2－65
續嘐嘐言四卷………………………… 2－231
續疑年錄四卷 ……………………… 2－96
續廣事類賦三十三卷………………… 2－306
續廣博物志十六卷…………………… 3－198
續廣雅三卷…………………………… 1－339
續齊魯古印攈………………………… 3－167
續齊諧記一卷………………………… 1－311
[同治]續漢州志二十四卷 ………… 3－271
續漢書八志三十卷…………………… 2－119
續漢書八志三十卷…………………… 2－119
續漢書辨疑九卷……………………… 2－145
續漢書辨疑九卷……………………… 3－189
[道光]續增沙河縣志六卷首一卷 … 3－381
續增科場條例………………………… 3－224
[道光]續增高郵州志 ……………… 3－174
續墨客揮犀十卷……………………… 3－512
續劍俠傳圖說………………………… 2－308
續談助五卷…………………………… 2－374
續編資治宋元綱目大全二十七卷…… 1－129
續編綏寇紀略五卷 ………………… 3－94
[同治]續蕭縣志十八卷 …………… 3－180
續檇李詩繫四十卷…………………… 3－420
續檇李詩繫四十卷…………………… 1－410
[同治]續輯漢陽縣志二十八卷 …… 3－288
續黔書八卷…………………………… 3－412
續燈存稿增集四卷…………………… 1－141
續燈存稿十二卷……………………… 1－143
續燈存稿增集四卷…………………… 1－143
續藏書二十七卷 …………………… 1－76
續擬禁煙辦法十條…………………… 2－113
續禦寇略二卷 ……………………… 3－21
續鴻爪集……………………………… 3－294
續禮記集說一百卷…………………… 1－341
續禮記集說一百卷…………………… 1－456
續禮記集說一百卷 ………………… 2－42
續離騷四種 ………………………… 1－35

續離騷四種 …… 2－501
續離騷四種 …… 3－51
［光緒］續纂句容縣志二十卷首一卷末一卷 …… 3－356
［光緒］續纂江甯府志十五卷 …… 3－183
續纂江蘇水利全案附編十二卷 …… 3－212
續纂兩浙鹽法備考 …… 1－502
續纂淮關統志十四卷 …… 3－173
續纂淮關統志十四卷 …… 3－180
續纂淮關統志十四卷首一卷 …… 1－473
［同治］續纂揚州府志二十四卷 …… 3－141
［同治］續纂揚州府志二十四卷 …… 3－176
續譯華生包探案 …… 2－536
續譯華生包探案 …… 3－514

二十二畫

聽月樓二十回 …… 1－370
聽月樓二十回 …… 3－43
聽水集 …… 3－316
聽松樓遺稿四卷附錄一卷 …… 3－61
聽松濤館詩鈔十卷 …… 2－352
聽松廬詩存 …… 3－146
聽松廬詩畧二卷 …… 3－245
聽松廬詩鈔十六卷 …… 2－410
聽松廬詩鈔十六卷 …… 3－73
聽雨仙館儷體文詩詞集十一卷 …… 3－94
聽雨齋詩集二十二卷別集一卷補編一卷 …… 2－410
聽春新詠三卷 …… 3－331
聽香閣詩集八卷 …… 3－48
聽香禪室詩集四卷 …… 2－327
聽秋山館詩鈔十卷 …… 2－369
聽秋軒贈言四卷 …… 2－529
聽秋書屋稿五卷 …… 3－105
聽秋閣詩鈔十二卷 …… 1－299
聽秋聲館詞話 …… 1－540
聽桐廬殘草 …… 2－407
聽桐廬殘草 …… 3－251
聽桐廬殘草 …… 3－259
聽軒詩集四卷 …… 1－253
聽雪齋詩二集十二卷 …… 1－280
聽雲樓詩鈔四卷 …… 2－503
聽鐘軒詩鈔六卷 …… 3－244
蘿月軒詩集八卷 …… 2－530
蘿月詞 …… 2－496
蘿石山房文鈔四卷首一卷 …… 1－251
蘿菴遊賞小志 …… 2－59
蘿藦亭劄記八卷 …… 1－393
蘿藦亭劄記八卷 …… 1－412
蘿藦亭劄記八卷 …… 2－274
蘿藦亭劄記八卷 …… 3－134
蘿藦亭遺詩四卷 …… 3－138
驚風辨誤 …… 3－115
驚風辨證必讀書二編 …… 3－442
驚喜集二卷 …… 3－120
驚夢雷四卷 …… 3－98
鷗北詩鈔五言古四卷五言律二卷七言律七卷七言古五卷絕句二卷 …… 2－388
鷗北詩鈔五言古四卷五言律二卷七言律七卷七言古五卷絕句二卷 …… 2－388
鷗陂漁話六卷 …… 2－282
鷗堂日記三卷 …… 3－297
鷗堂詩三卷 …… 1－413
鷗堂遺稿三卷 …… 3－243
鷗堂賸稿一卷東鷗草堂詞二卷 …… 3－92
鷗堂賸稿一卷東鷗草堂詞二卷 …… 3－132
鷗館閑吟一卷 …… 3－276
鑒湖女俠秋君墓表 …… 3－505
囊賸 …… 2－322
囊賸 …… 2－426
囊賸四卷 …… 1－382
疊山先生評注四種 …… 1－442
疊字雙名賦 …… 3－247
疊雅十三卷 …… 2－42
疊雅十三卷雙名錄一卷 …… 2－208
穰梨館過眼錄 …… 1－512
穰梨館過眼錄四十卷 …… 1－510
籟紀三卷 …… 1－229
籜石齋詩集四十九卷 …… 1－235
籌史駢言十二卷 …… 2－391
籌史駢言十二卷 …… 3－197

鑄鼎餘聞四卷…………………………… 2－189
鑄銅幣問答七卷……………………… 2－172
鑄錢工藝三卷………………………… 2－235
鑄錢工藝三卷………………………… 2－235
鑄錢工藝三卷………………………… 3－365
鑄錢工藝三卷附圖…………………… 2－300
鑄廬詩賸……………………………… 2－384
鑄礮圖說……………………………… 1－299
鑑止水齋集二十卷…………………… 1－436
鑑止水齋集二十卷…………………… 2－319
鑑止水齋集二十卷…………………… 2－343
鑑中天傳奇二卷三十六出…………… 3－472
鑑史輯要六卷………………………… 2－182
鑑定印確一卷………………………… 1－308
鑑略妥注五卷………………………… 3－232
鑑撮…………………………………… 1－367
鑑撮四卷 …………………………… 2－90
鑑撮四卷 …………………………… 2－91
鑑撮四卷……………………………… 2－132
鑛學名詞……………………………… 2－212
鑛學名詞……………………………… 2－212
臞仙神奇秘譜三卷…………………… 1－302
讀左補義五十卷首一卷……………… 1－110
讀左補義五十卷首一卷 …………… 2－22
讀史大略六十卷……………………… 1－465
讀史大略六十卷……………………… 2－161
讀史大略六十卷首一卷 …………… 2－74
讀史方輿紀要一百三十卷…………… 1－482
讀史方輿紀要一百三十卷…………… 1－482
讀史方輿紀要一百三十卷 ………… 2－92
讀史方輿紀要一百三十卷…………… 2－103
讀史方輿紀要一百三十卷…………… 2－153
讀史方輿紀要一百三十卷附四卷…… 2－145
讀史方輿紀要一百三十卷圖說五卷
………………………………………… 3－339
讀史方輿紀要一百三十卷輿圖要覽
四卷 ………………………………… 2－68
讀史方輿紀要一百三十卷輿圖要覽
四卷 ………………………………… 2－99
讀史方輿紀要一百三十卷輿圖要覽
四卷………………………………… 2－105
讀史方輿紀要一百三十卷輿圖要覽
四卷………………………………… 3－358
讀史方輿紀要一百三十卷輿圖要覽
四卷………………………………… 3－358
讀史方輿紀要一百三十卷輿圖要覽
四卷………………………………… 3－358
讀史方輿紀要六卷…………………… 3－321
讀史方輿紀要州域形勢編…………… 3－292
讀史方輿紀要州域形勢編二編……… 3－125
讀史方輿紀要摘錄十卷……………… 3－323
讀史四集四種………………………… 1－126
讀史兵略十二卷……………………… 2－102
讀史兵略四十六卷…………………… 2－159
讀史兵略四十六卷…………………… 3－394
讀史探驪錄…………………………… 1－364
讀史探驪錄…………………………… 1－364
讀史偶吟二卷 ……………………… 1－43
讀史提要錄十二卷…………………… 3－161
讀史漫錄十四卷 …………………… 1－74
讀史漫錄十四卷……………………… 1－483
讀史漫錄十四卷 …………………… 2－88
讀史論畧……………………………… 3－195
讀史論畧二卷………………………… 3－528
讀史論畧二卷………………………… 3－528
讀史論畧二卷………………………… 3－528
讀史舉正八卷………………………… 2－159
讀史辨道四卷 ……………………… 1－74
讀史鏡古編三十二卷………………… 1－477
讀史鏡古編三十二卷 ……………… 2－88
讀西學書法…………………………… 2－214
讀西學書法…………………………… 2－266
讀杜小箋三卷二箋二卷……………… 2－330
讀杜小箋三卷二箋二卷……………… 3－441
讀杜心解六卷首一卷………………… 1－205
讀杜心解六卷首二卷………………… 1－218
讀杜心解六卷首二卷………………… 1－240
讀易大旨五卷………………………… 1－450
讀易大旨五卷………………………… 1－450
讀易大旨五卷 ……………………… 2－51
讀易韻考七卷………………………… 1－2
讀例存疑……………………………… 3－320

讀例存疑五十四卷…………………… 1－501
讀例存疑五十四卷…………………… 1－504
讀例存疑五十四卷…………………… 2－130
讀秋水齋詩十六卷…………………… 2－529
讀律一得歌四卷 ………………… 2－71
讀律心得……………………………… 1－500
讀律心得三卷………………………… 3－371
讀律心得三卷………………………… 3－378
讀律佩觿八卷………………………… 3－355
讀風臆評不分卷……………………… 1－106
讀紅樓夢雜記紅樓夢竹枝詞………… 2－517
讀素問鈔十二卷 …………………… 1－86
讀海外奇書室雜著…………………… 3－100
讀書止觀錄五卷……………………… 3－205
讀書分年日程三卷…………………… 2－189
讀書分年日程三卷…………………… 2－295
讀書引十二卷………………………… 1－287
讀書延年堂文鈔十卷 ……………… 3－23
讀書延年堂全集……………………… 3－240
讀書延年堂詩鈔三十卷首一卷續集
十二卷 ……………………………… 3－23
讀書自得隨筆記……………………… 1－304
讀書法………………………………… 2－214
讀書法匯不分卷……………………… 3－376
讀書後八卷 ………………………… 1－18
讀書後八卷…………………………… 1－514
讀書紀數略五十四卷 ……………… 1－19
讀書紀數略五十四卷 ……………… 1－90
讀書紀數略五十四卷………………… 1－145
讀書紀數略五十四卷………………… 1－529
讀書舫文稿一卷……………………… 2－337
讀書堂杜工部詩集註解二十卷文集
註解二卷杜工部編年詩史譜目一
卷……………………………………… 1－208
讀書堂杜工部詩集註解二十卷文集
註解二卷杜工部編年詩史譜目一
卷……………………………………… 1－240
讀書堂綵衣全集八卷………………… 2－334
讀書堂綵衣全集四十六卷 ………… 1－99
讀書堂綵衣全集四十六卷…………… 2－351
讀書敏求記四卷……………………… 1－467
讀書脞錄七卷………………………… 1－532
讀書脞錄七卷………………………… 1－532
讀書樂趣八卷………………………… 3－224
讀書樂趣初集八卷…………………… 1－232
讀書樂趣初集八卷…………………… 1－411
讀書錄十一卷續錄十二卷…………… 1－100
讀書錄十一卷續錄十二卷…………… 1－141
讀書錄十一卷續錄十二卷…………… 1－143
讀書錄十一卷續錄十二卷…………… 1－143
讀書錄十卷續錄十二卷 …………… 1－87
讀書錄摘鈔…………………………… 2－288
讀書齋叢書八集四十六種…………… 1－441
讀書叢說 …………………………… 2－32
讀書叢錄二十四卷…………………… 1－532
讀書叢錄二十四卷…………………… 1－532
讀書叢錄七卷………………………… 2－145
讀書雜志 …………………………… 2－11
讀書雜志八十二卷…………………… 2－298
讀書雜志八十二卷…………………… 3－118
讀書雜志八十二卷餘編二卷………… 1－510
讀書雜志八十二卷餘編二卷………… 1－531
讀書雜志八十二卷餘編二卷………… 2－204
讀書雜述八卷………………………… 1－393
讀書雜識十二卷……………………… 1－395
讀書雜釋十四卷……………………… 1－459
讀書雜釋十四卷 …………………… 3－61
讀書鏡五卷…………………………… 1－295
讀書鐙………………………………… 2－307
讀通鑑綱目條記……………………… 3－199
讀通鑑綱目劄記二十卷附年譜一卷
……………………………………… 3－363
讀雪山房唐詩 ……………………… 3－92
讀雪山房唐詩三十卷………………… 2－456
讀雪齋詩集九卷首一卷 …………… 3－93
讀畫齋重刻南宋群賢小集…………… 1－435
讀畫齋偶輯…………………………… 1－511
讀畫齋叢書…………………………… 2－461
讀畫齋題畫詩十九卷………………… 1－510
讀詩商二十八卷……………………… 1－462
讀詩傳謌三十卷……………………… 3－116
讀詩識小錄十卷……………………… 1－304

讀詩類編十八卷…………………………1－431
讀說文雜識 ……………………………2－13
讀說文雜識 ……………………………2－36
讀誦佛母大孔雀明王經前啓請法三
卷……………………………………2－219
讀論語叢說二卷………………………2－292
讀選樓詩稿十卷………………………2－530
讀選樓詩稿十卷 ……………………3－77
讀禮通考一百二十卷…………………1－3
讀禮通考一百二十卷 ………………1－63
讀禮通考一百二十卷…………………1－107
讀禮通考一百二十卷…………………1－114
讀禮通考一百二十卷…………………1－332
讀禮通考一百二十卷 ………………2－17
讀禮通考一百二十卷…………………3－422
讀禮通考一百二十卷…………………3－422
讀騷閣賦存二卷………………………2－335
讀騷樓詩初集四卷……………………3－234
讀騷樓詩初集四卷二集四卷…………2－410
讀鑑繹義三十二卷……………………2－158
鷓鴣斑…………………………………3－304
［龔氏家譜］ ………………………1－134
龔安節公野古集三卷 ………………3－82
龔定庵集外未刻詩不分卷……………3－343
龔定盦全集……………………………2－359
龔定盦全集……………………………2－371
龔定盦全集文三卷補編四卷續錄一
卷古今體詩二卷雜詩一卷詞選一
卷續集四卷…………………………2－347
龔定盦全集文三卷續四卷文集補二
卷文集補編四卷……………………2－460
龔定盦別集……………………………3－213
龔畏齋全書五十七卷…………………1－340
［龔敬納妾］一折 …………………2－510
龔端毅公奏疏…………………………1－504
龔端毅公奏疏八卷 …………………2－81
龔端毅公奏疏八卷 …………………3－23
龔端毅公奏疏八卷……………………3－305
竊憤錄一卷續錄一卷南渡錄大略一
卷……………………………………1－250
鬻子一卷附補七則……………………3－430
孌史四十八卷…………………………1－384
孌史四十八卷…………………………2－524
孌史四十八卷…………………………3－301
纑塘集…………………………………3－262

二十三畫

驛站事宜報銷成式……………………3－315
驗方萃編四卷…………………………1－511
驗方新編二十四卷……………………1－521
驗方新編十六卷………………………1－509
驗方新編十六卷………………………2－210
驗方新編八卷首一卷…………………2－210
驗方新編八卷首一卷…………………2－270
驗方新編正集十七卷續集七卷………2－187
驗方彙集八卷續集四卷………………1－512
驗收軌制章程 ………………………2－87
驗法新編十八卷………………………2－532
驗礦砂要法……………………………3－434
巖山存真集詩鈔 ……………………3－56
曬書堂文集十二卷外集二卷別集一
卷 …………………………………3－97
曬書堂筆記二卷………………………2－327
曬書堂筆錄六卷………………………2－312
曬書堂筆錄六卷附詩文一卷詩鈔二
卷試帖一卷詩餘一卷和鳴集一卷
……………………………………2－454
顯志堂集十二卷………………………1－436
顯志堂集十二卷………………………2－377
顯志堂集十二卷………………………2－432
顯志堂集十二卷 ……………………3－57
顯志堂稿十二卷首一卷………………3－100
顯映橋寶卷 …………………………3－66
顯密圓通成佛心要集二卷……………2－224
顯無邊佛土功德經……………………1－165
顯無邊佛土功德經……………………2－237
顯應橋寶卷 …………………………3－64
顯識論…………………………………1－168
顯識論…………………………………1－168
鷦鷯會約一卷 ………………………3－56
麟角集…………………………………3－120

麟角集一卷 …… 2－368
麟角集一卷 …… 2－368
麟角集一卷 …… 3－344
麟角集黄御史集合刻 …… 2－411
麟書 …… 3－414
麟臺故事五卷 …… 2－183
欒城集五十卷後集二十四卷三集十卷應詔集十二卷 …… 1－224
[同治]欒城縣志十四卷首一卷末一卷 …… 2－73
[道光]欒城縣志十卷末一卷 …… 2－56
[同治]欒城縣志十四卷首末二卷 …… 1－474
[同治]欒城縣志十四卷首一卷末一卷 …… 2－176
變法奏議叢抄 …… 2－134
變通秋審緩決人犯辦法章法章程 …… 2－107
變雅堂遺集 …… 2－326
變雅堂遺集文八卷詩十卷附録二卷 …… 2－340
變雅堂遺集文八卷詩十卷附録二卷 …… 3－392
變雅堂遺集詩十卷文八卷附録二卷 …… 1－412

二十四畫

蠶桑萃編十五卷 …… 2－280
蠶桑萃編十五卷首一卷 …… 1－510
蠶桑萃編十五卷首一卷 …… 1－510
蠶桑備要 …… 1－510
觀月聽琴室印存四卷 …… 1－527
觀心論疏五卷 …… 1－153
觀心論疏五卷 …… 2－312
觀世音菩薩本行經一卷 …… 3－497
觀世音菩薩本行經二卷 …… 2－408
觀世音菩薩本行經二卷 …… 3－501
觀世音菩薩本行經簡集二卷 …… 3－71
觀世音菩薩如意摩尼陀羅尼經 …… 2－237
觀世音菩薩如意摩尼陀羅尼經一卷 …… 1－173
觀世音菩薩如意摩尼陀羅尼經一卷 …… 1－174
觀世音菩薩祕藏神咒經一卷 …… 1－174
觀世音菩薩秘密藏神咒經 …… 2－237
觀世音菩薩得大勢菩薩受記經 …… 2－223
觀世音菩薩得大勢菩薩受記經 …… 2－223
觀世音菩薩普門品膚說佛說盂蘭盆經折中疏 …… 1－157
觀古堂所著書一集八種二集八種 …… 2－390
觀古堂所著書二集十六種 …… 3－376
觀古堂書目叢刻十五種 …… 3－108
觀古堂匯刻書二集十九種 …… 3－389
觀古堂叢刊六種 …… 3－210
觀古閣叢稿 …… 2－64
觀自在菩薩怛嚩多唎隨心陀羅尼經一卷 …… 1－174
觀自在菩薩怛嚩多喇隨心陀羅尼經一卷 …… 1－152
觀自得齋秦漢官私銅印集 …… 2－76
觀自得齋叢書三十種 …… 1－442
觀我生室彙稿十種 …… 1－531
觀佛三昧海經十卷 …… 1－192
觀妙齋藏金石文考略十六卷 …… 1－78
觀妙齋藏金石文考略十六卷 …… 1－365
觀河集四卷 …… 2－437
觀河集四卷 …… 3－195
觀河詩集四卷 …… 2－519
觀香室遺稿四卷 …… 3－78
觀音十二圓覺 …… 2－488
觀音玄義記二卷 …… 1－308
觀音得道寶卷 …… 3－64
觀音開卷偈文寶卷 …… 3－111
觀音義疏記四卷 …… 1－153
觀音慈林集三卷 …… 1－156
觀音濟度本願真經二卷 …… 3－287
觀音釋宗日北斗南經一卷 …… 3－494
觀堂別集 …… 3－146
觀象玩占五十卷 …… 1－90
觀象玩占四十八卷異星圖一卷 …… 3－207
觀象居易傳箋十二卷 …… 1－448
觀象居詩鈔二卷 …… 1－436
觀象廬叢書 …… 2－1
觀虛空藏菩薩經 …… 1－182
觀無量壽佛經疏妙宗鈔六卷 …… 1－153

觀復堂稿略一卷…………………………2－477
觀善堂時文…………………………………3－127
觀楞伽阿跋多羅寶經記十八卷首一
　卷補遺一卷…………………………………2－241
觀楞伽阿跋多羅寶經記十八卷首一
　卷補遺一卷…………………………………2－243
觀聚方要補十卷……………………………1－507
觀劇絕句三卷………………………………2－409
觀劇絕句三卷………………………………3－436
觀劇絕句三卷………………………………3－507
觀樹堂集十六卷……………………………1－255
觀齋集十六卷………………………………2－502
觀禮堂三教真傳……………………………2－296
觀禮堂三教真傳……………………………2－296
［同治］鹽山縣誌十六卷首一卷末一
　卷……………………………………………3－369
鹽邑志林四十種附一種……………………1－105
鹽政志十卷……………………………………1－71
鹽鰲……………………………………………2－120
鹽鐵論二卷……………………………………2－203
鹽鐵論二卷……………………………………3－432
鹽鐵論十二卷…………………………………1－124
鹽鐵論十卷……………………………………3－262
鹽鐵論十卷……………………………………3－432
鹽鐵論十卷考證一卷………………………1－502
釀川集文二卷詩五卷詞五卷………………1－229
釀齋雜編………………………………………2－105
靈石山房詩草…………………………………3－58
靈石山房詩草…………………………………3－93
［光緒］靈石縣志二卷……………………3－269
［嘉慶］靈石縣志十二卷…………………2－469
［嘉慶］靈石縣志十二卷圖考一卷……2－84
靈州山人詩錄…………………………………3－264
靈芬館集十六卷……………………………1－403
靈芬館集詩十八卷詞六卷雜著二卷
　………………………………………………3－265
靈芬館詞………………………………………2－473
靈芬館詩二集十卷…………………………2－336
靈芬館詩話十二卷續六卷…………………1－406
靈谷禪林志十五卷…………………………3－156
靈谷禪林志十四卷首一卷…………………2－59
靈言蠡勺二卷…………………………………1－399
靈岩退翁和尚語錄…………………………1－144
靈星小舞譜……………………………………1－514
靈洲山人詩錄六卷…………………………2－497
靈洲山人詩錄六卷…………………………2－531
靈飛經…………………………………………2－302
靈素提要淺註十二卷………………………1－524
靈素提要淺註十二卷………………………3－441
靈素集註節要十二卷…………………………3－55
靈峰志四卷……………………………………3－153
靈峰蕅益大師宗論十四卷首一卷……2－194
靈峰蕅益大師梵室偶談……………………2－222
靈峯草堂詩二卷文一卷……………………3－197
靈峯草堂叢書…………………………………3－197
靈峯草堂叢書七種…………………………1－444
靈媧石單折十出附二出……………………3－106
靈媧石傳奇十二折…………………………2－527
靈棋經一卷……………………………………1－145
靈棋經二卷……………………………………2－187
靈瑞尼祖揆符禪師妙湛録五卷……………1－178
靈瑞禪師嵒華集五卷………………………1－156
靈隱具德禪師語録一卷……………………1－301
靈臺小補………………………………………1－398
靈臺小補………………………………………3－506
靈臺小補一卷首一卷………………………3－338
［康熙］靈壽縣志十卷末一卷……………1－118
［同治］靈壽縣志十卷末一卷……………2－74
［康熙］靈壽縣志十卷末一卷……………2－176
［同治］靈壽縣志十卷末一卷……………2－178
［康熙］靈壽縣志十卷末一卷……………3－442
靈樞經九卷……………………………………1－522
靈樞經九卷……………………………………2－277
靈機觀禪師語録二卷首一卷………………1－301
靈獲集一卷……………………………………1－273
靈隱子六卷……………………………………1－298
靈檀碎金六十八卷…………………………2－524
靈檀碎金六十八卷……………………………3－29
靈璧海渠原委三卷靈璧河防錄一卷
　………………………………………………1－288
靈鶼閣叢書……………………………………2－3
靈鶼閣叢書……………………………………2－3
靈鶼閣叢書五十六種………………………1－440
靈巖志六卷……………………………………2－59

靄樓逸志六卷………………………… 3－278
攬青閣詩集二卷夢春樓詞一卷……… 3－181
攬青閣詩鈔二卷………………………… 2－521
蠶尾集十卷後集二卷續集二卷……… 2－479
蠶尾續文集二十卷……………………… 1－268
蠶書不分卷……………………………… 3－414
蠶桑說…………………………………… 2－206
蠶桑實濟六卷 ………………………… 3－91
蠶桑實濟六卷首一卷…………………… 3－117
蠶桑樂府………………………………… 3－250
蠶桑輯要………………………………… 2－191
蠶桑簡要錄……………………………… 1－510
鬬杯堂詩集杯史………………………… 3－258
鷺洲詩鈔十卷…………………………… 1－284
鬻祀備攷………………………………… 3－150
鬻宮敬事錄四種………………………… 1－358
蝨菴集十八卷…………………………… 2－449
讒書五卷………………………………… 3－234
［同治］贛州府志七十八卷首一卷 … 3－356
［嘉慶］贛榆縣志四卷 ……………… 3－179
贛劇曲詞譜 …………………………… 3－93
［同治］贛縣志五十四卷 …………… 3－280
［同治］贛縣志五十四卷首一卷 …… 1－355
讋文書屋集略八卷 …………………… 1－44

二十五畫

欖青閣詩鈔二卷………………………… 3－218
欖香小品三種…………………………… 2－527
蠻書十卷 ……………………………… 2－99
蠻書十卷………………………………… 2－165

二十六畫

讚揚聖德多羅菩薩一百八名經……… 1－180
［光緒］灤州志十八卷首一卷 ……… 3－177
灤陽消夏錄十二卷……………………… 3－330

二十七畫

［乾隆］鬱林州志十卷 ……………… 1－119
鸚兒寶卷 ……………………………… 3－62
鸚兒寶卷 ……………………………… 3－67
鸚兒寶卷………………………………… 3－113
鸚鵡州小志四卷首一卷 ……………… 2－59
鸚鵡洲小志四卷………………………… 3－156
鸚鵡洲小志四卷首一卷………………… 1－365
鸚鵡媒二卷……………………………… 2－487
鸚鵡媒二卷四十一出…………………… 3－468

二十八畫

豔雪庭…………………………………… 2－513
豔雪堂詩集四卷………………………… 2－344
豔異編四十卷續編十九卷 …………… 1－13
豔雲亭傳奇二卷三十三出提綱二卷
…………………………………………… 3－447
豔粧新語二卷…………………………… 3－505
豔跡編…………………………………… 3－239
豔跡編…………………………………… 3－507
驪山集十四卷 ………………………… 1－47
驪山傳八出梓潼傳……………………… 3－457
驪山傳梓潼傳…………………………… 2－497
驪姬禍一百六十一場…………………… 3－489

二十九畫

鬱洲遺稿十卷…………………………… 2－412
鬱華閣遺集……………………………… 3－301
鬱華閣遺集四卷………………………… 2－348
鬱華閣遺集四卷………………………… 2－525
鬱華閣遺集詩三卷詞一卷……………… 2－421
鬱華閣遺集詩三卷詞一卷……………… 3－133
鬱華閣遺集詩三卷詞一卷……………… 3－195
鸝砭軒質言四卷………………………… 1－385
鸝砭軒質言四卷………………………… 2－536
爨餘吟草二卷…………………………… 2－420
鸞鎞記二卷三十出……………………… 3－461
鸞簫集 ………………………………… 3－76
鸞簫集 ………………………………… 3－86